KB186512

예나 체계기획 III

Jenaer Systementwürfe III
by G. W. F. Hegel

Published by Acanet, Korea, 2012

한국연구재단총서
Academic Library of NRF
학술명저번역
507

예나 체계기획 III

자연철학과 정신철학(1805/06년)

Jenaer Systementwürfe III

G.W.F. 헤겔 지음 | **서정혁** 옮김

아카넷

차례

제2부 정신철학

일러두기

1. 본 역서는 헤겔 저작들 중 다음을 저본으로 하였다.
   G. W. F. Hegel, *Jenaer Systementwürfe III*, in: *G. W. F. Hegel Gesammelte Werke*, Bd.8, hrsg. von R.-P. Horstmann, Hamburg: Felix Meiner, 1976.
   G. W. F. Hegel, *Jenenser Realphilosophie II — Die Vorlesungen von 1805/06*, hrsg. von J. Hoffmeister, Leipzig: Felix Meiner, 1931.

2. 학술원판 『헤겔 전집』(*Gesammelte Werke*)의 제8권 『예나 체계기획 III』(*Jenaer Systementwürfe III*, Bd. 8, hrsg. von Rolf-Peter Horstmann, Hamburg 1976)은 'F'로 표시한 후 좌우 여백에 면수를 밝힌다.

3. 호프마이스터(Johannes Hoffmeister)가 편집 출판한 『예나 실재철학 II』(*Jenenser Realphilosophie II*, Leipzig, 1931)은 'H'로 표시한 후 좌우 여백에 면수를 밝힌다.

4. 각주에 '＊'로 표시된 내용은 원전에서 헤겔이 원고 여백에 별도로 추가 표시한 내용이다.

5. 각주에 아라비아 숫자로 표시된 내용은 모두 옮긴이가 내용 이해를 위해 보충한 것이다.

6. 본문의 [ ] 속 내용은 역자가 가독성이나 내용 이해를 돕기 위해 보충한 것이다.

7. 원문에서 격자체(Sperrdruck)로 강조한 부분은 번역문에서 굵은 글씨체로 표기하였다.

8. 주석 등에서 전집류나 원저작의 제목은 관례에 따라 약호로 표기했으며, '참고문헌'에 본래의 제목과 약호를 병기하였다.

9. 본 역서의 차례 구성은 헤겔의 원고에 기초한다.

제 1 부

자연철학

I.
역학

이념은 자신의 개념 속으로 되돌아간 현존재로서, **절대적 질료** 또는 **에테르**라고 부를 수 있다. 이것이[1] 순수 정신과 같은 의미를 띤다는 것은 분명하다. 왜냐하면 이 절대적 질료는 감각적인 것이 아니라 개념, 그것도 그 자체로 순수한 개념이기 때문이다. 여기서 개념은 그렇게 실존하는 정신이고, 이 정신의 경우에는 〔절대적인 질료나 에테르라는〕 앞서의 명칭이 거부되므로, 동일한 이유로 정신을 고려치 않은 조건에서만 〔절대적인 질료나 에테르라는〕 명칭을 쓸 수 있다. 규정되지 않은 지복의 정신, 운동 없는 고요, 또는 타자로부터 영원히 자신 속으로 복귀된 본질은 단순하고 자기 동등한 상태에 있다. 이것은[2] 모든 사물들의 실체와 존재이자, 모든 형식과 〔구체적인〕 규정을 무시하고 자체 속에서 분해해버리는 **탄성(Elastizität)**이면서, 모든 형식이 지닌 절대적 **부드러움**이자 〔무엇을 할 수 있는〕 적합성이기도 하다. 따라서 에테르는 모든 것을 관통하지 않으며, 오히려 에테르 자체가 모든 **것이다**〔모든 것으로 **존**

· ·
1) 여기서 '이것'은 앞선 문장의 '이념', '현존재', '절대적인 질료', '에테르'를 가리킨다.
2) 여기서 '이것'은 앞선 문장의 '규정되지 않은 지복의 정신', '운동 없는 고요', '타자로부터 영원히 자신 속으로 복귀된 본질'을 가리킨다.

재한다]. 왜냐하면 에테르는 **존재**이기 때문이다. 즉, 에테르는 자신 외부에 아무것도 지니지 않으며 변하지도 않는다. 왜냐하면 에테르는 모든 것의 해소이며, 순수하고 단순한 부정성이고, 유동적이고 선명한 투명성(Durchsichtigkeit)이기 때문이다. 그러나 이 순수 본질은 이 자기동등성(Sichselbstgleichheit)의 상태에서 **존재**로 되돌아감으로써, **구별로서의 구별**을 자신 속에서 절멸시키고 자신의 배후에 남겨 놓으면서 구별에 대립하여 등장한다. 또한 에테르는 자신의 생성을 이러한 본질로서의 그 자신에게서 표현하지 않은 즉자(Ansich)이기도 하다. 즉 에테르는 [모든 것을] 잉태하고 있는 물질이고, 이 물질은 절대적 운동으로서 그 자체로 요동치는 비등[발효(醱酵)]의 상태에 있다. 그리고 [에테르라는] 이 물질은 자신 속에 보유하고 있는 계기들이 이렇게 자유로운 자립성을 유지하는 상태에서, 자기 자신을 일체의 진리로 확신하면서 그 자신과 동등하게 유지된다.

그것이 에테르나 절대적 물질이라고 일컬어진다면 그것은 **그 자체로(in sich)** 존재하거나 순수한 자기의식이다. 이 순수 자기의식은 **존재자** 일반이므로, 현존하는 것[3]이거나 실제적으로 규정된 것은 아니다. 그러나 비현존적 존재의 이러한 규정은 **현존재(Dasein)**로 이행하며, 실재성의 기반은 정신이 자연으로 존재하는 보편적 규정이다. [그러나] 내적 본질, 에테르는 **특정한 곳에(da)** 존재하지[현존하지] 않는다. 또한 그의 **자기내존재(Insichsein)**의 내면성은 그의 진리가 아니다. 또한 이 내면성은 **즉자적으로** 존재하는 규정, 형식과 대립하는 그의 본질성을 표현한다.

⁚⁚

3) 처음에는 '존재자(seyend)'가 아니라 '현존하는 것(daseyend)'이라고 표기되었으며, 호프마이스터 판에는 이것을 그대로 살리고 있는데, 문맥상 '존재자'와 대비되는 규정된 존재라는 의미로 이 표현이 적절하다고 판단되어 여기서는 '현존하는 것'으로 번역한다.

I.[4] 공간과 시간의 개념

a. 공간

1. **현존하는** 에테르가 곧 **공간**이다. 이렇게 단순한 연속성으로서 공간이 직접적으로 자아(Ich)와 통일됨으로써, **직관(Anschauung)**이 정립된다. 그러나 여기는 우리가 이에 관해 언급할 자리가 아니다. 오히려 〔여기서〕 이 직관은 **특정한 곳(da)**에 존재하는〔현존하는〕 연속성의 규정성이다. 그리고 여기서는 자아와 구별되는 것으로 현존하는 에테르가 공간이다. 즉자는 일반적으로 여기서 더 이상 진리로 타당하지 않은 추상적 본질인 단순한 개념이다. 오히려 개념은 사태 자체다. 또한 공간은 **즉자적으로** 그 자체로 직접적이며 지복한 정신이므로, 이 즉자는 공간의 진리로 타당하지 않고, 오히려 **즉자적이지** 않고 이제 자연으로 **현존하는** 것이 〔진리로 타당하다.〕 자연에서 정신은 자기의식적 본질로서, 앞서 말한 바와 같이 **공간 밖**에 속한다. 정신은 **자기의식적 본질 그 자체**이며, 자신의 **이념** 속에서 **내재적**이다. 이러한 〔정신의〕 규정과 **현존하는** 공간이 결합되면, 공간이 **직관 작용(Anschauen)**으로 고찰될 것이다. 그러나, 이러한 고찰은 여기〔자연철학의〕 논의에 해당하지 않을 것이다. 오히려 〔자연철학에서〕 공간은 **현존하는 것**으로 정립되며, 또는 〔공간의〕 이 비대상성 자체는 대상화된다.

F5

H5

⋮

4) 'Ⅰ. 역학, Ⅱ. 형태화와 화학, Ⅲ. 유기체'라는 상위 항들과 구분하기 위해 호프마이스터 판에서는 '1'로 표기되어 있으나, 여기서는 원문에 충실하여 펠릭스 마이너 판에 따라 '1'이 아니라 그냥 'I'로 표기한다.

2. **직관 작용**에서는 〔직관하는〕 하나의 계기만 자기의식으로 규정되고, 이념에서는 양자〔직관하는 자와 직관되는 자〕가 모두 **자기의식적** 정신으로 규정된다고 한다면, 이에 비해 **현존하는 것**으로서 정신에서는 두 계기들이 규정된다. 그리고 **순수한 본질성들**로서 이 두 계기들 간의 자기동등성이 곧 공간이다. 공간은 이러한 방식으로 **절대적 양**이 된다. 그 개념상 절대적 부정성을 자체 속에 지양된 것으로 지니고 있는 자기동등성은, 그 자체로 단적으로 지양된 것 또는 순수 **흔적**(Spur)으로서의 구별이다. 〔여기에는〕 전혀 구별이 없는 것이 아니라, 오히려 단적으로 구별은 비본질적인 것으로 존재한다. 또한 구별된 것은 타자에 대해 어떤 현존재, 어떤 규정성도 지니기 않기 때문에, 구별된 것은 스스로를 무로부터 구별하면서도 동시에 직접적으로 구별되지 않는 무이다. 여기서는 **현존하는** 구별은 떠오르지 않는다. 또한 공간은 구별의 절대적 **가능성**이다. 결코 **자기내존재**(Insichsein)나 부정태에 도달하지 못하는 이 **탈자존재**(Außersichsein)는 실존하지 않으며, 그리고 탈자적 존재 상태에서는 무가 무를 통해 무나 자기 자신을 지향하는 이러한 운동도 실존하지 않는다.

공간의 차원들[5]

1. 그러나 〔공간으로서의〕 이 연속 상태에서 구별은 **현존하는 것**으로 존재한다. 그리고 구별은 **특정한 곳**(da)에서 연속이라는 개념에 귀속되지만, 동시에 연속의 상호 무관한 상태(Gleichgültigkeit)를 파괴하거나 지양

∴

5) 이 제목에 펠릭스 마이너 판에는 'b'표시가 없으나, 호프마이스터 판에는 앞뒤 순서상 'b'가 기재되어 있다.

하지는 않는다. 그리고 구별들은 개념의 구별들로서 동시에 상호 간에 **본질적**이다. **부정성**의 이러한 전개가 공간의 **차원들**이다. 보편자의 계기들로서 차원들은 **공간 자체**에서는 지양된 상태에 있으며, 이들의 실체나 존재가 곧 공간이다. 그리고 이 차원들은 결코 차원들 자신의 고유한 자기내존재에 도달하지 않고, 오히려 공간의 자기내존재의 계기들이다. 따라서 필연성으로서 이 차원들의 필연성과 그것들 서로 간의 부정성은 단지 하나의 **상이성〔다름〕**(Verschiedenheit)으로만 현전한다. 그리고 차원들의 〔상이한〕 측면들은 항상 〔상호 관련 속에서〕 **동시적으로**(zugleich) 존재하며, 어떤 것도 다른 것 없이는 **현존**할 수가 없다. 상호적으로 스스로를 지양하는 대립과 전진 운동은, 상호 무관한 상태에서는 마비되어 버린다〔무력해진다〕.

F6

2. 차원들의 본질적인 구별은 비본질성 자체로 인해 존립하므로, 등가적인 것〔상호 무관한 것〕으로 표현되어야 한다. 그리고 공간이 대립자들을 수용하고 세 번째로 이 계기들의 등가성〔상호 무관함〕을 그 자체로 표현함으로써, 차원들의 본질적인 구별은 그 계기들이 **관계 맺는 위치 〔배열 상태〕**(Stellung)를 지양해야 한다. 개념이 자체 내로의 반성의 운동에서 계기들을 표현하는 만큼, 똑같이 그렇게 공간의 계기들도 다면적인 위치를 지닌다. 또는 〔공간의〕 차원은 삼중적인 의미를 지니는데, 즉 〔처음에는〕 공간의 부정적인 계기가 생기고 그리고 공간의 절대적인 등가성〔상호 무관성〕의 규정이 생긴 다음, 그 다음으로 공간 자체를 지양하는 그러한 삼중적인 의미를 지닌다. 그러나 또한 〔어떤 차원이든〕 차원은 그보다 선행한 차원의 부정태이기 때문에, 차원은 부정성의 지양 과정이자 등가적인〔상호 무관한〕 공간의 재산출과정이기도 하며, 이러한 이중적인 측면으로 인해 세 번째로 차원은 그 자체가 하나의 등가적

H6

인〔상호 무관한〕 계기이기도 하다. 각 차원이 선행한 차원의 지양이라는 측면에 따라서 보면, 그러한 방식으로 첫 번째 차원으로 등장하는 차원은 동시에 어떤 차원도 아닌 그런 것이며, 또는 여기서는 이 차원이 존재하는 곳에서 차원 일반이 지양되면서, 차원은 공간의 등가성〔상호 무관성〕을 유발하지 않거나 **어떤 차원**도 아니게 되어, 본질적으로 공간 밖에 속하게 된다.

3. 차원 일반에게 그리고 차원들이 서로 맺는 관계의 규정 속에 존립하는 차원에게 이렇게 대립적인 **의미**를 부여하는 이 부정성은 공간의 등가성〔상호 무관성〕에 속하기 때문에, 우선 이 부정성은 등가적인 상태〔상호 무관한 상태〕와 **위치**의 상이성으로 고찰되어야 한다.

α) 차원의 개념으로부터 시작하는 첫 번째 위치,
존재의 형식을 띤 차원들

F7   1) 그 개념이 공간의 부정인 차원은 공간 자체에 속하지 않고 오히려 연관(Beziehung: 선긋기)[6] 일반일 뿐이다. 이러한 요소로서 차원은 **점**(Punkt)이다. 우리는 점이 공간 상에 존재하면서도 존재하지 않는다고 말할 수밖에 없다. 점은 공간 속에 존재하면서도, 점은 차원이기는 하지만 **부정태** 일반으로서가 아니라 오히려 공간의 부정태로 규정된다. 동시에 점은 공간 일반의 단순한 부정태이며, 또는 개념이자 본질적인 것으로서 부정태이므로, 점은 공간에 있지 않다. 2) 공간과의 연관으로서 점

H7

∴

6) 여기서 Beziehung은 관계 맺는 항들 사이의 연관이면서, 동시에 이후의 논의에서 보자면 공간에서 점들의 연관, 즉 '선긋기'를 의미하기도 한다.

은 αα) **현존재 일반**이며, 비현존재의 현존재인 그러한 것 또는 절대적인 **시작(Anfang)**이다. 연관〔선긋기〕은 그 자체에 시작의 규정을 지니기 때문에, ββ) 단순히 공간 자체의 비단절적인 연속성이나 공간 속에 현존하는 **현존적** 점만이 아니다. 오히려 γγ) 연관〔선긋기〕은 도처에 시작을 표시하는 공간 속의 이러한 현존재이다. 즉, 공간 속의 점의 **현존재가 선(Linie)**이다. 점은 점으로서 오직 **절대적 시작**으로만 **현존**〔거기에 존재〕하며, 지양된 현존재로 존재할 뿐이다. 그리고 〔점이라는〕 이 현존재가 부정태에 접촉함으로써 분리되면, 점은 **시작**이나 **끝**으로 현존한다. 그러나 이 시작이나 끝이 공간과 맺는 긍정적인 연관〔선긋기〕 자체가 선인데, 이 선은 동시에 점이 그의 가능성인 그러한 것이며, 점 개념의 단순성을 유지하는 연속성이다. 즉, 여기서 점은 **탈자적으로(außer sich)** 존재한다. 왜냐하면 점이 공간 속에 현존하게 되면서 선이 되기 때문이다. 그러나 이 〔점의〕 탈자존재(Außersichsein)는 스스로를 이렇게 단순자로 유지하면서 오직 **단 하나**의 시작과 **단 하나**의 끝, **단 하나**의 이전과 단 하나의 이후와만 관계를 맺는다. 또한 이 탈자존재는 연관이 느슨해진 다수성이나 사방으로 존재하는 것이 아니라, 순수한 **방향(Richtung)**이다.

주석(註釋).[7] 선의 개념 자체를 표현하는 선은 **직선**이다. 직선에 관한 이같은 사려깊은 규정을, **직선은 두 점 사이의 최단 거리다**라는 단순한 표상에 속하는 몰사상적인 정의에 적용하는 것은 아주 쉽다. 왜냐하면 **거리**라는 말에서 우리는 **방향**을 생각할 것이고, **가장 짧다**는 것은 거리의 구분에서 **최소**이기 때문이다. 그런데 거리의 구분에서 최소라는 것은 단

F8

•• •

7) 이 '주석' 부분에서 헤겔은 바로 앞의 선에 관한 논의를 보충하고 있다.

순자(das Einfache)이다. 〔이것은〕 무한성(Unendlichkeit)〔이다〕.*

선은 선 속 점의 현존재로서, 공간의 첫 번째 차원이다. 그러나 선 자체는 시작을 전제하며, 차원의 개념을 전제한다. 그리고 이 시작이 **점**으로서, 공간에서의 **시작**이라면, 점이 첫 번째 차원이 될 것이고, 선은 두 번째 차원이 될 것이다.

H8   3) 부정태의 **직접적인** 현존재는 자신의 개념을 통해서 타자가 되어야 한다. 즉, 부정태는 **직접성**을 지양해야 한다. 왜냐하면 부정태는 직접자라기보다는 부정태로서, 직접성의 부정태이기 때문이다. 따라서 선이 탈자적으로 정립되면 **면**(Fläche)이 된다. 선이 점에 대해 그러한 것처럼, 또는 점이 선의 **가능성**인 것처럼, 면은 선을 자신의 기초이자 자신 속에서 지양된 상태로 지니고 있다. 왜냐하면 선은 탈자적인 상태의 면으로 존재하기 때문이다. 또한 선은 면의 **시작**이자 **끝**이며, 〔면에서〕 비로소 개념의 상태에 있는 선으로서 현존하기 때문이다. 〔여기서는 선에 대해〕 면이 두 번째 차원이기 때문에, 이제 부정성은 실재적인 구별이자 구별된 것들의 현존재로서 존재한다. 애초에 선으로서 구별은 형식적으로만 현존할 뿐이었다.

4. 선은 첫 번째 부정태이며, 면은 두 번째 부정태 또는 부정태의 부정태이다. 그래서 면은 사실상 차원의 지양인 차원이다. 〔면은〕 첫 번째 차원〔선〕과 더불어 면으로서 **현존하면서도** 그 개념상 부정태를 지양하면서, 면은 존재하는 것인 선 자체와 대립적 의미를 띠게 되고, 공간의 자기 자신으로의 복귀가 되며, 차원이 현존하는 것으로서 지양되면서 다시

F9   그 개념에 따라서만 정립되기에 이른다. 그래서 점의 단순한 일자(一者,

---

* 게다가 〔이것은〕 좋지 않은(schlecht) 무한성에 해당한다.

Eins)이기도 한 면,* 즉 **표면적**(Oberfläche)이 있게 된다. 이 표면적은 공간을 전체로서 재산출하며, 이 표면적에서 공간은 차원들의 총체이자 현실적 공간이 된다. 공간은 **특정한** 공간, 점의 통일체이다. 또는 부정이 자체 내로 되돌아가서 스스로 보편자로 정립되면, 이 부정은 **규정성**이 된다.

β) 특정한 공간으로부터 시작하는 차원들의 위치

1. 특정한 공간은 전체로서의 공간이며, 특정한 공간에서의 차원은 지양된 것이라는 **의미**를 지닌다. 차원이 우리에 대해서(für uns) 그 개념상 그러했던 것처럼, 이제 그렇게 이 차원이 정립되는 것이다. 차원이 이러한 의미로 취해지면, 차원은 **한계**(Grenze)가 된다. 우리는 긍정적이고 실재적인 것으로서의 특정한 공간에서 시작하면서, 면은 특정한 전체의 (물질적인) 공간의 한계이고, 선은 면의 한계이며, 점은 선의 한계라고 말한다. 이러한 의미에서 보자면, 개별 차원들은 이전에 자신들이 다른 차원들에 대해서 지녔던 자신만의 규정성을 상실해버린다. 바로 이것이 '차원이 부정태로 정립된다는 것'의 참된 의미이다. 따라서 이전의 위치에서 선이 최초의 현존하는 부정 또는 직접적인 부정이었다면, 이제 면이 이같은 것이 된다. 그리고 면이 부정의 부정이었다면, 이제 선이 이러한 것이 된다. 앞에서 점은 단지 현존하지 않는다고 하는 부정 일반의 의미만을 지녔었지만, 이제는 **긍정적인** 의미를 지닌다. 즉, 점은 긍정적인 공간이지만, 이제 본래적인 점은 한계의 사라짐(Verschwinden)이다. 선은 이렇게

H9

---

* 왜 오직 3차원만이 〔가능한가?〕 α) 면, β) 전체 공간〔,〕 세 가지 의미들, γ) 존재하는 차원의 지양.

스스로 현존하는 사라짐이다. 이것은 규정성의 사라짐, 특정한 차원 일
반의 사라짐을 표현한다. 그리고 그 결과는, 각자가 모두 그 자신의 대립
자로 정립되어 이렇게 〔대립하는〕두 규정들이 사라져버린다는 것이다.*

차원은 전적으로 **무규정적인 상이성〔다름〕**(Verschiedenheit) 일반이다.

γ.[8] 차원들의 세 번째 위치

차원들은 세 가지 상이성들 일반이다. 즉, 차원들의 **세 가지** 순수한 규
정은 수(Zahl)의 등가적인 면이다. 공간에서 차원들은 단지 상이한 방향
들일 뿐이다. 그리고 이 방향들 각각은 다르게 취해질 수 있어서, 여기서
참된 본래적인 규정은 그 방향들 밖에 있게 된다. 즉, 공간 일반에서 높
이, 폭 그리고 길이가 〔그러한 것들이다.〕특정한 공간에서 표현되는 것
은 모두 각기 그 자체로 구별된다. 왜냐하면 〔위치로서의〕차원은 더 이
상 구별을 외부를 향해 지니지 않기 때문이다. 〔위치로서의〕차원은 앞
과 뒤, 오른쪽과 왼쪽, 위와 아래이다. 높이, 폭 그리고 길이 등이라고 하
는 것은 전혀 규정되지 않은 상태의 것들이다. 이처럼 〔규정되지 않은〕
것은 공간 밖에서 등장한 부정태에만 의존한다.**

부정태(das Negative)는 공간 밖에서 출현했다. 왜냐하면 부정태는 공

---

* 이 복귀의 과정에서 점은 규정성으로서 차원의 사라짐의 의미를 〔지닌다.〕그리고 여
기서 차원은 지양된 **세 가지** 것들로서 상호 무관한 것들이다.
** 구별을 **자유롭게** 놓아두기.

∴

8) 여기에 펠릭스 마이너 판에는 괄호가 없으나 앞선 부분과 통일성을 유지하기 위해 호프마
이스터 판에는 괄호가 첨가되어 있다.

간에서 완전히 등가적이기[무차별적이기] 때문이다. 그리고 구별은 구별로서 더 이상 그 자체로 정립되지는 않는다. 즉, 차원들은 아직까지 단지 방향들일뿐이며, 그 속에서 모든 것은 동등하다. 그리고 구별 자체는 더 이상 어떤 존재하는 구별도 아니며 [고작해야] **사념된 구별**일 뿐이다.

b.
시간

공간은 **직접적으로 현존하는** 양이다. 즉 [공간은] 직접적인 것이자, 그 H10
의 계기들이 상호 동등하고 무관하며 서로 분산된 상태에 있는 개념 자체이다. [그런데] 구별이 공간으로부터 나타나면서, 공간은 이렇게 상호 동등하면서 무관한 상태이기를 중단하고, 대자적으로 아주 불안정한 상 F11
태가 되며, 더 이상 마비된 상태가 아니게 된다. 공간은 **사념**의 자아(das Selbst des Meinens)로서, 이 속에 공간이 속한다는 것을 우리는 보았다. 대자적으로 현존하는 순수한 구별로서 이 순수 양이 추상적인 무한자이며 그 자체로 부정적인 것으로서, [이것이 바로] **시간**이다.

대립이 상호 동등하고 무관한 상태를 상실하기 때문에, 시간은 직접적으로 **존재하지 않는** 현존적 존재이면서, 동시에 직접적으로 **존재하는** 현존적 비존재(Nichtsein)다. 즉, 시간은 현존하는 순수 모순(Widerspruch)이다. 그리고 이 모순은 스스로를 지양한다. 그래서 시간은 이렇게 지속적으로 자기 지양하는 **현존재다.*** 시간의 계기들은 공간의 계기들처럼 이렇

---

* 도약점—정열이나 영혼보다 더 풍성[하고], 공간에 속하는 **자연의 위력**을 갖춘 운동, **자아**[가] **두 번째 것**[이고,] **첫 번째 것**[은] **정신 속에** [있다.]

게 **순수한 추상들**이다.* 만일 공간의 계기들이 실재적인 차원들로서 현상한다면, 이같은 일은 오직 상호 동등하고 무관한 존립의 형식을 통해서만 발생한다.

시간에서 부정태가 전개되면, 이 부정태의 차원들이 나타나지만,** 그러나 이 차원들은 이렇게 상이한 위치들을 지니지는 않으며, 오히려 직접적으로 자기 자신의 지양이라고 할 수 있다. 공간이 공간 일반으로서 그의 계기들의 실체인 것처럼, 시간도 마찬가지다.

좀 더 상세히 고찰해보면, α) 〔첫째,〕 공간의 일자(Eins)는 **일자**로서 본래 시간에 속한다. 즉, 이 일자는 공간에게는 공간의 피안일 뿐이다. 그러나 이 일자는 시간에게는 내재적이다. 왜냐하면 일자는 자기 자신과의 연관이자 자기 자신과 동등한 상태로서, 단적으로 배타적이며, **타자**를 부정하는 것이기 때문이다. 따라서 이 일자의 개념 속에 부정이 있다. 즉, 일자는 그 자체로 부정이고, 이 일자에 의해 부정되는 것은 바로 〔이 일자와 동등한〕 **타자**이다. 이 일자는 **존재하며**, 〔더구나〕 이 일자는 **직접적으로** 존재한다. 왜냐하면 이 일자의 자기동등성이 곧 **직접성**이기 때문이다. 그리고 이같은 상태가 곧 **현재**(Gegenwart)이다. 이 지금(Jetzt)이라는 것은 자신으로부터 모든 타자를 단적으로 배제하고, 단적으로 단순하다.*** β) 그러나 이 **단순성**(Einfachheit)과 지금의 **존재**는 이 지금의 직접성을 직접적으로 부정하는 것이자 지금 자신의 자기 지양이다. 즉 〔현재로서의 시간은〕 한계로서의 자신을 지양하면서 동시에 타자로 존재하는 그

H11

F12

---

* 우리의 신체 속에서처럼 대상적인 요소〔기반〕 속에서도 추상적으로 일이 진행된다.
** 규정성들의 관성적인 자기 지양
*** 순수 **구별**과 **자기동등성**의 모순

러한 한계〔라고 할 수 있다〕. 또한 절대적으로 스스로를 구분하는 자로서 시간은 이 타자를 지양한다. 왜냐하면 시간은 순수한 동등성이기 때문이다. 지금이 **존재한다**는 것, 이것이 바로 시간의 직접적인 규정이거나 시간의 첫 번째 차원이다. 우리가 **존재하는 상태**로 정립되어 있는 시간에 대립하여 시간의 **존재**의 **비존재**(Nichtsein)를 고수하고* 이 비존재가 시간을 지양하도록 하면, 우리는 **미래**(Zukunft)를 정립하게 된다. 이 지금의 부정이 바로 또 다른 타자로서, 〔이것이 시간의〕 두 번째 차원이다. 미래는 〔앞으로〕 **존재**할 것이다. 우리는 미래를 **어떤 것**으로 **표상**하고, 심지어 현재의 **존재**를 미래에 전이시키기도 하며, 미래를 단순히 부정적인 것으로만 표상하지는 않는다. 그러나 이렇게 미래에게 부여된 존재는 〔현재라는〕 시간 밖에 있으며, 이 미래의 존재는 표상된 것이다. 미래의 참된 존재는 지금으로 존재한다. 긍정적인 것(das Positive),** 지금이라는 것이 자신의 **존재**를 직접적으로 지양하면서 존재하는 것처럼, 마찬가지로 부정적인 것(das Negative)도 자신의 비존재를 직접적으로 부정하면서 존재한다. 면이 공간 자체의 한계로서 공간적인 것처럼, 지금도 마찬가지다. 따라서 미래는 직접적으로 현재 속에 있다. 왜냐하면 미래는 현재속에 있는 부정태의 계기이기 때문이다. 비존재가 자기 고유의 반대편인 존재로 전환되듯이 지금이라는 것도 사라져버리는 존재이다. 이 직접성으로 인해 〔미래와 현재라는〕 그들의 구별되는 존재는 미래와 현재 외부에 속하게 된다.

γ) 존재의 **존재적** 지양인 지금에 비해 미래는 **비존재적** 지양으로 규

---

* **고립시키기**
** 미래는 지금의 모순을 지양하기 때문에 **존재한다.**

정된다. 그런데 이 **비존재**조차도 직접적으로 자신을 지양하면서 존재하며 〔일종의〕지금으로 존재한다. 그러나 이러한 비존재의 개념은 본래적인 직접적 지금의 개념과는 다르다. 그것은 바로 직접자의 부정적 지금을 지양한 지금이다. 〔미래라는〕이 다른 차원과 대립적인 이 〔시간의〕차원이 바로 **과거**(Vergangenheit)다. 이것은 〔앞서 공간에서〕면이 부정의 부정인 것과 같은데, 〔공간에서는〕선이 공간적으로 스스로 현존하는 지금으로서 부정이었다. 우리는 〔미래와 현재라는〕다른 차원들 이외에 〔그 밖에서〕과거를 지닌다. 그러나 〔과거는〕부정적인 지금에 대해 부정적이거나, 미래를 과거로 만들거나 자기 자신과의 연관을 맺을 뿐만 아니라, 스스로를 부정적으로 지양하면서 **직접성**을 띠기 때문에, 과거조차도 지금으로 존재한다. 지금의 분할불가능성으로 인해 〔과거, 현재, 미래라는〕세 가지 시간 모두는 동일한 현재인 것이다.

과거는 완성된〔완료된〕(vollendet) 시간이다. 한편으로 과거는 과거이자 차원으로서 순수한 결과이며 시간의 진리이다. 그러나 다른 한편으로 과거는 총체성으로서 시간이다. 즉, 과거도 차원일 뿐이며 직접적으로 그 자체에서 지양된 부정일 뿐이다. 또한 과거는 **지금**이다. 지금은 이러한 차원들의 통일일 뿐이다. 현재는 더 이상 미래와 과거보다 못한 것이 아니다. 절대적으로 현재적이며 영원한 것은 현재, 미래 그리고 과거의 통일로서 시간 자체다.

시간에 관해서 말하기를, 절대적 고찰방식에서는 시간이 말소되어 버린다고 한다면, 한편으로 이러한 고찰방식은 일시성(Vergänglichkeit)이나 시간의 부정적 성격으로 인해 비난을 받는다. 그러나 이 부정성은 절대적 개념 자체이며, 무한자이고 대자존재의 순수 자아이다. 이것은 공간이 순수 즉자존재로서 대상으로 정립되었던 바와 마찬가지다. 그렇기 때문에 시간은 모든 존재자의 최고 위력(Macht)이므로, 이 모든 존재자에 관한 참된 고찰방식은 이 존재자를 그의 시간, 즉 그의 개념 속에서 고찰하는 것이다. 그리고 〔시간인〕 이 개념 속에서 모든 것은 오직 사라지는 계기로 존재한다. 그러나 다른 한편으로 시간 속에서는 어떤 것이 **지금**이면, 다른 것은 **과거〔존재했던 것〕**이고, 또 다른 것은 **미래〔존재할 것〕**라는 식으로, 실재적인 것의 계기들이 분리되어 나타나기 때문에, 〔앞서 말한 절대적 고찰방식은 비난을 받는다.〕 진리 속에서는 모든 것이 분리되면서도 동시에 마찬가지로 **단 하나**의 통일 속에 직접적으로 존재한다.* 그러나 이같은 분리상태는 시간으로서의 시간에 귀속하지 않고, 오히려 시간에 존재하는 공간에 귀속한다. 왜냐하면 시간이라는 것은 계기들이 상호 동등하며 무관한 병렬(Auseinanderstellen)이 아니라, 오히려 단적으로 순전히 대립적인 것을 하나의 직접적인 통일 속에서 지닐 수 있는 모순과 같은 것이기 때문이다.

앞서 논의한 것을 회상해보자면, 계기들이 그 속에서 해소되는 이같 H13은 직접성의 성격으로 인해 알 수 있는 것은, 시간의 차원들의 구분이 시간 밖에 속하며, 차원들이 상이하게 배치되는 공간이 곧 바로 **우리**(wir) 자신이라는 것이다. 또한 마찬가지로 공간의 부정을 **추동하는 시간**도 바로 우리 자신이라는 것이다. 그래서 여기서 차원들은 공간의 **차원들**이자 이 차원들의 상이한 위치들이기도 하다. 앞서 고찰된 것처럼, 공간에서 F14는 부정의 자아가 공간 밖에 있다. 더 나아가 오히려 공간이 그러한 자아로 이행하며, 시간이 공간의 결과이자 진리다. 공간은 단순한 존립일 뿐이며, 공간이면서 동시에 시간이기도 한 실체는 아니다. 그렇기 때문에

---

* 시간이 모든 것을 계시한다.

공간은 참된 의미에서 공간, 즉 그의 차원들의 자아나 차원들 총체의 일자도 아니다. 거꾸로 시간은 시간적인 것들의 존립이 아니며, 오히려 존립은 시간 밖에 있다. 따라서 [공간과 시간] 양자가 [이렇게] 정립되어 있는 바처럼, 이 양자는 아직까지 자신들의 실재성을 갖추지 못한 상태이다.*

시간은 자신의 **총체성 자체**인 **과거** 속으로 **묻힌다.**[9] 또한 이 차원은 시간의 언표된 지양이다. 바로 이것이 시간의 진리라는 사실은, 계기들의 자기 지양, 다시 말해 계기들의 비존립의 직접성 속에 들어 있다. 그러나 시간은 단지 이러한 구별작용[차이나게 하는 과정](Unterscheiden)일 뿐이다. 즉, 시간은 자신의 구별들이 존재하지 않으면 **거기에 존재하지[현존하지]** 않는다. 그런데 시간의 구별들은 이러한 자기지양의 직접성 속에 있지 않다. 시간은 직접성 속으로 함께 가라앉는 순수 매개과정(Vermittlung)이다. 이 매개과정이 공간을 자신의 결과로 삼은 것처럼, 이 매개과정은 공간뿐만 아니라 시간도 지닌다.[10]

시간이 되돌아간 이 직접성은 우리가 처음에 시작한 그 직접성과는 다르다. 왜냐하면 [시간이 되돌아간] 이 직접성은 동시에 절대적으로 매개된 직접성이기 때문이다. 이제 비로소 시간은 양자[공간과 시간]의 실체가 되며, 그들의 존립인 통일성이 된다. 그러나 지금까지 이 양자는 정립

---

* α) 우리에 대해(für uns), 즉자적으로, β) 결과, 생성

∴

9) 여기서 '묻힌다(untergehen).'라는 용어는 '붕괴한다.', '몰락한다.', '절멸한다.'라는 의미를 동시에 지닌다.
10) 이 문맥에서 '매개과정'은 '직접성'이기도 한 매개과정으로 이해되어야 한다.

된 상태가 아니었으며, 이 양자 중 한 계기는 양 계기 밖의 타자 속에 있었다. 〔그러나 이제〕 시간은 **지속(Dauer)**이 된다. 이 지속 속에서 비로소 공간과 시간이 〔실재적으로〕 존재한다.

Ⅱ.[11]
공간과 시간의 실재성 – 운동

지속은 공간과 시간의 실체다. 우리가 재차 되돌아가서 지속이라는 개념을 개진해보면, 공간과 시간 양자의 이같은 직접적 통일이 이미 근거로 작용하고 있으며, 이 근거로 인해 공간과 시간 양자는 존재하는 것이다. 왜냐하면 공간의 부정태가 시간이고, 긍정태, 즉 시간의 구별들의 존재가 공간이기 때문이다. 그러나 지속의 상태에서 공간과 시간 양자는 동등하지 않은 가치를 지닌 것으로 **정립된다**. 또한 이 둘의 통일은 단지 한쪽으로부터 다른 쪽으로의 이행의 운동으로만 표현될 뿐이어서, 시작과 실현과정과 결과가 각기 분리되어 나타난다. 그러나 결과는 〔공간과 시간〕 양자의 근거와 진리가 무엇인지를 언표한다.

지속하는 것은 시간이 회귀한 자기동등성(Sichselbstgleichheit)이다. 지속은 공간이다. 왜냐하면 공간의 규정은 서로 동등하며 무관한 현존재 일반이기 때문이다. 지속은 더 이상 공간의 직접적인 현존재가 아니며, 처음에 우리에게 있었던 것으로 이제 지금 정립된다. 즉, 〔지속은〕 단적으로 매개된 것이나 절대적 부정성의 통일로 정립된다. 시간과 공간은

∴

11) 호프마이스터 판에는 'Ⅱ' 대신 '2'라는 제목 번호가 붙어 있다.

참된 상태에 있는 바와 같이 이러한 그들의 실체 속에서 고찰되어야 한다. 단순한 실체는 공간과 시간과 마찬가지로 또 다시 그 자체에 차원들을 지닌다. 그러나 공간일 뿐만 아니라 동시에 시간이기도 하다는 의미를 직접적으로 지니는 것은 바로 이 차원들이다.

a) 단순하며 자기동등적이고 **지속적인** 실체는 그 자체에 또 다시 규정이나 차원을 지닌다. 〔그 첫 번째는〕 단적으로 비연속적이며 배타적이고 자기 관계하면서 현존하는 **일자, 점**(Punkt)과 같은 것이다. 그런데 여기서 점은 참된 상태에 있는 것이자 **보편자**로서, 처음에는 **여기**(ein Hier) 일반으로 〔나타난다.〕 지속하는 것의 직접성 속에서 차원은 처음에는 공간의 형식을 지닌다. 그러나 점은 동일한 이유로 전체 공간이자 동시에 모든 차원들의 총체이기도 하다. 여기서 점은 순수한 형식이 되어버린 것이다. 즉, 이제 점은 전체 공간이자 하나의 **여기**다. 왜냐하면 **여기**라는 것은 점의 단순체이며, 그 자체가 공간인 점이기 때문이다. 이 여기는 동시에 시간이기도 하다. 〔이러한 시간은〕 (**직접적으로** 자신을 **지양하는** 현재이며, 존재했던 지금이다. 또한 여기라는 것은 자신의 규정 속에 부정성을 지니고 있다. 왜냐하면 여기라는 것은 단적으로 배타적이고 부정적인 것이기 때문이다.) 〔여기라는 것의〕 이러한 규정은 더 이상 단순히 여기의 개념에만 해당되지 않기 때문에, 이 규정은 우리에 의해 정립될 만한 것이 아니라 〔그 자체로〕 정립되어 있는 것이다. 여기는 동시에 지금이다. 왜냐하면 여기라는 것은 **지속**의 점이기 때문이다. 여기와 지금의 이 통일이 **장소**(Ort)다. 장소는 공간의 여기이고, 이 여기이자 동시에 다른 여기 일반을 지시하는 것이다. (장소는 공간을 통하여 서로 동등하며 무관하고 확고하며 변하지 않는 것이기는 하지만, 단적으로 타자를 지시하는 그런 것이다.*

그러나 이렇게 정립되어 있는 상태인 장소는 아직까지 지금의 진리의 상태에 있지 않다. 왜냐하면 이 지금이라는 것은 타자가 되는 것이며 직접적으로 자신을 지양하는 것이기 때문이다. 이 장소는 단순히 타자만을 지시하지 않으며, 오히려 자기 자신을 지양하여 **다른 장소**가 된다. 그러나 〔여기서〕 구별은 동시에 지양된 구별이다. 지속의 실체 속에 이렇게 직접적인 자기 내 복귀(in sich zurückgekehrtsein)가 정립된다.** 또한 **장소**는 단적으로 보편적인 것이다. 이 보편자가 자신의 어떤 장소를 취하여 변경하고, 그렇게 해서 또 다른 장소가 된다. 그러나 보편자는 이전이나 이후나 자신의 장소를 취한다. 여기라는 것은 이 보편자로서만 비로소 본래 **장소**라고 할 수 있다. 보편자는 자신의 장소를 변경하지만, 동시에 자신의 장소로부터 벗어나지는 않는다. 제논[12]이 운동의 불가능성을 보

---

* **여기**(Hier)는 **이것**(Dieses)이며, **존재자**이고, **직접자**이다. 그러나 장소는 단적으로 매개된 여기다. α) 〔첫째,〕 장소는 미래라는 또 다른 장소를 지니고 있는 지금이며, 동시에 세 번째 것인 과거라는 〔또 다른 장소를 지니고 있는 지금이다.〕 이처럼 다른 두 쪽을 통해서 비로소 장소는 규정된다. **다른 장소**는 타자 일반이기는 하지만, 아직까지 타자존재의 진리는 아니다. β) 〔둘째,〕 장소는 타자와의 구별을 통해서만 그렇게 단적으로 존재한다. 즉 〔장소는〕 공간 그 자체에 귀속하지 않는 연관인 것이다.

** 각각의 장소는 모두 그 자체로는 단지 **바로 이 장소**일 뿐이다. 다시 말해 이 장소들은 서로 동등하고, 이러한 동등성이 모든 것의 여기 또는 지금(das Hier oder Jetzt)이다. 구별된 것들은 직접적이며 절대적으로 자신을 지양하는 것들이 아니며, 오히려 공간의 존립이 이것들의 근거이다. 따라서 지금이라는 것이나 일자로 머무는 상태, 상이한 것들의 무구별성이 있게 된다. 각자는 〔어느 특정한 곳에〕 머무르면서 동시에 타자와 상이하고, 이 상이성에 대해 무관심한 태도를 취하며 또 다시 일자가 된다. 그들의 구별 자체는 그들 밖에 있고, 일자는 상이한 것 밖에 있다.

..
12) 여기서 제논은 엘레아학파에 속한 제논(Zenon, 약 B.C. 460년 경)을 가리킨다. 그가 다수성과 운동을 특정한 논변들을 통해 부정했다는 사실은 잘 알려져 있다. 단편, 310-326쪽 참조.

여줌으로써 장소가 그 자체로 지니는 이러한 변증법을 말한 바 있다. 운동한다는 것은 곧 그의 장소를 변경하는 것일 수도 있다. 그러나 그렇다고 화살이 그 장소로부터 벗어나지는 않는다. 이 변증법은 여기라는 무한한 개념이다. 왜냐하면 시간이 여기라는 무한한 개념 자체에 정립되어 있기 때문이다.

F17　b) 계기들은 그들의 상이성에 의해서만 고찰되고, 또한 구별 자체나 시간은 거기에 참되게 정립된 상태가 〔아직〕 아니다. 단지 실재에 대립하여 개념이 정립되어 있을 뿐이거나, 아니면 개념으로서의 개념 그 자

H16체가 아닌 실재만이 정립되어 있을 뿐이다. 장소는 처음에는 지금으로 규정된다. 그러나 이 지금은 직접적으로 미래인 지금이다. 다시 말해 **현존하는 것**으로서 지금은 그의 비현존재가 정립되어 있다는 계기를 그 자체에 지닌다. 장소는 단적으로 즉자적이지 않고 상대적이고, **다른 장소**로서 존재하며 직접적으로 다른 장소가 된다. 다른 장소가 될 수 있다는 것이 장소의 **개념** 속에 내재한다. 장소는 서로 동등하고 무관하며 상이한 것만이 아니고, 〔앞서〕 미래가 규정되었던 바처럼 그러한 것이다. 즉, 이 미래는 더 이상 단지 우리에 의해서만 산출되는 구별이 아니며, 오히려 우리가 이전에 그의 실체나 존립이었던 것처럼, 이 〔미래라는〕 것은 이제 지속 속에 정립되어 있다. 하나의 공간, 어떤 **장소**, 우리가 지금이라고 부르는 장소가 앞으로 될 장소〔미래의 장소〕가 존재한다. 미래는 머물러 있는 나중(Nachher)이다. 이 미래는 **비현존적 지금**이다. 비현존적 지금은 〔지금이라는〕 이 자신의 규정을 직접적으로 지양하면서 동시에 **지금**으로 존재한다. 그러나 이렇게 해서 비현존적이며 지양된 지금의 피지양상태(Aufgehobensein)가 존재하며, 이것은 세 번째 차원인 **과거**(Vergangenheit)로서, 떠나보낸 장소이다. 떠나보낸 장소에서 과거는 **이전**

(Vorher)이며, 그 자체로 존립한다. 과거는 존재하는 과거다. 〔이렇게 해서〕 세 가지 구별되는 장소들이 존재하게 되는데, 즉 지금인 장소, 나중에 차지할 장소 그리고 떠나보낸 장소가 그것들이다. 이 속에서 시간의 차원들의 사라짐은 마비된 상태에 있다. 그러나 동시에 오직 **단 하나**의 장소만이, 즉 보편적인 불변자, 모든 변화 속에서도 동일한 것만이 존재한다. 따라서 이렇게 지속이 전개됨으로써, 지속은 그의 계기들을 구분하는 단순한 실체로서 표현된다. 여기서 계기들 각자는 직접적으로 지양된 상태에 머물거나 아니면 그 반대의 상태에서 그 자체가 시간과 공간의 통일로만 나타난다. 이렇게 해서 지속은 자신의 개념에 맞게 직접적으로 존재하는 바처럼 존재하며, 지속은 **운동**(Bewegung)으로 존재한다.

운동이 앞서 논의된 바와 같다는 것은 저절로 밝혀진다. 운동의 본질은 시간과 공간의 직접적인 통일로 존재한다. 여기서 이 통일은 곧 그 자체에 절대적 매개를 지니고 있고, 이 절대적 매개의 계기들은 스스로 보편적 실체를 자신들의 실재로 삼는다. 그래서 운동은 공간에 의해 실재적으로 존립하는 시간이면서, 동시에 운동은 시간에 의해 비로소 참되게 구분된 공간이기도 하다. 운동은 지속하는 것의 진리다. 다시 말해 지속하는 것이 곧 운동이다.* 시간이 단순한 혼(Seele)인 것처럼, 운동은 세계의 참된 혼이라는 개념이다. 우리는 흔히 운동을 술어(Prädikat)로, 어떤 상태(Zustand)로, 실재적인 것으로 그리고 움직이면서도 움직여지는 것으로 간주하곤 한다. 그러나 운동은 사실상 자아(Selbst)이며, 주관으로서

F18

H17

---

* 양의 계기들, 이전에 순수 **존재**와 **비존재**(였던 것이), 여기서는 실재성(Realität)이나 **현존재**〔가 된다.〕 다시 말해 그들 사이의 상호 무관함에 따라서 공간〔이 되고〕, 그들이 〔서로에 대해〕 타자존재〔가 된다는 측면에서〕 시간〔이 된다.〕

주관(Subjekt)이다. 나(Ich)라는 것은 나로, 주관으로 존재하며, 동시에 운동 자체의 개념으로 존재하는 것이다. 그래서 운동은 타자화일 뿐만 아니라, 운동의 **개념**은 지속, 자기내복귀이기도 하다. 또한 운동은 사라짐의 머묾(das Bleiben des Verschwindens)이다. 그러나 운동이 술어로 현상한다는 것은 스스로 소멸하는 운동의 직접적인 필연성으로서, 이 필연성을 이제 좀 더 상세히 고찰해야만 한다.

c.[13] 지속은 운동이다. 이것이 지속의 개념이다. 그러나 이 개념 자체는 단지 개념일 뿐인 규정이다. 앞서 운동이 고찰된 것처럼, 운동은 아직까지 실재적인 운동은 아니다. 이를 좀 더 상세하게 규정해보면, 지속은 공간이 아니라 **시간의 형식**을 띤 운동으로 정립되어 있다. 차원들은 지금, 이전 그리고 나중이라는 의미를 띠며, 공간적으로 차원들은 타자존재[14]의 규정을 지닐 뿐, 공간에서 차원들이 공간으로 존재하는 바와 같은 그러한 **차원들의 규정**을 지니지는 **않는다**. 상황이 이렇게 되어버린 것은, 지속의 상태로 직접적으로 존재하는 계기들이 시간의 계기들이라는 사실로 인해서이다. 왜냐하면 이 계기들은 시간에 직접적으로 속하기 때문이다. 첫 번째의 직접적인 현존재는 공간이다. 그러나 부정태의 첫 번째 직접적인 현존재는 시간이며, 지속에서 현존 상태에 이른다.

운동인 지속은 시간 속에 정립된 지속으로서, 이것이 비로소 운동의 개념이라는 것을 아는 이러한 우리의 고찰을 통해서나, 아니면 우리가 공간, 선, 면이 아니라 시간의 차원들만을 발견한다는 우리의 비교를 통

∙∙

13) 펠릭스 마이너 판에는 괄호가 없으나, 앞서 표기된 a), b)와의 일관성을 유지하기 위해 호프마이스터 판에는 괄호가 표시되어 있다.
14) 본래 타자존재 앞에 über가 기재되어 있으나, 번역에서는 호프마이스터의 해석에 따라 über를 제외하고 번역하였다.

해서, 지속이 이 규정을 지양하고 스스로 공간의 규정 속에 정립된다는 사실을 그 자체로 언표해야만 한다.

장소는 자기 내로 복귀된 타자존재다. 왜냐하면 장소는 동일한 것으로 머물면서 스스로를 바꾸지 않고 자신으로부터 벗어나지도 않기 때문이다. 장소는 상호 동등하고 무관한 연속적 상태를 지양한다. 장소는 불연속적이면서 분리불가능한 일자다. 장소의 형식이었던 것이 곧바로 장소의 본질이기도 하다. 장소는 점이자 지양된 공간이며, 동시에 장소는 전체 공간이기도 하다. 장소는 점의 이러한 의미를 띠고 자기 운동하면서, 차원들로 나타나는 운동을 공간적인 것의 형식으로 보유한다. 운동은 α)〔첫째,〕 **직선 운동**이다. 〔직선 운동에서는〕 물체의 운동은 단지 점의 운동일 뿐이고, 우리는 운동을 오직 선으로만, 공간을 점으로만 표상한다. 운동은 우리가 이전에 고찰했던 장소의 변화이고, 이 변화는 이제 여기서 연속성을 띠는 것이다.* 머무는 **일자**는 자기운동자(das sichbewegende)이며, 이것은 비로소 여기서 스스로 운동한다. 즉, 이것은 지금, 이전 그리고 나중의 **연관**이거나 이들의 연속성이다. 여기서 비로소 운동은 공간 속에 있게 되며, **지속하는 것**은 직접자로 정립된다.

β[15] 운동은 선의 개념상 곧 **직선〔곧은〕 운동**(geradlinigte Bewegung)이다. 여기서 비로소 **직선**의 이러한 규정이 그 자체에 의해 정립되기에 이른다. 지금 등과 같이 것이 장소로 머물게 되었던 것처럼, 선이 그의 개

※ 본문 주석 영역:

* **일자**는 **통일성**이며, 상호 무관함은 부정적 일자의 지양된 존재〔이다〕.

15) 펠릭스 마이너 판에는 괄호가 없으나, 앞서 표기된 것과 일관성을 유지하기 위해 호프마이스터 판에는 괄호를 표시하고 있다.

념에서 **정립**되는 것이다. 또한 **단순성**(Einfachheit)이라는 선의 규정은 그 자체로 면에 대한 선 일반으로 **존재한다**. 그러나 이 차원은 부정으로서 자신의 직접적인 현존재의 부정이며, **면이 되어버린다**. 또한 직선적인 운동은 **이 지금**이라는 것의 지양일 뿐이다. 〔그래서〕 이러한 운동에서는 시간이 단지 미래로만 정립되며, 과거가 없는 탈주〔벗어남〕(ein Hinausgehen)로만 정립될 뿐이다. 그래서 여기에는 참된 공간뿐만 아니라 참된 시간도 정립되어 있지 않다. 직선 운동은 무한으로 진행하는 운동이다. 다시 말해 이것은 어떤 운동도 아니다. 예를 들어, 낙하의 경우에서처럼 직선 운동은 즉자대자적인 운동이 아니며, 오히려 직선 운동은 타자에 종속되고, 타자 속에서 술어나 지양된 것, 계기가 되어버린다. 접선 운동(Tangentialbewegung)은 단순한 비진리적 사유물일 뿐이다. 〔이 접선 운동은〕 **속력**[16]과 한결같은 운동이며, **공간의 규정**이 지양된 상태로서, 운동의 **직접적인 개념**이다. 또한 〔이 접선 운동은〕 **한결같은** 운동이자 **비본질적인** 구별이고, 크기(Größe)와 이 크기 그 자체, 또는 동등성(Gleichheit)이다. 직선에서 운동하고 있는 점은 즉자대자적으로 이 직선이나 직선 운동이라는 개념의 지양이다. 즉, 점은 자신 속으로 되돌아간다. 선이 점의 타자존재일 때, 점은 자기 운동하는 점으로서 첫 번째 차원이 되고, 〔선이라는〕 점의 타자존재는 여기서 두 번째 차원이 된다. 여기서 타자화되는 선이 곧 귀환(Rückkehr)이다. 이러한 귀환은 처음에는 다의적이며〔애매하며〕, 종합(Synthese)이다.

1) 운동은 자기 운동하는 점의 자기 지양이다. 더구나 운동은 점으로

⁚

16) 여기서 속력(Geschwindigkeit)은 한 점에 점점 더 가까워지는 접선 운동의 특징을 나타낸 말이다.

서의 점이 이렇게 지양되는 상태를 정립하는 것이며, 점의 지속의 재산출로서 점의 운동과는 대립하는 것이기도 하다. 또한 운동은 공간에 시간을 이렇게 정립하는 것이자 동시에 시간에 공간을 정립하는 것이기도 하다. 여기서 점은 운동하지 않는 **장소**의 재산출이다. 그러나 이 재산출된 장소는 직접적인 장소가 아니며, 오히려 변화로부터 복귀한 장소이고, 운동의 **결과**이자 **근거**다. 이렇게 재산출된 장소는 차원으로 존재하고, 다시 말해 다른 계기들과 대립해서 존재하기 때문에, 이 장소는 **중심점**(Mittelpunkt)이 된다.

2)* **선**의 이러한 귀환이 곧 **원주**(Kreislinie)다. 〔이 원주에서는〕 지금과 이전 그리고 나중이라는 것이 서로 결합된다. 즉, 이 차원들 사이의 동등하며 상호 무관한 상태가 있게 되어, **나중**이 **이전**인 동시에 **이전**이 **나중**이 된다. 이것은 공간 속에 정립된 운동이 필연적으로 마비되는 상태이며, 재산출된 직접성이다. 지금은 **미래가 되고** 나중으로 정립되며, 역으로 지금은 오히려 과거가 되기도 한다. 그리고 미래는 지금의 매개를 통해서 비로소 이전이 된다. 즉 〔여기서는〕 개념과 존재가 서로 모순된다. 이상과 같은 것이 원 운동에서는 통일되어버린 상태다. 원 운동은 이같은 의미들이 공간적으로나 존립의 상태로 통일된 것이다. 〔원 운동에서〕 점은 그의 미래이기도 한 어떤 한 장소와 관련되며, 지나가버림(das Vorbei)이지만 점이 자신 뒤에〔나중에〕 지니는 것이기도 한 어떤 장소를 떠난다. 그렇게 해서 점은 나중에 그 장소를 향하게 될 것이며, 그렇게 해서 그의 미래가 있게 되는 것이다. 한 점이 도달하는 **이전**(das Vor)이라고 하는 것은, 그 점이 이미 존재했던 바로서의 어떤 이전이다. 이 이전

F21

---

* 스스로 운동하는 점, **고요한**〔정지 상태의〕 **일자**.

이 그 점의 목표(Ziel)이고, 더우기 이전을 스쳐지나가는 목표이다. 그의 목표는 그의 과거이기도 한 점이다. 따라서 미래가 아니라 과거가 목표

가 된다는 것이 곧 시간의 진리다. 목적은 미래이며 공허한 것이고 비존재이자 운동자이다. 그러나 오히려 목적은 이미 존재하고 있는 것, 지금이며, 이 지금이 **목적**(Zweck)이기 때문에, 지금은 표상되고 지양된 지금, 과거로서의 지금인 것이다.

γ) 이처럼 운동과 구분되는 시간의 계기들이 특정하게 지양된 상태가 중심점이며 고요한[정지된] 장소다. 운동의 목적은 이전이면서 나중이기도 한 지금, 즉 운동하지 않는 것이다. 운동은 이같은 것과 연관되며, 이러한 것들이 바로 원의 **반지름들**(Radien)이다. 그러나 운동은 자신의 목적에 도달하지 못한다. 왜냐하면 전개된 계기들의 존립으로서 시간이 앞서 말한 점[중심점]과 대립하기 때문이다.

δ) 그러나 이 연관 전체, 즉 중심점 및 중심점과의 연관 그리고 그와 연관되는 운동 자체는 면이며, 전체로서의 운동이고, 처음에는 종합적인 전체이다. 이 전체 속에는 운동의 계기들, 즉 중심점에서의 운동의 소실 (Erloschensein)과 운동 자체, 운동과 소실과정의 연관이 존립한다. 이 면이나 이 운동 전체가 **현존하는** 운동이다. 즉, [이것은] 이 운동의 실재적인 점이 고요한 점과 맺는 연관과 다름 없다. 그래서 운동 자체는 이렇게 전체적인 지속이라서,* 점도 지속하고 선도 지속한다. 왜냐하면 모든 것들이 시간과 공간의 통일들이기 때문이다.

---

* α) 시간의 형식 하에서 운동, β) 공간의 형식 하에서 운동, 정지 상태로의 이행, γ) 세 번째 위치, 운동에서 시간과 공간의 상호 무관성, α) 속력, 지양된 구별 s/t^2, β) 크기의 구별 s/t , 동시에 γ) s^2/t^2 , 전체적인 공간 $t^2{:}t^3$, 순수 크기 또는 통일들

ε) 그러나 이 면 자체는 스스로 운동하여 자신의 타자존재, 전체 공간이 되며, 또한 자기 내로 복귀한 상태, 고요한 중심점은 보편적인 점이 된다. 이 보편적인 점에서 전체는 고요〔정지 상태〕속으로 가라앉는다. 즉, 지금, 이전 그리고 나중이라는 구별과 그들의 차원과 개념을 지양해 버린 것이 바로 그 본질의 상태에 있는 운동이다. 원에서 이 차원들은 일자 상태에 있고,* 원은 재산출된 **지속**의 개념이자 자체 내에서 소멸된 운동이다. 〔이제 여기서〕**질량(Masse)**이라는 것이 정립되는데, 이 질량은 지속하는 것으로서, 자기 자신을 통해 농축된 것이고, 운동을 자신의 가능성으로 드러낸다.

시간과 공간의 **내용충만**이라고 불리는 것, 저항을 유발하며 **붙잡고** 감지할 수 있는 것은, **자신의 대타존재(Sein für Anderes)**상태에서도 **대자적으로(für sich)** 존재하는 것으로서, 이같은 것이 시간과 공간 일반의 통일에서 달성된다. 왜냐하면 공간은 직접적인 현존재이고, 시간은 대자존재이기 때문이다. 그러나 지속은 〔이 양자의〕**직접적인 통일**일 뿐이지 **실재적인 통일**은 아니다. 지속이 실재적인 통일이 되기 위해서는, 지속이 자기 자신 내로 복귀한 것이어야 한다. 왜냐하면 대자존재는 직접자가 아니며, 대자존재의 개념은 자신 내로 복귀하는 운동이기 때문이다.** 따라서 지속하는 것은 대자적이며 다음과 같은 것으로만 존재한다. 즉, 지속하는 것은 자기 자신과 하나가 되어가는 과정(Einswerden mit sich selbst)이다. 공간의 충만은 α) 〔첫째,〕**대타존재**이며, **공간**은 거기에 **존재**하므로 〔현존하므로〕, 공간은 그렇게 공간으로 존재하며, 어떤 대자존재도 지니

F22
H21

---

* 왜냐하면 스스로 운동하는 것이 곧 **지금**이자 **이전**이자 **나중**이라는 것이기 때문이다.
** **수동적인(passiv)** 면에서 〔자아는〕**양적**이며, 대자적인 면에서 자아는 **질적**이다.

지 않고 저항 없는 연속의 상태로 존재한다. 〔β) 그 다음으로) 공간은 **접촉**된다. 즉, 공간은 자신의 대타존재에서 자신 속에 있는 이러한 운동이다. 그래서 이러한 운동은 수동적인데, 하지만 여기서 수동성(Passivität)은 동시에 활동성(Tätigkeit)이자 대자존재이기도 하다. 따라서 질량은 이렇게 운동을 하면서도 단순하고 직접적으로 있는 그러한 것이다. 그리고 저항(Widerstand)은 이러한 계기들의 통일이며, 저항은 개념이다.

Ⅲ.[17)]
질량

직접적으로 정립된 상태로서의 질량(Masse)은 그 자체에 저항인 운동을 지니게 된다. 왜냐하면 여기서 직접성은 대타**존재**(Sein für Anderes)이기 때문이다. 그리고 구별의 실재적인 계기는 운동 없이 존재한다. 즉, 운동은 이러한 개념으로 존재하거나 그 자체로 지양된 상태로 존재한다. 〔운동이 지양된〕 이러한 의미로 질량을 확정하면, 이것을 **관성적(träge)**이라고 한다. 그렇다고 해서 여기서 표현된 것을 정지(停止, das Ruhen)라고 생각해서는 안 될 것이다. 지속을 실현하는 개념으로서 정지가 운동과 대립한다는 연관에서 본다면, 지속은 정지 상태라고 할 수도 있다. 질량은 정지와 운동이라는 〔두〕 계기들의 통일이다. 〔정지와 운동〕 이 양자는 질량 속에 지양된 상태로 존재한다. 또한 질량은 이 양자에 대해 등

F23

..

17) 펠릭스 마이너 판에는 'Ⅲ'으로 표기되어 있으나, 호프마이스터 판에서는 'I. 역학, II. 형태화와 화학, III. 유기체'라는 상위 항들과 구분하기 위해 '3'으로 표기하고 있다.

가적〔상호 동등하고 무관함〕이다. 즉, 질량은 운동과 정지를 동시에 감당할 수 있으며 이 양자의 어느 한쪽만도 아니다. 질량 자신은 정지해 있는 것도 아니며, 그렇다고 질량이 운동하는 것도 아니다. 오히려 정지와 운동은 또 다른 타자를 통해 질량 속에 정립된다. 질량이 정지해 있으면, 정지해 있는 것이고, 자기 자신에 의해 운동으로 이행하지는 않는다. 이와 반대로 질량이 운동의 상태에 있으면 운동하고 있는 것이고, 그 자체로 정지 상태로 이행하지는 않는다. 질량은 그 자체로〔정지와 운동에 대해〕완전한 등가성〔상호 동등하고 무관함〕이며, 질량의 절대적인 술어들은 이상과 같은 양자〔정지와 운동〕이다. 질량은 단적으로 이 양자의 가능성이다. 질량이 현실적인 것으로, 다시 말해 운동이나 정지로 존재할 때, 질량은 타자에 의해 그렇게 되며, 질량의 현실성이나 타자 그 자체인 구별은 질량 밖에〔질량 없이〕존재한다. 질량이 정지와 운동에 대해 서로 동등하고 무관한 것처럼, 이 양자〔정지와 운동〕도 서로에 대해 마찬가지로 서로 동등하고 무관하다. 왜냐하면 이 양자〔정지와 운동〕는 상호 동등하고 무관한 것〔질량〕의 술어들이기 때문이다. 이렇게 모든 계기들이 지니는 몰개념성에 따라서 보자면, 필시 다음과 같이 말할 수도 있을 것이다. 즉,〔질량이 있는〕물질은 정지와 운동에 대해 서로 무관하며, 어떤 낯선 것〔타자〕에 의해서 정지 상태나 운동상태로 규정될 수 있다는 식으로 말이다. 그러나 한편으로 이같은 상호 동등한 무관함(Gleichgültigkeit) 자체는 아주 개별적인 하나의 계기일 뿐이고, 몰개념적인 동어반복일 뿐이다. **물질은 물론 이러한 방식으로 실존하지만, 그러나 여기서는 아직까지 그렇게 실존하지는 않는다.** 또한 물질은 **즉자대자**적으로〔실존하지〕않으며, 오히려 이러한 상호 동등한 무관함을 지니기 때문에 물질 자체가 술어로, 지양된 계기로 전락하고 만다. 하나의 **주관**(ein Subjekt), **개체**

(ein Individuum)는 **스스로를 도야했어야만 하고**, 이 주관에 대해서 질량으로 존재하는 이것은 지양된 것이자, 〔질량이라는〕 이 개념을 지속적으로 보유하는 〔관성적인〕 하나의 실체다. 왜냐하면 개념은 그 자체로 실재가 아니며, 그의 실재는 오히려 완전히 다른 것이기 때문이다. 물질은 **그 자체로** 관성적이다. 다시 말해 물질은 자신의 실재에 대립한다는 그 개념상 관성적이다.[*] 물질의 실재가 그렇게 분리되어 있고, 그래서 〔그의 개념과〕 대립한다는 것, 바로 이 점이 비로소 물질의 지양된 실재가 된다. 또한 〔여기서〕 물질은 단지 추상으로만 **실존하며**, 감각적 현실이 실재적인 것이고 추상의 형식이 **즉자**가 되는 그러한 물질들에서 즉자이자 **본질**(das Ansich und Wesen)이라고 하는 것은 항상 바로 이 **추상**인 것이다.

따라서 물질은 **즉자적**이다〔물질은 그 자체로 존재한다〕. 이것은 곧 물질이 오직 추상의 상태로만 취해진다는 것을 의미한다. 이러한 추상의 상태 자체로 물질은 존재하지만, 그러나 더 이상 자기 고유의 실재로 존재하지는 못하며, 〔물질과는 다른〕 타자가 물질의 실재가 된다. 〔여기서〕 저항 없는 물질로서의 타자존재는 물질과는 다른 것으로서, 물질의 타자존재의 계기로 정립된다. 그러나 〔이 타자라는〕 그것 자체는 단지 무규정적인 타자존재 일반일 뿐이다. 그러나 그 개념상 물질은 정지와 운동의 통일이다. 정지와 운동은 물질의 본질적 계기다. 더구나 물질은 이같은 자신의 본질에 따라서 실존할 뿐만 아니라 동시에 자신의 고유한 실재의 상태로 실존한다.

그래서 **정지와 운동이 그들의 실체인 질량 속에 존재하는** 것처럼 그렇게 물질은 고찰되어야 하고, 공간과 시간이 그들의 실체인 지속 속에 존

F24

H23

---

[*] 마찰(Reibung), 공기의 저항, 진자의 진동, 우연히 발사된 탄환.

재하는 것처럼, 그렇게 물질은 고찰되어야 한다. 또한 이 지속에서 공간과 시간은 운동이었다. 운동의 상태에서 정지해 있고, 정지의 상태에서 운동하는 실체 속에서 이들 양자〔공간과 시간〕는 절대적 운동이나 **천구**(天球, himmlische Sphäre)로 정립된다. 그러나 이것이 **천체**(天體, himmlische Körper)는 아니다. 왜냐하면 공간이 충만해야 물체 같은 것(das Körperliche)이 만들어지는데, 그러나 아직까지 기체〔주체〕(Subjekt)와 같은 물체는 만들어지지 않았기 때문이다. 이같은 물체는 관성적인 성질을 띤 **물질**(Materie)이 아니라, 대자적으로 참된 상태에 있는 물질이다. **천체라고 하는 것**은 정지나 운동의 원리를 자신 밖에 지니는, **그러한 성질을 띠지** 않는다. 암석이 관성을 띠기 때문에 전 지구가 암석들로 이루어져 있고, 다른 천체들도 마찬가지라고 추론하는 것은 전체의 속성을 부분의 속성과 동일시하는 것이다. 그러나 한편으로 이같은 상호 동등한 관계는 여기 이 경우에 전혀 적합하지 않으며, 다른 한편으로 이 관계는 가장 평범한 사물에서조차 거짓이라는 것이 드러난다. 즉, 작은 목재 한 조각은 빛의 화염에 의해 점화될 수 있다고 하더라도, 그와 똑같은 화염으로 그보다 큰 들보 전체가 다 타버리지는 않는다.

천체라는 것에는 충격(Stoß), 압력(Druck), 견인(Ziehen) 등과 같은 표상이 적용되어서는 안 될 것이다. 〔왜냐하면〕 이러한 표상들은 다른 물질이 실존해야만 쓰일 수 있기 때문이다. 그리고 여기서 이 양자〔두 천체들〕의 공통점은 물질이라는 것이다. 마치 이것은 좋은 사상(思想)과 나쁜 사상이 두 개의 사상이지만, 나쁜 사상은 〔그 자체로 나쁜 것이 아니라〕, 좋은 사상이 하나의 사상이기 때문에 〔그와 비교하여〕 좋지 않게 되는 것과 마찬가지다. 천구들은 그 자체로 항상(恒常)적이고 지속적이며 정지 상태에 있는 운동들이라고 할 수 있다. 왜냐하면 운동의 전체가 곧 지속

F25

이기 때문이다. 천구들은 충격과 같은 것에 의해 그런 운동을 하지는 않는다. 천구들을 추동하는 것은 이 천구들의 질량에 낯선 **힘**(Kraft)이 아니라, 오히려 **이 힘은 바로 이 천구들의 개념이다.** 천구들의 본질이 추상적인 **존재들**이자 **상호 무관하며** 관성적인 것으로서 이 천구들 자체와 분리되면, **낯선 힘**이 〔천구들의〕 개념으로 등장하게 되는 것이나 다름 없다. 그러나 천구들은 자신의 개념과 존재를 아직 분리시키지 않은 〔단순한〕 물질의 실존일 뿐이다. 따라서 **낙하**(Fall)나 **포물선 운동**(Wurfbewegung)과 같은 **운동**의 형식은 이 천구들에 전혀 해당되지 않으며, 앞서 의문이 제기된 바 있는 저항(Widerstand)이나 마찰(Reibung)도 마찬가지다. 이 절대적 운동이 자기 자신 내로 복귀함으로써 비로소 질량은 하나의 자아(ein Selbst) 또는 개체(Individuum)가 되고, 어떤 형체를 갖추게 되며, 지구〔땅〕(Erde)가 된다.

a. 따라서 이 천구가 정지와 운동의 통일로서 직접적인 질량이다. 또한 이 천구는 자기 스스로와 연관맺는 운동, 즉 **축회전 운동**(achsendrehende Bewegung)이다.

α.* 자기 스스로와 연관맺는 운동은 질량의 〔운동으로서〕, 이러한 천구는 직접적으로 공간적인 것 또는 상호 동등한 형식으로 **현존하는 것**으로 정립되며,** 〔그래서 여기서는〕 공간성이 우세하다. (천구는 **규정된** 공간이다. 왜냐하면 처음에 그로부터 천구가 비롯되는 원 운동의 개념은 차원들이 정지된 상태의 존재이고, 〔여기서〕 천구는 차원들이 지양된 상태이기 때문이다.) 자기 운동하는 이 전체 공간에서 **차원들**, 정지와 운동은 서로 분리된 채

---

* 운동은 정지와 더불어 자기 자신과 연관을 맺었다.

** 직접적으로, 다시 말해 **서로 무관하게** 그리고 공간적으로 서로 대립하여 등장하면서.

등장한다. 그리고 동시에 전자[18]는 공간적 차원들로서 선에 귀속하고, 선은 면에 귀속한다. 점은 **전체적인〔온전한〕공간**으로 존재한다. 그래서 〔여기에는〕 운동의 중심**점**이 아니라, 중심**선**(Mittellinie)이 존재하며, 그것도 **운동의 축**(Achse)으로, 정지해 있는 것으로 존재한다. 여기서 차원은 전체 공간과 운동의 부정태이며, 동시에 자기 운동하는 면으로서, 이전에는 정립되어 있지 않았던 것이다. 운동은 그 밖의 것에 속한다. 면은 표면(Oberfläche)의 의미를 지닌다. 이것이 축회전 운동의 **형태**(Gestalt)다. 직접적으로 **현존하는** 상태로, 이 운동의 계기들도 **거기에** 존재하며, 다시 말해 양 차원들로 서로 무관하면서도 동등하게 분리된 상태로 존재한다. 그러나 점은 현존하지 않는다. 왜냐하면 점은 부정태로서, 시간 없는 이 공간적 존재상태에 있지 않기 때문이다.

자기 스스로와 연관 맺는 운동이라는 이 표상을 통해 드러나는 점은, 구별이 이 상태에는 없다는 것이다. 오히려 여기에는 순전히 자기 운동하는 면들〔표면들〕만이 있다. 이전의 운동은 **배가된 상태로**(vervielfältigt), **전반적으로**(überhaupt) 직접적인 실재이자 다수성으로 정립되었다.* (만일

F26

H25

---

* 여기서 점, 선, 면이 확정되는 한에서 운동이 정립된다. 그러나 이것들〔점, 선, 면〕은 단지 지양된 것들로만 존재한다. 정립되는 것은 전체이며, 이 전체가 운동해야 하는 것이다. 구별을 할 수 있다면, 이 구별은 아마도 **전체**(das Ganze)를 전체로부터 구분하는 것일 뿐이지, **선**이나 축을 그밖의 것으로부터 구별하는 것은 아니다. 또는 점, 선, 면은 운동하지 않는다. 거기에는 **어떤 장소의 변화도** 없다. 왜냐하면 이것들〔점, 선, 면〕은 상호적으로 모두 **동일자**를 보유하고 있기 때문이다. 전체는 **정지된 상태의 운동**(ruhende Bewegung)이다.

∵
18) 여기서 '전자(jene)'는 문맥상 '천구'나 '운동' 그리고 '질량'을 가리킬 수 있다.

운동이 현실적이라면, 그 개념상 정지는 운동에 대해, 축은 질량에 대해 서로 무관하게 존재할 수 없을 것이다. 오히려 이들은 단 하나의 통일상태에 있기 때문에, 이들은 정지이자 운동으로서 서로를 지양해야만 한다. 왜냐하면 양자〔정지와 운동〕는 지양된 상태로만 존재하기 때문이다.) 또한 여기서 운동이라고 할 수 있는 것에서 나타나는 구별은 어떤 실재적인 구별이 아니며, 질량의 구별이 아니다. 정지하는 것은 질량이 아니며, 오히려 선과 운동되는 것은 질량들에 의해 구분되지 않고 장소, 즉 지속에 속하는 구별에 의해서만 구분된다.

이 축회전하는 천구의 비현실성이 그렇게 나타남으로써 사람들은 '어떻게 우리가 천구를 그 자체로 **인식**할 수 있는가?' 라고 의문을 제기한 바 있다. 〔이때〕 우리는 스스로 축회전하는 구체(Kugel)를 표상하게 되는데, 이 구체〔천구〕의 회전축은 확고한 것이며 이 천구의 장소라고 할 수 있다. 〔관찰자인〕 나의 관점(Standpunkt)도 마찬가지다. 그밖의 장소들의 변화는 양자〔천구와 나〕 사이에 존재한다. 따라서 천구 밖의 〔관찰자라는 천구와는 다른〕 점을 통해서만 그 천구는 인식될 수 있고, 이 **점**은 우연적인 성질을 띤다. 여기서는 인식과 관련해서만 질문이 제기된 것이다. 그러나 천구는 천구 밖의 점과의 연관에 의해서만 인식가능하며, 천구가 현실적으로 존재하기 위해서는 이 〔천구 밖의〕 점은 필수적이다. 지구는 자신의 축을 중심으로 회전하며, 우리는 이 운동에 대해 아무것도 알지 못한다. 〔지구라는〕 이 질량에 있는 모든 것은 멈추어 있고, 모든 것은 이렇게 운동하면서도 자신과 타자와의 관계를 전혀 바꾸지 않으며 자신의 장소를 전혀 바꾸지도 않는다. 이렇게 해서 장소는 지금이 되고, 스스로를 이전과 나중이라는 것으로 규정해버리게 된다. 〔하지만〕 거기에는 전혀 시간이 없으며, 〔운동은〕 어떤 별(einen Stern)과 비교되는

상태로만 존재하지만, 그 별이 운동하는지 아니면 우리 자신이 운동하는
지는 전혀 규정되지 않은 상태다. 〔이처럼〕지구는 자신이 아니라 **타자**와
연관을 맺고 있고, 〔이 타자는〕의식이다. 이 의식은 확고하게 이 지구를
향하고 있으며, **회전축**의 한 점을 확정하고 그 점을 다른 점들과 구분한
다. 물론 이 다른 점들도 마찬가지로 의식이 표면상 여기저기서 구분한
것들로서, 태양의 흑점(Sonnenflecken), 축회전과 같은 것들이다. 그러나
이러한 것들의 구분은 장소의 구분이 아니다. 여기서 운동은 운동으로서
아직까지 전혀 현실적이지 않다. 즉, 운동은 그것이 참된 상태에 있는 것
처럼 회전축의 정지로부터 전혀 구분되지 않는다.

   b.* (그러나 정말로 이 축회전 운동은 그 직접적인 개념상 자기 스스로와 연
관 맺는 운동이며, 다시 말해 점이자 **부정적 일자**(das negative Eins)로서의 자신
과 연관맺는 운동이다.) 전체 공간은 면〔표면〕으로 총괄되고, 면은 정지한
상태의 선으로 총괄되며,** 선은 정지한 상태의 점으로 총괄된다. 전체는
정지이면서 동시에 전체는 본질적으로 운동이기도 하다. 〔축회전 운동에
서〕정지는 운동을 유발하여 회전축의 정지 상태가 된다. 그러나 〔이로
인해〕이 회전축의 정지 상태는 일자 속에서 운동이 사라지는 상태로 수
렴되며, 선은 〔점과 같은〕일자로 수렴되어버린다. (이 〔축회전〕운동은 직
접적으로 축회전의 정지 상태이기도 하다. 그러나 이 운동의 개념은 이 직접
적 상태를 지양하여, 이 현재의 상태에서 벗어나 미래가 되거나 아니면 스스로

F28

---

 * 우리가 면, 선 그리고 점이 정지되도록 하고, 이것들을 현존하는 것으로 존립하도록
  하면, 어떤 **운동**도 발생하지 않는다. 그러나 이것들은 지양된 것들로서 정립된다. 다
  시 말해 다음과 같은 차원들의 운동으로 〔정립된다.〕
  [역주] 현재는 '다음과 같은' 이하의 내용이 삭제되어 있어 확인할 수 없다.
** 〔축회전 운동은〕**그 자체로** 참된 소용돌이(wahrer Wirbel)로서 정지 상태다.

〔전체를 매개하는〕 중심점(Mittelpunkt)을 찾아야 한다.)

축회전 운동은 일종의 소용돌이(Wirbel)로서, 이 소용돌이 안에서는 모든 선들은 면이 되고 모든 면들은 평면이 되며,* 동시에 후자가 전자의 상태로 되돌아가기도 하는데, 이러한 전환은 그 중심점에서 지탱된다.**
H27 그래서 여기서 우선적으로 정립되는 계기는, 정지 상태의 운동이 불안정한 운동이 되어, 자신의 직접적인 현존재로부터 그 자신의 피안(ein Jenseits)으로 이탈하고 〔중심점을 벗어나〕 뛰쳐나가려고 하는 천구가 된다는 점이다.

이 탈자(Außersich)의 계기가 질량 덩어리이자 천구인 실체〔기체〕의 계기다. 왜냐하면 여기서 각각의 계기는 고유의 현존을 보유하고, 천구로서 전체의 실재성을 그 자체에 지니기 때문이다. 축회전 운동은 이같은 대립 속에서 비로소 우리가 앞서 보았던 특정한 형태가 되며, 태양은 이러한 형태와의 대립 상태를 지속적으로 유지한다. 이 두 번째 **혜성(彗星)** 의 천구는 이 소용돌이를 **그의 직접성에 반대되는 과정**으로 표현한다. 〔그렇게 해서〕 지속적으로 급변할 준비가 되어 있는 상태가 해체되면서 무한하고 공허하게 분산되어버린다. 그래서 한편으로 여기서는 여전

---

* 정지 상태는 특히 운동을 통해 표상된다.

** 축회전 운동은 자신의 진리를 소용돌이로서만 지니기 때문에, 선과 면을 통해 중심점으로부터 벗어나기이자 동시에 〔중심점으로〕 되돌아오기이다. 또한 〔축회전 운동은〕 스스로를 직접적으로 지양하는 대립하는 흐름들의 운동이다. 축회전 운동은 그 자체 내에서 소멸한다. 그러나 이러한 소멸은 이 운동의 소생이기도 하다. 왜냐하면 이 운동의 소멸은 정지 상태의 운동으로의 귀환이며, 정지 상태의 운동은 이 소용돌이 속에서 해소〔분해〕되기 때문이다. 여기서 정지 상태의 운동이 자신의 반대편으로 절대적으로 이탈하는 과정이 정립된다. 이것은 앞서 고요하게 자기 속에 가라앉아 있던 것이 유발한 계기이기도 하다.

히 물체적인 형태가 망각될 수 있고, 다른 한편으로 혜성이나 천체 일반 F29
에 대한 모든 표상은 다음과 같은 것이 되어버릴 수 있다. 즉, 이 표상은
천체들이 관찰되기 때문에 그것들이 현존한다는 사실을 아는 표상이며,
이 천체들의 우연성만 고려하는 표상이다. 이러한 표상에 따르면 혜성들
은 현존할 수 없을 것이다. 또한 혜성들을 필연적인 것으로 인식하고 이
것들의 개념을 파악하는 일이 이 표상에게는 어리석은 일로 보일 수 있
고, 〔오히려 이 표상은〕 그러한 것〔개념파악〕을 우리 자신뿐만이 아니
라 개념과는 아주 거리가 먼 어떤 피안으로 고찰하는 데 익숙하다.* 우리
가 〔어떤 것의〕 발생을 **설명한다(Erklären)**고 하는 것에 관한 모든 표상들
이 대체로 〔그러하다〕. 즉, 혜성들이 태양으로부터 분출되어 나왔는지,
대기(大氣)가 존재하는지 등과 같은 〔문제에 있어서 그러하다〕. 그러한
설명은 이러한 것들이 무엇인지를 말하려고는 하지만, 요점이나 필연성
은 지나쳐버리고 만다. 〔그런데〕 이 필연성이 바로 개념이다. 그렇기 때
문에 여기서는[19] 현상들을 파악하고 그것들에 어떤 사상(思想)의 색조(ein
Gedankenfärbchen)를 입히는 일은 전혀 문제가 되지 않는다.

따라서 정지 상태의 운동에서 벗어나는 천구의 이러한 규정성이 **혜성** H28
의 천구를 표현한다. 〔여기서〕 질량은 시간으로 정립되고, 스스로 해소
되는 차이들의 분리로 정립된다. 이 분리는 자기 관계적인 보편적 질서
에서 벗어나서, 차이들의 통일성을 상실하는 데 임박한 것이다. 〔혜성의

---

* **이전(Voher)**, **발생(entstehen)**, 피안이 무엇인지, **항상(immer)** 그의 개념〔은〕 어떤 **역
사**도 아니다. **이것은 사념**된다(gemeint).

••
19) 앞서 언급한 '표상적 인식'을 통해서 대상을 파악하는 경우를 말한다.

천구와 같은 것을 표현하는〕 규정은 자신 밖에 자신의 실체를 지니는 형식적 자유이며, 미래로의 추동(Treiben in die Zukunft)이다. 이 규정이 전체의 필연적인 계기인 한에서는, 이 규정은 이 전체로부터 벗어나지 않으며, 최초의 천구 내에 유폐된 상태로 머문다. 축회전 운동으로 인해 운동의 보편적 표상 속에 또 다시 **점**이 형성되며, 원주에서 자기 운동하는 점의 이 현존에 정지가 형성되고, 〔동시에〕 운동의 실존이 형성된다. 인력(Kraft der Anziehung), 구심력과 원심력(Zentripetal-und Zentrifugalkraft)이 이러한 개념의 필연성이며, **현존하는 것**과 그 **중심점** 사이의 연관의 필연성이다. 이같은 **개념**의 규정만이 **힘(Kraft)**이다. 〔여기에는 피안을 향한〕 어떤 노력(Bestreben)과 같은 것은 없으며, 각자가 **대자적으로 존재하고**, 최초의 이 관점으로부터 출발이 이루어진다. 개념의 연관이 〔피안을 향한〕 어떤 노력이라면, 개념은 계속적으로 추동될 것이고, **현존**이나 자연 일반의 요소 외에 아무것도 없을 것이다. 그러나 그러한 개별적 천구가 해체되는지 그리고 다른 개별적 천구들도 현존하는지 여부는 불확실하며,

F30 운동으로서 천구가 자신 밖에 첫 번째 천구 속에 자신의 정지 상태를 지니면서 동시에 이 최초의 천구 주위를 운동하는지도 불확실하다. 이 두 문제는 자연의 임의(任意)에 속하며, 〔천구들의〕 이러한 분할이나, 이 천구의 규정에서 다른 천구로 단계적으로 이행하는 것도 감각적인 현존으로 간주될 수 있다.

이러한* 천구가 불안정한 운동의 순수 계기다. 그러나 이 불안정은 자신의 **중심점**으로 향하는 **소용돌이**의 계기이며, 순수한 **이행(Übergehen)**이다.** 이행은 본래 단순히 순수한 소용돌이만이 아니며, 오히려 이 타

---

* 혜성의 천구는 그 자체가 전체 속에서 보면 **선**이며, 거의 직선이거나 포물선이다.

자존재는 그 자체로서 직접적으로 자기 자신의 반대편이다. 〔여기서〕 대
립은 직접적인 타자존재와 이 타자존재 자체의 지양으로 이중화되는 것
(das Gedoppelte)이다. (면 그 자체가 하나의 차원이듯이) 〔이 천구는〕 하나
의 어떤 차원이 직접적으로 복귀하는 총체성에 대하여 자기 고유의 천
구이다. 그러나 대립이 그 자체로 존재하거나 순전한 불안정으로 존재
하는 것은 아니다. 오히려 대립은 자신의 중심점이나 정지를 지향하듯
이 그렇게 존재한다. 즉, 지양된 미래, 계기로서의 과거성으로 존재하는
데, 이 과거성은 아직은 그 현존에 따라서가 아니라 그 개념상 대립이 지
양된 상태이다.* 이것이 **달의 천구**(die lunarische Sphäre)로서, 이것은 직접
적 현존으로부터 이탈한 것, 직접적 현존으로부터 유래된 것이 아니라,
오히려 이것은 생성된 것이나 대자존재인 자아와 연관된 것이다. 혜성의
천구는 직접적인 축회전 운동에만 연관되어 있을 뿐이지만, 〔이에 비해〕
달의 천구는 **자아**, 즉 자기 반성적인 새로운 중심점과 연관된다. 따라서
달의 천구는 자신의 **즉자대자**〔절대자〕인 자아를 아직 자신 속에 지니고
있지 못하며, 그 자체로 축회전 운동하지는 않는다. 오히려 그의 축은
앞서 처음 제시되었던 것과는 다른 것으로서, 즉자대자적인 것〔절대적
자아〕이다.

달의 천구는 **존재하는** 운동으로 표상된다. 즉, 축회전하지 않는 원 운
동이다. 달의 천구는 두 개의 중심점들을 지닌다. 첫 번째 중심점은 직

** 부정적이거나 순수한 생성은 **자기 자신이 되거나** 또는 **대자적**이다. 태양의 천구는 즉
  자적이지만, 혜성의 천구는 **대타적**이다. 자기 자신이 되어가는 과정은 귀환으로서,
  이 귀환은 여전히 차이의 상태에서 이루어진다. 그러나 참된 복귀는 **즉자대자적인
  것, 그 자체로 부정적인 것, 자립적인 부정성**이다.
  * 소용돌이가 산출하는 중심점

접적이고 **즉자적인** 것이고, 두 번째 중심점은 **즉자대자적인** 것이다. 달의 천구는 **회전하면서** 두 개의 원들로 분열하는 하나의 원이며, 분리된 이 두 원들은 하나의 통일로 합치되지 않는다. 혜성의 천구는 전체 속에서 선의 차원들인 것처럼, 공간을 산출하는 자로서 면이기도 하며,* 면, 어떤 원도 되지 못하는 원을 산출하기도 한다. 축회전하는 천구는 정지 상태의 지금이며, 죽어 있는 시간이다. 혜성의 천구는 스스로에게 도달하지 못하는 미래이며, 달의 천구는 과거로서, 지금과 미래의 통일로서 앞선 양자[20]와 대립한다.

β) 끝으로 **즉자대자적인** 천구는 **행성의 천구**(die planetarische Sphäre)다.** 이 천구는 이탈과 대자존재상태를 통해 자기 내로 복귀한다. 달의 천구는 참된 상태의 **대자존재**를 표현하며, 이 대자존재 밖에 즉자존재를 지니며, 이 즉자존재에 대해 부정적으로 관계한다. 그러나 이렇게 함으로써 대자존재는 즉자존재와 연관을 맺기도 하며, 또는 대자존재는 즉자가 되어가는 생성과정(das Werden)일 뿐이기도 하다. 〔이에 비해〕 행성의 천구는 축회전 운동이면서 동시에 탈자적으로 존재하는 것이며, 타자 속에 자신의 중심점을 지닌다. 다시 말해 자신 밖에 직접적인 중심점 또는 추상적인 **즉자**를 지니고 있다. 그래서 행성의 천구는 그 자신의 둘레를 운동한다. 그러나 행성의 천구는 정지한 상태의 실존하는 축운동이지만, 소용돌이의 불안정 속으로 해체되어버리는 운동은 아니다. 따라서 행성

H30

---

* 아직까지 **즉자대자적**이지 않은 **대자존재**, 과거, 부정성
** 직접적인 중심점과 소용돌이에 의해 산출된 것의 통일

••
20) 여기서 '양자'는 '축회전하는 천구와 혜성의 천구'를 가리킨다.

의 천구는 완전한 천구다. 다른 천구들은 이 천구의 개별화된 계기들을 표현할 뿐이다. 즉, 태양은 본질이지만, 비실재적인 개념이다. 태양은 지구의 어머니(Mutter)이며, 달은 지구의 **통치자(Regent)**, 현세적인 면이다. 달은 태양이나 혜성의 천구와 마찬가지로 통치자이다. 왜냐하면 보편적이며 추상적인 것은 **비유기적인 자연**이며, 보편적인 요소[기초]이지만, 주체나 개체성은 이 자연의 **즉자대자**이기 때문이다. 태양은 정지 상태에 있는 것이고, 혜성의 천구는 순수한 운동이며, 달의 천구는 **자기내존재(das Insichsein)**, 내면적인 것(das Innre)이다. (그래서 하임[21]에 따르면 달은 지구의 최초의 발생을 떠올리게 하는 것처럼 보이기도 한다.) 이 천구의 삶[생명]은 바로 이 천구의 자연[본성]이자 개념이다. 여기서는 물리적인 것은 아무 관련이 없으며, 혜성들이 우연적인 것으로 고찰된다거나, 어떤 행성들은 전혀 위성[달]의 천구를 지니지 않는 반면에, 다른 행성들은 너무 많은 위성의 천구들을 지니고 있다거나 하는 것도 전혀 문제가 되지 않는다. 이렇게 자연은 개별적인 상태로 이어지지만, 금속들의 상이성으로 이루어진 행성들의 상이성이나 [남쪽[S극]과 구분되는] **북쪽[N극]**의 형식주의와 같은 것 등은 여기서는 거의 문제가 되지 않는다. 이러한 것은 개념이 결여된 상태에서 임시변통으로 사용되는 것이며, 경험적인 것을 완전히 소진시키려는 시도이고, 피상적으로 손쉽게 발생할 수 있는 것이기도 하다.

현존하는 행성의 **궤도(軌道, Bahn)**는 중심점과 연관되면서 그 자체에

F32

21) 하임(Heim, Johann Ludwig, 1741-1819)은 마이닝엔 주교구의 부대표이자 지질학자로서, 『뷔링엔 숲과 산맥의 지질학적 서술』이라는 잡지의 편집자이기도 했다. 이 잡지에 그는 「이전의 지구표면과 현재의 달 표면의 유사성에 관하여」(1802)라는 논문을 발표하기도 했다.

서 이러한 개념을 표현한다. 행성의 원주 운동(peripherische Bewegung)

은 중심점과 관련되며, 축회전 운동과 관련된다. 그러나 동시에 행성의

원주 운동은 중심점에 또 다른 점을 대립시키고, 그러한 직접적인 중심점에 그 자신을 통해 정립되어 자체 내로 반성된 정지를 대립시킨다. 따라서 여기서 〔행성의〕 궤도는 **중심에서 벗어나는 성질**〔이심(離心), exzentrisch〕을 띠며 타원형(elliptisch)이다. 이러한 점들에 의해 이 궤도의 한 회전축이 정해진다. 이 회전축은 중앙선으로서 참된 중심점이다. 여기서 점은 분리된 상태로 정립되며 선으로 실존한다. 이렇게 함으로써 반지름〔반경〕들의 등가성이나 중심점과의 단순한 연관이 지양되는 것이다. 즉, 반지름들 사이에 구별이 있게 되고, 반지름들 자체도 마찬가지로 서로 상이하게 된다. 속력으로서 운동은 **자신 내로 귀환한** 한결같은 가속도(Beschleunigung)로서, 가속과 감속의 대립을 통해 전체를 표현한다. 그 궤도와 마찬가지로 질량 자체도 전체적인 공간으로서 자신 내에서 분리되어, 운동의 정도와 관련되어 있는 하나의 회전축으로 분리된다. 행성의 천구는 태양에서처럼 그 자체에서도 자신의 회전축을 지닌다는 이러한 연관으로 인해 대립이 표현된다.

그러나 대체로 보자면, 그 계기들이 서로 분리되어 있는 운동에 관한 고찰은 여기서는 하지 않았다. 여기서 이 전체는 서로 간에 주변을 운동하는 확정된 선들로 이루어진 하나의 체계(ein System)라고 할 수는 없다. 오히려 여기서는 선들이나 회전축들 자체가 운동한다. 다시 말해, 단지 운동들로 이루어진 하나의 체계가 있을 뿐이다. 여기서 궤도의 회전축은 스스로 운동함으로써 주야평분〔춘분과 추분〕의 세차(歲差, Präzession)를

F33 산출한다. 마찬가지로 우주의 축도 장동(章動, Nutation) 운동을 하며, 그 극점들은 하나의 타원을 그린다.

이러한 전체가 하늘의 체계〔천계(天界)〕다. 이 체계 속에서 각각의 계기들은 자립적으로 현존하고*, 동시에 오직 전체만이 이 계기들의 삶인 것이다. 즉 이 전체는 그 자체로 **현존하는** 전체이며 총체(Totalität)로서, 자연의 규정에 의해 이 전체의 계기들이 서로 간에 무관한 상태에 이 전체는 대립한다. 그리고 행성의 천구는 다른 천구들을 자신의 위력들로, 비유기적 자연으로 삼으면서도 이들을 통일시킨다. 행성의 천구는 실재적인 천구이며, 다른 천구들은 이 천구의 추상적인 계기들일 뿐이다.

이 총체가 근거이자** 보편적 실체로서, 후속하는 것은 이 실체를 보유하고 있으며, 〔반대로〕 이 실체는 후속하는 것에서 자신의 실재성을 지닌다. 모든 것은 운동의 총체이며, 자신의 시간과 순환(Kreislauf)을 그 자체로 지니지만, 자신 속에 있는 더 고차적인 것으로 복귀하며, 좀 더 고차적인 자기내존재로 실현된다. 모든 것은 이러한 총체를 그 자체에 지니고 있지만, 그러나 이 총체는 서로 동등하면서 무관하고 상이하게 하나의 특수한 현존, 어떤 역사(eine Geschichte) 또는 원천(Ursprung)으로 남는다. 대자적으로 존재하기 위해서 대자존재는 이 특수한 현존에 대립하는 방향을 취한다. 모든 것은 〔현존이라는〕 이 기본 요소의 상태로 살아가면서도 동시에 이 요소로부터 자유롭게 벗어난다. 즉, 모든 것은 약화된 특징을 지닌 상태로 현존한다. 지상의 것, 특히 유기적이며 자기의식적인 것은 절대적 물질의 운동에서 벗어나지만, 이 운동과 공감대를 유지하며, 자신의 내적인 요소로서 이 운동 속에서 계속 살아나간다. 해와 날의 교체, 깨어났다 잠드는 과정 등이 유기체 속에 있는 지구〔대

H32

---

* **혜성의** 천구 자체는 타원이며, 달의 〔천구는〕 원이다.
** 현실성(Wirklichkeit)

지]의 이러한 삶이다. 여기서는 각자가 스스로 자신 밖으로 나갔다가 다시 자신의 중심점, 자신의 힘 속으로 되돌아오는 하나의 천구[영역]라고 할 수 있다. 이 모든 다양한 의식들을 자체 속으로 총괄하면서, 유기적이며 자기의식적인 것은 이러한 것들을 다스린다. 밤은 부정태로서, 모든 것은 거기로 되돌아가며, 이 밤에서 유기체는 자신의 힘, 자신의 부정태를 지니면서, 소생한 다수의 현존으로 강화되어 다시 출현한다. 이렇게 해서 각자는 그 자체에 보편적인 영역[천구]를 지니며, 자체 내로 되돌아가는 주기적인 천구가 된다. 그리고 이 천구는 자신의 특정한 개체성의 방식으로 보편적인 천구를 표현한다. 이리저리로 이탈하는 시점에 있는 자침(磁針)이 그러하다. 한편으로 인간은 푸르크루아[22]의 관찰에 따르면, 쇠퇴와 증진의 4일 주기를 거치는데, 즉, 3일 동안 증진하고 4일째 되는 날 다시 이전의 점으로 수축하는 그러한 주기를 지닌다고 한다. 그리고 질병의 주기적인 경과도 마찬가지라는 것이다.* 전개된 천구[영역]의 총체는 혈액의 순환 상태에 있는 질병의 경과와 [유사하다]. 혈액은 호흡의 영역과는 다른 시간을 지니고 있으며, 연동 운동(peristaltische Bewegung)들 중에 세 번째 것이다. 그러나 더 고차적인 물리적 자연 일

F34

---

* 이전에는 좀 더 합규칙적이었지만, 지금은 시간[의 규칙성]에서 좀 더 벗어나 있다.

∴

22) 푸르크루아(Fourcroy, Antoine-François de, 1755-1809)는 플로지스톤설을 거부하고 연소이론을 주장한 라부아지에의 견해를 따른 최초의 화학자들 중 한 명으로, 라부아지에의 저술 작업을 돕기도 했으며, 화학의 체계화와 명명법을 고안하였고, 보클랭과 협력하여 무기물질과 유기물질 분석에 공헌이 컸다. 또한 가연성 가스나 수질을 분석하였고, 동식물을 분석하고 의학과 화학을 결합하여 당시 대두되기 시작한 생물화학을 개척하는 데 큰 업적을 남겼다. 그는 화학, 생리학, 병리학 등에 관해서 많은 논문을 썼고, 나폴레옹 집권 후에는 교육부장관이 되어 과학 교육에 특별한 관심을 가지기도 했다.

반은 영역들의 자유로운 상태를 특징 있게 표출하는 것을 억제한다. 그
리고 보편적인 운동을 연구하기 위해서, 우리는 이렇게 사소한 현상들이
아니라 그것들의 자유로운 상태에 천착해야 한다. 개체의 상태에서 자유
는 고작해야 어떤 **내면적인 것, 사념된 것**에 불과하며, 자유로운 현존의
상태로 존재하지 않는다.

Ⅱ.
형태화와 화학론

A.
형태화

  물질은,* 직접적이고 자유롭고 자립적이며 자신에게로 복귀한 운동으로서, 단순하고 자기동등적인 **순수 상태**(Gedigenheit)다. 여기서 운동은   F35 **자신 내로** 되돌아간 상태다. 천구는 자신의 자립적이며 이상적인 삶을 자체 속에서 완성하고 종결시켰다. 완성된 **자기내존재**(Insichsein)가 천구의 순수 상태다. 천구는 현존하는 것으로서 **자체 내에**(in sich) 존재한다. 다시 말해, 이 총체의 자기내존재가 그 자체로 현존한다. 천구는 그 자체에 대타존재의 계기를 지니고 있다. 즉, **대자적인 것**이 천구의 중심점의 힘이며 천구가 자신 내에 유폐되어 있는 상태(Verschlossenheit)다. 그러나 이 단순한 힘은 그 자체로 **현존한다**. 내면적인 것만이 동시에 외면적인 것이다. 내면적인 것은 이 현존하는 것과는 다른 것이다. 직접적인 순수

---

* **힘**이 생겨난다. 또는 직접적 현존재로부터 **자신 내로** 들어간다. 〔이렇게 해서〕 **자기내존재**, **이념**의 **자아**가 출현하게 되며, 이것은 **불투명성**(Undurchsichtigkeit)이다〔아직은 불투명하다〕. 힘〔은〕 **단순한 자기내존재**이다. 이 자기내존재는 동시에 절대적 분리 상태이고, 이 분리 상태 속에서 자신과의 통일 상태에 있는 반대편을 보유한다.

총체로서 물질은, 물질의 **자기 내** 존재상태와 **대타적** 존재상태, 즉 **현존** 상태 사이의 대립상황에 빠진다. 왜냐하면 물질의 현존은 그 자체에 아직 **자기내존재**를 지니고 있지 않기 때문이다. 앞서 인식된 바와 같은 물질은 자기 관계적인 운동의 회전〔소용돌이〕이 빚어내는 불안정이자 즉자대자적인 존재자로의 복귀다. 그리고 **현존**하면서도 **현존**에 상반되는 이 **자기내존재**가 바로 **빛**(Licht)이다. 빛은 자체 내에 유폐되어 있는 물질의 총체다. 〔즉, 빛은〕에테르의 직접적인 순수성이 아니라 **총체**로서의 에테르이며, 현존재인 자신과 대립하는 **자기내존재**로서의 에테르이다. 빛

H34 은 오직 순수 **힘**으로서만 물질이며, **산출력**(Zeugungsvermögen)이고, 스스로를 **자신 속에서** 유지해나가는 집약적인 삶(intensive Leben)이자 자체 속으로 들어간 천구이다. 이 천구의 회전은 자기 관계적인 운동의 방향과 직접적으로 대립되며, 이 속에서 안팎으로 솟구쳐 나오는 모든 구별은 소멸되어버린다. 빛은 충만된 공간이 지니는 순수 현존적 힘이다. 빛의 **존재**는 절대적인 속력이며, 현존하는 순수 물질성, 자기내존재적인 **현실적** 현존, 또는 순수하고 투명한 가능성으로서 현실성이다. 왜냐하면 **자기내존재**는 그 순수성에 의해 힘으로서의 현실성이 되기 때문이다. **공간**은 추상적인 **존립** 또는 즉자존재다. 〔이에 비해〕지속은 추상적인 **대자존재**다. 그러나 빛은 현존하는 **자기내존재**이자, 자기 내에 존재하면서도 순수한 현존이고, 모든 것과 융합되는 가능성으로서 탈자적인 성

F36 격을 지니는 보편적 현실성의 힘이며, **자체 내에** 머무는 모든 것과의 결속(Gemeinschaft)으로서, 이 결속 때문에 현존하는 것의 자립성은 조금도 손상되지 않는다.

빛은 두드러져 나타나고 자기내존재하는 공간의 충만된 상태로서, 구별을 그 자체로 전개시키는 것이 아니라, 구별을 하나의 **다수성**(eine

Vielheit)으로 완전히 추상적으로만 그 자체에 지니고 있다. 빛의 부정적 현존은 **일자**(Eins)라는 것이고, 차이는 자기 제한적이지 않고 몰개념적인 다수일 뿐이다. 왜냐하면 개념은 개념의 구별들의 전개로서 **닫힌**(verschlossne) 자기내존재가 아니라 열린(aufgeschlossene) 자기내존재에 속하기 때문이다. 즉, 개념은 자신의 현존이나 법칙에 대립하는 순수 힘이 아니라 바로 이 현존이나 법칙에 속한다. 순수 힘은 아직 〔음성의〕 어떤 분절화도 그 자체에 지니고 있지 않은 **말**(Wort)과 같다. 따라서 빛의 **현존과 현실성**은 주관적 존재(Subjektsein)로서, 좋지 않은 무한성을 띠는 무수한 점들로 분산된 상태다.*

그러나 힘없이 자기 내에 존재하는 이 힘은 본질적으로 외화(Äußerung)되며, 실재성을 띤다. 이 힘이 태양이며, 천구로서는 운동의 중심점이고, 빛으로서는 삶의 원천이지만, 이 빛이 삶 자체는 아니다. 이 힘은 직접적이며 자기 내에 존재하는 물질로서 자신의 실재와 대립하며, 여기서 이 힘은 대자적인 성질을 띠는 것처럼 고찰되어야 한다. 이 힘은 알려지지 않은 암흑 같이 어두운 **자기내존재**[1]이며 일자이고, 타자와 연관되어 힘을 발휘하는 자이다. 처음에 〔이 힘으로서〕 물질은 앞서 말한 것과 동일한 다수성으로 와해되지만, 그렇다고 서로 무관한 것이 되지는 않고 일자와 연관을 유지하며, 서로 분리되어서는 결코 존립하지 못한다. 〔이같은

H35

---

* α) 힘없는 빛, 즐거운 상태 β) 수식〔형상화〕(Figuration) γ) 경악(Staunen), 숭고 (Erhabenheit), 좋지 않은 무한성

∶

1) 여기서 '알려지지 않은 암흑 같이 어두운 자기내존재(das finstre, sich nicht mitteilende Insichsein)'는 스스로를 드러내지 않은 힘의 본질을 표현한 것이다.

것이〕 하나의 보편적 매개항(Medium)으로서, 이러한 연속성으로부터 비롯된 것은 모두 이 매개항으로 되돌아간다. 그렇게 **내재적인** 실체로 유지되며, 분화된 것에게 어떤 독자적인 자립성도 허락하지 않는 것이 바로 질량의 힘이다. 이 힘은 단지 구별된 것의 존립일 뿐이라서, 이러한 존립은 암흑 같은 어두움 속에서 유지되면서 자기 고유의 현존을 지니지는 못한다. 이러한 힘이 바로 **무게**(Schwere)다. 공간과 시간이 순수 이념체들인 것처럼, 무게는 순수 오성이며, 전혀 실체적이지 않은 힘이다. 따라서 〔각기 다른〕 질량들은 무게에서 〔구별되는 것들의〕 연속의 상태로부터 자기 고유의 현존에 이르지는 못하며, 무게 하에서 모든 것은 결합된다. 즉, 무게는 그 내면성으로부터 아무것도 방출하지 않는다.

F37   따라서 무게는*, 물질로서 그 자체로 대립적인 것이 단지 추상적이고 지양된 것으로서만 존재하는 상태이며, 무게에서 물질은 **관성적인 성질을 띠고 실존한다.** 즉 무게는 물질을 하나의 사물(ein Ding)로 만드는 **오성**(Verstand)이다. 여기서 사물은 더 이상 즉자대자적이지 않다. 정지와 운동은 천구에서는 **즉자대자적**인데, 이 정지와 운동이 자체 내로 들어감으로써, 정지와 운동은 천구와는 서로 무관한 단순한 술어들이 된다.** 여기서 자기 내적인 것(das Insich)은 천구와는 다른 것이며, 이렇게 천구와는 다른 것에 의해 천구는 운동하거나 정지하게 된다. 그러나 무게는 〔자기 내적인〕 이것으로서, 〔정지되는 것이 아니라〕 정지시킨다. 두 술어들 중에 〔정지시키는〕 이것이 본질적인 것이다. 물질의 관성은 〔공간과 시간〕 양자에 대해 상호 무관함을 표현하는 조건에서 보자면, 단순한 사유물(ein

---

 * α) 연장(Ausdehnung)
 ** **현존하는 연관**, α) **공간**, β) **시간** 그리고 **운동**, 천구는 **어떤 힘**, 공기의 어떤 **저항**도 유발하지 않는다.

bloßes Gedankending)이라고 할 수 있다. 그 자체로 존재하는 실체는 오히려 정지의 형식으로 정립되고, 이 실체의 무게는 정지의 힘이다. 운동은 어떤 타자의 분화된 질량을 보유한다. 다시 말해 운동은 타자에 의해 분화된다. 그러나 운동은 자기 자신을 통해 정지 상태로 되돌아간다. 정지는 **무거우며**(schwer), 다시 말해 정지는 이같은 분화를 지양하는 것이다.*

따라서 질량은 자기 분화를 하지 않지만, 만일 분화되어 있다고 하더라도 질량은 다시 통일의 상태로 되돌아간다. 질량은 자기 분화를 하지 않으며, 오히려 이같은 분화에 저항한다. 다시 말해 질량은 보편적 자기내 존재다. 그러나 예를 들어, 〔어떤 것이〕 수평면을 계속 굴러가면, 우리는 질량은 관성적이라고 말한다. 다시 말해 질량이 정지 상태로 이행하는 것이 아니라, 오히려 질량이 운동되도록 하는 낯선 것, 즉 공기와 같은 매개체의 마찰과 저항과 같은 것이 있어서, 이것이 운동을 지양한다고 우리는 말한다. 그래서 만일 마찰과 같은 것이 없다고 한다면, 질량은 무한히 계속 운동할 수도 있을 것이다. **마치** 이러한 일이 **존재할 수 없다**거나 우연적일 것이라고 〔우리는 말할 수도 있고〕, 아니면 우연적이지 않거나 그렇다고 이러한 연관에서 필연적인 것도 아니며, 오히려 이러한 일은 다른 것에서 〔발생한다고 우리는 말할 수도 있다.〕 분화되고 운동 속에 정립된 질량에 대해서만 우리는 질량이 무겁다고, 다시 말해 질량이 이러한 분화 상태를 지양한다고 말할 수 있다. 여기서 질량은 대상적인(gegenständlich) 성질을 띠며, 하나의 타자가 된다. 그렇게 되는 유

H36

F38

---

* 그것은 그의 **자기 내적인 것**(Insich)으로부터 비롯된 것이 아니며 이 분리 상태로부터 자신에게 되돌아간다. 그러나 이 자기내복귀는 무게가 자유롭게 되는 과정이다. 왜냐하면 이를 통해 무게는 부정태로 정립되기 때문이다. **자기내존재**가 본질적이며, 분리된 물체는 그로부터 출현하지 않으며, 외적인 장애물로 나타난다.

일한 이유는, 질량이 분화되어 대자적인 성격을 지니는 것으로 나타남으로써 그의 무게가 이 대자존재에 저항하는 것으로 나타나기 때문이다. 그러나 이것은 무게 내에서의 분리일 뿐이다. 또한 질량 역시 무거우며, 이것이 질량의 자기내존재이고, 동시에 낯선 저항 역시 질량의 고유한 개념이다.

　물질이 이렇게 암흑과 같은 어두운 상태나 **외면성**(Äußerlichkeit) 또는 추상적인 상태, 정지와 운동에 대해 무관한 상태로 고찰되면, 물질은 역학(eine Mechanik)의 성질을 띤 것이 된다. 역학에서 운동의 원리는 운동 외부에 존재하고, 역학에서 운동은 **자기내존재**를 하나의 생성과정에서 보여준다. 그리고 여기서 생성과정은 개념에 의해 지속적으로 유도되며, 생성과정의 원리는 운동 외부에 속한다. 〔여기서〕 물질은 여전히 빛과 무관한 것이며, 이러한 무관한 상태 그 자체로 고찰되어야 한다. 앞서 공간이 고찰된 바와 마찬가지로 시간도 아직까지는 그 자체로 정립되어 있지 않다. 따라서 우리 자신이 분화하는 과정(Absonderung)이며, 그 요소가 무게인 상이한 질량들이 **현전**할 뿐이다. 분화된 것들이 자체 내로 되돌아가는 과정은 오직 **운동**일 뿐이다. 왜냐하면 전개된 부정성, 현실적인 대자존재가 아직 전혀 다른 규정을 보유하지 못 했기 때문이다. 또한 여기서 운동은 더 이상 즉자대자적인 상태에 있는 것이 아니다. 오히려 〔여기서 운동은〕 즉자대자존재, 지양된 계기인 질량이 자신의 몰자아성만을 표현하는 술어다. 그리고 이것은 또한 마비된 운동과 같아서, 자신의 개념을 자신 밖에 지니고 그의 현존이 곧 자신을 지양하는 그러한 것이다. 이와 같은 것이 본래 **역학적**이며 구속된 운동이다.

H37

I.[2] 개별적 물체, 또는 무게가 탄성이 되는 과정

a) 질량이 분화되고 상이하게 현전함으로써, 이렇게 상이한 상태는 완전히 자아가 없는 상태가 된다. 즉, 질량은 자신을 지양하게 되고, 어떤 것도 이제 저항하지 않게 된다. 상이성은 자아가 없는 상태이며 상이한 중량(Gewicht)이다. 양자는 무겁기만 하다. 여기서 구별은 순전히 양적이며 **비본질적이다.**[*] **상이한 정량**(Quantum)은 무게에 종속된다. 이렇게 분화되지 않은 것이 〔상이한〕 양자의 자아다. 이들의 통일성을 재산출하는 현존상태가 **낙하**(Fall)이다. 〔낙하에서는〕 정량의 상이성으로 인해 속도가 달라진다. 그러나 정량은 **비본질적인 구별**로서 질적인 관계가 아니며, 오히려 정량은 타자와 맺는 구별로서 존재한다. 매체의 저항에 의한 마찰에서 무게가 현존을 지니는 것은 이 매체 때문이지만, 그러나 그것은 죽은 것이다. 왜냐하면 무게도 마찬가지로 자기내존재이며 힘이기 때문이다. 무게의 현존은 수동적인 매체로서, 이 매체에서 구별은 저항으로서 크기에 속한다. 낙하의 속도에서 많은 질량의 구별이 주장되지만, 그러나 이것은 전혀 구별이 아니다. 즉, 가장 큰 중량과 가장 작은 중량을 지닌 질량들이 동일한 속도로 낙하하며, 동일한 공간에서 낙하하는 데 동일한 시간이 걸린다. 바로 이것이 역학에서의 주요 이설(ein Hauptdogma)이다. 즉 물체들이 낙하 시에 단순히 **무거운** 것으로 고찰되

---

[*] 자기 운동하는 것이 여기서는 서로 무관〔하다.〕

∴

[2] 펠릭스 마이너 판에는 'I'로 표기되어 있으나, 호프마이스터 판은 'I. 역학, II. 형태화와 화학론, III. 유기체'라는 상위 항들과 구분하기 위해 '1'로 표기하고 있다.

고, 더 큰 물체는 더 작은 물체만큼, 다시 말해 더 작은 중량을 지닌 물체만큼 **무겁다**는 것이다. 왜냐하면 오직 무게에 의해서만, 다시 말해 물체들이 물질 일반인 한해서만, 물체들은 낙하하기 때문이다. 연추(鉛錘)와 솜털이 모두 물질이며, 이 둘은 동일하게 **무겁다**. 그러나 오직 외적 저항이 있는 낙하의 경우에만 발생하는 상이성은 개념 속에 존재한다. 즉 여기서 발생하는 구별은 자기 자신에 의한 것이 아니라 타자에 의한 것이다. 〔이 타자는〕몰개념적인 것을 파악하는 개념과 같다.

H38

낙하는* 직선적인 **자유로운** 운동이며 일정하게 가속화되고, 또한 운동의 실존〔의 측면에서 보면〕 그 자체로 실제적인 운동은 아니다.

F40

낙하에 의해서 무게는 자신에게로 되돌아가며, 즉 무게는 이제 비로소 상이한 질량들의 일자가 된다. 여기서 점이 **정립**되는데, 이것은 지양된 존재이며 부정태이다. 무게의 상호 동등성에서 부정성의 시초가 출현하고, 특수화 일반이 그 자체로 출현하게 된 것이다. 이를 통해 분화, 분리가 저절로 **정립**된다. 그렇게 해서 단지 분화된 것들만이 **현존하는** 것이 아니라, 분화된 것들은 단 하나의 질량, 무게에 귀속할 뿐만 아니라 분화 자체가 이 무게에 귀속한다.

---

* 그 결과는 무게가 되어버린 속도다. 또한 속도는 힘으로 작용한다. 여기서 운동은 압력(Druck)으로 정립된다. 1파운드는 그 운동의 속도에 의해 몇 백 파운드가 정지 상태에서 하는 것과 마찬가지의 작용을 하기도 한다. 특정한 운동은 특정한 중량과의 통일 상태이며, 실행된 낙하는 이 통일 상태를 표현한 것이다. 물질적 중량은 속도의 이념적인 중량과 동일하다. 무게는 〔이미 앞에서〕 규정한 바 있다. 복귀는 α) 현존하는 무게, 압력이다. 더구나 동시에 무게는 질량과 운동의 통일로 앞서 고찰된 바 있고, 현존하는 상태다. 왜냐하면 무게는 규정되어 있고, 단순한 자기내존재의 규정성이며, 현존재 일반이기 때문이다. 구별은 질량 또는 무게의 구별로서, 〔여기서〕 특수화〔분화〕(Besonderung)가 중요한 의미를 지닌다. 그들의 분리는 그들 자체에 속한다. 무게의 힘은 무게 자신에게 반대로 작용한다.

b) **포물선 운동(Wurfbewegung)**이 이것을 표현한다. 여기서 분화하는 것 자체는 하나의 타자이다. 분화된〔격리된〕주체는 정립되어 있을 뿐이다. 탄환이 더 이상 점으로만 여겨지지 않고, 그 **구별**은 공기의 **저항**에서만 측정되며 본래 그 자체로는 측정되지 않는 일이 발생한다. 오히려 **여기서 존재하는 것은 힘의 구별**로서, 이 힘에 의해 물체가 사출(射出)된다. 그리고 중량으로서 무게와 질량은 운동 자체의 크기의 계기들이다. 운동의 크기는 포물체의 힘과 질량의 중량으로부터 비롯된 산물이다. 그러나 동일한 중량이 동시에 무게이기도 한데 무게는 보편적인 중량으로서 초과 중량을 유지하며, 자신 속에 정립된 규정을 극복한다. 물체는 무게에 의해서만 사출될 수 있다. 그러나 물체는 특정한 무게로부터 비롯되지만, 다시 보편적 무게로 되돌아가서 단순한 낙하 운동이 된다.

c.* 이러한 복귀를 통해서 무게에는 좀 더 폭넓은 규정이 정립되며, 운동은 무게와 더욱 밀접하게 통합된다. 중량은 포물선 운동에서 운동하는 힘의 **한** 계기일 뿐이다. 또한 여기서 무게 밖에 존립하는 힘이 무게 내로 이행하는 운동이 정립된다. 그러나** 무게 내로 이행됨으로써 힘은 운동하는 전체의 힘이 되며, 낙하에서 순수한 이격(離隔)과 마찬가지로 운동의 원리는 운동 밖에 완전히 형식적으로, 단순한 충돌(Anstoß)로만 있다. 그런데 낙하는 포물이 되며 포물은 낙하이기도 하다. 〔이러한 것이〕 **진자 운동(Pendelbewegung)**이다. 무게는 자기 자신으로부터의 이격〔멀어짐〕이

---

* 이 무게에 속하는 분리과정이 무게로 되돌아간다. 〔그래서 여기서는〕 무게의 낙하가 포물이며 포물이 곧 낙하다.

** 무게를 그 개념을 통해 현실적으로 존재하는 바처럼 보여주는 것은 내재적으로 우리 자신에게 속하는 일이다. 무게가 스스로 이같은 일을 하지는 않으며, 빛도 마찬가지다. 즉, 우리가 빛의 개념이다.

다. 〔그래서〕 무게는 자기 자신을 분리시키는 것으로 표상된다. 그러나 모든 것은 여전히 외면적이다. 확정된 점, 낙하 선의 이격, 운동되는 점의 이격 거리를 유지하기, 현실적인 운동의 계기들은 타자에 속한다. 포물체로부터 낙하 선으로 복귀하는 것 자체가 사출이다. 그리고 진동은 낙하하면서 산출되는 포물의 지양 운동이다.

그러나 단일한 무게가 우세하며 보편적인 것이다. 단일한 무게는 보편자로서 낯선 것을 압도하는 초과 중량을 보유하고, 진동은 낙하 선에서 멈춘다. 여기서 단일한 총체로서 **개별적인** 질량이 정립된다. 이 질량은 총체이므로, 특정한 질량에서 전체의 **매개(Vermittlung)**가 정립되며, 스스로 자신과 매개되는 무게가 정립된다. 낙하는 질량 일반의 비본질적인 **규정**을 정립한다. 여기서 질량은 직접적으로 보편적인 것이다. 포물은 이 보편적 질량을 질량과 무게의 통일로 〔정립하며,〕 질량은 이 통일 자체의 부정적 계기로서, 이 통일의 특수화나 분리 자체로서 정립된다. 이것이 진자의 진동으로서, 특수화되고 분리된 것이 분화된 점을 통해 전체의 통일과 매개되는 총체다.

H40 α)* 특수한 질량은 순수 부정성을 통해 보편적 질량과 매개된다. (이것은 진자에서 표현되며, 순수 부정태, 순수 점이다.) 이 부정성의 **개념**은 **순수 힘**, 질량의 힘이며, 비감각적이며 현존하지 않는 것, 운동이다. 이를 통해 특수한 질량은 보편적 질량과 합치된다. 〔이렇게 해서〕 이 양자는 **비현존(Nichtdasein)**의 상태가 된다. 낙하의 선〔궤도〕과 낙하의 공허한 매체는 이 양자의 비현존을 통한 매개이며, 보편자와 특수자의 결합(Schluß)³⁾으로서, 이 속에서 순수 부정성은 보편자로서는 중간항(Mitte)이고, 대립

F42

---

* 〔특수한 질량은〕 그 자신에게로 되돌아간 상태〔다.〕

자로서는 진자의 점이다. 이 점은 대립하는 양자에 모두 속하며 물체의 **중심(Schwerpunkt)**이고, 물체와 보편적 무게에 속하는 점이다.

β) 그러나 동시에 개별성과 보편성은 특수성을 통해 매개된다. 포물은 이러한 추론〔결합〕을 표현한다. 〔여기서〕 특수성은 무거운 질량이면서 무게 일반이고 **특정한** 질량이 된다. 개별자이자 부정태로서, 탄환을 발사하는 힘은 무거운 질량을 관통하여 보편자로 나아가거나 실행되고, 발사된 것이 무겁다는 이유만으로 현존하게 된다. 진자에서 확정된 한 점은 특수한 질량을 통해 보편적 질량〔과 연관된다.〕 특수한 질량은 그 자체에 개별성을 지니고 있으므로, 중심점〔무게중심점〕(Schwerpunkt)은 휴지점(Ruhepunkt)을 통해 보편적 질량과 연관된다. 무게중심점의 무게는 특수성의 중간에 있다.

γ) 끝으로 개별성은 보편성을 통해 특수성과 합치한다. 개별자는 특수성과 분리된 상태로 진자에서는 순수 점이며 개별적 질량이다. 무게는 이들〔개별자와 특수성〕의 연관이고, 개별자는 운동이며 질량이다. 이것들은 양자의 통일에 의해, 그들의 기반이나 실체인 절대적 질량에 의해 매개된다.

무게는 이러한 방식으로 총체적인 **개별성**으로 정립된다. 다시 말해 개별성은 **그 자체 스스로** 무게가 있다. 즉* 개별성은 α) **점**이자 무게중심점으로서, 이 속으로 전체 무게가 환수된다. 질량은 정지해 있고, 그 무게

---

* **개별자** 그 자체가 **무겁**다.

•:
3) 여기서 '결합(Schluß)'은 본래 어떤 양자가 이 양자를 매개하는 중간항인 '매체(Medium)'에 의해 결합되는 것을 의미하며, 논리학에서는 매사를 통해 추론의 양 극단이 매개된다는 점에서 '추론'의 의미도 지닌다.

중심점은 떠받쳐져야 한다. 마치 물체의 나머지 부분은 전혀 존재하지 않는 것처럼 보인다. 즉, 물체는 **대자적으로** 오직 자신의 점에서만 존재하며 그의 대자존재가 무게를 지니게 된다. 다른 질량과의 분리를 지양하는 운동이 **압력**(Druck)이다. 물체는 자신의 점으로부터 시작된 방향으로만 압력을 가한다. 그의 무게는 전적으로 그 **점 속으로 환수된** 상태가 된다. 〔물체가〕 운동하는 방향이 물체의 무게중심점과 만날 때에만 이 물체는 전체 운동을 하게 된다. β) 이 점은 **선**이며, 점 그 자체에 존재하는 무게의 선이다. 이 선에 의해 물체가 보편적 무게와 연관되는 것은 아니며, 오히려 물체의 선형의 무게중심점은 그의 선형의 대자존재이다. 즉 선의 각 부분이 무게를 지니는 것은 아니며, 오히려 각 부분은 **이** 일자에 속하며, 이 일자는 이러한 방향을 이 대자존재의 보편적 **연속성**으로 유지한다. 선이 대자적으로 취해지거나 물체가 이러한 선으로 표상되면 **지레**(Hebel)가 된다. 이것은 **선**이 완전히 순수한 선으로 존재하거나 **특정한 무게, 중량**으로 존재하는 것이다. 무게중심점은 스스로를 분할하여 끝점에서 중간으로 나타나며, 이것의 연속이 곧 선이다.* 양 측면의 동등성은 중량 속으로 멀어지는 거리의 동등한 산물이다. 거리에서 나타나는 순전히 이념적인 것은 중량에서와 아주 똑같다. 한쪽은 다른 쪽을 대신하여 정립될 수 있으며, 〔이것이〕 참된 **공간의 충만**이자 실체다.** 또한

---

* $3 \cdot 4 = 2 \cdot 6$

  $2 \cdot 2 \cdot 3$

** 도르래(**Rolle**), 지레 그리고 중심점이 있을 경우에, 도르래에는 마찰〔이 있기 때문에〕, 중량이 한쪽에서 급하게 떨어져 줄을 잡아끌더라도, 다른 쪽이 끌려가지 않는다는 것을 케스트너는 발견했다. 또한 이미 지레의 점이 그러했던 것처럼, 마찰이 무게로부터 자유로운 순수한 강도(Intensität)가 된다. 무게가 있는 개별성.

전체는 무게의 이 일자다. 즉 표면이 일자를 구성하지만, 일자는 전체로서 중심점으로 환수되는 것이다.

일자는 단지 표면적인 것일 뿐이며 전체적이며 연속적인 것이 존재하

는 [경우라면] 물체는 완전히 **딱딱하게[견고하게]** 되어버린다. 물체는 **절대적인 무게, 절대적인 힘, 온전한 상태에 있는 절대적 대자존재**이다. 그러나 동시에 물체는 일자이며 이 연속의 상태로부터 환수된다. 더구나 이러한 연속성으로서 일자는 소멸해버리며, 오직 전체만이 일자이므로, 일자로 정립되지 않게 된다. 그렇게 해서 물체는 단적으로 **유연해지고[움츠려들게 되고]**, 아주 **부드러워진다.**[4] 그러나 γ[5] 스스로 무게중심점의 자격을 포기하고 그의 전체를 단념함으로써 물체는 오히려 더욱더 강한 일자가 된다. 유연함이란 물체가 자신 밖에 존재하는 **확산된** 힘을 지양하는 것인데, [이를 통해] 힘은 자신 속으로 복귀하고, 힘이 재산출된다. 이것이 [의미하는 바는], 전체가 곧 일자이며 무게중심점을 이룬다는 것 그리고 이 양 측면의 직접적인 전도(Verkehrung)가 **탄성(彈性, Elastizität)**이라는 것이다. 이 탄성이 **개별** 물체의 참된 개념이다. [즉, 이제] **무게**가 탄성이 [되어버린 것이다.] [탄성은] **자기내존재**와 **대타존재**의 통일이고,

---

[역주] 케스트너(Kästner, Abraham Gotthelf, 1719-1800)는 1756년부터 괴팅엔 대학에서 수학과 물리학 교수를 지냈으며, 「수학의 역사와 기초」라는 글을 쓴 바 있다.

* 여기서 차원들에서 서로 분리된 것이 직접적으로 하나가 된다. 또한 무게중심점은 전체적인 개별적 물체가 된다.

4) 여기서 헤겔은 '어떤 힘 앞에서 버티지 않고 물러나거나 움츠러드는 것'을 뜻하는 weichen을 '유연하고 부드러운 것'을 뜻하는 weich와 동일한 의미의 맥락에서 사용하고 있다.

5) 펠릭스 마이너 판에는 본래 괄호( )가 없으나, 호프마이스터 판에는 앞의 표기와 일관성을 유지하기 위해 삽입했다.

Ⅱ. 형태화와 화학론

다음과 같은 매개를 통해 자체 내로 되돌아간 무게이다. 즉 이 매개에서 부정성은 이 매개에 낯선 것으로 정립되고 부정성이 수동적인 질량이 되는 그러한 매개다. 여기서 무게가 견고함(Härte)으로서 자기내존재를 대타존재인 유연함을 통해 자기 자신과 매개하는 일이 [발생하는 것이다.] 중량은 중량으로서 무게가 있고, 그 특수한 상태에서 절대적인 **자기내존재**다. **이념적인 것**(das Ideelle)은 (점, 운동) 그 자체로 무게가 있다.

b.[6] 탄성이 유동성이 되는 과정

개별 물체는 더 이상 보편 질량이 아니라 개별 질량에 비례한다. 개별 물체는 보편 질량에 대해 배타적이다. 즉, 보편적 무게는 물체의 보편적 기반이다. 그리고 처음에는 **수많은** 개별자들이 정립된다. 개별 물체는 자신으로부터 이 보편적 기반을 배제하지 않는다. 왜냐하면 그의 배제행위는 곧 보편적 무게와 연관을 맺는 것이기 때문이다. 긍정적인 연관은 보편적 무게이자 지반(Boden)으로서, **이 지반 위에서** 수많은 개별자들이

H43 **자유롭게**, 개별자들 상호 간에만 **부정적으로** 관계를 맺는다. 그러나 자아(das Selbst)는 부정태이다. 그것들은* 여전히 개별적이며 **관성이 있는** 질

---

* **추상적 개별성** – 따라서 여기서는 한 면이 무엇보다 우선한다.

• •

6) 펠릭스 마이너 판에는 b라고 기재되어 있으나, 호프마이스터는 헤겔이 2번으로 기재해야 할 것을 b로 잘못 기재하고 있다고 적고 있다. 이 견해가 타당하게 보이는 것은, 이 '2. 탄성이 유동성이 되는 과정'이 '1. 개별 물체들, 또는 무게가 탄성이 되는 과정'과 더불어 '형태화(Gestaltung)'의 하위 항을 대등하게 구성하기 때문이다.

량들로서, 그 개념상 서로 연관을 맺는다. 그러나 이 개념은 아직 정립되지 않은 상태이다. 그리고 개별자는 그것들을 서로 연관시키거나 그것들을 서로 운동하게 하는 현존자이다. F45

탄성이 있는 질량들 서로 간의 운동, 즉 **반동〔충격〕(Stoß)**이라는 것은 이 질량들을 본질 그대로 **정립하는 것**이다. α) 〔반동은〕 **유연한 상태**에 있는 이 질량들의 접촉(Berührung)이다. 여기서 이 질량들은 일자들로서, 자신의 대타존재 상태로부터 완전히 자기 내로 환수되어 자신의 무게중심점에만 존재하는 그러한 것들이다. 이 질량들은 서로를 상호적으로 수용한다. 즉 한쪽이 존재하는 곳에 다른 쪽이 존재하고, 그들의 순수한 보편성은 그들 서로 간의 합류 융합(das Zusammenfließen)이다. 이 **대타존재**가 운동이자 여기서 술어가 되는 부정적인 관념성인 한에서, 동시에 이들 서로 간의 운동도 합류 융합된다. 여기서 질량과 운동들의 **단 하나의** 통일만이 정립되는 것이다.

β) 그러나 각 물체의 이 지양된 질량과 속도는 동시에 절대적으로 배타적인 일자에 의해 관통된다. 물체는 절대적으로 **견고한** 상태로 이 통일을 단적으로 지양하며, 이 통일은 자기 고유의 질량과 속도를 지니고 이 통일로부터 산출되는 양자로 다시 분리된다.* 그러나 γ) 양자는 그들의 통일로부터 산출된 그러한 것이다. 각자는 타자가 자신 속에 정립해 놓은 것을 지양한다. 그리고 타자가 자신 속에 정립해 놓은 것은 또 다시 그 자신에 의해 규정된다. 각자에서 발생하는 작용(Einwirkung)은 그 자신과 타자에 의해 규정되며 반작용(Gegenwirkung)도 마찬가지다. 작용

---

* 운동과 질량의 분유〔전달〕(Mitteilung)은 **타자가 존재하는** 동일한 **시간에 존재하지** 않는다.

과 반작용은 동등하다. 한쪽이 작용을 받아 지양되는 것만큼, 그것은 산출되는 것이다. 그러나 그것은 단순히 수동적인 반작용이 아니라 오히려 개체화인 것이다. 즉 작용이 있는 만큼 반작용도 있다. 요컨대 〔작용과 반작용 가운데〕 각 물체의 규정에서 완전한 교체(Austauschung)가 정립된다. 그의 **대타존재**, 즉 타자의 작용이 그의 무게중심점에 의해 관통되고, 그 고유의 힘과 존재가 됨으로써 그렇게 되는 것이다. 〔이렇게 해서〕단적으로 **즉자대자적인** 질량의 **통일**이 있게 된다. 각 질량의 절대적인 특수성과 일자 속에서 한쪽의 다른 쪽으로의 완전한 해체가 〔일어나는 것이다.〕 이것은 〔실제로는〕 어떤 구별도 아닌 대자존재자의 구별이라고 할 수 있다.

실재적인 것의 부정으로 전개되는 이 **자기내**〔존재〕와 관념적인 것의 부정으로 전개되는 시간을 우리는 질량의 **음조〔톤〕(Ton)**[7]라고 부를 수 있다. 그러나 여기서 구별된 것들은 질량 일반의 구별들일 뿐이다. 〔이것은〕 현존하는 것으로 언표되는 자기 관통적인 물체의 **진동**과 같은 것이다. 〔이는〕 질량의 시간, 시간의 단순한 무한성, 질량을 준비하고 있는 시간이다. 이것이 시간의 삶의 싹이다. 진동으로서 이 삶은 이러한 부정성, 시간 자체 속에서의 이러한 전율(Erzittern), 축회전 운동이며, 이제 막 현존으로 쇄도해나오는 불안정한 **빛**(Licht)이다. 〔효력이 없이〕 죽은 무게 속에서 유지되는 가운데 이제 질량에서 자기 자신을 산출하고

:·

7) Ton은 여러 의미를 내포한다. 우선, 역학에서 Ton은 무게와 유사한 개념으로 일정한 무게를 지닌 상태를 뜻한다. 그런데, 여기서는 바로 뒤에 나오는 '진동'이라는 개념과 관련이 있으므로, '소리'나 '음조'라는 의미를 내포하고 있기도 하다. 따라서 이후부터 그 문맥상 의미를 따져 그냥 '톤'으로 번역하며, 특별히 그 의미를 강조해야 할 부분에서는 '음조'와 같은 용어로 번역한다.

표현하는 것이 바로 **자기내존재**(das Insichsein)다. 이 자기내존재는 개념이자 힘이며, 〔여기서〕 우리는 개념과 같은 그런 것이나 그러한 것의 실체이기를 중단한다. 다른 개별성을 배제함으로써 그 자체에서 절멸된 것은 바로 **순수** 개별성이다. 또한 이를 통해 이 진동은 개별적인 점성(Punktualität)이나 타자들에 대한 특수한 무게중심점이 이렇게 지양된 상태가 된다. 이렇게 해서 **유동성**(Flüssigkeit)[8], 완전하고 물체적인 자기 자신과의 균형, 실재적인 탄성이 있게 된다. 물체는 대자적으로 실존하면서도 타자에 의해 탄성을 지니게 되는 것이다. 유동적인 것은 반동을 받고, 단적으로 버티지 않고 움츠러들게 된다. 그러나 유동적인 것이 움츠러드는 상태는 곧바로 그 자체에서 저절로 지양되어버린다. **그것이 움츠러드는 것이 곧 진동**(振動, ein Schwingen)으로서, 이 진동은 〔움츠러드는〕 유연함과 〔자기 자신을 고수하는〕 견고함의 교차, 유연한 것과 견고한 것의 교차가 아니라, 오히려 물체 전체를 통해 전체 속에서 직접적으로 산출되는 것이다. 그것은 힘이 되돌아가 질량이 중지되어버리는 무게중심점이 아니다. 오히려 물체는 자신의 전체 본질에 의해 진동하고 울린다. 물체 전체는 그 자체로 이렇게 자기 환수하는 무게다. 유동성은 직접적으로 음조에 대립하여 수동성, **즉자존재**, 개별성이 지양된 상태, 절대적 전달(Mitteilung)이 된다. 그렇게 해서 이 속에 교란 상태(Störung)가 생기긴 하지만, 〔유동적인 것은〕 타자에 대해 **반작용하지** 않고, 자신으로부터 그것을 **축출하지**〔밀어내지〕 **않는다**. 오히려 유동성은 그 속에서 **스스로 소멸한다**. 유동성이 저항력이 없다는 것은 이렇게 **그 자체 내로 수축한다**

H45

⁘

8) 여기서 유동성(流動性)은 이후에 화학적 과정으로 전개되면서 '액체(상태)'를 의미하기도 한다.

는 것(Zusammengehen)이며, **자체 내에 머문다는 것**을 의미한다.* 또는 그 것[유동적인 것]의 견고함(Beharren)은 **외화**(eine Äußerung)가 아니라 자기내복귀다. 그리고 이 복귀는 유동적인 것이 그 속에 정립된 특수한 상태를 전체에게 전달함으로써 매개된다. [그러나] 탄성의 경우에는 역으로 전체의 작용이 부정태이며, 그 속에 정립된 규정을 밀어낸다. 그러나 여기서 자기내복귀는 이 특수한 상태가 보편화되는 것과 같다. 특수한 상태는 음조에 의해 보편자와 합치되며, 전체 속에서 긍정적으로 정립되는데, 이것이 바로 유지, 보존하고 견고하게 하는 것이다.

따라서 유동성은 특수하고 외면적인 상태로부터 자신 속으로 복귀된 **무게**다. 유동성은 자기 자신 속에서 균형 상태[동등한 중량](Gleichgewicht)로서, 이 균형 상태는 더 이상 부정적인 행태를 보이지 않고, 그 속에서 규정된 것이 붕괴되거나 축출되지 않는다. 오히려 이렇게 규정된 것의 규정성 자체 속에 균형 상태가 있는 것이다. 이 균형 상태가 유동성을 통해 완전히 관철되고 철저하게 규정됨으로써, 규정성은 지양된다. 음조[톤], 이 부정성은 이렇게 전도되는 개념이다.

[이렇게 해서] 무게는 외화된 상태로부터 자체 내로 복귀되기에 이른다. 그렇기 때문에 이것은 다음과 같은 대립적 의미를 지닌다. 즉, 무게는 자신의 내면적 상태로부터 밖으로 드러나 현존하게 된다. [또한] 유동성은 그 자신에게 도달한 무게이며, [이 무게는] 그 자체로 외화되는 것이다. 즉, [무게는] **현존하는 자기내존재**이며 축회전 운동으로서, 이 운동은 부정태를 그 자체에 절대적으로 지니고 있고, 자신의 구별에서는 **그 자체로** 대타존재이기도 한 것이다. [이제] 자기내존재는 대상화되고

---

* 보편적인 대자존재

현존하는 것이다. 자기내존재는 더 이상 타자존재와 부정적으로만 연관되지 않으며, 오히려 〔여기서는〕 이 보편적 무게가 그 자체로 부정성인 것이다. 이 무게는 빛으로 출현하여, 대타적으로 존재하게 된다. 무게는 힘 있는 빛이며 현존하는 힘이다.

이 실재적인 힘은 물과 같은 것처럼 유동적인 것이 아니라 그 자체로 표상되어야 한다. 이 균형 상태는 수동적인 것이 아니라, 그 자체로 능동적인 균형 상태로서, 유동성 속으로 확산되고 자신의 순수한 규정을 H46 자기 자신 속에 보유하는 음조〔톤〕이다. 대체로 이것은 바로 절대적인 **응집(Kohäsion)**이라는 것에서 생각되는 그러한 것이다. 이 절대적 응집 (Zusammenhalt)은 α) 물질의 일부가 아니다. 왜냐하면 이것은 질량 일반 F48 의 연속성이기 때문이다. β)[9] 〔또한 절대적 응집은〕 보통의 응집과는 다르며, 예를 들어 철이 금보다 더 강한 응집력을 띤다고 할 때처럼 그런 개별적인 속성, 다소의 분할가능성이나 질긴 성질(Zähigkeit)과 같은 것이 아니다. 무규정적인 개념이 분명치 않게 머리에 떠오르거나 사념하는 상태를 뛰어넘지 못한 채로, 이 응집에 대해 많은 것들을 사람들이 누설해 온 것이 사실이다. 그러나 오히려 응집이라는 것은 이 자기 동등적이며 **질적인 규정** 일반이다. 우리가 다음에 보게 될 것이지만, 단순한 규정으로 표현하자면 비중(spezifische Schwere)이 생긴다. 여기서 특유한 것(das Spezifische)은 다음과 같은 것을 이룬다. 즉, 물질이 무게로서 그 자체로 규정된 존재이고 부정성이며 특성을 지니고, 그의 본질이 개체성 일반이며 특정한 개체성이고, 그래서 이 물질은 규정된 특유한 무게〔비중〕

∴

9) 펠릭스 마이너 판에는 β가 표시되어 있지 않으나, 호프마이스터 판을 참조하여 여기에 삽입하는 것이 적절하다고 판단하여 삽입하였다.

가 된다는 것이다. 무게는 고유한 성질이기는 하지만 단순히 역학적인 저항은 아니다. 여기서 저항은 일반적으로 질량 그 자체에 대해서만 발생하며, 저항의 규정은 크기의 비본질적인 면이지만, 이제는 특성 일반이며,* 긍정적으로는 전체적인 연장이자 현존재를 규정한다.

우선 이 특성은 물질의 형식이거나 물질의 **내적인** 형태다. 다시 말해, 아직은 〔그 특성이 구체적으로〕규정되고 발전된 상태로 **현존하는 것**은 아니며 〔그냥〕특성 일반일 뿐이다. 그래서 또 다시 다음과 같은 점이 나타나는데, 즉 물질은 어떤 **타자에 의해서만 자신의 특성을 보여주며, 타자와 비교해서 보여주는 특성이 바로 그 물질의 특성**이라는 것이다. 물질이 역학적인 전체이면서도, 여러 차원들에서 보면 무게중심점, 지레 그리고 압력을 가하는 질량이고, 〔이것은 다시 말해 물질이〕 탄성을 띤 전체이지만, 양자는 여전히 대타존재의 상태에 있다는 것을 〔뜻한다.〕 그래서 여기서 물체가 보여주는 내적인 형태는 타자에 대한 관계〔대타적인 관계를 띤다〕. 그러나 연관은 더 이상 질량이 유지되도록 하는 단순한 충격〔반동〕(Stoß)이 아니다. 오히려 질량은 여전히 단지 **가능적인 것**으로만 존재하며, 질량은 지양된 것으로 정립되어 있다. 〔물질의〕 **특성**은 〔물질이〕 **질량으로 존재하는 상태로부터 이렇게 자유로운 상태로** 〔나타난다.〕 구별은 질적인 것이다. 따라서 현존하는 부정적 연관은 이렇게 커다란 질량을 지양하는 것이다.

F49

H47

질량이 분쇄되면서 물체는 이 규정 속에 지니고 있던 자신의 특성을 보여준다. 물체는 공간적 규정성이나 차원으로 나타난다. α) 〔우선, 물체는〕 〔좌표상에 나타낼 수 있는〕 점성(Punktualität)으로 나타나며, 물체는

---

* 질량의 구분〔은〕 비본질적〔이다〕. 무규정성, 즉자대자존재.

물체의 응집 상태를 지양하는 곳에서 점의 내적인 형태를 지니는 것으로 나타난다. 즉 물체는 **부서지기 쉬운 성질**(spröde)을 띠며, 점들로 분산된다. 이것이 물체의 본질이 그렇게 규정된 톤(Ton)이다. 이것이 바로 내적으로 형태화된 견고함으로서, 앞에서는 단지 이것의 규정성 일반만이 정립된 바 있다. β) 〔그 다음으로,〕 점이라는 이 기본 요소는 선이 된다. 깨져버린 서로의 관계로 인해 물체의 톤을 유지하는 것은 선으로 드러나며, 지속적으로 무엇을 계속 추구하면서, 질긴 연성(延性, Streckbarkeit)을 띠게 된다. γ) 〔마지막으로,〕 선은 면의 톤으로 이행한다. 질긴 성질(Zähigkeit)은 **가단성**(可鍛性, Hämmerbarkeit)[10]이 되며, 물체의 응집을 면으로 주장할 수 있는 가능성이 된다. 그러나 면은 표면이 되고 면에서 점은 전체가 되기 때문에, 가단성은 일반적으로 다시 전체의 신장성(伸張性, Dehnbarkeit)[11]이 되며, 형태가 없는 내적인 것이 된다. 그리고 이 내적인 것은 물체의 응집을 질량 일반의 연관, 즉 유연성(Weichheit)으로 나타낸다.

여기서 지적해야 할 점은, 이 계기들이 각각 개별적인 차원들일 뿐이라는 사실이다. 그리고 이 차원들 각각은 모두 형태화된 실재적 물체의 계기라는 점이다. 공기와 물, 불은 형태가 없는 것, 또는 지양된 형태이자 물체성 일반으로서, 어떤 하나의 특성 일반을 나타낸다. 질량이 유연성이나 무게, 탄성이 없이 존재할 수 없듯이, 형태는 〔공기, 물, 불과 같은〕 그러한 것들 중 하나라도 없으면 존재하지 못 한다. 〔공기, 물, 불과 같은 것들은〕 추상적 계기들로서, 그것들 중 어떤 개별적인 것도 〔단독

---

10) '가단성'은 말 그대로 '망치 같은 것으로 두드려 늘일 수 있는 성질'을 말한다.
11) '신장성'은 '펴서 늘일 수 있는 성질'을 말한다.

으로는] 형태를 이루지 못 한다. 어떤 한 물체는 다소 부서지기 쉬운 성질을 띠거나, 또는 질기거나 가단성이 있거나, 아니면 〔그와는 반대로〕 다소 유연하거나〔부드럽거나〕 견고할 수도 있다. 그러나 탄성은 이러한 성질들의 실재성이다. 그러나 양적인 구별은 감각적 현존재인 자연에 속하며, 〔그렇게 해서〕 절대적인 운동은 계속 진행되는 개별화에 의해 제한되고, 이 차원들의 필연성도 마찬가지로 그렇게 된다. 그것들 전체가 위축되며, 이 전체가 이런저런 것으로 더 자유롭게 출현하게 된다. β. 특성은 보편자, 유연한 가단성으로 이행하며, 특성은 **이러한** 차원들을 소멸시켜, **대자적으로** 마무리되고 완성된다. 특성의 **형태**는 한편으로는 외적인 **표면**이다. 〔다른 한편으로〕 특성은 **내적인** 형식으로 지양된 상태에 있다. 특성은 대자적으로 자유롭게 현존하며,* 이렇게 완성된 상태로 지속한다. 이 상태에 대해 외적인 강제력은 단지 질량을 분할할 뿐이다. 이 분할의 형식은 자기 **동등적으로** 유지되며, 아주 미미한 질량으로 오직 **동일한** 형식을 **반복할** 뿐이다. 그렇게 해서 이같은 외적인 상태는 절멸된다. 특성은 자기 동등적으로 유지되는 것이므로 여러 차원이 없고, **형태화된** 유동성이며, **특성과 현존재는 동일한 것**으로 존재한다.

β) 특성의 차원들이 처음에는 내적인 형태를 띤 것처럼, 이제는 외적인 형태를 띤다. 그렇기 때문에 〔특성은〕 이전에 공간에서 그러했던 것처럼 그 자체로, 자신의 **시간** 안에서 타자와의 관계 맺음으로 〔나타난다〕.

완전한 내적인 형태는 자기 동등적으로 유지되며, 내적인 형태만큼이나 외적인 형태도 그러하다. 내적인 형태는 무규정적인 보편자이다. 규정된 것은 더 이상 외적이며 공간적인 차원으로 형태에 현전하지 않는

F50

H48

---

* 특성(Charakter)은 타자존재에 상반되면서 형식화된다. 유연성도 특성이다.

다. 그러나 형태는 그렇기 때문에 응집력이 없고, 오히려 응집은 단순한 규정성이다. 즉, 그러한 술어로서 유동체의 규정성은 단순하고 보편적이며 순전히 단순하고 본질적인 특성으로서, 이 특성은 자기 내로 환수되어 있어서 전혀 질량과도 관계하지 않으며 외적인 정립에서 완전히 분리된 상태에 있다. 이 규정성이 **비중**(比重, spezifische Schwere)[12]이며, 〔이 규정은〕 특정하고 단순하며 본질적인 특성이며, 규정된 개체성이다. 규정성은 그렇게 단순하기 때문에, 이 본질적인 구별은 비본질성의 형식 속에, 수의 **크기**의 형식 속에 정립되어 있고, 특성의 개별성〔을 띤다.〕 이러한 규정성을 띤 물체는 타자에 대해서, 보편적 무게에 대해서 즉자대자적으로 존재한다. 무게 중심점은 **특정한** 질량의 일자로서 존재하며, 타자에 대해 이렇게 특정한 질량의 형태를 띤다. 그러나 그의 본질은 보편적 무게〔중력〕이며, 그의 관계, 개체성은 그 자신에 의해서만 규정되지는 않는다. 즉, 그것은 본질적으로 타자에 대한 압력과 반동〔충격〕과 관련되어 있다. 그러나 부서지기 쉬운 성질 등도 특성이기는 하지만 타자에 의해 현존하는 것이다. 이와 반대로 비중은 이러한 즉자대자존재로서, 오직 자기 자신과만 연관을 맺으며, 무게중심점의 규정성과는 달리 질량에는 전적으로 무관하며, 하나의 대자존재적 현존을 의미한다. 비중은 어떤 보편적 매개항을 지닌 상태를 통해 인식되지만, 그렇다고 특정한 질량에 상반되는 것은 아니다. 부서지기 쉬운 성질은 질량을 극복하

F51

H49

••

12) 비중(比重, spezifische Schwere, specific gravity)은 동일한 체적에서 표준물질에 대한 어떤 물질의 밀도의 비를 말하며, '상대밀도'라고도 한다. 헤겔은 『엔치클로패디』에서 비중을 '질량의 중량과 부피의 비례관계'라고 정의한다.(GW20, 293) 고체와 액체의 경우 일반적인 표준은 섭씨 4도의 물로서, 이때 물의 밀도는 1,000kg/l이다. 한 물질의 비중은 서로 다른 시료에서도 그 시료가 순수하고 조성이 같고 빈 곳이나 함유물이 없다면 같은 값을 가진다. 그래서 비중은 미지의 물질을 확인하는 데 이용되기도 한다.

고 좀 더 큰 질량의 힘에 의해 백일하에 드러난다. 비중은 이러한 것을 필요로 하지 않는다. 또한 비중은 중량을 체적, 즉 공간의 크기와 비교하여 측정되며, 이 비중이 미치는 영향에 의해 **측정되지는** 않는다. 비중은 유동성〔액체〕의 상태에 있는 규정이며, 다시 말해 무게와 부정성의 그러한 투과에서 발생하는 규정이다. 이러한 투과의 상태에서〔무게와 부정성〕양자는 속도에서처럼 동등하며, 여기서 공간과 중량은 그 크기에 의해서만 서로 구별될 뿐이다.*

이렇게 **아주 단순한** 특성은 보편적 유동성에서 **하나의 점**으로 관찰될 수 있으며, 이 점은 선이 된다. 공간은 여전히 현존재의 기반이다. 그러나 개념은 이 특성의 단순성, 그 분열 상태에서도 이렇게 관통하는 보편자로 유지되는 이러한 음조〔톤〕이다. 여기서 이 보편자는 보편적인 자기내존재에게서 그 자신에 의해 자신의 구별의 **실체를, 그 구별의 현존재**를 떼어내버린 것이다. 내적인 형태는 그 자체로 **현존**하지 않으며, 질량을 분쇄함으로써 현존하게 된다. 그러나 여기서 정립된 규정을 이 형태는 자기 자신을 통해서 지닌다. 비중의 통일이 일자로 정립되는 것처럼, 이 일자는 구별들을 더 이상 자신 밖에 서로 무관한 종류들로 지니지 않는다. 이 구별들은 오직 개념에 의해서만 현존하는 것이다. 즉 이 일자를 통해서, 구별을 자신의 현존에서 보유하고 있는 특성, 무한한 개념 자체를 통해서 구별들은 존재한다. 그리고 이전에는 이 개념이 단지 무게에 의해서만 지탱되었다. 그의 **현존**이 이러한 물체성으로서 의미를 지니는 것을 완전히 중단해버리는 그러한 규정성이며, 더 이상 질량으로 유지되는 않는 구별들이 (부서지기 쉬운 성질처럼) 타자에 의해 **정립**된다. 그리고

F52

---

* 긍정적인 것과 **부정적인 것의 통일**

이것이 곧 그 구별들의 기체(Subjekt)다.

단순한 특성은 분열된 상태로 정립된다. 왜냐하면 이 특성의 본질은 이러한 부정성, 구별이기 때문이다. 또한 여기서 구별은 현존재의 기반 속에 정립되어 있고 그 개념이나 그 현존상 특성에 따라 정립되기 때문이다. 이러한 정립이 **자기**(磁氣, Magnetismus)이다. 여기에는 어떤 방향과 단순한 규정성의 일차원, 일자로서 무차별적 점인 통일성이 있으며 질량 일반의 점으로서 무게중심점이 있다. 그러나 구별들은 더 이상 보편적 무게[중력]를 지닌 질량들이 아니며, 오히려 보편적 질량은 점으로 환수되어 있는 상태이고, 구별들은 이 점 속에 존립한다. 이 구별들을 보유하고 있는 것이 바로 그 점이다.

보편적 **자기내존재는 현존**을 지닌다. 즉, 자기내존재 자신에 의해 구별이 생긴다. [이 점에서] 보편적 자기내존재는 곧 **그의** 구별이라고 할 수 있다. 무게는 이러한 방식으로 극복된다. 다시 말해, 무게의 무구별적 통일성이 바로 구별이며 그 자체의 현존이다. 무게 그 자체에서 구별의 외면은 사라져버린다. 무게는 질량으로 존재하는 의미를 상실해버린다. 또한 질량은 여전히 단지 추상적인 계기, 술어, 지양된 것일 뿐이며, 그의 기체[주어]가 개체성인 질량일 뿐이다.

처음부터 무게는 그 개념상 자기(磁氣)와 동일한 것으로 정립될 수 있는 듯했다.* 즉 무게는 보편적인 **자기내존재**로, 빛은 절대적 톤으로 정립될 수 있는 듯했다. 그러나 무게의 규정성은 **자기 내에 존재하는 것으로**

---

* 빛과 같은 타자에 의해서가 아니라 그 자체로 [그러하다]. 낙하나 사출(射出)은 무게의 내면에서 발생하며, 다시 말해, 자신의 현존재에 대해 또 다른 기체를 지닌다. 따라서 그것은 우연적으로 나타나게 되는 것이다. 개념의 구성, 계기들의 무관한 현존재는 아직 실체 속에 있는 것이 아니다.

서 **현존**과 대립한다. 〔여기서〕 이 운동은 힘이 현존하는 것이 되거나, **기체**가 될 수 있는 힘이기를 중단하는 상태가 되는 것으로 표현되었다.

F53

따라서 자기(磁氣)는 이러한 물질의 주관적 존재(Subjektsein)다. 동시에 자기는 일차원이며 기체의 형식적 현존, 선이다.* 또한 자기는 그 자체로 존재하지 않는다. **지구**와 같은 **온전한 물체**가 자석(Magnet)이라는 것은, 자력을 띤 축이** 지구를 관통하고 있다는 것을 의미하지는 않으며, 자기의 힘은 선으로서 〔지구에〕 현존한다. 만일 〔그러한 축이 존재한다고〕 생각하고, 자석의 상이한 강도, 자침의 편각(偏角)과 복각(伏角)이 그 축과 연관을 맺는다고 생각한다면, 자석의 강도가 가장 큰 점과, 그 강도가 가

H51

장 작은 다른 중립적 점이 있어야 할 것이다. 철학적이어야만 했던 수많은 것들이 〔이제〕 〔과학적으로〕 명명백백하게 드러나게 된 것이다. 물리학자들은 그런 철로 된 지주(支柱)나 아니면 축의 방향으로 실존하는 특정한 어떤 것을 포기하기를 거듭했다. 물리학자들이 발견한 사실은, 지구 중심점에 무한한 강도를 지녔지만 외연은 없는 자석을 가정해야만 충분한 경험이 가능하다는 것이었다. 그런데 이 자석은 다른 점보다 한 점에서 더 강한 그런 선으로 존재하지 않는다. 자력을 띤 철에서처럼 중심점보다는 극점으로 철가루들이 더 강하게 끌려가고, 극점으로부터 중심점에 이르면서 그 강도는 점점 더 약해진다. 〔그래서〕 오히려 자기는 이렇게 지구의 전체적인〔온전한〕 **보편자**로서, 이 보편자는 〔지구의〕 도처에서 이러한 전체로 존재하는 것이다. 이 보편자는 무차별적인 중성의 점 밖에 속하는 북극과 남극이라는 뚜렷하게 구분되는 **현존**을 철에

---

* 무게 없이 낙하하는 것은 여기에는 존재하지 않는다.

** α) 보편적으로

서만 지닌다. 철이 그런 특수한 현존이라는 사실은, 자신의 추상적인 계기들을 개별 사물들에서 추상적으로 표상하는 자연의 소박 단순함(eine Naivität)을 잘 보여준다고 할 수 있다. 〔철과 같은〕 그러한 기체들에서 물리학자들은 다음과 같은 사실, 즉 낙하 등이 금속과 같은 기체들에서 비로소 어떻게 현실화되는지를 잘 보여준다. 왜냐하면 금속은 단순한 비중이 지니고 있는 이렇게 견실한 질량이며 추상적 형태이기 때문이다. 이것을 우리는 여기서 좀 더 고찰할 것이다.

따라서 자기(磁氣)는* 기체의 통일 속에 존재하는 구별들의 형식적 현존이다. α) 무게 그 자체의 구별을 정립하는 것은 바로 순수 방향 또는 선이다. 〔여기서 구별은〕 비중 일반의 구별이며, 현존하는 구별로서 비중의 상이성이다. 남쪽과 북쪽을 향하는 방향으로서의 구별은 공간의 공허한 구별이며, 그 자체로는 어떤 구별도 아닌 것으로서, 선의 한 끝은 다른 것과 구별되지도 않는다. 물론 여기에 구별이 있기는 하지만, 이 구별은 비중의 규정이다. 극점들은 서로 상이하며 비중을 지닌다. 극점들이 전기적으로 상이하며 화학적으로도 상이하다는 등 이런 말을 하는 것은, 여기서 한편으로는 우리에게 아무 상관도 없다. 그러나 다른 한편으로 우리는 특유한 것이 이와 같이 되어가는 과정을 보게 될 것이다. 즉, 개념의 동일성을 현상의 동일성으로 찾아내고 표현하는 것이 물리학자의 소임이다. 따라서 양 극점의 상이성은 보편적 특유화(Spezifikation)의 규정이라고 할 수 있다. 자석이 질량과 지렛대로 표상되면서 자석은 하나의 무게중심점을 지니게 되는데, 이 무게중심점이 밑에서 떠받들기 때문에 어떤 방향으로 낙하하는 질량이 자유로운 균형 상태를 유지할 수

F54

H52

---

* β) 지구〔대지〕에서 그것이 **구별**되는 상태로

있는 것이다. [여기서] 거리는 무게의 의미를 지닌다. 그러나 자기(磁氣)에서 질량은 특유화된다. 그래서 한쪽은 다른 쪽보다 특유하게 더 무겁다[비중이 더 크다]. 그리고 그렇기 때문에 동일한 용적(容積, Volum)이라도 한쪽이 다른 쪽보다 더 무거울 수 있다. 여기서 비중은 가장 소박하고 단순한 방식으로 정립된다. 용적과 중량은 같지만 [비중을 이루는] 특유화는 서로 다르기 때문에 자침(磁針)이 기우는 것이다. 지축(地軸)은 황도(黃道)에 비해 기울어져 있다. 그러나 이러한 현상은 본래 천구의 규정에 속하는 것이다. 그러나 전체 지구에서 특유하고 보편적인 것은 참된 방식으로 분리되어 등장하므로, 특정한 질량으로서 물체들은 진자의 상이한 장소에서* 상이한 힘을 지니며, 물체가 지니는 비중은 적도보다 극점에서 더 크다. 동일한 질량인 물체들이 서로 상이한 상태를 보이는 것이다. 물체들은 자신이 지닌 질량의 힘을 운동의 힘으로 표현하는 한에서만 서로 비교될 수 있다. 그리고 여기서 운동은 자유로운 것으로 동일하게 머물면서 지속하는 것이다.** 추(錘)에서 질량의 크기는 운동하는 힘으로 나타나므로, 추에서 더 큰 비중을 지니는 동일한 용적이 더 강한 운동력을 지니기 마련이며, 그렇게 해서 극점에 더 가까워진다. 구심력과 원심력은 지구의 자전으로 인해 서로 분리된다. 한편으로 다음과 같이 말하는 것은 아무래도 상관이 없다. 즉 물체가 더 큰 원심력을 지니고 있어서, 이 물체가 강하게 낙하할 때보다 더 큰 힘으로 낙하의 방향을 벗어나 빠져나가려고 한다거나, 아니면 물체가 낙하하는 높이가 척도가 되어

F55

H53

---

* [이것은] 지렛대에서와 같다. 그러나 물체들은 보편자를 그들 자체에 지니고 있지 않다. 물체들의 무게중심점은 절대적인 부정태가 아니다.

** 자력을 띤 경선(經線)과 직각을 이루며 자침이 수직으로 일어선다. 즉 [여기서] 자침은 순수한 특유화, 지구로부터의 거리를 두는 직선이 된다.

더 크다고 말하는 것은 아무래도 상관없다. 그러나 물체가 더 강하게 낙하한다는 것은 그 물체가 더 큰 비중을 지닌다는 것을 의미한다. [여기서는] 진자 운동 일반에서처럼* 낙하 그 자체가 특유화된다. 왜냐하면 낙하든 투사(投射)든 사정은 마찬가지이기 때문이다. 물체는 자신이 낙하하는 것보다 더 강하게 투사될 수 없으며, 투사되는 것보다 더 강하게 낙하할 수 없다. [낙하와 투사] 이것은 분리되지 않는다. 중력(Schwerkraft)은 항상 동일하다. 그러나 여기서 이 힘 자체는 규정된 상태로 존재하며, 마치 물체가 더 높은 곳에서 떨어지듯이 [그렇게 존재하는 것이다.] (이것은 투사 시에도 어떤 물체가 낙하의 방향으로 더 강하게 투사되는 것과 마찬가지다.) 따라서 상이한 폭 하에서 발생하는 상이한 진자 운동의 크기의 구별은 무게[중력] 자체의 특유화라고 할 수 있다.

그러나 이러한 자기(磁氣), 실재적 톤은 이제 비로소 길이[경도(經度)선]로 진행되기 시작했지만 아직도 여전히 형식적이다. 이 자기의 여러 측면들[방향들]은 여전히 단적으로 기체(Subjekt)의 일자 하에 묶여 있으며, 이들의 대립은 아직 자립성으로 존재하지 않는다.

자석은 더 폭넓게 운동해나간다. 자석의 본질은 보편적이며 스스로를 완결짓는 것이자 모든 차원들을 자신 속에 소멸시키는 유동성[흐름]으로서,** 이 유동성은 그 자체 내에 중량[톤]을 지니고 있다. [하지만] 여전히 자석의 운동은 **외적인** 운동이다. 그래서 여기서는 부정성이 아직 실재적이며 자립적인 측면을 지니지 못하고, 또한 총체성의 계기들이 아직

F56

---

* 마찬가지로 투사의 힘이 낙하이기 때문에, 상이하게 낙하한다는 것은 더 높은 곳에서 낙하한다는 것을 의미하지 않고, 더 큰 질량, 즉 비중이 더 크다는 것을 의미한다.
** 공간과 무게의 통일로 나타난다. 왜냐하면 이들은 서로 무관하기 때문이다.

자유롭게 되지 못한 상태이며, 대립이 자립성을 획득하지 못하고, 차별화되고 자립적인 것들이 서로 관계를 맺지도 못하는 상태이며, 아직 무게의 중심점이 분산되지 않은 상태다. 따라서 계기들의 전개 양상도 여전히 외적이며, [비록] 개념에 의해 정립된 상태이기는 [하지만], [여기서] 반성은 상이한 반성이며, 또한 처음에는 계기들이 서로 분리되어 나타난다.

α)* 자석의 중량[톤]은 우선 보편적 자립성으로 이행하며, 선은 전체의 완결적인 공간으로 이행한다. 자석의 중량[톤]의 차이는 상호 무관한 형식으로 퇴색되어버리고, 선을 표면의 규정으로 표현한다. 이제 내적인 형태는 더 이상 현존하기 위해서 타자를 필요로 하지 않으며, 오히려 자기 자신에 의해 현존한다. 비중은 형태 없는 분리의 현존인 자기(磁氣)를 관통하여 외적인 형태로 이행해나간다. 이것이 바로 자신의 규정을 결정체(結晶體, Kristall)로 형성해내는 자연의 기하(幾何, Geometrie)이며, 무시간적으로 자신의 차원들을 담담하게 펼쳐보이는 평온하고 내밀한 명민함(eine stille sprachlose Regsamkeit)이다.** 여기에는 어떤 외적인 규정[사명]과 형성[조직]도 없으며, 오히려 자연 본연의 평온하고 내밀한 삶의 원리(das eigne stille Lebensprinzip der Natur)만이 있을 뿐이다. 이 자연의 삶의 원리는 행위 없이 스스로를 드러내며, 우리는 이 삶의 원리가 보여주는 모습에 대해, 그 원리가 거기에 있다[현존한다]라고만 말할 수 있을 뿐이다. 원리는 유동적인 완성 상태의 곳곳에 존재하며, 거기에는 이 [자연의 삶의] 원리에 대한 어떤 저항도 없다. 이 원리는 전체의 상

---

* 우리는 여전히 완전히 다른 사물들을 필요로 한다.
** 빛 없이

호 무관한 부분들을 모두 연관지우는 평온하고 내밀한 형성작용(das stille Formieren)이다. 〔이 원리는〕 그의 부분들과 분리될 수 없는 자기(磁氣)의 통일체이다. 그러나 〔이 원리의 부분들은〕 여기서 상호 무관한 유동성 〔흐름〕 속으로 쏟아져 나오면서 현존으로 존립하게 되고, 동시에 이 상호 무관함으로 인해 소멸하고 마는 형성과정(das Bilden)이다. 따라서 여기서 처음으로 자연 자체의 **합목적성(Zweckmäßigkeit)**이 있게 된다. 〔이 합목적성은〕 서로 상이하고 무관한 것들의 연관이며, 그 계기들이 안정적으로 현존하는 필연성이며, **거기에 존재하는〔현존하는〕 자기내존재**이고, 자연 그 자신에 의한 자연의 지성적 행위(ein verständiges Tun)다. 이전의 형식들은 아직 합목적적이지 않았고, 현존으로서 타자와 자신의 연관을 그 자체에 지니지 못하는 그러한 **현존**일 뿐이었다. 자석(磁石)은 아직 합목적적이지 않다. 왜냐하면 자석의 분열된 부분들은 아직 상호 무관하지 않고, 오히려 서로에 대해 순수하게 필연적인 것〔필수적인 것〕일 뿐이기 때문이다. 그러나 〔결정체가 형성되는〕 여기에는 **무관한 자들의** 통일성이 있으며, 상호 간에 자유로운 연관을 맺는 상태로 현존하는 그들 사이에 어떤 통일성이 있다.

결정체에 새겨진 선들은 이같이 상호 무관한 상태에 있는 것들이다. 즉 〔결정체에서는〕 한쪽 선이 다른 선과 분리될 수 있으며 그대로 유지될 수도 있다. 그러나 이 선들은 단적으로 상호 간의 연관 속에서만 의미를 지닌다. **목적(Zweck)**은 바로 이러한 통일성과 의미인 것이다.

그러나 결정체가 이렇게 **안정된** 목적이기 때문에, 운동은 그 결정체의 목적과는 다른 것이 된다. 즉, 여기서 목적은 아직 시간으로 존재하지 않는다. 〔결정체의〕 분리된 조각들은 서로 무관하게 남아 있을 뿐이다. 이런 한에서 결정체는 낯선 것에 대해 존재하며 자신의 질량이 분쇄되는

F57

H55

상황에서도 자신의 특성을 드러내는 계기를 그 자체에 지닌다. 또한 결정체는 **내적인** 형태뿐만 아니라 동시에 **외적인** 형태도 지니고 있다. 즉 〔결정체는〕 핵(ein Kern)과 어떤 〔외적인〕 결정의 모양을 지닌다.* 결정체는 이같이 〔내면과 외면으로〕 이중화된 기하(幾何, Geometrie)와 같다. 내적인 형태는 **균열** 속에서 드러난다. 익히 잘 알려져 있듯이, 호이(Hauy)[13]는 내면적인 형태와 외면적인 형태의 연관이 빚어내는 이 기하를 화석들에서 보여준 바 있다. 그러나 그는 어떤 내적인 필연성을 보여주지는 못했으며, 또한 이 기하가 비중과 맺는 연관을 드러낸 바도 없다. 그는 〔결정체의〕 핵을 가정했는데, 이 핵에 분자들이 일렬로 배열되고, 거기서 일련의 기초가 점점 약해지면서 외적인 형태들이 발생하게 된다는 것을 보여주었다. 하지만, 여기서 이 일련의 법칙은 이전의 형태에 의해 규정되는 것이다. 결정체는 자신의 핵 자체를 하나의 결정체로 지니고 있으며, 내적인 형태를 차원들의 하나의 전체로 지닌다.

F58

β) 이 상호 무관한 상태로 소멸되는 중량〔톤〕이 형태 밖에서 등장하게 되었다. 그리고 목적은 오직 연관으로만 존재하며 일자로 있지 않다. 이 일자는 또 다른 타자로서, 형태의 상호 무관한 부분들과 시간을 직접적으로 연관지우며, 분리되어 있는 그것들을 접촉되게 하는 것이다. 또 다른 타자가 존재하는 곳에 그와 무관한 어떤 것을 정립시키는 충돌, 반동(Stoß)과, 공간을 소멸시키는 시간이 **마찰(Reibung)**이다. 마찰의 일자는

---

* **내적인 특성**, 층을 이루는 결정체의 성장, 그러나 균열은 모든 곳을 관통한다.

∴

13) 호이(Hauy, René-Just, 1743-1822)는 프랑스의 광물학자이자 결정학(crystallography)의 창시자 중 한 사람이다. 대표 저서로는 『광물학 원론』(1802) 등이 있다.

시간 속에서 공간의 상호 무관한 상태를 통합한다. 또한 이 일자는 형태에 **타격을 가하는 것**(ein Schlag)이며 중량[톤]의 환기이고, 그의 내적이며 순수한 부정성 그리고 그의 진동의 현존을 정립한다. 이러한 방식으로 탄성(Elastizität)은 형태의 탄성으로 정립되며, 분리된 통일성이면서 동시에 자립적이며 상호 무관한 것들의 분리로 정립된다. [이 탄성은] 그 양 극점이 자유로운 형태들인 자석과 같고, 이렇게 자유로운 형태들로 자석의 대립은 분할되어서, 그 중심(Mitte)은 현존하는 것으로서 자유로운 부정성이 된다. 그리고 이 부정성은 그 자체로는 현존하지 않고 오직 자신의 구분된 지절들 내에만 현존하는 것이다. 이것이 바로 **전기**(Elektrizität)다. 전기는 형태의 순수 목적으로서, 이 목적은 형태로부터 자유로우며, 순수 특성이자 자체 내 존재하는 힘이다. 전기는 긍정[+]과 부정[−]의 대립으로 이루어져 있다. 다시 말해, 전기는 그 목적과 순수 개념에서 대립적인 특성을 띤다. 왜냐하면 전기는 무한자가 부각되는 것으로서, 자신의 상호 무관성을 지양하기 **시작한** 형태이기 때문이다.* [또한] 전기는 **직접적인** 출현이며, 형태로부터 비롯되어 여전히 형태에 의해 제약받는 현존이라서,** 아직은 형태 자체가 해체된 상태는 아니다. 즉, **표면적인[피상적인] 과정**으로서, 이 과정에서 차이나는 것들은 형태를 도외시[추상]하지만, 그러나 형태를 자신들의 제약 조건으로 삼고 있어서 그 자체로 아직은 자립적이지 않은 상태이다.

실체 없는 대립들은 결코 존립하지 않는다. 이 대립들은 자기 자신 속에서 스스로를 지양하는 긴장[전압](eine Spannung)[14]이다. 그래서 이 대

---

* 단순하게(einfach), 관찰은 이 물질이 없는 상태[전기]를 표현한다.
** 전달(Mitteilung)과 분할(Verteilung)

II. 형태화와 화학론 **087**

립들은 자신의 일자에서 합치하면서 **전기 빛**이 되는데, 이 빛은 나타났다가 사라지는 것이다. 그러나 〔본래〕빛의 본질은 현존하는 형태들이 상호 무관하게 현존하는 상태에 대한 부정성이다. 즉, 〔빛의 본질은〕빛이 낙뢰(落雷)하여 형태가 되고, 동시에 형태들의 상호 무관한 상태를 분쇄하는 것으로서, 일자 속으로 총괄된 내·외적 형식이다. 빛은 사라짐에도 불구하고, 상호 무관한 현존에 대립하여 확실하게 유지되는 것은 전기를 띤 빛밖에 없다. 그러나 여기서 빛은 자기 자신과 동등하게 된 형식이다. 빛은 내부로부터 떨어져나와서 외적인 빛과 합류한다. 그리고 무게의 **자기내존재**는 스스로를 파괴하지만, 동시에 자신이 사라짐에도 불구하고 힘 없는 단순한 빛이 되며 외적인 빛과 통일된다. 이것은 플라톤이 본다는 것(das Sehen)을 외적인 빛과 내적인 빛이 급격하게 하나로 쏟아내리는 것(ein Ineinsstürzen)으로 파악한 것과 같다.* 형태로부터 스스로 자유롭게 되는 형태는 이렇게 단순하며 힘이 없는 현존으로서, 형태의 사라지는 계기들의 존립이다. 그리고 이러한 계기들을 보유하고 있는 것이 바로 실체다. 수동적인 형태의 계기를 지양된 것으로서 그 자체에 지니고 있는 것이 바로 스스로 실체화하는 빛이다. 이러한 자기동등성은 단순한 흐름이며, 현존하는 용해과정〔해체과정〕(Auflösen)이다. 이것이 **바**

F59

---

* 빛은 결코 현존하는 것을 완전히 〔관통하지 못한다.〕
  [역주] 여기서 헤겔은 플라톤의 『티마이오스』중 45b-d 부분을 염두에 있고 있다. 이 부분에서 플라톤은 '닮은 것에 닮은 것이 지각된다.'는 관점에서 낮에 우리가 눈으로 볼 수 있는 것은 낮의 빛과 우리 내부의 불이 유사하기 때문이라는 논의를 펼치고 있다.

∴
14) Spannung은 일반적으로 '초조, 긴장'을 의미하지만, 전기와 관련해서는 '전압'을 의미하므로, 문맥상 이러한 이중적 의미를 모두 염두에 둘 필요가 있다.

로 **열**(Wärme)이다.

여기서 우리가 아직 **불**(Feuer)이라고 부를 수는 없는 하나의 전체적인 것이 정립된다. 이 전체적인 것은 **실체**로서, 단순히 자기동등적이며, 물 질이나 열처럼 **활력 있고** 유동적인 자기동등한 존재와 같은 것이다. 즉, 그것은 자기 분화하며 자신의 실체 속에서 분리된 것들이 존립되도록 하면서, 일자 속으로 함몰해버리는 순수하게 투명한 차이들과 같다. 불은 이 전체적인 것과 같은 것이며, **빛**은 이 전체의 안정되고 힘 없는 자기동등성과 같다. 그리고 **열**은 활력 있는 현존이나 순수한 물질적 힘과 같은 것이다. 이 실체의 계기들이 순수한 화학적 원료(Stoff)들이 된다. **무게**, 즉 완결적인 자기내존재는, 현존하면서도 그 자체로는 무관계적인 자기내존재인 빛에 대립하는 것이었다. 〔무게와 빛이라는〕 이 양자의 상호 무관함은 **열** 속에서는 사라져버리고 없다. 자기내존재는 속이 꽉 찬 구체(具體)처럼 단지 완전하게 용해〔해체〕되어 버리기만 하는 질량이 아니다. 즉, 그것은 질량의 안정된 상태가 아니라 질량의 용해〔해체〕상태이며, 현존하는 보편자 또는 부정태라고 할 수 있다. 그러나 열조차도 다시 이렇게 관성적인 자기동등성이 되어버리며, 열은 **원료**(Stoff)가 된다. 그렇다고 예를 들어 자성(磁性)을 띠는 극점처럼, 열을 낼 만한 어떤 물질이 있는 것도 아니다. 그리고 그것은 그 자체로 자립적인 것이 아니며, 열기는 오히려 자기에게로 복귀해 있는 무거움이다. 즉, 여기에는 더 이상 어 떤 무거운 것도, 어떤 특수한 질량도 없다. 더구나 형태화과정이나 자기와 전기의 구별도 사라져버린다. 존재하는 것은 절대적 부정성과 형태의 통일이며, 중량〔톤〕은 즉자대자적인 현존자이자, 단순하며 응집력 없는 본질로 존재한다.

II.[15]
화학론*

열이나 온기는 보편적인 물질로서, 굳이 물질에 관해 전반적으로 말

H58   해야 한다면 물질이라고 할 수 있으며, 열은 좀 더 발전되어야 하는 실

체다. 처음에 열은 형태화하는 것(das Gestaltende)으로서, 자신의 차원
〔범위〕을 조용히(ruhig) 확대하며, 이전에는 단지 하나의 내적인 원리였
을 뿐이었는데 〔이제는〕 형태를 **현존하게 하는** 원리가 된다. 열은 **처음
에는** 보편적인 매체 일반이다. 즉 무게가 보편적인 자기내〔존재〕이거
나, (**지속**이 자신들의 통일 속에 존재하는 시간과 공간 사이의 그러한 통일이었
던 것처럼). 그래서 〔열은〕 형태와 형태의 해체〔용해〕이며, 형태의 부정
성, 또는 통일의 상태에 있는 원라다. 보편적 매체로서 열은 무게처럼 관
성을 지닌〔지속하는〕 매체이며, 보편적이며 한결같은 전달〔분유, 전도〕
(Mitteilung)이다. 즉, 기체〔주어〕가 열이나 무게와 구분되는 경우에는, **무
게처럼 열**이 술어(Prädikat) 역할을 한다.[16]

---

* 과정 없는 과정은 α) 〔첫째,〕 형태 대 열〔이며〕, β) 〔둘째,〕 열과, 열의 규정 그 자체
〔이며, γ) 〔셋째,〕 형태에 나중에야 덧붙여지는 것이다. 탄성을 띤 흐름에 따라서 비
로소 열이 현실성을 띠며, 온도는 현존하게 된다. 그렇게 해서 열은 대상화되어야
하며, 분할되지 않은 상태로 감각에 의해 지각되는 정도가 약화되어야 한다. 물질
은 탈자적 상태의 자기내존재〔이다.〕―반발작용. 온도는 전혀 물질이 아니며, 물질
화되어야 하고 재산출되어야 한다. 형태는 현실적인 물질로서 그 스스로 구분된다.
〔그러나〕 열이나 온도는 그렇지 않다.

∴

15) 펠릭스 마이너 판에는 II라고 표기되어 있으나, 호프마이스터 판에는 'A. 형태화'와 대등
한 하위 항목으로 'B'라고 표기하고 있다.

A.[17] 열 역학

열은 외적이며 우연적으로 규정된 것으로 나타나고, 이에 비해 무게는 자기 내적으로 존재하며 절대적인 본질로 나타난다. 〔그래서〕 열의 전달〔전도〕에 무게의 전달〔분유〕은 전혀 상응하지 않는 것처럼 보인다. 그러나 전자는 기체(Subjekt)를 전제하며, 이 기체라는 것 자체는 특정한 질량처럼 열의 특정한 양으로서 **따뜻한 어떤 것**이며, 여전히 아무런 차이도 나지 않는다. 보편자에서 규정은 무규정적으로 정립되어 있다. 전제된 기체에서 더욱더 진행되는 〔열에 대한〕 규정은 다음과 같은 질문의 형식, 즉 '어떻게 열이 상이한 물체들에 작용하는가?' 라는 형식으로 나타난다. 그러나 여기서는 열이라는 것이 보편자이므로, 〔그 질문은〕 '어떻게 열이라는 것이 형성되는가?' 라는 형식을 띤다. 〔그렇다고 이 질문이〕 상이한 〔뜨거운〕 물체들이 열에 의해 〔규정되는〕 물체들의 형식을 전제하는 것은 아니며, 오히려 〔이 질문은〕 '어떤 상이성〔차이〕이 열 속에 있는가?' 라는 〔형식으로 나타난다.〕

열은 응집의 원리에 의해 자기 자신 내에서 스스로 운동하는 것으로서, 이 뜨거움에 대해 운동은 더 이상 낯선 것도 내적인 것도 아니다. 따라서 형태화 과정에서 열 운동은, 열이 열 자신에게 부가되는 형식을 띤다.*

---

* 잠재적 열은 탄성처럼 어떤 속성도 지니지 않는다. 빛과 열은 영혼과 삶〔과 같다.〕

∵

16) 여기서 헤겔은 예를 들어, '어떤 것이 무겁다.', '어떤 것이 뜨겁다.'라는 식의 판단을 염두에 두고 열을 설명하고 있다.

17) 본래 원고에는 A.라고 표기되어 있으나, 호프마이스터 판에서는 동일 항목의 일관성을 위해 '1'로 표기하고 있다.

〔이것은〕 보편자가 특수자에, 자유로운 것이 규정된 것에 (마치 무게라는 것 자체가 무게들에) 부가되는 것과 같다. 더구나 이러한 부가는 서로 무관한 형식에 속하지만, 이 형식 내에서는 규정되어야만 하는 특정한 열이 미리 전제된다.*

〔규정된〕 특수한 열〔비열(比熱)〕은 온도계로 측정가능한 정량(ein Quantum)과 같은 것으로서 (낙하에서처럼), 다른 열과 안정적으로 합쳐진다. 〔그래서〕 열의 평형 상태가 형성되는 것이다. 즉 〔여기서〕 〔열들의〕 차이〔구별〕는 전혀 나타나지 않으며, 고정되지도 않는다.** 그러나 〔열의〕 차이〔구별〕는 본질적인 것이 될 수밖에 없고, 구별은 열의 부정태이다. 그것들이 통일하여 열 자체를 이루는 그러한 〔구별의〕 계기들은 서로 분리되며, 〔열이라는〕 그들의 일자에, 형태에 대립한다. 이렇게 함으로써 열 자체가 규정되며, 또한 열은 상이한 강도(Intensität)를 유지하게 되는 것이다. 즉, 열은 평형상태로부터 비롯된 것으로 **확정**된다. 그리고 한편으로 규정성은 전반적으로 열의 규정성으로 나타나고, 다른 한편으로 규정성은 형태의 규정성으로 나타난다. 그러나 이 양자는 여전히 상호 관련이 없는 것처럼 보인다. **그래서 질량이 포물선 운동의 규정자인 것처럼, 여기서 형태는 열의 규정자이다. 또는 열은 형태의 의미를 지닌다.*****
열의 응집과 반사. 형태는 여전히 그 자체로 고유성 없이 열로 존재하며, 또한 열은 아직까지 특유화되지 않은 상태다.**** 형태는 처음에는 자신의

---

* 열 역학
** 〔열은〕 형태, 동일한 본질을 관통한다. 이것은 낙하에서 무게가 공간의 구별을 관통하는 것과 같다. 그러나 동시에 형태는 그와는 〔경우가〕 다른 것이기도 하다.
*** 규정되고 확정적이며 구별되는 현존재의 형태의 방식
**** 불투명 렌즈에는 열의 연소점, 고온의 상태가 없는가? 또는 냉기의 측면에서 〔볼 수

외양에 의해서만 고찰된다. (부분적으로는 그 빛의 관계에 의해서 〔고찰되는데〕, 이 빛은 〔열이 없이〕 차가운 것이고, 활력이 없는 것이다. (그래서 여름보다 겨울에 태양이 우리와 더 가까워지는 것이다.) 순수하게 **현존하는 자기내존재**는 용해를 힘이 아니라 정지된 결과로서 자체 내에 지닌다. 열의 전파는 **반사**된다. 형태는 그 **형태**에 의해, **일산화연(一酸化鉛)**에 의해 (오목거울의 냉기 및 열기의 경우처럼) 대자적으로 존재한다. 거울 자체는 처음에는 계속 차갑고, 〔열의〕 전파는 중단되고 지양된다. 거울은 열을 **되**비춘다. 〔그렇게 해서〕 열에도 구별이나 질적인 면이 있게 된다. 〔여기서〕 구별은 동시에 열 그 자체에서 발생하며, 열은 집적(集積)되는데, 이러한 규정은 더 이상 단적으로 보편적 본질인 열 자체에 속하는 규정이 아니다. 〔즉, 이 보편적 본질은〕 **방출하는 어두운 열이다.**[*]

H60

그러나 본질적으로 열은 전파〔확산〕되며, 열의 응집과 전파〔확산〕는 서로 결부되어 있다. 형태 속으로 스며들고, 동시에 형태에 속하는 질적인 것 속으로 스며들면, 열 자체는 단순히 열이 아니며, 방출하는 어두운 열이 아니게 된다. 즉, 열은 그 자체로 질적인 것, **발광하는〔밝은〕** 열이 되고, 그 빛이 절대적이며 근원적으로 질적이고 **단순한** 것인 그러한 열이 된다. 자신의 부정적 계기들, 요소들을 아직 전개하지 않은 열은 아직 불이 아니며, (자기(磁氣)와 전기(電氣)가 구별되듯이) 그의 계기들을 실현한 활성화된 시간이 아니다. 열은 여전히 이렇게 질적인 것으로서 아주 단순한 것일 뿐이다. 〔그리고 열은〕 단순자로서 자신의 수동성에 대립한

F63

도 있지 않은가?〕 〔가령〕 온도계가 렌즈의 연소점인 태양 아래에 있다가 그늘로 옮겨지게 되면, 그 온도계는 포물선 모양의 반사경에서처럼 내려가야만 할까?
* 더 이상 정지 상태의 전파〔확산〕가 아니다.

다. 지상의 빛이 아니라 오직 태양빛으로만 열은 전파되면서 〔자신의 계기들을 실현할 수 있는〕 그와 같은 능력을 지닌다. 〔즉, 열은〕 그 자체로 존재하는 상태로는 추상적인 **형태**다. (추). 〔추의〕 거리는 순수한 확산인 낙하에 대한 한정조건〔자격조건〕(Qualifikation)이라고 할 수 있다.* 여기에 빛과 열의 통일에 대한 첫 번째 의미가 담겨 있다.

　개념이 열의 한정조건〔자격조건〕이기 때문에, 열은 자기동등적인 질인 자신에게로 복귀하게 된다. 통일로 인해 열은 **물질**이 된다. 〔이 열은〕 **대자존재**의 자기 복귀된 **단순한** 계기이자, 배타적이며 자신 속에서 빛으로 분화하여 별들(Sterne)로 존재하는 최초의 일자이기도 하다. 그러나 열은 **탄성**으로서,** 자유로운 열과 질의 통일로서 정립되거나 아니면 더 이상 자유로운 열이 아닌 것으로 존재한다. 왜냐하면 자유로운 열은 지속적인 전달〔전도〕자이기 때문이다. 그래서 열은 지각될 수 없는 열소(熱素, Wärmestoff)를 의미하며, 온도로 나타날 수 있기는 하지만, 그 자체로는 특수자로서의 온도가 완전히 사라진 상태로서, 물질과는 분리된 것이다. 질적인 것의 분리되지 않는 통일은 **외양적 형태(Figur)와**　*** 열의 통일이지 질량과의 통일은 아니다. 〔왜냐하면〕 이 질량은 열에서 사라져버리고 없기 때문이다. α) 형태는 그 자체로는 여전히 형태가 없는 상태이며, 열의 해소로부터 분리되지 않는다. β) 열과 팽창(Ausdehnung)은 대체로 하나의 통일성, 구성인자들 속에서 동일하며, 한쪽이 다른 쪽을 대체할 수도 있고, 동시에 한쪽은 다른 쪽과 직접적으로 구분되기도 한다.*** 그

H61

---

　* 형태에 대립하는 역학으로부터

　** 이 대자존재의 통일

*** 〔여기서〕 외양적 형태는 관념성, 공간과 질량이 아니다.

**** α) 이 통일의 보편자는 다른 형식으로 동시에* 실존한다. 〔열과 팽창이라는〕 이것들은

래서 더 큰 열이 발생한다는 것은 동일한 전체가 더 크게 팽창한다는 것을 의미한다. 그러나 동일한 전체가 더 크게 팽창하면 온도는 감소한다.* 전체는 동일한데 팽창이 확대되면, 열이 팽창에 적용되거나, 아니면 열이 동일한 정량인데 그것이 더 커진 현존에 적용되는 것이다. 〔그러나 이 때에도〕 질량은 계속 동일하게 유지된다. 현존의 실체는 열이다. 전도되는 열을 증대시키면, 현존의 실체도 연장〔팽창〕으로서 커진다. 그러나 어떤 질량이 특정하게 규정된 양에 의해 정립되어 있고, 그것이 더 팽창한다면, 현존하는 실체는 감소된다.

F64

  탄성이** 있고 확산될 수 있는 유체(流體)는, α) 〔첫째,〕 유연하고, 온도는 그 속에서 확산된다. 그러나 β) 〔둘째로,〕 이 유체는 동일한 확산상태의 현존이며, 대자존재이다. 또한 이 유체의 유연함, 수동성은 팽창하는 상태가 되기도 하며*** 더 나아가 팽창의 억제할 수 없는 힘이 되기도 한다. 따라서 여기서 열은 **내면적**이며, 안으로 강한 현존으로 나타난다. (이 탄성은 우선 외화될 때 타자에 의해 규정된다.)*** α) 탄성이 있는 유체를 어떤 응축기계에 넣어 압축시키면 가열된다. 〔이때〕 현존이나 외양적 모습, 연장상태〔팽창상태〕는 제한된다. 〔그렇게 해서〕 현존하지 않게 된다. 물체는 열소(熱素)를 잃어버리게 된다. 이 열소는 이제 고온을 띠면

H62

결합시키는 일자〔가 있기 때문에〕, 어느 한쪽만이 증가하지는 않는다.

〔*옆에〕 온도는 그 본질상 전이된다.

* 질량은 크기를 포괄하는 지속적인 것이다.

** β) 상호 무관한 현존재〔는〕, 확정적인 형태에 대해 부정적〔이다.〕

*** 상호 무관하며 대상적인 현존재는 더 이상 융합되지 않으며, 타자에 대해 부정적으로 규정된 확정적인 형태〔를 지닌다.〕 그러나 동시에 팽창에 대립하는 이 응축도 잠재적인 열이다.

*** 언급될 필요가 있는 점은, 어떤 일정한 팽창성이 정립된다는 사실이다.

서, 물체가 대타적이었던 것처럼 자유롭게 되며, **대타존재**가 된다.[*] β) 팽창가능한 유체를 공기펌프로 희석시키면 차게 된다. 왜냐하면 바로 그 당시의 온도가 잠재적인 성질을 띠면서 실존하게 되고, 팽창과정에[**] 적용되기 때문이다. (탄성에서 외적인 면은 팽창을 유발하는 그런 것으로 이해될 수 있다. 팽창상태는 온도에 따라 변한다. 그리고 온도는 자유로운 열로서, 이 온도는 열에 의해 정립되어 있는 한에서는 아직 잠재화되지 않은 것이다. 오히려 온도를 차단해버리면 또 다시 팽창하게 된다. 온도 자체는 본래 전도되고 전도하는 것으로서, 탄성을 띠는 유체의 개념은 우리에게는(für uns) 여전히 이 온도의 생성과정의 현존이라고 할 수 있다.)[***]

---

[*] 다른 모든 것들이 그대로 유지된다고 하더라도, 지렛대의 경우에 내가 〔지렛대의 중심으로부터〕 거리를 줄이면, 중량도 줄어든다. 내가 팽창범위를 줄이면, 내적인 잠재적 열도 줄어든다.

[**] Berthollet III장. 열은 압축되지 않는다. 오히려 물체는 그 본성에 맞게 다시 팽창하기 때문에, 자유롭게 된 열에 상응하는 냉기가 사방의 물체들에서 발생한다.
   [역주] 베르톨레(Berthollet, Claude Louis, Graf, 1748-1822)는 1974년부터 파리의 Normalschule에서 교수직을 역임했으며, 소위 뇌은(雷銀, Knallsilber)을 발견한 과학자이다. 여기서 헤겔은 베르톨레의 『정적 화학론(Essai de statique chimique)』이라는 책의 제 3장을 염두에 두고 있다.

[***] 〔열과 팽창은〕 상호 간에 부정적이지 않으며, 오히려 정지 상태의 통일을 이룬다. 비중은 어떤 의미도 지니지 않으며 결코 혼합되지 않는다. 〔이에 비해 열과 팽창은〕 **절차 없이** 서로 관련된다. 그러나 〔이렇게 해서 열과 팽창은〕 완전히 중립적인 산물을 〔지니게 된다.〕 왜냐하면 이 양자의 본질은 〔이 양자가 모두〕 해소된(용해된) 것이며, **팽창**으로부터 비롯되지 않기 때문이다. Dalton, Gilbert 13권, 439쪽 이하. "탄성을 띠는 혼합 상태의 유체의 이종적인 미립자들은 일정한 간격을 두고 있으며 상호 반발하지 않는다. 일정한 간격을 두고 있을 때 동일한 유체의 동종적인 미립자들이 상호 반발한다. (즉, 〔이 미립자들은〕 물질 일반으로서 실존을 지니며, 〔이것이〕 현존하는 상태의 지속성이다. 〔그리고 이 미립자들은〕 탈자적 상태에서 **자기내존재**를 〔지니며〕, 어떤 구별도 아닌 구별을 〔지닌다.〕) 이 미립자들이 상호 간 순수하게

β 탄성을 띠는 유체들이 함께 **충돌**하면 이 유체들의 탄성은 지양되어 버린다. 이 유체들은 (불가역적인 것들로서) 열기와 냉기를 도로 회복할 수 없다. 그리고 여기서는 이 유체들의 본질이 이러한 규정을 초래한다. 왜냐하면 냉기는 열기와 마찬가지로 그 자체로 하나의 구성 성분(Faktor)일 뿐이기 때문이다. 그리고 이 구성 성분은 그 **성질**상 다른 계기에 대해서는 아무것도 할 수 없는 그러한 것이기 때문이다. 또한 탄성은 아직 술어가 되지 못한 상태다. 그런데 여기서 술어의 현존은 양적인 면으로 전락해버리는 것 같기도 하다.

탄성을 띠는 유체들의 충돌로 인해, **팽창**은 (역학적인 충돌에서 질량의 크기처럼) **규정을 부여하는** 양적인 것으로서는 완전히 사라져버린다. 이제 **질적인** 위력은 전기를 띤 섬광(閃光, Funken)이고, 산소 가스와 수소

접촉하면, 미립자들은 탄성을 띠지 않는 물체처럼 배후에서 항상 저항을 유발하게 된다." "어떤 종류의 가스 미립자들은 동종의 가스 미립자들에 의해서만 운반된다. 물론 이 미립자들이 눈에 보이지는 않지만, 마치 미립자들이 이종적인 다른 가스 미립자들에 의존해 있는 것처럼 나타날 수도 있고" "1/1000질량이나 그보다 더 미세한 틈 사이에 놓여 있는 것처럼 나타날 수도 있다." [여기서] 혼합은 비중에 따른 분리도 아니며, 열에 의해 상이하게 팽창하여 서로 분리되게 하는 것이 아니다.

[역주] 헤겔은 여기서 길버트(Gilbert, Ludwig Wilhelm)가 편찬한 『물리학 화학 연보(Annalen für Physik und Chemie)』에 번역해서 실린 John Dalton의 「혼합 가스 종류의 성질에 대한 신 이론을 상세히 논함(Weitere Erörterung einer neuen Theorie über die Beschaffenheit gemischer Gasarten)」이라는 논문에서 그 내용을 인용하고 있다. 돌턴(Dalton, John, 1766-1844)은 근대 원자론을 제시한 근대 물리과학의 창시자 중 한 사람으로, 『기상관측자료와 소론(Meteorological Observations and Essays)』(1793)을 펴낸 저명한 과학자이다. 길버트(Gilbert, Ludwig Wilhelm, 1769-1824)는 라이프찌히에서 물리학 교수를 역임했으며, 『물리학 화학 연보(Annalen für Physik und Chemie)』의 창시자인 그렌(Gren, Friedrich Albert Karl, 1760-1798) 다음으로 이 잡지의 편집 책임자가 되었다.

가스에서 빛을 내는 쇠(鐵, Eisen)이며, 불 일반이다. (또한 **Biot**에 의하면,[18] 큰 응축인가 아니면 파열인가?) 〔이 위력은〕 열 차이의 힘이다. 그리고 이 위력은 낯선 것이다. 탄성을 띤 유체들은 모두 **동등하게 팽창력**을 지닌다(Berthollet, 108쪽). 이 유체들에는 어떤 특유성도 없다. 따라서 이들을 합치시키는 것은 여전히 낯선 것이다. 〔이 유체들이〕 충돌할 때 다음과 같은 사실이 드러난다. 즉, 유체의 탄성은 사라져버리고,* **팽창하는 힘인 열**의 현존도 사라져버린다는 것이다. 이와 같은 팽창 상태는 단 하나의 장소에, 다시 말해, 팽창 상태는 부정적으로 정립된다. 힘은 상이한 팽창 상태를 스스로 배제한다.

　따라서 탄성을 띤 열 물질 속으로 부정적인 원리가 정립된다. α) 이를 통해 열은 더 이상 팽창 일반으로 현존하지 않으며, 오히려 **특정한 것**으로 존재한다. 그러나 이것은 여전히 형태가 없는 상태이다. 보편적 공간은 피상적인 것이 되어버린다. 열은 특성 일반이며 유동적인 것이지만, 더 이상 탄성을 띠지는 않으며, 오히려 액상(液狀)의 열 물질 자체다.** β 〔그 다음으로〕 이중적인 한정조건〔자격조건〕이 정립된다. αα) 액상(液狀)의 유체 상태가 탄성의 유체 상태에 대립한다. ββ) 액상의 유체 상태는 그 자체로 질적인 특성을 지니고, 더구나 자신의 팽창 과정에 특수한 특성을 끌어들인다. αα) 형태 없이 팽창해 있는 상태와는 달리 액상의

H64

---

　* **유연성**은 그 자체에 의해서가 아니라 타자에 의해서 그의 팽창 상태가 규정된다.
　** 〔이것은〕 더 이상 유연성이나 온도에서 미결정의 상태가 아니다 (계속 점착한다).

∙∙

18) 비오(Biot, Jean Baptiste, 1774–1862)는 Sarbonne 대학의 물리학, 천문학 교수를 역임했고, 『물리학 방법(Trait de Physique)』을 저술하였다.

유체 상태가 정립되면, [탄성에 기초한] 팽창상태는 자신이 특별한 특징이 없고 **완전히 마무리되어 있는 상태(Rundung)**라는 것을 보여준다.[*] 외적인 것 일반에 의한 규정은 **우연적이지만, 그러나** 팽창상태는 이러한 우연적인 것에 **해당하지** 않는다. **오히려** [팽창상태는] **온도와 관계가 있으며,** 그것에 **영향을 미치는 것은 바로 질량이다.**[**] 탄성을 띠는 유체상태로부터 **액상의 유체상태로의 이행**은, 섬광에 의해 이행이 질적으로 현존하는 것처럼 동시에 양적으로도 그렇게 현존한다. 그리고 열은 부정태 자체로 현존하며, 동시에 보편자는 이 부정태의 위력으로 현존한다.[***] 거기서 이 이행은 순전히 형태를, 즉, 연소 없는 순수 열기를 향하는 것처럼, 여기서 열과 관련된 진전은 불가역적으로 탄성을 띠는 것이나 질적인 면에서 발생하는 것이 아니다. 오히려 [이 진전은] 온도가 그 존립의 실체를 규정하는 것에서 이루어진다. 그리고 여기서 **온도의** 상이성이나 규정은 크기[양]의 구별로 나타난다. 여기[온도]에서는 이 양적인 것이 적합한 조건을 형성하게 된다. α) **잠재적으로** 수증기, 탄성의 유체(Gren, 628쪽)는 특정한 온도에서 침강하면서, 동일한 온도의 동일한 양의 물이 산출하는 것보다 더 큰 열을 산출한다.[****] 각 온도마다 수증기가 존재할 수 있다. 다시 말해, **팽창하는 현상(Expansion)**이 온도가 올라가는 현상 대신에 출현

---

[*] α) 온도에 대한 특성

[**] 그 본성상 **더 차갑다.** 형태를 고찰해보면 온도에 무관하지만 어떤 확정된 것이다. **양적인 것은 질적인 것의 상이성으로 급변한다.**

[***] Berthollet XI, 칼로릭에 관한 [장]. 질소 속의 납, 그것은 산화될 수 없었다.
  [역주] 여기서 헤겔은 베르톨레(Berthollet)의 『정적 화학론(Essai de statique chimique)』이라는 책의 11장을 염두에 두고 있다.

[****] 확정되어버린다

II. 형태화와 화학론 | **099**

한다. 수증기가 형성됨으로써 에테르는 냉각된다. β) 이 형태는 **고정된**
한 점이며, 이 점을 넘어서서 액상의 유체는 운반될 수 없다.* 그것은 형
태의 변화로 나타나는 어떤 규정된 특성을 지닌다. 그것은 견고한[확정
된] 형태이다. γ)** 그것이 **양적인 것**에 속하는 한에서,*** 특성, 즉 예를
들어 물의 팽창은 매우 불규칙하다.

F68 　　c) [그것은] 형태, 비열(比熱, spezifische Wärme)[19]로서 견고한[확정된]
물체다.**** 액상의 유체가 지니고 있는 특성은, 온도에 의해 거의 팽창되

---

　* 이러한 점을 그렌(Gren)은 다음과 같이 주장했다. α) 비등점(沸騰點)을 고정[시키면],
　　높은 온도에서 파핀 병[압력 병] 안의 물은 밑으로 가라앉는다. 화씨 300도의 8파운
　　드의 철부스러기가 화씨 212도의 1파운드의 물과 섞이면 화씨 212도를 유지한다.
　　[역주] 그렌(Gren, Friedrich Albert Karl, 1760-1789)은 할레 대학의 화학 교수로
　　서, 『물리학 연보(Annalen der Physik)』를 창시했고, 『화학총편람(Handbuch der
　　gesamten Chemie)』을 저술했다.
　** b) 특성, **용해된 것으로서** 형태.
　*** **점착(粘着)**은 형태를 피상적인 것으로 가정한다. 특성은 형식적인 질[이다.] 그러나
　　특성은 그 자체에 그 본질과 **대립하는** 측면을 지니고 있다. α) [첫째,] 고정된 열로
　　서 **온도**, β) [둘째,] **점착** 상태에서 계속 유지되는 형태, 이것들에 특성 자체는 대립
　　한다. 특성 자체는 **온도**의 부정태로서, 자신과 합치하는 자기동등자이다. 점착하는
　　것은 아직 물질이 아니다. 이 실체는 온도와 팽창이라는 두 가지 측면들에 따라서
　　[존재한다.] 후자가 불완전하다는 것은 전자가 여전히 영향을 미치고 있다는 것을
　　의미한다.
　**** 모르보(Guyton de Morveau)에 의하면, 화학적 친근성에 의해 **확고하게** 규정된다.
　　[역주] 모르보(Morveau, Guyton de, 1736-1816)는 플로기스톤설에 반대한 프랑스
　　의 화학자로서, 『화학 연보』의 공동작업자이며 잘 정리된 화학 용어 목록을 만들었다.

● ●
●
19) 비열(比熱, spezifische Wärme)은 어떤 물체의 온도를 1℃ 올리는 데 필요한 열량을, 같은
　　질량의 물의 온도를 1℃ 올리는 데 필요한 열량에 대해 표시한 비를 나타낸다.

지 않고, 이러한 팽창 과정에서 특별한 성질을 보이지도 않는다는 것이다. 그러한 유체의 특성에 대립하는 것이 온도다. 그러나 이 온도는 더 이상 대자적으로 자유로운 것이 아니며, 오히려 온도는 형태나 팽창 자체다. 그래서 여기서 〔열의〕 팽창은 참으로 자기 자신과만 관계하면서 자신 속으로 되돌아가게 되는 것이다. 현열(顯熱, freie Wärme)[20]은 완전히 부정적인 것으로 정립된다. α) 감각으로 느낄 수 있는 온도는 온도 자신의 부정태, 즉 **냉기(冷氣, Kälte)**로 이행해버린 상태이다. 온도는 보편자이며, 냉기는 이 온도 자체의 반대로서 온도처럼 긍정적이다. β) 〔이렇게 해서〕 현열(顯熱)은 형태로 전환된다. 이때 이 형태는 전체적으로 보자면 견고한 질적인 한 점이며, 이 점은 형태로 이행하는 온도의 일정한 확산에 저항한다.* γ) **현존하는** 특성, **실재적인** 열이 보편자로서 생겨나게 되는데, 이것은 **견고한〔확정된〕** 형태로 **현존**하면서 타자를 상대로 스스로를 유지한다. 또한, 견고한〔확정된〕 형태는 본래적인 역학에서 다음과 같은 의미를 지닌다. 즉 자기내〔존재〕가 극복되면서 현존이 들어서게 되면, 절대적 해체〔용해, 분해〕가 견고해져서 현존을 부여받게 된다는 것이다. 이 견고한 형태가 결정체(結晶體)이며, 이 결정체는 앞의 계기에 속한다.**

H66

---

* 확정된 온도는 현열과 무관하다.

** α)* 견고성〔고체성〕이 상호 무관하게 아무 저항 없이 **확산**된다. (이것이 액체 상태
    는 아니다.) 열이 그러한 견고성의 형식이다.
    〔옆에〕 형태의 속성이 재산출되고 전제된다. β) **정지 상태의** 규정, **비열** γ) 그러나
    이 규정성은 절대적 이행이다.

20) 잠열(潛熱, gebundene Wärme)에 대응하는 용어로, 물질을 가열하거나 냉각할 경우
    온도 변화로 나타나는 열을 말한다.

F69

그러나 여기에는 그 자체로 탄성이라고 할 수 있는 고정된 온도가 생기
며, 이것은 외부의 온도에 대해서 특정한 상태를 나타낸다. 이렇게 해서
가열(加熱, Erwärmung)은 더 이상 상이한 팽창 상태로 나타나지 않고 특
유의 온도로 나타난다. 즉 팽창 상태〔연장〕는 고정되어버린다. 응결(凝結,
Frieren)은 팽창 상태에서 특성이 나타나는 이행과정으로서, 여기서 팽창
상태는 여전히 온도에 대해 미결정 상태에 있다. 냉기(冷氣, Kälte)는 부정
적으로 정립되어 있는 현열(顯熱)이므로, 형태로 고정된다. 그리고 그에
대한 개념, 보편자가 물체로서, 이 물체는 그 자체에 특정한 **열용량**
(**Wärmekapazität**), 비열을 지닌다. 이 비열은 특성을 지닌 열, **개별적이며
고정된** 열로서, 그래서 **비열**(spezifische Wärme)이라고 부른다. 이것은 앞
서 언급한 비중처럼 자기내존재의 특정한 방식과 같은 것이다. 그래서
모든 것은 분해〔용해〕의 특정 방식을 지니며, 또한 모든 것은 고정된 열
가능성(Wärmemöglichkeit)이라고 할 수 있다. 액상의 유체 상태처럼 고체
성〔견고함〕의 형식은 본래 형태 그 자체에 속한다. 즉 여기서 형태는 **지
양된 상태**로 존재하며, 액상의 유체는 그 형태상 점착하는 특성을 띠고,
고체는 **합금의 상태**(amagamierend)를 띠며 완전히 예민한 특성을 띠게 된
다. 모르보(Morveau)에 의하면, 무엇에 달라붙는 현상은 친화성
(Verwandtschaft)과 밀접한 관련이 있다.

H67

따라서 여기서 형태의 개념은 α) 비열, β) 형태의 단순한 **가능성**, 〔형
태가〕 완전히 관철된 상태, 지양된 형태〔로 전개된다.〕 그래서 여기서 물
질은 과정 중의 물질이다. 즉, 물질이 단순히 확산되면서 구별은 단순한
양〔크기〕의 구분이 되어버리며, 그렇게 해서 순수한 중성의 상태, 특정
한 형태와 현존이 완전히 사라져버린 상태로 나타난다.

물질은 α) 〔첫째〕 비열로서 그리고 β) 〔둘째,〕 순수한 가능성으로 규

정되어 **화학적 원소(das chemische Element)**가 된다.[*] 화학적 원소의 **본질**은 열, 열 물질, 중량이 있는〔계량가능한〕염기(鹽基, Base)다. 그러나 이와 반대로 화학자들은 열을 〔측정불가능한〕불가량물(不可量物, Imponderable)로 가정한다. 물질은 현존이며, 자신을 완전히 확산〔팽창〕시킬 수 있는 가능성이다. 화학적 원소들은 **그 자체로** 완전히 분해되어 있어서, 어떤 질량도 지니지 않으며 **서로에 대해 어떤 현존도** 지니지 않는다. 동시에 화학적 원소들은 특정한 것들로서 무게로 간주되며, 특정한 비중과 특정한 비열로 간주된다. 이 원소들의 규정의 형식과 현존은 비중이나 비열과는 다르다. 자신에게로 복귀되어 **분해 상태로** 현존하는 것은 그 자체로 분해된 물질이다.[**] 〔여기서〕온도의 관성(慣性)은 완전히 극복된다. 규정은 더 이상 지탱될 수 없고 중단 없이 지양되어버리는 그러한 것이다. 또한 그의 본질도 현존과 마찬가지로 자신의 대립자에게로 이행해야 한다. 여기서 추상은 그 현존상으로도 그렇게 진행되고, 그 자체로도 결코 중단되지 않는다. 〔이제〕〔화학적 원소들의〕**현존**은 과정의 가능성일 수 있을 뿐이다. 〔화학적 원소들로〕 구별된 것들은 순수하

---

[*] 〔화학적 원소들은〕공간처럼, 투과적이며 순전히 정신적이며 비물질적인 **본질**이다. 이 원소들의 **현실성**은 이러한 순수 부정성이며, 산성(酸性, Säure)이나 가성(苛性, Kaustizität), 투과적인 산류(酸類)〔와 같은 것으로서〕, **어떤 사물도** 아니다. 이 원소들의 존립은 **열소(熱素, Wärmestoff) 일반**이자, 분해된 불질이다.

[**] 윈터(Winterl)에 의하면, 열은 염기와 산의 원리가 결합됨으로써 발생한다.
[역주] 헤겔은 여기서 윈터의 『무기적 자연의 네 가지 구성 성분 서술(Darstellung der vier Bestandtheile der anorganischen Natur)』 중 특히 산과 염기의 원리의 결합에 관한 장을 염두에 두고 있다. 윈터(Winterl, Jakob Josep, 1732-1809)는 식물학, 화학 등의 교수를 역임하면서, 안드로니아(Andronia)라는 원료를 발견하여 자연과학에 공헌한 사람이다.

게 활기를 띠는 것들로서, **현존에 있어서도 결코 지상의 것이 아니라,**[*] 오히려 **사라지는 크기,** 순수 시간이다. 〔이것들은〕 분해 상태 외에는 아무것도 그것들의 실체와 요소로 삼지 않는 추상물들과 같다. (이것은 자석이나 전기가 그 **현존**상 형태에 속하는 것과는 다르다.) 따라서 우리가 사상 속에서 추상물 그 자체, 예를 들어 존재를 고수하듯이, 이 〔화학적〕 원소들은 외적인 힘에 의해서만 유지된다. 더 나아가 이 원소들의 존립 자체는 과정이며, 직접성을 띠는 절대적 매개다.[**]

B.[***]
과정.[***]

이행한다거나 사라진다는 것만이 이 〔화학적〕 원소들의 실재성이자 실체이다. 그것들은 단지 원소들일 뿐이다. 그들의 기체는 전체이자 이

렇게 불안정한 변화로서, 이 운동들의 절대적 운동이자, 더 나아가 이 원

---

[*] 불
[**] 이 성분들(Stoffe)의 규정에 대해서는 다른 원고를 참조하기 바란다. 염기성 성분, 화학적이지만 차이나는 빛 순수 추상물들을 정지 상태로 만들 수 있는 화학의 승리 〔역주〕 호프마이스터에 의하면, 여기서 다른 원고는 전집 11권을 가리키는데, '성분들'은 그 책의 15쪽에서 상세하게 다루어진다.
[***] 물질〔이〕 **탈자적으로는**(außer sich) 열이며, **자기 내적으로는**(in sich) 화학적 **원소**〔이다.〕 또한 거기에 현존〔이 있다.〕 화학적 원소는 열의 현실성일 뿐〔이다.〕
[***] α)[*] **화학적 원소들은 단순한 추상물들**〔이다.〕
〔[*]옆에〕 **단순한** 한에서 β) 그래서 화학적 원소들은 이같은 자아로서 **대립적인 존재와 비존재** 사이의 통일들이다.

소들의 쉼 없는 생성과정으로서 순수한 화학적 과정일 뿐이다. 화학적 원소들은 **존재하지 않으며**, 모든 것이 이러한 생성과정일 뿐이듯이 화학적 원소들도 **생성될 뿐이다.** 이러한 〔생성〕과정이 곧 불이다. 이 과정은 이러한 운동의 총체라고 할 수 있다. 즉 이 〔총체적 운동의〕 과정은 〔모든〕 화학적 원소들이 〔총체적으로〕 존재하는 바 **그 본질의 상태대로 존재하며**, 또한 이 과정에서 화학적 원소들은 운동의 의미를 지니게 된다. 생성과정에는 이중적인 측면이 있는데, 즉 〔한편으로〕 단순한 화학적 원소를 **존재하는 것**으로 언표하면서, 동시에 〔다른 한편으로는〕 쉼 없는 변화를 **운동**으로 언표하는 것이 그것이다. 생성 자체는 이같은 순환(Kreislauf)이며, 이 순환을 통해 운동하게 되는 것은 또 다시 생성 자신이다.* 이 생성과정이 직접적으로 갖추고 있는 것들은 산소와 수소라고 할 수 있다. 산소와 수소를 통해 이 생성과정은 질소를 탄소로 개체화하며, 자신의 활동으로부터 보편자를 떼어내어 개별자로 만들고, 동시에 또 다시 개별성을 파괴하여 보편성으로 만든다. 〔보편자와 개별자라는〕 이 양 극단들이 존재하는 것으로 고찰되는 한에서는, 생성과정은 이들 사이에서 발생하는 추리의 중간항〔매개사(媒介辭), Mitte〕이라고 할 수 있다. 이 중간항 〔매개사〕에서 보편자(질소)는 수소로 존재하며, 이에 비해 개별성의 극단은 산소로 존재하다. 이같이 〔보편자와 개별자라는〕 양 극단으로 정립된 것, 다시 말해, 보편성과 개별성의 대립 상태로 산소와 수소가 분리되도록 하는 것은 바로 통일성이다. 그런데 동시에 이 통일성은 또한 〔보편자와 개별자라는〕 양 극단들이 서로 무관한 상태로부터 이 양자를 떼어내어, 이들을 서로 교제하도록 하는〔전도(顚倒)하는〕 중간항〔매개사〕

H69

---

* 시간의 무기, 미래와 과거

(verkehrende Mitte)으로 환수한다. 모든 계기들의 존재가 곧 이렇게 밖으로 드러나면서 다시 되돌아가는 과정(Hervor und Zurückgehen)이다.

과정은* 하나의 **전체**와 같아서, 이 전체 속에는 어떤 차이도 독립적으로 존재하지 않으며 [차이 나는 모든 것들은] 소멸되어 있어서 하나의 단순한 죽은 통일[과도 같다]. 그래서 이러한 과정은 질소이며, 과정이 소멸된 상태는 단순한 보편자로서의 과정 자체에 존재한다. [왜냐하면] 과정은 이같이 멈춤 없는 소멸이기 때문이다. 그러나 직접적으로 과정은 동시에 일깨워진[되살아난] 차이이기도 하며, 질소가 과정을 산출하기도 한다. 왜냐하면 질소는 단순한 직접자로서 전적으로 **원소**일 뿐이기 때문이다. 질소는 단순한 계기일 뿐이다. 그리고 이 계기는 **전체적인 [온전한] 현존**이다. 전체는 단순한 보편자로서, 단순한 질적 통일 상태인 열[과 같으며], 화염이고, 그의 계기들이 실재들이며 과정의 물질들로서 존재하는 그런 것이다. 질소는 수소이고, 그 중간항은 현존의 전체다. 모든 화염과 연소(燃燒)는 수소이다. 연소는 단순하게 **현존하는** 전체로서 전체적인 과정이며, 또한 실재성의 형식을 갖춘 전체이다. 그러나 동시에 연소는 본질적으로 절대적 부정이기도 하며, 더 나아가 α) **어떤 존재**의 단순성의 부정이기도 하다. 그래서 연소는 보편자를 개별화하는 **산소**이기도 하다. 그리고 여기서 부정은 단순한 과정, 즉 그 과정 자체가 자신의 운동이라는 조건에서의 과정의 [부정]을 의미한다. 그리고 여기서 산소는 극단들로 양분된다. 즉 [한편으로 산소는] 소멸로서의 자신의 존립 또는 질소로, 동시에 [다른 한편으로] 현실적인 탄소로서의 자신의 존립

---

* **질소로** 시작해보자. 일면적인 견해는 [다음과 같다.] 즉 질소는 공간이고, 시간은 질소의 중성 상태, 즉 탄소라는 것[이다].

으로 양분된다. 그러나 이러한 분열은 그 자체가 곧 통일이기도 하다. 왜 냐하면 통일 상태가 질소와 탄소로 분리되지만 그렇게 해서 발생하는 것 H70 은 오히려 보편자인 질소이며, 그의 생성이 곧 그의 지양이고 그의 대립 자[의 산출]이기도 하기 때문이다. 화염은 과정으로서의 과정의 현존적 전체이며, [이에 비해] 탄소는 존재로서의 과정의 현존적 전체이다. 따 라서 질소는 **보편적** 전체이며, 이 질소의 부정이 곧 산소이다. 질소는 산 화하여[연소되어] 탄소가 된다. 즉, [질소라는] 보편자는 [탄소라는] 개 별성으로 전락하게 되는 것이다. 그와 같은 보편성의 극단은 중간항과 관련되며, 이러한 연관이 수소인 것이다. 그리고 운동으로서 화염은 중 간항과 극단으로 [존재하며,] 여기서 보편자에 대립하는 것[개별자]으로 서 한쪽 극단이 바로 탄소이다. 탄소는 **개별자**이며, 탄소의 부정적 계기 가 산소이고,* 탄소의 긍정적 계기가 수소이다. 탄소는 대립의 한 계기이 지만, 대립 없는 보편자로서 [존재하는 것이] 바로 질소다.

자기 자신을 통해 용해되는 과정.**

불은 순수한 운동이다. 그런데 화학적 원소들의 역학, 그들 사이의 매 개는 그들 자체에 의해 [이루어진다.] 왜냐하면 이 원소들 자체는 순전 히 매개[물]들일뿐이며, 그것들의 존재가 곧 그것들의 분해[해체]이기 F73

---

* **순수한 불**, 순수한 질적 통일성

** 차분해진[고요해진] 과정 그리고 물리적 형태화, **빛**의 **역학**, 질적인 통일성, 빛은 [곧] 나, 순수 자아이다.*

　역학과 화학의 통일, 전기 빛은 **피상적**[표면적]이다.

　[*옆에] 실존하는 **빛의 방식**들이 물리적 원소들이다.

때문이다. 이 원소들 사이에는 어떤 현존적 관계도 없으며, [만일] 관계가 있다고 한다면, 그것은 단지 이 원소들의 소멸의 규정일 뿐이다. 불은 운동하면서 자기 자신을 물질화하여 존속하는 실체가 된다. 우선, 자신 속에서 진행되어나가는 과정으로서, 과정은 자기 내로 복귀된 것(das Insichzurückgekehrte), 단순자 일반이다. 과정은 자체 속에서 소멸된 상태가 되며,* 이러한 소멸 상태가 과정의 **현존**이기도 하다. 따라서 이 소멸상태는 순수 보편자와** 순수 개별자의 단순하며 **직접적인** 통일로서 현존한다. [이것은] 직접적인 통일로서 [현존한다.] 왜냐하면 여기서 통일은 아직 통일 자신과 매개된 상태가 아니기 때문이다. 즉 여기서 통일은 소멸된 상태로서 단순하면서도, 동시에 원소들의 통일이기 때문이다.*** 타자의 **현존**은 통일 밖에 속한다. 그리고 통일은 보편적 개별성이나 탄성에서 그 자체로 **긴장 상태가** 된다.**** 왜냐하면 [대립하는] 극단들은 단순하며 공허한 중간항[매질]에 의해서만 통합되기 때문이다. 이렇게 추상적인 극단들의 원소들, 즉 추상적인 보편성과 추상적인 개별성의 원소들을 실재의 측면에서 표현해보면, 그것들이 바로 질소와 산소다. 이들의 기반이 되는 과정이 **공기**(Luft)다.***** 공기는 물질이며, 공기는 정지해

H71

---

* 물질, **물리적** 원소. 존재, 형태 그리고 분해된 상태의 통일.

** **직접적으로** 분리된 상태. 서로 **대립하여 이루는 긴장 상태.** 따라서 질소와 산소는 가볍게 유희[하며], 질소는 수소로 이행한다.

*** 형식적이며 정지된 상태의 **현존재.** 화학적 추상의 고요한 **실체. 내면적인 것은 낯선 것**이다.

**** 대립자들은 직접적으로 서로 접촉한다.

***** [공기는 원소들의] 소멸의 기반이 된다. 그런데 이러한 측면은 어떤 실재성도 띠지는 않는다. 공기 속에 출현하는 것은 [공기 속으로] 사라지며, [공기가] 최고로 순수한 것이다.

있는 대상화된 대자존재이고, 공기의 탄성이 보여주는 바는, 공기의 본질이 그 자체로 이러한 긴장상태(Spannung)라는 점이다.[*]

b 직접적 통일로서 공기는 자신의 타자존재를 자신 외부에 지닌다. 그러나 이러한 형식은 공기의 본질과 모순된다. 공기 자체는 대립자들의 통일이다. 그래서 공기는 자신의 본질 속에 타자존재를 품고 있다.[**] 공기의 직접적 통일상태는 그 자체로 매개상태이기도 하다. 또한 공기의 〔압력이 가해진〕 팽창한 상태와 직접적인 분리상태는 자체 속에서 서로 합치한다. 〔그렇게 해서〕 **물(Wasser)**이 존재하게 된다. 보편적 원소인 질소는 순수한 보편자가 아니며, 그 자체에 타자존재를 지닌다. 즉 질소는 수소이기도 하다. 그리고 보편자와 개별자 사이의 이 참된 통일이 곧 **중성적인 것(das Neutrale)**이며,[***] 〔이것은〕 팽창한 상태도 아니며, 공기의 투과 〔관통〕상태는 산소와 수소의 통일 상태이다. 통일의 상태로 되돌아감으로써 공기는 자체 속에서 과정이 상호 무관하면서도 완전하게 소멸되어 버린 상태가 된다.[****] 공기는 중성의 상태, 직접적이며 완전한 투과상태이고, 특수한 존립이 지양된 상태이다. 〔예를 들어〕 물은 그 일부인 산소와 수소로 **이루어지지** 않는다. 화학자들은 〔일부와 같은〕 이러한 단어들을 사용해서 표현하려고 하지만, 그러나 역학적 합성과 화학적 합성은

---

 [*] 직접적이며 **질적인** 통일은 **빛**이다. 우리는 **그** 통일 속에서 존재를 본다. 왜냐하면 무거운 물질은 α) 대체로 스스로 분해되기 때문이다. 그러한 **대립자들**의 통일은 분해된 상태에 있다. 이전에는 그 현존에 따라 빛만이 산출되었다.

 [**] 추론〔은 다음과 같다.〕 α) **보편적인 상태**, β) **형태**, γ) **불**

 [***] 질적인 통일, 소극적 통일이 없는 상태에서, 대립이 없는 **직접적 통일**이 중화되면서도 확고하게 된다. 그 원소들은 **실재적 측면들**이기는 하지만 대립이 없는 상태다.

 [****] **각자[*] 모두는 이러한 전체이다. 왜냐하면 통일은 직접적이기 때문이다.**

 〔[*]옆에〕 상호 무관한 실재성

아주 잘 구분된다.* 이 중성상태의 형식이나 그 현존은 공기나 탄성을 띠는 유체〔액체〕, 액상의 물의 경우와 흡사하다. 왜냐하면 공기는 더 이상 팽창하지 않고 대자적이며 보편적인 성격을 띠기 때문이다. 그러나 동시에 물은 본래 점착성의 액체나 몰자아적인 것이 아니라, 오히려 소멸된 과정으로서, 순수한 복사선〔광선〕(Strahl)을 자체 속에 지니고 있는 순수한 **즉자존재**이며, 그 자체로 **굴절력이 있는** 매체(Medium)이다.** 〔또한 물은〕 한정된 조건이기는 한데, 역학에서 열의 경우처럼 〔외면적인〕 **계수(計數, Figur)**로 나타낼 수 있는 것이 아니라, 그 본성상 내면적으로 조건을 갖추는 것이다. 소멸된 과정은 광소(光素, Lichtmaterie)다. 즉 질량이 광소(光素)로 정화된다. 이제 빛은 현존의 **기반, 실체**다.

따라서 물은 그 모멘트〔운동량〕상 중성적인 원소다. 그리고 빛 자체는 자신의 단순한 실체의 특성상 중성의 상태에서 굴절된다.

c 끝으로, 물은 **흙**이 된다. 순수한 광선은 형식적으로 굴절만 되지 않고, 공간 속에서 직선 방향으로 뻗어나간다. 그래서 중성상태〔중화성〕는 그 자체로 **화학적 모멘트들〔계기들〕**의 통일이다. 그리고 이 계기들 속에서 광선은 굴절되는 것이다. 광선은 직접적인 중성상태지만, 단순히 물의 수동적인 중화성은 아니며, 광선이 굴절되는 것은*** **분해된 물질**의 이 계기들 속에서 〔발생한다.〕 그리고 그 과정에서 물질의 분해상태 자체가 분해〔해체〕되어버리고 만다. 그래서 이같은 계기들은 이제 혼(Seele)으로

---

* 실체, **존재**, 형태화된 물질의 상호 무관함, 또한 공기는 분해된 것〔과 같다.〕
** 광선은* 그의 실재적인 측면들로 **분할**된다. 이 실재적인 측면들은 여전히 **질적인 일자**다. 광선의 단순성은 **공간적인 일탈**이다.
 〔*옆에〕 **아주 유치한 방식**. 석회(石灰, Kalk), 높은 굴절, 이중화.
*** 순수 **추상들**. 개별성.

진입하게 된다. 이 혼은 중성상태에서 굴절되면서 이 중성상태와 하나가
된다. 그리고 그 굴절은 이 계기들의 다양성을 낳는다. 빛이 낳은 것이
바로 **결정체(結晶體, Kristall)**다.[*] 앞에서 공간과 질량이 계기들이었던 것
처럼, 여기서는 불과, (과정) 빛이 계기들이 된다. 그러나 〔결정은〕 마찬
가지로 공간적으로 보면 순수한 관념성이며, 자기내존재로서 무게이며,
순수 통일로서 빛이고, 순수한 광선, 자기내존재의 혼이면서 화학적 물
질이기도 하다. 왜냐하면 질량은 이 광선 내에서 완전히 분해되기 때문
이다. 이 화학적 물질은 이러한 방식으로 탄소로 정립된다. 왜냐하면 화
학적 물질은 절대적 개별성의 상태에 있기 때문이다. 그리고 이렇게 순
수하고 투명한 즉자적 상태 하에서 분해상태를 붙들면서, 결정체는 화학
적 물질이 해체된 약한 상태를 없애버린다. 결정체는 정말로 견고하고
차갑다. 결정체는 흙〔대지〕의 **금강석(Diamant)**, 근원 결정체(Urkristall)로
서, 누구나 이것을 보고 좋아하고, 이것을 빛과 무게가 낳은 최초의 아들
로 인정한다.[**]

그러나 이 순수 결정체는 동시에 자기 자체 내에서 절대적인 순수 운
동이며, 분해〔해체〕과정이기도 하다. 또한 이러한 분해과정은 스스로 해
체되면서, 동시에 모든 형태와 열을 분리되지 않고 지속하는 하나의 통
일 속에 지니고 있기도 하다. 바로 이러한 것이 살아 숨 쉬는 태양이고,
참된 실재성이며, 위력적이며 모든 것에 생기를 주는 빛, 또는 보편적 삶
자체, 보편적 혼이다.

---

[*] α) 복귀된 형태, 존재의 **단순성**, **자기동등성**, 직접성.
[**] 빛과 화학적인 것의 포만(飽滿, Sättigung), 열.

Ⅲ.
총체적 과정

이* 절대적** 과정은 다음처럼 표상될 수도 있을지 모르겠다. 즉, 마치 **태양**이 견고한 결정체를 상대로 **활동적**이면서, 이 결정체의 아주 깨지기 쉬운 개별성을 서로 다투게 하고, 탄소와 〔같이〕 이렇게 죽어 있는 것을 분해하여 운동의 상태로 끌어넣는다는 식으로 말이다. 그러나 어떤 것도 상호 간에 활동을 주고받는 상태는 아니다. 결정체들은 대립적인 대자존 재의 상태로부터 비롯되지 않으며, 오히려 분열되고 운동하면서 자기 자신에게로 복귀하는 것은 바로 실체의 통일성이다. 여기서 **즉자적으로** 분해된 결정 그리고 이 결정 자체에서 진행되는 과정이 있게 된다. 연관이 작용(Einwirken)으로 생각되면, 이 연관은 관계를 맺고 있는 각자가 즉자 적으로 타자이거나 또는 타자일 수 있다는 **가능성**을 전제하는 것이다. 그러나 이렇게 구분한다는 것은 불필요한 일이다. 그보다는 오히려 운동은 그 가능성이나 본질 자체의 측면에서 고찰되어야 한다. 과정은 흙 자체의 생성으로서, 이 생성은 그 계기들이 자체로 물리적인 전체들이자 실 재들이고, 전체의 실재적 본질을 지니며, 그 현존이 그 계기들의 고유의 현실성이 되는 그러한 것이다.

따라서 실체는 빛에 의해 투과된 형태다. 빛은 단순한 질, 단순하며 현존하는 자기내존재로서, 순수하며 차가운 빛이다. 빛은 최초의 구별적인 전개과정에서는 앞서와 마찬가지로 형태를 지닌 차가운 결정체일 수도

H74

---

* 금강석, 흙의 내면

** **빛이 색이 되어가는 과정.** 상호 **무관하지만 지각될 수 있는 절대적으로 차이 나는 것들의 통일, 보편성**

있다. 그러나 이 결정체는 앞서 언급한 통일에 의해 투과되어, 해체된 물
질이라고 할 수 있다. 빛은 **자기 자신 내에서 분해된**[용해된] 실체다. 태
양의 작용은 바로 다음과 같은 것, 즉 **빛**이나 **태양**처럼 순수하게 현존하
는 물질로서의 실체와, **해체된 물질**이나 **가열된 결정체**와 같은 실체가 서
로 대립하는 그러한 상태다. 전자가 후자에 영향을 미치는 것이 아니라,
영향은 이미 발생한 것이다. [이러한 작용의 결과로] α) [첫 번째로] 태양
이 [발생하고], β) [두 번째로] 이 태양에 대립하여 무거운 질량이 [발생
하는 것이] 아니라, **가열되고 그 자체로 해체된 물질**, 즉 과정의 가능성
으로서 물질이 [발생하며] [여기서] **자기내존재가 도출되고**, 그것도 **지양
된 것**으로서 정립되기에 이른다. 태양은 순수한 힘으로 스스로를 유지하
는 순수 힘이며, 힘의 현실성 없는 현존, 단순한 직관, 보편적이며 순수
한 현재 또는 본질로 유지되는 순수 힘이다. 태양의 현실성은 흙의 과정
이며, 그 자체로 해체되어 있다. 그러나 이 해체상태는 **현존**하는데, α)
[첫째] 직접적으로나 아니면 태양의 추상적인 구성에서 두 계기들은 현
실적이며 **즉자**적인 물체(Körper)이다. 태양은 흙[대지]의 대지들이 그들
의 보편적이며 절대적인 상호 무관함이나 순수 실체에 따라 순수하게 지
양된 상태다. 그래서 흙[대지]은 처음에는 가열된 결정체 일반이며, 동시
에 보편적 분해[해체]상태이고, 그 자신의 무규정적인 감정이다. **자신의
자기동등성의 상태에서 여전히 아무것도 구분하지 않는 이 불투명하고 찌는
듯한**[부화하는] **감정**은 흙에서와 마찬가지로 **직접적인 부정태**이다. 다시 말
해, 그것은 자기내존재나 타자존재, 또는 실재적 팽창상태에서와 같다.

따라서 그것은* 직접적으로 분열이며, **현실적인 부정태**이고, 그 개념은

---

* α) **화학적 추상**은 순수 개념으로부터 [등장하지만,] [여기서] 순수 개념은 **현실성**이

자기 자신의 부정태로 존재하는 이중적인 것이다. 이러한 그의 개념은 그 자체로 구성적인 빛이지만, 그러나 그렇게 불러서는 안 된다. 왜냐하면 빛은 다른 현존재에게 영향을 미치는 자로 정립되어 있기 때문이다. 여러 측면들은 통일성으로부터, 즉 그들의 분해상태로부터 곧바로 **그렇게 분열된 상태로** 출현한다. 여러 측면들은 즉자대자적이지 않고, 오히려 자립성 없이 단적으로 서로와의 관계 속에만 있고, 스스로를 지양만 하는 대립자들이자 화학적 계기들이다. 이것들은 단적으로 활기가 있고, 이 **화학적** 계기, 이 절대적 몰락〔붕괴〕은 이것들의 본질로 남는다.[*]

F78

그러나[**] 이러한 구별들은 존재하지 않으며, 이 구별들은 그 자체로 어떤 실체도 지니지 않고, 어떤 현실성도 없다. 즉 이 구별들은 현실에서 실체와 같이 그렇게 존재하지 않는다.[***] 〔그러나〕 동시에 구별되는 것들로서 이것들은 **현실적**어야만 한다. 구별되는 것들은 자기 고유의 자립성으로 되돌아가서 대자적으로 대립의 상황을 맞게 되며, 실체를 장악하고 실체를 완전히 찢어서 자신들의 존립을 위해 이용한다. 앞서 얘기한 화학적 원소들은 단지 구별된 것들의 본질을 추상한 것들일 뿐이며, 그것들의 **본질적** 특성이지, 그것들의 현실성은 아니다. 다시 말해, 화학적 원소들은 전혀 현실성이 없다.

며, 동시에 순수 **열**이자 **무게**로서, 차이나는 **보편자**이다.

[*] 반사면은 면의 통일체로서는 아무 의미가 없다. 즉 〔반사면에서는〕 상들이 모두 서로 분리되며, 그들 간의 거리도 개별자와 연관되지 않는다. 그는 〔거울에서 반사된〕 면들로부터 비롯된 경치를 현실 속에서만큼 더 분명하게 알아차리지는 못한다. 나는 나 자신과 나와 가까운 것을 거울 속에서, 내가 거울에서 멀리 떨어져 있을 때보다 더 작게 보게 된다.

[**] β) 이것들〔구별들, 차이나는 것들〕은 이제 실체 **속에** 정립되며, 그 자체가 **실체들**이다.

[***] **순수 규정들**은 자체 내로 반성되어, 모두가 각각 즉자대자적이다.

그래서* 여기서 이중적인 형태화과정이 정립되는 것이다. 즉 〔화학적 과정에서〕 이용되고 용해되는 것은 **중성적인 것**,** 물리적인 전체, 즉 물이 다. 여기서 희생되는 것은 실체 그 자체다.*** 즉, 실체는 즉자적으로 분열된 상태의 계기다. 이 중간항의 극단들은 **견고한 형태들**이며,**** 동시에 **팽창가 능한 액체상태**다. 물은 그 개념상 온도를 자신의 존립을 위해 이용하는 **냉 각된 결정체**가 된다.***** 화학적 원소인 물은 결정수(Kristallisationswasser)가 된다. 즉 합금(das Amalgamieren) 과정 없이 하나가 되고 응고되는 작용 이 있게 된다. 〔그렇게 해서〕 **수분 없는 견고한 결정체**인 흙이 형성되는 것이다.******

또 다른 측면에서 보자면, 이 물은 팽창가능한 액체상태가 된다. 즉, 물은 분해〔용해〕된 상태로 거기에 존재하며 **자아가 없고**(selbstlos) 자립적 이지 않아서, 양적인 측면이나 온도가 그의 본질이 되는 그러한 물질이 된다. 〔그리고〕 이러한 물질은 공기 속으로 사라져버린다.

여기서 화학적 대립은 일체의 외적인 현존을 상실한다. 화학적 대립 은 내적이며 절대적인 관계이다. 그런데 이 관계는 〔관계를 맺는〕 양자 가 자립적인 상태로 억제되어 드러나지 않는 것이다. 화학적 대립은 〔대 립하는〕 양자 사이의 어떤 긴장일 뿐이다. 그리고 이들의 현존은 그 자체 로 이러한 긴장상태인 것이다. 그러나 또한 〔여기서〕 자립성은 개념에서

---

* γ) 중성적인 것이 이용된다.
** 그러한 직접자는 와해된 상태가 되어버린다. 즉 그것은 **열**과 **무게** 또는 형태로 분리된다.
*** 물은* 자기 내로 되돌아가서 **무게**를 형성하게 〔된다.〕
    〔*옆에〕 기압의 변화
**** α) **화학적 원소**가 **물리적 원소**가 되며, β) **무게**와 **열**은 형태가 된다.
***** **무게**가 형태가 〔되는 과정〕
****** 열이 **팽창가능한** 액체상태〔가 된다.〕

풀려난 자립적인 물체로서 현존해야만 한다. 개념에 갇혀버리면 자유롭지 않은 자립성만이 **생성**될 뿐이다. 즉, 결정체가 되거나 아니면 분해〔용해〕된 것이 되어버린다. 전자는 자립성으로 번성하여 위성(Mond)이 되지만, 후자는 자립적인 것으로서 〔혜성처럼〕 이제 막 도약하려는 물체의 현실적 상태에 있기는 하지만, 뿔뿔이 흩어져버리고 마는 것이며, 분해된 물질의 변화의 교체상태만을 지속하는 현실이다.* 여기서 위성과 혜성[20]은 자신들의 물리적인 의미를 보유하게 되는데, 이 의미는 그것들[위성과 혜성]이 유성(遊星)의 과정의 계기들로서 지니는 의미이기도 하다. 〔앞서 논의한〕 천체 역학에서, 순수한 천체들인 위성과 혜성은 공간과 시간을 자신의 실재성을 위한 계기로 삼았다. 에테르의 절대적이며 단순한 통일성이 위성과 혜성의 본질이며, 그것들의 〔운행〕 과정은 곧 운동이다. 〔그런데〕 여기서는 물리적 현실이 그것들의 실체가 된다. 즉 그 개념이 지닌 추상적 계기들은 질량과 화학적 물질이며, 그것들의 실재성의 측면에서 보자면, 물리적 요소들이고 그 요소들 간의 연관, 즉 화학적 연관들이다.

H77

이러한 요소들이 스스로 분해되는 지구〔행성〕의 자립화된 측면들을 구성한다. 즉 달〔위성〕은 결정체인 지구〔행성〕의 견고한 내면을 구성하며, 혜성은 지구〔행성〕의 자립화된 공기, 지속적인 대기를 구성한다. 그러나 지구〔행성〕는 자신의 결정상태, 죽어 있는 본질의 상태를 자유롭게 방면할 수 있고 또 그렇게 해야 한다. 왜냐하면 지구〔행성〕는 활기 있는 것이기 때문이다. 그리고 지구〔행성〕는 자신의 내면을 구성하는 이 계기

F80

---

* 유성(遊星)은 양자 사이의 **부유(浮遊)** 상태에서 유지된다.

．．
20) 펠릭스 마이너 판에는 혜성(Komet)이 Koment로 잘못 표기되어 있다.

를 자신으로부터 분리하여 [견고한] 결정상태가 보편자의 태양[항성]처럼 개별자의 [태양으로서도] 그 과정의 통치자의 자리를 유지한다. [이렇게 하면] 이와 반대로 분해된 것의 개념을 통해서 이 분해된 것이 자유롭게 분리되어 자립적인 것으로서 개별적인 측면들과 아무 연관도 없이 그것들로부터 벗어나게 되는 일이 발생한다.

그러나 과정에서나* 아니면 실재적인 지구[대지]에서 이 계기들은 자립적인 현실체들이 아니며, 오히려 이 실재적인 지구가 위성과 혜성이 되는 과정이다. 이렇게 분리된 자립성들은 그들의 범위 내에 한정되어 머문다. 이것들은 단지 서로 **긴장관계를 이룰** 뿐이다. 또한 결정체와 혜성의 형식 속에서만 생성되는 것이 바로 이렇게 온전한 개체로서의 이 계기들이다. (이것들의 현실성은 **긴장관계**에 있다. 다시 말해, 이것들은 상호 간에 전기적 관계를 맺는다.)[21] 이 계기들은 팽창[연장]되어 있는 실재적 현존을 지니지만, 그러나 여기서 현존은 그 개념이나 본질상 일자이지만, 그 현실은 아직 이러한 통일성이 아니다. 더구나 여기서 일자는 배타적이며 스스로 자신 속에만 머무는 대자존재로서, 이 대자존재는 직접적으로 [타자와] 상호 긴장상태에 있으며 타자 속에서 자신의 본질을 지닌다.** 형태를 갖춘 측면들은 이 대자존재에서 중성적 결정체가 된다. 이 중성적 결정체는 용해상태, 물을 자신 속에서 소모하거나, 또는 대립

---

* 대기의 성분, 위성[달], 유성, 혜성 [등은 각각] 개별적[이다.] 뇌우(Gewitter)[는] 실재적인 전기적 폭발[과 같다].
** δ) 이 계기들은 **보편적**이며 순수한 개별성이 된다. ―불

∴

21) 헤겔이 이렇게 긴장관계를 전기적 관계와 연관시키는 이유는, 긴장(Spannung)이라는 말에는 '전압(電壓)'이라는 의미도 포함되어 있기 때문이다.

이 없고 질이 없는 중성의 상태가 되어버린다.* 이러한 방식으로라면 결
정체는 결정체 자신 외부에서 일자를 지니는 것이 될 것이다. 그리고 그
〔생성〕 과정은 피상적인 과정일 것이며, 그의 중성적 상태를 손상시키지
않는 전기적 과정일 것이다. 그러나 이 결정체는 그 자체에 일자를 지니
고 있다. 즉, 결정체는 그 자체로 질적인 불이자 자체 속에서 형성되는
분노(Zorn)다. 이 분노는 자신의 중성적인 현존이 보여주는 무관계적이
며 관성적인 연속의 상태를 지양하고 절멸시켜버린다. 또한 결정체는 자
체 내의 불안(Unruhe)이기도 하다. 이 불안은 **즉자적으로** 분해되어 있는
자신의 물질을 **대자존재**의 계기 그 자체로 현실화한다. 더욱이 결정체 속
에 가라앉아 있는 이러한 불은 결정체를 용해시키며, 자연 발화하여 결
정체를 화산(Vulkan)이 되게 한다.

또한 다른 측면에서는 긴장관계에 있는, 형태 없는 상태, 혜성의 생성
과정 등은 이 대자존재의 상태로 이행한다. 결정체의 계기들을 투과하는
것은 중성적인 것이 아니라 대립적이고 차별적인 것, 긴장을 더하는 것,
물질의 상태로부터 계기들을 순화시키는 것이며, 화학적 계기나 순수한
전기적 성질의 내면적인 생성과 대립과정이다.** 계기들은 이러한 대립의
정점을 향하면서 서로 뒤섞이게 된다. 그러나 이 계기들로부터 분출된
일자는 실체 없는 불이고, 이 불은 형태화된 물질을 그 계기로 삼지 않
고, 오히려 순수 액체상태를 계기로 삼는다. 이러한 일자인 불은 전혀 자
양분이 없으며, 오히려 이 불은 직접적으로 꺼지는 **번개〔섬광〕**(Blitz)이며
대기의 불이다. 이렇게 해서 양 측면들은 그 자체로 지양되며, 그들의 대

---

* 결정체는 실체이기 때문에, 결정체는 그 **자체**로 소모된다.

** 전기로서 **전압**(Spannung)

자존재는 그들의 현존을 절멸시키게 된다.

과정을 이루는 개별적이며 형식적인 계기들은 곧 (낙하 등과 같이) 우연한 것 전체 내에서 개별적으로 현상한다. 예를 들어 지구[행성]의 위성이 생기는 과정에서 운석이나 혜성과 같은 대기의 여러 가지 성분들(Atmosphärilien)이 드러나며, 결정체로나 공기 중에 융해(融解)하는 모습이 드러난다.* 중성적인 물이 결정체로 형식적으로 이행하는 과정, 액상의 액체상태 그리고 탄성이 있는 상태도 마찬가지로 대기의 과정에서 [발생한다.]

그러나 여기서 핵심은 실재적 계기들이 분해된다는 것과 이 계기들이 통일의 상태로 되돌아간다는 것이다.** 이러한 복귀와 이 복귀를 통해 발생하는 자기 지속적인 이 온전한 기체, 또는 전 과정은 **기름진** 대지이며,*** 보편적 개체이며, 또는 보편적인 유기체로서,**** 이 유기체는 자신의 계기들 속에 완전히 [조화를 이루면서] 정착해 있다(einheimisch).***** 그래서

---

* **보편성[은] 모든 계기들을 지양한 [상태다.]** 분리상태, 무게는 즉자적으로 통일로부터의 **낙하**(ein Fallen)이고, 그 다음으로 투사(ein Werfen)이며, 그 다음으로 진동(ein Schwingen)이며, [이 모두는] 운동이다. 그러고 나서 개별성 일반, 특성, 형태, 전기, 열의 해소[가 이어진다.] [그 다음으로] 열의 팽창, 팽창가능한 액체상태, 화학적, 물리적 원소, 형태[가 이어진다.]

** **분리되거나 규정된다.**

*** **가열된 결정체**, 이 결정체의 내면적 삶이 모든 사물들의* [삶이다.] 순수 결정체라는 이 결정체의 규정, **자연발화** 그리고 **탈주**(Flucht).

　[*옆에] **강도**(Intensität), **분노.**

**** 물질의 **자기내존재는 탈자적**이며 열이다.

***** 내면성, 개념은 지양되어야 하고,* 그 이념의 형태로 보여줄 만한 핵심이 아니며, 오히려 이 이념 **자체**가 지양된다. 현실적으로 되지만, 우리의 **반성 그 자체**는 아니다.

　[*옆에] 이것은 **즉자적**이며, 다시 말해 우리의 반성이며, 현실성을 파괴하는 것이다. 또한 단순한 **이념**은 **무게**다.

II. 형태화와 화학론　119

이러한 [보편적] 유기체는 자신에게 낯선 **내적인 것**이나 외적인 것을 지니지 않으며, 완전히 현존하는 계기들을 [지닌다.] 이 유기체의 **추상적** 계기들은 그 자체가 물리적 원소들로서, 이 원소들은 그 자체가 과정들이기도 하다.*

[이러한] 과정의 결과로[22] 얻어지는 것은 **물리적인 것**이라는 개념이다. 역학적인 것과 화학적인 것의 절대적 통일, 이 통일은 빛과 물질의 절대적 통일과 같다. 그 결과는 완전히 **현실화된** 물질이다. 여기서 물질의 절대적 현실성은 빛이자 **순수자아**이며, 본질의 질적인 단순성, 삶으로서의 혼이다. 그러나 물질은 공허한 것이 아니라 **현실적인 것**이며, 대립자들의 통일로 존재한다. 이 순수자아와 대립하는 물질은 순수 몰자아(das reine Selbstlose)이며, **어둠(Finsternis)**, 무게와 열의 통일이다. [여기서] 물질은 완전히 투과된 것으로서, 그것이 지닌 모든 대립과 실재성으로부터 벗어

나 공간과 시간의 절대적 관념성으로 정화되고 순화된다. 이렇게 자아도 없고 실체도 없는 것으로서 물리적인 것은 오직 빛에만 관계하고, 물리적 실재는 빛과 어둠의 통일뿐이다. 또한 물질은 빛에 비한다면 어둠 외에 다른 것이 아니다. 일반적으로 모든 무가 그렇듯이, 이 어둠은 공간과 시간이 존재하지 않는 것처럼 아무것도 아니다.[23] 그러나 이러한 통일의

---

* **빛**[은] **즉자적으로 무게**[다.]—가열된 결정체.

•.
22) 호프마이스터 판에는 이 부분에 'Ⅲ. Physik'이라는 큰 제목이 붙어 있다. 후기 『엔치클로 패디』에서는 화학론이 Physik의 하위 항목으로 들어가 있다. 그러나 펠릭스 마이너 판에는 본래 원고에 따라 내용을 구분하는 아무 표기도 되어 있지 않다.
23) '어둠은 아무것도 아니다(Die Finsternis ist nichts).'에서 'ist nichts'는 '아무것도 아니다.' 뿐만 아니라 '존재하지 않는다.', '무이다.'라는 식으로 번역 가능하다.

측면에서 보면, 어둠은 빛 못지않게 존재한다. 그런데 이들〔빛과 어둠〕의 관계는 순수한 대립의 관계이므로, 한쪽이 **긍정적인 것**이라면, 다른쪽은 **부정적인 것**이다. 그러나 이러한 관계〔빛과 어둠의 관계〕가 없다면, F83 어둠은 무일 뿐이며,* 동시에 빛도 아무것도 아닐 것이다. 존재하는 것은 〔빛과 어둠〕 양자의 통일이다. 또한 빛은 질적인 것이자 빛 자신과 그의 타자인 어둠의 통일이며, 여기서 빛은 스스로를 뛰어넘어 포괄하는 것으로 등장한다. 즉, 빛은 어둠을 자신 속에 포함하는 기체이다. 이런 면에서 보자면, 빛이 개념의 측면인 것처럼 어둠도 긍정적인 것이며, 실체적인 측면이다.** 밤(Nacht)은 온갖 힘들의 자기 해체적인 흥분상태(Gärung)이자 혼란스럽게 투쟁하는 상태를 품고 있으며, 모든 것의 절대적 **가능성**, 카오스 상태도 품고 있다. 이 카오스 상태는 존재하는 물질이 아니라 카오스 자신이 부정됨으로써 모든 것을 포괄하게 되는 그러한 상태다. 밤〔어둠〕은 모체(母體, Mutter)이며 모든 것을 존립하게 하는 것, 자양분이다. 빛은 애초에 **존재하는** 순수 형식인 **존재(Sein)**를 이 밤과의 통일 상태에서 지닌다. 밤의 오두막〔소나기〕[24]은 실체가 지닌 모든 힘들의 평온한 삶[25]이자

---

* '부정태가 무이다.'라는 것은 기만〔이다.〕 비대상성은 **우리 자신(Uns)** 속으로 되돌아가서 또 다른 대상을 옮겨쥐는 것〔이다.〕 이 내면적인 것이 바로 대상이기도 하다. **우리는 무(das Nichts)**이며, 매우 긍정적이다.

** 전율(Schauder), 실체가 지닌 모든 힘들의 떨림

∴

24) 본래 'Schauer'에는 '구경꾼, 검열관'이라는 뜻, '소나기, 전율'이라는 뜻 그리고 '지붕, 헛간, 오두막'이라는 뜻 등이 있다. 앞서 언급한 대로, 흥분되고 혼란스러운 상태를 염두에 둔다면, 소나기나 전율로 번역하는 것이 적절하지만, 뒤에 나오는 '평온한 삶'이라는 단어를 염두에 둔다면 '오두막'으로 번역하는 것이 적절하다고 판단된다.

25) 호프마이스터 판에는 '삶(Leben)'이 '전율(Beben)'로 잘못 표기되어 있다.

비〔고난〕(Regen)다. 이에 비해, 낮의 밝음은 밤의 탈자적 상태〔몰아상태〕(Außersichsein)로서, 어떤 내면성도 보유하지 않으며, 정신 없고 힘 없는 현실성으로서 쏟아부어져 비워지며 상실된다. 그러나 진리는 저절로 드러나는 바처럼, 〔밤과 낮〕 양자의 통일이다. 즉, 빛이 어둠 속으로 비쳐 들어가지 않고, 오히려 본질인 어둠이 빛에 배어들어 빛은 그 속에서 실체화되고 물질화된다. 빛은 어둠 속으로 비쳐 들어가지 않으며, 어둠을 환히 밝히지도 않으며 어둠 속에서 굴절되지도 않는다. 오히려 빛은 자기 자신 속으로 굴절된 개념으로서, 이 개념은 실체 속에서 양자의 통일로서 자신의 자아, 자신의 계기들의 구별들을 현시한다.

H81 이 통일은 곧 **규정된 것**이다. 그래서 이 통일의 단순성은 그 자체로 부정성을 띠며, 이 통일은 물리적 실재로 출현한다. 바로 〔이같은 통일로서의〕 실재가 **색**(Farbe)이다. **현실의 자연**은 색의 **밝은〔명랑한〕** 왕국이며, 그 생동적인 운동은 **색들의 유희**(ein Farbenspiel)다. 그리고 그 통일의 더 나아간 전개양상이 곧 색들의 실현이다.

F84 왜냐하면 물리적인 것은 촉각(Gefühl)으로부터,* 보편적이며 질이 없는 현존으로부터 자신 속으로 물러나버렸기 때문이다. 물리적인 것은 자신의 타자존재에서 자체 속으로 되돌아간〔반성된〕 상태다.** 무게와 열은 촉각에 속한다. 이제 보편적 현재, 대타존재,*** 확산〔팽창〕, **열과 무게**가 존재하는데, 동시에 이것들은 그 와중에서 직접적으로 대상화되고, 자체 속으로 반성되고 현실화된다. 물리적인 것은 단순히 충만된 공간만이 아

---

* **현실성**

** 〔이것은〕 **이중화된 촉각**이다. 왜냐하면 무관하게, 대립은 그 자체로 이중화된 것으로 무관하기 때문이다.

*** 무게〔는〕 보편성〔이고〕, 열〔은〕 부정성〔이며〕, 색〔은〕 개별성, 현실성〔이다.〕

니라 **현실적인** 공간이다. 처음에 촉각이라는 자신의 감각으로 발전된 자연[본성]은, 이제 **시각**(Gesicht)이라는 감각을 발전시킨다. 이 시각으로부터 자연은 후각과 미각으로 이행하며, 마침내 청각에서 자기 자신에게로 되돌아온다.

따라서 색은 물리적인 것으로서 표면적으로 눈에 띠는 것이다. 이렇게 눈에 띠게 나타나는 것은 더 이상 자신만의 내적인 면을 지니지 않으며, (열이 형태에서 그러한 것처럼) 내면적인 것이 **없는** 상태로서, 오히려 순수 **현상**이라고 할 수 있다.* 이 순수현상에서는 색 **그 자체**의 본질을 이루는 모든 면이 동시에 **현존하는** 것으로 나타난다. [그런데] 현상은 비진리가 아니라 오히려 진리 자체이며, [여기서] 진리는 단순한 확신이나 내적인 사견(私見) 그리고 낯선 것이나 낯선 것과는 다른 타자와 대립하는 그러한 진리이다.

따라서 특정한** 물리적 물체가 **색**이다. (α) 선행한 계기들은 색 속에 지양된 상태로 있다. 물리적 물체는 무거우면서, **동시에**(auch) **개별적**이며, **동시에**(auch) 탄성이 있고, **동시에**(auch) **열이 있다**는 등으로 말할 때, 이 물리적 물체는 무관한 매개물[중간물]로 간주된다.[26] β) **무거운 것**, 색   F85

---

* [이 순수 현상은] **순수하며 단순한 현실성**[이지만], [엄밀히 말해] 여전히 어떤 **현실적인 것도** 아니다. 현실성의 계기들이 현시되어야 한다. [이 계기들은] α) [첫째,] 그 **즉자존재**, 개념의 계기들이다. [여기서] **현상이 존재한다**는 것은 그 현상의 보편성, **통일성**, 순수 계기들, 즉 **이념**은 아무것도 아니라는 것을 의미한다.
** α) **색**[은] **열**이나 무게와 같은 **보편자**이며, **현실**의 추상이다. 이 **보편성** 자체는 **현실적으로**(참으로) 그 자체로 존재하는 것으로 현실화[되어야 한다.]

∵
26) 여기서 '무겁다.', '개별적이다.', '탄성이 있다.', '열이 있다.' 등을 하나의 사물에서 '동시에(auch)' 한데 묶어 서술하는 방식은, 마치 『정신현상학』의 '지각' 장의 소금에 대한 서술을 연상시킨다. 『정신현상학』 중 '지각' 장 참조. GW9, 71쪽 이하 참조.

은 그 **자체로** 분해된 무게이다 등도 〔마찬가지다〕. 〔여기서〕 **그 자체〔즉자적인 상태〕**, 다시 말해 우리에게(für uns)라는 것은 추상의 상태에 있는 것이다. 즉 우리는 **부정적인 것**이며 운동이며 현실적인 것의 자기 내 반성 과정이다. 그러나 이 현실적인 것도 부정적인 것이며 자기 반성 자체이다. 그렇기 때문에 동시에 현실적인 것은 현실적인 것〔참으로 현실적인 것〕이며, 그의 현실성은 그의 현실성〔참된 현실성〕이다.)

H82

색은 **규정된 것**이다. 이 규정성은 더 이상 단순히 규정성 일반을 의미하지 않는다. 오히려 여기서 규정성은 현실적인 규정성으로서, 그 자체에 개념의 구별을 지니고 있다. 즉 규정성은 더 이상 규정되지 않은 규정성이 아니다. 무게는 타자 속에서 보편적이며 직접적인 자기내존재로 존재하는 것인데, 이 무게는 직접적으로 그 자체에 **그렇게 많은 질량의** 〔다양한〕 구별을 비본질적인 것으로 지니고 있다. 크거나 작은 것은 전혀 질적인 면이 없는 것이다. 이와 반대로 열은 그 자체로 부정적인 것으로서, 온기와 냉기라는 온도 차이를 통해 구별된다. 그리고 온도의 차이는 처음에는 양적인 측면에 속하다가 〔그 다음에〕 질적인 의미를 지니게 된다. 색은 참된 부정태로서,* 현실적인 것인 직접적인 구별을 개념에 의해 정립되고 규정된 것으로 지닌다.**

색은 이렇게 단순하며 자유분방한 것으로서, 자신이 현실화되기 위해서는 어떤 타자를 필요로 하는데, 여기서 타자는 개별자로서, α) 전반적

---

* 개념을 조잡하게 외적으로 합성하거나 보여주는 것

** 색은 α) 〔첫째,〕 프리즘* 일반, 투명성, 굴절〔로 나타나고〕, β) 〔둘째,〕 프리즘**형태**, 깨끗한 상태, 낙하에서의 **운동**처럼 **외양의 작용**〔으로 나타난다.〕 공간과 시간으로 인해 하나의 물체는 다른 물체와 부딪치게 된다.

　〔*옆에〕 색들은 주지하다시피 프리즘들을 통해 표현될 수 있다.

으로 훤히 비쳐보이는 것, [일종의] 분해된 자아 없는 물질이라고 할 수 있다. 이 타자에 의해 단순하고 자유분방한 것[색]이 굴절된다. 동시에 [단순하고 자유분방한 것으로서] 색은 현실화되기 위해서는 중성적인 것을 필요로 하는데, 이 중성적인 것에서 색은 분할된다. [이러한 면은] 실재의 측면[이라고 할 수 있다.]* β) [또한 색이 현실화되려면] 형태, 아주 추상적이며 질적인 통일성을 필요로 하며, **특정한 외양(Figur)**을 특히 필요로 한다. [예를 들어,] 삼각형 모양으로 특정하고 부등하며, 상이한 각 사이의 면들을 연결하는 것, 유리, 물, 프리즘[과 같은 것]을 필요로 한다. 여기서 외양은 순전히 외양이자 공간성[입체감]으로 작용을 하며, [여기서] 공간은 실재적인 공간이 되어간다.

따라서 여기서 자유로운 색이 실존하게 되는 것이다. 이 프리즘의 현존하는 모서리는 어둡다. 프리즘은 양쪽을 예리하게 분리하는 위치를 바꾸거나, 또는 프리즘은 양쪽의 경계[한계]를 경계로서 정립한다. 마치 빛이 색으로 이루어져 있는 듯이 그렇게 빛은 색 속에서 분리되지는 않는다. 오히려 색이 빛과 어둠의 통합이다. 그래서 자유로운 색에서 빛은 대자적으로 존재하는 빛으로 취해지며, 빛과 더불어 어둠도 수용된다. 프리즘은 빛에서 그 개념이 분리되는 상태를 정립하며, 이때 이 분리상태는 어둠에 의해 실재적인 성격을 띠게 된다. 또한 여기서 색 자체의 개념은 분리된 상태가 되는데, 이러한 현상은 낙하 등에서 개별적인 물체의 개념이 보이는 상태와 비슷하다. 여기서 각 계기들은 **현존하는 것들로**서 외적으로 서로 결부되며, 빛과 어둠의 통일로서 존재한다. 그러나 빛

F86

H83

---

* 색[은] **단순한 성질**[을 띠며], 색의 현존적이며 실재적인 현실성은 본래 내적인 것이거나 그와는 다른 것이다.

은 단순히 프리즘의 외적 위력에 의해 굴절되지는 않는다. 오히려 빛 스스로가 어둠 자체와 연관되고 **어둠에 따라 굴절하면서** 어둠과 더불어 **긍정적인** 경계를 만든다는 점, 바로 이것이 빛의 실재성이라고 할 수 있다. 즉 여기서 [긍정적인 경계라는 것은] 어둠이 잘려나가는 것이 아니라 한쪽이 다른 쪽으로 건너가는 그러한 것이다. 이것이 바로 빛의 **굴절**이다. 굴절은 빛과 어둠이 만나는 어느 곳에나 현전한다. 굴절은 거의 반쯤 어두운 상태(Halbschatten)를 만든다. 빛은 자신의 방향에서 벗어나며, 모든 빛은 자신의 예리한 경계를 넘어서 타자에게로 건너간다. 이같은 현상을 우리는 **대기**의 형성과 비교해볼 수 있다. 냄새[후각]가 바로 그러한 대기의 형성과 마찬가지의 것이며, [그래서] 금속들, 전기를 띠는 것들이 형성한 산성 성분의 대기에 관해 사람들이 얘기하는 것이다. [빛의 굴절과 같은] 이같은 현상은 형태와 결부되어 사물로 나타나는 이념적인 것의 출현이라고 할 수 있다. 경계는 그렇게 긍정적인 성격을 띠며, 더 나아가 단순히 혼합 상태 일반이 아니라, 오히려 **거의 반쯤 어두운 상태(Halbschatten)**로서, 이 상태는 [한편으로는] 빛의 측면을 향하여 빛에 의해 경계지워지면서, [동시에 다른 한편으로] 어두운 측면을 향하여 어둠에 의해 [경계지워지면서] 빛과는 분리된다.* 그래서 이렇게 거의 반쯤 어두운 상태는 빛의 측면에서 보면 가장 어두운 것이고, [동시에] 이 반쯤 어두운 상태는 그것을 어둠 자체와 분리하는 빛에 의해 분리되는데, [이러한 경우가] 여러 번 반복되어 그림자 윤곽(Schattenlinien)이 나란히 [형성된다.]

---

* 잘 못 보는 사람은 오직 이렇게 **반쯤 어두운 상태(Halbschatten)**만을 볼 수 있고, 어떤 구멍[틈]을 통해서 안으로 빠져들어가는 것을 보게 된다.

이러한 빛의 운동은 자유롭고 특유한 굴절 운동(Refrangieren)으로서,* 이 종합을 질적인 면에서 중성으로 규정된 것으로 표현하기 위해서 특수한 **외양**을 필요로 한다.

대체로 **색**이 그렇게** 표현되어 현존하는 것이 되면 그것이 곧 **노랑**(Gelb)이 된다.*** 하양과 검정은 색의 계기들(Momente)이다.**** 이렇게 단순하며 형식적인 빛은 분리되어 대립의 상황에 처하게 되는데, 여기서 이 대립은 다음과 같이 표현될 수 있다. 즉, 어둠이 근거이고, 빛은 이 [어둠이라는] 근거 안으로 끌어들여지거나, 아니면 역으로 빛이 근거이고, 어둠은 피상적으로 끌어들여진 것이라고 표현할 수 있다. 전자의 경우가[27] **파랑**이고 후자의 경우가[28] **빨강**이다. 전자는 진하고 어두운 하늘의 색이다. 이 하늘에서 빛은 단지 표면적인 것일 뿐이며, 또한 여기서 질적인 면은 이제 겨우 직접적으로***** [빛과 어둠이라는] 두 계기들의 긴장된 통일 상태로만 존재한다. 그러나 **빨강**은 어둠을 극복하고 어둠을 완전히 관통해버린 빛과 같다. (종합적이거나 중성적인 통일 상태는 초록(Grün)이라고 할 수도 있을지 모르겠다.) 그러나 **빨강**이 색에 속하지 않기 때문에 본래

---

* 어둠과 하나로 정립되는 것[이다.] 유리가 빛의 **굴절**(Brechung)을 만들어내며, 빛 자체 속에서 **차이**를 정립한다.

** b) 색의 실재성

*** 노랑, **긴장상태의** 빛

**** 빛, 빛과 어둠의 순수한 관계들

***** 빨강과 보랏빛 파랑(Violettblau), 복숭아 꽃색

∙∙

27) 어둠이 근거이고 빛을 끌어들인 경우
28) 빛이 근거이고 어둠을 끌어들인 경우

빨강이 〔종합적이며 중성적인 통일 상태라고 할 수 있다〕.* 빨강은 총체적인 성격을 띤다. 그렇다고 빨강이 총체성으로 나타나지는 않고 제일 첫번째 색으로 나타나며, 초록 안의 노랑으로 나타난다. 빛은 어둠과 이렇게 통일된 상태로 나타나면서 동시에 자신의 단순하며 질적인 본성을 분해한다. 그리고 어둠은 물질로 드러난다. 노랑이라는 단순한 색은 **현실적인** 색으로서 **따뜻한 빨강**이다.** 즉 노랑은 **분해된** 직접적인 존재다.***

F88   서로 분리된 상태로 출현하는 물리적 계기들의 이 통일 상태에서, 물리적 불은 빛과 어둠의 **총체**로 존재한다. 그러나 이 총체성에서 빛은 그

H85   개념상 완전히 다른 것이 되어버린다.**** 즉, 이제 빛은 그의 본질을 구성했던 자신의 순수한 질을 포기해버린다. 또한 물리적인 것은 빛에 의해 관통된 통일 상태로, 무게와 과정의 실체이자 가능성으로 출현한다. 이러한 과정은 색의 유희〔변화〕로서, 물리적인 것〔자연적인 것〕 내에서 유지된다.

〔이제〕 빛의 온기〔열〕에 의해 빛에 대립하는 형태가 내재적인 개념이나 즉자적인 상태로 출현하게 되었다. 실체는 지상의 불과 물리적인 물체의 통일이며, 물리적인 물체의 가능성이다.

---

* 〔이 경우가〕 탄소와 같은데, 하지만 탄소 그 자체가 아니다. 여전히 질소는 물에 주입된다.

** 빨강이 가장 강하게 굴절〔된다.〕

*** 〔노랑은〕 **통일**이자, **빛**과 **어둠의 실재적인** 총체성으로서 일자 속에 정립되거나 또는 **상이한** 연관을 맺는데, 거기에는 다음과 같이 두 가지가 있다. 〔그중 하나는 α) 어둠이 그 자체에서 불을 본질로 삼는 경우이고, 〔다른 하나는 β)〕 그 반대의 경우이다. 불은 **지상의** 불이며 **(개별적인)** 지상의 물체이자 형태다. 여기서 물체는 자신의 내면을(자신의 과정을) 밖으로 산출해낸다. 그의 **현존**은 **과정**의 **방식**들이다. **직접적인 현존**과 **상호 무관하게** 정립되어 있는 것들의 형식을 띤 형태화과정에서, 〔이 현존은〕 **곧바로** 차이나게 정립되는 계기들로서 존재지는 않는다.

**** **물리적인 것〔자연적인 것〕**의 보편적 **본성**은 특수화된다. 물리적〔자연의〕 빛.

I. 지상의 불의 역학 또는 물리적 물체의 형태화

총체적인 상태에서 빛은 과정이며, 더욱이 빛 자신과의 연관 속에 있는 과정이다. 〔이 과정은〕 일련의 색들, **색의 변화〔교체〕**에 의한 운동이라고 할 수 있다.* 빛 자체에서 그의 계기들이 분리되어 나타나는 것은 빛과 어둠이 분리되어 나타나는 것이 아니다. 오히려 일정한 질적 자격을 갖춘 어둠에서 그 계기들은 무게와 열로 출현한다.** 어둠은 〔빛에 의해〕 환해진 **순수한 자기내존재**다. 따라서 〔어둠은〕 자신 속에 존재하는 것을 보여주게 된다. 빛이 투과된 결정체는 이러한 〔빛의〕 투과를 자신이 지니고 있는 〔빛에 대한〕 적합성 때문이라고 생각하며, 그 계기들이 완전하게 되는 것으로 〔간주한다.〕 그리고 여기서 이 계기들은 실제적이며 대자적으로 존립하며 온전한 전체(das Ganze)이다. 부정적인 것도 어떤 적합성을 띠게 된다. 〔이같은 온전한 전체는 한편으로는〕 물리적 전체로서, 상호 무관하게 존립하는 실체들이고, 동시에 〔다른 한편으로는〕 무게나 열처럼 추상적인 규정의 형식을 띠는 관념적인 전체이기도 하다. 그러한 계기들은 물리적 과정이기는 하지만, 처음에는 이 과정의 계기들

F89

---

* α) 지상의 불과 물리적인 물체〔는〕 (상호 무관하거나 무거운 것이 아니라, 오히려 화학적으로 연관을 맺는다.)
** 지상의 물체의 변형태들은, 불이 불의 어떤 형식을 띠면서도 다른 형식에 따라서 그 자체로 출현하는 것이다. α) **단순한 순수 상태**, 지상의 불〔이〕 그의 보편적 원소가 된다. β) 〔불이〕 지상의 물체 자체에 출현하면서 이 물체는 연소(燃燒)가능한 것이 되며, 그의 보편자는 그 밖에 존재하는 공기이다. 또한 이 물체 내에는 소멸되어버린 과정만이 남게 된다(β **개별성**.) γ) 그 물체의 기초가 되는 원소는 물이고, 중성적인 것이 물체 자체다. 실재적인 것은 분리된다. γ) 상호 무관하다는 것은 중성의 상태를 〔의미한다.〕

이 색들로 [나타난다.] 스스로 특유화되는 것이 바로 이러한 과정인데, 처음에는 이 과정이 형태화로 나타나서, 그 개념상으로만 현전하는 것이었다가, 그 다음에는 현실의 상태에 있게 되며, [그렇게 해서] 물리적 역학과 화학이 된다.*

　이 과정의 개념이나 보편자인 개념은 내적인 것으로서, 이 내적인 것은 물리적 **물체[신체]**로 현존한다. 여기서 물리적 물체는 무게의 계기들과 화학적 과정의 가능성의 계기들을 그 자체에 지니고 있다. 이 물체는 눈으로 볼 수 있는 것이기 때문에 물리적 물체인 것이다. 이같은 것은 대상적이며 특유한 참된 현실성이며, 물체는 이 현실성을 빛을 통해 지닌다. [물체는] 감정으로부터 복귀하여 순수하며 단순한 대자존재가 [되며], 이 대자존재는 완전히 아무 관련이 없는 성질을 띤다. 형태 그 자체의 현실성은 아직 대타존재가 아닌 **존재**로서의 현실성이다. 화학적 과정과 **대타존재**를 극복한 것은 바로 절대적 무관함이자 완전한 자립성이다. 따라서 처음에는 과정이 피상적인 것으로서, 이 속에서 물체[신체]는 여전히 지속한다. 물체의 빛은 유지되며, 단지 그 색들만이 변한다.

　α)** 이러한 물체가 바로 **금속**(Metall)이다. 금속의 과정은 단순한 **용해**

　과정(Schmelzen)이며, 형태의 상이한 형식들과 상이한 열의 온도가 여과되는 과정이다. 그러나 이 계기들은 더 이상 물체의 본질을 이루지는 않으며, 변형태는 소멸되어버린다. 즉, [여기서] 물체의 본질은 화학적 차

---

*　그 과정은 **즉자적으로** 이러한 물리적 불이다. 이 불은 현실화되어야 한다.

**　[여기서] **즉자적으로** 관건이 되는 것은 불이다. 불은 그러한 과정을 통해 지양되지 않는다. 화학적 원소[는] **실체**[이며,] [그 다음이] 지상의 물체[이고], [이것보다] 더 고차적인 것이 유기적인 것들인데, 유기적인 것들은 이러한 실체가 아니다. 이렇게 **그 속을 알 수 없게 닫혀 있는** 추상의 상태가 **금속**이다.

이나 역학적 규정이 아니라, 단지 색의 변화일 뿐이다. 화학적 차이나 역학적 규정들은 단순한 가능성들로만 남는다. 〔그래서 여기서〕 과정은 아직 실현되지 않은 상태다.

따라서 **금속성(Metallität)**은 정지 상태에 다다른 물리적 자기동등성이며, 아직 **그 속을 알 수 없게 닫혀 있는** 물리적 과정이라고 할 수 있다. 이 **과정**은 단지 형식적인 경과(Verlauf)일 뿐이라서, **이 과정을 이루는 단계들이라고 할 수 있는 물리적 물체들에 의해** 존재하지는 **않는다.** 금속은 빛에 단적으로 속하는 색을 그 자체로 띤다. 이때 빛은 여전히 **자신의 순수한 질적 상태**를 유지하고 있고 아직까지는 분해되지 않은 상태, 즉 **광채(Glanz)**로 나타난다. 〔이같은 광채는〕 일종의 탄성이 있는 색이라고 〔표현할 수 있다.〕 이 색은 처음에는 다음과 같은 규정과 더불어 직접적으로 나타난다고 할 수 있는데, 그 규정이란 빛의 본성에 아직 모순되지 않는 단순한 규정이다. 금속은 〔빛이〕 **투과될 수 없다**〔투명하지 않다〕. 왜냐하면 투과성〔투명성〕은 빛이 없는 특유한 상태이기 때문이다. 금속에게 현실적인 빛은 낯선 것, 즉 중립상태가 아닌 것, 단순하며 견실한 통일성이다. 중성적인 것〔금속〕에서 빛은 더 이상 단순한 통일성으로 현전하지 않는다. 〔빛은〕 아주 높은 비중을 〔띤다.〕 왜냐하면 금속은 그 속을 알 수 없게 닫혀 있는 자기내존재이며, 아직까지 분해되지 않은 단순성이기 때문이다. 금속에서 비중은 중요하지만, 이와 달리 비중은 다른 물체들에서는 거의 중요하지 않다.

금속의 과정은 일종의 용해과정으로서, 이 용해과정에서는 금속이 어떤 화학적 차이를 드러내지 않는다. 이 경우에 아직 과정이 실현되지 않았고 단지 내적인 것으로만 머물러 있기 때문에, 불은 외적인 것으로 덧붙여진다. 그리고 과정은 단지 불이나 산성(酸性)으로, 대자적인〔독자적

인〕 과정으로만 고찰될 수 있고, 금속은 귀금속으로 〔고찰될 수 있다.〕

귀금속(das edle Metall)은 화학적 의미로 염기(鹽基)나 칼리염이 아니며, 중성적인 것이다. 자유로운 불에 의해 진행되는 귀금속의 과정은 연소 없이 타는 과정이다. 귀금속에서는 염도와 산도라는 양 극단으로 분해되는 일이 발생하지 않는다. 〔만일 분해되는 일이 발생한다면〕 연속과정을 통해 〔염기와 산 중〕 귀금속의 한쪽 측면만이 두드러지게 되거나, 아니면 〔또 다른〕 중성적인 산물이 나오게 될 것이다. 〔하지만 그렇지 않고, 귀금속의 경우에는〕 오히려 형태가 견고한 상태를 거쳐서 액상의 유동적인 상태나 증기 상태, 발산 상태로 화학적으로 변하는 것일 뿐이다.* 비중은 그 와중에 쉽게 변하며, 체적은 용해와 발산 과정을 통해 더 커지지만, 여기에는 색이 바뀌는 단지 형식적인 변화만 있을 뿐이다.** 그러나 귀금속은 이러한 상태로부터 아무 변화 없이 원 상태로 되돌아간다. 귀금속은 다른 물체와 함께 〔변화의〕 진행과정을 겪지는 않는다. 귀금속은 과정의 절대적 가능성으로 드러나며, 단지 비화학적이며 진행과정 없

F91

H88

---

* 진공에서의 수은(Merkur), Berthollet II, 342쪽. 오목거울〔화경(火鏡)〕의 금은 이 증기에 방출되는 은빛 선조들을 금도금했다. 철은 차가운 상태에서 팽창한다.
  〔역주〕 여기서 헤겔은 Berthollet의 『정적인 화학론』의 제 2권을 염두에 두고 있다.
** 합금들은* 그냥 금속 자체보다는 더 단단한 반면, 용해가 잘 된다. 합금에서는 질량이 큰 상태로부터 차이와 고유한 특성에 의해 질량이 덜어내지는 반면, 하나의 금속 자체에서는 차이가 진행 과정에 개방되어 있는 특성을 지니며, 산화를 촉진한다. 낯선 금속의 아주 조그만 첨가물도 그 전체 금속을 감염시킨다〔성질을 변하게 한다〕. 리터에 의하면 수은이 주석에 오염된 1/1,000의 양 때문에 기압계에서 완전히 다른 상태를 보이게 된다.
  〔*옆에〕 합금의 비중은 금방 커졌다가 금방 작아졌다가 한다.
  〔역주〕 리터(Ritter, Johann Wilhelm, 1776-1810)는 뮌헨 아카데미의 회원으로서, 『물체의 전기적 조직』(1805)과 같은 저술을 남겼다.

는 융합, 다른 것과의 합금과정으로만 드러난다. 분리상태는 귀금속에서 불에 의해 다시 해소되며, 양 극단으로의 분열상태도 [해소된다.] 수은 (Quecksilber)은 발산되며, 금과 은은 비중에 의해 분리되고, 이들의 중간 상태만이 진행과정 없는 이들의 통합상태이다.

또한 귀금속은 물질화된 불, 산 성분 그리고 진행과정 없는 과정과 결부된다. 즉, 금은 왕수(王水, Königswasser)[29]에서 녹는다. 그런데 본래 금은 염산에서만 녹는데, 이렇게 녹을 때 어떤 소음이나 발열, 가스 발생도 없다. (왕수에서 녹을 때에는 질산 가스가 새어나온다.) 금은 이러한 상태에서만 용해되지만 그렇다고 산화물로 침전되지는 않으며,* 오히려 금속 물질로 침전되고, 단지 어떤 **정교한[양질의]** 분포상태로만, 즉 단순한 통일 상태로만 나타난다.

따라서 순수한 금속성은 귀금속에서 비화학적 과정을 보여주며, 여전 히 외적인 성격을 지니는 물리적 과정을 보여준다. 귀금속은 색으로 스스로를 유지하는 색이다. 모든 색조는 금속에 다 잘 어울린다. 그러나 색의 변화로서 진행과정은 개별적인 색의 무관계성을 지양해버린다.** 그리고 이 진행과정은 물체를 색이 없는 상태로 표현한다. 다시 말해, 현실적인 진행과정은 물체에게 더 이상 이렇게 외적이고 무관하거나 외면적인 것이 아니며, 또한 물체는 이 진행과정을 더 이상 이렇게 비현실적인 방

---

* 조정자(Richter)

** **후각**, 단순하며 탄력적으로 유동적인 대타적 현존재[는] 단순히 **내적인 것**이 아니라 물체 자체에 내재하는 불의 현존재다.

∴

29) 왕수(王水, Königswasser)는 진한 염산과 질산의 혼합액으로 금 등을 용해할 때 사용된다.

식으로만 보유하지는 않는다. (진행과정에 대한 무관함과 진행과정 자체가 그렇게 곧바로 하나가 되어버리면서, 귀금속은 자신의 한계에 닿게 된다. 귀금속은 여전히 불의 이러한 절대적 탄성이다.* 이러한 귀금속의 자기 내 유지 상태는 곧바로 파괴되어버린다. 뇌금(雷金)과 암모니아와 질소가 나오는 질산 칼륨(초석, 礎石) 성분을 띤 은은 과정의 **현실**에 속한다.)** b) 개념은 과정의 직접적인 가능성인데, 여기서 과정은 아직 분열되지 않은 그러한 과정이 아니라, 불로서 **가연성**의 상태, 자연의 유황 상태와 같은 것이다. 이러한 상태는*** 더 이상 과정 자체 내에만 **머무는** 표면적인[피상적인] 가능성이 아니고, 오히려 제거되어버린 무관계성인 것이다. 연소가능한 것은 연소된다. 불은 가연성의 현실태이다. 불은 [다른 것을] 연소시키지만 그 자신은 연소되지 않는다. 불은 [다른 것을] **연소**시키면서 불은 무관한 상태이기를 그친다. 불은 일종의 산이 되어버린다. 단순한 연소 때문에 황은

화학적 차이를 낳게 된다. 동시에 산 자체와 칼리염이 된다. c)*** 과정은

---

* [귀금속은] **현존하는** 과정이며, 자신 밖에서 곧바로 **꺼져버리는** 과정을 지닌다. 왜냐하면 귀금속은 동시에 **지양된** 과정이고, 지속적이면서도 옹골차게 존속하는 것이기 때문이다.

** 불과의 관계는 공기와의 관계가 된다. 전자는 과정의 단순한 개념이고, 후자는 현실의 상태로 등장한 개념이다. 불은 한편으로 화학적 원소에서, 다른 한편으로는 물리적 물체에서 자신의 면모를 유지함으로써 처음으로 물질화된다. 금속에는 지상의 불과 물리적 물체의 보편적이며 무규정적인 통일이 있다. 이 통일은 불에게는 보편적인 물질화, 지양된 단순한 물질, 화학적 계기를 이루며, 물리적인 것으로서 공기 일반을 이룬다. **후각[냄새][은]** 물리적 현상[이다].

*** **미각**은 타자에 대한 차이 나는 현존재[를 보여준다].

**** c) **스스로를 유지하며**, 자기 자신이 아니라 타자를 **향하게 되는** 부정성[이다]. 공기는 연소가능한 상태에 있는 원소이며* 보편적 매개체이자, 양자의 **즉자**이며 동시에 대상적인 것이기도 하다.

[*옆에] 산화라는 것은 화학[에서] 연소를 말한다.

더 이상 연소가능한 물리적 물체에 대해 형식적으로 존재하는 것이 아니라, 오히려 과정이 물질적인 현존을 지니게 된다. 과정이 **산(酸)**이며, 물체의 무관계성은 화학적 차이로 이행해버린다. 빛은 외부로 향하면서 자신의 본질을 더 이상 자기 자신 속에 지니지 않는다. 화학자들은 산소 가스를 활력〔생명력〕을 불어넣는 주약(主藥, Base) 자체라고 특별히 표현한다. 빛은 그 개념상으로만 보면 산성을 띠지 않으며, 물리적인 물체와 순 H90
전히 **비물질적인 원리들**, 활력을 불어넣는 것, 그 개념상 순수한 추상물들의 차이로서 비로소 현실성을 띤다. 〔하지만 그렇다고 해서〕 이것들이 아무 관련 없이 현존하는 것은 아니다. 물체는 하나의 추리(ein Schluß)라고 할 수 있다. 단순한 물체성과 순수한 개체성은 자체 내로 복귀되지 않고 외부로 향하면서 차이가 난다. 산(酸)은 물체와 구분되는 산소 가스로서 질적인 전해(電解)〔분해〕 상태이며, 이 상태에서 순수 차이로서 산소 가스의 활성상태는 소멸되어버리고, 공기라는 그의 계기는 무관한 것으로 드러나게 된다. 〔이러한 상태는〕 그 자체로 긴장되어 있는 무관한 상태이자, 물리적 원소의 형식을 띠는 화학적 과정이다. 산성을 띠는 그것의 계기가 산소 가스로 표출되지 않는 그러한 산들이 있다는 점에서, 자연은 긍정적이며 특정한 사물에 대한 사견(Meinung)을 반박한다. 이미 그 자체로 산성인 염산이나, 물리적인 단순한 산, 칼리수(Hydronthionkali), 청산(靑酸) 등등이 그러한 것들이다.

산은[*] 활동적인 것으로서 직접적으로 타자를 겨냥한다. 또한 연소 F94

---

[*] **공기와의** 관계인 과정이 물과의 관계인 과정으로 이행한다. 즉 이미 불과 공기에서 그러했던 것처럼, 물 속에서의 용해가능성〔이 등장한다〕. 그것들은 자신들의 보편적 원소인 물 속에서 용해된다. 〔물은〕 그들의 보편적인 규정성의 현존재이며, 그들의 규정된 본질의 현존재이고, 〔용해과정은〕 그것들의 외부에 등장하는 물과의 단순한

에 의해 염기성 또는 칼리성과 산성으로 분화된다. 〔이 양자 간에는〕 완전히 상대적인 대립의 관계가 성립된다. 양자는 똑같이 매우 강한 부식(腐蝕)력을 띠며, 부정적인 성격을 띤다. 〔예를 들어,〕 금속 산화물들(Metalloxyde)은 〔염기성과 산성이라는〕 양자로 존재한다. 전자는 고요한 상태의 불처럼 수동적인 것에 직접적으로 대립한다. 그러나 이 양자는 똑같이 불안정한 활력적인 상태들이다. 이 양자는 그야말로 대립하기는 하지만, 이 양자 중 어떤 것도 자신의 상태나 과정에 대한 고려 없이 특정한 속성을 띠지는 않는다. 〔결국〕 이 양자는 지양되며, 이 양자의 본질은 **중성적인** 물체이다. 〔중성적인 물체는〕 순수한 추상물들이 아니라 특정한 물리적 현존을 지니는 차이 나는 것들의 통일이라고 할 수 있다. 〔그러나〕 여기서 차이 나는 것들은 물리적 현존을 단순히 지닐 뿐이지, 현실적으로 그것을 지니는 것은 아니다〔현실적으로 현존하는 것은 아니다〕. 또한 이 차이 나는 것들은 오직 사상 속에서만 이렇게 상호 무관한 것들로 생각될 뿐이다.* 산과 칼리〔염기〕는 서로 무관한 것이긴 하지만, 오히려 만일 〔현실적으로〕 그렇게 무관하게 현존하려고 한다면, 그것은 오직 강제력을 동원해야만 그렇게 될 수 있다.** 그러나 과정에서 서로 무관한 사물을 떼어내 생각한다면, 이렇게 무관한 사물은 중성적인 것으로서 더 이상 분리된 것이 아니게 된다. 절대적으로 차이 나는 것들의 상호 무관한 현실성은 아직 현존하지 않는다. 여기서 중성이라는 특성은 물리

합치과정이다. 그것들은 물의 형식을 취하게 된다. 여기서 과정은 두 개의 실재적인 면모를 포함한다.

* 차이 나는 것들이 용해되어버리는 것처럼, 그것들은 다시 산출될 수 있다. 다시 말해, 그것들은 빛의 운동이나 빛의 굴절〔처럼〕, 일자 속으로 되돌아간 것이 아니다.
** **산** 그 자체, 염산은 **금속** 그 **자체**처럼 연소에 의해 발생하지 않는다.

적 물체, 염류(鹽類)이다.

결국 **염류(Salz)는*** 물질화 과정의 표상[에서] 흙과 같은 상태에 속한다. 불은 중성의 상태에서 소멸해버린다. 빛과 색이 없는 소금[염류]의 투명함은 색과 금속성의 파괴 상태와 같다. 소금은 상호 무관한 것들의 통일체이지만 이 무관한 것들은 **존재하지 않으며**, 소금은 [이 무관한 것들의] **통일체**일 뿐이다. [이 통일체는] 서로 상이하며 무관한 존재의 부정태이다. 밝은 것으로서 빛은, 그의 구별들인 색들과 색들의 변화를 없애버린다. [또한 소금의 모양은] 아무런 형성과정도 없는 와해된 형태[를 띠고 있다.] 원자론[의 관점에서 볼 때], [소금은] 물 속에서 녹지도 용해되지도 않고, 냄새도 맛도 색깔도 없으며, 절대적이며 순수한 실체, 절대적 개별자[라고 할 수 있다].

이러한 특성들은 물리적 물체가 지니는 순수한 계기들이다. 물체의 개F95념은 절대적인 자기내존재, 진행과정 없는 용해, 단순한 실재성이라는 것 속에 함유되어 있다. 즉, 색이 실재의 상태로 이행하면,** **냄새(후각)**[는 색과는] 분리된 현존[이 되며], **맛(미각)**[은] 색을 고려하지 않는 상태에서 [느껴진다.] 여기서 후각은 [직접 접촉하지 않는] 순수 과정이며, 미각은 [직접 접촉하는] 실재적 과정이다. [이러한 지각의 관점에서 보면 소금은] 이러한 영역 자체 내에 속하는 순전히 **부정적인** 산물이며, [맛, 냄새, 색 등과 같은] 이러한 계기들이 소멸되어버린 상태라고 할 수 있다. 그러나 그 총체적 상태는 실재적 과정이며, 물리적인 화학론이다. [이것은 또한] 불의 자기 산출로서, 불은 물리적 개체들, 상호 무관하게

---

* 불, 공기 그리고 물과의 관계의 절멸.

** **후각**[은] 분해되는 대상적 현존재[이며], **미각**[은] 계기들의 다양성[이고], 자기내복귀이고, **청각**으로의 [복귀이다]. [청각은] 금속의 울림이며 타자를 통한 울림이다.

존립하는 것들을 자신의 편으로 삼는다. **고대인들**은 지상의 물체는 수은, 유황, 염류〔소금〕 그리고 처녀 같이 순결한 흙으로 이루어져 있다고 말하였다. **수은(머큐리우스)**은 금속의 성질, 지상의 색, 유동적인 자기 동등성의 특징을 지니고 있다. 이 유동적인 자기 동등성에서 그 과정은 외적으로 진행되며 실체는 순수한 상태로 남겨진다. **유황**은 가연성을 띠며, 불은 유황에 낯선 것이 아니라 오히려 유황은 모든 것을 다 태우면서 자기 소모하는 불의 현실성이다.* **염류(소금)**는 무관한 실재에 낯선 것이 용해되어 있는 상태이자, 자립적인 것들로 불이 와해되는 것이다. 끝으로 처녀 같이 순결한 흙이라는 요소는 이 운동의 단순한 순진무구함(Unschuld)과 같으며, 앞서 말한 요소들의 소멸 상태를 의미하는 기체〔주체〕다.

H92

자연은 이 요소들을 상호 무관하며 다면적인 이행 과정의 혼란 속에 분산하여 유포해 놓았다. 그리고 이 요소들을 순수하게 표현할 수 있는 데까지 도달한 몇몇 사람들에 의해 이 추상적인 요소들은 표현되었다. 그러나 모든 측면에서 보자면, 그와는 다른 요소들이 이행 과정들을 형성하기도 한다.

물리적 물체는 촉각, 시각, 후각 그리고 미각의 이러한 총체물이다. 물리적 물체는 이 네 가지 감각의 차원들을 지니고 있다. 그리고 물리적 물체는 시각이 후각과 미각을 통해 촉각과 결합되는 추리라고도 할 수 있다.

F96

금속은 고도의 비중을 지닌 견고한 색〔을 띤다〕. **황금**은 자신의 견고한 단순성이라는 개념을 가장 잘 표현하는 것 같다. 즉 황금은 고도의 비중을 지니고, 가공 과정이 없으며, 중성적이지 않고, 결코 다른 것과 융

---

* 파괴되지 않고 분해되지 않는 순수한 실체. 유기체는 이 실체를 발산시킨다〔사라지게 한다〕.

합되지도 않는다. 이에 비해 백금(Platin)은 좀 더 높은 밀도를 띠지만, 다수의 금속성 요소들(오스뮴(Os), 이리듐(Ir), 팔라듐(Pd))의 통일체이다. 여타의 귀금속들, 즉 황금, 은 그리고 백금에서 불은 단지 형식적인 가공 과정이 될 뿐이며, 이 귀금속들은 그 과정에서 산화되지도 않고, 어떤 가연성도 보여주지 않는다. 그러나 다른 귀금속들은 다음과 같은 점을 보여준다. 즉, 이것들 중 몇 가지는 단지 고온에 의해 다시 탈산화될 수 있고,* 다른 것들은 그렇지 않은 것도 있다. 〔예를 들어〕 중석(重石, 텅스텐, Wolfram)은 그 비중이 17이고 결코 탈산화되지 않는다. 산이건 알칼리이건, 금속들은 연소되어 산화물이 되며, 염류의 요소들이 되어버린다. 또 어떤 금속들은 산화물의 형태로만 현존하는 것처럼 보이기도 한다. 특히 어떤 금속들은 종종 유황과 **구리**의 결합물로 존재하기도 한다. 그것들이 형태 면에서 견고한 것처럼, 유황은 단순한 가연성을 띤다. 몇몇 금속들은 화학적 차이를 〔일정한〕 형태 하에서 또는 형태 내에서 유지하며, 자기를 띤다. 〔그렇게 해서 몇몇 금속들은〕 부분적으로 공기에 닿지만 곧바로 산화되지 않고, 부분적으로 평평하게 퍼진다. 그것은 단순한 가열 상태 이상이며 산화에는 미치지 못하는 상태로서, 그 자체로 전기의 성질을 띠지만, 섬광이 될 수 있는 분화 상태는 아니다.

본래 **연소가능한 금속**은 넓게 팽창되지 않는다. 유황, 아스팔트 그리고 나프텐이 연소가능한 금속의 한계 주변을 구성한다. (타지 않고 단순히 발광하는 것, 즉 일정한 광물 덩어리가 내는 인광(das Phosphoreszieren) 같은 것은 더욱더 주목할 만한 것이다. 어떤 것이 잘려나가거나 긁히거나 아니면 태양 광선에 노출될 경우, 이러한 물질들은 얼마 동안 그러한 상태를 유

---

* 비(鼻) 금속들은 공기와의 결합과정을 겪는다. 〔그렇게 해서〕 **냄새를 풍긴다.**

지한다(유황 바륨[처럼]). 그러한 상태는 전기적 성질을 띠는 순간적인 발광 현상과 유사하지만, 그러나 이 현상에는 분리 상태가 없다. 관성을 띤 중성적 상태가 질적인 것, 일자로 고양된다. 그러나 태양 광선에 접촉해서 빛을 발하는 것들이 생겨나서 이 빛 자체를 유지시키며 빛의 수동성을 드러낸다. 파랑은 수동적인 빛으로 특별한 위력을 지닌다. 그러나 빨강은 강력한 빛으로서 저항을 하며, 발광을 소멸시킨다. 이미 **굴절** 현상에서 빛의 수동성을 [확인할 수 있었다].)*

F97   (소금과 같은 **염류들은** 대체로 색을 흐리게 하며, 여러 면에서 다양하게 차이가 난다. [그중] 가장 중요한 구별은 **탄산** 가스나 자연적 산과 같은 산이 단순히 화학적 원소일 뿐인지, 하는 문제와 관련된다.)

순수한 **흙[토류(土類)]은** 백색이고, 아주 **부서지기 쉬우며 개별자** 일반으로서, 금속의 연속성이나 형성과정을 통한 진행도 없으며, 연소성도 없고 중성을 띠지도 않는다. 거기에는 네 가지 주요 흙들이 있다.** [첫째,] **규석(硅石, Kiesel)은** 지상의 금속이며, 아주 부서지기 쉬운 것으로서, 그 개별성의 추상에 의해 칼리염과 특수하게 결합되어*** 유리가 된다. 그리고 규석은 색과 견고성을 띠는 금속처럼 개별성을 띠면서 용해과정을 보

H94   여준다.**** [규석과 같은] 무색의 금속에서 금속의 성질은 순수형식으로

---

* 구성 성분들이 맺는 관계의 비자립성 그리고 온도 눈금에서처럼 또 다시 [나타나는] 확고한 점들. 특징.
** 흙은 총체적 과정을 보여준다. 다시 말해 **불, 공기** 그리고 물과 맺는 상태가 [어떤지를 보여준다.] 그런데, 여기서 물은 동시에 단순하며 질적인 통일과 중성상태이다. 흙은 **기체[실체]로서**, 중성상태의 소질을 띠면서도, 이 중성상태에서 물과의 관계만을 보여주지는 않는다.
*** 부정적 본성
**** 규석은 α) 과정의 측면[에서] 유리[가 되고], 용해[되며], β) 결정체의 [측면에서] 견고하고, 수분 없는 **수정(水晶)[이 된다].**

소멸되며, 무색의 금속은 내재적이며 절대적인 불연속성을 띤다.

　[둘째,] 반토(礬土, Tonerde)는* 규석처럼 직접적이며 단순하며 분석하고 선별된 개념이며, 최초의 차별적인 특징을 지니는 토양이라고 할 수 있다.** [반토는] 연소될 수 있는 가능성을 [지니고 있다].*** (순수 반토는 공기로부터 산소를 흡수한다.) 그러나 황산과 결합되면 흙의 불[을 불러일으켜]**** **도벽옥(陶碧玉, Porzellanjaspis)**[30]이 된다. 불에 힘입어 반토는 견고한 상태(결정화)가 된다. 물은 외적인 응집보다 결정을 만드는 연관을 덜 만든다. 불에서 유황과 다른 염류가 바삭바삭 소리를 내면서 타는 것처럼, 물 속에도 그러한 종류가 [있다]. [여기서] **연소**는 산으로 바뀌지 않고 오히려 완전히 다 타버리게 된다.

F98

　[셋째,] **고토(苦土, 산화마그네슘)**나 **마그네시아**는 염류와 바다의 **쓴맛**을

---

　* 도토(陶土, Ton)는 α) 과정의 측면[에서] **유황과 함께 가연성**[을 띠며], β) 결정체의 [측면에서] **견고함**은 비결정화되고, 강옥(鋼玉, Korund), 청옥(靑玉, Saphir) [등은] 아주 견고해진다. [그러나] **물**은 **결정화된** 물이 **되지는** 않는다. [도토는] 산이 아니라 그 자체로 유지되면서 자체 내로 반성되어, 도토로서 강옥이 [된다].
　[역주] 반토는 유황 성분을 함유한 흙으로 '산화 알루미늄'이라고도 한다.
　** 산에게 분해된다.
　*** 흙은 추상적이기 때문에 아무 과정 없이 다른 기체를 필요로 한다. 그래서 흙은 앞서 말한 과정의 현존재를 현시하지만, 각각의 방식의 결과는 지양된 것일 뿐이다. 이것은 금속성처럼 산이 되지 않고 **연소되는** 과정이다.
　**** 좀 더 내적이며 건조하며 불연속적인 견고함은 결정체의 견고함[으로서], **천연 그대로의 유리**[같은 것이 그런 것이며], [이것은] 절대적이며 **개별적인** 대자존재[와 같다]. **물**에 따라 **아무 과정 없이 수증기가 쫙 차 있는 열기**는 이를 통해 화학적으로 차별화되지 않으며 오히려 외적으로 더 견고해질 뿐이다.

⁚

30) 도벽옥(Porzellanjaspis)은 푸른 빛을 띤 도자기 같은 옥을 말한다.

형성하는 **기체이다.*** 〔여기서〕 **염류**는 기체이자 매질(媒質)로서, 비누 같은 것처럼 불의 원리가 되어버리는 맛(Geschmack)을 지니며, 동시에 중성적인 것은 불의 원리로 되돌아가게 된다.

〔넷째,〕 그러나 끝으로** 이에 대립하는 것은 석회 종류나 그와 다른 칼리염과 같은 것이다. 이것은 자신의 흙의 원리를 또 다시 용해시키며, 진행과정이 되기 위해 오직 물리적 원소만을 필요로 한다. 사라져버린 진행과정이 또 다시 산출되는 것이다. 이 과정은 물리적인 것에 의해 그 자체에서 산출되는 불의 원리다.

추상적인 요소들은 내면화되는 것과 같은 상태의 **불의 외면성〔외화가 능성〕**을 표현한다. 흙과 **내재적** 원리로서 불〔은〕 개체성, **개별성**을 띠게 되어, 추상적인 요소들은 **불꽃** 자체를 자신 속에 품고 산출한다. 〔그러나〕 염류의 계기들처럼 **차이 나는 물체들**로서가 아니라 **상호 동등하며 무관한 물체들**로, 물리적 물체들로 산출한다. 불이 물리적인 것으로 **형성되어버리면**, 추상적인 요소들은 불로 현존하게 된다.***

---

* 어떤 맛이 나는 도토(陶土)〔는〕 자체 내로 반성되고, 도토(陶土)에 속한다.

** **지상의 중성상태**〔는〕 α)* 불에서 화학적으로 차별화된다. 그리고 β)** 공기에서 다시 중성상태로 재산출되며, 그 화학적 차이는 **물을 통해** 연소과정을 만들어낸다. 〔그렇게 해서〕 물〔은〕 보편적 중성상태〔가 되고〕, 불〔은〕 자아가 된다. **물은 불이 된다.** 중성적인 것은 **현실적인 과정이다.**

〔*옆에〕 연소. 〔**옆에〕 공기 정지 상태의

*** **즉자적으로, 다시 말해 그들의 현존 상태에서**

II.
물리적인 개별 물체 또는 지상의 불의 화학론.*

이 추상적 요소들은 여전히 단순한 불 자체일 뿐이며, 자기 발화의 원천일 뿐이다. 이전의 과정은 이념이나 내적인, (외적인) 불에 의해 진행되었고, 물리적인 것이 [형성되는] **형태화 과정**(Gestaltung)이었다. [그러나 여기서의 과정은] 그 자체로 분해된 형태다. 그러나 형태는 아직은 이러한 분해 상태의 총체가 아니며, 또한 물리적 물체는 겨우 이제 불 일반일 뿐이다. 물리적 물체들은 서로 무관하게 등장하며, 물리적 물체들이 서로 무관한 한에서, 이들은 전혀 운동하지 않는다. 이들 스스로 운동을 한다면, 이들은 서로 무관한 상태도 아니며 원소도 아니게 된다. 앞서의 표현에 따르면, 물리적 물체들은 확정된 모습을 띠며 중성적이지 않기에, 보편자이자 원소일 것이라고 판단되기도 한다.

a) 단순한 자기 발화는 물리적인 불꽃이 뿜어나오는 것이다. **보편적** 원소는 공기이며,** [공기는] 물리적 원소로서 보편적으로 존재한다. [그 다음 보편적 원소로는] 불의 [원소가 있는데], [이 불은] 단순하며 정지해 있고 자기 동등적인 불이다. 그래서 보편적 원소는 [공기와 불] 양자 모두에게 있으면서, 동시에 양자의 통일이기도 하다.*** 둘 중 한쪽은 딱딱한 결정체가 되는데, 이러한 것들에는 도토(陶土)나 규석(硅石), 황철광 등이   H96

F100

---

* 이러한 요소들의 통일체들로서 물리적 물체들은 현실적 **과정** 속에 존재한다. 여기서 과정은 아직까지 **즉자대자적**이지는 않은 이행이 일어난 단순한 과정이다.
** 외면적인 것,* 잠자는 불, 가능성.
  [*옆에] 그 **자체로** 긴장된 상태.
*** 부드러움과 딱딱함은 여기서는 물리적 의미를 [띤다.] **그들의** 탄성이 불꽃이다.

있다. 〔이러한 것들에서는〕 물리적인 견고성〔딱딱함〕만이 필수적이다. 또 다른 것은 딱딱한 금속이다. 전자는 질적인 견고성을, 후자는 양적인 견고성〔을 지닌다고 할 수 있다.〕 전자는 딱딱하면서 깨지기 쉬운 성질을, 후자는 깨지기 쉬운 연속성〔을 지닌다고 할 수 있다.〕* 금속의 성질을 띠는 액체 상태, **연속성** 그리고 유리의 **깨지기 쉬운 성질**이 일자 속에 정립되고, 이들의 공간적 분리가 시간의 일자 속에서 지양되면, 불꽃이 발생한다. 뇌금(雷金, Knall-Gold)과 은〔의 경우가 그러하다.〕 금속의 연속성이나 빛으로서의 불과, 그 자체로 분해되어** 차이 나는 화학적 원소의 대자적 단순자, 암모니아 사이에 이러한 긴장 관계가 조성되어, 끔찍한 **꽝음〔폭음〕**을 내면서 점화되려면 쇠망치로 두들기는 것이 필요하다. 이때 꽝음과 **청각**은 또한 자아가 자아로 되어가는 운동〔이라고 할 수 있다.〕*** 〔이러한 운동은〕 〔일종의〕 전율(Erzittern)이자, 물리적 불이 물리적 불이 〔되어가는 과정〕이며, 내면적인 것으로서, 단순한 현존의 상태에 도달하거나 더 나아가 부정적이며 사라지는 것에 도달하여 시간으로 존재한다. 유황 불꽃이 바삭거리며 타는 소리는 **현존하는** 한 점에서 총괄해보면, 이미 이 점이 그 자체로 존재하는 바〔를 나타낸다.〕****

이러한 자기 발화의 현존은 직접적으로 사라지는 소리(Ton)이다. 그러나 이 불꽃은 전체 실체를 태우는 것이 되기 위해서는 실현되어야 하며 현존을 지녀야 한다. 불꽃은 대립하는 물리적 물체를 태우는 것이며,

---

* 물리적 개별성과 물리적 보편성이 **일자 속에 정립되는 상태**
** 80,66 질소
　 19,34 수소
*** 소리를 듣고 〔나면〕, 즉자 존재자와 **현존하는 현실적인 것, 자아** 사이의 통일〔을 알 수 있다.〕
**** 화학적인 것에서처럼 차이나는 것들은 **현존하지** 않는다.

불꽃 속에서 이렇게 대립하는 물체들은 분해된다. 또한 직접적인 접촉은 단순한 통일체가 실재하는 것이며, 분리 상태는 중성적인 두 실체들의 상호 무관한 상태라고 할 수 있다. 이 실체들의 보편적 원소는 물이다. 다시 말해, 〔물이〕 이 실체들의 개념이다. 실체들은 동시에 **긴장〔팽창〕**되기는 하지만 〔여전히〕 중성적인 것이다. 모두 각자 포화 상태이다. 실체들은 긴장〔팽창〕되며, 다시 말해 그들의 본질은 그들 서로의 연관에 의해 자체 내에서 분리된다. 이렇게 표상되는 상태는 마치 한쪽의 산이 친화력에 의해 다른 쪽의 염기와 결합되는 것과 같다. α) 〔우선, 처음에는〕 마치 이미 산은 산으로 있고, 칼리염은 그 자체로, 다시 말해 활력이 불어넣어진 것으로 〔있는 것처럼 생각하기도 한다.〕 그러나 실체들은 중성적이며 중화된 상태다. 처음에 그것들은 물의 분해〔전해〕를 통해 그 자체로 활력을 띠게 된다. 실체들은 그 자체로 분리되며 상호 긴장관계를 형성한다. 〔여기서 실체의〕 현실적인 정립 과정은 형태 일반의 분해 과정이고, 열과 대립자들의 정립이며, 화학적 계기로서 활력을 띠게 된다. 물이 **그 자체로** 관련을 **맺는** 그러한 것과 자신을 통합하기 위해서는, 물은 불에 타고 활력을 띠어야 한다. 즉, 소질이나 성향의 친화성(affinité prédisposante)이 〔있어야 하는 것이다.〕 아마도 물은 중화된 산이나 염기로서 이러한 작용을 할 수 있을 것이다. 여기에는 화학적으로 차이나는 것들의 연관이 이제 겨우 **즉자적으로**만 현전할 뿐이다. 다시 말해 〔단적으로〕 **목적**으로 존재하는 것이다. 그러나 이 **즉자는** 이미 존재하는 것이다. 물은 동질의 액체이며, 모든 것은 분해〔용해〕되고, 이렇게 〔물 속에〕 용해됨으로써 모든 것은 그렇게 활력을 띠게 된다. 곧 새로우면서 중성적인 성질을 띠는 것은 분리되어, 이미 **즉자적으로** 존재했던 것보다 더 아래로 침전한다. 그러나 그것〔중석적인 것〕은 즉자적으로 이미 존재한

F101

H97

것에 따라서 분화될 뿐만 아니라, 분해된 무관한 통일 상태로부터 출현하는 것이기도 하다. 스스로를 분화하면서 자신으로부터 나타나는 〔뚜렷한〕 특징의 극단들을 표현해주는 것이 바로 이 통일 상태다. 다시 말해, 이 통일 상태는 그것들〔대립하는 실체들〕을 한편으로는 질적으로 양 극단으로 분리하지만, 그렇다고 순수한 상태로 그렇게 하는 것은 아니고 혼합된 상태로 분리한다. 그렇게 해서 양 극단에는 중성적인 것과 분리된 대립적 계기가 여전히 존재하게 되는 것이다.

　*출현하는 불꽃은 보편적 매체이며, 용해의 매질이다. 〔여기서 용해는〕 물리적 물체가 녹는 것을 말한다. 물체의 보편적 본질은 더 이상 단순히 형식적인 과정이 아니며, 오히려 분리와 통합의 대립적 운동,** 즉 환원과 산화의 운동 과정이며, 〔이 과정은〕 중성적인 산물을 만드는 과정이 아니다. 그 계기들은 α) 〔첫째〕 순수 용해, 안정적인 분해과정이다 (〔이렇게 해서〕 동종의 것(Alliage)〔이 생겨난다〕).*** β) 〔둘째,〕 불은 공기와 접촉하여 화학적으로 차이 나는 물질을 낳는다. 또한 용해된 것들은 그 자체로 화학적 차이들의 직접적 통일체들이라고 할 수 있다. 여기서 화학적 차이를 띠는 상태로 분리되어, 〔물질은〕 산화되고 염기화된다. 〔그렇게 해서 만들어지는 것이〕 금속산화물들이나 석회의 염기화이다. 동시에 활력적인 상태가 약화되고 사라지면서 상호 무관한 것으로 구성되며, 그렇게 하기 위해 형태의 차이를 이용한다. 〔이렇게 해서〕 유황과 수은

F102

H98

---

　* 불의 과정.
　　〔역주〕 호프마이스터 판에서는 이 부분부터 앞의 'α)' 다음 항목으로 잡고 그 제목을 '불의 과정(Feuerprozeß)'이라고 붙이고 있다.
　** 불과 물의 통일 중성의 상태는 곧 차이를 만드는 과정이다.
　*** α) 차이 나는 것〔으로〕 그리고 β) 순수하고 옹골차며 상호 무관한 상태로, 물리적 물체는 분해된다.

은 정화되며, 이것들이 결합되어 있는 금속과 분리되면서 동시에 탄산(炭酸)을 만들어낸다. 물체는 단순한 긴장[팽창]상태, 화학적 차이 그리고 형태화의 형식이라는 계기들을 두루 거친다. 불의 과정은 그편에서 보면 본래 이렇게 순수하고 옹골차지만 그렇다고 중성적인 것은 아니며 두 개의 중성적인 산물을 산출하는 것도 아니다. 오히려 불의 과정은 순수한 차이의 과정이며, 또는 한쪽의 분화와 다른 쪽의 환원의 과정이다.

불의 과정처럼 물에서[*] α) [우선적으로] 하나의 계기가 되는 것은 소질적인 친화력이다. 다시 말해, 서로 화학적 관계를 맺는 것과 같은 그러한 측면들은 그들이 결합되는 형식이 더 높거나 더 적거나 관계없이 그러한 형식에 따라 현존하지는 않는다는 것이다. 그러나 **그러한 측면들의 친화성이 어떠하든 상관없이** 그들은 그러한 친화성을 갖추게 된다. 질산연(窒酸鉛, Bleisalpeter)은 약하게 산화된 산화물을 함유하고 붉은 산화연으로 존재한다. 따라서 여기서는 붉은 산화연의 상태보다 좀 더 탈산화된 [환원된] 산화연의 상태가 **그 자체로** 드러나게 된다. 6/7은 질산에 의해 용해되고, 산소의 나머지 0.09는 나머지 붉은 산화연과 합쳐지면서 산화연을 과산화물로 만들고,[**] 질산에 용해될 수 없는 산화물을 보여준다. 따라서 일부는 산화의 단계 근처로 되돌아가고, 다른 부분은 더 상승된다. β) 두 번째 계기는 근원적인 관계에 의해 규정된 이러한 분할이다. 그러나 여기서 관계는 관계 맺는 것이 친화적 관계를 맺기 위해 준비하도록 하는 그러한 특정한 친화성만은 아니다. 오히려 여기서는 근원적으로 규정된 것이 형성되면서 동시에 지양된다.[***] 그것은 자신의 보편적 통일성 F103

---

[*] α) 목적[이라는 것은] 처음에는 **즉자적으로** 연관이며 친화성이다.

[**] 당(糖, Zucker)이 있는 황산

[***] α) 즉자는 원소인 보편자에 의해 변화된다.

에 의해 분해될 수 있을 뿐이다. 순전히 질적인 연관은 〔단순한〕 공통점으로 전락하며 양적인 〔연관〕으로 전락해버린다. **우선 먼저** 그러한 연관은 용해의 매질, 온도 그리고 물에 의해 규정된다. 양자는 단순한 관성적인〔완만한〕 매개물〔매체〕들로서 앞서 잘 고찰된 바가 있다. 이것은 두 사람이 함께 서로 말을 할 때 공기가 아무 영향을 미치지 않는 것과 같다. 그러나 온도는 이렇게 형식적으로 화학의 성질을 띠는 것이기 때문에, 온도의 구분은 한편으로는 형태화, 응집 또는 탄력적인 액체의 구별이다. 여기서 액체상태는 화학적 연관을 거역하거나, 또는 액체상태에서 연관된 것들은 화학적으로 차이가 나는 것들로 정립되지 않는다. 형태는 화학론에 대해 무관한 것으로서, 열의 계기를 관통하여 진행된다. 그리고 여기서 이 열의 계기는 화학적 과정에서 정립되어 있는 것이면서 동시에 대자적으로 작용을 미치는 것이기도 하다. 열에 의해 각기 다른 온도에서 용해가 더 어렵거나 쉽게, 더 빠르거나 느리게 일어날 뿐만 아니라, 또한 열에 의해 친화성이 변하기도 한다. 그리고 동시에 이 관계는 물체의 본성을 이룬다. 열은 형태로부터 화학적 차이로의 이행과 동시에 화학적 차이로부터 형태로의 이행을 〔가능하게 한다〕. 따라서 열은 〔화학적〕 과정에게 유리할 수도 있고 그렇지 않을 수도 있으며, 열의 변화는 이 과정을 방해할 수도 있다.

더구나* 물은 보편적이며 물리적인 원소로서 모두 각자 자신의 활력을 물로부터 취하기도 하고, 타자에 의해 각 원소에 활력이 정립되기도 한다. 추리는 그 자신이 타자를 통해 매개된 연관이며, 모두는 매개항〔중간〕(Mitte)이 된다. 용해 매질로서 물은 본질적으로 〔화학적〕 과정 속에

---

* β) 〔이것은〕 **추리들**〔로서,〕 각자는 전체의 **매개**를 통해 타자와 연관을 맺는다.

있다. 물 없이 농축된 산은 금속을 부식시키지 않는다. 중성의 비스무트〔창연(蒼鉛), Wismut)의 용해상태는 물에 의해 분해된다.

그러나 여기서 주요점은 α) 〔첫째,〕 중성의 산물들에서 분리가 발생하고, 또 이 분리는 통일성에 의해 규정된다는 것이다. 〔여기서〕 이 분리는 스스로 중성화하는 계기들의 상이한 내용을 갖춘 산물에서 발생하는 분리다. 산이 두 개의 염기들과 연관을 맺을 때, 산은 이 기체들에서 분할 된다.* 이 기체들은 친화성의 측면에서는 상이하지만, 하나의 기체가 모든 산 자체를 수용하는 것이 아니라, 스스로 산으로 분할되는 것이다. β) 〔둘째,〕 여기서는 동시에 예를 들어 황산수은과 같은 동질의 용해상태는 한 가지 염류가 아니라 다양한 종류의 염류들을 보여준다. 이러한 염류들은 물에 용해되지 않은 상태로 용해가능한 것을 관통하여 비결정화된 마그마가 된다. 이미 이전에 납에 대해 다음과 같이 상술한 바가 있다. 즉, "질산 용액은 질산납과 황(黃) 산화물로 분리된다. 나는 물을 부어 채워서 납으로부터 환원상태〔탈산화상태〕를 유지하였고, 〔그렇게 하자〕 질산염이 밝은 빛을 내고, 처음에는 순수한 산소 가스가, 그 다음에는 질산 가스가 그리고 마지막에는 질소 가스가 나왔다. 그리고 증류기에는 칼리만 남게 된다." 〔이처럼〕 분리 일반은 친화성에 의해 규정되지 않으며, 다시 말해 분리 그 자체가 아니라 용해에 내재한 통일성의 자유로운 분할〔이라고 할 수 있다〕.

용해 매질은 화학적 중성물로서, 물리적 중성에 의해 극복되며, 〔화학적〕 과정의 끝에서 분리 배출된다.

F104

H100

---

* 화학적 질량에 따라서, 다시 말해 각자가 포화상태에 이르기 위해 필요로 하는 그러한 양에 따라서

δ) 불의 과정은 산과 칼리 그리고 〔산이나 칼리와는〕 무관한 금속으로 나뉘었다. 불의 과정은 중성의 과정이다.* 그러나 자체 내로 반성된 금속 성은 동시에 그 〔불의〕 과정을 무관하며 상이한 상태로 지닌다. 또는 자 체 내로 반성된 중성적인 것은 단순한 순수성이다.** 그것들은 단순히 순 수한 상태에서 과정의 차이를 지니므로, 여기서 과정은 유기체의 모습을 〔형성한다〕. 그것들은 자립적이지만, 중성적이지도 가연성을 띠지도 않

F105   으며, 오히려 단순한 상태로 복귀한 것들이다. 그러나*** 중성의 상태는 이 러한 방식으로 그것들 외부에 속하게 된다. 즉 그것들은 물로서 중성의 상 태를 필요로 하며 충분히 이것을 통해 과정을 드러낼 수 있다. 〔이것이〕 **갈바니식 과정**〔이다〕.[31] 이 과정은 단순히 전기적 과정도 아니고, 그렇다

---

  * 양자의 **동등한 방식**으로
 ** 중성의 성질은 지양되며, 〔그〕 규정〔은〕 과정의 통일성*에 의해 〔성립된다.〕 중성의
    성질, 상호 무관한 원소.
    〔*옆에〕 **환원(Reduktion)**
*** α) 두 가지 상호 무관한 것들, 그것들의 액체 상태〔는〕 **그 자체**로 상이하다. 그들의 직
    접적인 액체 상태는 중성적이며 물리적인 물체를 지양하는 것이다. 그것들은 단지
    즉자적으로만 중성적이어서, 더 이상 물리적으로 중성적이지는 않다. 중성의 성질은
    즉자의 현존으로서 그것들의 매개항이다. 그러나 그것은 더 이상 단순히 물이 아니
    며, 오히려 중성적인 물리적 물체가 그들의 기초(Element)로 등장한다. 왜냐하면 이
    러한 물체는 자체 내로 되돌아간 상태이기 때문이다. 또한 형태가 생겨나게 되었고,
    형태는 보편자이며, **그 스스로 과정**이기도 하며, 그 자체에 불을 지니고 있기도 하
    다. 이는 중성적 과정과 유사하나 그러나 (단순히 열로서가 아니라) 그 **현실의 상태**
    에서 〔진행된다.〕

∴

31) 호프마이스터 판에는 이 '갈바니식 과정'에 'c.'를 표시하고 이것을 이후의 소제목으로
    표시하고 있으나, 펠릭스 마이너 판에는 그러한 표시가 없다. 갈바니(Galvani, Luigi,
    1737-1798)는 신경충격의 전기적 성질을 발견하여 볼타 전지 발명에 도움을 주었
    으며, 신경생리학 등에도 영향을 미친 이탈리아의 과학자이다. 여러 종류의 다른 전

고 화학적 과정 일반도 아니다. 그래서 여타의 것들이 **본래** 갈바니식이 될 수도 있다. 갈바니식 과정은 화학적 과정의 실존이 지니는 하나의 특수한 방식이다. 보통 사람들이 이것을 갈바니식이라고 부르려고 하지만, 이 명칭은 그렇게 필요한 것이 아니다. α) 거기에는 상이하기는〔분리되기는〕하지만 차이 나지 않는 금속들이 있다. 여기서 차이(Differenz)는 단지 상이성(Verschiedenheit)으로만 현존한다는 점이 하나의 본질적인 계기가 되고 있다.* 그것들은 물의 중성의 성질을 통해 연관된다. 〔물론 이 경우〕물이 그냥 물이거나** 아니면 소금물일 수도 있다. 양자는 단지 이러한 관점에서만 고려된다. 전기적 관계를 맺게 되는 첫 번째와 두 번째의 종들의 서열을 구별하는 일은 여기서는 별로 의미가 없다.*** 순수한 순정의 상태가 자체 내로 반성되는 형식으로 인해 그것들이 하나의 직접적이며 절대적인 전달〔분유〕(Mitteilung)과 연관을 맺게 된다. 그것들 간의 접촉은 이같은 액체상태를 통해 그것들 간의 긴장상태〔전압〕를 조성하는데, 이러한 일이 중성적인 것에서는 발생하지 않는다. 왜냐하면 중성적인 것은 이렇게 완전히 자기동등적인 액체상태의 형식을 지니지 않기 때문이다. 그러나 〔그것들이 맺는〕 연관은 이제 겨우 긴장상태나 고무된 전

---

 * 증류수는 전혀 작용을 하지 않는가?
 ** 감염(Infektion), 액체 상태, 금속의 전달〔분할〕, 수은에서 주석 원자는 기압계의 시도(示度)를 변하게 한다. 그것이 지닌 비중, 몇몇의 계기들, 탄진(炭塵) 등〔을 이용하면〕 쇠를 강철로 충분히 바꿀 수 있다.
 *** 갈바니식의 과정은 비화학적 과정이다.

∴ 도체가 직렬로 연결되어, 그중 적어도 한 개는 전해질이나 그 용액이 되고 양끝의 화학적 조성이 같은 계(系)로 되는 전지를 그의 이름을 따서 보통 '갈바니 전지'라고 부른다.

기적 성질을 띨 뿐이라서, 아직까지 현존하지도 않으며 여전히 감지할 수
도 없는 것이다.

F106 　산과 물처럼 두 액체들이 서로 중첩되어 접촉한다고 해서, 이 액체들
이 경계를 짓지 않은 채 혼합되지는 않는다. 분리된 이들의 액체상태에
의해 이들은 동일한 **긴장상태[전압]**를 유지하며 갈바니식 과정과 동일한
조건을 이루게 된다.

　이러한 전압[긴장상태]은 다른 쪽에 의해 **매개된** 또 다른 한쪽의 **직접
성**을 차이 나게 부정적으로 정립한다. 그러나 이 긴장상태는 [이제] 현
존할 수 있어야 한다. 실체 없는 현존은 전기적 성질이며, 물체에 표면적
으로만 접촉하는 전압[긴장상태]이다. 여기서 전압[긴장 상태]은 그 자
체로 과정이 아니며 물체로서 과정에서 출현하는 것도 아니기 때문에 형
태에 속하는 것이다. 따라서 모든 과정에서 발생하는 전기는 오직* 갈바
니식 과정에서만 더 강하다. 왜냐하면 갈바니식 과정에서는 어떤 측면
들이 지니는 독립성이 주요 계기가 되기 때문이다.** [예를 들어,] 온전한
H102 [하나의] 전지(電池)는 **단 하나의 전기적 성질**을 띤다. 이 전압은 물, **기체,**
F107 **존립** 또는 중성적 물체를 통해 현존하게 된다.*** [이것이] 용해된 것의 기

---

　* 중성적 물체의 어떤 친화성도 [존재하지 않는다.] **식염(食鹽), 이것은 비화학적 과정이다.**
　** 연쇄의 완결, 모든 것의 직접적인 접촉과 동시에 매개된 접촉
　*** β) [여기서] 두번째* 추리 그것도 분할된 추리가 [등장한다.] 각자는 매개항(**차이 나
　　 는 또 다른 것**)에 의해 정립되며, 다른 것이 근거가 된다. 이를 통해 각자는 차이 나는
　　 것으로 **현존**하게 된다. 이것은 그것의 존재 속에 부정이 정립되는 것과 [같다]. α [우
　　 선,] 각자는 **즉자적**이며 보편자이다. β [그 다음으로 각자는] 그 자신과** 자신에 대
　　 립하는 개체성 사이의 통일이다. γ) [마지막으로, 각자는] 낯선 것인 타자와 차이 나
　　 게 연관을 맺는다. [이것이] 윈터(Winterl)의 추리다. 이 추리에서 각 항은 자신과
　　 타자를 차이 나게 정립한다. 화학적 차이처럼.

초이자 보편적 개념[이라고 할 수 있다.] 금속들은 **즉자적으로는** 물이다. [여기서] 이 **즉자**라는 것은 물에서 자신의 현존을 지닌다는 말이다. 그래서 금속들은 자신들의 상이함을 물 속의 현존재로 정립하며, 그렇게 하는 데 물을 이용한다. 그렇다고 [물이 금속들에게] 단지 외적인 것만은 아니며, 오히려 [물은 금속들의] **기체**(Substanz)라고 할 수 있다. 어떤 한 쪽이 환원되거나 수소를 함유하게 되면, 다른 쪽은 산화된다.* 이러한 화학적 대립은 기체의 한 방식으로서 순전히 독립적으로 현존한다. 왜냐하면 현존은 동시에 부가되는 것이기 때문이다. [이렇게 해서] 산소 가스와 수소 가스가 [발생하게 된다]. 그리고 그 작용은 아주 오래 지속된다. 왜냐하면 양측은 서로 독립적이며 그들 간의 상이성이 지속되면서 무뎌지지[중화되지] 않기 때문이다.**

갈바니식 과정은 유기적 과정의 모습을 띤다. 그러나 갈바니식 과정은 그 자체로 그러한 것[유기적 과정]은 아니다.*** 이 과정은 여전히 다른 측면과도 관련되어 있다. 이 과정은 불로서, [이 불의 과정은] 물리적이며 독립적인 물체로부터 자기 스스로 그 자체에 자아를 산출해낸다. 그러나

[* 옆에 그림]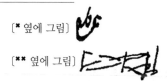

[** 옆에 그림]

* 불, 화염, 연소가능성. 구별된 계기들이 지닌 순수성을 각자가 독립적으로 드러내면서 또한 각자는 총체적 상태로 정립되어 있다.
** γ) **열, 부정적 통일**, 불이 출현한다. 화학적 계기들[은] 산소 가스와 수소 가스[이다]. [여기서는] 중성의 상태가 지양되고, [독립적인] 자아, 자유로운 불이 산출된다. [바로 이것이] 물리적 물체다. [여기서] 중성적인 상호 무관한 존립은 붕괴되며, 더구나 물체로서 [등장하게 된다.] 불은 **본질적으로 전기적이며** 계속 이어지는 [것이다].
*** 분리되지 않는 통일성 속에 **보편성**과 **자아**, 형태와 불[이 있다].

α)* 두 물체들은 서로 분리되어 자신의 독립성을 지닌다. [그러나] 이 두 물체들은 물에서처럼 함께 서로에게 와닿아야 하며, 이 둘의 결합[이 가능해야 한다]. 그러나 이렇게 단순하며 형식적인 [두 물체들의] 결합과정을 통해서 [동시에] 자아 그 자체도 정립되는 것이다. [여기서] 자아는 양자의 접근과정을 통해 결과되는 단적으로 형식적인 것이지, 더 이상 마찰이나 불에 의해 부가되는 자아의 형식적인 면이 아니다. 양 측면들은 독립적이며, 완전히 자체 내로 반성된 상이함[이라고 할 수 있다]. 또한 이 양자의 연관은 동시에 이 양자의 **보편성**이자 이 양자의 해체[용해] 그

자체이다. 그리고 현존하면서 차이 나는 이 양자의 연관은 이 양자가 그 자체로 존재하는 바의 현실성이다. 즉 이 양자가 맺는 연관은 이 양자의 **기초[원소]**이자 보편적 개념으로 존재하는 것이 아니라, 오히려 자아, 주체, 참된 실체로 존재한다.[32]

---

* α) 어떤 측면들이 지니는 **자유로운** 독립성. β) 중성적인 물체의 지양.

∴

32) 동일한 Subjekt라는 용어가 이 이전 단계에서는 '기체' 또는 '실체'라는 의미를 지니며, '유기체', 특히 이후의 '동물적 유기체'에서부터 비로소 '주체'로 번역될 수 있다. 왜냐하면 유기체에서 비로소 자아(Selbst)라는 것을 말할 수 있기 때문이다. 하지만, 헤겔에 의하면 정신철학 이전 단계에서는 여전히 이 자아는 보편적 자아일 뿐 개별적 자아는 아니다.

Ⅲ.
유기체*

〔지금까지〕 빛으로서 보편적 현재와 현실은 물리적 물체의 모든 계기들을 거쳐왔다. 〔이제〕 물체는 **살아 있는 것**(lebendiges)이다. 그러나 그렇다고 영혼을 갖춘 것은 아니다. 여기에는 하나의 **보편적** 자아가 있다. 하지만 이 자아는 아직까지 개별적인 자아는 아니며, 여전히 공간〔의 제약을 받는〕 보편적인 유기체다. 〔이것은〕 즉자대자적인 존재, 자신의 모든 계기들의 단순한 실체〔라고 할 수 있으며,〕 동일한 이유로 이 계기들은 스스로를 지양하기 때문에 존립하는 자립적 **즉자존재**로 **존립한다**. 이 계기들은 현실적이며 자유로운 부분들이지만, 합목적적인 부분들로서, 오직 전체의 개념을 통해서만 규정되고 그 개념 속에 머문다. 그리고 이 전체의 개념 속에서 형식과 실체는 더 이상 분리되지 않는다. **개별적 물체**   H104

---

* 이전에 진행된 것을 반성〔해보면 다음과 같다〕. α) 〔첫째,〕 물리적인 것 속에서 **역학적인 것**과 **화학적인 것**을 반복〔하였다〕. 그리고 기초〔원소〕에서는 **존재와 자아 그 자신**의 **반성적** 운동〔이 있었다〕. β) 〔둘째,〕 어떻게 물리화학적인 것이 형태로 복귀되는가〔?〕 ─과정이 **단순한 순수성**을 한편에 정립하였고 **중성적인 것**을 지양하였으며 동시에 순수한 것을 중성적인 것으로 만들었다는 점에서 〔그러하다〕. γ) 〔셋째, 물리화학적인 것이〕 지금까지 전개된 것의 **실체**이며, 그같은 것을 **진행시켜왔다.** 그것은 그 자체로 **현존하며**, 개별적인 기관들은 하나의 주체에서 〔현존한다〕. **물리적인 독립성**은 해체되어〔버렸다.〕

들은 현실적인 주체들[기체들]이지만, [아직은] 그들 자체에 온전하게 형식을 지니고 있지 못한 상태다. **오히려 개별적 물체들의 계기들 중 일부는 이 물체들 외부에** 속하기도 한다. 유기체는 이미 자신이 **현실적으로** 존재하는 바 **그 자체로** 존재한다. 여기에는 유기체의 **생성**의 운동이 있다. 그러나 결과인 것은 또한 선행하는 것이기도 하다.[1] 지금까지 바로 이것이 우리가 인식한 바다. 물리적 물체는 **그 자체로** 존재하며, 무게와 열의 통일체다. 바로 이같은 것이 물리적 물체가 되며, 이러한 생성이 물체의 현실성 자체다. 물리적 물체 그 자체인 바가 동시에 생성이며, 물체 **그 자체**인 바는 이 물체의 현실 배후에, 현실 너머에 존립한다. 또한 여기에는 물체의 **속성들**, 보편적이며 지양된 계기들이 있고, 이러한 것들의 기체가 바로 이 물체인 것이다. 물체의 보편성이 규정의 상태를 거쳐 개별성으로 복귀하며, 동시에 개별성이 다시 보편성으로 복귀하는 일종의 추리(Schluß)가 여기에는[유기체에는] 있다. 여기서 개별성은 [보편성과 규정성이라는] 양 항들의 통일이다. **보편성으로부터 개별성에 이르는 운동은 빛이 투과된 결정체로서 물리적 물체가 생성되는 과정이었다.** 또 다른 생성과정은 물리적 물체가 **유기체가 되는 생성과정**이다. 앞의 생성은 물리적 물체 속에서, 부분들이나 계기들이 전체를 산출하는 방향으로 진행된다. 왜냐하면 [이 경우에는] 부분들이 보편자이기 때문이다. 즉 여기서 보편자는 물체의 비유기적 자연이고, 비유기적 자연이 물체를 **자극한다.** 그렇다고 비유기적 자연이 물체에게 작용을 가하는 것은 아니다. 만일 그렇다면 물체가 수동적인 것이 되어버릴 것이다. 그러나 [실제로는]

..

1) 원문은 'Aber was das Resultat ist, ist auch das Vorhergehende'이다. 이것은 유기체의 목적론적 성격을 단적으로 드러내주는 언급이라고 할 수 있다.

그렇지 않고 오히려 비유기적 자연이 수동적인 것이며, 이에 비해 물체는 활동적인 것이다. 그렇다고 비유기적 자연이 순전히 부정적인 반응만을 보이는 것은 아니다. 동시에 비유기적 자연은 물체 자체 속에서 비유기적 자연 자신을 지양하기도 한다. 만일 타자가 그 자체로 이미 이렇게 작용이 가해질 수 있는 것이 아니라고 한다면, 어떤 것이 이 타자에게 작용을 가할 수는 없다. 따라서 자극(Erregung)은 유기체가 자기 고유의 방식으로 반응한 형식적인 충동자극(Reiz), 즉 단순한 동인(Anstoß)이라고 할 수는 없다. 오히려 그 자신 스스로 유기체로 이행하고 유기체가 되는 것은 바로 기체[실체]이다. 두 개의 실체들이 있고, 실체 각자는 다른 실체와 동일한 **즉자**이므로, 다시 말해 [여기에는] **하나의** 실체만 [있는 것이나 다름이 없으나], 현실적인 면은 두 개인 것이다. 그렇기 때문에 앞서 애기한 이행은 다만 형식적일 뿐이다. 유기체는 자아이고 힘이며, 자기 자신과 자신의 부정태의 통일이다. 유기체는 이러한 통일일 경우에만 자신의 부정태를 통제할 수 있는 힘을 지니게 되며, 이때 [유기체와 그의 부정태 사이의] 연관은 **즉자적으로** 존재하는 바를 **현실화**한다. 따라서 이 둘은 동일한 본질이나 마찬가지기 때문에, 앞서 말한 이행은 형식적이다. 그러나 여기서 이행은 타자가 낯선 것으로 계속 남고 이 타자를 자극만 하는 그러한 것이 아니다. 만일 이럴 경우 이 낯선 것은 자신의 실체에 의해 유기체 내로 들어오지 못할 것이며, 고유의 실체를 독자적으로 고수하지도 못할 것이다. H105

비유기체도 유기체에서 자기 자신으로 복귀하여 **하나의 자아**가 된다. 그러나 이 개별성은 동시에 여기서 그 자체로 보편자이기도 하다. 즉 개별성의 자기 유지는 보편자의 자기 지양이다. 이렇게 함으로써 개별성은 존재하게 되지만, 그러나 이 개별성은 분열과 실재의 상태로 이행하며 스스로 지양된 개별자가 된다. 잎 등은 나무를 산출하지만, [도리어] 나무는 [잎과 같은] 이 자신의 부분들을 산출한다. [여기서] 나무의 부분들은 이미 **존재하는** 어떤 것을 만들어내는 것이다. 왜냐하면 이 부분들은 지양된 것인 나무와 연관을 맺기 때문이다. 그리고 나무도 마찬가지로 [나무] 자신만을 산출한다. [이렇게 해서] 나무의 작용은 자체 내로 반성된다. 시작은 끝인 바와 동일하다.[2]

[3]따라서 이 보편적 삶, 대지는 기반들[원소들]로서 살아 있는 부분들을 지니며, 이 보편적 삶은 자신의 비유기적 자연을 지닌다. 여기에는 자유로운 독립자들로, 태양과 혜성 그리고 달도 있다. 그러나 참된 상태에서 보면, 공기의 요소들은 대기로, 물의 요소들은 대양으로, 이에 비해 불의 요소들은 기름지고 분해된 대지로, [대지를] 비옥하게 만드는 태양으로 나누어진다. 이들의 삶은 대기와 대양의 과정이며, 이 과정에서 대지는 부분들을 산출해내서, 각자의 삶은 대자적으로 자기 고유의 삶이 되며 동시에 그러한 과정만을 구성한다. 여기서 **화학적인 것**은 그 절대적 의미를 상실해버린다. 이제 화학적인 것은 단지 하나의 계기일 뿐이며, 자립적인 상태로 반성되고, 주체 하에 결속되고 소멸된 상태로 고수된다. 각자는 자신의 실체를 통해서 스스로 자유로운 주체로서 타자와 연관을 맺는다.

유기적 대지가 **형태화되는 과정**은 이 대지의 유기적 삶의 현존 방식들

..

2) 여기서 헤겔이 '나무의 예'를 통해 유기체의 특징을 설명하고 있는 점에서, 우리는 헤겔이 칸트의 『판단력 비판』의 '목적론적 판단력 비판' 부분을 고려하고 있음을 알 수 있다. 칸트는 이미 『판단력 비판』에서 개별자로서의 나무와 유로서의 나무, 나무 전체와 그 나무를 구성하는 부분들 그리고 나무가 자신을 유지하고 성장시키는 과정이라는 세 가지 측면에서 그 목적론적 특징을 제시한 바 있다.(KU, 286-288 참조)

3) 호프마이스터 판에는 이 부분에 'I. 광물학적 유기체(Mineralogischer Organismus)'라는 제목이 붙어 있다. 그러나 본래 원고에는 이 제목이 없다.

을 포함한다. 이러한 유기적 삶으로서 살아 있는 비옥한 토지가 있다. 유기적 삶은 영향을 미치는 태양을 대지에서 지상의 불로 포함하고 있는 삶 일반이다. 그러나 그의 첫 번째 규정된 **삶**은 대기(大氣)다. 순수 운동이자 이념적 실체로서 대기는 천계(天界)의 삶을 자신 속에 지니고 있다. 대기의 변화는 천상의 운동과 일치한다. 그러나 대기는 이 운동을 그 요소 속에 물질화하여 보여준다. 대기는 분해되고, 순수하게 팽창된 대지로서, 무게와 열 사이의 관계라고 할 수 있다. 대기는 해와 달 그리고 날의 주기(週期)들을 계속 거쳐나가면서, 이 주기들을 열과 무게의 변화들로 표 H106 출한다. 이 주기적 변화는 다시 분리된다. 이 [주기적] 변화에서는 축회전 운동이 압도적인 것이고, 낮의 주기가 우위를 차지한다. 즉, 매일의 기압계의 시도(示度)의 변화와 날마다 일어나는 썰물과 밀물이 그러하다. 그러나 한해 안에서[일년 단위로] 보면 이러한 관계는 분리되지 않으며, 우리가 보는 것과는 반대의 상황이 일어난다. 여기서는 매일의 썰물과 밀물은 거의 감지될 수가 없고, 변화의 모든 시간은 달과 더 밀접하게 연관된다.

무게는 내적인 무게이며 탄성이고 압력으로 존재하지만, 본질적으로 F111 **비중**의 변화라고 할 수 있다. [이 변화는] 비중의 운동이자 비등(沸騰)으로서, 온도 변화와 일치한다. 그러나 이 온도 변화는 보통의 빛 온도라는 대립적인 의미를 지니고 있다. 전자는 분리 배출된 열이지만, 후자는 빛을 통과해 자유롭게 출현하는 열이다. 후자는 대체로 공기의 청명함이나 공기의 순수한 탄성, 높은 기압계의 시도(示度)를 보여주는 반면에, 전자는 형태화에 속하는 것으로, 탄성을 띠는 것이 비나 눈으로 바뀔 경우 현존한다.*

이 추상적인 계기들은 공기에서 자신 속으로 복귀한다. 이때 천상의

---

* 절대적 과정의 지속적인 현실성이 반복되거나 존재한다.

운동은 이 계기들에서 **물질화되며**, 동시에 **다른** 측면인 대양과 대지에서 이 계기들에 간섭하면서 이 계기들 속으로 발산된다. 이것은 과정 없는 직접적인 이행 운동이라고 할 수 있다. 공기는 이 운동에서 양자를 개체로 만든다. 즉 한편으로 보편적인 대기의 과정으로 만들어, 이 과정에서 공기는 자신의 최고의 독자성과 더불어 냄새〔후각〕에서 물과 대지가 지양되는 상태가 되며 그리고 공기 고유의 물 속으로의 방출과 이행과정이 된다. 다른 한편으로는 지나가버리는 혜성과 유성으로서, 또 다른 한편으로는 그들이 산출한 대지와 대기의 여러 가지 성분들로 그리고 동물의 신체에 대해 유독한 바람과 독기(毒氣)와 식물에서 나오는 단물이나 곰팡이로, 동물의 호흡과 식물의 호흡으로 〔공기는 방출되고 이행한다〕.*

H107 　　그러나 중성의 대지, **대양**은 썰물과 밀물의 운동이자, 해와 달의 운동, 대지의 형태의 운동과 함께 정립된다. 공기가 대지로부터 팽창되어 보편적 원소가 되듯이, 대양도 자신의 중성상태를 취한다. 대지는 공기에 비해서 대양으로 발산되지만, 대양에 비해서 대지는 결정체가 된다. 여기서 결정체는 액상의 흐름에 모여드는 세류(細流)들에서 불필요한 물을 자신으로부터 방출해버린다. 그러나 이것은 추상적인 중성의 상태이며, 민물이고, 대양은 물리적인 중성의 상태다. 대지의 결정체는 이러한 물리적 중성의 상태로 이행한다. 외적으로 표상해보면 스며나오는 것(ein

---

* 쓴맛〔뿐만 아니라〕, 그 밖에 아스팔트* 성분에 귀속되는 Gr. 807.
　〔*위에〕 고토(苦土, Bittererde)
　[역주] 호프마이스터는 여기서 Gr.을 헤겔이 그렌(Gren)이라는 과학자를 표시한 것으로 판단하였으나, 펠릭스 마이너 판의 편집자에 의하면 이 판단은 확실하지 않다. 그러나 적어도 우리는 여기서 헤겔이 쓴맛을 아스팔트 성분에 속한다고 주장한 어떤 과학자를 염두에 두고 있다는 점만은 확실히 알 수 있다.

Durchsickern)이라고 할 수 있는 세류(細流)들의 원천은, 다른 측면에서는 화산들과 뜨거운 세류들〔온천들〕처럼 역학적〔기계적〕이며 아주 피상적인 표상이라고 할 수 있다.*

우리는 도처에서 항상 습기를 분리 배출하는 여러 지대들을, 특히 사암층(砂巖層, Sandsteinlager)을 볼 수 있다. 대양 자체는 공기보다 더 고차적인 생명성을 띤다. 〔대양은〕 혹독하고〔쓰고〕 중성 상태이며 분해되는 성질을 띠는 기체〔주체〕다. 항상 도약할 상태에 있는 생동적인 과정은 삶 속에서 저지되고 발아되어야 한다. 왜냐하면 삶은 이러한 과정의 모든 계기들, 즉 주체의 한 점, 중성의 상태 그리고 주체가 중성의 상태로 해체되는 과정까지 이 모든 것들을 포괄하기 때문이다. 따라서 삶은 인광을 발하는 빛으로 거리낌 없이 분출된다. 〔그런데 아직 이 삶은〕 단순한 통일로 총괄되면서도, 동시에 자체 내로 반성된 완전한 통일로 총괄되는 피상적인 삶이다. 또한 순전히 생동적인 점들과 작은 동물과 같은 것들로 이루어진 빛의 바다와도 같다. 이같은 생명체들은 밖으로 끄집어내지면 곧바로 사멸하고 빛나기를 중단하기도 한다. 이러한 상황은 물이 〔아교와 같은 성질을 띠는〕 교질물(膠質物)로 되는 과정이며, 대양이 적충류(滴蟲類, Infusionstierchen)만으로 채워진 상태와 유사하다.

그러나 대지의 본래적인 삶은, 대지가 **보편적이며 직접적인** 개체라는 사실에 있다.** 이 삶은 대지의 확고한 조직(Gebäude)이기는 하지만, 아직은 자신의 삶을 영혼으로서 지니고 있지는 못 하다. 오히려 이 삶은 보편

---

* 폐, 그것의 발산 및 분비관들 그리고 그것들의 간장, 그것들 자체에서 이렇게 뜨거워지는 과정.
** 자아는 형태의 **상이함**으로서, **모든 부분들**을 **고요하게 펼쳐 진열**하면서 독자성의 계기가 된다.

적 삶으로서, **존재**의 원소[기반]에 내재한 삶이다. 경직된 육체와 이 육체의 분절화처럼 활력이 없는 형태로 자신의 지절들을 펼쳐 보이는 것은 바로 비유기적 대지다. 대지가 물과 땅, 육지와 섬으로 구분되고, 대지가 골짜기와 산맥을 구체적으로 형성하고 결정체를 만드는 것은 순전히 **역학적인[기계적인] 형태화 과정**에 해당한다. 여기서 우리가 말해야 하는 것은 대지가 어떤 장소에서는 **수축**하고, 다른 장소에서는 **팽창**한다는 사실인데, 아직 이 점에 대해서는 아무 얘기도 된 바가 없다. 또한 평지와 산맥의 특징은 **자기를 띠는** 축과 연관될 수 있어서 북서 방향에서 남동쪽을 향하고 있다. 그러나 여기서 자기(Magnetismus)는 대체로 일직선 방향을 취하면서 아주 형식적인 계기로 나타난다. 이 형식적 계기의 힘은 이미 [지구라는] 천구(天球)에 내재되어 있고 더 나아가서는 주체[기체] 속에 은폐되어 있다. 전체 형태화과정을 파악하려면, 확정된 성층(成層)이 있어야만 할 것이다. 그리고 이러한 파악은 대양이나 대양의 조류(潮流)와 비교해도 총괄될 수 없을 것이며, 대지[지구] 자체의 자유로운 운동의 표출과 비교해도 이루어질 수 없을 것이다. 일반적으로 구형에 대립하여 규정하려고 하는 형태는 피라미드형과 관련된다. 앞서 말한 천구[지구] 내에는 다른 측면에서 첨단이 되는 하나의 바탕과 위도(緯度)가 있고, 이 둘은 남쪽을 향해 분열된다. 그러나 불안정하며 회전 운동하는 흐름은 서쪽에서 동쪽을 향하는 방향으로 이러한 형태를 반복하며, 동쪽을 향해 확정된 것을 표출하려고 시도하고, 긴장된 활처럼 동쪽을 향해 부풀어오르고, 서쪽으로는 불룩해지면서 둥글어진다.* 그러나 대체로 대지

---

* 여기서 순결한 대지, **인간의 파라다이스가 발견된다.** 풍부한 식물의 증식, 호랑이, 재규어, 모든 사자, 악어, 커다란 새, 나비, 좀 더 약한 동물들, 인간

는 **오래된 세계와 새로운 세계**라는 두 **부분**으로 **분열**되고, 이들 중 새로운 세계는 아직 도야되지 않은 분열[분리]상태 일반을 드러낸다. 이것을 자석의 방식으로 말하자면 북극과 남극[이라고 할 수 있다]. 자연스러움, 어린아이같은 본성은 뒤에 남겨진다. 그러나 [대지는] 다음과 같은 세 부분들로 완전히 분열된다. 즉, 첫 번째는 **순수한 금속**이며, **의식에 들어오지 않은 둔감한 정신**이다.* 그 다음은 **이탈**(Ausschweifung), 오직 자신으로부터만 거칠게 출산하는 **중심**[매개항], **몰형식적인 산출**이다. 그러나 세 번째는 **의식**이며, **대지**[지구]의 **이성적인 부분**이다.**

    역사는 좀 더 일찍 대지[지구]**에 흘러들었다.** 그러나 이제 역사는 정지상태에 이르렀다. 자체 내에서 들끓으면서 시간을 그 자체에 지니고 있었던 삶, 아직 대립상태에 이르지 않은 땅의 정령(Erdgeist), **잠자는 자**가 깨어나 인간 속에서 자신의 의식을 유지하고, 고요한 형태로서 대립하여 출현하는 그러한 **운동과 꿈**. 단순한 **발생**(Geschehen)과 순차적인 저장만으로는 결코 어떤 것도 개념파악할 수 없으며, 필연성과 개념파악은 완전히 방치되어 버릴 수밖에 없다. 물이나 불에서의 분해는 아주 개별적인 측면들로서, 유기적인 발흥[발효]을 표현하지 못한다. 또한 유기적인 발흥[발효]을 산화와 탈산화과정으로, 탄소와 질소 계열로 파악하는 것은 완전히 피상적인 태도라고 할 수 있다.

    대지[지구]의 물리적 형성과정은, 그 **표면**이 **유기적 중심점**으로 돌출

H109

F114

---

* 인류의 발생, 생성 그리고 파괴

** 형태의 보편적 특성. 대지는 **역사**를 지니는가? **역사는 무엇인가?** 시간*은 인간에 속하며, 이성적이 아닌 것과 대립한다.

  [*옆에] 동시에(Zugleich)라는 것과 함께 [순차적으로 진행되는] **계기적 연속의 형식**

되어 나오는 성질을 띤다.* [이 중심점은] 총체적 성격을 띠는 점으로서, 이 총체적 점이라고 하는 것은 전체를 자신 속에서 통합하면서,** 거기서부터 전체는 와해되기도 하며, 개별적으로 밖으로 산출되면서 전체를 드러내는 것이다. 전자의 수축상태가 밖으로 열리면서, 대지는 계기들이 서로 분리된 상태로 이행한다. 이 중심점들은 일종의 씨앗[중핵]과 같은 것으로서, 껍질과 피질에서 전체를 표현하며, 중심점들은 이것들을 관통하여 그 기초가 되는 보편적 지반 속으로 뻗어나간다.

이러한 형성과정의 **씨앗**[중핵]과 **뿌리**는 단순한 것이 아니며,*** 오히려 형성과정은 **발전 전개된** 총체라고 할 수 있다. 유기적 통일의 실존은 이러한 보편적 개체성으로 존재할 수 있다. 다시 말해, 단순한 자아의 형식으로가 아니라, 계기들을 서로 분리된 상태로 자신 속에 보유하고 있는 총체의 형식으로 존재할 수 있다. 이 중핵[씨앗]이 바로 **화강암**(花崗巖, Granit)이다. 화강암은 주지하다시피 규석(硅石), 부서지기 쉬운 점성을 지닌 절대적 흙으로 이루어져 있고, **운모**(雲母, Glimmer), 대립으로 전개되는 면, 자신을 펼쳐보이는 점성, 모든 추상의 중핵을 포함하는 가연성의 계기 그리고 마지막으로 **장석**(長石, Feldspat)으로 이루어져 있다. 그리고 앞서 암시되었지만 아직 전개되지 않은 석회의 중성적 성질[을 띤다]. 여기서 상이한 측면들에 따라 발전 전개되는 것은 바로 단순한 **지상의 삼위일체성**(Dreieinigkeit)이다. 그리고 이러한 전개 과정은 두 방향으로 규정된다.

H110

F115

---

* 여기서 순결한 대지, **인간의 파라다이스가 발견된다. 풍부한 식물의 증식, 호랑이, 재규어, 모든 사자, 악어, 커다란 새, 나비, 좀 더 약한 동물들, 인간**
** [대지의] 내부나 아래에는 아무것도 없다. 대지 위에 있지 않은 것은 아무것도 없다 [모든 것이 대지 위해 존재한다].
*** [이것들은] 단순한 자아는 아니다. 계기는 그 자체에서 전개되며, 점, 면, 전체[가 된다.]

그중 하나는* 이 전체가 구별들을 그 자체에 자신의 형식으로 지니면서 상이하게 변형되기는 하지만, 전체는 그 내용상 그대로 유지되는 경우다. 또 다른 경우는, 구별들이 실체를 관통하고 이 실체가 단순한 추상물이 되는 것이다. 전자는 여기서 나타나는 바와 같은 형태화과정이고, 후자는 화학적인 것의 모든 의미를 상실해버리고 단순한 물리적 물체를 형성하는 그러한 구별이다.

화강암 산맥은 편마암(片麻巖), 운모(雲母, Glimmer)가 점토가 되고 각섬석(角閃石)이 생겨나는 시에나 토(土), 운모 편암 등등을 주변에 저장하고 있으며, 가벼운 변종들도 순수하게 저장하고 있다. 그러나 운모는 특히 반암(班岩, Porphyr)에서 도토(陶土)가 된다. 그래서 반암은 이 절대적인 산맥의 경계를 이룬다. 운모는 색깔 있는 금속과 도토(陶土)로 바뀌며, 경사암(硬砂巖)을 형성하는데, 〔이것은〕 금속의 성질을 띤 운모와 같으며, 대체로 화강암 성분들, 즉 반암(班岩), 장석(長石), 규석(硅石), 도토(陶土) 등이 정교하게 섞인 혼합물이다. 바로 그 다음 형태의 변화는 편암(片巖)의 형성으로서, 이것은 단순하게 생겨난 것이면서 중성이 지양된 상태라고 할 수 있다. 특히 철과 아황산의 〔화학적〕 결합〔물〕은 연소가능한 것을 〔화학적〕 결합상태로 표현한다. 그러나 순수한 화성암(火成巖, Trapp)의 형성이나 특히 현무암(玄武巖, Basalt)의 형성에서 연소 가능한 것은 순수하게 발생된 것이다. 화산의 원천은 다음과 같은 진실을 지니고 있다. 즉 화산은 불의 원리에 속하기는 하지만, 그러나 물에 의해서 발생한 것이 아닌 것과 마찬가지로 불에 의해서 발생한 것도 아니다. 또 다른 측면에

H111

---

* α) 외적인 형성과정 β) 총체성의 현존적 계기들의 절멸과 추상으로서의 이 계기들의 분리 배출, β) 상호 무관한 현존으로 분열되고, 퇴적된 토지와, 처음의 것, 기초와 토대도 마찬가지로 〔그렇게 된다.〕

서 전체는 소금〔염류〕 형태로 진행된다. 즉 소금기 있는 대지, 쓴맛에 민감해진 가연성 물질 그리고 사문암(蛇紋巖, Serpentin) 등등의 〔형태로 바뀌면서〕 전체는 여기저기서 불규칙하게 출현하게 된다. 이 연소 가능한 형태는 그 다음 석회를 함유한 형태에 대립한다. 〔여기서 석회를 함유한 형태는〕 금속의 성질이 스며들어 그 자체에 질적인 통일성을 띠며, 따라서 유기적 형성과정으로 완전히 가득차 있는 그러한 것이다.

F116

이 주요 형성과정들은 소위, 지층과 퇴적된 산맥으로 이행하고, 거기서 이 계기들은 거의 순수 대지로 잘려나간 상태로 완전히 분해된 총체적 모습을 보여준다. 즉 물의 원천인 사암층이나, 도토와 찰흙층, 석탄층, 이탄(泥炭)층, 역청 모양의 편암층, 암염층 그리고 마지막으로 석회층과 백회층 등을 보여준다.

그러나 화강암과 화강암에 속하는 것이 추상의 상태로 총괄되면, 이와 반대로 침전되는 금속들은 분리되어 나온다. 부분적으로는 특히 철과 금이 산맥 덩어리, 지층들 곳곳에 점점이 박혀 있고, 특히 광맥과 (구리) 지층에 점점이 박혀 있다. 탄소 등과 같은 것들처럼 물질들이 안으로 흘러드는 것은 역학적〔기계적〕이며 어떤 사상도 없는 상태에서 발생하는 현상이다.

α)* **광맥(鑛脈)들**이나 광소(鑛巢) 등은 순수하게 배출되는 광석들, 암석들, 결정체들의 저장소로서, 마치 고갈되면 발생하는 틈처럼 생각된다. 그래서 금속 등등이 녹아 있는 죽과 같은 상태의 물질이 그 틈 속으로 흘러간 후 **유착되는데**, 〔이러한 현상은〕 가장 잘 이해될 수 있는 것이다. 그러나 정말로 광맥들, 광소들은 이러한 것들을 단순히 역학적〔기계적〕으

---

* 유기적인 포착〔파악〕

로 총괄만 하지 않는다. 오히려 광맥들, 광소들은 물리적인 것들, 총체의 부분들을 총괄하는데, 이것들은 단순화되고 전개된 현존을 스스로 지양하면서 이제 추상의 형식으로 이 현존을 밖으로 몰아낸다. 광맥들의 흐름은 대부분 산맥의 방향에, 다시 말해 단면(斷面)에 반대된다. 하지만 단순히 공간적 형태만이 아니라 물리적 의미에 있어서도 반대된다.*

β) 지질학 연구에서는 한편으로는 보편적 질량과 운동량[모멘트]의 개념이 우선적으로 고찰되어야 한다. 사소한 차이가 있는 곳에서 새로운 유나 종이 만들어지며, [유나 종을 하나씩 열거하는] 몰사상적인 열거법도 만들어지는 것이다. 가장 중요한 것은 자연에서는 지층들의 변천이 추적될 수 있다는 점이다. 자연은 오직 보편적인 측면에서만 이러한 질서와 결부되어 있을 뿐이다. 그리고 자연은 다양한 변화 속에서 지층들의 변천을 보여주는데, 그 속에는 지층의 변천이 지니는 근본 특징들이 고스란히 남아 있다. 그러나 자연은 이러한 변화들을 무관한 **병존 상태**로 있는 부분들로 저장함으로써, 자연은 이렇게 상이한 것들 서로 간의 이행과정을 통해 필연성을 암시해준다.** 그러나 단순히 차츰차츰 줄여서 축소하는 과정에 의해서만이 아니라, 그 개념상 구분된 상태로, 단순한 직관은 종의 상이함에 주목하게 된다. 자연은 이러한 이행과정들을 질적

---

* 광맥은 완만한 경사면 속에 있다는 **트레브라**의 관찰.

[역주] 헤겔은 여기서 트레브라(Trebra, Friedrich Wilhelm Heinrich von, 1740–1819)의 『산맥 내부의 경험(Erfahrungen vom Innern der Gebirge)』(Leipzig, 1785)이라는 책을 염두에 두고 있다.

** **하임(Heim)**은 [그와는] 완전히 분리된 [상태다.]

[역주] 헤겔은 여기서 하임(Heim)의 『튀링겐 삼림 산맥에 관한 지질학적 기술(Geologische Beschreibung des Thüringer Waldgebürgs)』이라는 글을 염두에 두고 있다.

인 것과 양적인 것이 서로 혼합되는 상태로 보여준다. 또한 자연은 종별 적으로 한쪽이 다른 쪽과 상이하다는 것을 보여준다. 단 하나의 광물에서 천구(天球)와 광소(鑛巢), 또 다른 것의 중심점을 형성하는 일이 시작된다. 그리고 이것들은 부분적으로는 서로 섞이고, 부분적으로는 그 광물에서 외부로 잘려나가 스스로 형성된다. 철학적 견해로는 한쪽이 다른 쪽에서 밖으로 도출되어 나오는 이러한 이행과정을 특히 하임(Heim)이 잘 보여준 바 있다.

γ)* 유기적 형성물들〔구조들〕(Gebilde). 유기적 형성물들은 특히 점판암(粘板岩)과 석회층에 속한다. 한편으로 〔이 형성물들은〕 개별적인 동물과 식물의 형태들로 분산된다. 그러나 특히 전체적으로 막대한 양이 철저히 유기적으로 형성되며, 다량의 석회 편암과 석탄층이 형성된다. 이 층에서 우리는 아주 종종 나무의 형태를 보게 된다. 그리고 여기에는 각력암(角礫岩, Breccie)도 해당되는데, 이것은 다른 것 못지않게 유기적으로 형성된 상태를 유지하고 있다. 여기서는 개별적으로 분산된 식물들이나 동물들이 한 무더기로 존재하는 것이 아니다. 오히려 이것들은 석회결정체가 평행사변형 모양의 조각들로 완전히 부서져 있는 것처럼 그렇게 철저히 도처에 견고하게 형성되어 있다. 그래서 어떤 하나는 다른 것에서 석회의 평행사변형들처럼 그렇게 완전히 내재적으로 존재하지는 않는다. 여기서 보통, 사람들은 물에서 몰락해버린 하나의 유기적 세계를 거기에 그렇게 존재했던 상태대로 인정해 버리는 데 익숙하다. 그러나 이 유기적 세계는 도대체 어디로부터 왔는가? 이 유기적 세계는 대지 위에 곧추 서있다. 그렇다고 역사적으로 그러한 것은 아니며, 변함없이 대지

---

* 여기서 유기적인 형성과정이 시작된다.

로부터 나와서 자신의 실체를 대지 속에서 지닌다. 앞서 말한 유기적 형식들은, 특히 그것들이 개별적인 것들이라서 온전한 질량을 구성하지 못하는 곳에 존재하며, 단층이 서로에게로 이행하는 그러한 곳에 현존한다. 아무 과정 없는 자연이 분리 상태로 방치하는 계기들이 내적으로 정립되는 그러한 **경계[한도]**는, 특히 유기적 형성물들과 화석이 있는 자리다. 그리고 여기서 언급된 유기적 형성물은 동물이나 식물의 형태가 아니며, 결정체의 형태를 뛰어넘어서 유기적 형성과정에서 발생하는 유희와 시도들[실험들]이다. **편암의 성질을 띠는 것과 석회의 성질을 띠는 것**에서는 특히 비유기적인 것이 채굴된다.* 왜냐하면 전자는 흙 성분으로부터 부분적으로는 아황산을 띠는 것으로 형성되고, 그러면서도 부분적으로는 금속의 원리를 그 자체에 보유하고 있기 때문에, 그 견고한 실체성[기체성]이 지양되어버린다. 그것의 정확성[엄밀성]은 피치(Bitumen)를 통해 분해되고, 분화 상태를 그 자체에 지니게 되면서,** 금속성에서 연속성을, 절대적 주어와 술어의 통일성을 받아들이게 되며 무한해지면서 유기체와 비유기체 사이에서 왔다갔다 하는 동요상태에 빠진다. 동시에 석회의 성질을 띠는 것은 중성 상태를 띠는 것으로서, 자신의 입장에서 실재와 존립의 계기를 지닌다. 그리고 단순한 금속성은 연속성의 **단순함**에 의해 질적인 통일로 등장한다. 이 질적인 통일은 앞서 말한 석회의 성질을 띠는 그러한 측면들이 지닌 상호 무관함을 없애버린다. 여기서 통일성은 중성의 측면을 지니며, 중성적인 것은 통일성을 지니게 되어, 이러한 질적인 통일성은 유기체로의 이행을 보여준다. 그리고 이 통

---

* **추상적인 계기들의 통일**

** 스스로를 관철시키면서

일성은 한편으로는 죽은 중성의 상태로의 비약을, 다른 편으로는 죽은 추상과 단순성의 상태로의 비약을 저지한다. 여기서 이 유기적 형식들 〔형태들〕은 다음과 같이 고찰되어서는 안 된다.* 즉, **유기적 형태들은 일 찌기 현실적으로 한번 살았다는** 식으로 고찰되어서는 안 된다. 왜냐하면 개별자에 의해 유기적 형태들이 존재하다가 죽게 되었다고 말해서는 안 되며, 오히려 유기적 형태들은 죽은 상태로 태어났다고 말해야 하기 때 문이다. 앞서 말한 〔유기적〕 형태들〔형식들〕처럼, 골섬유, 혈관 또는 신 경도 마찬가지로 존재했다가 굳어져버리는 것이 아니다. 직접적인 존재 의 원소 속에서 유기체가 산출되며, 그리고 나서 또 죽은 형태로 산출되 고 완전히 결정화되는 것은 바로 유기적으로 **유연한** 본성 때문이다. 이것 은 마치 예술가가 인간적인 형태나 다른 형태들을 돌이나 평평한 캔버스 에 표현하는 것과 마찬가지다. 그는 인간을 죽은 상태로 펴서 만드는 것 도 아니며, 바짝 말리는 것도 아니고, 돌과 같은 재료로 꿰매어 만들거나 바위에 새겨 넣는 것도 아니다.** 〔마음만 먹으면〕 그는 이러한 일을 할 수 있고, 견본을 주조할 수도 있을 것이다. 하지만 오히려 예술가는 자신 의 이념에 따라서 도구를 가지고 삶을 표현하지만 그 자체로는 살아있지 않은 그러한 형식들〔형태들〕을 산출한다. 그러나 〔이에 비해〕 자연은 직 접적으로 〔이렇게 한다.〕 다시 말해 개념은 표상된 것으로 현전하지 않 으며, 사물은 표상하는 자에 대립하여, 이 자에 의해 가공된 것으로 현전 하지 않는다. 개념은 의식의 형식이 아니라, 오히려 존재의 요소〔기반〕 안에서 존재와 분리될 수 없는 상태로 있다. 개념은 유기체의 계기들이

H114

F119

---

* 잘 조립된 개별적인 **조각배들**

** 〔이것은〕 **전혀 매개가 아니〔다.〕**

총체적 상태로 있는 바로 거기서 자신의 작업을 위한 소재[재료]를 지닌다. 이것은 '자연은 도처에서 살아있다.'는 식의 자연의 보편적 삶에 관한 언급이 아니라, 오히려 삶의 본질에 관한 언급이다. 삶은 그의 현실성이나 총체성의 계기들로 개념파악이 될 수 있고 해석될 수 있으며, 또한 이 계기들은 제시될 수 있다.

유기체의 이같은 현시(Darstellung)나 직접적인 유기체 자체에서 부족한 점은, 개념이 [아직은] 직접적이며, 내적 목적이고 무관계한 기반이라는 사실이다. 그리고 개념의 계기들인 물리적 실재들은 자기 자신 내로 반성된 상태가 아니며, 앞서 말한 무관함에 대립하는 통일체도 아니다. 그러나 보편자나 목적은 계기들 속으로 자신을 확산하면서 다시 자기 내로 복귀한다. [그래서 여기서는] 계기들의 상호 무관함은 일면적인 계기로서, 부정성 속으로 총괄되고 개체로 존재할 뿐이다. 실체는 상이한 것들로 스스로를 분할할 뿐만 아니라, 절대적으로 대립적인 것들, 그 각자가 총체이며 자체 내로 반성된 것들로 스스로를 분할한다. [그리고 실체는] 타자에 무관한 태도를 취하며, 그 본질상 통일체일 뿐만 아니라, 실체는 그 실재 모습 자체도 이러한 통일체이며 부정성이고, 다시 말해 **H115** 그의 **현존**이 곧 그 자체에서 과정이 되는 그러한 것이다.

삶은* 본질적으로 그 삶의 모든 **부분들**이 이렇게 완전하며 유동적으로 관철되는 과정이다. α) [첫째,] 이 [삶의] **부분들**은 [애초에는] 전체[삶]에 무관심한 것들이다. 이 부분들은 [그렇다고] 화학적 추상물들은 아니다. 오히려 본래적이며 전체적인 실체적 삶, 부분들의 삶은 그 자체로 불안정하고 스스로를 해체하는 것이고, 오직 이러한 전체[삶]만을 산출해 **F120**

---

* 현실적인 에테르

낸다. **전체[전체적인 삶]**는 보편적 실체이자 근거이며, 전체는 결과를 산출하는 총체이자 **현실성**으로 존재한다. 전체는 일자로서, 자유로운 상태로 부분들을 자신 속에 결합된 상태로 포괄한다. 전체는 부분들로 분열되며, 부분들에게 자신의 보편적 삶을 부여하고, 이 부분들의 부정태이자 힘으로서 부분들을 자신 속에서 유지한다. 이렇게 함으로써, 전체의 부분들은 그 자체로 자신들의 독자적인 삶의 행로[이력]를 지니게 되지만, 그러나 이 [개별적 부분들의] 삶의 행로는 이 부분들의 특수성을 지양하고 보편자가 생겨나는 과정이기도 하다. 이러한 과정은 원(Kreis)을 이루며, **개별적인** 현실태들에 있어서 운동으로 나타난다. [그렇다고 이 운동은] 억지로 꾸며지거나 서로 간에 절대적으로 무관한 그러한 것은 아니다.

좀 더 자세히 말하자면, 이 보편적 원은 세 개의 원들의 총체로서, 보편성과 현실성의 통일이다. 즉 그들 간의 대립을 이루는 두 개의 원들과, 이들의 자기 내로의 반성의 원이 있다.

α) 보편자는 **현존하는 것**이며, 유기적 일자는 이 자기 자신의 부정태를, 이 외면적인 것을 지배하는 힘을 [지니며], 이것을 먹어치워버린다. [그렇게 해서] 여기에는 지양된 것만 존재한다. β) 유기체는 자기 자신을 지탱하는 현실적인 것이며, 그 자체에서 과정을 진행시킨다. 유기체는 그 스스로 보편자로서, 자신의 부분들로 스스로를 분리시키고, 이 보편자의 부분들은 전체를 산출하면서 스스로를 지양한다. γ) 이렇게 산출된 현실적인 것이 유(類, Gattung)이며, 이 유는 개별자에 대항하는 위력(Macht)을 지닌다. [이것이] 유의 과정이다. 유는 **바로 이** 개별자를 지양하고 유의 현실성인 또 다른 개별자를 산출한다. 그렇게 해서 유가 가라앉아버리는 비유기적 자연에 대항하여 분열상황을 초래하게 된다.

따라서 유기적 과정은 두 개의 보편적 양 극단들로, 즉 비유기적 자연과 유로 분리된다. [유기적 과정은] 중간 매개항이다. α) [그래서 우선 이 유기적 과정은] 양항 각자와 통합되어, αα 이 과정 자체가 유가 되고, ββ) [그 다음에는] 비유기적 자연이 된다. β) [이 과정은] 타자를 통해 양항 각자와 매개되며, αα) [그 다음으로] 유를 통해 비유기적 자연과 매개된다.* 현실적인 것은 후자를 지배하는 위력이다. 왜냐하면 현실적인 것은 절대적으로 보편적인 것이기 때문이다. ββ) 현실적인 것은 비유기적 자연을 통해 유와 [매개되는데, 이것이] 성관계이다. F121

I. 유기체는 직접적으로 개별성과 보편성의 통일이며, 유기적인 유이다. 유기체는 배타적 일자이며 자신으로부터 보편자를 배제한다. 즉, 유는 부정성의 위력과 삶에 의해 포기된다. 또한 유기체는 자신의 비유기체를 스스로 정립한다. 유는 절대적 보편자로서, 이 보편자는 추상적 보편자에 맞선다. 이렇게 함으로써 보편자는 비유기체에 대해 부정적인 태도를 취하는 개별성의 계기가 자유롭도록 해준다. 단적으로 유기적인 생명체의 추리에서는 유나 보편자가 자유로운 자기 고유의 현실성으로 출현하지 않는다.

II** 여기서 유는 유기체 편에 서있다. [추리의] 결론(Schlußsatz)은, 유가 비유기체와 직접 통합되는 것이다. 개체는 자신 자신을 소모한다. 배타적이지 않은 분리(Diremtion)와 유기체가 자기 자신과 맺는 연관은, 유

---

* 부양(Ernährung)

**

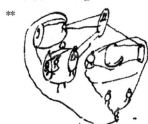

기체 자신에게 내재한 무기성(Anorganität)을 지양하고, 유기체 그 자신에
의해 스스로 양육되고, 그 자신 속에서 스스로 분절화되면서, **그 자신의
보편성**을 그 자신의 구별들로 분산한다. 〔이것은〕 유기체 자신 내에서
진행되는 과정이다.

　III. 결론은 양측의 연관이며, 이 양측은 각각 〔그 자체로〕 온전한 유기
체들이다. 또한 〔결론은〕 대립적이며 독립적인 종(種)으로 이 전체가 분
할되고, 개별자가 지양되고 유가 생성되는 상태이지만, 그러나 또 다시
원운동을 시작하는 개별적인 현실태이기도 하다.

　I.* **유의** 형식. **추상적인** 고찰. 유기적 일자는 개체성과 **유**의 직접적인
통일이다. α) 이 **보편성**은 본래 비현실적인 유이며, αα) 〔첫째로,〕 이 유
가 종들로 분리되는 과정은 바로 이 비현실적인 유에 속한다. ββ) 〔둘째
로,〕 부분적으로는 개체성 일반, 대지가 우세〔하고〕, 부분적으로는 그로
부터 해방된 개별성이 우세〔하다.〕** 〔그런데 이러한 구별은〕 양적인 구
별이며 수동적이다.

　β)*** 그러나 유가 그 자체로 존재하는 바와 같이 그 현실성의 측면에서
보면, 유는 **유기적인** 자연과 **그의 비유기적인** 자연이 서로 분리되어 등장
하는 것이다. 전자는 **개별성**의 형식이고, 후자는 **보편성**의 형식이다. 이
둘은 모두 추상물들이다. 〔여기서는 예를 들어〕 실체는 **종**으로 규정되는

---

　* I) 개별의 추상적 관계
　** 유기체는 다양한 과정들이 다양하게 얽힌 상태다. 〔그래서〕 정확한 구분이 〔필요하다.〕
　　다양한 과정들은 통일적인 상태로부터 벗어나 있는 것이 아니며, 모두는 각자 스스
　　로 그 통일적인 상태로 되돌아간다.
　*** **현실성**의 형식, 유기적인 것.
　　A) **직접적**으로 계기들은 **추상적인** 존재자들이며 상호 무관한 것들이다. 유기체와 비
　　유기적 자연의 **분리**

바와 같은 그러한 것이 된다. 규정성은 보편성으로 계속 유지되면서, 기초, 원리에 속한다. **유기체가 스스로 그렇게 존재하는 바〔본질적인 면〕가 아닌 것은 어떤 것도 유기체에 대해 존재하지 못한다.** 유기체의 세계는 즉자적으로 존재하며, 더불어 이 세계는 지양된 상태로만 존재한다는 사실이 반성에서 함께 고려되었다. 유기체는 자신의 세계를 정립하며 동시에 꾸려나가는 것이다. 그러나 이러한 활동**만 고려하면, 동시에 일면적이게** 될 것이다. 대지는 태양과 그의 요소들〔기반들〕을 만들며, 모든 유기체는 이렇게 보편적 유기체이므로, 〔각각의 유기체와 보편적 유기체〕 둘다 똑같이 **그 자체로** 존재한다.

이렇게 정립된 것이 비유기체가 지양된 상태이다. 그것은 **즉자적으로** 존재하지 않는다. 유기체는 자아이다. 그러나 처음에는 유기체는 자아에 비해 **즉자**로, 양자의 상호 무관한 현존으로 존재한다. 그리고 나서 긴장된 현존 상태로 이행하며, 유기체에 어울리는 **대자존재**의 형식으로 이행한다.

γ) 앞서 말한 유로서 **유기체**의 직접적 **존재**는 단적으로 α) 비유기체를 통해 매개된 것이다. 그것은 이같은 타자존재, 추상적 보편성으로서 자신에 대립하는 대립물에 의해서만 존재한다. 그것은 β) **개별자**로서의 유기체를 통해 개별성을 분만한 유이며, 자신과 동등한 것을 통해 〔개별자를〕 분만하는 것으로서, **동종 발생**(generatio univoca)이다. 전자〔유〕도 그 자체로는 삶이기 때문에, 그것은 자기 자신을 통해 유기체로 이행한다. 일반적으로 유기체의 현존은 전체 대지가 스스로를 개별화하며 수축하는 실행(Tun)이며, 보편자가 자체 내로 반성되는 과정이다. 그러나 대지〔땅〕도 자기 내로 반성되어 있는 고요한 존재이며, 그보다 더 고차적인 식물과 동물들은 이렇게 자기 내로 반성되어 있는 안정된 존재로서,

F123

H118

버섯처럼〔우후죽순처럼〕 생겨나지는 않는다. 개체화되지 않는 버섯류나 이끼류는 보잘 것 없는 분화상태에 있는 유기적 삶만을 보여줄 뿐이다. 이러한 것은 그 **현존**상태에서 오직 보편적 반성에만 이르며, 자신의 직접적인 생성운동을 갑자기 중단해버린다. 〔그러나〕 자체 내로 반성된 자는 대자적으로 확립되며, 자기 고유의 원을 두루 거치면서 하나의 고유한 현존이 된다. 이러한 현존은 앞서 얘기한 〔즉자적인, 상호 무관한〕 현존과 대립하고,* 그의 부정적 본질을 고수하며, 자신의 원천을 거부하고, 자신의 생성을 대자적으로〔독자적으로〕 현시한다.

δ) 비유기체와의 관계는 직접적이면서 동시에 매개된 관계이다. α) 직접적인 관계에서 유기체는 직접적인 위력이므로, 여기서 비유기체는 유기적 유동성〔액체〕으로 직접적으로 용해된다. 이것이 비유기체와 유기체 양자가 서로 간에 맺는 모든 연관의 근거이다. 또한 실체의 절대적 통일로 인해, 비유기체와 유기체 양자는 서로 독립적이고 무관함에도 불구하고, 비유기체는 공간과 시간처럼 유기체에게 단적으로 너무 명약관화 (明若觀火)하고, 이념적이며 비대상적이다. 실체의 이러한 통일성은 직접적인 이행과정이자 직접적인 변화과정이고, 〔이 과정은〕 여기서 현실적이다. 바로 이 지점에서 모든 화학과 기계론은 허사로 돌아가며 그들의 한계를 발견하게 된다. 그렇게 현전하는 것으로부터 개념파악을 하는 일은 이미 외적인 동등함이나 부정적 연관을 지니게 된다. α) 〔비유기체와 유기체〕 양자는 그 현존에서 상호 간에 완전히 자유롭다. 빵은 그 자체로 신체와 아무 연관이 없으며, 유즙(乳汁, Chylus)이나 피는 〔빵과는〕 완전히 다른 것이다. 화학은 이 양쪽에서 단백질, 산소, 수소 등등과 같은

---

* B. **기계적 장악.** 위력(Macht)은 유이며, 강제력(Gewalt)〔은〕 개체성〔이다.〕

F124

유사한 것을 보여준다. 또한 식물에서 화학은 물에서 보여주는 것과 동일한 성분들을 보여준다.* 그러나 이 둘은 완전히 다른 것이다. 목재, 피, 근육 등은 이러한 성분들과는 〔완전히 다르다〕. 물과 같은 성분은 식물과는 〔완전히 다르다.〕 여기서 동일한 사물이 유지되는 것이 아니다. 똑같은 것이 계속 이어지고 똑같은 것에서 과정이 계속 진행되는 것은 완전히 중단된다. **현존하는** 실체는 완전히 사라져버린다. 기하학은 동일한 것을 보여주며, 두 액체들이 결합하여 소금을 이루거나 증발된 물이 되는 〔경우도 있다.〕 소금이 화학적으로 분해되면 또 다시 이전의 성분이 유지될 것이다. 이처럼 그 속에서 다른 것이 생기지 않고 성분이 동일하게 유지되므로, 소금이라는 것은 개념파악이 되는 것이다. 그러나 유기체의 경우에는 **존재하는** 실체들이 이렇게 타자화됨으로써, 존재는 자아, 정신적이며 부정적이고 성분이나 물질이 없는 것 속에서 지양된 상태로만 존재한다. 따라서 여기서 존재는 그 현존에 따라 고찰되지 않고 그 개념에 따라 고찰되어야 한다. 이 개념에 따르면 존재는 유기체와 같은 것이다. 이 유기체에서는 존재는 오직 자신의 개념 상태로 존재하는 바대로만 존재한다. 즉 개념 속에서 그의 존재는 붕괴하고 만다〔근거로 나아간다〕.**

H119

---

 * 기계론은 이러한 일을 더 이상 하지는 않더라도, α) 기계론도 화학론과* 마찬가지로 유기체를 그러한 추상물로 만들어버린다. β) 그러나 이 화학적 성분은 유기체에 적합한 참된 존재가 아니다. 피와 같은 것이 다시 화학적인 성분으로 취급되면, 그것은 〔유기체에서와는〕 완전히 다른 것이 되어버린다.

 〔＊옆에〕 불, 산 등등이다.
** 〔여기에는〕 유갑스럽게도 정신적인 결속이 결여되어 있다.
 〔역주〕 'geht zu Grunde'라는 표현은 '붕괴하다.'라는 의미와 '토대나 근거로 나아가다.' 라는 의미를 동시에 지니고 있다.

이와 같은 것이* 유기적 동화작용(Assimilation)을 보여준다. 동화작용은 비유기체의 **감염(ein Infektion)** 과정으로서, [동화과정에서] 비유기체의 존재와 실체는 변한다. 더구나 개념은 이행과정과 같은 것이기 때문에, [동화과정에서] 비유기체는 단순한 이행과정에 있다고 할 수 있다. 유기적 삶의 영역에서 등장하는 식품은 이러한 액체 상태로 변하며 자취를 감추고,** 그 자체가 이렇게 용해된 액체상태가 되어버린다. 어떤 한 사물이 냄새로 바뀌거나 용해된 상태가 되며, 단순한 대기로 바뀌는 것처럼, 이 사물은 거기서[동화과정에서] 단순하며 유기적인 액체가 되고, 이러한 액체 상태에서는 이 사물이나 그 사물의 구성부분들 중 어떤 것도 더 이상 발견할 수 없게 된다. 이러한 이행은 곧 과정으로 드러나야만 하고,*** 그 대립의 분화과정을 전개시켜야만 한다. 그러나 그 토대가 되는 것은, 유기체가 비유기체를 물어뜯어 분해시켜 자신의 유기적 물질로 만든다는 점이다. 유기체는 보편자이며 유이고 단순한 자아이며, 이것이 곧 유기체의 힘이다. 유기체는 개별적 계기들을 통해 **합목적적으로** 비유기체를 자신과 동일한 상태로 만들게 되는데, 이렇게 하기 위해서 여기서는 아직 굳이 큰 소화 기관들도 필요 없다. 운동하면서 현실성을 띠려는 유기체 자신을 위해 발생하는 것이 유기체의 자기 내 진행과정이다. 그러나 유기체의 근본 관계는 이같은 단순한 접촉이며, 이렇게 접촉하는 가운데 타자는 갑자기 곧바로 변하게 된다. 동화작용은 이런 종류의 감염처럼 생리학자들에 의해 다음과 같이 표현된다. 즉, 예를 들어 동화과

F125

H120

---

* C 소화 α) **직접적인 소화**
** **현존하는** 화학적 차이는 불필요하다. 왜냐하면 유기체가 바로 이같은 힘이기 때문이다.
*** **신비주의,** 개념은 현실적이고, **초감성적 세계**[이다.]

정에서 음식은 관으로 둘러싸인 상태로 동물의 위장으로 연결되는데, 침과 위액, 췌액과 담즙이 동화작용에 영향을 미칠 수 없는 경우에도 음식은 마찬가지로 잘 소화가 된다는 식으로 〔생리학자들은〕 말한다. 〔소화가 되는,〕 단순히 순수한 방향이 있다는 것을 보여주기 위해 그들은 위벽을 잘라내어도 소화는 잘 진행되어 나간다는 것을 보여주고 싶어 했다. 그리고 위장이나 장 안이 아니라 복강 내에, 즉 피부 아래의 단순한 근육조직에 작은 고기 한 조각을 놓는 실험을 한 적도 있다. 이때 음식물은 마치 위장 속에서와 마찬가지로 그렇게 변했다.[4] 익히 알려진 경험 중 하나는 개똥지빠귀를 포획할 때, 개똥지빠귀가 매우 여월 경우, 몇 시간 동 F126

안 연기를 피우면 통통하게 된다는 것이다. 여기서 일어나는 변화는,* 어떤 그 **이상의 분리나 통과도 없이, 동화과정의 개별화된 계기들을 통해 발생하는 것이다.** 이같은 것은 자기동등적으로 유지되는 유기적인 액체상태이자, 불과 같은 존재로서, 이 속에서 모든 것은 직접적으로 자신의 개념으로 되돌아간다. 먹고 마시는 행위는 비유기적 사물들이 그 자체로 참으로 존재하는 상태가 되도록 한다. 먹고 마시는 행위는 비유기적 사물들을 무의식적으로 파악하는 행위다. 비유기적 사물들이 그 자체로 그

---

* β) 매개된 소화

∵

4) 여기서 헤겔은 자연과학적인 다양한 실험들을 묘사하면서 그 당시 스팔란짜니(Spallanzani), 아우텐리이트(Autenrieht) 등의 과학자들의 실험을 염두에 두고 있다. 스팔란짜니는 인간과 여러 동물의 소화 기능에 관해 연구를 했고, 아우텐리이트는 인간의 생리 현상에 관한 연구를 한 바 있다. 이들은 실험을 통해서, 고기 조각들을 아마포 주머니에 싸서 살아 있는 고양이 복강 속에 집어 넣으면 위에서처럼 죽 상태로 분해된다거나, 고기 조각을 살아 있는 동물의 피부 아래의 조직에 넣어 놓으면 시간이 지난 후 소화 상태가 된다는 것을 보여주기도 하였다.

렇게 존재하기 때문에 이 사물들은 지양되는 것이다.

II) 이러한 직접적 이행과정은 마찬가지로 발전 전개되는 과정이다. 그
러한 이행은 비유기체가 스스로 자신 속으로 반성되는 과정이며,[*] 일반
적으로 유기체가 되어가는 생성과정이다. 그러나 이 보편자는 그 자체로
실현되어야만 한다. 여기서 **대자화**(Fürsichwerden)라는 **운동에 의해** 그의
자기감정(Selbstgefühl)이 존재하게 된다.[**] 즉 운동이 유기체 자체 내로 옮
겨지게 되는 것이다. 〔이제〕 **유기체**는 자신의 **비유기적 자연**을 그 자체에 지
니게 된다. 즉, 유기체는 자기 자신을 먹어치우는 것이다. 유기체는 이렇
게 직접적인 보편자로서, **이 유기적인 유로서 자기 자신을 향하게**[***] 된다.[****]
유기체는 자기 자신에게 유기체이다. 이것이 바로 유기체의 개별화과정이
다. 유기체는 이전에 타자에 대립하여 출현하였던 것처럼 이제 자기 자
신 속에서 대립적으로 출현한다. 그리고 여기서 타자는 개념의 상태 하
에 들어서게 된다. 개별자가 이미 전제되어 있는 한에서는, 여기서 개별

----

[*] 직접적인 유 그 자체는 **과정** 속으로 들어가며 **현실적으로 생성된** 것이다.

[**] 요소〔원소〕, 소화, 대자화. **공통적인 것**은 직접적으로 유이며, 이것이 **현실적이다**.
　　B)[*] I 비유기적 자연으로서의 그의 **먹어치움**. I 그 **자신으로부터** 그것이 **형태화되는 과정**
　　II 대자존재. 그의 대자존재의 밤, 순수[**] **부정성**, 배부른 개체는 충분히 잠을 잔다. III
　　〔이러한 과정의〕 결과는 **감각기관**이다. 유기체는 **자신의 대타존재**를 지양해버린다.
　　〔여기서〕 **이론적 본질**〔은〕 그의 **비유기적 자연**〔이다.〕
　　〔[*]옆에〕 그의 **내면**에서 선행한다.
　　〔[**]옆에〕 **수면**(睡眠, Schlaf), **전도**(顚倒, Umkehrung). 존재는 반성된 자기내존재로 산
　　출된다. 감각기관.

[***] II.

[****] A. **비유기적 자연**인 자신을 먹어치우는 일. α) 자기 자신을 먹어치운다는 것은, αα)
　　〔첫째,〕 그의 비유기적 자연〔에서 발생하며〕 ββ) 〔둘째,〕 유기적 자연〔내에서 발생
　　한다.〕

자는 보편성인 유를 통해 특수한 보편자와 합치된다. 바로 이것이 절대
적 유나 절대적 특수성, 개별성 속으로 취해지는 한쪽 극단〔항〕이다. 여
기서 개체성이라는 계기의 특수한 분만, 개체성의 **생성**은 이미 과정 자
체 속에 존재하는 상태로 들어 있다.* 즉 〔여기서는〕 이미 존재하는 것
외에 어떤 것도 도출되지 않는다. 그 자신의 소화과정과 계기들의 분절
화와 형태화 과정, 지절들은 소모되면서 동시에 산출된다. 〔그래서 여기
에는〕 보편적인 불안정〔이 있다〕. 계속 유지되는 것은 영혼이며 단순자
이다.** 개체는 이 과정에서 유를 통해 **유로부터 벗어나는 상태**에 이르게   H122
된다. 유 속에서 진행되는 과정으로*** 인해, 유는 부정성을 그 자체에 지니
고 있는 것이 되어버린다. 그리고 이 과정은 보편자로서의 유에 대립하여
정립된다. 애초에는 본질이 〔기반이었지만〕, 여기서 기반〔요소〕은 **유**이다.

　　III.**** 그 결과는 유로부터 개별자가 분절화된다는 것이다. 그렇기 때   F128
문에 이 독립적인 개별자는 유로서의 개별자와 똑같은 그러한 것과 연관
된다. 유는 독립적인 것들로 분열된다. 이전에 개체는 매개항이고 두 측

---

　* B) 현존은 β) **이중화된 것**으로 등장하는데, α) 〔첫째는〕 **타자에 대한 규정**으로, **비유기
　　체**로, 자신 속으로 반성되어 있다는 의미에서 **대타존재**로 〔등장한다.〕 β) 〔둘째는〕
　　그의 **형태**로, **즉자존재**로 〔등장한다.〕 γ) 〔셋째는〕 **감각기관들**로, 그의 자체 내 과정으
　　로 〔등장한다.〕

　** 〔여기에는〕 긍정적인 의미와 부정적인 의미가 동시에 〔있다.〕 전자는 개체이고, 후자
　　는 유의 분열이다.

*** C) 유로서의 과정〔이 존재한다.〕 왜냐하면 유기체가 먹어치우는 것은 **비유기적 자연**이
　　고, 이 비유기적 자연은 유기체 자신이자 유〔이기 때문이다.〕

**** III.* 유로서 스스로 지양되는데, 이것이 바로 그의 **몰락**(Untergang)이며 유의 과정
　　이다.** 〔이 과정은〕 유기체가 비유기체가 되는 과정이며, 부모가 **사멸하는** 〔과정이다.〕
　　〔*옆에〕 III 유로서 자신을 **향하는** 상태. **전체로 분열되는 과정**
　　〔**옆에〕 비유기적이며 **직접적인 통일체**에 의해 결합된 상태. 그것들은 존재가 되어
　　간다.

면들이 보편적인 극단들이었던 것처럼, 유는 기반이 된다. 각자는 스스로 이러한 전체로 존재하며, 그밖의 대상으로 존재한다. 첫 번째 과정에는 타자의 표상, 인식이 있고, 두 번째 과정에는 대자존재가 있으며, 세 번째 과정에는 타자와 대자존재 자신이라는 **양자의 통일**이 있다.[*] 개체 각자는 개념의 진정한 실현이며, 양 측면의 완전한 독립성이다. 이러한 상태에서 개체 각자는 타자 속에서 스스로를 타자 자체로 알게 된다. 그것은 순전히 이념화된 연관이기에, 여기서 각자는 **스스로** 이념적이며, 하나의 즉자적인 보편자가 된다. 순수한 비대상성은 자아 그 자체에서 산출된다.

유기체는 개별성과 더불어 시작하고, 유로 고양된다. 이러한 진행은 동시에 그와는 대립적인 진행이기도 하다. 즉, 단순한 유는 개별성으로 하락하고, 개별자들이 지양됨으로써 개별자들이 유로 완성되는 과정은 아이의 직접적인 개별성이 생성되는 과정이기도 하다.

I.
식물 유기체.

F129 식물은 직접적인 유기적 개별자이다. 이 식물에서는 유(類)가 우세하고, 반성은 개별적이지 않다. 〔식물에서〕 **개체**는 그 자체로 자기 내로 복귀하지 못하고, 오히려 타자(他者)가 되어버리며, **어떤 자기감정**도 지니지

---

[*] **직접적인 통일**. 이 통일은 **비유기적** 자연이다. 이 양자는 개체의 **대자존재**나 **직접자 그 자체**, 〔이 둘의〕 상호 무관함에 의해서 더 이상 분리되지 않는다.

못한다. 식물의 전체 과정은 다음과 같은 성격을 가진다.

α) 이 식물적 유기체는 주체[5]로 존재하는 최초의 대지라고 할 수 있다. 대지는 유기체 일반으로서 자신과 대립하여 일자(一者)가 된다. 〔이 때〕 여타의 완전하게 자립적인 것들, 즉 태양, 달, 혜성과 같은 것들도 있는데, 이것들은 제일 처음에 등장하는 주체〔기체〕이기는 하지만, 그러나 〔식물의 관점에서 본다면〕 이것들은 식물의 요소들〔기반들〕이기도 하다. 이 요소들이 자체 내로 복귀하는 바에 따라서, 그것들은 물리적인 요소들이 된다. 식물적 유기체는 이 요소들의 주체이다. 즉 이 요소들의 전도된 생성이다. 이전에는 물리적 요소들은 자립적인 물체들이 직접적으로 정립하는 통일로 이행하는 것들이었지만, 이제 〔식물에게 있어서는〕 이 물리적 요소들은 주체 속에서 지양된 것들로서 〔그야말로〕 단지 요소들일 뿐이다.

식물은 이 보편자들을 자신의 비유기적 자연으로 삼는다. 즉 식물은 개별적 유이다. 〔개별적 유인〕 식물은 〔개별자인〕 식물 자신에게 대립하는 것으로서, 동시에 비개별적인 것이기도 하다. 그리고 식물은 햇빛과 수분, 공기라는 요소들의 과정이기도 하다. 햇빛은 식물에게 불처럼 관계 맺지는 않는다. 식물은 어떤 **체온**도 지니고 있지 않다. 왜냐하면 자기 고유의 자아[6]이면서 그 자체 속에서 정말로 분해〔용해〕되는 것들만이 자립적인 것들이기 때문이다. 〔만일 햇빛, 수분, 공기 등과 같은 요소들도 자립적인 것들이라고 한다면,〕 이것들은 자유롭게 현존하면서 그 자체로 자아의 본성을 지니게 될 것이다. 그러나 〔사실은 그렇지 않고,〕 오히려

---

5) 여기서 주체(Subject)는 의식적 주체가 아니라 '개별적인 자기동일자', '일자'를 의미한다.
6) 여기서 자아(Selbst)는 '자기동일성을 유지하는 자', '무엇의 그 자신임'을 가리킨다.

햇빛, 수분, 공기 등은 주체로부터 곧바로 빠져나와서 단지 요소들로만 등장한다. 마찬가지 이유 때문에 대지(흙)도 대자적으로 있는 것은 아니다. 다시 말해 대지(흙)가 동일한 대지를 정립하지는 않는다. 대지(흙)는 여전히 식물과 직접적으로 통일되어 있다.

이러한 보편적인 식물적 유기체는 그 자체에 개별성이라는 규정을 직접적으로 지닌다. 식물적 유기체는 개별적 사물이다. 그래서 자연의 유는 [개별적 사물이라는] 이러한 형식으로 직접적으로 전락해버린다. [이럴 경우] 개별자들은 상호 간에 분리된 채 아무 관련없는 무리로 남게 된다. 여기서 개별자들은 공동의 조직(Gemeinwesen)인 자신들의 실체로부터 나오는 것이 아니다. 이 개별적 기체들은 그 자체로 이러한 요소들[햇빛, 수분, 공기]의 과정이며, 이 과정은 한 주체의 형성과정이라고 할 수 있다. 개별적 사물인 햇빛은, 공기를 물로 그리고 물을 공기로 전환시킨다. [마찬가지로] 이 과정은 햇빛이 [물과 공기의] 분해되지 않은 순수한 내밀성을 제거하여 하나의 계기로 만드는 과정이기도 하다.

F130

α)* [식물이] 비유기적 자연과 맺는 첫 번째 관계는 α) 개념의 그와 같은 분리이며, 또 다른 관계는 [이 분리의] 지양이다. 외적인 것에 대항하는 이 운동은 무매개적인 운동이다. 즉 직접적인 군집(群集)이라고 할 수 있다. 식물에 있어서는 어떤 개별도 자아(Selbst)로 거기에 있지 않다. 그런데 [만일 자아가 있다면] 이 자아를 통해서 개별은 타자와 분리되고 매개항을 통해서만 타자와 연결될 수 있을 것이다. 그러나 [식물은 그렇지 못하며,] 오히려 대지의 내면, 힘을 통해서만 식물은 일자가 될 수 있

H124

---

* [식물의 성장] 과정은 땅에 식수(植樹)하고, 발아하여 뿌리와 줄기, 가지와 잎이 나고, 꽃이 피고 씨앗이 생기는 단순한 과정이다. 우리가 눈으로 직접 볼 수 없는 것이 현미경 속에 들어 있지는 않다. 참된 현존은 열려 있고, 이 현존 자체는 해명되어야 한다.

는 것이다. 요소들은 그 자체가 대상, 즉 단순한 존재자이며, 따라서 연관관계는 그만큼 직접적이다. 대지는 단지 이러한 보편적 힘일 뿐이다. 그래서 식물은 자아와 유의 단순하며 직접적인 통일로서, 즉 낟알 종자(種子, Samenkorn)로 등장한다.

β) 이 낟알 종자는 그의 개별성이 지니는 직접성으로 인해, 다른 것과 **상호 무관한** 하나의 사물이다. 낟알 종자가 **대지** 속에 떨어진다. 대지 자체는 이 종자에 대해 단지 보편적인 힘일 뿐이고, [처음에] 종자는 대지인 보편적 힘으로부터 어떤 양분도 흡수하지 않으며, 공기와 물로만 연명(延命)한다. 그래서 대지의 무게는 줄지 않게 되는데, [이러한 이유 때문에] 유황(硫黃) 잔에 심어진 식물들도 똑같이 잘 자라게 되는 것이다.[7] 그래서 좋은 토양은 단지 이 개방적인 유기적 힘이나 가능성이라는 의미만을 지닐 뿐이다. 이것은 마치 좋은 **두뇌**가 단순히 가능성인 것과 마찬가지다. 햇빛, 수분 그리고 물은 실재적인 가능성인데, 이것들은 또한 식물의 가능성이기도 하다. 그러나 이 요소들은 **그 자체로는** 이미 존재하는 바와 같은 실체는 아니며, 식물인 바[식물의 본질]도 아니다. 즉 **그 자체로** 절대자처럼 단순히 공허한 사유와 같은 그러한 사유의 추상이 아니라, 오히려 본질, 그것도 식물의 본질, 식물의 **힘**이 [식물의] **즉자상태**라고 할 수 있다. 돌 **그 자체**는 절대자[절대적 추상의 상태]에서 고찰되면 삶, 식물, 인간[이 될 수도 있다.] 그러나 돌은 [삶, 식물, 인간과 같은] 그러한 것들의 **힘**이 아니다. 여기서 힘은 **규정되어 있고**, 단순하며 **직접적인** 가능성을 [의미한다.]

그래서 씨앗은 본래 힘이므로, 대지 속에 있는 것이고, 대지는 이 씨앗   F131

∴

7) 이것은 대지로부터 양분을 흡수하지 않고도 싹이 잘 자란다는 사실을 입증하는 한 사례다.

의 비유기적인 자연이나 대상적 요소가 아니라 힘(Kraft)이다. 〔그러나,〕씨앗은 그 개념 상 대지에 대해 부정적인 태도를 취하며, 식물이 대지 속에 존재한다는 사실을 지양하고 스스로를 실현한다. 그러나 이 대립은 씨앗이 비유기적 자연에 대해서 취하는 것과 같이 그렇게 상호 무관한 현존재의 대립은 아니다. 씨앗이 대지 속에 놓여 있다는 것은, 곧 씨앗이 힘이라는 것을 의미한다. 현존하는 것은 이념적인 공간관계의 단순한 현존이다. 공간의 이러한 통일성이 힘이다. 즉 여기서는 공간변화만이 일어날 뿐이고, 공간의 의미가 곧 삶이다. 따라서 〔씨앗이〕 이렇게 대지 속으로 숨는 것은 하나의 **신비로운 마술적** 행위이다. 이것은 어린아이가 의지할 곳 없고 스스로를 이성으로 나타내지 못하는 인간의 한 형태일 뿐만 아니라, 오히려 어린아이 **그 자신이** 이성의 힘이기도 하다는 사실과도 같다. 그런데 〔씨앗은〕 말할 수 없고 어떤 이성적인 것도 행할 수 없는 어린 아이와는 완전히 다르다. 〔어린아이에게 베푸는〕 세례(Taufe)는 정신적 왕국의 일원임을 경사스럽게 인정해 주는 것이다. 마찬가지로 대지 속에 종자가 떨어져 놓이게 되는 것은 이같은 신비스러운 행위로서, 종자 속에는 아직 잠들어 있는 비밀스런 힘들이 들어 있다. 그리고 실제로 종자는 그렇게 **그냥 거기에 있는**〔현존하는〕 그런 것과는 완전히 다른 것이다. 즉 내가 손으로 눌러서 으스러뜨리는 이 낟알(Korn)에게는 녹슨 남포등이 위력 있는 정신이고, 이 낟알에게 완전히 다른 의미를 부여해주는 마술사는 바로 자연의 **개념**이라고 할 수 있다. 낟알은 대지가 서약해 준 위력이기에, 대지의 힘이 이 낟알을 돌보아준다.

배아(胚芽, Keim)의 발전은 **첫째,** 단순한 성장이며 단순한 증대이다. 배아는 이미 그 자체로 온전한〔전체의〕 식물이다. 배아는 소규모의 나무이자 여타의 것들이라고 할 수 있다. 〔전체 나무의〕 부분들은 이미 완전하게 형성되어 있는 것이나 다름이 없고, 〔나무가 성장한다는 것은〕 단지 좀 더 커지고 형식적으로 반복되고 강해지는 것일 뿐이다. 왜냐하면 생성되어야 하는 것은 이미 **있기** 때문이다. 다시 말해 생성은 이렇게 단순히 표면적인〔피상적인〕 운동일 뿐이다. 그러나 동시에 생성은 질적인 분절(分節)이며 형태화이자 본질적인 과정이기도 하다.

이 과정은 외적인 것, 즉 일종의 직접적인 유입(流入, Einströmen)에 대해 식물 개체가 취하는 태도이다. **비유기적 요소들이 마구 쏟아져 들어온다고 해서, 그것들이 모두 식물 개체를 위해 분절화되거나 개별화되지도 않으며, 물리적인 성질들이 되는 것도 아니다.** 즉, 〔이 요소들은〕 식물이 **기계적〔역학적〕** 운동에 따라서 그것에 대해 어떠한 반응을 보이는 외적인 요소들이 아니며, 식물은 개별적인 요소들을, 심지어 그것이 하나의 개별자일 경우에도 자기 것으로 만들어버린다. 그래서 〔이 요소들은 식물에 대해 외적인 것이 아니고〕 오히려 식물은 최초의 유기적 과정이고, 개체성이 아니라 개별성 일반이기 때문에, 여기서 식물이 취하는 태도는 직접적이며, 〔식물은〕 외적 운동을 통해 매개되지 않는다. F132

첫 번째* 관계는 유기체와 비유기체로의 분열과, 유기적 통일로의 **기계적〔역학적〕**이며 직접적인 복귀를 포괄한다. 여기서 기계적이라는 것은 **즉자존재적**이라는 의미를 지닌다. 그러나 앞서 말한 〔비유기적 요소들 H126

---

* α) 이 추리는 현존한다. 형태화가 이 추리의 생성과정이자, 그 자신을 통한 산출과정이다. α)* **뿌리, 줄기** 그리고 **잎.** 잎은 b 과정으로서 개별성이다. c) 〔그것은〕 **살아 있는 나무**다.

〔*옆에〕

의] 유입은 직접적인 접촉이자 동시에 과정이고,* 요소들의 안정적인 [변화]과정이다. 여기서 요소들의 기체는 불이자 식물이고, 이 요소들은 그 자체로 자아, 섬광이 되지는 못한다. a) 이 과정의 요소[기반]는 **빛**이다. [빛은] 실체와 자아라는 양측의 안정적인 통일로서, 이를 통해 유기적이면서 비유기적인 일자가 존재하게 된다. 식물은 유기적 자아로서 이러한 빛 자체이기도 하기 때문에, 빛은 활동적이며 영향을 미치는 작용을 한다. 양측의 독자성으로 인해, 빛은 식물을 위해 **거기에** 존재해야만 하며, 개별자 속의 빛의 현존은 식물에게는 우연적이다. [이에 반해] 빛과 어둠의 교차는 필연적이다. 단독자로서의 인간이 인간을 지향하듯이, 식물은 빛을 지향하면서 대지로부터 분투 끝에 위로 뻗어나와서 빛을 향해 나아간다. [예를 들어,] 폐쇄된 궁륭(穹窿)과 빈틈이 있는 지하실을 감자는 덩굴을 치며 기어오른다. 그것도 마치 감자는 직선 경로가 아니라 벽의 모서리와 빛에 따라 난 길을 안다는 듯이 그렇게 기어오른다. 이렇게 대립하는 내면의 자아와 외면의 자아의 통일에 의해 순수한 과정 일반이 진행되는 것이다. 따라서 식물은 공기, 팽팽한 물리적 원소와 관계를 맺게 되어서, 식물은 공기의 팽창상태를 사멸시키며, 그 자체 내에서 이 공기의 팽창상태를 물로 전환시키고, 동시에 역으로 물을 공기로 전환시킨다. [이렇게 해서] 식물은 α) 호흡을 한다. [여기서 호흡은] 공기를 들이쉬어 이 공기를 유기적 물로 바꾸는 것이다. [그러나 이 과정에는] 그 이상의 더 큰 변화는 없고, 달콤하고 새콤한 유기적 물로 바뀌게 되는 [현상만 있다]. 이 물은 생명으로 가득 차 있고 개체화되어 있는 것으로서, 화학의 수중으로부터 벗어난 일종의 정신적 유대[결속]관계라고 할 수

---

* 최초의 과정은 **수분 흡수**, **물의 과정**이다.

있다. 〔만일 화학자라면 다음과 같이 말할 것이다.〕 즉, 식물은 공기로부터 탄산(炭酸)을 흡수하고, 탄소는 저장하지만, 산소는 그 자신을 위해서 배출한다고 말이다. 〔그러나 이것은〕 단순히 가설적 설명일 뿐이다. 식물의 과정을 동물적인 것의 경우처럼 **산화**, 연소와 같이 **탈산화** 과정으로 고찰하는 것은 그 자체로 아주 피상적인 견해다. 〔만일 식물의 과정이 동물의 경우와 똑같다면,〕 후자인 동물이 전자인 식물의 과정을 표출해야 할 것이다. 철학적으로 마땅히 필요한 이 고찰이 토대로 하고 있는 사실은, 식물들이 물과 빛에 노출될 경우 산소 가스를 자신으로부터 배출한다는 것을 보여주는 실험이다. 마치 이것은 물에서의 과정과 동일하지 않은 것처럼 보인다. 즉 마치 식물이 자신의 과정을 방해하지 않는 자유로운 공기 중에 산소 가스를 자신으로부터 배출하면서, 오히려 공기를 분해하거나 산소 가스를 흡수하지 않는 것처럼 논의가 되며, 식물은 오직 물과 공기 펌프 하에서만 산소 가스를 배출하지만, 그 진짜 과정에서는 산소 가스를 자신 속으로 흡수한다는 식으로 주장을 하는 것이다.* 그러나 여기서는 이러한 **화학적** 현존이 문제가 되는 것이 아니다. 오히려 부정태는 식물의 힘이며, 〔이 힘은〕 삶의 상호 무관한 자유의 상태 속에 **에워싸여** 숨겨져 있다.** 만일 삶이 화학적 과정이 되어버리면, 이때 유기적 삶은 절멸되어버릴 것이다. 〔그러나〕 유기체는 더 이상 **현존하는** 추상물이나 차이가 아니다.

---

* **빨강**과 **초록**〔만이 있다고 하자.〕 그리고 이 색들만을 〔가지고 그림을 그리는〕 한 화가가 〔있다고 하자.〕 〔이럴 경우〕 이 화가는 빨강은 역사적인 내용에, 초록은 자연 경관을 표현하는 데에 〔사용할 것이다.〕

** 보편적으로, 어떤 지성적 인간이 순수하고 총체적인 **보편자**와 관계를 맺는 것처럼.

따라서 식물은* (다음과 같이) 이중적 과정(을 거친다.) α) (우선,) 식물은 공기를 물로 전환시킨다. 모든 화학적 견해는 여기서 질소로부터 수소로의 이행을 설명하는 데 아무런 도움도 주지 못한다. 왜냐하면 (질소와 수소) 이 둘은 화학적 견해로는 변화 불가능한 성분들이기 때문이다.** (이 둘의) 매개는 그 자체로 부정태인 산소 가스에 의해 발생한다. 그러나 이것으로 과정이 종결되지는 않는다.*** 이 과정은 탄소로 복귀되며, 주관적이며 현실적인 화학물로 복귀된다. 동시에 β) 역으로 식물은 이 개별적 화학물을 대립하는 경로를 통해 물과 공기로 분해한다.

H128   그러나 (이상과 같은) 두 과정들은 삶(생명) 속으로 포괄된다. 두 과정들은 뒤로 후퇴하여 추상적인 **즉자**가 된다. (그렇다고) 두 과정들이 현실적이지 않은 것은 아니며, 오히려 공기와 물 그리고 식물의 대지는 삶의 계기들이 된다. 과정은 이중적인 과정으로 분리된다. α)**** (첫 번째는) 호흡과정으로서, (이 과정에서는) 공기와 물이 **확고한 것**으로 되돌아간다. β) (그 다음으로) 이 확고한 것을 자신 속에서 발산시킨다. (이러한) 두 과정들은 곳곳에서 시작되는데, αα) (그 첫 번째가) 외부의 **공기**에서다. 그러고 나서 (이 외부의 공기는) 물을 통해 확고한 것으로 되돌아가며, ββ)*****

---

* 물이 되어가는 과정*, **물의 과정**, 이 중성화의 분열상태.
  (*옆에) **중성의 상태, 형태화 과정.**
** **보편적 과정. 습기의 정립**, (그리고 습기의) **지양.**
*** b) 중성의 상태로부터 자아로의 복귀. 형태화과정은 현전하는 자아의 과정 속으로 이행한다.
**** 개체의 **과정**(은) **자기 자신**을 향한다. (그래서) 개체는 **대자적**이다. 따라서 개체는 자신으로부터 모든 것을 수용해야 한다.
***** A) 즉자적인 상태의 **계기들의 구분**은, 식물이 지금 그 자체에 지니고 있는 **비유기적 자연**의 계기들에 의해 규정된다.

〔두 번째로,〕 화학적 원소로 표상하자면 흡수된 외부의 물은 공기로, 그 것도 추상물인 공기로 되돌아간다. 그리고 이 물은 유기체로 이행한다. γγ) 〔마지막으로,〕 **확고한 것**, 즉 대지〔흙〕에서 과정은 물과 공기로 복귀한다. **외적인 것**은 내면으로 복귀하고, 내면은 **외면**으로 되돌아간다. **식물은 대기를 다습한 상태로 유지하며**, 동시에 식물은 대기의 수분을 흡수한다. 〔여기에서는〕 모든 부정태는 동시에 긍정적이다.

식물 자체에서 이 과정은 식물의 형태화과정으로서, 이 과정은 다음과 같은 세 가지 계기들을 포함한다. α) 〔그중 첫째로,〕 식물은 확고한 것, 자아가 되며, 나무와 같이 딱딱하게 된다. β) 〔그 다음 둘째로,〕 식물은 수분이 충만된 것, 중성적인 것이 된다. γ) 〔마지막으로〕 식물은 공기처럼 가벼운 것, 순전히 이념적인 과정이 된다.

α)* **목질화(木質化)과정**(Verholzungsprozeß)**과 성장의 과정**은 질적인 과정과 양적인 과정으로서 서로 대립한다.** 전자는 확고하며 단순하고 죽은 상태의 자아가 되는 과정이며, 후자는 탈자적 진행 과정(Außersichgehen)으로서, 특히 빛과 연관되어 있다. 성장하려면 축축하고 흐린 대기가 필요하다. 그늘에서 식물들은 더 크게 자라지만, 그러나 창백하고 약하다. 태양빛에서 〔식물들은〕 더 튼튼하고 알차고 무르익으며 더 탄탄해진다.

β) **물의 과정**은 관성적인 현존과 성장을 이루며, 동시에 처음의 것이 개체

---

* α) 목질 섬유, 수포(水泡), 공기관과 같은 계기들의 언표. β) 성장, **존재자**의 생성으로서 형태화, 양적인 변화. 이 과정의 마지막은 곧 과정 자신이고, 잎〔이다.〕 γ) 그와 같은 형태화는 이를 통해 지양된 것의 생성이며, (β) 물을 언표하고, γ) 〔그 다음〕 공기를 언표한다. γ 이 통일을 통해서 **전체**가 생겨난 것이다. 이 전체는 싹〔봉오리, Knospe〕이며, 처음의 것과는 다른 개체다. 이 산물은 그의 생성과 대립한다. 나무와 뿌리가 단순히 추상적인 자아였다면, 이 산물은 **온전한** 자아라고 할 수 있다.

** 나무〔목재〕는 뿌리, 물, 줄기, 공기관, 잎 〔등으로 구성된다.〕

성의 분리, 분해, 순화 그리고 발산의 상태로 이행하도록 한다. 끝으로 **공기의 과정**은 이렇게 발산된 [개체성]이며, 앞서 관성을 띠고 죽어 있던 독자성이 에테르화 되는 과정이다. 또 다른 극단에서는 독자적인 물이 안정적인 개별성과 전개된 보편성으로, 즉 유의 현존으로 분리되어 나타난다.

F136

이러한* 전체가 α) **즉자존재**이며 안정적인 형태 일반으로서, αα) [우선,] 닫혀 있는 힘이자 순수 자아이다. 여기서 이 순수 자아는 자신의 직접적인 단순성으로 인해 비유기체로 다시 전락하고 만다. 이것은 **목질섬유**(Holzfaser) 일반이며, 화학적으로 고찰해보면 탄소로서 추상적 기체 [주체]다. 그러나 그 개념상 이 전체는 단순한 힘 일반이며, 힘 그 자체다.** [이것은] 바로 대지 속에, 자신의 단순한 암흑 속에 머무는 씨앗[과도 같다]. 순수한 **재목**(材木, Holz)이라고 할 수 있는 뿌리는 껍질과 고갱이가 없다. **ℵ**. 불, 주체의 **가능성**인 **가연성**[은] 단순한 가능성[일 뿐이다]. 거기에는 그 자체로 전혀 열이 없으며, 유도 없다. [만일 유가 있다면,] 두 자아는 통일되고 개별적 형태들은 분해되어버릴 것이다. 그렇기 때문에 그것은 종종 아황산 상태로 전개된다. 몇몇 뿌리에서는 충분히 형성된 황산이 산출되기도 한다. **ㄱ**. 또한 흙 속으로 [이 과정이 전개되어] 썩은 뿌리와 지속적인 이탄(泥炭) 과정을 산출하고, 줄기들에서는 그렇게 산출된 흙이 연속의 상태로부터 죽은 점성의 상태로 붕괴되어버린다. **ㄱ**) 또한 [이 과정은] 돌로 쉽게 [옮겨간다.] 뿌리를 내리는 과정은 면과 선들이 꾸부러지고 절멸되는 과정이기도 하며, 그렇게 매듭을 짓는 과정이기도

---

* 뿌리

** 모든 계기들 사이에서 **부유**(浮遊) 중에 있다.

하다. 〔그렇게 해서〕 이전의 차원은 지양되고 견실한〔옹골찬〕〔새로운〕 연속의 상태가 생겨나는데, 이 연속의 상태는 아주 비유기적으로 될 수 있는 도약의 상태에 처하게 된다. 〔그런데 이 상태에는〕 형태(섬유질)나, 화학적인 면(가연성) 그리고 개별적 항들이 지니는 성질(흙)에 관련된 어떤 **구별**도 없으며, 종종 발생하듯이 돌의 상태로 되돌아가 화석화된 나무들이 된다. 타바슈르(Tabaschir)[8]라는 대나무 줄기나 매듭에 있는 일종 H130 의 잔돌과 같은 것이 그런 것이다. 왜냐하면 이것들은 그 자체가 새로운 뿌리 마디들이기 때문이다.

β) 나무의 길이를 **원형의 둘레**와 **마디**로 총괄해보면, **뿌리**, 나무둥치 그리고 자체 내에 유지되는 힘은 형태의 발전된 계기에서 드러난다. α) 〔첫째로,〕 단층의 **박피(薄皮, Haut)**〔가 있는데,〕 〔이것은〕 모든 계기들의 외적인 순수 통일, 임파액, 보편적인 포괄〔이라고 할 수 있다.〕 β) 〔둘째로,〕 **껍질(Rinde)**〔처럼,〕 세포로 된 조직이 있는데, 이 조직의 세포들은 물로 꽉 차 있다. 현미경으로 관찰해보면, 가끔씩 그 조직 속에서 미세한 결정체들이 발견되기도 한다. γ) 〔셋째로,〕 목재의 섬유질 자체가 다시 나선형으로 〔꼬여 있는 것을 발견할 수 있는데,〕 이것은 확실한 중재자 역할을 한다. δ) 〔마지막으로,〕 이 중재자 역할을 하는 부분은 다른 측면에서 고갱이(Mark)로 옮겨간다. 과낭(果囊, Luftutrikeln, (영)utricle)은 껍질 F137 처럼 물로 꽉찬 세포들〔로 이루어져 있다.〕 단자엽(單子葉) 식물에는 이러한 잔가지와 줄기가 없고, 뿌리에서 잎으로 직접 이어진다.

마지막으로 **잎**은 순수 과정이며, 허파〔역할을 하지만〕, 그러나 〔이에 비해〕 줄기의 껍질은 자유롭게 활동〔하면서〕, 안정된 **형태화**의 한계〔를

---

8) 동인도 지역에서 나는 대나무 설탕 종류를 말한다.

형성한다]. 순수 과정의 시작은 생동적인 빛의 과정으로서, 이 과정은 불의 과정, 형태의 분해상태로 옮겨가고, 형태와 같은 것을 **대타존재**(Sein für Anderes)로 산출한다. 식물은 이상과 같은 방식으로 **존재한다**. 그러나 식물의 존재는 식물이 〔대지에〕 **뿌리내리고**, 식물이 자신의 **현실**에 대항해 **자기내적인** 힘을 발휘하도록 하는 **긴장상태**라고 할 수 있다. 식물의 분화는 잎에서 탈자적 존재, 분해된 상태, 지양된 **개별성**이라는 극단을 〔초래한다.〕 〔이것은〕 개별성의 존립에 대항하는 **과정** 그 자체〔라고 할 수 있다.〕

이러한 형태를 통해 본질적으로 식물이 유지되는 보편적 영역이 언급될 수 있다.* 〔이 보편적 영역에서는〕 단순자가 분절화과정에서도 자신의 보편적 실체가 지닌 단순성으로부터 나오지 않기 때문에, 따라서 각 부분은 모두 전체 식물의 힘이 되고, 각 부분이 전체 식물을 표상할 수 있게 된다. **뿌리**는 전도된 상태의 나무이며, 큰 가지들을 지닌 채 대지에 심어져 있고, 발아한다. 뿌리들은 완전한 상태의 가지들이 되며, **껍질**에서도 마찬가지로 싹이 나온다. 그리고 가지들은 뿌리로 되돌아간다. 그러나 **잎들**〔의 형성은〕 자유로운 과정으로서,** 잎이 존립할 수 있기 위해서는 더 이상 이같은 〔뿌리, 껍질, 가지에서 나타나는〕 견실함을 그 자체에 지니지 못 한다.

b)*** 자아의 본래적인 **과정**이 출현함으로써, 형태화 과정은 저지된다. 빛은 이미 형태화로서 자아의 출현을 저지한 바 있다. 그러나 전체로서

---

* 개체의 대립적 과정 속에 **유**가 존재하며, 〔이 유는〕 전체로서 이러한 대립을 통해 **현전한다**.

** 이 자아는 고유한 자기내원환에 도달한다.

*** b) 결과는 과정으로서의 **개별성**이고, 존재로 복귀한다. 저지, **자기내반성**, 잎의 과정, **나무 둥치**의 재구성으로 인해 **뿌리**가 산출되고, 환수되어, **첫 번째 발생한 수분의 흡수**처럼, **빛을 흡수**〔동화작용〕한다. 형태화는 과정이며, 자기 자신을 향한다.

자아는 자기 고유의 온전한 **현실태**이다. 자아는 자기 고유의 불이며, 자아는 자기 자신 내로의 환수이다. 탈자존재(Außersichsein)는 자아의 현실이다.* 형태가 그의 **존재**인 것처럼, 그의 현실은 그의 **대타존재**이다. 〔그러나, 이 대타존재는〕 반성된 것이며 그의 **감각**의 방식이고 단순한 **대자존재**이다. 형태화과정은 기체인 씨앗과 나무 둥치의 직접적인 단순성에 대한 부정이며, 〔이 점에서〕 형태화 과정은 형태의 분리과정이며, 형태로서의 형태의 지양과정이며, **복제(複製, Vervielfältigen)** 일반으로서,** 또 다른 자아와 씨앗을 형성하고 산출하는 과정이다. 〔이러한 과정은〕 구근(球根, Zwiebel)을 복제하는 과정〔과 같다.〕 이전의 과정에서는 전체들이 하나의 형태를 확대한 것이라면, 〔여기서의 과정은〕 전체들을 더 많이 생기게 하는 증식(增殖, Vermehrung) 과정이다. 이것이 〔식물의〕 감관을 대표한다.*** 〔식물에서〕 자아가 **현존**하고 형태를 갖추게 되면서 이 자아는 자체 내로 반성된다. 이것은 여기서 다음과 같은 것을 의미한다. 자아의 현존과 형태화는 도처에서 온전한 개체로 존재하며,**** 그 자체가 하나의 존재자이다. 〔그러나〕 여기서 자아는 그 현존의 상태에서 보편적 개체가 아니다. 또한 만일 이 자아가 그 자체 내로 반성된다고 한다면, 이 자아

---

* **전체적인〔온전한〕** 결과가 생겨나서, α) 그의 생성에 대립하여 정립되고, β) 그 자체로 전체가 〔되어〕, αα) 싹, ββ) 꽃, γγ) 열매〔가 된다〕. 이 전체가 **과정**이며, 이 과정은 전체 과정을 자신의 부분들로 삼는다. αα) 이 과정은 직접적인 총체적 과정이다. ββ) 〔그 다음으로,〕 발전된 과정이 〔되고〕, γγ) 〔마지막으로,〕 전개된 산출물이 〔된다.〕
** A. 전체의 의미는 α) **자체 내로 반성된 존재**, 자기감정, 대타존재에 처한 자기내존재, 즉 감관이다. 식물은 개체로서 자기 자신에게 복귀하지 못 한다.
*** **싹들, 포복지**(匍匐枝,Stolon)들, 구근(球根)들은 두 개의 싹으로 쪼개진다. 잎은 성숙한 상태로 〔존재한다.〕
**** **개별성**, 과정은 그 자신에게 두 개별성들의 통일〔로서〕 **아직 대상이 아니다.** 식물은 단지 대지이자 힘일 〔뿐이다〕.

에게 대상적인 것은 하나의 개별자로 나타날 것이며, 자아는 이 개별성의 통일이 될 것이다. 자아로서 개체는 하나의 자아로 **거기에** 존재하므로, 개체는 자기 자신과 보편적인 비유기적 자연의 통일이 아니라, 개체 자신과 낯선 개별성의 통일이라고 할 수 있다. 그리고 여기서 낯선 개별성은 그 자체로 현실적이며 자체 내로 반성된 개별성이라고 할 수 있다. 그러나 비유기적 자연은 식물에서 스스로 개별화하는 그러한 대상이 아니라 직접적인 대상이라서, 〔엄밀히 말해〕 어떤 대상도 아니다. 따라서 식물의 반성적 존재상태는 그 자체로 **두 개별자들의 통일**이 아니며, 오히려 이 두 개별자들은 식물에서 서로 분리되어버린다. 물론 식물은 바로 이 개별자이면서도 동시에 또 다른 개별자가 되는 이러한 반성의 상태에 도달하기는 한다. 그러나 한편으로 그것을 표현하자면, 이 양자의 부정적 통일이 결여되어 있다. 〔식물에서〕 통일은 식물의 형태이자 전체이며, 안정적인 통일이지, 부정적인 통일은 아니다. 그리고 또 다른 편으로 식물에서는 개별자가 참되고 자유로운 대상성에 도달하지 못하며, 여기서 또 다른 개별자는 **식물의 일부일 뿐**이며, 동시에 **그와 같은 하나의 식물일 뿐**이다. **식물은 형태화되면서 오직 그렇게만** 산출될 수 있고, 또한 〔식물의〕 형태의 부분들은 유기적 통일의 상태로 그렇게 유지될 수 있으므로, 식물은 이러한 부분들을 현존하는 전체로 만들게 된다. 그렇다고 그것들을 특수한 조직들〔체계들〕로 만드는 것은 아니다. 이 특수한 조직들〔체계들〕은 개별적 계기들을 살아 있는 상태로 표현하고, 삶을 〔그와는〕 또 다른 규정과 기반〔요소〕으로 표현한다.

그래서* 식물에게는 직접적으로 자기 내로 반성된 상태, **즉자대자**

F139

---

* B. 꽃

적 존재라는 성질이 있다. 그러나 이것은 본질적으로 운동〔이다〕. 그것은 형태, **즉자존재**와 **대자존재**, 과정의 통일이다. 그것은 자립적이며 자기 **동등**하며 **온전한** 개체들의 **과정**이다. 〔이 과정은〕 직접적으로 반성된 첫 번째 통일에서 단지 존재하는 통일로만 서로 분리되었던 것의 연관이며, 개체가 자립적인 개체인 자기 자신과 맺는 연관이다. 그러나 식물은 이를 감당할 힘이 없다. **오직 성관계의 표상일 수 있는 것은 바로 생식 과** H133 **정이다.** 자웅이주(雌雄異株)의 경우에 남성성과 여성성은 상이한 개체성이며, 본래 한 식물은 〔남성성과 여성성〕 모두에게 적합하다. 그러나 이러한 식물은 〔남성성과 여성성과 같은〕 이러한 성격이 스며들어 있지 않고, 오히려 단지 하나의 피상적인 정점(頂点)이 될 뿐이다.

　남성성과 여성성의 대립은 이중적인 방식으로 존재하게 된다. 즉 다음 F140 과 같이 두 가지 과정들이 정립된다. α)* 〔그중 첫 번째는,〕 **그 자체로 존재하는 식물과 유이다. 여기서 식물은 비유기적 자연에 대해 부정적인 태도를 취하며, 유는 개별성으로 존재한다.** 그리고 β) 〔두 번째는,〕 **자체 내로 반성되면서, 외부를 향하는 상태로 보편적인 성질을 띠는 식물이다.** 전자의 과정은 개별적이며 현실적인 것 자체이고, 후자는 개별성과 활동성의 가능성이다. 〔그 다음으로〕 유와 개별의 직접적이며 현실적인 통일〔이 필요하고〕, 그렇기 때문에 〔여기서〕 수동적이면서도 수용하면서 분만하는 자, 즉 보편적 모태(母胎, Schoß)의 품속〔이 필요하다〕. 그들은 서로 상반되는 첫 번째 두 과정들을 표상한다. 그중 하나는 자신의 본질을 자신 밖에 지니고, 지양되어야 하는 것인 이 본질로 향하는 부정태이다. 다른 하나는 자체 내로 반성된 이 본질 자체로서, 〔이 본질은〕 더 이상 비유기

---

* α) 즉자존재

적 자연이 아니다. 이 두 과정들은 그 자체가 온전한 전체로서, 서로 대립하는 규정에 처해 있다. 그래서 이 두 과정들은 상호 대립하는 **상태에 있다.*** 그러나 식물의 현존은 과정 자체를 통해, 특히 후자의 과정을 통해 생겨난다.[9] **소화하면서 형태를 만드는 과정은 자체 내로 반성된 과정으로 나타나게 되었다.** 과정으로서 과정은 그 자체로 분리된 것이며, 자체 내로 반성된 것으로서 이 과정의 여러 측면들도 〔제각각〕 온전한〔전체적인〕 개체들이다.

　잎에서 진행되는 물의 과정에 의해 잎의 중성 상태는, 뿌리들과 단순한 씨앗들, 개체들로 목질화(木質化)하는 과정과** **공기의 과정, 고갱이**로
H134　분리된다. 이러한 요소〔기반〕에서 식물은 전체로 산출되는데, 여기서 전체란 〔수컷과 암컷이라는〕 **성별**로 분리되고, 더구나 오직 생식기관들로만 분리되는 것이다.***

F141　〔식물이〕 성별을 띠는 것은, 식물의 개체가 개체인 자기 자신에 대해 타자가 될 수 있다는 것을 의미한다. 〔만일 이렇게 된다면,〕 식물의 개체는 **빛**으로서 그 자체로 현실적이게 될 것이다. 왜냐하면 순수 자아는 빛이며, 대상적 현재로서 자기다움(Selbstigkeit)이므로, 순수 자아는 절대적인 것, **보는 행위**(Sehen)가 될 것이기 때문이다. 그러나 식물의 개체는 그

---

　* β) **생성된 존재**

　** 고갱이〔는〕 나무 재목이 죽어 있는 것처럼 **이렇게 죽은 보편성**〔이다.〕

　*** α) 신부 침대—전체. αα) **꽃받침**, 껍질, 보편적인 포괄. ββ) 잎들, 외피〔가〕 정제되면서 **색을 띠게 되고**, 잎의 중성적 색은 순화되고 특성을 띠게 된다. **고유의 현실성**의 계기, **대자존재.**

∴
9) 여기서 '후자의 과정'은 '본질 자체가 자체 내로 반성되는 과정'을 말한다.

렇게까지 되지는 않으며, 보는 감각은 그 자체에서 단지 빛과 색으로만 유지될 뿐이다. 〔그러나 식물에서 이 빛은〕 잠자는 한밤중에, 어둠 속에서, 순수 자아 속에서 재탄생된 빛이 아니며, 보는 행위도 아니고, **정신화된** 빛, 자기다움, 순수하며 **실존하는** 부정성으로 존재하는 것도 아니다. 이 재탄생〔부활〕은 물이 변하는 계기를 개체들, 싹들, 포복지(匍匐枝, Stolon)들에서의 반성으로 포함한다. 이 개체들의 단순한 통일은 식물의 단순하며 순수한 연속성, 금속성 또는 **색들**로서 식물에 속하는 것으로서만 거기에 존재한다〔현존한다〕. 〔식물의〕 과정의 자아라고 할 수 있는 외피와 잎은 여전히 분리되지 않은 상태로 **초록**으로 〔존재한다.〕 **파랑**과 **노랑**을 종합한 이 〔초록이라는〕 색은, 물의 중성 상태에 의해 지양되며, 파랑과 노랑으로 분리된다. 현실에서 초록의 조망은 노랑과 파랑빛이 비치는 것이며, 이후에 계속해서 노랑은 **빨강**으로 옮겨간다.* 〔빨강은〕 불의 색이며, 노랑은 밀밭의 〔색이며〕, 파랑은 달구지국화(Kornblume)〔의 색이며〕, 빨강은 양귀비(Mohn)〔의 색이다〕.

이러한 빛의 과정은 꽃의 형태〔를 만든다〕. 빛 속으로, 자아 속으로 고양된 형태가 있다. (싹에서 각각의 잎처럼) 잎들의 다면은 단 한 점으로 총괄된다. 그리고 이 싹은 순수한 부분들로 발전된 전체〔와 같다〕. 꽃받침은 박피(薄皮)로 수축된 잎이다. 잎은 자신의 목질화된 상태와 분리된 수포들을 없애고, **배아**(胚芽, Germen) 주변에 좀 더 순수한 색을 띠고 모인다.**　H135

---

* 수많은 종류들이 이 모든 색들을 거쳐나간다. 인위적인 원예술은 이 모든 색들과 색들의 혼합에 의해서 그것을 성취할 수 있다. 야생의 꽃은 **붉은데**, 이 꽃을 **파랗게** 만들기는 어렵다. 〔그러나〕 어떤 식물이 개화하지 않을 때에는, 원예술이 그것의 잎들을 채색하고, 거기에 암술들을 그려 넣는다.
** **배아**는 이렇게 좀 더 순수한 싹이다.

이것이 바로 식물의 **추상적인** 즉자다. 씨앗(Same)은 추상적이며 **현실적인** 즉자로서, **열매를 맺는다.** 〔이에 비해〕 배아는 그러나 현실화될 수 있는 가능성을 아직 그 자체에 지니고 있지 않다.* 배아는 아직 가능성 일반이다. 배아는 대타적으로 존재하며, 이러한 그의 대타존재는 **암술(Pistill)**이다. 〔이 암술은〕 배아가 그에 대해서 존재하는 타자라고 할 수 있다. 그리고 **목재 섬유질(Holzfaser)**도 대타존재다.** 왜냐하면 〔대타존재인〕 배아는 **단순한 자아의 규정성**이기 때문이다. 배아는 자기 자신에 대해 대립적인 태도를 취한다. 즉 배아가 대면하는 타자는 〔발현된 배아의〕 일부이며, 특수한 현실태이다. 여기서 식물은 개별자가 식물에 대해 존재하는 상태에 이른다. 그러나 α) 〔이 개별자는〕 식물의 **일부**〔일 뿐이며〕, β) 〔온전한〕 전체로서 〔존재하는 것은 아니다〕. 그것은 활동적인 것이며, **잎**이고, 어떤 물질, **꽃가루**가 되는 과정이며, **활동적인 고갱이**다. 고갱이는 **공기를 함유하고** 탄력이 있으며 그 자체 내에서 긴장상태에 있는 추상이다. 여기서 긴장상태는 **활동성**으로서 현존하게 된다. 유기적이며 **화학적인 계기**는 암술처럼*** 그편에서 보면, 현존자〔현존하는 계기〕가 현존자나 그의 비유기적 자연인 현존자에 미치는 외적인 활동이자 영향이다. 생식 일반의 경우와 마찬가지로, 열매 맺지 못하는 배아 속에 무엇이 있는지 고찰하거나, 열매를 맺음으로써 달성되는 것이 무엇인지를 고찰하는 것은 아무 도움이 되지 않는다. 〔식물에서의〕 변화는 화학의 거친 손길을 벗어난다. 왜냐하면 화학은 생명체를 죽은 것으로 취급하고 〔생명이 없이〕

---

* 차이나는 계기들

** 목재 섬유질과 잎, 고갱이, 꽃가루 〔등은〕 그러나 **가연성을 띠며,** 활동적이고, 활력이 있고, 잎이 좀 더 많은 수분을 함유하고 있다.

*** 산, 염기

죽어 있는 것이 무엇인지를 고찰하는 데에만 열중하며, 생명체를 고찰하지 않기 때문이다. 식물이 열매를 맺는 것은, 오직 식물이 추상의 상태에 있는 계기들을 분리된 현존상태로 제시하면서,* 이 계기들을 접촉에 의해 다시 일자 속에 정립하는 데에서만 존립한다. **추상적**이며 차이 나며 활력이 있지만, 동시에 **현실적이며 현존하는** 것들 사이의 운동이라고 할 수 있는 이러한 운동은, 이것들이 추상적인 것들이기 때문에, 이 추상적인 것들을 그 자체에서 현시하는 **실현과정(Verwirklichung)**이라고 할 수 있다.**

이러한 현시(Darstellung)는 린네[10] 이후로 종의 과정으로 고찰되어 왔다. 그러나 종의 과정이 정말 이러하다면, 종의 과정은 식물의 부분들뿐만 아니라 〔온전한〕 전체 식물들을 자신의 계기들로 삼아야만 할 것이다. 암수 한몸인 식물과 암수가 분리된 식물은 구별되는 종들로서, 수정하여 열매를 맺는 과정에서 〔차이 나는〕 중요한 증거를 남긴다. 그러나 상이한 개체들이라고 해서 이것들을 상이한 종들로 볼 수는 없다. 왜냐하면 상이한 개체들은 그들이 서로 대립하는 과정의 〔밑바탕이 되는〕 **원리(Prinzip)** 속으로 가라앉기 때문이다. 또한 원리가 이 상이한 개체들에 완

---

* 그러한 〔화학적〕 성분들은 양적인 구별〔로서〕, 이 성분들에는 유감스럽게도 정신적인 유대가 결여되어 있고, 이제 비로소 〔이러한 유대가〕 **생겨야** 한다. 여기서 근거는 **죽은 것**과의 관계로 현전한다.

** 냄새. **정신적이며 비물질적인** 대타존재, **고갱이** 속으로 **기체화된** 식물

∵

10) 여기서 헤겔은 린네의 『자연의 체계(Systema Naturae)』(1735)나 『식물의 종(Species Plantarum)』(1753), 『식물의 속(Genera Plantarum』(1754) 등의 내용을 참고하고 있는 것으로 보인다. 린네(Linné, Carl von, 1707-1778)는 스웨덴의 식물학자이나 탐험가로, 처음으로 생물의 종(種)과 속(屬)을 정의하는 원리를 만들었으며, 또한 이 생물들의 이름을 붙일 때 필요한 일정한 체계를 만들었다.

전히 스며들어 **보편적** 계기가 되거나,* **온전한** 개체의 원리가 되는 것이 **아니라**, 오히려 온전한 개체의 **분리된 한 부분**이 되고, 〔분리된〕 양자는 오직 이 〔분리된〕 부분에 따라서만 **서로 관계를** 맺기 때문이다. 본래적인 한 종은 전체 개체들을 자신의 대립자로 삼아야만 한다. 그리고 여기서 전체 개체들의 규정성은 자체 내로 완전히 반성되어 있으면서도 전 범위에 걸쳐 확산된다.

그렇기 때문에 본래 종관계〔성관계〕(Geschlechtsverhältnis)는 **소화 과정**과 다름없는 것으로 고찰될 수 있다.** 왜냐하면 소화는 독자적인 것들을 자신의 편으로 만드는 과정이기 때문인데, 이때 이 독자적인 것들은 완성된 반성이나 전체인 것은 아니지만, 자기 나름의 **고유의 현존**을 그들 자체에 지니는 그러한 것들이다. 〔소화의 경우에 비추어보면,〕 이 독자적인 것들은 **내장기관들**일 뿐이지 개체들은 아니며, 그러한 내장기관들은 화관(花冠, Blumenkrone)을 구성하는 구분되는 것들이라고 할 수 있다. 또한 여기서 소화와 생식은 똑같다. 이 둘이 동일한 이유는, 〔식물에서〕 소화는 **개체** 자체를 산출하고 비유기적 자연을 산출하기 때문이다.*** 그러나 식물에서는 이와는 다른 개체가 생기기도 하는데, 이것은 성장과정에서 발생하는 직접적인 소화에서 마디를 만드는 것과 같다.

산출물,**** 완전한 상태가 된 식물이 **열매**(Frucht)다. 열매는 **씨앗**이며, 직접적이지 않고 전개된 과정을 통해 〔생겨난〕 **싹**(Knospe)이다. 씨앗은

---

* 곤충들의 경우에 암수는 매우 상이한 습성을 〔지닌다〕.
** **목재** 일반의 **성숙**
*** 번식에 불필요한 것의 산출. 사치. 꽃의 밀선(蜜腺)에서 나오는 기름.
**** **씨앗은** 자유롭게 껍질이 벗겨져 운동하게 된다. 그러나 〔여기에는〕 **낙하의** 〔운동〕만이 있다.

전체의 형식적인 반복일 뿐이다. 새로운 것만이 산출되어야 한다는 점에 F144 H137
서 보면, **씨앗**으로서 씨앗은 싹보다 어떤 우위를 점하는 것은 아니다. 수
많은 것들은 전혀 씨앗이 되지 못하기도 한다.* 그러나 씨앗은 **소화된** 식
물이며 **열매**다. 여기서 열매는 그 식물 고유의 유기적 본성을 그 식물 자
체로부터 그 식물을 통해서 산출할 수 있는 것으로 드러난다. 씨앗과 열
매는 식물이 도달하고자 하는 본래적인 종이라고 할 수 있다. 꽃의 부분
들에서는 단지 (성별의) 차이만이 있을 뿐이고, 이 성별의 차이는 식물 고
유의 전체를 포괄하지 못한다. 그러나 씨앗과 열매는 무차별적인 이러한
〔식물 고유의〕 전체라고 할 수 있다. 식물은 그 자체에 씨앗과 열매를 지
니고 있고, 열매가 썩어가는 과정은** 비유기적 자연 **자체**가 생성되는 과
정이다. 내적인 의미에 따라서 보자면, 〔이와 같은〕 설명은, 씨앗의 부패
된 상태만 비유기적 자연이 될 것이라고 〔말하는 것은〕 아니다. 다른 식
물들 중에는 아예 열매가 없는 경우도 있다. 씨앗 턱은*** 부풀어오른다.
그리고 (씨앗의 꼬투리) 잎의 과정은 이제 물질화된다. 식물은 이러한 소
화 과정에까지 이른다. 이제 식물은 먹이가 될 수 있는 좀 더 고차적인
유기체임이 밝혀진다. 바로 이것이 **식물의 규정〔본분〕**이다. 즉, 식물은
하등 유기체다. 그래서 유기체의 이념은 식물에서 완성되지 않고, 오히

---

* **분리된** 개체,* 고유의 자기내존재, **싹**에 대해 **나무**는 싹의 **자기내존재**〔라고 할 수 있다〕.
  〔*옆에〕 비유기적 〔개체〕
** **열매**는 비유기적 자연〔으로서〕, **대타적으로 존재하면서** 자체 내로 반성된다.
*** 암컷이 씨앗이 된다. 꽃밥의 포화〔부패〕는 열매 속으로 부풀어오른 열매 턱이 된다.
  수동적인 전자〔꽃밥의 포화〕는 자체 내에 힘을 지니는 것으로 전환되고, 후자는 활
  동적인 것으로서 수동적이며 비유기적이며 부패하는 자연으로 전환된다. 열매는 **외피**
  (특히 견과류, 씨앗의 꼬투리, 잎), **재목**(딱딱하며 질긴 껍질) 그리고 **고갱이**(기름진
  핵)〔로 이루어진다.〕

려 〔식물에서〕 유기체는 먹혀야 하는 현존이다. 경제적인 유용성과는 반대로 행위라는 것은 어리석은 일이다. 〔유기체는〕 전혀 우연적인 것이 아니라, **일상적인**〔보통의, gemein〕 것이다. 왜냐하면 식물은 보통의 것이기 때문이다. 식물 그 자체로 고찰해보면, 절대적인 상태에 있는 바와 같은 식물은, 그 완성의 상태에서 지양되어야 하는 것이며, 타자에 대해서 그 자신이 비유기적 자연이 되는 그러한 것이다.*

(그에 의해 재구성되는 자연이 어떤 것인가가 검토되어야 한다. α) 빛은 그 자체로 대타존재로서 **색**이다. 〔또는〕 색의 고유한 빛〔이 있다고 할 수도 있다.〕 〔그래서 예를 들어,〕 노란 색 꽃들은 아주 밝게 빛난다. 그러나 〔다른 면에서 보면,〕 빛은 색과 같은 속성이 아니다. 오히려 유기적 자아가 색을 **사물(Ding)**로 보도록 강제한다. 또한 유기적 자아는 **대타존재**일 뿐이라서 자기 고유의 현실성을 지니지 못하는 색을 물리적 현존으로 고양되게 한다. 색은 〔일종의〕 금속으로서 이미 **사물**이다. 〔다시 말해,〕 비유기체의 모든 채색은 금속의 성질을 띤다. 화학은 식물을 죽은 상태의 부분들로 보여주기 때문에, 특정한 **색소**(色素, Farbstoff)를 보여준다. 〔예를 들어,〕 동물의 경우에 피 속에 있는 〔붉은 색의〕 **철 성분**〔을 보여준다.〕 〔그런데 이러한 색소는〕 물리적인 추상물〔이다.〕 식물은 자신의 개념 속에 이러한 〔색의〕 순수함을 지니고 있지 못하다.)

또한 식물은 타자에 대한 **기체**의 형태로, 냄새의 감각으로 존재한다. 식물의 온전한 전체 본성은 공기로 발산되고, 대기로, 기체적인 현존으로 발산되어버린다. 색으로서의 색에서처럼, 공기로서의 공기〔도 마찬가지다〕. 식물은 열매로 **냄새를 풍기며**, 열매는 사물로서, **에테르의 정수**

---

* 식물의 **맛**(Geschmack), 소화된 비유기적 **자연**, 발전된 존립

(精髓,Öl)로서 〔그 식물로부터〕 분리가능하다. 또한 식물은 **소금기가 있는 중성의** 사물이다. 잎들에는 딱딱하지 않은 결정들이 있고, 소화된 물은 거의 없다.* 아직 무르익지 않은 열매들에서는, 주석(酒石)의 소금기가 우세한 상태로 짠맛이 나는데, 이 익지 않은 염분은 그 중성의 성질을 한데 모아서 당분(糖分)의 **가연성** 염분으로 총괄되어, 포도 맛의 액체가 된다. 여기서 처음으로 식물이 빛의 원리를 물질화하고 열기(熱氣)를 띤 물질이 되어버리는 개념으로 드러난다. 식물은 불을 붙이면 화염을 그 속에 보유하게 되는 끈적끈적하고** 연소가능한 부분들의 덩어리일 뿐만 아니라, 오히려 식물 자체가 자체 내에서 불〔열기〕의 운동이기도 하다. 식물은 **발효(醱酵) 상태로 이행**하지만, 식물이 그 자체로 자신에게서 스스로 산출하는 열은 곧 식물을 파괴하는데, 〔이렇게 되면,〕 **죽은 자의** 삶의 경로〔가 나타나게 된다〕. 〔이렇게 해서〕 식물로서의 식물보다 더 고차적인 과정, 즉 동물의 과정이 있게 되고, 식물은 몰락한다. 당분, 포도주, 초산의 발효 (외부를 향하는 산성분), 부패와 분해 등은 죽은 성분이 방출되는 것이다. 이것들은 〔식물적인〕 자아로부터 방면되면서 죽은 성분들이 되어버린다.

그러므로 식물은 열매 속에서 두 가지 유기적 존재자를 산출하게 되었다.*** 이 두 가지는 씨앗과 열매 그 자체다. 그런데 이 둘은 서로 무관하며 분리되어 있다. 즉 씨앗을 낳는 힘은 대지이며, 열매는 씨앗의 모태(母胎, Mutterleib)가 아니다. 식물의 열매는 그 자체에 이중화된 원리를 지

F146

H139

---

* 맛(Geschmack)
** **열**
*** **무게*와 열**
  〔*옆에〕 느낌(Gefühl)

니는데, [그것은 한편으로는] 당분의 **포도주 같은** 것이며, [다른 편으로는] 전분(澱粉)같은 **점착성의** 물질이다. [여기서 전자는] 마실 수 있는 것이고 [후자는] 먹을 수 있는 것이다. 그리고 전자는 **정신적인 것**이며, 후자는 **육체적인 것**이다. 또한 전자는 **자기다움**의 원리이며 후자는 **존립하는 것**의 원리이다. [이렇게 해서] 중성적인 것, 활기 없는 것은 [불처럼] 활기 있는 것이 되어버렸다.* 이러한 정신성이 식물이 도달하는 **최상의 자기다움의 상태**다. 그러나 이 정신성은 식물의 피[생명]가 아니며, **식물의 죽음만이 비로소 그러한 정신성에 도달하게 된다.** 취하게 하는 음료들(酒類)은 사람을 이러한 무의식적인 보편적 자기감정의 상태로 되돌려 놓는다. 동물들은 아직 발효되지도 않은 것을 집어삼킨다.[11]

자연 속에서 식물의 이러한** 본성은 어느 정도는 온전한 방식으로 현

---

* 유기체는 그와 같은 단순한 계기들이 차지하고 있는 **상이한 위치들**의 총체, 순수 형식이다.

  α) **재목, 뿌리, 목재의 섬유질**, 암술 [등은] 열매의 계기[다.]

  β) 줄기, 잎, 꽃잎, 꽃밥에는 수포[가 있다.]

  γ) 고갱이, 화분(花粉), 전체적인 것, 향기, 전체적인 꽃의 과정

  α) **재목, 뿌리, 힘**

  β) 수포, 형태의 **존립**

  γ) 공기관, 개화(開花)

** [이후에 언급되는 이끼류와 같은 경우에는] 개별적 식물이나 식물 종은 아무 의미도

..

11) 여기서 헤겔은 인간과 동물의 차이를 발효라는 예를 통해 간접적으로 보여주고 있다. 다른 동물과 달리 포도를 발효시켜 먹을 줄 아는 인간만이 자아로서 정신성을 지닌다고 할 수 있다. 그리고 발효상태는 헤겔에게 정신의 풍성하며 왕성한 활동을 의미한다. 헤겔은 『정신현상학』을 끝맺으면서, "이 정신의 왕국의 성배(聖杯) 속에서 절대정신에게 자신의 무한성이 거품처럼 부풀어오른다."라고 끝맺고 있는데, 이러한 표현도 발효와 연관된 표현이다.(GW9, 434)

전한다. α) 종려(棕櫚)나무나 단자엽(單子葉) 식물은 본래적인 의미에서 줄기를 만들지 않으며, 완전한 형태의 잎도 만들지 않으며, 항상 보자(褓子) 형태의 싹으로 있는데, 이 싹은 터지기는 하지만 결코 납작하고 완전한 형태를 갖추지는 않는다. 그래서 지면에 넓게 퍼지는 이끼류(musa paradisiaca)[12]도 열매 맺는 씨앗을 〔만들지 못한다.〕 이 식물의 뿌리와 줄기 전체가 이 식물의 고갱이다. 줄기는 연장된 형태의 뿌리이다. 이 식물은 **싹이나 줄기를 전혀** 가지지 않고, 항상 새로운 뿌리들만을 만들어내는데, 이 뿌리들은 다시 말라죽으며, 나무의 섬유소(纖維素)를 통해 서로 연결된다.* **소화된** 열매는 무우나 감자 등과 같은 뿌리나, 아니면 엽병(葉柄, Stengel)이나 사탕수수가 되어버린다. 이보다 완전한 형태의 식물은 이 계기들〔뿌리, 줄기, 열매, 잎〕을 보다 순수하게 구분한다. **선인장**과 같은 다른 식물들은 햇빛에 잘 견디는 수분 많은 잎으로 되어 있다. 선인장의 잎은 나무둥치나 가지가 되지 않고 오직 가시들만이 될 뿐이다. 강력한 햇빛 때문에 선인장 잎은 나무둥치의 내밀성을 갖추지 못하는 것이다. 〔하지만〕 잎은 말라죽지 않고, 그 자체에 새로운 잎들을 계속해서 산출해낸다.**

F147

H140

없으며, 〔그와는〕 다른 것을 지시한다. 〔그것은〕 약하지만 개체가 아니라 **불완전한** 종 〔이다.〕

* 특히 여기서는 열매와 소화과정이 속하는 곳이 〔중요하다.〕 여기서 부분들은 또 다시 유에 무관하게 되며, 어떤 개별성〔도 지니지 못 한다.〕 잎은 종종 온전한 전체 식물이며, 가시가 있기도 하다.

** **삶**은 광물적 〔유기체이고〕, **생명체**는 식물적 〔유기체이며〕, 개별적 〔생명체〕는 동물적 유기체〔이다〕. 보편성은 생명체에서 아직 그 자체로 실존하지 않는다.

∴

12) 이끼나 곰팡이류의 식물.

〔II.〕
동물적 과정[13]

식물적 과정은 그 과정의 결실에서 과정으로부터 산출되는 비유기적 자연과* 그 과정의 유기적 일자라는 이중화에 도달하게 된다. 그러나 이 이중화된 두 측면들〔비유기적 자연과 유기적 일자〕은 꽃의 부분들에서 무차별적으로 대립한다. 그리고 이 두 측면들 외에 다시 **싹(Knospe)**이 등장하는데, 〔이 싹은〕 직접적으로 살아 있는 것으로서, 곧바로 발아하는 싹이다. 이것이 일자 속에 정립되면 동물적인 것이 된다. 〔동물적인 것은〕 **자기 자신 속으로의 반성**이자, 그의 비유기적 자연과 유기적 자연의 통일이다. 〔이렇게 통일됨으로써〕 두 측면은 온전한 것이 되므로, 진짜 성관계나 진짜 내장기관이 있게 되고, 그 과정에 개별자의 감각과 존재가 있게 된다.

동물적인** 보편적 유기체는 다음과 같은 두 가지 물리적 요소들을 개

---

* **이중화된 유기적 자아**

** 동물은 자기 생산을 할 수 있게 된다. 〔그리고 동물은〕 유로서 자신 밖으로 나간다. 동물의 **불안(공포)**, 욕구. 욕구하거나 욕구된다.

α) 개별성, 외적인 비유기적 자연의 관계

β 개체의 과정〔은 다음과 같이 전개된다.〕 αα) 형태, ββ) 소화, γγ) 생명체, 내적 유기체, 활동적인 것, 자기 자신을 산출하는 과정.

∴

13) 헤겔은 『엔치클로패디』의 「자연철학」에서는 주로 동물적 유기체를 다루는 데 많은 부분을 할애하고 있다. 거기서 동물적 유기체 부분은 첫째, 형태화과정(Gestalt) 둘째, 동화과정(Assimilation) 셋째, 유의과정(Gattungs-Prozeß)으로 구분된다. 형태화과정에서는 감각 수용성, 자극반응성, 재생산성이 다루어지고, 동화과정에서는 오감(五感)의 형성, 욕구와 충동, 본능, 소화(Verdauung)의 문제가 다루어지고, 유의과정에서는 유와 종의 관계, 성관계, 개체의 질병과 죽음의 문제가 다루어지고 있다.

별자로 재조성한다. 〔그중 하나는〕 α) 추상적인 물리적 물체이며, 〔다른

하나는〕 β) 유기적인 식물적 물체이다. 이 유기체는 이러한 물체들을 정

립하며, 스스로를 비유기적 자연으로 자신 밖으로 기투(企投)한다. 그리

고 이중화된 것으로서 이 동물적 유기체는 보편적 자연과 개별화된 자연

의 대립 속에서 이러한 물체들을 재조성하는데, 여기서 후자〔개별화된 자

연〕는 보편적 자연 속으로 분리되어 나타난다. 그래서 동물적 유기체는 그

러한 요소들에 대해 부정적인 태도를 취한다. 〔동물적 유기체가 재조성하

는 두 번째 물리적 요소는〕 β) 식물적 유기체이며, 이것은 직접적인 지양

이자 유입(流入)이다. α) 이 부정성은 자신과는 완전히 거리를 두면서 상

호 무관한 성격을 띤다. 즉, 단지 공간과 시간을 통해서만 이 요소들과

관계를 맺고, 자유롭게 운동〔한다.〕 그리고 〔동물적 유기체는〕 γ) 매개적

운동을 통해서 요소들을 자신과 통일되도록 하며, 기계적 계기 속에 있

는 상호 무관한 자립적인 개별자들인 요소들을 자신으로부터 배제해버

린다. 그리고 소화를 통해 그것들을 자신과 통일시킨다.

　동물은 **개체성에 도달한 진정한 배타(排他)적 자아**이다. 동물은 **배타적**

이고 스스로를 분리하며, 대지의 보편적 실체로부터 자신을 분리시키고,

대지는 **동물에 대해** 외적인 현존을 지니게 된다. 동물은 자기 나름대로

자의(自意)적인 운동을 하게 된다. 즉, 동물 자신의 지배를 받고 있지 않

은 외적인 것은, 동물에 대해 동물 자신의 부정태이며 무관한 것이 된다.

여기서 절대적으로 무관한 상태는 공간적인 존립을 의미한다. 그런데 이

공간적 존립은 동물 자신에 의해 규정된 관계이며, 이 관계를 통해 동물

은 대지의 보편적 실체로부터 떨어져 있는 자신의 자유를 보여준다. 이

러한 사실은 동물의 이 비유기적 자연이 동물에게 있어서 개별화되었다

는 점과 관련이 있다. 왜냐하면 〔비유기적 자연인〕 요소〔원소〕에서는 어

떤 거리감[소원함]도 발생하지 않기 때문이다. 요소[원소] 그 자체 속에서 살아가는 것은 어떤 운동도 하지 않는다.

비유기적 자연에 대한 이러한 관계가 동물의 보편적 개념이다. 동물은 개별자 자체와 관계를 맺는 개별자이다. 즉, [동물은] 상이한 개별성들이 자체 내로 반성된 통일이다. 그래서 동물은 자기 자신을 산출하는 목적으로 실존하며, 바로 이 개체 속으로 되돌아가는 운동이다. [이런 점에서] 개체성의 과정은 하나의 완결된 순환(循環, Kreislauf)인 것이다. [이것은] 유기체에서 대자존재의 영역[이라고 할 수 있다.] 이와 같은 것이 동물의 개념이기 때문에, 동물의 **본질**, 동물의 비유기적 자연은 동물에 대해 개별화된다.

식물적 유기체는 무아(無我)적인(selbstlos) 삶이다. 개체성은 식물적 유기체에서는 아직 현실적이지 않다. 식물적 유기체는 개체성을 단지 겨우 표상만 하고 있을 뿐이었다. 식물 그 자체로부터 개체와 유의 통일이 있기는 하지만, 그러나 이 통일은 아직 유의 기반[요소] 속에 머물러 있다. 그리고 개별적이며 성(性)을 지니는 것은 완전한 자립성이 없다면 사라져버리게 된다. 동물적 유기체는 삶으로 **현존하는** 삶이다(광물적 유기체는 삶으로 **거기에** 존재하지[현존하지] 않는다). 이렇게 삶으로 현존하는 삶은 두 생명체들의 통일이다. 즉 이 삶[생명]의 운동은 α) 생명체가 추상적인 개별성이며 비유기적 자연과 관계를 맺고, 활동적인 형태화와 소화를 하는 그러한 과정이다. 이것은 **지절**(枝節, Glied)들의 형성과정이라고 할 수 있다.

β) [또한 삶의 운동은] 자기 자체 내에서 개체성의 과정이며, **내장기관**들의 형성과정이다. 임파(淋巴)액의 소화과정은 자기 자신을 먹어삼키는 운동이다. 식물은 자신의 재목(材木)이나 외피가 죽도록 그냥 내버려두며

잎들이 떨어지도록 방치한다. 〔그러나〕 동물은 다음과 같은 부정성 자체이다. 즉, 식물은 자신의 타자화를 모면할 다른 방법을 알지 못하며, 서로 무관하게 그냥 거기에 그렇게 존립하기만 할 뿐이다. 〔이와 달리〕 동물은 자신의 형태를 포괄하는 자기 자신의 부정이며, 그의 소화과정과 생식과정에서 성장의 중단은 발생하지 않는다. 동물 자신의 부정으로서 스스로 내장기관을 형성하는 것은 바로 동물 자신의 고유한 내적인 과정이다. 동물은 스스로 개체로서 형태화되기 때문에, 동물은 형태와 개체성의 통일이라고 할 수 있다. 여기서 계기가 되어버린 형태의 존재는 보편자이다. 〔이렇게 해서〕 동물은 자체 내로 반성되고 **감각(感覺)**이 있고 **성별(性別, Geschlecht)**이 있게 된다.

I. 동물적 유기체는 직접적으로 유기적 일자인 동물의 현존과 동물의 F150 내적인 개념으로 양분된다. 이 동물의 내적인 개념은 바로 그렇기 때문에 〔동물의 현존에 대해〕 외재적이다. 이 경우 개념은 〔일종의〕 비유기적 자연이라고 할 수 있다. 이 비유기적 자연은 α) 〔첫째,〕 보편적 자연으로서, 물리적 요소들이다. 〔둘째,〕 β) 자아의 타자이자 부정태 그리고 자아의 고유한 자유로운 형태이다. γ) 그리고 〔마지막으로 등장하는 것이〕 개별자이다. 이상과 같은 세 계기들은 그의 계기들을 분리시키는 동물적인 것 일반의 개념 속에 들어 있다.[14] α) 〔이 계기들 중 첫 번째 계기

∴
14) 이 세 계기들에 감각수용성, 자극반응성, 재생산성이 대응된다. 보통 감각수용적 조직은 신경계로, 자극반응적 조직은 근육계로, 재생산적 조직은 재생산의 내장들로 생각하기 쉽다. 그러나 헤겔은 이 글이나, 『정신현상학』 그리고 『엔치클로패디』에서도 이 세 계기들을 단순히 그렇게 파악하지는 않는다. "그러한 형태 자체의 조직들 속에서 유기체는 죽어버린 실존의 추상적 측면에 따라 파악되는 것이다."(GW9, 155) 즉, 헤겔은 해부학적인 관점으로 동물적 유기체의 형태들을 다루는 것에 반대하며, 이 세 계기들을 다양한 형태화의 부분들을 두루 거치는 과정이나 운동의 관점에서 이해하고자 한다. 헤겔은 『엔치클로패디』에서 이 세 계기들에 총체적인 의미에서의 신경계, 혈액순환계, 소화계가 대응된다고 하는

를 들자면,〕 물리적 요소들에 대립하는 태도를 취하는 것으로서 〔일종의〕 식물적 과정이 있는데, 〔이것은〕 형태가 없는 교질물(膠質物, Gallert)이며, 자체 내로 반성된 활동적인 점액(粘液)이다. 많은 동물들이 이러한 점액상태로만 존재한다. 이러한 점액상태의 동물이 취하는 태도는, 보편적인 흐름 속에 유영(遊泳)하면서 직접적으로 자체 내로 반성되거나, 아니면 보편적인 흐름을 자체 내로, 즉 유기적인 일자 속으로 전환시키는 것이다. 〔이것이 바로〕 **감각수용성(Sensibilität)**이다. 이것은 식물에서와 마찬가지다. 그러나 β) 〔둘째로,〕 동물은 그와 동시에 **자극반응적(irritabel)**이고 탄력적(彈力的)이다. 동물은 배타적인 활동적 형태를 취하는 운동이라서, 이러한 운동에 대해 타자는 운동하는 동물의 자아의 부정태가 되어버린다. 동물의 자아는 요소와 타자로서 **관계 맺지만**, 식물

H143   은 이러한 관계를 맺지 못한다. 그러므로 동물의 자아는 타자를 자신으로부터 배제하는 이러한 탄력성이며, 이를 통해 그의 자아는 본래적인 **운동**을 하게 된다. 이처럼 동물의 자아는 자유로운 상호 무관한 형태이

∴

데, 이 세 조직들은 각각 그 자체에 또 다시 보편(감각수용성), 특수(자극반응성), 개별(재생산성)이라는 측면들을 가지는 것으로 파악된다. 이것을 도표화해보면 다음과 같다.

개념의 계기	형태화과정	조 직	세부조직	세부적 개념규정	신체부위
보편	감각수용성	신경계	뼈조직	보편/감각수용성	머리
			뇌조직	특수/자극반응성	
			교감신경계	개별/재생산성	
특수	자극반응성	순환계	근육	보편/감각수용성	가슴
			맥박, 폐조직, 정맥계	특수/자극반응성	
			혈액의 순환	개별/재생산성	
개별	재생산성	소화계	피부와 세포조직-선(腺)계	보편/감각수용성	하복부
			증식	특수/자극반응성	
			내장조직	개별/재생산성	

기는 하지만, 이 형태는 단순히 상호 무관하게 **존재하지**만은 않으며, 오히려 스스로를 무관한 것으로 **정립한다.** γ) 〔마지막으로,〕 그러나 동물은 동시에 **재생산적**(reproduktiv)이다.* 동물은 타자와 소원(疏遠)해짐으로써 스스로 무관한 것으로 정립될 뿐만 아니라, 무관한 상태를 자기에게 고유한 것, 자신의 **형태**로 정립하며, 동물은 자기 자신을 산출한다. 동물의 감각수용성은 총체성이다. 즉 감각수용성은 **다른 현존재**를 받아들이는 수용력이며, 이때 다른 현존재는 이 감각수용성에 대해서 존재하게 되고, 〔감각수용성은〕 이 타자존재와 소원(疏遠)한 상태를 지양하고, 타자존재를 자기 자신으로 만들어버림으로써 긍정적인 것〔이 된다.〕 〔이렇게 해서〕 타자의 무관함과 동물 자신의 고유한 **직접적 존재**가 중단되어버린다. 이것이 보편적인 동물적 계기들이다. 그렇기 때문에 이 동물적 계기들은 속성들(Eigenschaften)로 취급되어서는 안 된다. 〔만일 이 동물적 계기들이 속성들로 취급되면,〕 예를 들어 색이 눈에, 맛이 혀에 영향을 미치는 것처럼 이 각각의 계기들이 〔어느 특정한 부분에〕 특별한 작용을 하게 될 것이지만, 〔실제로는 그렇지 않다〕. 그리고 흔히들 신경은 감각수용적이며 근육은 자극반응적이라는 식으로 이야기한다. 그러나 자연은 그 계기들을 서로 무관한 것들로 나누어 놓고는 있지만, 그 계기들은 오직 형태 속에서만, 다시 말해, 죽은 유기적 존재 속에서만 그렇게 분리될 수 있을 뿐이다. 재생산은 감각수용성과 자극반응성의 통일이고, 여기서 감각수용성은 직접적으로 자극반응성이며 그 역도 성립한다. 유기체가 재생산적이라는 사실은 유기체에게 **본질적이며,** 또한 이 점이 유기체의 현실성이다. 유기체는 자기 자신을 산출하며, 타자에 대해서

F151

---

* 재생산(Reproduktion)

대자적 관계를 맺고, 이 타자를 지양하고 그것을 자신과 동등하게 정립한다. 이것이 유기체의 산출작용이다. 감각수용성은 직접적인 재생산, 즉 증식(增殖; Vegetation)이다. 자극반응성은 부정적인 배타적 재생산이라고 할 수 있으며, 총체성은 타자에 의해 매개되어 있는 직접적 총체성이다.

이 추상적 계기들의 통일이 **동물의 임파액**이며, 이 계기들은 그것을 촉진하지 않는다. 그리고 임파액은 직접적으로 **형태**이며 개별자 일반이다. 그것은 형태이지만, 죽어 있는 **정지된〔운동하지 않는〕** 유기체이며, 개별성에게는 자신의 비유기적 자연이 되기도 하는 그러한 외적 유기체이다. 이 유기체는 이렇게 정지해 있기 때문에, 그 개념이나 자아는 아직 현실적이지 않으며, 그의 산출행위도 아직 정립되지 않은 상태이다. 또한 〔그것은〕 내적인 것이며, 이제 우리는 바로 이것을 파악해야만 하는 것이다. 비유기적 자연이나 외적인 유기체는 그 규정상 상호 무관한 형태들에 대

H144 립하는 태도를 취한다. 외적인 유기체는 전체의 기계론(Mechanismus)이다. 이 유기체의 활동은 타자를 배제하고 지양하는 것이다.

이 유기체의 부분들은 **지절들**이며, 존립하는 것들이기는 하지만, 아직 내장기관들이나 감관들은 아니다. 여기에는 전체 분절화과정 (Gliederung)이 존재한다. 임파액은 자신 속에서 스스로를 구분하면서, 그의 외피인 **피부(Haut)로*** 감싸여 있고, 또한 식물적 유기체가 비유기적 자연에 대해 취하는 보편적 상태에 의해 감싸여 있다. 내적인 것은 감각

---

* **피부**는 손톱이나 발톱에까지 연장된다. **뼈**는 자체 내로 반성된다. 벌레들(장기생충), 곤충들은 잘게 쪼갤 수는 있으나, 피부만을 파괴하는 것은 불가능하다. 〔이와 반대로〕 〔사람의〕 시체에서 모든 것은 티끌로 분해되지만, 피부는 몇몇 부분에서 종종 가시화될 수 있다.

수용적인 골계통과 자극반응적인 근육계통으로 분절화된다. 피부는 재생산[에 해당한다]. **뼈**는 형태 그 자체에 적합한 감각수용성으로서, 식물의 목재처럼 단순하고 죽어 있는 힘이며, 아직은 과정이 아닌 힘이다. 그러나 식물의 목재는 자체 내로 반성된 **죽은 것**이며, 또한 그것은 자기 자신을 산출하여 산출된 것이 타자가 되어버리는 식물적 **싹**이다. 뼈의 형태는 우선 골**핵**(骨核, Knochenkern)으로 이루어져 있고, 모든 뼈들은 그렇게 시작된다. 이 골핵은 식물의 마디(목질 섬유)처럼 길게 뻗어 있다. 지절들의 말단들마다 골핵들이 있다. 이 골핵들은 그 수가 증가하고 망으로 길게 연장된다. 그리고 골핵들은 골수(骨髓, Mark)를 자체 속에 지니고 있기는 하지만, 이 골수는 아직까지 골핵에서 고유하게 산출된 신경은 아니다. 골막(骨膜, Beinhaut)이 골핵들의 본래적인 생명[목숨]이라고 할 수 있다. 이 생명은 전적으로 외부를 향하는 산출이기 때문에, 그 자체 내에서는 사멸하고 단지 자신의 표면[표피]에서만 살아 있고 그 자체 내에는 둔감한 힘만을 지닌다. 핵과 선으로부터 총체적인 것으로 계속 이어지면서, **뼈**는 갈라진다. 골수의 자리에 신경이 들어선다. 뼈는 그 중심점으로부터 그 선을 발아하게 하는 핵과 같다. 그러나 이같은 총체성에 의해 뼈는 형태 그 자체로서의 형태에 속하기를 중단하게 된다. 골수는 살아 있는 감각수용성이며, 선으로 확산되는 한 점이다. 총체인 이 한 점으로부터 여러 영역들이 나오고, 마침내 면처럼 평평한 상태도 여기서 비롯되는데, 이것이 단순하며 포괄적인 표면이 된다.

핵으로서 뼈는 직접적으로 감각수용하는 형태로서, 외적인 것에 대해 안정적이고 확고하며 견고한 것으로서 관계를 맺는다. 뼈의 연장은 중심[에서 시작하여,] [외부로] 이행하는데, 이때 또 다른 내적인 것을 지니는 외부로 형태는 내려간다. 뼈는 지절들에서 내적인 것이며, 곧바로 안

F152

H145

정적인 것이 된다. 그러나 더 나아가 뼈는 내적인 것이기를 중단한다. 나무의 목재가 식물의 내적인 것이며 외피가 외적인 것이듯이, 이와 반대로 씨앗에서는 목재가 극복되어버리며, 목재는 단지 외적인 껍데기일 뿐이다. [이와 마찬가지로] 뼈는 내장기관들에 대해서 외적인 껍데기라고 할 수 있다. 그것은 더 이상 어떤 자신만의 중심점을 지니지 않고, 중단되지도 않으며, 고유의 선에 의해 (흉골[내에서]) 결합되지도 않으며 고유하게 분절화되지도 않는다. 그러나 결국 뼈는 자기 고유의 내면성이 없이 순수하게 면과 같이 평평한 것이 된다. 즉, [한 점으로서] 핵이 선[이 되고], 면[이 되며], 거꾸로 그로부터 선이 시작되는 점으로 급변하기도 한다. 이것은 아직 완성되지 않은 총체이며, 이것 자체는 외부를 향하지도 못 한다. 동시에 (척추[에서]) 중심의 마디는 조각의 형태로 나타나며, 자체 내로 복귀하는 형태를 취하고 있다. 속이 빈 두개(頭蓋)[의 경우에

F153 는] 두개골(頭蓋骨)에 척추의 형식이 그 기초가 된다. 거기서 척추뼈들은 서로 분리될 수 있다(박쥐[의] 척추뼈[처럼]). 그러나 [두개에서는] 중심점이 완전히 극복되고 두개골들은 고유의 중심점 없이 완전히 면처럼 평평하게 된다. 그러나 핵처럼 강한 성질을 이렇게 완전히 지양하는 과정은 동시에 재산출 과정으로 이행한다. 치아들[은] [일종의] 자기 내 복귀[이자] [핵의] 재산출물[이다.] 치아들은 재산출된 핵들로서, 과정을 관통하는 부정태, 활동태, 작용태들이며, 자극반응성이 되어버린 직접적인 감각수용성이다.* 골막(骨膜)은 외적일 뿐만 아니라, 내적인 막이기도 하다. 치아들은 수동적인 분화상태를 중단한다. 뼈와 골막은 감각이 없다.

---

* 골수(骨髓)는 기름지다. 골막(骨膜)은 분리되며, 골막에 새로운 뼈가 형성된다.

그러나 (매독에 걸린) 임파액 질환에서 뼈와 골막은 감각을 지니게 된다.[*] 골수는 단순한 **지방덩어리**로서, 마른 사람들의 경우엔 적고 살찐 사람들의 경우엔 많다.

외적인 유기체의 감각수용성은 자극반응성으로, 차이로, 타자와의 관계로 이행한다.[**] 이 유기체의 극복된 단순성은 대립으로 이행하며, 근육조직으로 이행한다. 근육조직은 **신근(伸筋)**과 **굴근(屈筋)**으로 이중화되어 있다. 〔근육조직은〕 선과 저항상태를 유지하면서 자기 속으로 되돌릴 줄 아는 탄력성〔을 지니며〕, 자극에 수축하고 동시에 이 이완상태를 지양하면서 자신을 재산출하는 유연성〔을 지닌다〕. 근육은 〔수축과 이완〕 이 두 계기들의 통일이며, 이 계기들은 근육들로, 일종의 운동들로 실존한다.

이[***] 형태는 **피부**를 자신의 유기적 활동으로 삼는다. 그리고 이 형태는 이제 겨우 내적인 유기체의 **개념**으로만 정립된 상태다. **그렇기 때문에 내적인 유기체는** 형태의 **외면**으로, **피부로만 존재한다. 피부**는 모든 것일 수 있고 모든 것이 될 수 있다. 피부에 상처가 나면 다량의 관들, 신경들, 혈관들이 나온다. 피부에 상처가 났을 때 특수한 활동으로 응고되기도 한다. 피부〔막피〕는 식물적 유기체의 〔경우에는〕 보편적 소화기관〔의 역할을 한다〕.

그러나[***] 유기체는 외적인 것과 보편적 요소로서만 관계하지 않고, 개

---

[*] 치통〔은〕 **류머티즘성** 통증〔처럼〕 직접적인 식물적 과정에 〔속한다〕.

[**] 뼈의 싹은 근육의 단순한 차이로 환수된다.

[***] 이 외적인 유기체의 자기 자신 내로의 **직접적인** 복귀는 피부〔를 낳는다〕. 피부는 보편성이며 단순한 총체성이고 분리하는 일자이자 무구별적인 전체.

[***] 이러한 자기 내 복귀는 그의 현존과 상이하며, 그의 현존에 대립한다. 형태의 자기 내 복귀는 피부에서 시작된다. 피부는 외면성으로부터 자기 내로 환수되고 자기 자신과 관계 맺게 된 자기내존재다.

별화된 것으로서도 관계한다. 형태는 과정으로 이행하며, 이 과정은 형태의 **생성과정**이다. **과정**은 식물적 유기체의 **존재**에 의해 제약된다. 따라서 이 〔식물적 유기체의〕 존재는 이미 전에 언표되어야만 했던 것이다. 유기체는 개별자에 대립하는 **형태를 취하면서** 스스로 매개된 운동이 되는데, 이 운동이 변화의 계기들을 구분한다.

H147

(피부는 작은 발톱, 뼈와 근육에서 차이 나는 상태를 보여주며, 하나의 개별자로서, **동화〔흡입〕작용(同化作用, Einsaugen)을 중단하고,** 공기와 물과 개별자로서 관계 맺는다.)

(여기서 피부과정은 (물에 종속되고 물을 발산하는) 물과의 관계다. 근육 운동은 탄력적인 자극반응성이다. 〔이 운동은〕 전체의 계기〔로서는〕, 자유로운 관계, 스스로를 분리하면서 유입을 저지하는 본래적인 운동을 정립하며, 그 자체에서의 운동〔으로서는〕, 앞서의 관성적인 존립상태를 지양하고 자신에게서 불의 과정을 정립하고 산출하는 것이다. 이러한 존립의 해체, 참된 과정은 공기와의 관계이다. 이 과정은 탄성의 상태로 호흡하는 유기체의 고유한 자기운동이다.)*

F155

이 직접적인 변화, **전체의 감각수용성**은 동시에 전체의 **자극반응성**이며, 스스로 **중단하고 매개하면서** 개별적 계기들을 구분하는 운동이며, 참된 유기적 탄력성이다. 앞서 말한 근육의 자극반응성은 형식적인 것이며,** 한 모금의 물만이 있더라도 그것을 **개별화하여 이 개별적인 것과 관계를 맺는** 상태다. **피부는 다시 내부로 움츠러든다.** 피부는 **개별적인 구멍**을 만드는데, 만일 그렇지 않으면 피부 전체가 구멍이 될 수도 있다. 그리고

---

* 피부과정

** 외적인 것은 동시에 자기 내로 복귀된 것이다.

비유기체는 개별자로 취해져서 흡수된다. 개체는 비유기체를 장악하고 형태로서의 비유기체를 분쇄한 후, 그것을 직접적인 감염에 의해 자신 속으로 흡수하지 않고, **매개하는** 운동인 피부를 통해 자신 속으로 흡수한다. 여기서 이 매개하는 운동으로 인해 피부는 상이한 계기들은 두루 거치게 된다. 동물적인 **체온〔열〕**이 성립하는 것은, 이 체온에 의해 지양되는 것이 **형태들**, 개별자들이기 때문이다.* 유기적 일자는 개별성의 통일로서 정립된다. 직접적으로 **위(胃)**는 이렇게 소화하는 체온〔열〕일반이며, 장관(腸管, Darmkanal)은 소화된 것의 분리, 즉 배설되는 완전히 비유기적인 것과 완전히 동물적인 것으로의 분리〔를 담당한다〕. 여기서 동물적인 것은 **존립하는 형태**뿐만 아니라 체온〔열〕과 분해의 통일이기도 하다. 〔이렇게 해서 형성되는 것이 바로〕 **피〔혈액〕(Blut)**다. H148

　여기서 내적인 유기체가 시작된다. 내적인 유기체는 기계적〔역학적〕으로 유기적인 것과 화학적으로 유기적인 것의 통일이다. 전자는 외적인 유기체의 형태이며, 후자는 소화하는 열〔체온〕의 형태다. 그래서 이제 비로소 유기체는 살아 있는 일자가 된다. **피가 그 결과물**이며, 자기 자신을 통해 **즉자적으로** 자신에게로 복귀하는 유기체다. 이 유기체는 살아 있는 개체성이며, 외적인 것을 산출하고 **정립하는** 자이며, 지절들을 내장기관들로 산출하는 현실적 개념이다. 내적인 유기체는 자아 속에 재탄생한 F156

---

* 이 열〔체온〕은 자기 내로 반성된 유기체의 절대적으로 **매개된 운동**이다. 여기서 유기체는 그 자체에 요소들을 지니며, 이 요소들에 의해 활동적인 행태를 취하며, 개별자를 모든 요소의 운동을 통해 침해한다. α) 유기체는 순수한 외면성에 따라 이 요소들을 분쇄하고, β) αα 유기적인 임파액으로, 침으로 이 요소들을 감염시키며, ββ) 산과 염기의 위액과 췌액의 중성상태로 〔소화하고〕, 마지막으로 담즙의 불〔열기〕로 〔소화한다〕. 〔이러한 체온은〕 추상적이며 외부를 향하는 내면성을 구축하는 것이다. 이러한 행태는 이 과정을 거쳐 그 속에서 자체 내로 복귀한다.

태양계[와 같다]. 이 유기체는 α)* 피이며, 축회전하면서 자기 주변을 질주하는 운동으로서, 이 절대적인 자기 내 맥동(脈動, Pulsieren)이자 전율이며, 거기서는 아무것도 구분되지 않는 전체의 개체적 삶이다.

β) 그 다음으로 이 축회전 운동은 혜성의 과정과 내적인 대기와 화산의 과정으로 분리된다. 폐(肺, Lunge)는 동물적인 잎으로서 대기와 관계하며, 피부의 과정을 개별적인 것으로 만들고, 스스로 중단하고 동시에 산출하면서 호흡을 하며[날숨과 들숨을 쉬며], 감각수용성으로부터 시작해서 자극반응성으로 정립되면서 삶의 **단 하나의** 개별적 계기가 된다. 이에 비해서 간(肝, Leber)은 혜성적인 것으로부터 빠져나와서 대자존재 속으로, 달의 성질을 띤 것 속으로 복귀한다. [간은] 자신의 중심점을 찾는 대자존재이며, **대자존재**의 열기이자, 타자존재에 대한 분노이고 타자존재를 태워 없애는 것이다.

폐와 간의 과정은 서로 아주 밀접하게 결합되어 있다. 일시적이며 정상 궤도를 벗어난 폐의 과정은 간의 열기를 완화시킨다. [반대로] 간은 이러한 폐의 과정에 생기를 불어넣는다. 폐는 위험을 무릅쓰고 간으로 이행해야만 하며, 응집되고 나서 폐가 [간의] 대자존재의 열기를 자신 속으로 수용할 때 스스로 소모되어야 한다. 피는 이 두 과정들로 분화되며, 이것이 피의 실재적인 순환이다. 이 삼중적인 순환으로서, 그 첫 번째는 대자적인 것이고, 두 번째는 폐의 순환이고, 세 번째는 간의 순환이다. 그 각각에는 그들 고유의 순환이 있고, 폐의 순환에서 동맥으로 나타나는 것이 정맥으로 나타나기도 하며, 역으로 정맥 조직에서 나타나는 정맥은 동맥으로 나타나기도 한다.

H149

---

* α) 이 내적인 유기체의 자체 내에서의 [유기적] 조직화(Organisation)

살아 있는 운동의 이러한* 조직은 외적인 유기체와 대립하는 것이다. F157
이 조직은 소화하는 힘이다. 〔이것을 식물에 비유하자면,〕 이 조직은 대
지이자 그 자체에 내린 뿌리와 같고, 외적인 유기체를 극복할 수 있는 힘
이다. 여기서 이 비유기적 자연은 〔다음과 같이〕 삼중적인 것이다. α)
〔그 첫 번째는〕 외적이고 **보편적인** 자연으로서, 폐는 이 자연을 지향하
게 된다. β) 〔둘째는〕 특수한 자연으로서, 보편자가 유기적 계기로 전락
해버린 상태이며, 임파액과 전체적으로 존재하는 유기체다. γ) 〔세 번째
는〕 개별화된 자연을 지향하는 것이다. 피는 공기, 임파액 그리고 소화
로부터 확산된다. 이 세 가지 계기들의 변화는 〔다음과 같다〕. 〔우선〕 공
기로부터 피는 순수한 분해상태를 받아들이며, 그 빛과 산소를 받아들인
다. 그리고 피는 임파액으로부터 중성적인 액체를 받아들이며, 소화로부
터 개별성과 실체적인 것을 받아들인다. 그렇게 해서 피는 온전한〔전체〕
개체성과 또 다시 스스로 대립하게 되고, 다음과 같은 것을 산출한다. α)
〔그중 첫 번째는〕 **형태**이며, 피 자신의 비유기적 자연이다. β) 〔두 번째
는〕 피의 **부정태**, 낯선 유기적 자연, 배설물이다. γ) 〔세 번째는〕 전체적
인 것, 감관이다.

α)** 폐의 순환계에서 피는 이처럼 순수하게 부정적인 비물질적 생명이
고, 이 생명에 대해 자연은 공기이며, 여기서 공기는 〔폐의 순환계를 통
해〕 순수하게 극복된다. 최초의 호흡은 이전에는 임파액에 잠겨 있어서
식물처럼 동화작용을 하던 아이가 자신만의 개체적 삶을 〔가지게 되는
것과 같다〕. 알이나 모태로부터 나오면서 아이는 호흡을 시작하며, 공기

---

* 피〔는〕 동물의 생명이며, 향유하는 것이 금지되어 있다. 인도인들은 동물이 〔마음대로〕
 살아가도록 완전히 방치한다.
** 자기 고유의 운동

가 되어버린 자연과 관계를 맺는다. 그리고 아이는 이러한 연속적인 흐름이 아니라 이 흐름의 중단이며, 유기적 자극반응성이자 활동성으로서, 이를 통해 피는 순수한 불로서 드러나고 발생한다.

β) 피는 중성의 상태, 임파액 속에서 유영(遊泳)하는 상태를 지양한다. 피는 전체의 외적인 유기체를 자극하고 운동하게 하며, 이 유기체가 자신 속으로 회귀하도록 자극함으로써, 피는 중성의 상태를 극복한다. 여기서 운동은 소화의 계통과 같아서, 구분되는 계기들의 순환이다. 림프관들은 도처에서 임파액이 소화작용을 할 수 있는 자신만의 마디들, 위들로 형성된다. 그리고 림프관들은 마침내 흉부의 도관(導管, ductus thoracicus)으로 모두 모인다. 거기서 피의 흐름 일반이 정해진다.*

γ 끝으로 피는 개별자의 본래적인 소화과정이며, 연동(蠕動) 운동 일반이다. 개별성의 이 과정으로서 피는 둔감하고 내면적인 대자존재의 세 계기들로 분리된다. 즉 우울하고 멜랑콜리하게 되기, 그의 수면, **비장 (脾臟, Milz)** 내에서 이렇게 캄캄한 힘이 되는 정맥의 피 일반이 된다. 사람들은 말하기를, 그 속에서 피는 탄소화된다. 이러한 탄화(炭化)는 피가 대지〔흙〕와 절대적인 기체가 되는 과정이다. 여기서부터 피의 중심은 정맥계통이며, 이 정맥계통에서 피의 주체성은 운동이며, 활동과 먹어치우는〔소모하는〕 화산이 된다. 그래서 간에서 활동하면서 피는 위에서 끓여진 암죽에 대립하는 상태가 된다. **소화는 위에서** 잘게 분쇄하고 암죽의 임파액으로 흡수하는 과정으로부터 시작한다. **위와 췌장의 즙**은, 음식

---

* 임파액은 묽은 중성 상태에서 기름진 상태가 된다. 골수는 이와 동일하게 기름진 것이다. 골수는 어떤 더 고차적인 동물적 상태에 〔도달하지는 못 한다.〕 식물성 기름은 영양분이 된다. 겨울잠을 자는 동물들은 여름에 아주 살을 찌워서 겨울에 소모하므로, 연초(年初)가 되면 아주 마르게 된다.

물들을 발효상태로 옮겨서 분해하는 **산(酸)**들이다. 임파액을 만들어 따뜻하게 하는 작용, 화학적이며 유기적인 계기가 있다.* 십이지장에서 **담즙**에 의해 본래적인 충분한 극복이 발생한다. 외부를 향하면서 여전히 임파액에 속하는 과정은 **대자존재**가 되고, **동물적 자아**로 변한다. 유즙(乳汁, Chylus), **피의** 이 산출물은 피로 되돌아간다. 〔그렇게 해서〕 동물적 자아는 자기 자신을 산출한다.** H151

이것은 개체성의 위대한 내적 순환이다. 이 순환에서 매개항〔중심〕은 **피** 자체이며, 피는 **개체적인** 삶〔생명〕 자신이다. 앞서 피에 관해 말해진 바는, 즙은 분비된 것이기 때문에 비유기적일 것이며, 삶만이 확정된 부분에 속하는 것이 아닌가 하는 것이다. 그러나 한편으로는 그렇게 구분된 것들은 그 자체로 아무 감각도 없는 것이며, 다른 한편으로는 피는 **삶**이 아니고, 생명체이며 **주체** 그 자체로서, 보편자인 유와 대립한다. 유약한 꽃의 민족인 인도인은 전혀 동물을 잡아먹지 않는다. 유대의 율법자는 동물의 생명이 피 속에 있다는 이유만으로, 동물의 피를 먹는 것을 금지하고 있다. α) 피는 모든 부분들을 자신 속에 해소된 상태로 포함하고 있는 **보편적** 실체이며, 이것이 모든 것의 본질〔본체〕이다. β)*** 이것은 절대적 운동이며, 자연적이며 살아 있는 자아이며, 과정 자체다. 피는 운동하는 것이 아니라 그것 자체가 운동이다. 그것이 운동한다는 것을 보여주기 위해 생리학자들은 도처에서 힘들을 찾아낸다. 처음에는 심근(心 F159

---

* 이중화된 위. 반추(反芻) 동물은 췌장(膵臟, Pankreas)이 있는가?

** α) 순환* β) 동물적 자아는 αα) 형태와 존재자로서 지절을 산출한다.

　〔*옆에〕 유기체는 외적 운동을, 근육의 경직이나 백화현상을 필요로 한다. 눈으로 보기에 혈구(血球) 없이 정맥으로 〔흘러드는〕 동맥 혈관에는 다시 혈액이 있다.

*** 〔그것은〕 외적인 형태로부터 **근육**을 가져왔다.

筋)이 피를 내뿜는다. 그리고 동맥과 정맥의 벽들이 그렇게 하는 데 도움을 주며, 피를 움직이게 하는 안정된 부분들의 압력도 도움을 준다. 정맥들의 경우에 심박동(心博動)은 더 이상 영향을 미치지 않는다. 그렇기 때문에 혈관벽의 압력만이 문제가 될 수밖에 없다. 혈관과 심장의 이 탄력적인 압력은 어디서 연유하는 것인가? 그것은 피의 자극에 기인한다. 따라서 심장은 피를 움직이게 하고, 거꾸로 피의 운동은 심장을 움직이게 한다. 이것은 일종의 원이며, 〔계속 순환적으로 운동하는〕 **영구기관(永久機關, perpetuum mobile)**으로서, 이 영구기관은 동시에 정지해 있는 것이기도 하다. 왜냐하면 여기서는 힘들이 서로 균형을 이루기 때문이다.* 마찬가지 이유로 피 자체는 운동의 원리이자 분출하는 점으로서, 전혀 파악될

H152 수 없거나 알 수 없는 것이 아니다. 물론 여기서 파악한다는 것의 의미는, 어떤 다른 것이 영향을 미치는 **원인(Ursache)**으로 드러난다는 것을 말하며, 〔그래서 여기에는〕 항상 어떤 **다른** 것이 〔있어야 한다〕. 그러나 이같은 것은 **외적인** 필연성일 뿐이며 전혀 〔본래적인 의미의〕 필연성이 아니며, 어떤 **근거(Grund)**도 아니다. 여기서 원인은 그 스스로가 다시 하나의 사물이어서, 우리는 이 사물의 원인을 캐물어야만 하고, 이렇게 계속해서 결국 좋지 않은 무한(schlechte Unendlichkeit)에 빠지게 된다. 〔좋지 않은 무한은〕 **보편자**나 근거를 생각하거나 표상할 수 없는 무능력한 상태다. **정신(νοῦς)**이 세계의 본질이고, 다시 말해 보편자이며 대립자들을 통일한 단순한 것으로서, 운동하는 비운동자〔부동의 원동자〕이다. 이같은 것이 바로 피이며, 피는 주체〔기체〕로서, **의지**와 마찬가지로 운동을

F160 시작한다. 표상들은 나의 자아(Ich)에 적합하기에, 사물이나 단순한 내용

---

* 동맥들의 수축은 심실(心室)이 느슨해지는 상태와 일치한다.

으로서가 아니라 **표상들**로서, 그것도 **나의 것**으로서, 자아로서 나를 움직인다. 여기서 나는 단순한 내용을 추상해버릴 수 있다. 자아, 형식은 통일성이며 보편자이며 근거이며 운동 자체다. 이같은 것이 바로 **피**다. 그러나 피는 **전체적인** 운동이면서, 동시에 피는 시간이 공간에 대해 그러하듯이 한편에서, 하나의 계기로 등장하기도 한다. 왜냐하면 피는 자신을 자기 자신으로부터 구분하기 때문이다. 운동도 바로 이처럼 그 자신의 편에서 출현하는 과정으로서, 이를 통해 운동은 주체[기체], 사물이 되며, 운동이 자신과 대립물 가운데 한 쪽에 서거나 아니면 이 둘을 모두 포괄하는 상태를 지양하게 된다. 그래서 대립자 그 자신이 스스로를 지양하며 자신의 편으로부터 물러서는 일이 발생함으로써, 운동은 일부분이자 **결과**로 나타난다. 살아있고 생동적인 피의 힘은 형태로부터 생기며, 또한 피의 내적인 운동은 본래 기계적이며 외적인 운동도 필요로 한다. 피는 **운동하며**, 부분들을 부정적이며 **질적으로** 차이 나는 상태로 보유한다.* 그러나 [동시에] 피는 단순한 부정태, **외적인** 운동도 필요로 한다. (사지절단으로) 오랫동안 **스스로** 운동하지 못한 한 환자는 관절 경직을 일으키고, 관절의 활액(滑液)이 감소하며, 연골(軟骨)이 뼈로 굳어지고, 근육은 이 외적인 정지 상태로 인해 하얗게 변한다.

혈액 순환 자체는 한편으로는 보편적 순환이라고 생각될 수 있는데, 이를 통해 각 부분도 이러한 원의 흐름을 취하게 되는 것이다. 그러나 혈액 순환은 동시에 자체 내에서 맥박이 울리며, 전율하고 탄력이 있는 것으로서, 앞서 말한 순환만은 아니다. 이미 [혈액의] 흐름은 다른 부분에

---

* 세 가지* 상이한 운동들, β) 호흡, γ) 피의 뇌.

　[*옆에] [(α)] 벌레 모양으로 연동운동하는 피.

서 차이가 난다. 정맥 조직에서 흐름은 다른 부분들보다 두개골 내에서 더 느리다. 반대로 폐에서는 더 빠르다. 표저(瘭疽, Panaritium)에서는 **동맥(요골(橈骨, radialis))**에서 1분에 100번 정도 맥박이 뛰지만, 건강한 쪽에서는 심장의 박동과 똑같이 70번만 뛴다. 더구나 동맥과 정맥이 서로 연결되어 이어지는 것은 아주 미세한 관을 통해 발생한다.* 이 관들은 부분적으로는 매우 미세해서, 붉은 혈구를 더 이상 포함하지 않고 단지 황색빛을 띤 혈장(血漿)만을 포함하고 있을 뿐이다.(Sömmerring, 72.)[15] "눈으로 보기에는, 동맥들이 어떤 붉은 피도 더 이상 포함하지 않은 아주 미세한 혈관들로 이어지는 것처럼 보이며, 이 미세 혈관들은 처음에는 그와 동등한 정맥으로, 끝에는 붉은 피를 운반하는 정맥들로 이어지는 것처럼 보인다." 따라서 여기서 본래 피라고 불리는 사물이 변하는 것이 아니라, 피가 사라졌다가 다시 나타나는 운동이 정립되며, 탄력적인 떨림이 정립된다고 할 수 있는데, 이 떨림은 〔직선적인〕 전진적 운동은 아니다. 더 나아가 동맥들은 특히 **합류하며**, 정맥들도 종종 그렇게 합류하는데, 〔이러한 합류는〕 부분적으로는 큰 혈관의 가지들에서 발생하며, 부분으

F161

---

* 곤충들의 경우에는 어떤 순환도 발생하지 않는 것처럼 보인다. ─Autenrieth, §. 346. [역주] 여기서 헤겔은 아우텐리이트(Johann Heinrich Ferdinand von Autenrieth, 1772-1835)의 『경험적인 인간 생리학 지침(Handbuch der empirischen menschlichen Physiologie)』(Tübingen, 1801-02)의 346절 마지막 부분을 염두에 두고 있다. 아우텐리이트는 튀빙겐의 의학 교수였다.

∴

15) 여기서 헤겔은 죔머링의 『인간 신체의 구조(Vom Baue des menschlichen Körpers)』의 내용을 염두에 두고 있는 것으로 보인다. 죔머링(Samuel Thomas von Sömmerring, 1755-1830)은 마인츠와 뮌헨 대학 교수를 역임한 해부학자이나 생리학자이다. 『뇌와 척수에 관해서(Von Hirn und Rück』(Leipzig, 1792) 등의 저서가 있다.

로는 혈관들이 〔합류하여〕 전체적인 큰 조직을 형성한다. 그리고 이러한 조직에서는 어떤 본래적인 〔혈액의〕 순환도 더 이상 생각될 수 없다. 〔동맥과 정맥〕 양쪽으로부터 피는 합류하는 혈관의 가지들로 흘러든다. 피는 일면적인 흐름이 아니라 그 자체 내에서의 떨림일 뿐이라고 할 수 있는 평형상태다. 우리는 **어떤 특정한** 혈관의 가지에서는 특정한 한 방향이 우월하다고 생각할지도 모른다. 그러나 수많은 전체 고리들에서 〔혈관들이〕 합류해서 만들어진 조직은 특정한 방향을 지양하며, 운동을 자기 자체 내에서의 보편적인 박동으로 만든다.

동맥피와 정맥피의 차이는 폐와 간에서 그 실재가 나타난다. 여기서 H154 신근(伸筋)과 굴근(屈筋)의 대립이 나타난다. 동맥피는 외부를 향하는 용해하는 활동인 반면, 정맥피는 자기 내부를 향하는 것이다. 폐와 간은 구별되는 조직이며 각자 고유의 생명이 있다. 화학이 보여주는 차이는, 동맥피가 더 많은 산소를 포함하여 더 밝은 붉은 색을 띠며, 정맥피는 탄소가 더 많이 포함되어 있어서, 산소 가스를 넣어 이리저리 흔들면 더 밝은 붉은 색이 된다는 점이다. 〔그런데,〕 이러한 차이는 그 본성이나 전체 조직에서의 관계〔상태〕가 아니라 사물만을 표현해주는 것이다.

보편적인* 과정은 자아가 혜성과 달과 지구의 운행궤도로부터, 자신의 H155

---

* **내적 유기체가 외적 유기체와 맺는 관계.** α) 내적 유기체는 외적 유기체의 타성적인 임파액을 소모한다. β 외적 유기체는 **내적 유기체에 보편적으로 생기를 불어넣는 것**이다. 그래서 이 내적 유기체는 자기 고유의 소화기능 및 분비선 조직을 그 자체에 지니고 있고, 임파액을 지방으로 전환시킨다. 외적 유기체는 다음과 같은 방식을 취한다. αα) 〔첫째, 외적 유기체는〕 외부를 향해서 피부를 통해 보편적으로 소화운동을 하면서 공기와 관계한다. ββ) 〔둘째,〕 임파액은 식물의 경우처럼 기름진 것을 그 자체에 보유하고 있다. γγ) 〔셋째,〕 임파액은 분비선에 있는 소화 조직이다. β) 〔그 다음으로〕 **형태** 그 자체를 산출한다.

내장기관들로부터 자기 본연의 통일성으로 이렇게 귀환하는 것이다. 그래서 이 귀환은 **피의 보편적 소화과정이며, 피의 현존은 그렇게 〔자신에게로〕 복귀하여** 정지 상태가 된다. **즉 피는 자신의 정지 상태, 다시 말해 형태 일반으로 복귀한다.** 이 형태 일반이 피의 결과물이다. 앞서 말한 형태를 지양하는 과정은 오직 내장기관들에서만 분열된다.* 유기체는 형태를 갖추고 양육과정을 거친다. 또한 형태는 곧 유기체의 산출물이 된다. 즉 형태는 단지 직접자로 존재하는 것만이 아니라, 직접자로 정립되며, 전체의 **양육과정〔영양섭취과정〕(Ernährung)**으로 정립된다.** 이 양육과정은, 동맥피가 그 산화된 섬유소를 침전시키는 데에 있지 않다. 그러나*** 〔피를〕 내뿜는 정맥관들은 더욱더 가공된 상태의 발산물이며 아주 보편적인 양육수단으로서, 이 수단으로부터 각 개별 부분은 자신의 것을 취하며, 전체 속에서 자신이 해야 할 바를 이 수단을 통해 형성한다. **피로부터 탄생한 이 임파액이 생기를 부여하는 영양분이 된다.** 더우기 이 영양분은 보편적인 생기부여자이자, 각자의 대자존재이고 보편적 유기체를 자신 속에서 변화시키는 비유기적 자연이다. 피는 물질들을 운반하지 않고, 오히려 피는 모든 것에 생기를 부여하는 자이다.**** 〔여기서는〕 형식이 관건이

---

 * 양자의 **직접적**이며 절대적인 통일은, 외적 유기체의 경우에는 외적 유기체 스스로 자신 안에서 생산적이 되고, 내적 유기체의 경우에는 내적 유기체가 형태를 만드는 작용이 되는 그러한 통일이다.

 ** A. **외적 유기체와 내적 유기체의 상호작용**〔은 다음과 같이 발생한다.〕 α) 〔내적 유기체와 외적 유기체〕 각자는 타자에게로 이행한다. 〔그리고 나서〕 β) 이 양자의 동등한 실체성이 〔형성된다.〕 〔이 실체성에 의해〕 αα) 외적인 것 자체가 생동적이게 되고, ββ) 내적 유기체는 외적 유기체와 합치된다. 〔이렇게 해서〕 자기 소화〔가 발생하는 것이다.〕

 *** 정맥의 정맥피는 담즙을 산출한다.

 **** 과정이 빠져 들어가는 존재하는 타자는 **두 부분**으로 분할된다. α) 〔첫째는〕 형태, 유기체이며, β) 〔둘째는〕 소변의 비유기적인 분비와 배설물의 부패이다. 북쪽의 습한

다. 그리고 오직 동맥만 있는 것이 아니라 동시에 정맥과 동맥으로 이중
화된 것이 있다. 그래서 심장은 도처에 존재하고, 불, 담즙〔과 같이〕 각
부분들은 모두 피 자신의 특정한 힘이다.*

형식상 **보편적 형태화**는, 분출되는 **피**가 **임파액** 속으로 가라앉게 되는
것이다. 그러나 규정되지 않은 상태의 관성적인 액체는 근육의 대립이
나 대립되는 선으로 분리된다. 그리고 근육은 형태에 내재적인 운동이
다. 형태는 공간 속의 존립이며, 피의 운동이자, 자체 내에 머물지만** 타
자와 관성적인 전체에 대립하는 운동이다. 그리고 끝으로 〔이 운동은〕
다른 한편으로 **뼈**의 정지 상태로 총괄되고 임파액의 흐름으로 확정되고
분절화된다. 지방, 골수는 기름의 상태에까지 진행된 식물적인 것으로서
중성상태와 차별화되며,*** 물로서가 아니라, 토질의 중성상태인 석회질로

기후(한증탕처럼)에서는 방광결석〔이 많고〕, 남쪽에는 피부병이 〔많다.〕 거기서는
원소의 중성상태 대신 지상의 중성상태(석회)로, (여기서는 지상의 중성상태 대신
원소의 중성상태가 더욱더 증식된다.)

* 영양섭취의 기능들*〔은〕 비장(脾臟), 담즙〔에〕 유용하지 않고, 오히려 심장이 이 계
기를 그 자체에 지니기 위해서 〔필요하다〕. 자기내존재, 불같은 힘.

〔*옆에〕 형태의 산출 정맥과 동맥은 지절들 도처에 존재하며, 보편적인 생기부여자이다.

** 뼈의 형성 Richerand 2, 256. 내부의 **골막**(periostium)이 어떤 **비수**에 의해 파괴되면,
외부의 골막이 뼈로부터 분리된다. 그렇게 되면 〔외부에〕 덮여 있는 골막은 조직 속
에 퍼져 있는 혈관이 운반하는 인석회질 성분을 흡수하여, 다른 뼈들 주변에 새로운
뼈를 만들어낸다. 외부의 골막이 벗겨지면, 뼈에 이상 증식이나 성장이 발생한다.
마른 사람들은 뼈 속에 양이 적고 맑은 골수를 지니고 있다. 새는 아예 골수가 없다.
골수는 뼈의 영양에 아무 도움도 안 된다. 새는 외부를 향해 성장한다.
[역주] 헤겔은 여기서 리슈랑(Richerand)의 『생리학의 새로운 요소』(1801)에 나오는
내용을 요약하고 있다. 리슈랑(Richerand, Authelme Balthasar, 1779~1840)은 파
리의 저명한 외과 의사다.

*** 배타적인 내적인 개체성은 〔다음과 같은 것의〕 산출이다. α) 〔첫째로 산출되는 것은〕
자기 자신과 **형태**〔이고〕, β) 〔그 다음은〕 그의 **비유기적 자연**의 배설〔이다.〕 여기서

존재한다. 이미 식물은 단순히 공기와 물이 아니라 규석(硅石)을 산출하는 상태에 다다랐다. 동물적 유기체도 개별화된 비유기적 자연을, 토질의 (개별화된) 중성상태를 자신으로부터 정립한다. 〔여기서〕 유기체의 **자기소화**와 **자기소모**가 〔있게 된다〕.

〔〔지금까지〕 유기체는 이러한 전체로서 자기 자신을 산출해냈다. 외부를 향하는 것, 〔그것이 바로〕 동물적 **욕망**〔이다〕. 〔동물적〕 유기체는 대자존재로서, 배제된 것이 **그 자체로 존재**하는 것이 아니라, 그 자체로 지양된 것이라는 확신을 지닌다. 〔동물적 유기체의〕 피는 **단순한 분해 상태**로서, **모든 것을 포함할 뿐만** 아니라, 열이자 피 자신과 형태의 통일로서, **자기 자신을 소모**하는 것이다. 이를 통해 동물적 유기체는 온전한 개체로서 타자에 대해 긴장관계를 형성하게 되며, 배고픔과 목마름을 느끼게 된다. 즉 동물적 유기체는 전체로서, 스스로를 소모하며 자신의 부정성과 공허한 대자존재의 감정을 느낀다. 동물적 유기체는 자신의 실체와 단순한 존재의 소원함〔소외〕을 지양하려고 한다. 동물 피의 형성과정은 욕망의 산출과정이며, 그의 실체는 그 자신에게 소원하고 개별화되어 있어서, 동물적 유기체는 이 개별화된 실체에 대해 강력한 형태를 유지한다. 〔동물적 유기체가 유지하는〕 이 형태는 **뼈로 견고**하면서도 **대자적**으로 유지되며, 그 피

뼈는 임파액과 골수 사이에서 나오는 **죽은 중성 상태**이다. (전체는 **외부를 향**한다.) γ) 〔셋째는〕 형태를 **무장(武裝)**하고, 내적 유기체가 외적 사물로 향하게 되는 상태이다. (**욕망(Begierde)** 그 자체는 아직 여기에 속하지 않는다.) 여기서는 타자에 대한 배타적 태도가 그 자신에 의해 정립되며, 〔이것이 바로〕 전체 형태의 고유한 **운동**〔이다〕. 유기체는 자기 자신과 **순수한 추상적** 통일이 되어버렸기 때문에, 유기체는 운동하며 공간과 시간에 속한다. **자유로운** 운동은 이념성〔관념성〕으로 고양(高揚)되는 것이다. **대자**는 시간이며, 즉자나 형태가 **공간**이다. 공간은 **공간**으로서, 거리로서 유기체에게 중요하다. 그러나 시간은 공간으로부터 도출되지 않는다. (동물들은 자신들이 〔먹이를〕 포획하여 먹을 때 자신들의 시간을 안다.) 〔이것이 바로〕 **외적으로 존재하는** 상태에 있는 유기체의 이념성〔관념성〕이다.

부는 발톱으로 오그라들며, **근육의 차이는 팽팽해져서**, 그의 형태가 지닌 모든 측

면들이 외부를 향하고, 여기에 심장의 불이 부여되면서, 고요하게 유지되는 이 형

태가 무기로 전환되기도 한다. 그리고 **본질** 상 (비유기적 자연에서는) 〔그러한

형태는〕 자기 내로 반성된 것으로 드러난다. 다시 말해, **본질상** 개별자는 전체

에게 어떤 **존재**도 아니라는 것이다. 여기서 이 **본질**은 **즉자, 존재**이고, 형태다.

그리고 형태는 그 자체가 **무기**이다. 즉, 피부는 외부를 향하는 발톱의 **경련**〔이

되고〕, 〔그 다음으로〕 근육〔이 생기고〕, 심장〔은〕 중심〔에 자리하고〕, 〔그렇게

해서〕 자아〔가 생겨난다〕.* 그리고 민감한 뼈는 **이빨**〔이고〕, 〔이빨로〕 분쇄하는

것은 자기 내로 복귀하는 것이다. 추론은 〔다음과 같다〕. 즉 **피부**(발톱)〔는〕 보편

적인 극단을 **움켜쥐는 것**〔이고〕, 그 **중간**은 근육〔이고〕, 개별성의 극단〔은〕 **이빨**

이다.

　(동물적 유기체의** 욕망, 그의 순수한 대자존재는 배제된 것의 정립이다. 이러

한 정립은 순수 개념이고 부정태이긴 하지만, 동물적 유기체의 개념에 의해 정

---

* 이 유기체는 그렇게 **현존하는 힘**, 그 자체로 **형태를** 지니는 **힘**으로서, 직접적으로 자
　기 내로 되돌아간다. 〔그래서 여기서는〕 내면성은 직접적으로 외면성이며, 동시에
　외면성은 직접적으로 내면성이기도 하다.

** 〔여기서〕 동물적 유기체의 **내적인 이념성〔관념성〕**이 〔나타난다〕. 동물적 유기체는 관
　념적이며 자신의 **단일성**으로 복귀한 자로 실존한다. 〔즉, 동물적 유기체는〕 단순하
　며 자아가 있는 전체의 **실체**다. 이 실체의 자아는 타자존재를 완전히 꿰뚫어볼 수 있
　다. 왜냐하면 이 실체는 자기 자신을 산출하기 때문이다. 〔동물적 유기체에서〕 순환
　하는 것은 피며, 동물적 유기체가 소모하거나 산출하는 타자는 피에게는 동일한 자
　아이다. 자아는 자신의 **지절들**을 자신으로부터 구분한다.
　이러한 이념성〔관념성〕은 직접적으로 유기체로 **존재한다**. 공간과 시간은 동물적
　유기체의 **직관**의 **형식들**이고, 비대상적인 대상성이며, 감각이다. (이렇게 자기 내
　로 반성된 존재가 **신경**이다. 그것은 다음과 같은 조직이다. α) 〔첫째,〕 형태의 운동
　신경들〔이다〕. β) 〔둘째,〕 소화신경, 신경절(神經節, Ganglien)들, 상복부 중추〔신경
　이며〕, γ) 〔셋째,〕 **감각신경들**, 뇌〔이다〕.)

립된 것은 아니며, 오히려 이러한 배제는 동물적 유기체의 현실성과 현존에 의해 정립된다. 정립은 동물적 유기체의 행위다. 왜냐하면 정립은 부정태로서 거기에 **존재하기[현존하기]** 때문이다. 그러나 동물은 개체적인 것일 뿐이다. [개체로서의] 동물이 욕망[하는 주체이거나] 아니면 [객체로] 욕망되며, 잠을 자거나 아니면 소화를 한다. 동물은 이러한 불안과 불안정한 관계 속에서 살아나간다. 그리고 이 관계에서 동물은 보편적이지 않으며, 대상적인 것을 움직이게 하지만 [그 자체는] 물성(物性)을 띠지 않는 안정적인 보편성이 동물에 대해 존재한다.

H158

그러나 욕망이 충족되면 동물은 잠을 자고, [이렇게 잠을 자는 것이] 동물의 자기내존재, 자아인 밤[이라고 할 수 있다]. **즉자상태로부터**[*] 대자존재로 이렇게 복귀하고, **즉자**가 자아에 의해 정립됨으로써, 동물적 유기체는 그 자신과 자신과는 구별된 즉자존재의 통일체로서 자아가 된다.)

F166

　이러한 통일체로서[**] 동물적 유기체는 온전한 전체이며, 자기 내로 되돌아가 있는 것으로서, 두 자아들의 통일이라고 [할 수 있다]. [두 자아들 중] 첫 번째는 개체로서의 전체이다. [이 자아는] 욕망에서 자기 자신을 감지한다. 그리고 [이 자아는] 그에 대해 타자가 존재하는 그러한 추상적 **자아[나]**를 자신으로부터 배제하는 전체이다. 다시 말해 자신의 타자존재에서 **직접적으로** 자신에게로 반성되어 있는 존재로서 **표상** 일반이다. 그래서 [여기서는] 존재하는 것이 **그 자체로 자유롭게 존재하는 것** (an sich frei Seiendes)과 **그 자신의 것**(das Seinige)으로 이중화된다. [그래

---

[*] 자의적인 운동의 신경은 **직접적인 보편성**에 속하며, 공간의 순수하고 공허한 외면성에 속한다.
[**] **안정적인 형태**와 **대자존재**의 계기들이 **순수한 추상으로 순화됨**으로써, 감각기관들이 형성된다. **내적 유기체**에서는 형태가 그리고 유기체 자체에서는 대자존재가 [형성되는 것이다]. [이렇게 해서] 자아는 **산출된 것으로** 존재한다.

서 동물적 유기체는〕 타자로서의 타자 일반에 대한 **감정**, 감각〔을 지닌다.〕 소화에 의해 〔동물의〕 개체는 이러한 추상의 상태에 도달하게 된다. 개체는 개념파악이 되며 자아를 관통하여 지나간다. 그렇게 해서 개체는 **감각의 상태**에 있게 된다. 대상이 **나의 것**이기 때문에, 개체는 충족된 욕망이 된다.

그러나 또한 전체는 〔개체로서만이 아니라〕 **보편자인 타자**로 존재하기도 한다.[*] 감각은 촉각으로부터 시각에 이르기까지 여러 단계를 거쳐 시각에서 자기 내 반성을 자유롭게 하고 나면, **감각**은 성별(性別)로 이행한다. 감각〔이 주장하는〕 명제는 '대상이 나의 것이다.'라는 것이다. 그런데, 성별(性別)이 주장하는 명제는 그와는 반대로 '내가 바로 대상이다.'라는 것이다. 감각을 두루 거치면서, 나의 것(das Mein)을 술어로 삼는 대상은 온전한 나의 것, 성관계가 된다.

이러한[**] 범주나, 아니면 존재와 그의 것의 단일하며 직접적인 통일, 즉 감각은 우선 **촉각(觸覺, Gefühl)**이다. 〔촉각은〕 대상과의 비대상적인 통일   F167 H159

---

[*] **감각, 욕망 그리고 성(性)**

[**] **공간**에서의 상호 무관함은 시간 속에서 자체 내로 **복귀**된다. 공간과 시간은 그 자체로 상호 무관한 것들로서 서로 분리된 채로 유지된다. 〔예를 들어,〕 지금은 단지 공간적 관계〔만 고려되고,〕 그리고 나서 시간적인 관계〔가 고려되는 것이다.〕 공간〔은〕 상호 무관하게 떨어져 있는 존립〔이며〕, 시간〔은〕 이러한 상호 분리의 지양〔이다〕. αα) 〔이렇게 하면 첫째,〕 서로 간에 주체와 객체라는 것이 **사라지는데**, 〔이것은〕 부정이긴 하지만, 단순히 부정적이며 공허한 부정〔을 의미한다〕. ββ) 〔그 다음으로〕 형식과 **분리상태의 규정적 부정**〔이 나타나면서〕, 양 측의 존립의 상호 무관함에 직접적인 **접촉**〔이 일어난다〕. 〔이것이 바로〕 **형태의 감각**〔이다〕. 그리고 양측이 대립상태에 들어서면서 공간적인 대자존재의 **규정성**〔이 나타난다〕. 공간은 각자에게 있어 규정성으로 존재하며, 이들의 **중심〔매개항〕**으로 출현하는 시간은 중심이자 단순한 통일점으로서, 충만된 공간에서 자신의 구별들〔을 지닌다〕.

상태로서, 이 상태에서 대상은 아직까지 대자적으로 복귀된 것이 아니다. 그렇기 때문에 〔촉각으로서의〕 이 통일은 **형태, 모양**에 대한 감각과 **열**에 대한 감각으로 이중화된다. 촉각은 좀 둔감한 구분을 취한다. 여기서는 타자가 **타자** 일반이지, 아직 **자체 내에서** 구별되는 것은 아니기 때문이다. 따라서 긍정과 부정과 같은 구분은 모양과 열과 같은 것으로 나누어지는 것이다. 그래서 촉각은 그 자체로는 〔개념적〕 구분을 전혀 하지 못한다. 즉 존립과 해체의 상태, 공간과 시간은 〔촉각에서는〕 직접적으로 하나이다.

그러나 동물은 그 자체에 참된 의미의 구분을 지니고 있기도 하다. 동물은 **중립적으로** 존립하며, 상호 무관한 두 측면들이 그것들을 관통하는 하나의 보편적 매개항에서 서로 결합된다. 그렇게 해서 동물은 **미각 (味覺, Geschmack)**를 지니게 된다.* 동물은 대상 자체 속으로 출현하면서 시간과 공간의 구별성, 대립으로서의 대립의 구별성으로 등장하며, 따라서 동물은 유기체가 대상과 맺는 관계 속으로 출현한다. 그러나 동물은 단지 중립적인 것〔중성적인 것〕일 뿐이다. 미각은 모양을 지양한 상태의 감각이다. 미각은 직접적이며 상호 무관한 현존상태로서, 그렇기 때문에 외적으로 지양되어야 하는 것이고, 이 〔지양하는〕 매개과정에 의해서 비

F168

---

* **직관 작용을 특수화한 것이 감각**이다. 촉각에서 모든 감각들이 통합되기에, 손가락에 모든 감각들이 각각 차지하는 **자리**가 있을 수 있다. 〔그렇게 되면〕 손가락으로 보고, 들을 수 있게 되는 것이다.

α) 〔첫째,〕 **더듬거림(Getast)**으로는 **직접적이며** 무규정적인 **현존**, 무게와 열〔만을 대충 알 수 있다.〕〔둘째,〕 단순한 미각은 β) 그 자체에 구별을 〔지니고 있다.〕 γ) 〔셋째,〕 자기 내로 반성된 존재 일반, **단순한 개체성**은 직접적으로* 규정된 것으로서, 아직까지 자체 내로 반성된 것은 아니다.

〔*옆에〕 **특수성**이나 **온전한** 개체성, **개별성**〔은 아니다.〕

로소 감지되는 것이다.

상호 무관한 것들의 상호 침투는 그것들이 지니는 완성된 상태의 다공성(多孔性, Porosität)이며, 또는 하나가 된 그것들의 차이라고 할 수 있다. 이러한 차이는 이전에는 그것들의 실재성을 장악하고 그것들을 분해시켰던 것이다.* [이렇게 해서] **공기 상태**의 감각, 즉 후각(嗅覺, Geruch)이 [나타나게 되는데,] 이 후각은 열에 상응하면서도 형태 그 자체가 해체된 상태이다. [이것은] 중성상태가 그 자체로 존립을 지니는 것처럼, 중성상태에서 구별이 중단된다는 조건에서 보자면, 중성상태가 구별을 극복한 것과 같다.**

그러나 이 분해상태는 끝으로 단순한 전체, 자체 내로 **반성된 현실적인 빛**이 된다.*** [바로 이것이] 시각(視覺, Gesicht)으로서, [시각은] **현실성**의 감각이라서, 바로 현재의 상태대로 자체 내로 반성된다.**** 시각은 대상인 **감각 자체**다.*****

여전히 이러한 대상으로 존재하는 감각은 자체 내로 환수되면서 **청각**(聽覺, Gehör)이 된다. [따라서 청각은] 대자적으로 존재하는 감각이다.

F169

---

 * 개체성 일반[은 다음과 같은] 추리다. [α)] 외면성, β) 기관, γ) 신경들
 ** 감각기관에서, 감각은 α) [첫째,] 행위로서 그의 존재, [둘째,] 피부, [셋째,] 신경[으로 구분될 수 있다.]
 *** α) 피부는 감각의 **외적 기관**[이며], 대상의 주체는 육체[이며], 동시에 감각의 총체성 [이다.]
 **** α) 타자와의 보편적이며 원소적인 연관. **존재하는** 신경으로서 감각, **주체**. β) 두 **혼들**의 절대적 통일이 **사물**이고, 사물은 뇌이지만, 주관적으로는 순수 공간이다. 공간은 **존재하지만**, 어떤 사물도 [있지 않을 수 있다.] 동물은 **혼**으로 존재한다.
 ***** α) 더듬거림, 피부 일반. β) 미각, 근육. γ) 후각, **연골**(軟骨). δ) 시각, 유기화된 피부, 임파성의 근육, 수정체(水晶體). ε) 뼈, **자기 내로의 순수한 진행**, 아무 동요 없는 자기 동등성.

청각은 **순수하고 이념적인[관념적인] 자아**를 청취한다.* 여기서 대상은 사물이기를 중단한다.

동물적 욕망은 관념주의(Idealismus), 그것도 대상성의 관념주의다. 즉 대상이 어떤 낯선 것이 아니라는 확신이다. 타자에 대한 관계는 이 **관념적 일자**에 의해 욕망으로만 존재한다. 여기서 부족한 것은 그 자신이며, 내적인 결핍, 배고픔, 목마름[을 느끼는] 어떤 자기감정이 존재한다. 그리고 개체는 자신으로부터 자기 스스로를 배제하고, 스스로를 소모한다. 그리고 개체는 자신에 대립하는 낯선 것으로 등장한다. 그래서 부정태는 개체 자신의 부정이며, 다시 말해 부정은 개체에 대한 것이다.** ([이것은 우선] α) 개체 자신의 비유기적 자연 일반의 **배출(Exkretion)**이고, [그 다음으로] β) 개별자들에서는 본래적인 배설물의 **배출**이며, γ) 마지막으로 개체 자신의 완전히 또 다른 개체의 **배출**이다.)

촉각으로서 감각기관은*** 피부의 보편적 감각이다. **미각**은 혀의 근육[에 의해 느껴진다]. [이 혀의] 근육은 중성상태[로서], 내면화되어 가는

---

   * **대뇌와 소뇌.** 대뇌는 감각에 좀더 [관여하고], 소뇌는 **의지**에 좀더 [관여한다]. 또한 [이 둘의 역할이] 똑같이 옮겨지기도 한다.
  ** 감각기관들[은] **존립상태**로 이중화되고, 자기 내로 반성된 존재이며, 구별[이지만] 차이는 아니다. [발과 팔과 같이 감각기관들은] **둘**[이며], 내장기관에서처럼 그 지절이 완전히 똑같다. [그러나] 발과 팔은 **의지**와 같지는 않다. **내장기관**은 자아와 [같지만,] **귀, 눈**[과 같은] 감각은 **다르게 규정된다.**
 *** α 피부, 형태, 보편적인 상태.
    β) **미각**, 중립적 대상, 근육.
    γ) 후각, 연골, 달팽이관, 공기와 뇌 [등은] 아직 불완전한 상태[이지만], 자기 자신에게 근거한다.
    δ) 시각[에서는] 조직화된 피부, 근육, 임파액, 피부, 피 [등은] 빛의 물체[가 되며], [눈에서 피부는] 각막(角膜)[이고], 피[에서는] **맥락막(脈絡膜)**[이다].

236   제1부 자연철학

초기단계의 피부인 입과 결부된다. 후각, 코는 공기나 **호흡**과 결부된다. 시각은 앞서 말한 기능들을 수행하는 감각이 아니라, 오히려 청각처럼 뇌의 감각[이라고 할 수 있다]. [즉, 시각은] 자유로워진 관념성이다. 촉각은 형태 일반의 감각이고, 미각은 소화의 감각으로서, **외적인 것**을 자기 내로 진행시킨다. **후각**은 내적 유기체에 [상응하며], 공기 상태[와 관련이 있다]. **눈**과 **청각**은 자기 자신과 [연관된다].

따라서 감각은 두 종류로 [구분된다]. [첫째는] 후각과 미각이다. [둘째는] 시각과 귀[청각]이다. [시각은] 상호 무관하게 존재하는 자아로서 대상적 현실성이며, [청각은] 자신을 지양하는 자아이다. 음성(Stimme)은 활동적인 청각이며, 자신을 보편자로 정립하는 순수 자아다. 고통과 욕망, 기쁨과 만족감[을 음성으로 표현하면서], 개별적 자아가 지양되기 [시작한다]. 전자의 경우에는 모순의 의식[이 있고],* 후자의 경우에는 자기 내로 되돌아가서 동등해지는 상태[가 있다]. 모든 동물은 강압적인 죽음에 임할 때 울부짖으며, 스스로를 지양된 자아로 언표한다. (새는 다른 동물들은 하지 못하는 노래를 부를 줄 안다. 왜냐하면 새들은 공기의 요소에 속하기 때문이다. [여기에는] 분절화된 음성, 좀더 분해된 자아가 [있다].)

음성에서 감각은 자신의 내부로 되돌아가게 된다. 즉, 감각은 부정적인 자아, **욕망**이 되는 것이다. 이제 그 자체에 결핍이 생겨나며, 실체 없는 상태가 [전개된다]. 즉, 감각은 자신의 내용 충만한 상태와는 대립되는 관념적인 것의 단순한 공간이 된다.** 감각들은 **충분히 그 내용이 채워**

---

* 내가 보고 듣는 **것**은 나 자신 속에 **지양된 상태**로 존재하면서도, 동시에 나 자신으로부터 자유롭게 존재한다.
** [동물은] 자신의 **충족되지** 않은 **자아를** 안다. 이러한 충족은 [자신과는] **다른 것**이다. 이론적인 측면에서 감각은 대상이 사라지고 **자아가** [그대로] **존재한다**는 점에 대한 확

진 공간과 같다. 욕망은 단순히 지양된 공간만이 아니라 지양되어 **내용이 채워진** 공간으로서 운동이다. 감각 자체는 본래 뭔가가 결핍되어 있고, 배고픔의 자기감정이며, 목마름〔갈증〕이다.

〔동물적〕 유기체는 이러한 방식으로 자기 스스로 외부를 향하는 자이다. 동물적 유기체 자신은 스스로에게 부정적이다. **비유기적 자연이 〔이 유기체의〕 타자이다.** 〔동물 속에〕 결핍되어 있는 것은 〔동물적〕 유기체 밖에서 등장한다.* 〔동물적 유기체의〕 **타자는 유기체에게 결핍되어 있는 것 전체다.** 그래서 **이론적인 것**에 대한 반성은 곧 **실천적인 것**을 낳는다. 왜냐하면 이론적인 것을 반성하면서 동물은 비로소 전체로서 자신 밖으로 출현하기 때문이다. 여기서 동물은 비로소 다른 개별자에 대해서 자신을 추동하는 자가 된다.

뭔가를 욕망하는 유기체는 **형태**를 지니며, 대자존재에 속한다. 즉, 〔욕망하는 유기체는〕 **보편적** 자아로서, 스스로를 자신과 즉자 혹은 대상적인 것의 통일로 **안다. 이 유기체는 타자의 현존을 꿰뚫어본다.**** 〔유기체의〕 형태는 외부를 향한 무장(武裝), 즉 **이빨**이나 **뼈**, **발톱**, 가죽, 그리고 근육, **힘** 일반으로 나타난다. 그러면서 내적인 것, **뼈**의 연약함〔감각수용

신을 획득하게 된다. 감각은 대상을 **청취**하므로, 순수 자아로서 그에게 대상은 생성된 것이다.

* **내적** 유기체는 온전한 **전체**의 **형식**으로서, 형태에 대립하거나 추상적으로 고찰될 수 없으며, 형태가 이행해가거나 아니면 형태로 이행해가면서, 형태에 대립하는 특정한 한 측면만을 구성하는 것이 아니다. 오히려 〔내적 유기체는〕 총체성으로서, 대자적으로 존재하는 상태로 **규정된다.** 동일한 이유로 인해, 한 측면이라는 것도 **존립하는 상태**로서는 뭔가가 결핍되어 있는 것이다.

** 〔다음과 같은〕 **추리**〔가 발생한다〕. 즉, 온전한 전체가 욕망의 지배 하에 정립되고, 그의 단순하며 지속적인 존립, 즉 형태는 대자존재 하에 정립된다는 것이다.

성]은 극복되고, 보편적인 것은 유입하고 유출하는 **가죽**[**피부**]의 상태뿐이다. 가죽[피부]은 외적인 면에서의 무기이고, 뼈는 내적인 면에서의 무기이다. 입술도 무엇을 받아들이는 것이지만 단지 **뽀뽀**만 하는 것이 아니라, 입술도 **이빨**의 도움으로 어떤 것을 움켜쥔다. (불타오르는 듯한 눈동자)

여기서 신경들은 단지 내적인 보조물일 뿐이다. 즉, 여기서는 운동신경과 **소화**신경이 [보조역할을 하고], 하복부에 속하는 신경절(神經節), 위부(胃部)의 중심들, 뇌 그리고 교감(交感) 신경계와 내장(內臟)의 횡격막(橫隔膜),* 신경절의 접합 부분들도 [보조역할을 한다]. H163

충족된 욕망은 여기서 자신을 이러한 개별자로 산출해내는 개체의 의미가 아니라, 개별자의 근거인 보편자의 의미를 지니며,** 이러한 근거인 보편자 측에서 보면 개체성은 단지 형식일 뿐이며, 내적 유기체이자 외면화된 대자존재이다. 따라서 충족된 욕망은 **자신에게 복귀한 보편자**이다. 그리고 이 보편자는 직접적으로 **개체성**을 그 자체에 지니고 있다. 그리고 감각의 자체 내로의 이론적 복귀로 인해, **보편자** 속에서 유발되는 것은 오직 **결핍상태(Mangel)** 뿐이다. 그러나 [동시에] 개체성의 욕망은 긍정적인 것이기도 하다. 이*** 결핍상태의 것[개체]은 자기 자신을 통 F172

---

* 비샤(Bichat)[는 다음과 같이 말한 바 있다]. 즉, 교감신경은 **종종 접합이 끊어지기도 하여**, 그것이 발생한 데보다 더 두껍다는 것이다.

  [역주] 헤겔은 여기서 소위 '일반 해부학'의 창시자인 비샤(Bichat, Marie François Xavier, 1771–1802)의 『삶과 죽음의 생리학 연구(Recherches physiologiques sur la vie et la mort)』(Paris, 1800)의 내용을 염두에 두고 있다.

** 비유기적 자연은 유기적 개체의 전체에 의해 관통된다. 여기서 **소화**는 자기 자신을 소화하는 **전체** 과정이다. [그리고 이 전체는] 그의 보편적 밤인 **수면(睡眠)**, 외부를 향하면서도 동시에 자신을 향한 활동 [등을 포괄한다]. 왜냐하면 타자가 개체 자신이고, 개체를 내적으로 소모함으로써 그 자체에서 개체 자신을 확신하는 과정이기 때문이다.

*** 내부 기관[은] 각종 관, 피, 조직[등으로 이루어진다.] **심장**, 뇌 그리고 소화[계가 그러

해 충족된다. 이것은 이중화된 개체이다. 즉, 성(性)은 α) 〔첫째,〕 관념성
이다. 〔성관계에서〕 양자는 동일하며, 보편자이자 유이다. (이 점을 경청
(傾聽)할 필요가 있다.) β) 그리고 〔동시에 성관계에서〕 양자는 자립적이
다. (순수 자아의 결핍을 충족시킨다.) 여기서는 직접적으로 형태를 갖춘 유
기체와 내적으로 대자존재적인 유기체가 서로 대립적으로 등장한다. 그
러나 이 양자〔직접적으로 형태를 갖춘 유기체와 대자적인 유기체〕는 더
이상 전체의 불완전한 측면들이 아니라, 완전한 측면들로 등장한다. 전
체의 축소판이자 단순한 하나의 전형은 전체의 배출(排出)〔배설〕이 된다.
α) 〔첫째,〕 고환과 두뇌인 임파성의 맥관(脈管) 조직에서 〔배설이 발생한
다〕. 그리고 β) 〔둘째,〕 남근(男根)과 심근(心筋), 두뇌와 대자존재에서 〔배

H164   설이 발생한다〕. 암컷의 자궁은, 수컷에서는 단순히 선역(腺疫)일 뿐인 전
립선에 상응한다. 자궁의 수태(受胎)는 〔처음에는〕 단순한 상태〔였다가〕,
〔이후에〕 생산적인 두뇌와 외적인 심장으로 양분된다.

  (암컷과 수컷 양쪽의 통합상태는 성별(性別)이 사라진 상태다. 〔그렇게 해서〕
단순한 유가 생겨나는 것이다. 동화(同化, Assimilation) 과정은 흡수, 배설 그리
고 영양섭취의 과정으로서, 감각수용성, 자극반응성 그리고 재생산에 상응한다.)

  질병은 이 과정들의 연속이다. 유기체는 질병을 견뎌낼 수 없다. 〔그러나〕
이 과정의 배후에서 유, 보편자가 등장한다. 동물은 죽는다. 그리고 동물의
죽음은 의식의 생성이다. 여기서 이러한 과정들을 분리된 상태로 자체 속
에 지니면서, 자신을 분석할 수 있는 보편자가 생기는 것이다. 즉, 동물의
삶이 지절(肢節)들이나 단순한 과정들로 분해된 상태로 존립하는 공간이 생
기며, 여기서 과정들은 직접적으로 안정적이고 보편적인 것들이 된다.

  하다〕. 〔그리고〕 온전한 전체 유기체는 복제된다.

수컷과 암컷 사이의 성별에 있어서도 동일한 전형이 그 근거로 작용한다. 즉, 수컷이나 암컷 각자 속에서만 수컷이나 암컷은 자신의 본질적인 면을 형성한다는 것이다. 암컷의 경우에는 무차별적인 것이 필연적이며, 수컷의 경우에는 분열된 것, 즉 대립이 필연적이다. 암컷에게는 **자궁**이 있지만, 이 자궁을 수컷에게서 발견하는 것은 아주 어렵다. 마찬가지로 고환낭(睾丸囊)을 자궁 대신 찾으려는 것도 부적절한 짓이다. 〔그렇게 찾으려고 하는 이유는〕 보통 수컷의 **고환**이 특히 암컷의 난소(卵巢)에 상응하는 것으로 알려져 있기 때문이다.* 그리고 암컷의 난소는 많은 동물들의 경우에는 일련의 작은 포낭(包囊)과 같다. 〔수컷과 암컷의 이러한 기관들은〕 몰개념적 일치에서가 아니라 개념을 통해 정립된 구별이다. 자궁은 수컷에서는 나력(瘰癧, Drüse)이 되어버리고, 등가적인 보편성으로 전락해버린다. 자궁은 수컷에서는 전립선이다. 이러한 사실을 에커만(Akermann)은 자신의 자웅동체(雌雄同體)에서 매우 잘 보여준 바 있다.[16]

F173

H165

---

* Schubert, 185면. 〔학명이〕 **그륄루스 베르루키보루스**(Gryllus verruccivorus)인 메뚜기에서는, 큰 고환들이 다발로 묶여 함께 말려져 있는 관의 형태를 취하고 있다. 그와 유사하게 다발로 말려져 있는 난낭(卵囊)으로 이루어진 큰 난소(卵巢)와 비슷하다. **쇠파리**의 경우에, 고환들은 그 윤곽 상으로만 더 굵고 큰 난소와 같은 형태를 갖추고 있지 않다. 쇠파리의 고환들은 거의 알 모양의 길쭉하고 부드러운 포낭(包囊)들로 이루어져 있다. 그리고 마치 알들이 난소에 붙어 있듯이, 이 포낭들은 고환의 기저에 그 토대를 두고 서 있다. 식물의 마디를 이루듯이.

[역주] 여기서 헤겔은 슈베르트(Schubert, Gotthilf Heinrich von, 1780-1860)의 『생명의 일반적 역사의 예측』(Leipzig, 1806-1820)을 염두에 두고 있다. 슈베르트는 그 당시 저명한 자연철학자이자, 에어랑엔과 뮨헨에서 의학 교수를 역임한 과학자이다.

16) 에커만(Ackermann, Jakob Fidelis, 1765-1815)은 법의학 교수이자 식물학자, 해부학자로서, 『생명력들의 서술』(Frankfurt, 1797ff)을 저술했다.

즉, 그는 자궁 하나를 가지고는 있지만 그 외에는 남성의 구조들을 지니고 있다. 그런데 이 자궁은 전립선을 대신하는 것만이 아니라, 오히려 **수정관(輸精管)이 전립선을 지나면서 베누몬타눔(venumontanum)이라 불리는 빈 공간 아래 요도 속에서 갈라져 열려 있다.** 즉, 정자(精子)의 배설경로들이 그 본체를 관통하고 **계관(鷄冠)에서 요관(尿管)으로** 열려 있다. 그리고 여성의 음순(陰脣)이 고환들을 감싸고 있다. 이에 비해 음낭(陰囊)의 중앙부는 갈라져 **음부(陰部)를** 형성하고 있다. 우리는 이러한 방식으로 두 성별의 변형을 완전히 이해하게 된다. 남성에서는 **자궁**이 단순한 나력(瘰癧)으로 퇴화해버린 반면에, 남성의 고환은 난소 안에 감추어져 있으며 두 고환이 대립하여 돌출되지 않고, 대자적으로 활동적인 뇌가 되지도 않는다. 그리고 음핵(陰核)은 대체로 여성에서 비활동적인 촉각기관이다. 이에 비해 남성에게 있는 것은 활동적인 촉각이고,[*] 팽창하는 가슴과 **다혈(多穴)의 육체가** 지닌 피의 충만과 해면질(海綿質) 조직의 요도망(尿道網)이다. 그러므로 남성은 그의 활동이 이렇게 구별되기 때문에 활동적인 것이다. 그러나 여성은 수용적인[수태적인] 것이다.[**] 왜냐하면 여성은 스스로 전개되지 않은 통일 상태에 머물러 있기 때문이다.

수태(受胎, Emphängnis)는 자신에게 전념하는 단순한 통일의 상태로 온전한 개체를 축소하는 것과 다름없다.[***] [다시 말해 수태는] 온전한 개체

F174

H166

---

[*] 일혈(溢血) 현상은 여성적인 것이며, 남성의 혈액 충만한 증상에 상응한다.

[**] **소화는 외부를 향한다.**[*] 여성은 가슴에 젖을 [가지고 있다]. 남성은 수염이 덥수룩하고, 중요치 않은 외부의 일[에 매달린다]. 무뎌진 무기.
  [*옆에] 여성에게 심장과 영혼을 은유적으로 바치는 일.

[***] **불, 물,** 단순한 표상들[처럼 그렇게] 유기적 자연은 추상적인 계기들로 **분석되지 않**는다. 화학적이며 언표 불가능한 아주 미세한 것들로 분해되지도 않는다. 오히려 유기적 자연의 힘은 **보편적**[이다.] [유기적 자연은] 무감각해지지 않는 **산**이나 **칼리**가 아니다.

의 표상으로 그 개체를 [축소하는 것이며], [여기서] 표상은 씨앗[과 같으며], 단순한 물리적 표상이고, 말 그대로 전적으로 단 하나의 점이며 온전한 자아라고 할 수 있다. 수태는 대립하는 것,* 추상적인 표상들이 하나가 된다는 것 외에 다른 것이 아니다.**

그래서 동물적 유기체는 자신의 순환과정을 두루 거치게 되었다. 즉, 동물적 유기체는 수태된 무성(無性)의 보편자이다. 이 무성의 보편자는 절대적 유가 되어버렸다. 이 절대적 유는 **바로 이** 개체의 죽음이다. 하등한 동물적 유기체들은 교미 후에 곧바로 죽어버린다.*** [이 하등 동물들

F175

---

* 부분은 **수단**이며, 본질적으로 매개작용[이다].

** 모든 기관은 **도움을 주지만**, 그러나 동시에 그러한 것은 단순한 방식으로 성취된다. **(태아(胎兒)들은** 살아 있다. 어떤 기능의 필연성은 이 기능이 작동하지 않는 경우를 들어 반박된다.) [유기체와 기계의] 부분들의 차이는, [유기체의] 이 기관들이 더 단순화될 수 없다는 데 있다. [이에 비해] 기계들은 더 단순화될 수 있고, 더욱더 완전해질 수 있다. 그러나 유기체는 그렇지 않다. 현실은 이 계기들을* 그렇게 발전시킬 수 있다. 기하학의 정리에 대한 믿음처럼, 단순한 결과는 아무것도 아니다.

[*옆에] [아무것도] 그 물질을 증명하지 [못한다.]

[역주] 펠릭스 마이너 판에서, '계기들(Momente)*' 다음에 표기되어 있는 nichts를 호프마이스터 판에 따라 이 위치에서 생략했다. 원고에는 nichts 옆에 'zur Materie Beweis'라고 표기되어 있다. Beweis를 nichts와 연결시켜 호프마이스터 판에 따라 해석하면, '증명은 아무 도움이 되지 않는다.'라고도 옮길 수 있다.

*** 성관계는 총체성이며, 유[를 낳는다]. α) [유는] 전체의 **변하지 않는 동일함**이자, 완전한 동일 그 자체다. β) [그 다음으로] 대립, 유의 실재로서, 직접적으로 욕망하는 자립적인 개체들이 있는데, 이들에게는 **유**가 목적이다. [그러나] 개체들은 아직 [유인] **보편자**를 자신 밖에서 알 뿐이다.* 개체들의 교미(Begattung)는 유의 **실존**이다. 그러나 동물적 **자아** 그 자체는 그러한 유의 실존이 아니다. 유의 실존은 그 자체에서 [다음과 같이] 세 가지 측면으로 구분된다. α) [첫째,] **아이**, 그 자체로 완성된 전체[가] **직접적으로** 현존한다. β) [둘째,] 운동으로서의 전체[는] 직접적으로 통일되어 있지 않고, **일자**에서 두 **자아들**이 서로 분리된다. γ) [마지막으로] 그 결과는 죽음이며, 순수 **부정성**이고, 직접적인 **비존재**다.

은〕만발한 꽃의 부분들이나 순수한 내장들과 마찬가지로 〔엄밀한 의미에서〕 전혀 개체들이 아니다. 반면에 고등(高等) 유기체들은 스스로를 유지하며 고등의 자립성을 지닌다. 그리고 이 고등 유기체들의 죽음은 그것들의 형태에 있어서 발전된 진행이 된다. 고등 유기체들의 죽음은 개체가 유로 되는 과정이다. 즉, α) 〔첫째,〕 아이의 〔생성은〕 아직은 비현실적이지만 보편자와 개체성의 현존하는 단순한 통일이라고 할 수 있다. β) 〔둘째,〕 〔아이의 생성은〕 **현실적인 것**이 아니라 오히려 추상적으로 존재하는 자의 생성이다. 동물에서는 이러한 통합이 아직 제대로 이루어지지 않기 때문에, **현실적인** 유는 단순하게 보편적이며 추상적인 것으로서만 직접적으로 현존하며, 보편자와 개체는 서로 분리되어버린다. 즉 〔동물의 경우에〕 보편자는 개체의 형식을 가지고, 개체가 개체의 형식을 버리고 유로 존재하는 곳에서 개체는 비현실적이게 되며 주체가 아니게 된다. 이처럼 **자체 속에서 완결되어 있는** 총체적 유와 추상적인 **존재자**라는 양 극단들로 분열되어버린다. 〔그렇게 해서〕 **개념**과 **존재**가 분리되고, 이 양 극단들의 중심〔매개항〕인 **현실적** 삶은 개념과 존재라는 이 양 극단들 사이에 있게 된다.

　자기지양 상태에 있는 개체는 다음과 같은 두 측면들로 분리된다. 지금까지 우리는 첫 번째 극단에 이르는 운동〔성관계를 통한 개체의 죽음과 유의 산출〕을 살펴보았다. 그와는 또 다른 것에 이르는 운동은, 곧 죽음에 이르는 질병이다. 유기체는 자아가 없어지면 그 자체로 죽은 것이나 다름없다. 본래적인 질병은 그것이 소실되지 않는 한에서는 외적으로 실존하면서 진행된다. 죽음의 필연성은 개별적인 원인에 있지 않으며,

---

〔＊옆에〕 아직은 〔보편자〕 그 **자체**가 **개체들**에 내적인 것으로 〔존재하지〕 **않는다**.

〔개별적인〕 유기체 속에는 결코 있지 않다. 개별자에게는 개별자가 항상 도움을 준다. 개별자는 유약하며 **근거**(Grund)가 아니다.* 오히려 개체가 보편성으로 이행하는 필연성이 근거다. 왜냐하면 **생명체**는 살아 있는 것으로서, 자아로서 **현존**의 일면성을 〔지니기〕 때문이다. 유는 **개별적으로** 존재자는 자아의 지양에서 생성되어 스스로 그러한 자아로 되돌아가는 운동이다. 이 운동과정에서 **존재하는** 개별자는 몰락해 버린다. **존재**는 자신의 반대편으로 이행하는 이러한 추상이다.

따라서 나이가 들어 찾아오는 죽음은 **힘이 없어진 상태**(Kraftlosigkeit) 라고 할 수 있다. 이것은 일반적인 단순한 상태로서 〔일종의〕 쇠진(衰盡, Abnehmen)이다. 〔쇠진의〕 외적인 현상들로는 경직화의 증가, 근육과 힘줄의 긴장의 이완, 좋지 않은 소화력과 약해진 감각 〔등을 들 수 있다.〕 이것은 곧 〔동물적인〕 개체적 삶으로부터 단순히 식물적인 〔비의지적인〕 삶으로의 복귀라고도 〔할 수 있다〕. 이렇게** 단순히 양적인 상태는, 그러나 질적이며 특정한 과정으로서, 본래적인 **질병**이다. 〔개체의 질병은〕 단순한 **허약함**이나 과도한 **힘**이 아니다. 이렇게 보는 것은 완전히 피상적인 생각이다.***

---

* 외적인 **원인**이 없는 〔상태다〕. 외적인 것이 원인이라는 사실은 유기체에 내재한다.
** 유
*** α)* 건강은 유기적 자아가 그의 현존과 **균형을 이루는 상태**(Proportion)다. 또한 유기적 자아는 **일자**로서 두 개의 **자아들**, 즉 **현존하는** 자아와 **보편적** 자아로 분리되지 않는다. 그의 현존은 이 불균형 상태를 어떻게 받아들이는가? 개념상 우리는 필연성을 찾았으며, 이제 대립 속에서 〔그러한 필연성이〕 개념파악이 되는 것이다.

〔*옆에〕 브라운의 공로는, 보편적인 총괄 일반〔이다〕. 또한 조야한 전문성이 좀 더 일반적인 영향〔을 미쳤다.〕

[역주] 여기서 우리는 그 문맥상 헤겔이 건강과 질병에 대해 브라운이 규정한 내용을 염두에 두고 있음을 알 수 있다. 브라운(Brown, John, 1735-1788)은 모든 질병

건강은 α) **유기체**가 **비유기체**와 균형 있는 관계를 맺을 때 성립한다. 유기체가 극복할 수 없는 비유기체는 유기체에 대해 존재하지 않는다. 또한 자극이 자극 감수성에 대해 너무 크거나 작으면 〔유기체는 건강하지 않다〕. 물론 유기체는 너무 크거나 작은 자극도 받아들이기는 하지만 말이다. 즉, 유기체는 비유기체로서[17] 〔자극의〕 증가나 감소를 감당할 수 있고, 그의 **존재**와 **그의 자아**의 불균형을 감당할 수 있다. 다시 말해 유기체의 현존은 자유로워질 수 있다.* 〔그러나 여기서 불균형은〕 유기체 내부에서 분리된 상태로 등장하는 요인들의 불균형이 아니다. 요인들은 추상적인 계기들이며 서로 분리될 수 없다. α) 〔동물은〕 **타고난 성향**(Disposition)과 끈질기게 싸울 수는 없다. 〔동물은〕 실제로 감염되지도 않고 **병들지도** 않은 상태이지만, 자신의 현존에서 대자적이지도 못한 채 그 자체로 아프기도 한다. 〔이것은〕 본질적인 차이다. 유기체는 **즉자적으로** 존재하는 것이 현실적이기도 하다는 점을 반성을 〔통해 알게 된다〕. β) 유기체 자신 속에 원인〔이 있다〕. (늙고, 죽는 것은 타고난 결점이다.) γ)

은 자극에 대한 과도한 자극, 즉 원기왕성이거나, 아니면 자극에 대한 무력증, 쇠약이라고 생각하였는데, 이같은 생각은 18–19세기 주로 독일에서 유행한 '동종요법적 치료'에서는 일반적인 것이었다. 이때에는 활성화 부족으로 허약체질이 된 질병을 치료하는 것은 활성화를 돕는 것이고, 반대로 활성화 과잉의 상태에는 활성화를 약화시키는 것과 같이 단순한 치료법만이 강조되었다. 여기서 헤겔은 이런 동종요법적 치료를 비판적인 관점에서 바라보고 있는 것이다.

* 자극의 증가와 〔자극에 반응하는〕 민감성의 감소. 한쪽이 커지면 다른 쪽은 작아지고, 한쪽이 상승하면 다른 쪽은 하락한다는 〔식의〕 양의 대립은 곧바로 의심스러운 것일 수밖에 없다.

17) 호프마이스터 판에는 비유기체가 유기체(Organismus)로 잘못 표기되어 있다.

많은 이들은 어떤 개념규정을 알아차리거나 반박 당할 때 놀라워한다.)
유기체가 **존재하는** 유기체로서, **내적인** 유기체와 분리될 때, 질병이 〔발
생한다〕.* 〔여기서는〕 요인들이 아니라 온전하고 실재적인 측면들이 〔영
향을 미친다〕. 존재하는 유기체는 외적인 영향들을 감당할 수 능력이 있
으므로, **내적인** 영향의 힘이 적합하지 않은 한 측면만 증가하기도 한다.
유기체는 **규정된** 힘이다. 그래서 앞서 말한 것은 힘과 아무 관련이 없는
것처럼 보인다. 그러나 외적인 것은 내용이며 힘의 실체다. 유기체는 **존**
재와 자아의 대립적 형식에 처해 있다. 〔유기체는〕 자신의 존재에 따라서
외적인 것에 대해 있게 되고 대립의 상황을 빚으며, 다양한 〔형태를 취
하게 된다〕. 그래서 〔동물적〕 유기체의 **자아**는 **실체**를 극복할 수가 없다.
동시에 자아는 바로 이와 같은 것으로서, 그것에 대해 유기체 자신의 부정
태가 존재하게 되는 것이다. 자아는 전혀 무관하지가 않고, 자아에게 타
자는 전혀 무가 아니며, 오히려 그 자신의 위력(Macht)이다. 자아는 그
자신의 부정태로서 **자아에 대해(für es)** 존재한다. 즉, 자아는 자아에 대립   H169
한다. 돌은 병에 걸릴 수가 없다. 왜냐하면 돌은 자기 자신의 부정태 속에
서 붕괴해 버리며, 화학적으로 와해되어버리고 자신의 형식을 유지하지 못
하기 때문이다. 즉 돌의 경우에는 그의 반대편을 포괄하는 것이 돌 자신의
부정태가 아니다. 〔이 부정태로는〕 **병의 상태, 자기감정,** 욕망, 결핍의 감정   F178
등이 있다. 다시 말해 〔이같은 상태에서〕 자아는 자기 자신에 대해 **부정태**
로 존재하게 된다. 즉 자아는 **자신과** 부정태로서 관계맺으며, 이 결핍자가
바로 자아이며, 자아는 스스로에게 결핍자로 존재하는 것이다.** 오직 욕

---

* **전체**는 아주 대충 받아들여져야 한다.
** **소화열**, 전체의 소화.

망의 경우에만 이 결핍자는 **외적인 것**이며, 욕망의 경우에 자아는 자신의 **형태** 자체를 지향하지 못 한다. 그러나 질병에서는 부정적 사물이 곧 형태이다. 그래서 질병은* 자극과 **효과의 힘**[작용력] 사이의 불균형이라고 할 수 있다. 이것이 질병에 대한 참된 규정이다. 이것은 참된 대립들, 자극들, 현존재의 형식이다.** 유기체는 자신의 가능성 이상으로 자극받을 수 있다. 왜냐하면 유기체는 가능성과 실체 그리고 현실성과 자아의 **전체적인** 통일이며, 전자[가능성과 실체]와 후자[현실성과 자아]의 형식에 온전히 속하기 때문이다. 전자는 이론적인 유기체의 측면이며, 후자는 실천적인 유기체의 측면이다. 성별(性別)은 이것을 분리하여, 두 유기적 개체들로 나눈다. 이것이 **작용**[효과](Wirksamkeit)과 **자극**(Reiz)의 측면이다. 유기적 개체 자체는 이 두 측면들 모두이며, [유기적 개체에게 이 두 측면들이 있다는] 이 사실은 곧 **유기적 개체 자신에게 있어서는 그의 죽음의 가능성**[을 의미한다.] 유기적 개체 자신은 이러한 형식들 하에서 분리되어 등장하고, 성별의 대립 속에서 성을 갖춘 분리된 항들은 직접적으로 죽게 된다. [이것은] **식물의 부분들도** [마찬가지이다]. 여기서는 서로 분리된 항들은 전체가 아니라는 자신의 일면성으로 인해 죽을 수밖에 없

---

* **헤라클레이토스**, 144 b. 우리에게 있는 것 모든 것들이 지닌 각각의 힘은 질병이기도 하다. 따스함이 과하면 폭염이 되고, 차가움이 과하면 마비가 된다. 숨이 과하면 숨 막히게 되고, 지금 나에게 수분인 것은 곧 질병이 되기도 한다.(ὥστε ὅσα ἐν ἡμῖν, ἑκάστου το κράτος νόσημα. ὑπερβολὴ Θερμοῦ, πυρετός. ὑπερβολὴ ψυχροῦ, παράλυσις. ὑπερβολὴ πνεύματος, πνῖγος, ἡ νῦν ἐμὴ ὑγρὰ νόσος.)

[역주] 헤겔은 여기서 소크라테스 이전 철학자들의 단편들을 모아 놓은 초판본을 기초로 헤라클레이토스의 편지를 인용하고 있으나, 후에 이것은 헤라클레이토스의 글이 아님이 밝혀졌다.

** **추상적 계기들**

다. 이들은 각자 자신이 지니고 있는 남성성과 여성성의 대립에 의해 전체로서는 죽게 된다. 식물의 경우에 수술이 수동적인 꽃받침으로 부풀어오르고, 암술의 수동적인 면이 번식하는 것으로 부풀어오르듯이, 각각의 개체 자신은 양성의 통일이다. 그러나 이것이 곧 개체 자신의 **죽음**이다. 개체는 **단지** 〔더 이상 나누어질 수 없는〕 **개체성일 뿐**이고, 이렇게 〔더 이상 나누어질 수 없다는〕 것이 개체라는 것 자체의 본질적 규정이다. 〔이와 달리〕 오직 유만이 **단 하나의** 통일성, 즉 **일자** 속에서 완전한 전체의 통일이라고 할 수 있다. 개체성에서 〔두 성들〕 양자의 이 운동은 개체성을 지양하는 진행과정이며, 이 진행과정의 결과가 곧 의식이다. 〔여기서 의식은〕 두 개의 완전한 개체성들의 즉자대자적인 통일성인 그러한 통일성이지, 단지 자신의 내적 개념 속에 있는 유로서의 자아인 것만은 아니다. 질병의 가능성은 개체가 〔이렇게 분리된〕 양자라는 사실에 있다. 개체가 관계 속에서 자신의 본질적 규정을 지니는 한에서 보자면, 성관계에 있어서 개체는 개체 자신의 본질적 규정을 **외부를 향해** 보여주게 된다. 이제 〔개체는〕 그 자체에서 스스로를 자기 자신과 교미시키게 되는 것이다.

H170
F179

그러므로 유기체는 그 자체에서 분리되어 등장하고, 바로 이렇게 분리된다는 것이 질병의 개념이며, 이 질병 개념은 유기체의 좀 더 상세한 진행과정 속에서 고찰되어야 한다. 그리고 양 측면은 자유와 독자성을 획득한다. 예를 들자면 이것은 개인과 국가의 경우와 마찬가지인데, 여기서 국가는 개인의 실체라고 할 수 있다. 이에 비해 실체라는 개념이 개인에게 적용된다고 한다면, 개인은 특정한 실체로 존재한다.* 개인은 욕망

---

* **주체로서의 실체**〔에서〕 실체 편에는 존재자가, 주체 편에는 부정태가 〔속한다〕. 주체는

에서와 마찬가지로 그의 형태, 즉자존재성, 즉 특정한 형태를 지배하는 위력인 셈이다. 그러나 동시에 개인이 그것에 굴복하게 되고 그것에 대해 주인 역할을 할 수는 없는 것이 있으니, 이것이 바로 개인을 초월하는 즉자적인 보편자[국가]이다. 왜냐하면 개체의 지배를 받는 것은 어떤 특정한 크기일 뿐이기 때문이며, 개체인 자아 자체는 보편자가 아니라 단지 즉자적인 상태에 있을 뿐이기 때문이다. 개체의 즉자는, 개체가 자아로서 존재하는 바를 초월하여,* 보편적 본질로서 일반적으로 [개체와] 대립한다. 또한 유기체는 자기 자신에게 대상이 되며, 유기체 자신의 부정태의 형식 속에서, 유기체는 대상에 대해 존재하게 된다.

H171 F180   유기체는 **몰자아적인** 조직의 존립을 지닌다. 유기체는 작용력에 **자극받**는다. 질병의 시작은, **어떤 특정한 측면**에서 한 부분, 개별적 조직이 자아에 대립하는 현존상태를 지니게 됨으로써 발생한다. **소화불량** 일반[처럼] 질병은 전체 속에서 시작될 수 있다. 왜냐하면 소화가 문제가 되거나 개별적인 측면이 문제가 될 경우에, 이 개별적인 측면은 쓸개와 폐의 과정[처럼, 특정한 부분으로] 확정되기 때문이다. [이처럼] **존재하는** 전체는 특정한 규정의 상태에 [있다]. 전체의 보편적인 규정은 [개별적

규정된 부정성이다. 실체의 규정이 주체의 규정과 같지 않게 되더라도, [주체가 실체보다] 더 고차적이라는 점은 여전히 주체**에게**는 유효한 것이다. 왜냐하면 여기서 주체는 부정성으로서 **보편자**이기는 하지만, 본래 특정한 그의 현존이 적합하지 않는 보편자이다. 그래서 특정한 현존은 보편자에 종속되기 때문이다.

＊**첫 번째** 단계는, 좋지 않은 상태가 없는데도 질병 **자체**가 [발생하는 경우다]. **두 번째** 단계는, 개체라는 것이 자아에 대해 생겨나고, 다시 말해 개체 자체가 확고한 **자아가** 되는 것이다. **보편자로서의 자아**에 대립하여 **자아** 속에 특정한 규정성이 **확립**된다. 즉 규정성[규정된 개체성]이 자아가 되는 것이다. 또한 개체의 자아는 어떤 확정된 현존이 되며, 전체의 **특정한** 부분이 된다.

인〕 자아에 대립하여 **존립하는 것**이다. 그러나 여기서 존재하는 규정성은, 자아를 대신하여 전체를 장악하는 개별적인 규정성이다. 병은 직접적이면서도 고립적으로 여전히 **첫 번째 도상**(途上)에 있다. 그러나 규정성이 자유로운 자아를 대신하여 전체의 중심점, 전체의 자아, 특정한 자아가 되어버리면, 본질적인 질병이 정립된다.* 따라서 앞서의 경우에는, 최토제(催吐劑)와 같은 외적인 수단〔약〕이 배설에 도움이 된다. 이것은 소화 일반의 경우로서, 형태의 위력인 **자아**가 자극을 받기 〔때문이다〕. 두 번째 단계.

질병의** 본래적인 구조는,*** 유기적 과정이 이렇게 확정된 형태에서, 이러한 존립상태에서 진행된다는 것이다. 다시 말해 이 과정은 하나의 **연쇄**(連鎖, Aufeinanderfolge)를 형성한다. 더구나 보편적 조직들은 갈가리 찢어져, 직접적으로 하나가 되는 것이 아니라, 오히려 이 통일은 운동에 의해 한쪽이 다른 쪽으로 이행하는 과정을 보여준다. **열병**(Fieber)은 본래적인 순수한 **질병**이다. 또한 병든 개별적 유기체는 자신의 **특정한** 질병으로부터 **자유롭게** 벗어난다.**** 〔이것은〕 건강한 개별적 유기체가 자신의 특정한 과정에서 〔벗어나는 것과〕 같다. 따라서 열병은 병든 유기체의

F181

H172

---

* 보편적 전율, 전체가 피부에 미치는 격렬한 손상, 피부소화.

** **세 번째 단계**는, 전체가 구별된 **운동**, **열병**으로서, **안정적인 보편적** 자아에 대립하는 것이다.

*** 유기체는 스스로 규정성에 대해 전체로 정립된다. 유기체는 **전체**로서 특정한 존립상태가 된다. 질병의 개별적인 감염은 **전체 속으로** 전환된다. **전체의** 이 질병은 동시에 **치유**(治癒)이기도 하다. 왜냐하면 운동에 말려드는 것은 다름 아닌 **전체**이기 때문이다. 〔전체〕는 필연성의 궤도〔원〕을 그리게 된다. 왜냐하면 궤도〔원〕, 전체가 〔존재하기〕 때문이다.

**** 왜냐하면 이 유기체가 전체를 병들게 하기 때문이다.

순수 삶이다. 동시에 기능들의 이러한 유출상태로서 열병은 **운동**이며, 기능들의 유동화이므로, 이 운동을 통해 질병과 기능의 고착화는 동시에 지양되어버리며, 질병은 소화 흡수되어버린다. 열병은 자체 내에서 진행되는 것이며, 자신의 **비유기적** 자연을 향하면서 약을 소화 흡수한다. α) 열병 자체는 유기체의 여러 측면들의 연쇄라고 할 수 있다. 첫째, 전체 유기체는 **신경 조직**에, 보편적 유기체에 속한다. 그리고 나서 내적인 유기체에 속하며, 그 다음으로 형태에 속한다. **오한(惡寒)**이나 두통(頭痛), 척추(脊椎)의 통증(痛症), 피부 경련, **한기(寒氣)** 등은, 자신만의 자극반응성을 띠는 근육을 이완시킨다. 제어되지 않은 떨림, 근육의 무력증, 뼈의 통증, 지절들의 피로(疲勞), 피부로부터 혈액의 역류 증상, 한기의 느낌 등은 형태를 이완시킨다. **단순하며** 완전히 자신 속으로 반성되어 있는 유기체의 존립상태는 고립되고, 유기체는 전체를 자신의 강제력으로 제어한다. 그러나 이것은 전체의 해체나 부정적인 힘 이상을 의미한다. 이 개념을 통해 이 강건한 유기체는 열이 있는 유혈동물로 이행한다. 그러한 퇴화는 **열기**, 부정성으로의 전환이기도 하다. 피는 이제 지배적인 것이 된다. 그러나 셋째로, 이러한 분해과정은 형태와 산출물로 이행한다. 유기체는 임파액과 **땀**, 액체상태로 바뀐다. 이러한 산출물이 지니는 의미는, 그 안에서는 고립화, **개별자**, **규정성이 중단되며**, 유기체는 전체로서 산출되고,* 소화 흡수된다는 점이다. 노인들이 표현하듯이, 유기체는 **잘 요리된 질병물질**과 같다. 〔이것은〕 매우 적절한 개념이다. 〔위와 같은 현상들은〕 **임계점에 이른 분비현상**이라고 할 수 있다. **위기**〔임계점〕는 스스로를 지배하는 대가가 된 유기체로서, 이러한 유기체는 스스로를 재산출

---

* 유기적 일자는 질병에서 자기 자신에게 대상이 된다.

하고, 이 〔재산출의〕 힘을 봉쇄를 풀어버림으로써 증명한다. 그러나 분비되는 것은 질병유발물질이 아니다. 만일 〔질병이 이 물질이 몸 속에 있어서 발생한 것이라면〕 이 물질을 몸 속에서 발견할 수 없거나 숟가락으로 퍼낼 수 없다면, 유기체는 건강하다고 판단될 수도 있을 것이다. 그러나 사실은 그렇지 않고, 오히려 위기〔임계점〕도 소화 일반처럼 동시에 H173 하나의 분비과정이다.* **산출물**은 **이중화되어** 있다. 따라서 **임계점에 이른 분비현상**은 무력한 상태의 분비현상과는 매우 다르다. 무력한 상태의 분비현상은 본래 분비라고 할 수 없고, 유기체가 분해되는 상태로, 〔분비와는〕 대립적인 의미를 지닌다. 유기체는 그렇게 완성되면서 **보편자**가 되며, 이렇게 병든 유기체로 존재하지 않는다. 규정성은 우선 운동, 전체 진행의 필연성으로 전환된다. 이 진행은 전체 산출물로, 그리고 동시에 이를 통해 전체 자아로 전환된다. 여기서 산출물은 단순한 부정성이다.

  내적 유기체는 그러한** 성질을 지니며, 내적 유기체는 바로 이러한 진행과정이기도 하다.*** 그러나 내적 유기체는 외부를 향해 **활동하는 자**이다. 내적 유기체는 그 진행과정 속에서 지배적인 규정을 **비유기적이며 몰자아적인 규정으로 취급하여 소화(消化)해버린다.** 규정은 유기체에게 **약(藥)**으로 나타난다. 동물의 본능은 그 자신 속에서 규정을 정립된 것으로 감지한다. 〔이것이〕 동물의 자기보존의 충동이라고 할 수 있다. 마찬가지로 전적으로 자신을 스스로에게 관계시키는 유기체는 자신의 결핍상

---

  * 왜냐하면 자아는 모든 조직에 순차적으로 속하기 때문에, 단지 이러한 이유로, 바로 이것이 **근거**, 이중화된 **자아**이며, 분비작용을 한다.
 ** 대상은 그 자체로 자신의 자아 속에서 규정성을 향하면서 마찬가지로 외적인 것, 비유기적 자연을 향하기도 한다.
*** 열이 나는 **만성** 질환은 극복될 수 있는 규정을 지니지 않는다. 그래서 **만성적인 열병**, 이러한 진행은 우세하지 않다.

태에 관한 **특정한** 감정을 가지기 마련이다. 이 유기체는 이 〔약과 같은〕

F183 규정을 먹어서 소모하는 데 집중한다.* 즉 유기체는 〔약이라는〕 이 규정을 먹어서 소모될 수 있는 비유기적 자연으로 보기 때문에, 이 규정은 다소 강력한 형식으로, 즉 단순하면서 존재하는 형식으로 유기체에 대해 있게 된다.**

H174 (그러나 죽음은*** 다음과 같은 해소, 즉 일련의 과정이 공허하게 그 자신 속으로 되돌아가지는 않는 과정이고, **만성적으로만** 지속되는 열병(熱病)이라고 할 수 있다. 또 여기서 **소화하는** 유기체의 모든 개별적 **과정들은** 억제되지 않은 채로 계속해서 산출되며, 각각의 유기체들은 대자적으로 작동하게 된다.**** 여기서 열병은 오직 피상적인 진행과정일 뿐이어서, 이 〔과정의〕 부분들을 억압하지는 않는다. 〔만성적인 열병인 죽음과 달리〕 **강한** 열병의 주력(主力)은 혈관계에 속하며, 약한 열병은 신경계에 속한다. 본래적 의미에서 어떤 열병도 만성적인 병에 속하지는 않는다.)

처음에 **남성성과 여성성의 대립**이 유기체 속에서 **극복되지 않은 채로** 남아 있었던 것처럼, 열병 속에서 등장하는 전체의 이 **추상적인 형식들과**

---

* 많은 경우에는 보편적인 〔건강의〕 손상만이 〔있을 뿐이다〕.* 약과 같은 수단은 그 반대물과 마찬가지의 효과를 지닌다. 브라운 이전의 방법. 호벤은 이러한 사실을 인정했다. 〔*옆에〕 목사(Moxa)

[역주] 호벤(Hoven, Friedrich Wilhelm David, 1759-1838)은 실러의 친구로 의사였으며, 「학질과 그 치료방법에 관한 연구」(1792)를 저술했다. 목사(Moxa)는 관절염 치료제로 쓰인 쑥의 스페인식 이름이다.

** 열병의 시기는 공간과 시간〔으로부터〕 자유롭다.

*** 질병은 일자인 자아로 되돌아간다.

**** **외적으로 병든 유기체**에 깃든 자아는, 단순한 것으로서 그러한 유기체가 없을 때 **최면술사**의 손가락 끝에 깃든다. 최면술사는 자아를 유기체 곳곳으로 데리고 다니면서 이 유기체를 이러한 방식으로 **유동의 물질로 만든다.** 전기 불꽃을 산출하는 마찰.

이 형식들 속에 정립된 전체적인 것, 전체에 의해 내용 충만하게 되는 추상적인 것들 사이의 대립은 특정한 대립이다. **개체성은 자신의 자아를 그렇게 분할할 수는 없다.** 왜냐하면 그의 자아는 보편적인 것이 아니기 때문이다. (그냥 **감각하기만 하는** 유기체는 곧 온혈동물의 오한(惡寒)을 〔느끼지 못한다〕. 왜냐하면 온혈동물은 그 자신 속에서 자신의 모든 부분들을 신경의 단순성 속으로 해소시켜 이 부분들이 단순한 실체로 복귀하는 것을 느끼기 때문이다. 욕망을 지닌 유기체도 마찬가지로 외부의 것을 향한다. 욕망을 지닌 유기체는 격정도 아니며, 그 스스로에게 대상이 되는 대자존재도 아니다. 욕망을 지닌 유기체는 그 스스로에게 부정태인 **자기고유의** 실체와 본질〔유〕을 욕망한다. 〔그래서〕 위기가 〔초래된다〕.

F184

제2부

정신철학

[I. 정신의 개념]

〔a. 지성〕

대상의 존립, 대상의 **공간**은 정신 속의 **존재**(Sein)다. 이 존재는 존립의 추상적인 순수 개념이다. 나와 사물은 **공간 속에** 존재한다.* 공간은 자신의 내용과는 본질적으로 **다르게** 정립된다. 즉 공간은 공간을 〔내용적으로〕 채우는 것 자체의 본질이 아니다. 공간은 형식적으로만 보편자로서, 이 보편자는 그의 특수자와 분리되어 있다. 그러나 정신의 존립은 참으로 **보편적**이다. 즉 정신의 존립은 특수자 자체를 포함한다. **사물**(Ding)은 **존재한다**. 사물은 존재 속에 있지 않고, 오히려 사물은 스스로 **존재한다**.

이것이 곧 **직관의 본질**이며, 어떤 **존재자**의 앎이다. 그러나 정신은 이 존재자를 정신 자신과 매개시키는 자이다. 정신은 **직접적으로** 존재하는 바를 지양하고 그로부터 물러서는 자로서만 존재한다. 어떻게 **존재자**가 정신에게 보편자가 되며,** 어떻게 정신이 존재자를 보편자로 만들면서도, 어떻게 존재자가 그것이 존재하는 바대로 정립되도록 하는지, 정신

---

* 일반적으로 **주의할 점**〔은〕 **개별적인** 점을 끌어내고, 〔그것을〕 정신에 대해 구별하기〔이다〕.
** 어떻게 정신이 **사물**을 정립하는지.

속의 이 운동을 고찰해야 한다. 존재는 직접성의 형식이다. 그러나 존재는 자신의 참된 상태로 정립되어야 한다.

α) 정신에게 **하나의 존재**가 있다는 것을 직관하는 자 일반으로서 정신은 직접적으로 존재한다. 그러나 정신은 이러한 직접성의 상태로부터 빠져나와 자신 속으로 복귀하면서 대자적인 태도를 취한다. **정신은 이 직접성으로부터 해방되어 스스로를 정립하고**, 우선 직접성으로부터 거리를 둔다. 정신은 동물처럼 대자적인 **시간**이자 시간의 자유이기도 하다. 이 순수 주관은 자신의 내용으로부터 자유로우며, 이 **지배자**를 초월하여 존재한다. 그러나 자아가 없는 공간과 시간은 그렇지 않다. 정신은 이 존재로부터 출발하여[1] 이 존재를 자신 속에 **비−존재자**로, 지양된 것 일반으로 정립한다. 그렇게 해서 정신은 표상하는 **구상력**(vorstellende Einbildungskraft) 일반이 된다.[2] 정신은 자아(Selbst)이며, 자기 자신에 대해서(gegen sich selbst) 존재한다. **정신 자체는 우선 직관**(Anschauen)**이다**. 정신은 이 자아를 자신과 마주 세우지만, 아직 **대상**(Gegenstand)으로 마주 세우지는 않는다. 오히려 정신의 직관이 정신에게는 대상이며, 다시 말해 〔정신에게 대상이 되는 것은〕 **정신 자신**의 지각(Wahrnehmung)의 내용이다. 직관의 경우에는 나 속에 직관된 것이 **존재한다**. 왜냐하면 **내가**

F186

H180

⁚

1) 호프마이스터 판에는 '복귀하여'라고 되어 있다. 그리고 여기서 '지배자'는 시간을 의미한다.
2) 보통 Einbildungskraft는 '상상력'으로 번역되기도 하지만, 여기서는 원어의 의미를 살려 '구상력'으로 번역한다. 상상력이라는 말에서는 자칫 예술적 상상력을 연상하기 쉽기 때문이다. Einbildungskraft은 글자 그대로 '상(Bild)을 만드는(bilden) 힘(Kraft)'이다. 직관으로서의 정신의 작용은 직관에 들어 온 직접적인 내용들을 자기 내면에서 대상화하여 통일적인 상을 만든다. 기본적으로 헤겔은 어떤 감각으로부터 하나의 상을 만드는 과정을 구상력으로 보고 있는 것이다.

직관하기 때문이다. 그것은 **나의** 직관이다.* 정신은 이 직관으로부터 벗어나서 **자신의** 직관을 직관한다. 다시 말해 정신은 대상을 **자신의** 대상으로, 지양된 **존재자로**, 다시 말해 **상**(想, Bild)으로 직관한다. 직관에서 정신은 상으로 **존재한다**. 의식으로서의 정신에게 대상은 하나의 존재이며 나와 분리되지만, 그러나 우리에게 대상은 이 양자[나와 존재]의 통일이다. 이러한 통일은 정신 자신에게 생성되며, 정신은 **즉자대자적**이다. 그러나 직관에서 정신은 이제 겨우 **즉자적**일 뿐이다. 정신은 이 [즉자적] 상태를 대자를 통해, 부정성을 통해, 즉자의 분리를 통해 보완하며 자신 속으로 되돌아온다. 그리고 정신의 최초의 자아는 정신에게 대상이 된다. 이 대상이 곧 **상**, 지양된 상태로서 **나의 것인 존재**다. 이** 상은 **정신에 속한다.*** 정신은 상을 차지하고 있으며, 정신이 상의 지배자이다. 상은 정신의 **저장고**(Schatz) 속에 보존되며, 정신의 **밤**(Nacht) 속에 보존된다. 상은 **무의식적으로**(bewußtlos) 존재한다. 다시 말해, 상은 표상 앞에서 대상으로 밖으로 드러나지 않는다. 인간은 이러한 밤이며, 모든 것, 즉 무한히 다양한 표상들과 상들의 풍부함을 자신의 단순성 속에 포함하고 있는 공허한 무이다. 이 다양한 표상들과 상들 중 어떤 것도 인간에게

F187

---

 * α) [첫째,] 동물처럼 정신은 그 자체로 자의적인 운동이며 자유이고, 시간과 공간의 자아로서, 자의적으로 **공간과 시간**의 이곳저곳에 내용을 정립한다. [여기서] 시간과 공간은 외적인 **연관**이다. [그러나] 정신은 **형식**인 이 외적 **연관**을 지양한다. β) [둘째,] **존재**(Sein)라는 것은 본래 나[자아] 자신에게 속하는 것이지 공간과 시간에 속하지 않는다.
 ** α) **보존의 밤**(Nacht der Aufbewahrung)
 *** 그의 단순한 자아[에 속한다.] 그러나 단순한 것은 어떤 구별도 없다. 그래서 [이 점을] 여기서는 '**단순한 것은 무구별적인 것으로서 자아 속에 존재한다.**'고 [표현할 수 있다.]

곧바로[직접적으로] 떠오르지는 않으며 현재적인 것으로 존재하지도 않는다. 이와 같은 것이 밤이자 여기에 실존하는 자연[본성]의 내면으로서 **순수 자아**(reines Selbst)다. 환영으로 가득찬(phantasmagorisch) 표상들 속에서 상은 밤 주변을 맴돌면서, 여기서는 핏빛의 얼굴이 갑자기 나타났다가 사라지고 저기서는 또 다른 하얀 형태가 갑자기 나타났다가 사라지곤 한다. 그러나 우리가 [순수 자아를 지닌] 인간을 주시하고 **무시무시한**(furchtbar) 밤 속을 들여다 보면, 우리는 이 밤의 정체를 간파하게 된다. 세계의 밤이 한 인간의 배경으로 걸려 있다.

H181

이 밤에서* 존재자는 복귀된 상태에 있게 된다. 그러나** 동시에 이 위력의 운동도 정립된다. α) 상은 다양한 것이다. 형식은 상에서 규정성으로 존재하며, 이를 통해 또 다르게 규정된 것들, 다양성 일반이 존재하게 된다. 나는 단순한 자아로서만이 아니라 운동으로서도 형식이다. 즉 상의 각 부분들이 맺는 **연관**(Beziehung)이자, **형식**이나 **연관**을 자아 자신의 것으로 정립하는 것이다. 형식이 **내용**의 **일부**를 이루는 한에서, 형식은 그러한 것들을 변화시킨다.*** 여기서 자유로운 **자의**는 상들을 분리시키고 그것들을 가장 비구속적인 방식으로 연결시키면서 **대자적인** 성격을 지닌다. 자아가 상들을 산출할 때 **지각되는** 연관에 따라서 그 일을 진행하면, 자아는 영어로 소위 **관념연합**(Ideenassoziation)의 지배력 하에 놓이게 된다. 왜냐하면 이같은 관념연합에서는 오늘날에도 여전히 단순한 상을, 예를 들자면 개(犬)의 상 같은 것을 하나의 **관념**(Idee)이라고 부르기 때문

---

  * [이 위력은] β **자기정립**, **내적인 의식**, **행위**, 분열작용[이다.]
 ** 이 밤으로부터 상들을 불러 내거나 그것들을 다시 사라지게 하는 위력.
*** 공간과 시간의 운동과는 완전히 다른 운동으로서, 이렇게 **존재하는** 운동으로부터 자유롭게 존립하는 것.

이다. 이 관념연합의 법칙들은 표상들을 수동적으로 질서지우는 것 외에 다른 것이 아니다. 즉 〔상들이〕 **동시에**(zugleich) 고찰되거나, 서로 결합 되어 산출된다든지 하는 것 등등이 그러한 법칙이다.

이러한 자의는 공허한 자유이다. 왜냐하면 이 자의의 내용은 계기적 (nach einander)이며,[3] 이 자의는 단지 형식 속에만 있고 이 형식에만 관 계하기 때문이다. F188

β 이를 통해 대상은 일반적으로 **나의** 대상이라는 형식이나 규정을 유 지해온 것이다. 그리고 대상이 또 다시 **직관됨**으로써, 대상의 **존재**는 더 이상 이러한 존재의 순수 의미를 지니지 않고, 오히려 **나의 것**이라는 의 미를 지닌다. 즉 대상은 나에게 이미 **알려져** 있으며, **나는** 대상을 **내면화 한다〔상기한다〕**(erinneren).[4] 또한 이렇게 하면서 나는 직접적으로 **나의 것** 이라는 의식을 지닌다. 직접적인 직관에서 〔나는〕 대상의 의식만을 지니 고 있었지만, 그러나 **대상이** 〔나에게〕 알려지면, 대상은 나에 대해서 이 렇게 명확한 규정을 지니게 된다. 우리가 타자를 통해 어떤 것을 내면화 하게〔상기하게〕 되면, 대상의 상이 우리 속으로 들어오게 된다. 내면화 〔상기〕는 거기다 대자존재의 계기를 부가한다. 나는 대자존재의 계기를 H182

∴

3) 호프마이스터 판에는 계기적으로(nach einander)가 아니라 noch ein andrer라고 표기되 어 있다.

4) 일상어에서 Erinnerung은 기억(Gedächtnis)처럼 내면화의 의미로 쓰인다. 그런데, 헤겔 은 Erinnerung을 과거의 것을 기억한다는 의미보다는, 우선 문자 그대로 내면화(er+inner) 라는 맥락에서 사용한다. 여기서 헤겔은 감각에 주어진 상들을 주체가 자신 속에서 내면화하 는 과정을 기호를 사용하기 위한 전단계로 제시하고 있다. 참고로 『엔치클로페디』에서는 '주 관 정신'을 구성하는 '인간학(Anthropologie)', '정신 현상학(Die Phänomenologie)', '심리학 (Psychologie)' 중 '심리학'에 '이론 정신', '실천 정신', '자유로운 정신'이 속하고, 이 중 '이론 정신'에 '직관(Anschauung)', '표상(Vorstellung)', '사유(Denken)'가 속하는데, 여기서 '표상' 은 '상기(Erinnerung)', '구상력(Einbildungskraft)', '기억(Gedächtnis)'으로 이루어져 있다.

이미 일전에 한번 **본 적**이 있으며* **들은 적**이 있다. 즉 나는 나 자신을 **내면화하는**[상기하는] 것이다. 그리고 나는 단순히 대상을 보고 듣지 않고, 오히려 이렇게 보고 들을 때 나는 나 자신 **내에서만** 일을 진행하고 **나 자신을 내면화하는**[상기하는] 것이다. 그리고 나는 단순한 상으로부터 나 자신을 빼내어 **나 자신**을 내 **속에** 정립한다. 나는 나를 특별히 대상으로 정립하는 것이다.

γ) 내가 대상에 **부가한** 이 **대아존재**(Fürmichsein)가 앞서 말한 밤이며 자아로서, 이 속에 나는 대상을 저장해 놓았고, 이제는 거기서 끌어내어진 자아가 나 자신에게 대상이 된다. 그리고 내 앞에 존재하는 것은 이 양자, 즉 **내용과 나의 종합**이다.** 그러나 외적 **대상 자체**는 이 속에 지양된 상태로 있다. 즉 대상은 **대상 자신과는** 다른 것이 되어버렸다. 대상은 자아의 지배력 하에 놓이게 되었으며, 대상은 자립적으로 존재할 수 있는 의미를 곧바로 상실해버렸다. 여기서는 단지 [대상과 나의] 종합만이 발생하지 않고, 오히려 대상의 **존재**가 지양되어버린다. 따라서 대상은 **대상인 바 그 자체로 존재하지 않는다.** 내용은 자신의 **존재**로부터 자유롭지가 않다. 존재가 곧 자아이며, 그래서 여기서 내용은 단순한 본질 (einfaches Wesen) 일반이다. 이 본질은 그의 **존재**와는 다른 것이다. 내용은 [존재와는] 다른 **전체**(Ganzes)가 되며 또 다른 **본질**을 지니며, 자아는 또 다른 의미를 지닌다. 다시 말해 내용은 **기호**(Zeichen)가 된다. 기호에서는 대상의 **본질**인 대자존재가 대상이며, 대상은 그의 총체성, 내용의 측면에서 지양된 대상으로 존재한다. 여기서 대상의 내용은 더 이상 어

---

* 직관과 피상적으로 연결되어 있는 **대아존재**(Fürmichsein).
** 그것[내 앞에 존재하는 것]의 존재는 이러한 **대아존재**로 규정된 **내면적인** 것이다.

떤 자유로운 그 자신만의 고유한 가치를 지니지 않는다. 대상의 존재는 나 자신이다. 〔이와 같은 입장이〕 스스로에게 대상이 되는 관념론이다. 사물은 사물이 **존재하는** 바대로 **존재하지** 않는다. 사물의 존재는 자아이다. 나의 **대아존재**는 사물의 **본질**로서의 대상이다. 〔대상과 나라는 것이〕 내면화에서는 단지 종합적이고 외적으로만 결합되어 있었다. 여기서 '나'는 사물 자체의 **내면**으로서 대상이다. 그러나 이 사물의 내면성은 여전히 그의 존재와 분리되어 있다. 사물은 아직 보편성이 아니며, **사물**로서 H183의 사물은 아직 정립되지 않은 상태다. 내가 사물을 단지 기호로서, 사물의 본질을 나로서, 의미로서, 자기 내 반성(Reflexion in sich)으로서 직관한다는 사실, 이 사실 자체도* 또한 **대상**이다. 나라는 것은 처음에는 **직접적인** 내면성으로 그렇게 존재한다. 그것은 현존할 수 있어야 하고, 대상이 되어야 하며, 역으로 이 내면성은 외화되어야 한다. 이것이 **존재**로의 복귀. 이것이 **이름을 부여하는 힘**(Nahmengebende Kraft)으로서 **언어〔말〕**(Sprache)[5]이다.** 구상력은 단지 공허한 형식만을 부여하며 표기하는(bezeichnend) 〔힘〕으로서, 형식을 내적인 것으로 정립하는 힘이지만, 〔이와 반대로〕 언어는 〔내적인 것을〕 **존재자**로 정립한다. 그래서 언어는 정신 일반의 참된 **존재**이다. 정신은 자유로운 두 자아의 통일로 **현존**한다. 그리고 이 현존은 정신의 개념에 적합한 현존이다. 동시에 이 현존

---

* 스스로 **거기에 현존하는** 내면성.
** 기억, 창조력.

∵

5) 언어라고 하면 문자언어〔글〕와 음성언어〔말〕를 포함한다. 그런데 이 문맥에서 Sprache는 엄밀히 말해 음성언어로서의 '말'을 기초로 한다고 할 수 있다. 왜냐하면 헤겔은 언어의 성립과정을 '청각적 이미지'를 기초로 설명하기 때문이다.

은 직접적으로 지양되면서 점점 사라져 여운을 남기지만, 그러나 **청취된다**(vernommen). 우선 언어는 이 자아, 사물의 **의미**만을 통해서 언표되며, 사물에게 하나의 이름을 부여한다. 그리고 언어는 이것〔이름〕을 대상의 **존재**로 언표한다. 즉 '이것은 무엇인가?'라는 물음에 우리는 '**그것은 사자이다, 당나귀이다.**' 등등과 같이 대답하거나, '그것은 존재하기는 **하는데**, 발과 같은 것들을 가지고 있는 황색의 것, 고유의 자립적인 것〔사자나 당나귀와 같은 것〕이 아니라, 오히려 하나의 **이름**, 내 음성의 **소리**〔울림〕(Ton)이다.'라고 대답하기도 한다. 이것은 직관 속에 있는 것과는 완전히 다른 것이며, 이것이 바로 그의 참된 **존재**이다. 이것은 단지 그의 이름일 뿐이며, 사물 자체는 그와는 다르다. 이렇게 되면 우리는 **감각적 표상**(sinnliche Vorstellung)으로 되돌아가거나, 아니면 그것〔언표되는 대상〕은 보다 고차적인 의미에서 하나의 이름일 **뿐**이라고 생각하게 된다. 왜냐하면 이름은 그 자체로는 처음에는 매우 피상적인 **정신적 존재**일 뿐이기 때문이다. 이름을 통해서 대상은 나로부터 탄생한 **존재자**가 된다. 이것이 바로 정신이 수행하는 최초의 **창조력**(Schöpferkraft)이다. 아담은 모든 사물에 각각 하나의 이름을 부여해주었다.[6] 이것은 자연 전체에 대해 패권을 주장하는 것이며 최초의 점유획득(Besitzergreifung)이고, 자연 전체를

∴

6) 이것은 『창세기』에 나오는 다음 구절을 연상시킨다. "하느님께서는 '아담이 혼자 있는 것이 좋지 않으니, 그의 일을 거들 짝을 만들어 주시라.'하시고, 들짐승과 공중의 새를 하나하나 진흙으로 빚어 만드시고, 아담에게 데려다 주시고는 그가 무슨 이름을 붙이는가 보고 계셨다. 아담이 동물 하나하나에게 붙여준 것이 그대로 그 동물의 이름이 되었다. 이렇게 아담은 집짐승과 공중의 새와 들짐승의 이름을 붙여주었지만 그 가운데는 그의 일을 거들 짝이 보이지 않았다."(『창세기』, 2:18-20) 헤겔은 『예나 체계기획 I』의 '정신철학'에서도 이와 유사한 언급을 하고 있다. "아담이 동물들에게 지배력을 행사한 최초의 행위는 그가 동물들에게 이름을 부여해준 것, 다시 말해 단순한 존재자인 동물들을 부정하고 그들을 대자적인 관념물로 만들어준 것이다."(GW6, 288쪽)

정신으로부터 창조해내는 일이다. 즉, 로고스(λόγος)는 이성(Vernunft)이
며, 사물의 본질이고, 말(Rede)이며, **사태(Sache)**이자 **언설(Sage)**이고, 범
주(Kategorie)다. 인간은 사물을 인간 자신의 것이라고 언표하며,* 이러한
사물이 바로 대상의 **존재**가 된다. 정신은 자기 자신과 관계하게 되는 것
이다. 정신은 당나귀에 대해, '너는 내적인 것이며 이 내적인 것은 바로
나이다. 너의 존재는 내가 자의적으로 발견한 하나의 소리〔당나귀라는
이름〕이다.'라고 말한다. **당나귀**라는 것은 하나의 소리로서, 그의 감각적
존재 자체와는 완전히 다른 것이다. 우리가 당나귀를 보고 감지하고 청
취한다는 점에서 보자면, 우리 자신이 바로 〔'당나귀'라는〕 소리이며, 그
것과 직접적으로 하나이며, 〔대상을 보고 당나귀라고 언표함으로써〕 우
리가 실현되는 것이다. 그러나 이처럼 이름으로 환원되어 버리면 당나귀
라는 것은 하나의 정신적인 것, 〔실재하는 사물과는〕 완전히 다른 것이
되어 버린다.

　세계나 자연은 더 이상 **상**들의 왕국, 어떤 존재도 지니지 않는 내적으
로 지양된 것이 아니라, 이름들의 왕국이다.[7] 앞서 말한 상들의 왕국은
내용만을 문제삼는 **꿈꾸는** 정신으로서, 어떤 실재성이나 현존성도 지니
지 않은 것이었다. 이 정신이 깨어 있는 상태가 **이름들의 왕국**이다. 이 이
름들의 왕국에는 동시에 분리상태가 있으며, 여기서 정신은 의식으로 존
재한다. 이제 정신의 상들은 비로소 진리성을 지니게 된다. 꿈꾸는 자는

---

* 그리고 〔인간은〕 정신적 자연, 자신의 세계 속에 산다.

∴

7) 여기서 상(Bild)과 이름(Name)의 가장 큰 차이점은, 이름이 부여되지 않은 상은 어떤 실재
　성도 지니지 않기 때문에 언제든지 사라질 수 있다는 데 있다.

이와 같은 사실을 단지 사념(meinen)만 할 뿐, 아직 진실하지는 않다. 꿈꾸는 자는 깨어 있는 자와 자신을 구별할 수 없다. 그러나 깨어 있는 자는 꿈꾸는 정신에 대해서 진실하게 존재함으로써 꿈꾸는 정신과 자신을 구별한다. 깨어 있는 자는 진실하다. 더 이상 그의 **대자존재**, 상들의 대상은 단순히 존재하는 것이 아니며, 오히려 폐쇄적인 대자존재가 동시에 '**그것은 존재한다.**'와 같은 **존재**의 형식을 띠는 것이다.

　이름 속에서* **직관**, 동물적인 것, 그리고 시간과 공간이 비로소 본래적으로 극복된다. 즉 직관된 것은 사라져버리는 것이다. 직관된 것 전체는 **단순한 분위기, 냄새(Geruch)**,** 단순한 개체성으로서, 느낌으로부터 보다 높은 정신적 감각으로 고양된다. 〔이것은〕 개체성***이자 현실성 일반이지만, 그러나 아직 이 현실성은 **처음 단계의 것**이다. 그래서 어떤 내용적 충만함도 없으며 직접적일 뿐이다.**** **이름**은 이름이 존재하는 바와는 여전히 다른 **의미**를 지니고 있다. 대상은 기호 속에서 **대상이 존재하는** 바와는 다른 의미를 지닌다. 역으로 이름의 **내적인 면**, 그의 의미는 감각적으로 **존재하는 것**이다. 이름의 내용은 이름 자신, 이름의 단순한 존재적 정신성과 같아져야 한다.

　α) 정신은 이름의 이 **존재**로부터 자신에게로 돌아가며, 또 정신에게는 정신의 이름부여행위가 이름들의 왕국, 이름들의 다양성으로서 대상이

F191
H185

---

　* 한계는 완전히 자체 속으로 환수되고 분리되어 있는 〔상태이다.〕

　** 감각 속에 느낌과 온기가 있는 것처럼, **존재와 기호는 지양된 존재**〔이다.〕

　*** 냄새는 **최초의 현실성**〔이며〕 그렇기 때문에 개별성〔이다.〕

　**** 또 다른 의미는, 이름이 아직까지 그 자체로 미전개된 상태에 있는 **개별성**이라는 데 존립한다. 여기서 이름은 바로 **다음과 같은 것**, 즉 상의 **존재**이다. 상은 규정성을 통해 존재한다. 그리고 규정성은 존재와 대자존재의 **불완전한 통일**〔이며〕, (**그의 반대편과의 통일이며, 개별성으로 복귀한 상태**〔이다.〕)

된다. 이름들은 **단순하며** 자체 속에 유폐되어 있고, 상의 다양성은 이 자아 속에서 지워져 있고, 감싸져 보이지 않는다. 구상력은 대상을 대상이 지닌 다양성 및 근접하고 있는 여건을 통해 밖으로 드러낸다.* 그러나 이름은 **연관**이나 결합 없이 단독으로 존재한다. 이름은 〔연관이나 결합을 통해〕 계속 이어지는 일련의 계열이 아니다. 왜냐하면 어떤 규정성도, 타자에 대한 어떤 연관도 **이름** 자체에는 없기 때문이다. **나(Ich)****만이 전적으로 이러한 이름들의 담지자이자 공간이며 실체이다. 나라는 것은 이름 F192들의 **질서 세우기**〔정돈〕**(Ordnung)**이다. 또한 나는 완전히 서로 **무관한 것**들의 관계맺음이다. 이름들은 그 자체로는 어떠한 서열이나 연관도 지니지 않는다. 나는 스스로를 이렇게 질서세우는 자로서 직관해야 하고, 이름들을 질서 있게 정돈된 것으로 직관해야 하며, 이 질서세우기를 확정

---

* (공간의 일부분이 갈라져나와 공간의 연속성이 깨어지고 부정된다. 그러나 관념연합〔은 그대로 남는다〕.)

** α) 나는 **다수의** 이름에 대립하여 등장한다. 다수의 이름이 지닌 **개별적** 내용은 낯설지만, 그러나 그것의 규정성은 나이며 그들의 개별성은 **단순**〔하다.〕

β) 나는 〔다수의 이름에〕 대립하여 등장하고, 다수의 이름들의 단순성이며 그것들의 본질이다. 다수의 이름들은 나를 통해, 그들의 본질을 통해 서로 연관을 맺는다. 나만이 **필연성**이며, 그 자체로 자기 자신의 반대편이 되는 것이다. 다수의 이름들은 **나**를 자신들의 **존재**로 삼는다. 왜냐하면 그들은 **단순**하기 때문이다.

γ) 이러한 그들의 필연성 또는 그들의 확정이 어떻게 **생겨나서**, 내가 그들의 **존재**가 되며, 또한 그들의 **본질**인 내가 어떻게 그들의 존재가 되는 〔것일까?〕 왜냐하면 존재는 **확정된** 대상적인 것이기 때문이다. 나는 순수 불안정의, 운동의 형식이며, 사라짐의 밤이다. 또한 나는 이름 속에서 (**보편적이며**) 직접적으로 **존재**한다. 이제 매개를 통해 나는 스스로를 통해 내가 되어야 한다. 그의 불안정은 불안정으로서의 자신, 순수 운동인 스스로를 지양하는 운동으로서 자기확정이 되어야 한다. 이것이 **노동**〔이다.〕 나의 **불안정**은 확정된 다수로서, 질서세우기〔정돈〕로서 **대상**이 된다. 불안정이 이렇게 대상이 됨으로써, 불안정은 동시에 **질서세우기**〔정돈〕가 된다.

한다. 이렇게 하면 이름들이 맺는 연관은 하나의 지속적인 질서가 된다.

나라는 것[자아]은 우선 이름들을 **점유**하고 이 이름들을 자아의 밤 속에서 자아에게 복종하고 봉사할 수 있는 것으로 **보유하고** 있어야 한다. 그래서 나[자아]는 이름들 일반뿐만이 아니라 자신의 공간을 차지하고 있는 이름들을 **확정된** 질서의 상태로 직관해야 한다. 왜냐하면 나[자아]는 이름들의 연관이자 필연성이고, 다양한 이름들의 **즉자존재적** 연관이기 때문이다. 그래서 자아는 자신으로부터 **내용**을 산출하게 된다. 자아의 내용은 서로 무관한 이름들이다. 그러나 이렇게 다수의 이름들이 무관계한 상태로만 있으면 **자아**(Selbst)는 참된 의미의 부정태(Negatives)로 존재하지 않게 된다. 이렇게 다양한 것들에서 부정태라는 것은 다양한 것 각각이 스스로를 통해 타자와 맺는 연관이다. 이 연관을 자아는 자신의 이름들 자체에 정립하며, 이 연관을 필연성의 상태로 확고하게 유지한다.* 그러나 여기서 필연성은 아직까지는 **그 이름들 자체에** 정립된 필연성이 아니라, 단지 [자아에 의해] 확정된 질서일 뿐이다. 또한 자아는 (본래적인) **기억**(Gedächtnis)이며, 여전히 자신의 대상 속에서 자신을 대상으로 지니는 **오성**(Verstand)이다. 기억은 이름 일반을 보존하며, 이 상과 (의미와) 그리고 **이름**의 자유로운 자의적 결합을 보존한다. 그래서 기

억에서는 상들이 있을 경우 이름이 있게 되고, 이름이 있을 경우 상이 있게 된다. 그러나 이보다 더 고차적인 상태는 [상과 이름의] 연관이 이렇게 부등한 상태로부터 해방되어, 이름들이 오직 이름들과만 관계맺는 것

---

* **이름** 속에서 나는 직접적인 **개별성**이다. 스스로 개별성으로 정립된다는 것은 필연성이 된다. 그러나 우리가 **운명**(Schicksal)이라고 말할 때 이 운명의 법칙과 내용이 무엇인지, 이 운명이라는 것이 어떤 것인지를 알지 못하는 것처럼, [아직 이 필연성은] 공허한 [필연성이다.]

이다. (번개, 천둥, 감각적 현상을 지닌 그와 유사한 것들). 그러나 자유로운 이름들은 서로 관련을 맺지 않는다. 나는 이렇게 자유롭지만 아직 필연적으로 정립되지 않은 **질서를 세우는** 힘이며,[*] 질서세우기이다. 나는 자유로운 담지자이며 자유로운 비대상적 질서세우기이다. 나는 최초로 자기 자신을 **힘**으로 파악하는 자아이다. 나 자신은 필연성이며 표상으로부터 자유롭다. 그래서 나는 스스로 확정하고 확정되는 질서세우기이다. 그렇기 때문에 기억을 단련하는 것은 깨어 있는 정신이 정신으로서 하는 최초의 **노동(Arbeit)**이다.[**] 이름을 부여하고 고안하는 것은 새로운 것을 찾아내는 자의(恣意)[8]이다. 그러나 기억 속에서는 우선 이러한 자의가 사라져버리며, 나는 **존재상태**에 다다른다. 즉 이름은 확정된 기호이며, 지속적이고 보편적인 연관이 된다. 나는 자신의 자의를 자신의 **존재** 속에서 포기해버린다. 그렇게 해서 나는 나 자신을 보편자로 정립하게 된다. 따라서 〔이름들의〕 질서세우기는 여기서 필연적인 연관 일반이다. 그러나 이것도 아직 내적이며 우연적인 질서세우기일 뿐이며 자의적인 필연성일 뿐이다. 왜냐하면 질서세우기의 여러 측면들이 아직 정립되지 않은 상태이고 아직 **즉자적으로** 정립된 상태가 아니기 때문이다. 그래서 여기서 질서세우기는 단지 필연성 일반으로만, 다시 말해 우연적인 필연성으

H187

---

[*] 자의의 절멸, 공허한 개별성. **나는 지금까지 자신 속에서** (이름 속에서) **개별성**으로 존재했다. 이제 〔나는〕 어떤 소재에도 얽매이지 않으면서 소재를 **초월**할 수 있으며, 나는 **자신 속에** 머무른다. 소재와 감각적 의식에게 이러한 **공허함** 속에 있는 **자아로서의 공허한 자기 자신**이 **대립**〔한다.〕

[**] 자신에게로 향하는, 정신 자신의 **직접적인 지양운동**.

•••
8) 호프마이스터 판에는 '직접적인'이라는 수식어가 덧붙어 있다.

로만 존재할 뿐이다.

이름과 이름 간의 그러한 연관을 확정하는 것은 정신이 자신과 더불어 행하는 **소재없는 작업**(stofflose Beschäftigung)이자 운동이다. 정신은 더이상 감각적으로 존재하는 표상들을 자의적으로 결합하지 않으며, 이러한 표상들을 단지 그것들이 그러한 바대로 재생해냈을 뿐이다.[*] 오히려 정신은 **자유로운 힘**이며 스스로를 이렇게 자유로운 힘으로 확립한다. 그래서 여기서 노동은 동시에, 내가 나 자신을 **이름**으로 나타내는 바의 것, 즉 **사물**이자 **존재자**로 만드는 일이므로, 이름이 나이면서 동시에 하나의 사물이 된다. 나는 자신 속에서 이름들의 질서를 확정함으로써 스스로를 **사물화**한다. 나는 [이름들의] 질서를 **자신 속에** 확정한다. 즉 나는 나 자신을 단지 질서의 가상[겉모습]만을 지니는 몰사상적인 질서세우기로 만든다. 그래서 **질서세우기의 가상** 속에 내가 있고, 필연성이 있고, 여러 측면들의 자아가 있다. 그러나 여러 측면들은 아직은 전혀 무관한 상태에 있다. 자아는 기억으로서만 자신을 사물화할 수 있다. 왜냐하면 자아로부터 생성된 사물은 **즉자적으로** 나이기 때문이다.[**] 나는 이제 **행위하는 자**

F194

---

[*] 이것은] 수동적인 결합[이며], 완전히 자의적인 결합[이다.]

[**] 이러한 노동은 동일한 것을 **반복하는 행위**(Wiederholen)다. 이 속에는 고생스럽고 힘든 것(das Saure)이 있다. 나는 나의 자유로운 자의를 부정하고 특정한 것을 초월한다. 반복은 존재의 **동등성을 정립하는 것**이며, 동일한 존재[로서의] 자신을 고수하는 것이다. **이미 알려진 것**을 반복하는 것은 **사태**에 대해서는 어떤 **관심**도 없는 것이다. [이러한 반복에는] 타자 속에서 자신을 발견할 때 느끼는 향유나 처신은 없다. 따라서 [반복적인 노동은] 순전히 **비감각적인** 작업[이다.]
추상을 고수하는 것은, **자신을** 공허한 공간이나 운명의 별로 그 속에 확정하는 것[이며], 순수 확정[이다.] [이렇게 추상을 고수하는 것은] α) 순수하고 **해방된 활동**이자, 반복이고, β) 객관성이 없는 [것이다.] [그래서 추상을 고수할 경우에는] 확정되어야 하는 것들은 여전히 아무 상관이 없는 상태로 존재한다.

(das tuende)이며 스스로를 대상화하는 운동이다. 이 운동에 있어 이름은 이름부여행위에서 곧 사물이 되어 버린다. (대자존재나 내면화는 여기서 자아의 자기 자신에 대한 행위이다) 자아 자신의 산출행위는 곧 자아 자신의 부정행위이다. 이름이 자아의 작용을 받는 대상으로 고찰될 때 자아는 자기 스스로를 지양하게 된다.

따라서 이 노동은 자기 자신에 대한 최초의 내적 작용이며, 완전히 **비 감각적인** 작업이자, 정신이 자유롭게 고양되는 출발점이기도 하다. 왜냐하면 여기서 정신은 스스로를 대상으로 삼기 때문이다. 그리고 외적이며 감각적인 형형색색의 상들―식물과 동물들―예를 들면 커다란 주둥이, 황색의 갈기, 긴 꼬리 등등에 어린애같이 몰두하는 일보다 이 노동이 훨씬 더 고차적인 작업이다. 이러한 주시(Sehen), **주의력**은 최초의 필연적인 활동이며, 면밀한 관찰이자 정신의 활동으로서, **무엇을 고정시키는 활동**이자, 추상화작용이고, 그로부터 무엇을 끌어내는 활동이며, 긴장이자, 감각의 무규정적인 측면을 극복하는 활동이다. 그러나 [아직까지] 행위는 자기 자신에 관여하지는 않는다.*

H188

F195

---

* α) 이름부여하기는 이러한 영역의 보편자[이다.]

β) 활동, 대자존재, 기억, 내적인 작용

γ) 즉자대자존재. 나는 자신의 행위를 반성하고, 다시 말해 자신의 행위로부터 스스로를 반성하고 스스로를 대상으로 삼는다. 바로 그 다음의 산물은, 우리가 어떤 것을 **암기하여(auswendig) 안다**는 것이다. 그러나 [이렇게 암기하여 아는 것은] 그 사물을 아직 **내성적으로(inwendig)** 알고 있는 것은 아니다. [여전히] 나는 **존재**이며 전적으로 불완전한 외적 산물이다. 전체는 α) **나**에 의해 정립된 확고한 연관이며, 이 연관은 확고하다. 왜냐하면 이 연관은 동일한 것을 통해 존재하기 때문이다. 즉 이 연관은 필연성이며, **기억(Gedächtnis)**은 **사상(思想, Gedanken)**의 생성과정이며, 비감각적인 대상의 생성과정이다. 이 비감각적 대상은 α) 더 이상 상이 아니며, β) 비감각적인 대상 속에서는 이름의 **개별성**이 사라져버린다. 노동이라는 고유한 행위는 개별성이며, 질서세

자신에게 관여하는 이러한 작업은 스스로를 산출하는 것이자, **사물을 나로 만드는 일로서 전도된(umgekehrt)** 작업이다. 〔이러한 작업은〕 질서

우기〔정돈〕이자 동시에 자아이다. 나는 스스로에게 대상화되어 다수성으로 존재한다. 왜냐하면 나의 행위는 운동이자 구별이며, 나는 그 자체가 질서세우기이자 구별된 것들의 질서세우기이기 때문이다. 여기서 구별된 것들은 내가 소유하고 있는 것들로 존재하며 나 속에 유폐된 상태로 머물러 있는 것들이다. 〔이것이〕 **사물**이자, **계기들**(즉자적이거나 우리에 대해서)〔이다.〕 나는 사유하는 직관이자 직관하는 사유이다. 나는 상호 무관한 이름들이 아니며, 오히려 〔나의〕 계기들, 부분들은 나 자신 속에서 〔나의〕 노동을 통해 산출된다. 나는 이러한 산출물을 대상으로 삼으며, 우선은 직접적인 대상으로 삼는다. 나는 개념파악을 하는 오성이며, **오성적인** 필연성이고 설명(Erklären)이며, 원인과 결과를 찾으려는 행위이다. 감각적인 것은 어떤 작용결과와 같은 것으로 규정된다. 또한 감각적인 것은 나에 대해서, 우리에게 이름 속에서 존재했던 바대로 존재한다. 사물은 나에 대한 **본질**로서, **사물 자체**와는 또 다른 측면을 지닌다. 사물은 단지 하나의 기호일 뿐이지만, 그러나 사물의 의미는 우연적이지 않고, 오히려 그의 **본질**로서 존재한다. 왜냐하면 사물은 보편자이며, 나는 범주를 **직관하고** 나는 개념파악하며, 내가 **이해하는** 것은 사태 자체이기 때문이다. 〔사물이 본질로서 존재하는 것은〕 내가 이해하거나 나다움(Ichheit)의 형식이 있기 **때문**이 아니라, 오히려 내가 **사태**를 이해하기 때문이다.(여기서 사물의 내용은 이중화된다.)

오성은 α) 대립적 개념들의 연관이며, β) 그들의 통일이자 **근거(Grund)**〔이다.〕 대립적 개념들은 **존재**에서 그들의 실체성을 지닌다. 근거는 지양된 **존재**다.

A) **분할(Verteilung)**. 대상은 **사물**이며, 나는 자아이고, 실체는 대립적 규정들의 통일〔로서〕, 자아는 수많은 기체들에서 이 통일을 나누어 가진다. B) 실체의 사상에서 사물 자체는 이러한 자아가 된다. 실체와 우유적 속성(Eigenschaft) 양자는 원인과 결과 속에서 통합되며, 〔사물은〕 정신화된 사물들이 된다. 그러나 그들의 본질은 생기 부여하기(Begeistung)이다. **활동**은* 산출물 속에서 붕괴된다〔근거가 된다〕(zu Grunde gehen). 〔*옆에〕 자립성의 단순한 형식이 원인〔이다.〕

〔역주〕 이 부분은 원문으로 'das Tun geht nicht auf sich selbst'이다. 문맥상 '자기 자신에게 관여한다.'는 것은 '자기 복귀한다(zurückgehen).'라는 의미로 해석할 수 있다. 자기관여하는 행위는 오성의 추상화작용보다 더 고차적인 활동이다. 호프마이스터 판에는, '행위는 자기 자신으로부터 도출되지 않는다.(das Tun geht aus sich selbst 〔heraus〕).'라고 되어 있다.

를 확실히 세우는 일이자 자아가 지닌 고유한 내용의 **사상**(Gedanke)이
다. 나는 나 자신의 내용을 이름에서가 아니라, **형식** 속에서, 질서세우기
에서 지닌다. 그러나 **고정되고** 자의적이며 우연적인 형식 속에는 외면성
(Äußerlichkeit), 물성(Dinglichkeit)만이 있다. 나는 어떤 것을 기억하여 알
고, 나 자신을 **무관계적인** 질서세우기 작용으로 만들었다. 나는 질서세
우기이자 연관이며 행위이지만, 그러나 여기서 연관은 자의적이다. 이를
통해 나는 사물이 되어버린다.

따라서 이름을 지향하는 이 방향은 대립적인 의미를 지니는데, 즉 나
를 향해서 방향을 취하는 것은 '대자존재적이며 자의적이며 활동적인 것'
인 동일한 나를 지양하는 과정이 정립되는 것이기도 하다. 활동적인 나
와 대상이 동등한 가치를 지니고 똑같이 지양됨으로써 **보편성**이 정립된
다. 즉 **대상**이 되어버린 내가 정립되는 것이다. 이름 속에서 나는 단지
대자존재와 대립하는 **존재**가 〔되어버리고 만다.〕 그리고 여기서 이름은
여전히 자의적이고 개별적이다.─**사물, 오성, 필연성**─이것은 **단순한** 보
편성으로서의 **사물**이며, 자기 운동으로서의 필연성이다. 사물은 그 자체
에 필연성을 지닌다. 왜냐하면 사물은 그 자체에 나의 **자아**를 지니기 때
문이다. 사물 속에서의 구별은 자아 속에서의 구별이다. 다시 말해 이것
은 그 자체로 **부정적인** 연관이다. 〔이에 비해〕'이해하다(Verstehen), 주시
하다(Einsehen)'라는 것은 사물 내의 구별이 아니라, 오성에 대한 사물의
구별이다. 오성은 본래 여기에 속하는 것이 아니라 의식의 경험*에 속
한다.

---

* 오성, 판단, 추리.

그러므로 나*는 **사물**이나 보편자 자체에 작용을 가한다. 또한 나는 보편자의 운동으로 정립된다. 나의 구별이 정립되며, 나는 자신과 구별되는 것으로 정립된다. 즉 **나는** 보편자이면서, 동시에 내가 보유하고 있는 부정성으로서 나 자신은 이 보편자에 대립한다. 이 부정성 자체가 보편성의 형식을 취하면 그것이 **개별성**(Einzelnheit)이다. 〔보편성과 개별성〕양자는 서로에 대해 완전히 상호 무관한〔등가적인〕(gleichgültig) 것들이다. 왜냐하면 각자는 보편자이거나 **자기 자신과의 관계맺음**(sich auf sich beziehen)이기 때문이다. 그러나 이 양 극단들은 동시에 서로 단적으로

---

* 오성은 α) 사물과 연관되어 있어서, 사물 자체에서 **존재**의 형식은 오성에 대해 존재한다. 일자, 다수, 원인 등등은 존재의 형식의 연관이며, 이 형식은 서로에 대해 차별적이며 **정신적인 활력을 부여받은 것**이다. **추상**이나 개념은 **존재**에서 **실체**를 지닌다. 개념들은 오직 **연관** 속으로만 출현한다. 그리고 사물은 아직까지 그 자체로 안정된 자도 아니고, 대립적 규정들의 통일도 아니다. 그러나 앞서 말한 정신적인 활력을 부여받은 규정들〔존재의 형식〕은 단순한 중립의 상태에서 **근거**, 즉 보편성의 **근거**가 되고, 〔이렇게 해서〕 근거가 생성된다. 이제 β) 나에게 근거는 **보편자** 자체이며, 나는 **스스로를** 오성으로 안다. 나는 **규정된 개념들**을 나 자신의 것으로 언표한다. 그리고 β) 〔오성은〕 **판단하며**, 규정된 개념의 운동이다. **개별성과 보편성**은 서로 상이하며 대립한다. α) **추리**. 따라서 최초의 견해에 의하면, 개별성과 보편성 양자는 오직 제 삼자 속에서만 동등하다. 즉 '**계사는 자아이다**(Kopula ist Ich)'라는 것은 이 양자〔개별성과 보편성〕를 지니고 있고, 〔이 양자와는 다른〕 제 삼자는 애초에는 공허한 것이다. 그러나 이 제 삼자는 어떤 성격을 띠는가〔?〕 β) 〔그 다음으로〕 이 제 삼자는 순수한 계사, A=A, 공허한 동일성이 아니다. 보통은 계사가 절대적이라고 생각한다. 그러나 〔계사가〕 절대적이지 않다면, 제 삼자는 〔관계 맺는〕 **양자의 동등성**이 아닐 것이다. γ) 〔셋째,〕 오히려 계사는 〔관계 맺는〕 **양자**를 포함한다. 동시에 〔계사인〕 자아는 〔관계 맺는〕 양자의 동등성이자 동시에 **대립**이다. δ) 양자는 (**존재자로서**) 동등하며, 계사 속에서 각자는 타자와 동등하다. 그러나 동시에 그런 가운데 각자는 타자에 대립한다. 또는 각자는 타자와 동등한 가운데에서 타자에게 대립한다. 〔그래서 여기서〕 구별과 동등성은 똑같은 것이다. 〔이렇게 해서〕 양자에게는 그들이 오래전에 상실해버린 **존재**의 공허한 형식만이 남게 된다.

〔절대적으로〕 연관되어 있기도 하다. 즉 이 양자는 서로에 대해서는 **동등하며(gleich)**, 무관한〔등가적인〕 상태나 보편성의 상태에 있지만, **즉자적으로는** 서로 관계를 맺고 있다. 왜냐하면 각자는 그 자체로 자신인 바로서 존재하면서도 동시에 오직 타자에 대립해서만 존재하기 때문이다. 이러한 운동을 통해서 **근거(Grund)**가 **생성**된다. 그리고 **보편자**는 자신의 단순성 속으로 **부정성**을 감싸서 부정성을 감추는 자로서만 존재한다. 그러나 개별자는 부정태로서 타자를 부정적으로 배제하는 자이며, 비부정적인 타자, 즉 보편자를 부정적으로 배제하는 자이다. **양자**는 자신과 관계하며 보편적인 것들이다. 그러나 동시에 보편자는 오직 하나만 존재한다. 양자는 타자의 부정태이지만, 그러나 동시에 부정태도 오직 하나만 존재한다. 전자(개별자)는 자신과 관계하면서 **내면적으로** 보편적이며, 자기 자신과 관계를 맺는다. 왜냐하면 개별자는 **타자**, 즉 외면적인 자신의 존재를 배제하며, 이 타자에 대해 부정적이기 때문이다. 그러나 **보편자인 타자**는 **내적으로는** 부정적이며 **자체 속에** 부정성을 포함하지만, 그러나 외면적으로 **보편적**이다.* 따라서 〔개별자와 보편자〕 각자는 그 자신이 **내적으로** 그러한 바를 동시에 자신의 외부에 타자로서도 지니고 있다. 또한 각자의 **즉자**는 각자가 **타자에 대해 존재하는 바가** 아닌 것으로서 **타자이며**, 각자 자신에 대해 존재하는 바의 것이다. 이처럼 〔개별자와 보편자〕 양자는 그들 자신의 반대편(Gegenteil)이다. 그들은 이러한 타자존재와 자신의 **관계맺기**의 운동이다. 또한 이렇게 맺는 연관은 〔개별자와 보

F198

H191

---

* 기억은 필연성 일반의 정립〔이다.〕 α) 개념은 필연적으로 오직 대립만 하는 자들의 오성〔이다〕. 근거는 나이며, 내가 스스로를 판단 속에 정립하며, β) 판단은 **특정한 개념**들처럼 **연관 없는** 양자의 상호 무관함을 정립하는 것〔이며,〕 γ) 추리는 양자의 통일〔로서,〕 〔추리에서〕 양자 모두는 스스로 대립과 동등성의 이러한 통일이 된다.

I. 정신의 개념 277

편자〕양자가 판단〔근원적 분리〕속에서 지니는 그들의 무관함〔등가성〕
의 반대편이기도 하다.

　　**내면을 향한〔내적인〕〔개별자와 보편자〕각각의 존재는 외부를 향한〔내
적인〕존재와 구별된다.** 따라서 양자는 자체 속에서 **분리되어 있으면서**
스스로를 지양하는 자이다. **내면을 향한** 전자의 존재는 즉자대자적이지
만, 그러나 이것은(예를 들어 부정성, 보편자) 그의 타자가 되어버린다. 또
한 보편자는 **자기 자신**과 동등하기에, 보편자는 부정성이다. 왜냐하면 부
정성이 보편자의 내면이기 때문이다. 개별성이 그러한 것처럼, **보편성도**
반대자이자 부등성으로 존재한다. 〔이럴 경우〕보편자의 참된 존재는 외
부를 향한〔**외적인〕존재**이며, 단지 〔타자와의〕관계 속에 있는 것일 뿐이
지 즉자대자적인 것은 아니게 된다. 이렇게 함으로써 〔개별자와 보편자〕
F199　양자의 보편성은 동시에 **존재**의 의미를 지닌다. 그것들은 자기동등적이
므로, 그것들이 **즉자적으로** 그러한 바는 **두 개의** 상호 무관한 것들〔등가
적인 것들〕로 분열된다. 보편성 자체는 단지 일자일 뿐이지만, 그러나 존
재는 실재성이거나 또는 다수의 존립이다. 따라서 〔개별자와 보편자〕양
자는 **둘 다 보편자들**이며, 동시에 보편자는 오직 하나만 존재한다. 양자
는 **존재자들**이며 동시에 이 **존재**는 부등하다. 즉 단 하나의 존재는 타자
의 내면이자 즉자이고, 양자는 부정태들이다. 그것들의 통일은 그 자체
로 α) 양 극단들과는 다른 것이다. 왜냐하면 양 극단들은 서로 대립하는
것들이기 때문이다. 그러나 β) 그들의 대립은 **다음과 같은 성격을** 띤다.
H192　즉 **그들이 서로 대립**하고 있다는 **점에서 바로** 그들은 서로 동등하다는 것
이다. (그리고 또한 **그들 양자의 대립**은 그들 양자와도, 또한 그들의 **자기동등성
과도** 다른 **어떤 것이다.**) 그러나 그들은 그들의 통일과 대립 속에서 서로 관
계를 맺고 있으며, '양자'라는 것은 그들 각자와는 다른 것이므로, 이 '양

자'는 그들을 관계 맺어주는 중간매개항(Mitte)이다. 〔이렇게 해서〕 그들의 **추리**(Schluß)가 정립된다. 그들이 서로 대립하는 한 그들은 제 삼자 속에서 하나가 된다. 그리고 그들이 동등한 한에서 보자면, 그들을 대립시키고 분리시키는 자도 또한 이 제 삼자〔중간매개항〕이다.

그러나 이 제 삼자는, 양 극단이 지닌 모든 것이 바로 이 제 삼자 자신이라는 성격을 띠며, 그래서 이 제 삼자는 보편성이자 부정성이다. 그리고 수많은 보편자들이 존재하기 때문에, 제 삼자는 이 보편자들의 존재이기도 하다. 보편성은 직접적으로 자기동등적이면서 동시에 자기 대립적인 것이며, 자신과 자신의 반대자로 분리되는 그러한 것으로서, 부정성이기도 하다. 그리고 단순한 존재는 직접적으로 다수이다. 단순한 존재는 반대자들의 **통일**이며, 자기 스스로 자체 속에서 운동하는 보편자이다. 이 보편자는 자기 스스로를 존재자들로 분리시키면서 이를 통해 자신은 순수 부정성이 된다. 오성은 **이성**이며, 오성의 대상은 **나 자신**이다.[*]
여기서 중요한 문제는, 물성이 **보편성**인 한에서 물성은 동시에 직접적으로 스스로를 **존재하는 것으로** 표현하며, 〔그럼으로써〕 부정성이나 통일이 정립된다는 것이다. **존재**로 표상된 물성은 **판단**에서 출발하여 추리로 이행한다.[**] 대립을 통한 연관은 〔관계 맺는 것들에 대해〕 또 다른 타자이자 제 삼자이다. 그러나 대립하는 각자는 제 삼자에 의해서 타자와 **매개**된다. **자기관계맺음**에 의해서 성립하는 개별자는 **즉자**로서 **현존하지 않으**

F200

---

[*] (또한 **개별성**, 말의 **내용**은 순수하게 부정적인 **개별성**으로 생성된다. 즉 **대상 그 자체**가 생성된다.)

[**] 그것들은 **나와는 다른 것들이다.** 그것들의 **존재**는 무엇인가? 그것들은 **그것들 자체로** 존재한다. 왜냐하면 〔그와는〕 **다른 것들이** β) 개별자와 보편자이기 때문이다. 그러나 이 구별은 곧 그것들이 구별되는 것에서 동시에 그것들이 동등한 그러한 구별이다. 다시 말해 〔구별되는 것으로서〕 그것들은 **존재하지 않으며**, 즉 나와 **다른 것**이 아니다.

며, 오성이 개별자의 **즉자**이다.[*] 또한 보편자도 부정성으로서 현존하지 않는데, 이 부정성이 바로 보편자의 **즉자**이다. 그리고 오성도 이와 마찬가지인데, 왜냐하면 [오성]도 **즉자**이기 때문이다. 오성은 [(α)][9] 양항 각자의 **내면**이다. 그러나 또한 β [오성은] 양항 각자의 **외면**이기도 하다. 왜냐하면 오성은 부정성으로서 외면이며 개별자의 **현존**이기 때문이고, 동시에 오성은 보편성으로서도 외면이며, 보편자의 현존이기 때문이다. 오성은 γ) 또한 (다수의) **존재**이기도 하다. 왜냐하면 오성은 다수를 무관한 [등가적인] 것으로 포함하고 있는 자이기 때문이다. 따라서 오성은 보편성의 이 순수 운동으로서, 이 운동은 보편성과는 구별되는 것의 즉자이자 현존재이다. 오성은 그 스스로 **대상**이 되는 **이성**이다. 이성은 무한성의 상태에 있는 **추리**로서, 이 추리는 스스로 양 극단들로 분리되며, 양 극단들이 **존재**함으로써 양 극단들은 곧바로 타자를 그들의 즉자로 지니게 된다.[**]

H193

---

[*] 순수 범주의 운동은 사물의 형식 속에서 [존재]가 근거가 되는 생성운동이다. 또한 근거는 운동으로서의 존재자를 자신의 **내면**으로 삼는다. 역으로 **근거**는 추리의 운동에서 **존재**가 되는데, 이것은 이 운동이 모든 계기들의 **단순**하며 부정적이지 않은 동등성으로 복귀하는 한에서 가능하다. 그러나 총체성, 현실성은 모든 **측면**들의 투명한 유희(durchsichtiges Spiel)로서 [존재한다.] **대립**(대상)[하는] 양 극단들[은] **실재적인 것들**[로서], 이 양극단들은 그것들이 동등하기도 한 상황에서 동시에 그것들이 대립한다는 바로 이 사실이 그것들의 충만된 **존재**를 구성한다는 성질을 띤다. [이것은] 동일한 이름을 지닌 것의 반발작용[이기도 하다.] 그리고 그 역도 [마찬가지로 성립 가능하다.] 그래서 **존재**는 그 자체가 이러한 순수 운동이다. **추리**는 대립 자체의 통일[이다.] 매개는 그 자체로 직접적인 통일이다.

[**] 개별성, 상호 무관하면서 동시에 대립하는 것의 **직접적이며 부정적인** 통일, 현실성, 내가 모든 현실[이다.]

∴

9) 펠릭스 마이너 판에는 'α' 표시가 없으나, 순서상 여기에 'α)'를 기재할 수 있다.

지성(Intelligenz)은 이런 방식으로 더 이상 [자신과는] 다른 대상을 자 신의 내용으로 삼지 않는다. 오히려 지성은 스스로를 파악하며, 스스로
대상이 된다. 여기서 **즉자적으로** 존재하는 것처럼 보이는 **사물**, 보편자는
지성에게는 지양된 존재이자 이렇게 긍정적인 것이며, 나로서 존재한다.
지성은 **현실적(wirklich)**이며, 작용(Wirken)의 가능성이다. 대상은 **즉자적
으로** 지성인 바로서 존재하며, 그렇기 때문에 대상은 지양될 수 있다. 그
러나 [지성은] 아직까지는 **대자적으로** 활동하지 않았다. 여기서 만일 지
성이 **대자적**이라면, 지성은 변화[타자화](Veränderung)를 **자신**으로서, **행
위**를 자아로서 직관했을 것이지만 그렇지 못했다. 변화[타자화]라는 것
은 자기 자신과 동일한 자의 대상적인 **부정(minus)**이다.

이 지성은 **자유롭**지만, 그러나 역으로 지성의 자유는 **내용**이 없으며,
[지성은] 내용을 상실한 대가로 자유로워졌다. 지성의 운동은 자신의 내
용을 채우는 대립적인 운동으로서, [이렇게 내용을 채우는 운동은] **내
적 흡수(Intussuszeption)***에 의해서가 아니라, [내용의] 산출(Erzeugung)
을 통해서, 그것도 지성이 자신의 **행위**를 의식하게 되는 그러한 내용을
산출함으로써 가능하다. [여기서 의식은] 내용을 정립하는 행위에 대한
의식이며 자신을 **내용**으로 만드는 행위에 대한 의식을 말한다. 이론적인
의식에서 [지성은] 상과 내면화를 통해 자기 자신을 [알지만], 그러나
내용이 아니라 형식으로서 안다. 또한 나 그 자신(Ichselbst)은 규정이나
구별이 가해질 수 있는 **근거**나 **보편자**가 아니다.**

F201

H194

---

* **형식과 내용**, 공허한 대상성, **보편성**
** 지성에 대한 개괄. 오성의 물성은 [시각적인] **빛(Licht)**이며, 이성은 청취(Vernehmen)
  이자 듣기(Hören)이다. 지성[에서는], 대상이 추상적 **존재**의 형식을 [띤다.]*
  [*옆에] [대상은] 추상적 존재 **그 자체가 우리에게 존재하는 바** 그것이다. 이해과

I. 정신의 개념 **281**

b. 의지[*]

F202 　　의욕하는 자는 **의지한다.** 즉 의욕하는 자는 **자신을** 정립하기를 원하며, **자신을** 대상화하기를 원한다. 의지는 **자유롭지만,** 그러나 이 자유는 **공허하며** 형식적이고 나쁜[좋지 않은] 자유이다. 의욕하는 자는 자체 속에 갇혀 있거나, 또는 이 의욕하는 자는 자기 자체 내의 **추리이다.** α) [첫째,] 의욕하는 자는 **보편자이며 목적(Zweck)이다.** β) [둘째,] 의욕하는 자는 개별자이자 자아이며, 활동성이자 현실성이다.[**] γ) [셋째,] 의욕하는 자는 이 양자[α)와 β) 두 측면]의 매개항이자, **충동(Trieb)이다.**[***] 이 충동은 내용을 지니며 보편자이자 목적이라는 한 측면과, 이 내용이나 목적을 수행하는 활동적 자아라는 또 다른 측면을 지니는, **이중적인 것이다.** 전자는 **근거이고,** 후자는 **형식이다.** α) 충동의 **특정 내용이** 어떤 것인지는 이 부분에서는 아직 진술될 수 없다. 왜냐하면 충동이 아직 규정되지 않았기 때문이다. 충동은 아직 어떤 내용도 지니고 있지 않다. 왜냐하면 여기서는 단지 의지의 개념만이 이제 겨우 정립되었기 때문이다. 내가 어

　　정 속에 추리작용 **자체가** [있다.] 내면성은 아직까지 그것과 분리되지 않은 [상태이다.] 존재가 즉자적으로 보편자이기 때문에, 나의 정립을 통한 나를 향한 운동은 정신 속에서, 우리에 대해서는 개념 속에서 [발생한다.] 이것이 **나에 대해서** 있게 되거나, 또는 그것은 그 자신의 자기정립이 된다. 그러나 [이러한 정립은] 처음에는 겨우 **형식적인 정립일** [뿐이다.]

　*α) 충동은 고유한 **내용,** 즉 목적을 지닌다. 대립자는 그 자체로 존재하면서 동시에 대립자에 대해 존재한다.

추리는 **양항 각각에 있는 자석[과도 같다.] **나는 판단하며,** 자신 속으로 반성하며, 양항으로부터 **빠져나온다.**

***[이것은] 추리의 최초의 분열이자 양항들의 **상호 무관함이다.** 모든 것에 자아는 직접적으로 있고, 활동은 자아 자신의 활동이다.

떤 충동들을 가지는가는 나의 세계의 내용으로부터 비로소 발생한다. 이 것들이 나라는 것의 충동들이다.

β) 앞서 말한 **추리가 나 속에** 정립되는 특정한 방식은, 이 **추리의** 모든 **계기들이 보편자나** 구(球, Kugel)와 같은 형태인 **자아 속에서** 파악되는 것 과 같다. **이제 전체가** 있기 때문에, 계기들의 대립은 자기의식에 대해서 는 단지 공허한 형식일 뿐이다. 이와 같은 사실이 자아의 추리할 수 있는 힘이나 자아가 지니고 있는 의지의 힘을 만든다. 자아는 한 측면을 밖으 로 끄집어내어 제공해주면서, 바로 이 한 측면에서 다시 자체 내로 복귀 한다. 이렇게 함으로써 자아는 자아를 파악할 수 있도록 하는 어떤 규정 성을 밖으로 드러내지는 않는다. 다른 발톱들에 대항하는 것은 바로 **숨 겨진 발톱들**(pattes de velour)이다. 그러나 의지가 다른 발톱들에 대항할 때에는 의지는 꽉 움켜쥘 수도 없는 미끄럽고 수려한 벨벳정장을 걸치고 서 움켜쥐려고 한다. 그래서 의지는 이런 가운데 전체성(Ganzheit)이 되 고 그렇기 때문에 침범할 수 없는 것이 된다.

γ)* (자체 내에서 완결적인 이 추리는 동시에 외부를 향하며, 또한 이 추리는 본래적인 **의식**으로서, 여기서는 내 속에 유폐된 상태로 고찰된다.) 즉 의지는 존재하는 모든 낯선 내용을 자체 속에서 절멸시켜버린 **대자존재**이다. 그 러나 이를 통해 이 대자존재는 **타자가 없는 것**, 몰내용적인 것이 되며,** 〔타자와 내용이 없다는〕 이러한 **결핍**을 감지한다. 그러나 대자존재는 동 시에 긍정적인 결핍이기도 하다. (의지는 **목적**이다. 의지가 목적일 뿐이라

---

* α) 추리의 양항들 속으로 추리를 정립시킴으로써, 이 양항들은 또 다른 관계를 통해 매개된다. 개별성은 목적에 대립한다.

** 결핍이 〔발생하는 이유는〕, 추리가 **직접적이며 최초의** 추리이고, 양항들의 상호 무관함 이기 〔때문이다.〕

는 **형식**은 결핍이 있는 **존재**이다. 존재 자체가 곧 형식이 되어 버린 것이다.) 부정적이며 배타적인 것이 의지 자체 속에 있게 됨으로써, 의지는 그 속에서 오직 자신만을 향하게 된다. 즉 의지는 자신으로부터 **배제된 것**이다. **목적**이 자아에 대립하며, 개별성과 현실성은 보편자에 대립한다. 결핍의 **감정**은 α) 앞서 말한 양자[10]가 충동 속에 정립된 통일이며, 감정으로, 대립의 결핍으로 존재한다. 추리는 이제 겨우 첫 번째 추리일 뿐이며, 보편자는 충동을 통해서 개별성과 결합된다. 즉 〔개별성과 보편성〕 양 극단들은 서로에 대해 무관한 존재의 형식을 지니고 있다. 〔이상과 같은 것이〕 **최초의** 실재성의 정립으로서, 이것은 아직 불완전하다.

b)* 충동의 **충족**(Befriedigung)이 두 번째 추리이다. α) 〔여기서〕 충족은 충동의 충족이지 욕망(Begierde)의 충족이 아니다. 욕망은 동물적이며, 다시 말해 〔욕망에서〕 대상은 본래적인 **존재**의 추상적 형식, 즉 **외면성**의 형식을 지닌다. 충동만이 오직 자아에 대해서 존재한다. 따라서 통합〔자아와 대상의 하나됨〕은 동시에 〔충동의〕 순수한 사라짐(Verschwinden)이다. 그러나 여기서 존재는 단지 형식일 뿐이며, 또 나라는 것은 전체로서 충동이다. 나는 충동을 분리하고, 이 충동을 스스로 대상으로 삼는다. 그래서 이 대상은 **공허한 배부름**이나 단순한 자기감정이 아니다. **단순한 자기감정**은 **욕망** 속에서 사라지며 욕망의 충족과 함께 다시 나타난다.** 오

H196

F204

---

* **보편성**의 요소 속에서의 정립은 상호 무관함, **존재**〔이다〕. 왜냐하면 이것〔존재〕은 자아 속에 유폐될 수 없는 진리이기 때문이다. 자아는 **내적으로** 팽창된다.
** **외적** 자기의식, **존재** 그리고 욕망—추상적인 대자존재, **동물**, 또는 개별적인 충족이

:•

10) 펠릭스 마이너 판의 202쪽에서 언급한 'α) 보편자, 목적'의 측면과 'β) 개별자, 자아, 활동, 현실성'의 측면을 말한다.

히려 [충동에서] 사라지는 것은 충동의 양 극단이 지니는 상호 무관함이라는 순수 형식이거나, 아니면 개별성에 대립하는 목적이나 내용이다. 이 상호 무관함의 사라짐은 곧 대립의 사라짐으로서 **존재**이지만, 그러나 이 존재는 **내용이 충만된 존재**이다. α) 그래서 자아는 대립의 지양에 의해 발생한 직접성을 통해서 **직관하게** 된다. (일반적으로 자아는 항상 이런 방식으로 직관과 감정으로 이행한다.) β) 여기서 요점은 대상의 내용이다. 의지는 자신의 충동으로부터 스스로를 분리시킨다. 그렇게 함으로써 의지는 또 다른 형식을 유지한다. 즉 의지는 진정되어 있고, 자기 자신이 되어버린, 스스로 충만된 충동이 된다. [이보다 이전에] 결핍은 **공허한 나**의 직관이었다.* 왜냐하면 이 공허한 나는 스스로에게 대상이었기 때문이다. 거기서 나는 추리의 구별항들을 결합했으며, 이 구별항들의 상호 무관한 상태이자 존립이었지, [내용이 충만된] 존재 그 자체가 아니었다. 나는 그 자체로 최초의 직접적 나였다. 이제 나로부터 분리된 충동은 자아로부터 방면되었으며, 또한 단순한 내용적 충만은 **존재**를 통해 결합되기에 이르렀다. 이것은 나의 **작용**[작품](Werk)이며, 나는 나 자신의 **행위**를 그 속에서 알며, 나는 나 스스로를 이전에는 내면의 존재였던 나로서 안다. 나는 스스로를 행위로서 안다(그러나 회상[내면화]에서처럼 그러한 것은 아니다). 이제 오히려 **내용** 그 자체가 나에 의해 존재한다. 왜냐하면 **구별** 자체가 자아 자신의 구별이었기 때문이다. **구별**은 내용을 이루며, **여기서 오직 문제가 되는** 점은, 자아가 **구별**을 자신으로부터 정립했으며, 또한

H197

아니라 보편적인 [충족]―[여기서] **욕망**은 계기이며, **대자적인 것**이자, 동시에 자아 속에 유폐되어 있는 추리이다.

* [이것은] **자기 자신**을 자체 내에서 구별된 것으로서 [직관하는 것이지] (외적 대상을 [직관하는 것이] 아니다).

자아가 구별을 자아 자신의 것으로서 안다는 점이다. (이름과 사물은 그와 같은 자아의 구별 그 자체가 아니다. 자아는 **단순**하다.)

c) 대상의 규정〔은 다음과 같다〕. 즉 대상은 내용이자 구별이고, 더구나 추리의 내용이자 구별이다. 〔이 구별은〕 개별성과 보편성 그리고 이 양자의 매개항이다. 그러나 α) **존재자로서** 직접적으로 이 추리의 매사는 죽은 보편성, 물성, **타자존재**이다. 그리고 β) 추리의 양 항들은 **특수성**, **규정성**과 개체성이다. 타자가 존재하는 한에서 타자의 활동은 나의 활동이다. 즉 타자는 자기 본연의 활동을 하지 않는다. 〔타자라는〕 이 항은 자아 밖에 속한다. 물성으로서 타자는 수동성이며 이 활동의 전달〔분유〕(Mitteilung)이고, 활동을 유동적인 것으로서 지니기는 하지만, 자신 속에서 낯선 것으로서 지닌다. 추리의 또 다른 항은, 이 타자의 존재와 활동의 대립이다(특수성). 타자의 존재는 **수동적**이며 다른 존재에 대해서 있고, 다른 존재와 접촉하며* (고통스럽지만) 일반적으로 소모되어야 하는 것이며, **타자**의 전달〔분유〕이다. 이것은 〔타자로서의〕 **그의** 존재이지만, 동시에 존재에 대한 활동적 형태이기도 하다. 이와는 역전된 관계에서는, 한편으로는 활동은 단지 전달되는 것일 뿐이고, 다른 한편으로는 존재가 전달이자 순수하게 수용하는 자로서, 존재가 타자에 대해 활동적이다.

---

* 이러한 활동의 유희는* 그의 수동성이 능동성으로 전환되는 것〔이다.〕
물성(Dingheit)은 그의 중심점이며 **단순한** 보편성이고, 힘은 그의 타자이며 그의 외부에서 전달되기만 할 뿐이다. 왜냐하면 그것은 순수한 대상이고, 힘을 낯선 것으로서 자신 속에 지니고 있기 때문이다. 〔이것이 바로〕 도구〔이다.〕
〔*옆에〕 민족들은 그들의 도구들을 뽐낸다.
인간은 이성적이기 때문에, 인간은 도구를 만든다. 그리고 이 도구는 인간의 **의지**의 최초의 표현〔외화〕이다. 〔그러나〕 이 의지는 아직은 추상적인 의지〔이다.〕

(충족된 충동은 나의 **지양된 노동**이다. 나 대신에 노동하는 것이 바로 이 대상이다. 노동은 자신을 **사물화**하는 현세적인 과정이다. 충동적으로 존재하는 자아의 분열상황은 동시에 자아 자신을 대상화하는 행위이기도 하다. 욕망은 항상 이보다 먼저 시작되기 마련이며, 욕망은 자신으로부터 노동을 분리하는 상태에 이르지 못한다. 그러나 충동은 사물화된 것으로서 자아의 통일이다.)

단순한 활동은 **순수한 매개과정**(Vermittlung)이며 운동이다. 욕망의 단순한 충족은 대상의 순수한 부정이다.

노동[*] 그 자체는 단지 활동일 뿐만이 아니라 (고통스러운 것), 자체 속으로 반성된 산출행위이기도 하다. 즉 **내용**의, 개별적 계기들의 일면적 **형식**이다. 그러나 여기서 충동이 발생하며, 충동이 **노동** 자체를 유발한다. 그리고 충동은 스스로를 충족시킨다. 그러나 앞서 말한 욕망은 **외적** 의식에 속한다. 의욕된 것, 욕망의 수단, 이 수단의 **특정한 가능성**이 존재하는 한에서는 그 **내용**도 존재한다. 도구(Werkzeug)에서나, 경작되어 비옥하게 된 토지에서, 나는 **가능성**을 점유하며 **내용**을 **보편적인 내용**으로서 점유한다. 그렇기 때문에 도구나 수단이 개별적인 욕망의 목적보다 훨씬 더 탁월하다. 도구는 모든 개별성들을 포괄한다.

그러나 도구는 활동성을 아직 그 자체에 스스로 지니고 있지는 않다. 도구는 **타성적인** 사물이며, 자체 내로 복귀하지 않은 상태이다. 따라서 내가 도구를 가지고 여전히 노동해야 한다. 그러나 나는 나 자신과 외적인 물성 사이에서 **꾀**(List)를 내어, 나를 소중히 간직한 채로 도구에게 나의 규정성을 부여하여 이 도구가 소모되도록 한다.[**] 그러나 여기서 나는

F206 H198

---

[*] 원인이 아니라 결과가 동일하다.
[**] 나는 이 추리의 혼이자, 도구와 관련해서 활동성으로 남는다.

양적인 측면에서만 절약을 했을 뿐이라서, 나는 여전히 갑갑함을 느끼게 된다. 여전히 여기서는 나 자신을 사물화하는 것이 필연적인 계기이다. 충동의 자기 본연의 활동은 아직까지 사물 속에는 있지 않다. 도구를 자기활동적인 것으로 만드는 일은, 곧 도구 속에 도구 본연의 활동을 정립하는 일이다. 이것은 다음과 같이 일어난다. 즉 α) 이 **대립** 속에서 대립을 자체 속으로 되돌아가게 만들기 위해서 도구가 일련의 과정으로 한 줄로 엮이며, 도구의 이중적인 면이 이용됨으로써, 수동성이 활동성, 통합과정을 확립하는 작용으로 바뀐다. 〔그리고〕 β) 자연 본연의 활동성, 즉 시계태엽의 탄력성, 물, 바람 등등은, 자신들이 원하던 바와는 완전히 다른 것을 감각적 현존재 속에서 수행하도록 이용된다. 〔그렇게 해서〕 이것들

F207 의 맹목적 행위는 하나의 합목적적인 행위가 되어버리며,* 그래서 이것들은 자기 자신의 반대자가 되어버린다.** 〔물, 바람과 같은〕 이것들의 외적 현존에도 자연**법**칙의 이성적인 행태(Verhalten)가 있다. **자연 자체**에는 아무것도 발생하지 않는다. **자연적 존재**의 **개별적 목적**들은 보편자가 되어버린다. 새는 그 곳으로 비상한다.

H199 　여기서 충동은 노동으로부터 완전히 물러서게 된다. 충동은 자연을 마모시키며, 조용히 자연을 주시하면서, 단지 쉬운 노고만을 들여 전체를 다스린다. 이것이 **꾀**이다.*** 이것이 〔자연의〕 위력에 대항하여 〔인간의〕 꾀

＊실재는, 서로 간의 긴장상태에 있는 추리의 양항들의 **상호 무관함**, 이 상호 무관함 그 **자체**〔이다.〕

＊＊개별적인 닭의 이성적 현존은, 모이를 받아먹고 잡아먹히는 것이다. 바람, 위력적인 폭풍, 위력적인 대양들은 제압되고 경작된다. 〔인간은〕 이것들과 어떤 인사말도 나누지 않는다. 이렇게 개별적인 것들을 고수하는 태도는 빈궁한 감상주의(elende Empfindsamkeit)〔이다.〕

＊＊＊〔난폭한〕 강제력이 지닌 **광범위한** 측면이 꾀의 매서움에 의해 침해된다.

가 지닌 존엄이다. 여기서 꾀는 어떤 측면에서는 〔자연의〕 맹목적 위력에 대항해서, 자연이 스스로에게 반대되는 방향을 취하게 된다는 사실을 파악하며, 자연을 개념파악 하고, 자연을 규정성으로 파악하면서 이 규정성에 대해 활동적인 성격을 지닌다. 또한 꾀는 〔자연이〕 자기 지양하는 운동으로서 자기 자신 내로 되돌아간다. 인간은 개별자의 **운명**(Schicksal)이다. 꾀를 통해 의지는 **여성적인 것**(Weibliches)이 되어버렸다.* 초월적인 (hinausgehend) 충동은 꾀로서 이론적 관망(theoretisches Zusehen)이다. 이 충동은 **앎**을 목표로 하지만 **지적이지는 않은** 충동작용(nichtwissendes Treiben)이다. 그래서 **두 가지 위력들, 성격들**이 〔있게 된다.〕

어떻게 존재자 그 자신이 스스로를 지양하는가를 이렇게 관망하는 것은 충동과는 다르다. '존재자로부터 자신에게로 되돌아간 나'와 '이 존재의 무상함을 아는 나'에 대해, 〔충동은〕 이러한 '나'들 속에서 긴장관계를 유지하는 것으로 존재한다.

의지는 이중화되고 분리된 것이 되어버렸으며, 의지는 규정된 상태가 F208 되며, 의지는 **성격**(Charakter)이 된다. 그중 하나의 성격은 이 긴장상태이며, 존재자의 대립의 위력이다.** 그러나 이 위력은 맹목적이며, 이 존

---

* 꾀(List)는 권모술수(Pfiffigkeit)와는 다르다. 가장 개방적인 행동은 가장 위대한 **꾀**이다. (우리는 꾀를 그것의 참된 의미로 받아들여야 한다) 즉, 의지가 자신의 개방성을 통해서 타자를 백일하에 드러내면, 타자는 **즉자대자적으로 스스로를 드러내며** 동시에 이렇게 함으로써 자기 자신을 부정하게 된다. 〔꾀는〕 타자들을 즉자대자적인 상태로 존재하게 하며, 의식의 빛 속으로 가져오는 위대한 거동(擧動, Betragen)이다. 타자들이 〔자기 나름의〕 권리를 지닌다고 하더라도, 타자들은 말을 통해 변호할 줄을 모른다. 침묵(Stummheit)은 좋지 않은 비열한 꾀이다. 타자가 자신의 행위 속에서 자기 자신을 전도시킨다는 점에서, 〔침묵이라는 꾀는〕 대가(Meister)이다.

** 사람은 욕망과 충동을 지니고 있다. 오히려 여성적인 충동은 **자극하고** 충동을 불러 일으키며 충동이 그 자체로 충족되도록 하는 충동의 대상이 될 뿐이다.

재의 본성에 대해서 어떤 의식도 지니고 있지 않다. 그리고 존재는 개방적으로 놓여 있는 자이자 곧바로 바래버리는 자이며, 밖으로 드러나고자 하는 자이자 추동되는 자이기도 하다. 〔이와 달리 다른 한 편으로〕 그 자체로 존재하는 또 다른 자는, **악**(das Böse)이자 지하세계에 속하는 것으로서, 한낮에 있었던 일을 **아는 자**이다. 이 자는 어떻게 한낮에 있었던 일이 그 스스로를 통해 몰락하는지를 관망하고, 어떻게 그 일이 그에게 영향을 미치는가를 관망하면서, 그의 존재와 자기유지의 저변에 도리어 부정태를 밀어넣는다. 전자[11]는 **존재자**로서 **존재자**에 대해 반대방향을 취한다. 후자[12]는 이성적인 방식으로 존재로서 존재하지만, 그러나 이 존재를 진지하게 취급하지 못한다. 마치 황소에게 외투가 제공되더라도, 황소는 외투에 달려들기만 할 뿐 그것을 적절하게 취급하지 못하는 것과 같다. 의지는 양 극단들로 양분되며, 이 양 극단들 중 한쪽인 보편자에서 의지는 온전하게 존재하며, 다른 쪽인 개별자에서도 의지는 마찬가지로 온전하게 존재한다.*

후자의 앎이 **인식**에로 이행할 수 있도록 이** 양 극단들은 일자 속에 정

---

* 의지의 고독한 실존이 완성된다.

** 지성과 의지의 **최초의** 통일〔이 발생하며〕, 즉 두 자립적인 자아들이 서로에 대해서 있게 된다. 의지의 첫 번째 추리가 변하여 각 항의 **존재**는 자아의 의미를 지니게 된다. (존재는 곧 결핍의 반대편이지만, 그러나 양 극단들이 **존재**하기 때문에 존재는 **결핍** 자체이기도 하며, 결핍으로 감지되기도 한다.) 그러나 추리의 양 극단들을 구성하는

⦙∴

11) 의지의 첫 번째 성격의 측면을 말한다. 첫 번째 성격은 사태를 관망하여 의식하기보다 추동하여 나아가는 측면을 말한다.

12) 의지의 두 번째 성격의 측면을 말한다. 두 번째 성격은 뒤늦게 사태를 관망하고 반성하는 측면을 말한다.

립되어야 한다. 이 추리의 운동은 양 극단들 각자가 즉자적으로 타자인 바로서 존재한다는 사실을 통해 정립된다. 〔양 극단들 중〕 한쪽인 보편자는 개별성이며 아는 자아이다. 동시에 개별자는 보편자이기도 하다. 왜냐하면 개별자는 자기관계맺음이기 때문이다. 그러나 개별자는 **양 극단들에 대해서** 생성될 수 있다. 그래서 이러한 유사성은 〔개별자와 보편자라는〕 그와 같은 것들의 앎이 되어야 한다.

α) 충동은 자기 자신을 직관하게 된다. 충동은 앞서 말했듯이 충족됨으로써 자체 내로 되돌아가며, 동시에 충동이 무엇인가에 대한 **앎** (Wissen)이 되어 버린다. 자기 내로의 단순한 복귀, 즉 앎은 동시에 분리 과정에서 (추리의) 매개항이다. 여기서 충동은 자신 **밖에**, 또 다른 단순한 **자아** 속에 존재하며, 이 자아를 **자립**적인 항으로 알게 된다. 동시에 앎도 자신의 본질을 타자 속에서 안다. 〔이처럼〕 충동 속에서 긴장관계가 발생하며, 양자의 **자립성**이 발생하는 것이다. β) 양자를 즉자적으로 지양하는 과정에서, 각자는 타자와 동등하게 되며, 이 속에서 또한 각자는 타자에 대립하기도 한다. 또한 이를 통해 타자가 그에 대한 타자로 존재하게 되는 이 **타자**는 자아 자신이기도 하다. 각자는 타자 속에서 자신을 알게 됨으로써, 각자는 자기 자신에 대해 부정을 행한다. 이것이 **사랑**(Liebe)이다.

H201

이 '나'라는 것들은, 아직까지 전체나 총체성이 아니며, 서로에 대해 대립적이다. 그래서 그중 한쪽은 다른 쪽이 외적으로 존재하기 때문에 내적으로 존재하게 된다. 이제 비로소 상호 무관함〔등가성〕이 지양되며, '나'라는 대자존재가 그 대신 들어서게 된다. 여기서 자립적인 나에 대한 자립적인 나의 최초의 앎〔이 있게 된다.〕 이들이 모두 자아들이자 앎들이기 때문에, **이들에게는** 이 양자의 동등성이 대립 속에서 존재한다. α) 한쪽의 자아는 그 속에서 자기 자신과 동등하며 다른 자아에 반대되는 방향을 취한다. 또 다른 자아는 자신의 불안〔동요〕과 자신의 활동성을 자신 속에 숨기고, 마치 아무 일도 일어나지 않은 것처럼 조용한 태도를 취한다.

(앎은* 이렇게 이중적인 의미를 지닌다. 각자는 앎 속에서 타자와 동등하며, 이렇게 동등한 가운데 각자는 타자와 대립한다. 따라서 각자가 타자와 자신을 구분하는 행위는, 타자와 자신을 동등하게 정립하는 행위다.) 그리고 각자가 **인식행위(Erkennen)**인 이유는 다음과 같다. 즉 각자가 스스로 이러한 앎이며, 각자에게 있어서 **그의 대립이 동등성으로 전환되며**, 또한 각자가 타자 속에서 자신을 직관하듯이 이 타자를 자기 자신으로 알기 때문이다. 인식행위는 대상성의 상태에 있는 대상적인 것을 자아로 안다는 것을 의미하며, 여기서 자아는 개념적인 내용이자 개념으로서, 그것이 곧 대상이기도 하다.

이러한 인식행위는 성격들의 **인식행위**일 뿐이다. 또한 양자〔두 가지 성격들〕는 서로에 대해 아직까지 자아로 규정되지 않았다. 오직 〔그들 중〕 한 쪽만이 그 자체로 앎이며, 다른 쪽은 외부를 향한 활동으로서의 앎이다. 그리고 한쪽은 외부를 향한 보편자이고 **완결된(gerundet)** 실체이며, 다른 쪽은 내부를 향한 것이다. 따라서 이 양자는 대립하는 성격들일 뿐이다. 이들은 자기 자신을 아는 자들이 아니라, 오히려 한편으로 자신을 타자 속에서 알지만, 또 다른 한 편으로는 자신을 자신 속에서만 아는 자들이다. 따라서 앎의 운동은 내면적인 것 자체에는 존재하지만, 대상적인 것에는 존재하지 않는다. 그들이 맺는 **첫 번째 관계**에서 긴장관계를 이루는 측면들은 이미 서로 분리되어 있다. 이 양자는 불확실하고도 희미하게 서로 접근하지만, 그러나 서로 신뢰하고 있는 것은 아니다.

---

* 양자는 앎의 형식 속에서 서로에 대해 존립한다. 각자는 자립적으로 **존재**한다. 그러나 아직까지 인식(Erkennen)은 아니다. 인식은 각자가 이 타자와 더불어 자신에 대해 지니는 바라고 할 수 있다. 양자는 **즉자적으로** 동일하다. 이 즉자는 대자존재로 이행하면서 그들 양자의 운동이 된다.

왜냐하면 이들 각자는 스스로를 타자 속에서 직접적으로 알기 때문이다. 그리고 〔여기서〕 운동은 전도과정(Verkehrung)일 뿐이어서, 이 전도과정을 통해서 각자는 타자도 스스로를 자신의 타자 속에서 안다는 사실을 경험하게 된다. 이러한 역전과정(Umkehrung)은 각자가 자신의 자립성을 포기한다는 데에 존립한다. 자극(Reiz)은 그 자체로 **무엇을 불러일으키는 행위**(Erregung)다. 즉 자극은 자체 내에서 충족되지 않는 것이며, 오히려 자극은 자신의 본질을 **타자 속에서** 지녀야 한다. 각자가 스스로를 타자 속에서 앎으로써, 각자는 대자적이며 상이한 것으로 존재하는 자신을 **지양한다.** 이렇게 각자에게 고유한 지양행위가 그의 **대타존재**(Sein für Anderes)이다. 각자의 **직접적 존재**는 이 대타존재로 전환된다. 각자에게 고유한 지양행위는 각자에게 있어 **대타**존재인 타자에게 존재하는 것이다. 따라서 타자는 나에 대해 존재하며, 다시 말해 타자는 스스로를 나 속에서 알게 된다. 타자는 단지 대타존재일 뿐이며, 다시 말해 타자는 자신 밖에〔탈자적으로〕 존립한다.

H202

이러한 인식행위가 **사랑**이다. 이러한 인식행위는 추리의 운동으로서, 〔이 추리의 운동에서〕 각 항은 나에 의해 내용이 충만되며, 직접적으로 타자 속에 있으며, 타자 속에서의 이러한 존재만이 스스로를 나와 분리하고 나에게 대상이 된다. 〔사랑이라는〕 이 인식행위는 인륜성(Sittlichkeit)의 기초이지만, 아직까지 인륜성 자체는 아니며, 인륜성의 예감(Ahnung)일 뿐이다. 〔사랑에서〕 각자는 단지 **특정한 의지**이자 성격 혹은 **자연적인** 개인이자 도야되지 않은 자연적 자아로만 인정받는다.[13] 고

---

13) 여기서 '인정받는다'는 'ist anerkannt'를 옮긴 것이다. 헤겔은 '인정하다(anerkennen)'라는 말을 다양하게 변형된 형태로 사용하고 있다. 예를 들어, 대표적인 것이 Anerkennung, das anerkannte, das anerkanntsein이다. 본 번역에서는 문맥에 따라 Anerkennung를

F211 귀한* 기사도적인 사랑은 신비적인 의식에 속하며, 이 의식은 진실한 정신적 세계에서 살아 있다. 이제 정신적 세계는 자신의 현실에 접근하면서 이 현실 속에서 신비적 의식을 현재적인 것으로 예감한다. [사랑에 비해] 우정(Freudschaft)은 공동 작업 속에만 있으며, 우정은 인륜적 본질의 생성 시기에 속한다. [우정은] 헤라클레스적인 미덕이 좀더 부드럽게 표현된 것으로서, 즉 [예를 들자면] 테세우스와 피리투스,[14] 오레스트와 필라데스[15]와 같은 친구 사이에서 성립한다.

---

* 현실 속에서 이상(Ideal)의 이중적 예감은, 직접적 실존상태로부터 이상과 **보편적 자아**로 고양된다. [이것은] 천상계로부터 현세로 내려옴이자, 천상의 사다리의 디딤판이며, 신적인 것이 현세 속에 존재하는 것이다. 신은 사랑이자 기쁨이다. 왜냐하면 자연적인 것이 인정되기 때문이다.

∵

행위의 의미가 강할 때에는 '인정행위'로, 상태의 의미가 강할 때에는 '인정상태'로 번역한다. 그리고 das anerkannte가 '인정받은 자'로 번역될 수 있는 반면에 das anerkanntsein는 인정받는 행위, 과정, 상태 등을 모두 포괄하므로, 번역의 통일성을 살리기 위해 das anerkanntsein을 '인정받은 존재'로 번역한다.

14) 피리투스Pirithous 또는 페이리토오스는 본래 테살리아 출신이지만, 시간이 지나면서 점차 테바이 계열에 속하게 되는 용사이다. 호머의 서사시 『일리아스』에서 페이리토오스는 제우스와 디아의 아들로 나오지만, 대개는 디아와 익시온의 아들이라고 알려져 있다. 테세우스와 페이리토오스가 친구가 된 데는 다음과 같은 이야기가 있다. 페이리토오스는 테세우스의 공적에 대해 듣고 그를 시험할 셈으로 마라톤 지방에 있는 테세우스의 가축 떼를 훔치기 시작했다. 마침내 만난 두 젊은이는 상대방의 준수함에 이끌렸고, 싸워야 할 상황이었음에도 불구하고, 페이리토오스는 훔친 가축에 대한 보상을 제의하고 몸소 테세우스의 노예가 될 것을 자청했다. 이에 지지 않고 테세우스는 그 제의를 거절하며 지난 일은 다 잊어버리겠다고 선언했다. 그렇게 해서 시작된 우정은 맹세로 맺어졌다. 이후로 두 젊은이는 모든 공적을 함께 세웠다고 한다.

15) 필라데스Pylades는 오레스트 또는 오레스테스의 절친한 친구이다. 그는 아가멤논의 누이 아낙시비아가 스트로피오스에게서 낳은 아들이므로, 오레스테스와는 사촌지간이다. 아버지 스트로피오스를 통해 그는 포코스, 아이아코스, 제우스 등의 후손이 된다. 아가멤논의 부재중에 클리타임네스트라가 아이기스토스와 동거하게 되자 오레스테스는 스트로피오

사랑은* 또한 직접적으로 스스로 **대상화**된다. 즉 사랑 속에서도 운동이 시작된다. 사랑은 이전에는 충동이었던 양 극단들이, 충족된 상태로 통일되어 있는 것이다. 이렇게** 충족된 사랑은, 성격과 구분되는 제 **삼의 것**으로 산출된 것이다. 그런데 통일이 〔제 삼자인〕 매개항에 대해 **상호무관한** 그러한 성격들로 양분되면,*** 이 양자는 상이하게 존재하는 것들이 되어버린다.

우선 충족된 사랑이 **대상화**되면, 이 제 삼자는 양 극단들과는 **다른 것**이 되며, 또한 사랑은 **타자존재**, 직접적인 **물성**(Dingheit)이 되어버린다. 이러한 상태에서 사랑은 직접적으로 인식되지 않고, 도리어 타자로 인해서 존재하게 된다. (이것은 도구가 그 자체로 활동성을 지니지 않는 것과 같다). 또한 양자는 자신들의 상호적인 사랑을 상호적인 봉사(Dienstleistung)를 통해, **사물**인 제 삼자를 통해 매개되어 있는 것으로 인식한다. 이 제 삼자는 수단이자 사랑의 수단이다. 그리고 도구가 지속적인 노동(bleibende Arbeit)인 것처럼, 이 제 삼자도 하나의 보편자이다. 제 삼자는 양 항들

H203

---

* 신은 사랑이며, 신은 정신적 **본질**이고, 위대한 인식이자, 인식의 인식이다.
** 북아메리카의 미개인들은 자신의 부모를 죽이는데, 우리도 그와 같은 일을 행한다.
*** 사랑이 **존재하는** 양 극단들로 분리되면, 이 양 극단들의 매개항은 양자에게 하나의 추상적 **존재**로 등장하게 된다. 그리고 이 추상적 존재 속에서 각자는 자신의 사랑을 타자에 대해 표상화하며, 스스로를 **타자존재**로, **사물**로 만든다. 동시에 타자를 위한 노동은 욕망의 지속적인 충족이기도 하다. 사물은 사랑의 의미를 유지한다.

∴

스에게 맡겨졌고, 그래서 두 사촌형제는 함께 자랐다. 필라데스라는 인물은 특히 비극 작가들에게서 비중 있게 나타난다. 그는 친구의 복수에 동참하여 고문 역할을 하며, 아이기스토스를 도우러 온 나우플리오스의 아들들과도 싸웠다고 한다. 특히 필라데스가 오레스테스에게 큰 도움이 되는 것은 오레스테스가 타우리스로 가는 여행에서이다. 필라데스는 오레스테스의 누이 엘렉트라와 결혼하여 메돈과 스트로피오스 2세를 낳았다.

의 실존이 지속적으로 머무는 가능성이다. 이들 양 항들은 **상호 무관한** 양 극단들로 **존재한다**. 이 〔양 극단들의〕 존재는 그것이 양 극단들의 존 재이기 때문에 〔지속적이지 않고〕 사라지는 것이다. 그래서 이 존재는 〔양자의〕 매개항이자 통일로서만 보편적이다. 그것이 바로 가산(家産, Familienbesitz)이며, 〔이 가산은〕 운동으로서는 **생업(Erwerb)**이라고 할 수 있다.* 여기서 비로소 생계획득의 **관심〔이해관계〕(Interesse)**, **지속적 인 점유**와 현존재의 보편적 가능성에 대한 **관심**이 생긴다. 여기서 비로 소 욕망 그 자체가 본래적으로, 다시 말해 우리가 그렇게 부르고자 한다 면, '이성적이며 신성한' 그러한 욕망으로 등장한다. 욕망은 공동의 노동 (gemeinschaftliche Arbeit)을 통해 충족된다. 노동은 욕망에 대해서 개별 적인 노동이 아니라 보편적인 노동으로 발생한다. 어떤 이것을 가공하는 자는 이것을 곧바로 먹어치우지 않고, 오히려 그것은 공동의 재산에 속 하며, 이 공동의 재산으로 〔가족구성원〕 모두는 지탱되는 것이다. 그것 〔가산〕은 도구와 마찬가지로 향유(Genuß)의 보편적 **가능성**이며, 또한 향 유의 **보편적** 현실성이기도 하다. 가산은 직접적인 정신적 점유물이다.

가산(Familiengut)은 도구보다 더 높은 차원에서 활동성의 계기를 그 자체에 지니므로, 〔가산을 매개항으로 삼는〕 양 극단들은 자기의식적 활 동들이라고 할 수 있다. 그러나 이 대상〔가산〕은 아직까지 사랑을 그 자 체 지니지 않고,** 오히려 사랑은 양 극단들 속에 있다. 양 성격들의 인

F212

---

* 점유라는 것은, 하나의 사물이 나의 것이며, 또는 내가 보편적이며, 나라는 것은 다수 의 나라는 의미를 지닌다. 이러한 사실이 여기에 현존한다.
** 사랑은 α) **동등성**으로서 **추상적인 존재**이며 이러한 존재로 정립된 것이다. 그러나 점유 는 그 개념상 낯선 것으로 현상한다. β) 〔그렇게 해서〕 **현실성, 자아**, 대자존재〔가 결 과된다.〕

식행위는 아직까지 그 자체로 하나의 인식적 인식행위(ein erkennendes Erkennen)가 아니다. 사랑 그 자체는 아직까지 대상이 아니다. 그러나 사랑의 나[자아]라는 것은 사랑으로부터 물러서서 자신을 자기 스스로부터 밀쳐내고, 스스로 대상이 된다. 두 성격들[부모]의 통일은 **사랑**일 뿐이지만, 그러나 이 통일이 스스로를 사랑으로 알지는 못한다. 두 성격들[부모]은 아이 속에서 스스로를 단 하나의 의식 속에 있는 통일로 알게된다. 아이 속에서 두 성격들은 사랑을 직관하며 자신들의 **자기의식적** 통일을 자기의식적인 것으로서 직관한다. H204

사랑은 **직접적인** 대상이며 개별적인 것이다. 동시에 사랑의 통일성은 이제 이 개별성을 지양하는 운동이기도 하다. 이 운동은 한편으로는 직접적인 현존재를 지양하는 의미를 지닌다. 즉 이 운동은 부모의 죽음(Tod der Eltern)이다. 부모는 사라지는 **생성과정**(verschwindendes **Werden**)이며, 자신을 지양하는 원천(Ursprung)이다. 산출된 개인에 대해서 부모는 의식적 운동으로서, 산출되는 개인의 **대자존재의 생성과정**이자 **훈육**(Erziehung)이다.* 그러나 일반적으로 그 본질에 따르면 [이것은 결국] 사 F213

---

* [아이로서의] 대자존재는 직접적인 **정신적 실체**이다. [이 아이로서의] 대자존재는 [부모의] 훈육을 자신의 본질로 직관하지만, 낯선 것으로서 직관한다. 이 낯선 실체 속에서 그것은 자신의 자아를 아직까지 지니지 못한다. 그것은 **복종하며**, 개별성, 대자존재자가 아니다. 그러나 그의 복종은 행위이다. 이 행위를 통해 그것은 실체를 자신의 것으로 만든다. 운동은 거기에 자아의 계기를 부가한다. (추동되는 바퀴는 마치 그것이 추동되지 않은 것처럼 잠시 동안 운동을 정지할 때도 있다.) 그러나 나는 개념이며 그 자체로 운동이다. 나는 **타자**에 의해 운동하고, 역으로 이 운동을 자기운동으로 전환시키며, 이 자기운동을 **나**와 **대자존재**의 타자존재화나 대상화로 전환시킨다. 그러나 자아는 욕망의 추상물로서가 아니라, 전체이자 **사랑**으로부터 산출된 전체로서 그렇게 하는 것이다. 이제 두 가지 전체들이 서로에 대해 대립한다. **매개**를 통해 생성되고, 봉사를 통해 실체에 대립하며, 전체에 대립하여 생성되는 것이 바로 **성격**(Charakter)이다.

랑의 지양이다.

가족은 다음과 같은 계기들 속에서 완결된다. α) 〔첫째는〕 자연적인 사랑의 계기이자, 아이의 출생이며, β) 〔둘째는〕 자기의식적 사랑이자 의식적 감각이고 사랑의 심정(Gesinnung)이자 언어이다. γ) 〔셋째는〕 공동의 노동과 생계이고 상호적인 봉사이자 배려(Sorge)이며, δ) 〔넷째는〕 훈육이다. 〔이것들 중〕 어떤 하나만으로는 전체 목적을 이루지 못한다.

사랑은 대상화되었으며, 이 대상은 하나의 대자존재자이다. 〔이 대자존재자는〕 더 이상 성격이 아니라, 그 자체로 완전하며 단순한 본질을 지닌다. 자기 자신을 아는 **것이** 바로 모든 정신적인 인정행위(Anerkennen) H205 자체다. 가족은 **전체**로서, 자체 내에 완결되어 있는 또 다른 전체〔다른 가족〕와 대립하며, 또한 〔그렇게 해서〕 서로에 대해 완전히 자유로운 개체성들도 존재하게 된다. 또한 하나의 자기의식적 대자존재가 있게 되므로, 여기에서 비로소 정신에 대한 본래적인 존재도 있게 된다.

F214   〔가족을 기초로 한〕 자유로운 개체성들은* 서로 관계를 맺으면서도 동

따라서 〔여기서〕 성격은 자연적인 성격이 아니라, 자신의 **자연적** 현존성을 상실해버린 성격이다. 〔이렇게 해서〕 의지의 특정한 규정이 지양되며, 사랑의 **현실성이** 〔등장한다.〕
* α) 자연상태〔에서〕,—자연상태에서의 권리, 절대적인 권리—권리는 **순수인격, 순수하게 인정받은 존재**를 포함한다. 그래서 이 자유로운 개체성들은 자연상태로 존재하지 않으며, 오히려 이들은 그가 인간이며 **개념**의 상태로 존재한다는 사실에 의해 현존한다. 그러나 자연상태에서 그는 **개념**의 상태로 존재하지 않으며, 다만 자연물로서 **현존한다.** 〔여기서〕 질문은 곧바로 자기모순적이다. 〔왜냐하면〕 나는 인간을 그 **개념** 상으로 고찰한 것이지 자연상태로 고찰한 것이 아니기 때문이다.
[역주] 여기서 질문이란 문맥상 이후에 제기되는 물음, 즉 '자연상태에서 개인의 권리와 의무는 무엇인가?'라는 물음을 가리킨다. 헤겔에 의하면, 자연상태에서는 법적인 권리와 의무를 논할 수 없고, 역으로 법적인 권리와 의무를 논하려면 자연상태를 지양해야 한다. 그래서 이 질문을 '자기모순적'이라고 한 것이다.

시에 서로에 대해 긴장관계를 유지한다. 그들의 직접적 현존은 배타적인 성격을 띤다. 〔이들 양자 중〕 한쪽은 자신의 재산 속에서 대지의 일부를 제 것으로 삼게 되는데, 이것은 도구에서처럼 어떤 개별적 사물을 차지하는 것이 아니라, 지속적인 보편적 현존을 차지하는 것이다. 그는 노동을 통해 그것을 표현하였고,[16] 기호에게 그의 내용을 현존하는 것으로 부여해주었다. 이것은 부정적인 배타적 의미를 지닌다. 따라서 또 다른 쪽은 **전자가 존재하는** 바로부터 배제되어버린다. 여기서 존재는 더 이상 〔모두에게 공유되는〕 보편자가 아니다.

이 관계가 보통 **자연상태**(Naturzustand)라고 하는 것이다. 대립적인 개인들의 자유롭고 상호 무관한〔등가적인〕 존재가 바로 그것이다. 그리고 자연법(Naturrecht)은 이 〔자연상태라는〕 관계에 따라 개인들이 서로에 대해 어떤 권리와 의무를 지니는지 대답해주어야 한다. 즉 개인들의 태도가 지녀야 할 필연성은 어떤 것이며, 그 개념상 개인들이 지닌 자립적인 자기의식들의 필연성은 어떤 것인지에 대해 대답해주어야 한다. 그러나 개인들이 맺는 유일한 관계는 곧 이 관계를 지양하는 것, 즉 **자연상태로부터 벗어나는 것**(exeundem e statu naturae)이다. 이 자연상태에서 개인들은 어떤 권리도 의무도 서로에 대해 지니지 않으며, 오히려 자연상태를 포기함으로써만 개인들은 권리를 지닌다. 〔그렇게 해서〕 서로에 대해 자유로운 자기의식들이라는 **개념**이 정립되기에 이른다. 그러나 이것은 아직 개념일 뿐이다. 이 개념은 개념일 뿐이기 때문에 실현되어야 하며, 다시 말해 개념의 형식 속에 있는 스스로를 자신의 실재성에 대해서 지양해야만 한다. 〔이렇게 함으로써〕 앞서 주어진 과제가 사실상 무의식적

∵

16) 여기서 '그것'은 '대지의 일부를 지속적인 현존으로 차지하는 것'을 말한다.

으로 해소되어버리며, 그 과제 자체 속에서 무의식적으로 그 과제가 해소된 것이나 다름이 없게 된다. 다시 말해 [서로에게 자유로운 자기의식들이라는] 개념은 대상에 속하지 않는다[는 사실이 드러난다]. [앞서 말한] 과제는, '**무엇이 자연상태에서 개인에게 권리이며 의무인가?**'라는 것이다. [이 질문에서 이미] 개인이라는 개념은 붕괴되고 이 개념상태를 벗어나서 그것은 보다 더 전개될 필요가 있다.[17] 이를 위해 나는 **권리·법(Recht)**[18]의 규정을 마련한다. 즉 나는 법에 근거하여, 개인이라는 개념이 합법적이며 하나의 인격(eine Person)이라는 사실을 보여준다. 그러나 이렇게 보여주는 일은 나 자신에 속한다. 그것은 나 자신의 사상의 운동이지만, 그러나 그 내용은 자유로운 자아이다. 그러나 이 운동은 [내용인] 자아가 존립하는 바대로 이 자아를 방치하지는 않는다. 자아는 이러한 개념의 운동이다. 법은 타자와의 관계 속에서 인격들이 맺는 **연관**이며, 그들의 자유로운 존재의 보편적 기초이며, 공허한 자유의 규정이자 제한이다. 나는 이 연관이나 제한을 나 자신을 위해(für mich) 고안해낼 수도 산출해낼 수도 없다. 오히려 대상이 그 자체로 법 일반의 이러한 산출이며 **인정하는** 연관의 산출이다. 인정행위에서 자아는 개별자이기를 중단

∴

17) 헤겔에 의하면 자연상태에서 개인은 어떤 권리와 의무도 지니지 않는다. 자연상태를 벗어남으로써 비로소 개인은 권리와 의무를 지닌다. 따라서 '자연상태에서 개인의 권리와 의무는 무엇인가?'라고 질문한다면, 법적 주체로서의 개인이라는 개념은 부정될 수밖에 없다. 반대로 만일 개인의 권리와 의무에 대해서 묻고 답하려면, 자연상태를 벗어난 상태를 가정할 수밖에 없고, 이러한 상태가 곧 법적 상태이다. 여기서 개인이라는 개념이 붕괴된다고 할 때, '붕괴된다(zum Grunde legen)'라는 표현은 '바탕에 놓인다'라는 의미도 지닌다. 그래서 위 문장은 '이 개인의 개념을 바탕으로 하여, 여기서부터 이 개념을 더욱더 전개시켜나갈 필요가 있다.'라는 것을 의미하기도 한다.

18) 여기서 Recht는 '법'으로도 번역가능하고, '권리'로도 번역가능하다. 이하에서는 문맥에 맞게 경우에 따라서는 '법'으로 번역하고 어떤 경우에는 '권리'로 번역한다.

한다. 자아는 인정행위 가운데 법적인 성격을 지니며, 다시 말해 자신의 직접적인 현존상태로 있지 않다. 인정받은 자는 **자신의 존재**를 통해서 **직접적으로 타당한 것으로 인정받는다. 그러나 이 존재는 개념으로부터 산출된 것이다.** 그래서 그것은 인정받은 존재가 된다. 인간은 필연적으로 인정받으며 동시에 필연적으로 인정하는 자이다. 이 필연성은 인간 고유의 것이지, 내용과 대립하는 우리의 사유의 필연성은 아니다. 인정하는 자로서 인간은 그 자체가 운동이며, 이 운동은 인간의 자연상태를 지양한다. 그래서 인간은 인정행위이며, 반면에 자연적인 것은 단지 **존재**할 뿐이며, **정신적인 것**이 아니다.

서로 대립하고 있는 개인들은 아직 서로 인정하지 않은 상태이며, 오히려 그들의 존재는 방해를 받고 있는 상태이다. 즉 한쪽은 자신의 **점유(Besitz)**를 통해서 그 존재를 방해한다. 그렇다고 이 점유가 벌써 소유(Eigentum)는 아니다.* 점유권은 직접적으로 사물을 향하는 것이지 제 삼자를 향하지는 않는다. 인간은 개별자로서 인간 자신이 차지할 수 있는 것을 점유할 **권리**를 지닌다. 즉 인간은 권리를 지니며, 이 권리는 자아로 존재할 수 있는 인간 자신의 개념 속에 있다. 이로 인해 인간은 모든 사물들을 상대할 수 있는 위력(Macht)을 행사한다. 그러나 인간의 점유취득(Besitznahme)은 제 삼자를 배제하는 의미를 지니기도 한다. 〔제 삼자

---

* 내가 점유를 이 자연상태에서 **직접적인 점유상태**로 보고, 여기서 합법적인 것이 무엇인지를 묻게 된다면, 이것은 어떤 절대적인 규정을 요구하는 것이다. 그러나 여기서 말한 합법적인 것은 〔엄밀히 말해〕 우연적인 것일 뿐이다. 또한 개인들 서로 간의 관계도 우연적이며 어떤 규정도 지닐 수가 없다. 물건이 **나의** 것이기 때문에, 나는 이 우연적인 것을 〔나의〕 물건으로 취급하지만, 그러나 **나**는 인정을 받아야 하고, 〔그렇게 해야만〕 **직접적으로** 직접성의 형식 속에서 〔법적인〕 타당성을 얻게 된다. 이러한 **인정행위**가 **법**이다.

를 배제한다는] 이러한 의미와 관련하여 타인을 구속하는 것은 과연 무엇인가? 나는 제 삼자에게 불법을 저지르지 않고 무엇을 점유취득할 수 있는가? 이러한 질문들은 곧바로 대답될 수 있는 것은 아니다. 점유획득 (Besitzergreifung)*은 **감각적인 장악**(sinnliche Bemächtigung)이고,** 점유획득은 인정행위를 통해 합법화되어야 한다. 점유획득이 [단순히] 발생했다고 해서 점유획득이 합법화되는 것은 아니다. 직접적인 인간[자연인]은 **즉자적으로** 점유취득한다. 직접적인 것이 [점유취득의] 내용을 이루며, [점유취득하는] 주어의 술어가 법이어야 한다는 것, 이것은 모순이다.[19] 직접적인 것은 타인들에 의해 인정됨으로써 나의 소유물이 된다. 그러나 타인들이 무엇을 인정하는가? 내가 차지한 것의 점유상태에 나는 존재한다. 그래서 [인정의] 내용은 나의 점유로부터 출발한다. 내가 원하는 것을 원하는 만큼 나는 차지할 수 있는가? 인정을 위해서 나는 내가 원하는 것을 제 삼자에게서 탈취할 수는 없다. 왜냐하면 제 삼자가 차지하고 있는 것은 인정받은 것이기 때문이다. 그러나 내가 누구의 소유도 아

---

* [점유획득은] 밖을 향하거나 또는 **보편적 존재**의 규정[이다.]

** **취득**(Haben)과 **대자존재**의 모순. 취득행위에서 나는 **직접적**인 상태로 존재한다. 전자 [취득]는 **직접적** 존재이고, 후자[나]는 **대자존재자**이므로 [둘 사이에] 직접적인 모순이 발생한다. [그것이] **나의 것**인 한에서만 **나의** 물건이지, 물건이 그냥 물건인 한에서는 나의 물건이 아니다. 이것은 차이가 난다.

∵

19) '나는 어떤 것을 점유취득한다.'라는 경우를 보자. 이 경우 점유취득의 내용을 이루는 것은 직접적인 어떤 것이고, 나는 이 어떤 것을 점유취득하는 주체[주어]이다. 그런데 이 점유취득이 법적인 효력을 가져야만 이 어떤 것은 다른 누구의 것도 아닌 바로 나의 것이 된다. 이 점에서 '내가 어떤 것을 점유취득한다.'는 것이 진리이기 위해서는 점유취득의 법적인 타당성이 인정되어야 한다. 그렇지 않으면 이 어떤 것은 언제든지 내가 아닌 다른 사람의 차지가 될 수 있기 때문이다. 그래서 이 점유취득의 경우는 내용상으로는 '존재'이지만, 형식상으로는 '당위'가 성립되어야 하는 상황이라고 할 수 있다. 이 상황을 헤겔은 '모순'의 상황으로 본다.

닌 것을 직접적으로 그 자체로 점유함으로써 나는 나 아닌 자들을 **즉자적**
으로 배제한다. 그래서 다시 점유취득을 할 때 인정에 대한 의문이 발생
하게 되는 것이다. 즉 나는 타인의 점유물일 수도 있는 것을 취득한다고
할 수 있다. 그러나 그것이 타인의 점유물일 수도 **있었을 테지만**, 이제
그것은 **현실적으로** 나의 것이 되어버리며, 타인의 점유 가능성은 나의
점유의 현실성에 못미치게 된다. 그래서 **현실적으로** 나로 존재하는 것인
나 자신을 타인은 인정해야만 한다. 그러나 나는 도대체 무엇을 점유하
는가? a) 〔첫째로〕 나는 나의 육체를 점유하고 있고, b) 〔둘째로〕 내 입
안에, 손아귀에 이미 지니고 있는 사물을 점유하고 있다.[*] 그러나 이것만   F217
이 아니라, 내가 욕망을 가지고 이미 〔나의〕 시선으로 표시하고 원하고
움켜쥔 것을 나는 점유한다. 아이들은 그들이 **먼저** 보았고 원했기 때문
에 〔어떤 것에 대한〕 권리를 주장한다. 그리고 어른들은 그들이 더 이상   H208
아무것도 할 수 없는 상황이라고 할지라도 타인이 뭐든지 선수를 치면
화를 낸다. 그러나 직접적인 획득(Ergriffenhaben)외에도 **기호(Zeichen)**를
통해서, 예를 들면 가공(Bearbeiten) 자체를 통해서 존재하는 사물은 나의
점유물로 고지되기도 한다. **나의 것으로** 표시되어 있는 것을 타인이 침해
해서는 안 된다. 그러나 표기하기(Bezeichnung)도 마찬가지로 우연적이
며, 예를 들어 빙 둘러 경계를 표시한 토지의 경우가 그렇다. 빙 둘러 경
계를 표시한 토지에는 그렇기 때문에 담으로 에워싸거나 고랑을 만드는
일이 벌어지는데,^{**} 이때 토지는 나의 것으로 표기되지만, 그러나 〔동시에〕

---

  * 〔이것이〕 대상성〔이다〕. (점유와 사랑 속에 있는 자유로운 대상인) **나의 것(Mein)**의
     자유로운 분리〔가 발생하며〕, 〔여기서〕 **본질(Wesen)**은 사물이고, **형식**은 나의 형식이다.
** 〔이것은〕 그 자신의 **의미(Bedeutung)**를 통한 대상적 자아의 확대〔이다.〕[*]
   〔*옆에〕 무기, 질량.

다시 표기되지 않을 수도 있다.[20] 표식[기호]은 무제한적으로 확장될 수 있다.* 한 섬에 [표식으로] 말뚝을 박는 것은, 내가 섬을 점유취득하려고 했음을 의미한다.** 마찬가지로 가공에 있어서 나는 금속의 잔으로부터 형식을 분리할 수 없다. 경작되는 토지나 나무의 경우에 어디서부터 형식이 시작되고 어디서 형식이 중단되는가? 모든 토양의 내면적인 부분은 접촉되지 않고 그대로 방치된다.*** 혹은 기껏 접촉되어 봤자 [지표면에서] 바로 밑에까지 밖에 못미치며 그리 많이 미치지는 못한다는 사실 등등을 [거론할 수 있다.][21]

---

* [이것은] 형식이자, 동시에 형식화된 것을 **제거해버리는 행위[손상]**이다. 여기서 **사물**로서의 **사물**은 나에게 속하며, 나의 의지는 사물을 내 의지의 자아 속으로 포섭한다.
** 첫 번째 점유는 우연이므로, 표식은 우연성의 측면**이며**, 이러한 우연성의 측면은 지양되어야 한다.
*** 바위덩이를 몇 가지 측면으로 가공한다고 할 때, 바위가 없는 곳에 내가 바위를 구멍 낼 수는 없다. 동물은 나무를 심지는 않는다.

• •

20) 헤겔은 여기서 어떤 것을 기호[표식]을 통해 자기소유라고 주장하는 것의 한계를 밝히고 있다. 헤겔이 예를 들듯이, 누구나 아무 땅이나 담을 치거나 금을 긋고 그 안의 땅은 나의 차지라고 주장할 수 있다. 그러나 그렇게 주장하는 자보다 힘이 센 자가 나타나 이 땅을 차지하고 자기 땅이라고 주장한다면, 그 땅은 곧바로 좀 더 힘센 타인의 점유물이 될 것이다. 이처럼 기호는 어떤 사물을 진정으로 나의 것이라고 표현하는 데 한계가 있다.

21) 헤겔에 의하면 어떤 것이 나의 것이라고 표기하는 것은 이 어떤 것에 나의 '형식'을 부여하는 것이나 마찬가지다. 존재하는 것들은 모두 형식적인 측면과 내용적인 측면을 지니고 있다. 여기서 문제가 되는 것은 어떤 것에 부여한 나의 형식이 법적인 효력을 지닐 수 있는가 하는 점과 더불어, 과연 어떤 것의 형식과 내용을 정확히 분리할 수 있는가 하는 점이다. 가공물의 경우 형식과 내용은 분리되기가 힘들다. 내가 가지고 싶은 '금속재질의 맥주잔'이 있다고 하자. 그러나 나는 이 '금속재질의 맥주잔'에서 형식만을 따로 분리할 수는 없다. 만일 형식만을 분리하는 것이 가능하다면, 이미 내가 차지하고 싶어 하는 '금속재질의 맥주잔'은 존재하지 않을 것이다. 특히 자연물의 경우에 형식과 내용을 분리하는 것은

보편자가 〔외적으로〕 적용되는 **감각적인** 직접자는 이 보편자에게 맞지도 않으며, 보편자에 의해 포괄되지도 않는다. 〔여기에는〕 악무한적인 분할만이 있을 뿐이다.

감각적인 직접자는 **즉자적으로** 보편적이지 않으며, 항상 이러한 내용과 관련하여 하나의 모순상태로 남게 된다. 한 가족이나 한 개별자의 욕구에 적합한 것은 순수한 **자아**나 동등성〔평등〕에는 모순된다. 이 동등성〔평등〕이 곧 법의 근거이다. 감각의 직접자에 대해서는 아무것도 **즉자적으로** 규정될 수가 없으며, 감각의 직접자는 오히려 개별성에 속하기 때문에 **우연**의 처분에 맡겨지는 측면이 있다. 이러한 상태에는 전혀 이성이 없다. 오히려 이성이 도입될 경우에만 직접적인 점유취득에 의해서 F218

누구에게 어떤 것이 귀속되지 않고 비로소 **계약**(Vertrag)에 의해서 귀속되며, 직접적인 점유취득도 발생하지 않게 되고, **즉자적으로** 배제되는 상황이 아니라 인정되는 상황이 발생할 수 있다. 배제한다는 것(Ausschließen) H209

그 자체는 오히려 비합법적인 것이며, 발생해서는 안 되는 일이다. 왜냐하면 배제당한 쪽은 배제의 상황에서 현실적인 의식으로 존립하지도 못하며, 〔현실적인 의식이 존재하지 않으므로〕 나는 현실적인 의식에 대해 대립적인 태도를 취하지도 않기 때문이다.

∵

더 힘들다. 내가 땅을 일구는 경우, 어디서부터 땅에게 나의 형식을 부여한 것이라고 할 수 있는가? 내가 땅을 아무리 경작하였다고 하더라도, 나는 고작해야 아주 얕은 지표면만을 건드린 것일 뿐이다. 여기서 더 나아가 어떤 것 자체가 지닌 형식과 내가 부여한 형식 사이에 관계설정을 하는 것도 쉽지 않다. 예를 들면, 자연물인 한 그루의 나무도 자기 나름의 형식을 지니고 있다. 그런데 어떤 이가 한 그루의 나무를 잘 가꾸어 그 나무에 X라는 기호를 표시하고 그 나무가 '자기 것'이라고 주장할 수 있다. 이 경우 과연 이 사람이 나무에 부여한 형식과 나무라는 실체가 지닌 본래적인 형식은 일치되는가 하는 문제가 제기될 수 있다.

그러므로 인정행위는 생성되어야 할 최우선적인 것이다. 또한 개인들은 **사랑**이고, 의지의 대립이 없이 이렇게 인정받은 존재이다. 대립을 빚는 상황에서는 각자가 전체적인 추리가 될 것이다. 〔의지의 대립이 없는 상태에서는〕 각자는 성격으로만 존재하지 자유로운 의지로 등장하지는 못한다. 그래서 그러한 인정이 〔이제〕 생성되어야 한다. 개인들이 즉자적으로 그러한 바와 같은 본질적인 측면이 개인들에 대해서〔대자적으로〕 발생해야만 한다. 개인들의 서로에 대한 존재(ihr Seyn für einander)가 〔인정운동이 발생하기 위한〕 첫걸음이다.

그러므로 개인들은* α) 자신의 점유상태로부터 배제를 행한 그러한 개인이며, 또 다른 대자화된 개인은 배제된 자가 된다. 그래서 그들은 그 자체로 직접적으로 서로에 대해(füreinander) 존재한다. **추리**는 성격의 경우에서처럼 각자가 자신의 **본질**을 타자 속에서 아는 것이 아니라, 자기 자신 속에서 자신의 본질을 아는 것이다. 그래서 추리는 **대자적**(für sich)이며, 한쪽은 존재로부터 배제된 것이 되고 다른 쪽은 배제하는 자가 된다. 이렇게 이 둘은 서로 대립하면서 서로에 대해서 존재하기에, 한쪽은 본질이자 **존재**로서 다른 쪽에 의해 부정되는 자신을 발견한다. 그러나 이에 반해 만일 이 다른 쪽이 전자에 대해서 존재하지 않는다면 이 다른 쪽은 대자적으로〔자신을 위해서〕 존재한다.

그래서 여기서 운동은 타자 속에서 자신을 알고 이를 통해 타자의 자기부정을 직관하는 긍정적인 것으로부터 시작하지 않는다. 오히려 이와 반대로 〔여기서 운동은〕 타자 속에서 자신을 아는 것이 아니라, **그의** 또

---

* 그의 실체, 그의 존립은 전체 존재를 **대자적으로** 점유하는 사물이다. 이 **개별적 전체**라는 의미에서, 그는 이제 겨우 **점유취득을 했을** 뿐 아직까지 소유권을 지니는 것은 아니다.

다른 대자존재를 타자 속에서 주시하는 것이다. 그래서 추리는 양 극단들의 대자존재의 자립성으로부터 시작한다. 또한 대자존재가 타자에 대해서 존재하기 위해서 그들이 각기 자립적이라는 것으로부터 추리는 시작한다. 그리고 한쪽의 측면, 즉 배제당한 측으로부터 우선 추리가 시작된다. 왜냐하면 배제당한 쪽은 **대자적으로 존재하는 것**이기 때문이다. 〔배제당한 쪽이 대자적으로 존재하는 이유는〕 배제당한 쪽은 타자에 대해서 존재하지 않고 타자에 의해 존재로부터 배제되었기 때문이다. 그러나 다른 것, 즉 가족은 안정적이고 공평무사하면서 대자적이다. 배제당한 쪽은 타자의 점유물을 침해한다. 그는 자신의 배제된 대자존재성을, 즉 **나의 것**(Mein)을 그 점유물 속에 정립한다. 그래서 그는 어떤 것을 훼손하며, 욕망의 대자존재처럼, 자신의 자기감정을 스스로에게 부여하기 위해 어떤 것을 부정〔무효화〕해 버린다. 그러나 여기서 자기감정은 공허한 자기감정이 아니라, 또 다른 자아 속에 자신의 자아를 정립하고 타자의 **앎** 속에 자신의 자아를 정립하는 것이다. 활동은 부정태인 사물에 관계하지 않고, 오히려 타자의 자기 앎에 관계한다. 이를 통해 타자의 앎 속으로 하나의 구별이 정립되는데, 여기서 이 타자는 **타자〔다른 쪽〕**의 현존 속으로 하나의 구별을 정립한 그러한 타자일 뿐이다. 타자는 이를 통해 자극되고, **자체 속에서** 분리되며, 존재로부터 그의 배제는 앎의 배제로 전환된다. 이렇게 해서 그는 그가 **사념한** 것과는 완전히 다른 것을 행했다는 사실을 의식하게 된다. 즉 그의 **사념**(Meinen)은 그의 존재가 그 자신과 맺는 순수한 연관이었고, 그의 얽매이지 않은 순진무구한 대자존재성이었다. 이렇게 자극되어 양쪽은 서로 대립하게 된다. 그리고 〔이제〕 두 번째 쪽이 모욕을 가하는 자가 되고, 첫 번째 쪽이 모욕을 당하는 자가 된다. 왜냐하면 이 첫 번째 쪽〔모욕당한 자〕은 **두 번째 쪽**〔모욕하는

F219

H210

자]을 그의 점유취득상태에서 **사념하지** 않았기 때문이다. 그러나 첫 번째 쪽[모욕당한 자]은 [이미] 두 번째 쪽에게 모욕을 가했으며, 그는 두 번째 쪽[모욕하는 자]을 사념한 것이나 마찬가지다. 즉 그가 부정한[무화시킨] 것은 사물 본연의 형식이 아니라 타인의 노동과 행위의 형식이었다. 그러므로 배제되었지만 자신을 재산출하는 자는, [대립하는] 양쪽의 동등성이 아니라 새로운 부등성을 만들어낸다. 즉 [양쪽의] 동등성은 **양쪽**이 사물 속에 자신들을 정립한다는 것이지만, [여기서는] 한 쪽이 다른 쪽의 대자존재 속에 자신을 정립하는 더 고차적인 부등성이 발생한다. 전자는 주인 없는 사물에 자신을 정립하였으며, 후자는 이미 점유된 사물에 자신을 정립한 것이다.

　이 부등성은 지양되어야 한다. 그러나 이 부등성은 이미 그 자체로 지양되었음에 틀림없다. 그리고 양쪽의 행위는 이 행위가 양쪽 모두를 위한 것이라는 점에서만 성립한다. 배제하기의 지양은 이미 발생한 것이나 다름없고, 양쪽은 **자신 밖에[탈자적으로](außer sich)** 존재한다. 양쪽은 하나의 앎으로서 자신에게 대상이며, 각자는 타자 속에서 자신을 의식하며, 그것도 지양된 것으로서 의식한다. 그러나 동시에 긍정성이 양쪽 각자에 있게 되며, 각자는 타자에게 자신을 정당화**하고자** 한다. 즉 타자 속에서 **자신**을 직관하는 것이 양쪽 각자에게는 **목적**이다.* 각자는 추리이며, 이 추리의 한 극단은 이 추리 밖에[탈자적으로] 존립하며(타자 속에서 지양된 형태로 존재하며), 그리고 각자는 그 자체로(in sich)[22] 존재한다. 그

F220

---

* **각자는 자신 밖에[탈자적으로](außer sich)** 존재한다

：
22) 호프마이스터 판에는 '대자적으로(für sich)'라고 되어 있다.

러나 여기서 두 개의 자아, 즉 나 속에 있는 자아와 타자 속에서 지양된 자아는 동일하다. 나[자아]는 나에게 목적으로서의 **내용**이며, 즉 나는 나에게 긍정적인 성격을 띤다. **나의** 자아도 마찬가지로 긍정적이어야 한다. 또한 나의 긍정성은 이제 겨우 나 자신 속에만 갇혀 있을 뿐이며, 단 H211 지 **나의 목적**일 뿐이다. 그래서 부등성은 α) [첫째,] 한쪽은 다른 쪽의 존재만을 지양하지만, 그러나 다른 쪽은 전자의 대자존재성을 지양한다는 형식을 지닌다. 그리고 β) [둘째,] 각자 속에서 [부등성은 다음과 같은 형식을 지닌다.] 즉 **각자가 자신 밖에서[탈자적으로] 자신을 알며**, 한쪽은 자신의 현존을 상실하여 **모욕을 당하는 자**가 되고, **다른 쪽은 자신의 현존을 다시 산출하기는 했지만, 이 산출은 타자를 희생해서 생겨났다**는 형식을 띤다. 이를 통해 각자가 제한을 받으면서, 이제는 직접적인 자유로운 획득(Erwerb)은 없게 된다. 그들의 역할은 서로 교차된다. 즉 모욕을 주는 자는 대자적으로 만족하게 된다(**즉자적으로는** 만족하는 것이 아니다. 왜냐하면 그의 즉자존재는 제한되어 있기 때문이다). 두 번째 것은 이제 자극을 받은 것, 긴장된 것이 되며, 낯선 대자존재는 그 자신의 본연의 존재 속에 스스로를 정립한 것이 된다. 그래서 그는 더 이상 자신의 현존을 산출하려고 하지 않고, **인정**받은 자신의 앎을 산출하려고 골몰한다. 이제 **현실적인 대자존재 그 자체가 정립**되어야만 하는데,* 그러나 이것은 더 이상 사물의 형식으로 정립되지는 않는다. 왜냐하면 사물의 형식이라는 것은 지속성을 지니지 못하며 언어를 매개로 하지 않기 때문이다. 또한 [사물의 형식이 아니라] **앎**이 현실적이기 때문이다. 앎은 의지이자 **대자존재**

---

* 각자는 자신을 대자적으로 **안다**. 왜냐하면 한쪽이 낯선 **대자존재**를 지양해버렸기 때문이다. 그러나 다른 쪽은 자신의 대자존재가 지양되어 있음을 직관한다. 그는 자신의 대자존재를 지양된 것으로서 직관한다. 그래서 그는 **앎**이다.

자체이다. 앎의 현실성은 그에게 절대적으로 타당한 타자에 의해 인정받는다는 의미를 지닌다. 이 타자가 절대적으로 타당하다는 사실은, 타자 자신이 절대자이자 의지로서 그 스스로 서술해야만(darstellen) 한다. 즉 더 이상 그가 점유물로 지니고 있었던 그의 현존재가 타당하지 않은 것으로 드러나야 한다. 오히려 [그의 현존재가 아니라] **이러한 그의 의식적인 대자존재**가 이제는 타당한 것이다. 이 의식적인 대자존재는 자신에 대한 앎의 순수 의미를 지니며 그렇게 해서 실존하게 된다. 그러나 그러한 서술(Darstellen)은 스스로에 의해 완수된 현존의 지양이며,* 이 지양은 그

F221 에게 속하는 것으로서, 그 자신에 의해 가능하다. 그리고 그러한 서술은 의지가 자기 자신, 자신의 개별성이라는 극단을 지향하는 것이기도 하다. (성격은 단지 보편자로서의 자신만을 지향했었다.) 의식인 그에게 나타나는 현상은, 그가 타자의 **죽음**을 노리지만, 그러나 그가 **위험**(Gefahr)에 자신을 내맡김으로써 그는 자기 자신의 죽음, 즉 자살(Selbstmord)만을 초래한다는 것이다.

H212 　그래서 의식은** 자신의 지양된 외적 현존을 직관한다. 이 현존은 그 의식의 가장 본연의 것이다. 의식은 앞서 말한 낯선 것이 지양된 상태를 의식 자신의 가장 고유한 대자존재가 지양된 상태로 전환시킨다. 왜냐하면 그는 이성(Vernunft)이기 때문이다. 재산출은 그의 현존을 앎의 추상 속으로 수용하는 것이다. **뇌**는 앎이며 **자기내**존재이자, 자신에 대한 앎이다. [이전에는] 의지는 단지 충동일 뿐이었다. 충동에서 양 극단들은 상호 무관함, 즉 **존재**의 형식을 지닌다. 그래서 충동은 아직까지 **앎**이 아니다.

---

*α) 점유. β) 점유라는 이 형식의 대자존재성이 사라진 상태. γ) 점유 본연의 직접적 현존이 사라진 상태.
** 강제력, 지배와 복종.

아는 의지는 α) 사랑으로서는, 자아가 없는 양 극단들의 직접적인 통일에 대한 앎으로 내용이 채워져야 한다. 그 다음 β) 인정에 의해서, 자유로운 자아로서의 양 극단들에 의해서 내용이 채워져야 한다. 전자는 보편적 극단의 충족이고, 후자는 개별적 극단의 충족이다. 다시 말해 〔이와 같은 것이〕 아는 의지를 전체적인〔온전한〕 추리로 만들며, 이 추리는 대자존재의 형식을 지닌 양 극단들을 자체 속에 지닌다. 〔이렇게 해서〕 이제 앞서 말한 인식행위가 인정행위가 된다. 양자는 자신들을 **대자존재**로 아는 자들이다. 그래서 그들은 분리된 채로 존재한다. 〔여기서〕 운동은 생사를 건 투쟁(Kampf auf Leben und Tod)이다.[23] 이 투쟁으로부터 각자〔투쟁당사자〕는 출현하며, 각자는 타자를 순수 자아로 주시한다. 그리고 각자는 **의지의 앎**(Wissen des Willens)이다. 그리고 각자의 의지는 아는 의지(ein wissender Wille)이며, 이 의지는 자체 내에서 완성되어 자신의 순수한 통일로 되돌아간〔반성된〕 의지이다. 즉 〔이 의지는〕 충동 없는 의지로서, 자체 속에서 내용이 충만한 규정성을 지닌다. 그리고 이 의지는 〔더 이상〕 존재를 낯선 것으로 알지 않는다.

이 아는 의지가 **보편적 의지**(allgemeiner Wille)이다. 이 의지는 **인정받은**

∴

23) 이 '생사를 건 투쟁'이라는 표현은 『정신현상학』의 '자기의식' 장에서도 사용되고 있다. "자기의식의 순수한 추상운동으로서 상호간의 행위가 나타날 때, 이들은 각기 자기의 대상적인 양식을 순수하게 부정할 수 있다는 것, 다시 말하면 어떤 특정한 것에 집착하지도 않고 일반적인 개별 사안이나 심지어 생명에도 집착하지 않을 수 있다는 것을 보여주어야만 한다. 이는 이중의 행위로서, 즉 타자의 행위이면서 동시에 자기의 행위이기도 하다. 그것이 타자의 행위인 한은 각자가 서로 타자의 죽음을 겨냥한 행위를 하는 것이다. 그러나 여기에는 둘째로 또한 자기의 행위도 포함되어 있으니, 타인을 죽음으로 내모는 것은 곧 자기의 생명을 거는 것이기도 하기 때문이다. 따라서 두 자기의식의 관계는 생사를 건 투쟁을 통해 각자마다 서로의 존재를 입증하는 것으로 규정된다."(GW9, 111쪽)

F222 　**존재**(Anerkanntsein)이다. 보편성의 형식 속에서 스스로와 대립하면서,* 이 의지는 존재, 현실성 일반이 된다. 그리고 개별자, 주체는 **인격**(Person)이 된다. 개별자의 의지는 보편적 의지이고, 보편적 의지는 개별적 의지이다. 이리하여 인륜성(Sittlichkeit) 일반이 출현하게 되며, 직접적으로는 법이 출현하게 되는 것이다.**

---

* 지성과 의지의 단계들을 대응시켜보면.*
　a) 언어, 이름 b) 오성, 판단 그리고 이성
　α) 사랑이 현존한다. β) 판단, 전체―추리의 운동
　언어라는 요소 속에서의 운동.
　〔*옆에〕 구상력　　자유로운 의지 일반
　　　　　　내면화　　도구
　　　　　　기호　　　꾀
** 자유의 제한, 즉 개별적이며 우연적인 것 속에서의 자유의 임의성의 제한.

II. 현실적 정신*

정신은 지성으로도 현실적이지 않으며 의지로서도 현실적이지 않다.
오히려 정신은 **지성인 의지로서** 현실적이다. 다시 말해 지성 속에서 두
가지 보편성이 통일될 때 〔정신은〕 현실적이다. 그리고 **보편 의지 속에는
이렇게 완성된 두 자아들이 있다.** 이 자아들은 자신들의 존재에 대한 앎이
며, 그들의 **존재**는 정신적인 것이며 보편적인 의지이다. 이러한 것을 기
초로 앞서 나왔던 내용들이 〔다시〕 서술되어야 한다. 그리고 어떻게 추
상적인 지성이 의지 속에서 지양되었는지, 어떻게 추상적인 지성의 대상
들이 스스로 내용이 충만해졌는지 서술되어야 한다. 그렇게 해서 여기서
추상적인 의지를 지양하거나, 보편적인 인정상태와 정신적인 현실성을
토대로 이 추상적 의지를 지양된 것으로 산출해야 한다. 이를 통해 이전
에 노동이 보편적 노동으로 전환되었던 것처럼 이제 점유는 법으로 전환
된다. 이전에 가산(Familiengut)이라고 했던 것에서 가장(家長)들은 스스

---

* a) **지성**, 특수한 표상, 상 일반—**존재하는** 낯선 것, 공허한 나의 것—**인정받은 존재**는
  의지로 내용이 채워진 현존이다.*
  b. 의지〔에서〕, 사랑은 **직접적으로** 인정받은 상태다. 반면에 법은 이렇게 보편적이며
  추상적으로 인정받은 상태이다.
  〔*옆에〕 완성된 나의 것은 전체 의지를 통해 내용이 채워진다.

로를 알게 되었는데,* 이 가산이라는 것은 〔가족 구성원〕 모두의 보편적 작업물이자 〔가족 모두가 누리는〕 향유물이다. 그리고 개인들의 구별은 좋은 것과 나쁜 것〔선과 악〕에 대한 앎(ein Wissen vom Guten und Bösen)이 된다.** 〔여기서 좋은 것과 나쁜 것은〕 사적인 합법과 불법(persönliches Recht und Unrecht)이다.

〔a. 인정받은 존재〕

a. 〔직접적으로 인정받은 존재〕

인정받은 존재〔인정상태〕(Anerkanntsein)는*** **직접적인** 현실성이며, 이 현실을 기초로 인격은 처음에는 **대자존재** 일반으로 존립한다. 인격은 향유하면서 노동한다. 여기서 비로소 **욕망은 출현하는 법을 지니게 된다.** 왜냐하면 인격은 **현실적**이며, 다시 말해 인격 **그 자체는 보편적이며 정신적인 존재**를 지니기 때문이다. 모두의, 모두를 위한 노동과 향유, 즉 모두의 향유가 있게 되는 것이다. 각자는 타인에게 봉사하며 타인을 도와준다. 또한 여기서 개인은 비로소 **개별적** 현존을 지니게 된다. 이전에 개인은 단지 추상적이며 진실하지 않은 개인이었다. 정신은 추상의 상태로 자신을 정립할 수 있고, 스스로를 분해하여 〔정신적인〕 실존을 부여할

---

* **(허락된 것과 허락되지 않은 것이)** 타자 속에서 비로소 나타난다.

** (선과 악).

*** 추상적인 **존재와 운동.**

수 있다. 그러나 동물은 이러한 일을 하지 못한다. 동물 속에 있는 자아
는 하나의 조직 속에 놓여 있어서 병들게 되며, 〔동물적인〕자아는 단지
순간적이며 사라지는 실존만을 지닐 뿐이다. 여기에는 욕망이 있다. 〔그
러나〕 **추상적 대자존재**인 나에게는 동시에 **그의 비유기적 자연이 존재자
로서** 대립한다. 나는 비유기적 자연에 대해 부정적 태도를 취하며, 양자
의 통일로서 이 비유기적 자연을 지양한다. 그러나 그렇게 함으로써 우
선 정신은 나라는 것을 형성하면서 이 나를 자신의 자아이자 자기 본연
의 형식으로 직관하고, 동시에 자기 자신을 소모한다(verzehren).* **현존재**
(Dasein)는 자연적 욕구가 미칠 수 있는 범위로서, 존재 일반의 요소 속에
깃든 **다수의 욕구들**이다. 그리고 욕구 충족에 바쳐지는 사물들은 **가공된
다.** 〔가공을 통해서〕 사물들의 **보편적이며 내적인 가능성**이 외적인 가능성,
형식으로 정립된다. 그러나 이 가공(Verarbeiten) 자체는 다면적인 것이다.
즉 가공은 **의식이 스스로를 사물화하는 과정**이다. 그러나 〔사물들의〕 보
편성을 기초로 해서 보자면, 가공은 하나의 추상적인 노동(ein abstraktes
Arbeiten)이 되어버린다. 욕구들은 다양하다. 내 속으로 이 다양성을 받
아들이고 가공하는 행위는 **보편적인** 상들을 **추상화**하는 것이다. 그러
나 〔이 추상화는〕 스스로 운동하는 상의 형성과정(ein sich bewegendes
Bilden)이기도 하다. **대자존재적** 자아는 **추상적** 자아이다. 그러나 이 자아
는 노동을 하며, 그의 노동은 동시에 추상적 노동이다. 욕구 일반은 다수
의 측면들로 **분해**된다. 운동 중에 있는 추상적인 것은 대자존재이고 행
위이며 노동이다. **추상적 대자존재인 욕구**를 위해서만 노동행위가 발생하

---

* α) 노동의 직접적인 자아.
 α) **앎**으로 수용되지 못한 행동의 직접적인 운동. 그의 노동은 추상의 성격을 지닌다.
 〔그는〕 구체적인 **개별자**, 욕구의 총체로서 노동하지 않는다.

기 때문에, **노동도 추상적일 수밖에 없다.** 이것이 개념이자, 여기서는 실
존하는 욕망의 진리이다.* 따라서 모든 개별자들은 여기서 그가 개별자
이기 때문에, 단 하나의 욕구를 위해 노동한다. 그러나 그의 노동의 내
용은 **그 자신의** 욕구를 넘어서 나아가므로, 그는 〔단 하나의 욕구만을 위

---

* 그의 개념이 존재하는 바처럼, 그렇게 그의 노동도 존재한다. 즉 개별자가 지니고 있
는 모든 욕구들을 충족시키는 것은, 개별자가 산출한 현존상태로 개별자 스스로 대상
화되는 것이 아니다. **보편적** 노동은 노동의 **분화(Teilung)**이다. 〔노동의 분화를 통해
노동력을〕 절감하면, 10명이 100명이 하는 만큼 핀을 만들 수 있다.

[역주] 핀 제작에 관해서는 『예나 체계기획 I』의 '정신철학'에 다음과 같은 좀 더 구체적인
설명이 있다. "**노동의 개별화(분업화)는 가공되는 것의 양을 증대시킨다.** 핀 하나를 만드는
데 한 영국 공장에서는 18명의 사람이 노동을 한다. 각자는 특수한 노동, 즉 노동의 한
측면만을 수행한다. 한 사람은 하루에 20개도 못 만들거나 아니면 단 하나도 만들지 못
할 수도 있다. 그런데 핀 생산에 필요한 18가지의 노동을 열 사람에게 할당할 경우, 하루
에 핀을 4000개나 생산할 수 있다고 한다. 그러나 만일 18가지 노동을 18명에게 할당
하여 노동을 하는 경우에는, 단 하루에 핀은 48000개나 생산될 수 있다고 한다. 그러
나 생산량이 증가하는 그와 같은 상태에서, 노동의 가치는 도리어 하락한다. β) 노동은
점점 더 절대적으로 죽은 것이 되어버리며, 노동은 기계노동(Maschinenarbeit)이 되
어버린다. 그리고 개별자가 지닌 숙련성은 점점 더 무한히 제한되며, 공장노동자의 의
식은 가장 둔한 상태로 전락하고 만다. γ) 그리고 **여러 종류의 개별 노동**들이 아주 무한
한 양의 욕구들과 맺는 **연관관계**는 완전히 무시되고, **맹목적인 의존성**만이 남게 된다.
이처럼 〔욕구와 무관한 노동에서 결과되는〕 소원한 조작(eine entfernte Operation)으
로 인해 인류의 욕구를 충족시켜 온 전 인류의 노동은 갑자기 중단되기에 이르며, 불
필요하고 쓸모없는 것이 되어버린다."(GW6, 323-324쪽) 여기서 헤겔은 애덤 스미스
의 『국부론』(An Inquiry into the Nature and Causes of the Wealth of Nations)의 제1
편 '노동생산력을 향상시키는 원인들과 노동생산물이 상이한 계급들 사이에 자연법칙
에 따라 분배되는 질서' 중 제1장 '분업'에서 애덤 스미스가 예를 들고 있는 핀 생산을
염두에 두고 있는 것으로 보인다. 그런데, 헤겔은 스미스보다 한 걸음 더 나아가, 분업
이 초래하는 부정적 결과들에 주목하면서, 노동가치의 하락과 노동의 기계적 추상화
와 그로부터 초래되는 소외현상 등을 지적하고 있다. 『법철학』에서도 헤겔은 '인륜성'
의 '시민사회' 중 '욕구의 체계' 부분에서 스미스를 언급하고 있다.(TW7, 189 참조)

해서가 아니라] 다수의 욕구들을 위해 노동하며, 모든 이들이 또한 그렇게 한다. 따라서 각자는 다수의 욕구들을 충족시키며, 그의 다수의 특수한 욕구들을 충족시키는 것은 그와는 다른 다수의 노동이기도 하다. **각자의 노동**은 이렇게 추상적인 것이므로, 각자는 추상적인 나의 태도를 취하며, 물성의 방식에 맞는 태도를 취한다. 그러나 각자는 **넓은** 범위를 **지배하면서** 이 범위에 대해 장인(Meister)과 같이 행세하거나 포괄적이며 내용 충만하고 신중한 **정신**의 태도를 취하지는 못한다. 추상적인 자아는 어떤 **구체적인** 노동도 지니고 있지 않으며, 그의 힘은 분석하고 추상하는 데에 존립하며, 구체적인 것을 다수의 추상적인 측면들로 분해하는 데에 있다. 그의 노동 자체는 완전히 **기계적**(mechanisch)이며, 하나의 다면적인 규정성에 속한다. 그러나 노동이 추상적이면 추상적일수록, 정신은 더욱 더 추상적인 활동이 될 뿐이다. 이를 통해 정신은 노동의 상황으로부터 빠져나와서, 그 자신의 활동을 외적인 자연의 활동으로 대체하게 된다. 즉 그는 단순한 운동만이 필요하게 되며, 이 운동을 그는 외적 자연 속에서 발견하게 되는 것이다. 또한 순수 운동은 공간과 시간이라는 추상적 형식들의 관계이기도 하다. 〔이 순수〕 운동은 추상적인 외적 활동이며, **기계**(Maschine)이다.

다양한 방식으로 추상적으로 가공된 이러한 것들 가운데서는, 하나의 **운동**이 **발생**하기 마련인데, 이 운동을 통해 그렇게 다양한 추상적인 것들은 또 다시 **구체적인** 욕구들이 되며, 다시 말해 개별자의 욕구가 된다. 〔그렇게 해서〕 다시 이 개별자의 욕구는 그와 같이 다양한 추상적인 것들을 자체 속에 포함하고 있는 주관 속에 있게 된다. 추상적인 것들을 분리시켜 놓았던 판단〔근원적 분리〕*은 이것들을 **규정된** 추상물들로 취급

---

* 규정성 그 자체, 개별성으로의 복귀.

하여 이것들과 대립했다.* 이 판단이 상승하여 얻어진 추상물들의 보편성은 추상물들간의 **동등성**이며 **값**(Wert)이다. 값 속에서 추상물들은 동일하다. 이 값 자체는 사물로 보자면 **화폐**(Geld)이다. 그리고 여기서 구체적인 상태인 점유로 복귀하는 것은 **교환**(Tausch)이다.

H216 F226

추상적인 사물은 교환에서 그 사물 자신의 정체를 드러내며,** 즉 물성에서 자아로 되돌아가는 이러한 변화가 어떤 것인지를 보여준다. 그리고 **추상적인 사물이 지닌 물성은 타자의 점유상태 속에 존립했었다**는 사실도 드러난다. 각자는 그들의 점유물을 내놓으며 그의 현존을 지양하고, 그렇게 해서 인정을 받게 되며, 한쪽은 **다른 쪽의 동의**를 받아 추상적인 사물을 수취(收取)하게 된다. 여기서 양자는 서로 인정을 받게 되는 것이다. 각자는 타자로부터 타자의 점유물을 **수취하며**, 타자가 스스로 그 자신의 부정태인 한에서만 각자는 [그 점유물을] **매개**(Vermittlung)를 통해서 소유물(Eigentum)로 획득하게 된다. 여기서 각자는 그의 존재와 취득(Habe)을 부정하는 자이며, 그의 취득은 타자의 부정을 통해 **매개**된다. 즉 타자

---

* 각자는 주관 자체를 타자의 욕구를 위한 **존재**로 만들었지만, **가산**에서는 그와 반대로 **즉자적인 태도를 취했다.** 그 이유는, 그의 단순한 **현존**이 **보편적 현존**이기 때문이다. 그의 점유는 타자에 대해 존재하는 의미를 지닌다.

** b) 자신의 추상적인 **노동** 속에서 그는 자기 자신의 보편성을 직관하며, 그의 형식의 보편성을 직관한다. 또한 그것[사물]이 **대타적으로** 존재한다는 사실도 직관한다. 따라서 그는 이러한 사실을 정립하려고 하며, 타자에게 전달하려고[타자와 나누려고] 한다. 또한 이 타자들은 스스로 그[노동] 속에서 **직관되어야** 한다. 두 번째 운동은 첫 번째 운동의 계기들을 발전된 상태로 포함한다. 즉 나는 **또 다른 나**에 대해 행위하며 그에 의해 인정을 받는다. 즉 나는 나의 점유물과 관계를 맺는 자로서 인정을 받지만, 그러나 동시에 또 다른 나는 나의 점유물을 **나의 의지를 통해서만** 취득하려 하며, 또한 나는 그의 의지를 통해서만 그의 것과 관계를 맺게 된다. 이것이 **인정받은** 양자의 **동등성**이자 **값**이며, 사물의 의미이다.

가 그의 물건을 처분한다는 이유에서만, 나는 타자의 부정을 행한다. 그리고 **사물 속에 있는** 이러한 **동등성**은 사물의 내면으로서, 그 사물의 **값**이며, 이 사물의 값은 나의 동의(Einstimmung)와 타인의 사념(Meinung)*을 포함한다. 이것[사물의 값]은 **긍정적인 나의 것[나의 소유]**(Mein)이자 동시에 **그의 것[타자의 소유]**(Sein)이며, **나의 의지와 타자의 의지의 통일**이다. 그리고 나의 의지는 현실적이며 현존하는 의지의 값어치를 지니며, **인정받은 존재**가 현존재가 된다. 이를 통해 나의 의지는 타당하게 되며[값어치를 지니며], 내가 점유하면서, 점유는 소유로 전환되어버린다. 점유상태에서 존재는 개별적인 것으로 취하는 **나의 취득행위**(Haben)의 비정신적인 의미를 지닌다. 그러나 소유상태에서는 [존재는] **인정받은 존재**, 점유의 **존재**를 지니므로, **사물**도 존재하며 동시에 나도 존재하고, 여기서 사물은 자아 속에서 취득된 상태로 존재하게 된다. 여기서 존재는 보편적 자아이며, 취득은 타자를 통한 매개행위로서 보편적인 것이다. 보편자는 **값**이며, 감각적인 운동은 교환이다. 또한 이와 같은 보편성[값]은 [소유에 개입하는] 지적인 운동으로서 매개작용이다. 따라서 **소유는 인정받은 자를 통해 매개된** 직접적인 **취득**이다. 또한 소유의 현존은** 정신적인 본질이다. 여기서 **점유획득의 우연성**은 **지양되어**버린다. 즉 나는 모든 것을 노동을 통해 그리고 교환을 통해 인정받은 상태에서 취득한다. (나는 동시에 **보편자**이며, 이 **개별적** 인격이 아니라, 오히려 **가족**이다. 또한 소유는 α) 교환에서

* 사물은 **타자와의 관계맺음**의 의미, 대타존재의 의미를 지닌다. 현존은 **인정받은 존재**로서, 다시 말해 그 속에서는 각 개별자 모두의 **특수한 의지**가 존립하면서도 그들의 동등성, 절대적으로 상이한 것들의 통일성이 확보된다. 그렇게 해서 각자에 대해서 타자의 의지가 있게 되는 것이다.
** α) 도야[상 만들기](Bilden). β) 내면화, 값.

발생하는 사물의 운동이다. 대대로 이어지는 **유산상속(Erbschaft)**은 개인들의 교체이며, 가족은 지속적인 것이다. 이와 관련된 내용은 여기서 아직 등장하지 않았다.)* 소유의 **원천(Quelle)**, 근원은 여기서 노동과 나의 **행위** 자체의 원천이자 근원으로서, 직접적인 자아이자 인정받은 상태로서 **근거(Grund)**이기도 하다. 내가 교환 속에서 의욕했으므로, 내가 **원인(Ursache)**이 된다. 〔그리고 나는〕 교환 속에서 목적이자 원인이며, 근거이자 보편자이다. 나는 교환에서 **의욕함으로써**, 나의 사물을 값으로 정립하였다. 〔따라서 이것은〕 **내재적인** 운동이자 행위이며, **존재 속으로 침투해 들어간 노동과 같은 그러한 외화(Entäußerung)**라고 할 수 있다. α) 나는 나 자신을 **직접적으로** 사물화하고, **존재**이기도 한 형식으로 만든다. β) 그리고 나는 이 나의 현존의 노동 속에서 동시에 나 자신을 외화하면서, 나의 현존을 **나에게 낯선 것**으로 만들며, 이 〔낯선 것〕 속에서 나 자신을 **유지한다**. 그리고 이 속에서 동시에 나는 나의 **인정받은 존재**를 직관하는데, 이 인정받은 존재는 곧 아는 자로서의 **존재**인 것이다. 전자〔α〕의 경우에 나의 **직접적인 자아**가 있었다면, 후자〔β〕의 경우에는 나의 **대아존재(fürmichsein)**, 나의 인격이 있는 것이다.

　　여기서 나는 나의 **인정받은 존재**를 현존으로서 직관하며, 나의 의지는 이렇게 값을 매기는 행위(Gelten)가 된다.

b. 계약

F228　　교환에서 이 **인정받은 존재**는 대상화되며, 또한 **나의** 의지는 타인의 의

---

* **나**라는 것은 나의 숙련과 경향, 재능을 점유하고 있는 **우연성**이다. 즉 〔나는〕 **좀 더 나은, 좀 더 친밀한** 쪽으로 옮겨진 우연성이다. **나** 자신은 절대적이며 필연적〔이다.〕

지처럼 **현존재**가 된다. 그리고 인정받은 존재의 **직접성**은 붕괴되어 버린다. 나의 **의지**는 단지 나에게만 **타당한 것**〔값어치를 지니는 것〕이 아니라 타인에게도 타당한 것으로 표상되며, 나의 의지는 현존재 자체와 마찬가지로 존재적 성격을 지니게 된다. 값은 물건에 대한 **나의 사견**(Meinung)이며, 이 나의 사견과 의지가 타인에게 타당하게 된 것이다. (나의 사견과 H218 의지를 매개로 해서) 나는 어떤 것을 **급부**(給付, leisten)했으며, 나는 나 자신을 어떤 것으로 **외화시켰다**〔단념했다〕. 〔이렇게 해서〕 부정태가 **긍정적** 이게 되며, 이러한 외화, 단념이 하나의 **취득행위**(Erwerben)가 된다.[*] **값** 에 대한 나의 사견은 타인에게도 타당한 것이었고, 나의 의욕은 타인의 **물건**에 대해서도 타당한 것이었다. 나와 타인은 각자의 사견과 의지가 현실성을 지니는 것으로서 자신을 직관한다. 여기서 하나의 의식, 인정받은 존재의 개념을 구별하는 일이 발생한다. **개별자의 의지**는 공동 **의지** 이자 명제이거나 판단이며, 개별자의 의지는 개별자의 현실성이며, 개별자의 외화〔단념〕로서, 이 외화가 또한 나의 의지이기도 하다.[**] 이러한 앎 이 **계약** 속에서 언표된다. 이 앎은 교환, 관념적 교환이라고 할 수 있다.[***]

α) 나는 나의 **글**(Wort)과 **말**(Sprache) 이외에 어떤 것도 양여(讓與)하지도 포기하지도 급부하지도 않는다. 나는 〔글과 말로〕 나 자신을 외화하려고 한다. ß) 타인도 마찬가지이다. 이러한 나의 외화〔단념〕는 동시에 **타인**

---

[*] 나는 무엇에 대해 **보편적으로 계약을 맺을 수** 있을까? 나의 인격과 나의 개별적인 **불특정한 헌신**에 대해서 〔계약을 맺을 수 있을까?〕(여기서 인륜이 등장하며, 즉자적이고 무규정적으로 개별성이 등장한다). 전체적인 나의 인격—이것은 평생 동안 변할 수 없는 것으로서—이러한 나의 전체적 인격에 대해서나, 가족과 아이들에 대해서는 〔계약을 맺을 수 없다.〕 이에 대해서는 추후에 살펴볼 것이다.

[**] **소유의 의미**는, 나의 의지와 사견이 현존하게 된다는 것을 뜻한다.

[***] 제안과 **명령**.

의 의지이며, 따라서 타인의 의지는 내가 타인에게 이와 같은 〔내 의지의

외화물을〕 양도함으로써 충족된다. γ) 〔따라서〕 나의 외화〔단념〕는 동시

F229   에 타인의 외화〔단념〕이며, 나의 외화는 공동 의지이다. 나의 외화는 타

인의 외화를 통해 매개된다. 타인도 그 편에서 외화하려고 하며 타인의

부정이 나의 긍정이 되기 때문에, 이런 이유로서만 나는 나 자신을 외화

하고자 한다. 외화는 의사표명(Erklärung)의 **교환**이지 더 이상 물건의 교

환이 아니다. 그러나 이러한 교환도 물건 자체만큼이나 중요하다〔값어

치를 지닌다〕. 이 양자에서는 타인의 의지 그 자체가 중요하다〔값어치

를 지닌다〕. 〔이렇게 해서〕 의지는 **자신의 개념** 속으로 되돌아가게 되는

것이다.

　　그러나 여기에는 동시에 반대편으로 전환될 수 있는 분리상황(Trennung)

도 등장하며, 이렇게 반대편으로 전환되는 것은 곧 자기 내로 들어가는

것(das in sich gehen)이기도 하다. 의지는 그 자체로 타당성을 지닌다. 즉

의지는 현실로부터 **자유로우며**, 이런 상황 속에서 곧바로 그와는 반대편

이 된다. 〔이렇게 해서〕 개별 의지와 공동 의지는 분리된다. 전자는 오직

내가 인정받고 나의 의지가 보편적 의지 자체에 대해 타당한 경우에만

가능한, **보편적인** 의지의 부정태로서 **범죄**(Verbrechen)이다. 〔이 범죄는〕

인정행위 이전에 발생한, 〔타인에게〕 모욕을 주거나(Beleidigung) 침해하

H219   는 행위(Verletzung)와는 다르다. 또한 공동 의지는 계약에서 나의 의지에

대해 긍정적인 의미만을 지니며, 나의 의지도 공동 의지에 대해 계약에

서 긍정적인 의미만을 지닌다. 그래서 양자는 합치한다. 그러나 동시에

두 의지는 합치**할 수**가 없다. 즉 나는 계약을 일방적으로 파기할 수 있

다. 왜냐하면 나의 개별 의지는 개별 의지 자체로서 타당하기 때문이다.

이것은 단순히 나의 의지가 공동 의지라는 조건에서만 성립하는 것이 아

니라, 나의 개별 의지가 타당한 한에서만 공동 의지가 그 자체로 존재한다는 조건에서 그러하다〔나의 의지는 개별 의지 자체로서 타당하다〕. 그래서 〔개별 의지와 공동 의지〕 양자는 본래 동등하다. 나의 개별 의지는 〔공동 의지와〕 동등한 만큼, 〔공동 의지와 마찬가지로〕 본질적이다. 〔이럴 경우에〕 나의 개별 의지가 원인〔근원적 사태〕(Ursache)이 되며, 〔본래 하나인〕 개별 의지와 보편 의지는 여기서 서로 분리되어 나타나게 된다. 〔그렇게 해서〕 나의 의지가 **타당한** 경우는, 내가 아직까지 급부하지 않은 〔나의 개별 의지를 포기하지 않은〕 상태에서 나의 의지가 의지로만 존재하는 경우밖에 없다. 그러나 급부(Leisten)는 현존재이며, 또 존재하는 보편적 의지이기도 하다. 그래서 급부는 '보편적으로 타당한 의지'로서의 표상과 '현존상태에 있는 의지'〔의 표상〕로 분리되어 나타나게 된다. 전자는 후자에 대해 〔보편적으로〕 타당하기는 하지만, 그러나 보편적으로 타당한 의지가 현존상태에 있는 것은 아니다.

〔보편적으로 타당한 의지와 현존하는 개별 의지의〕 구별을 현실적으로 정립하면서, **나는 계약을 파기한다**. 〔이렇게 되면〕 타인은 **나의 비현존적 의지**를 인정한 꼴이 되며, 타인은 나의 비현존적 의지로 만족한 것이나 다름이 없게 된다. 현존하지 않고 급부하지 않은 것은 **마땅히** 지양된 상태에 있는 것일 **수밖에 없고**, 〔그래서 여기서〕 **하나의 당위**(ein Sollen)가 발생한다. 그러나 타인은 당위를 당위로서 인정했다. 의지가 그 자체로서 타당하다는 점에 바로 현존과 시간성에 대한 무관함이 있는 것이다.*
〔의지가 그 자체로 타당하다는〕 이 사실은 **유일한** 의미를 지닌다. 그러나 전도된 의지는 현존재 자체의 본질성이며, 의지 자체의 본질성과 개

---

* 당위, **표상된 현존**의 모순.

Ⅱ. 현실적 정신 | **323**

별적 의지에 대해 무관하다. 그리고 공동 의지라는 의미를 지니는 **현존재**는 의지의 개별성에 반대되며, 이 개별 의지는 공동 의지에 반대하여 자기주장을 할 수 있다.[*] 이 주장은 앞서 말한 현존을 지양하는 것이자 **강압(Zwang)**이다. 그리고 타인〔다른 의지〕은 급부해야만〔자신을 단념해야만〕하고, 이미 그것이 의지로서 존재하는 바와 같은 그러한 타인의 의지는 이제 존중되지 않는다. 왜냐하면 타인의 의지는 공동 의지이기도 한 자기 자신과 대립하기 때문이다. 그러나 나의 개별 의지는 본질적이지만, 그러나 동시에 하나의 계기일 뿐이기도 하다. 그리고 내가 나의 의지를 공동 의지로서 정립했다는 측면에서, 나는 나 자신을 공동 의지로 정립한 것이다. 즉 나의 **말은 타당해야만 한다.** 이렇게 〔나의 말이 타당해야 하는〕 이유는, 내가 나에게 내면적으로 동등하게 머물러야 하고, 나의 심정(Gesinnung)과 확신 등을 변경**해서는 안 된다**고 하는 도덕적인 측면에 있지는 않다. 오히려 나는 심정과 확신 등을 바꿀 수 있다. 그러나 나의 의지는 오직 인정받은 의지로서만 **현존**한다. 〔그렇기 때문에 만일 내가 나의 말을 변경하게 되면〕 나는 단지 나 자신과만 모순되는 것이 아니라 나의 의지가 인정받았다는 사실 자체와 모순된다. 〔그래서 내가 나의 말을 바꾸게 되면〕 사람들은 나의 말을 신뢰할 수가 없다. 즉 나의 의지는 단지 **나의 것**, 단순한 사견에 머물게 되는 것이다. 따라서 인격, 순수한 대자존재는 공동 의지와는 분리된 개별적인 의지로서 존중되는 것이 아니라, 오히려 단지 공동 의지로서만 존중될 뿐이다. 즉 나는 인격이 되도록 강요받는 것이다.

H220

---

[*] 왜냐하면 의지 자체는 그의 **현실적 현존**과는 **무관한 그러한 의지**로서 자신을 정립했으며, 이러한 것으로서 자신을 고수하기 때문이다.

계약*은 α) **규정된 특수한** 의지를 공동 의지로서 포함하고 있으며, β) 따라서 계약의 내용은 [계약 당사자들 사이의] 연관의 매개항인 사물이다. 이 사물은 특수한 사물, 특수한 현존재로서, 나는 이 현존재를 추상할 수 있다. 나의 우연적인 의지는 교환에서처럼 우연적인 **현존물**과 관계하며, 매개항에 속하는 이 우연적인 현존물은 하나의 특수자이다. 나는 특수한 의지로서 또 다른 특수한 의지에 대해서 등장하지, 인격에 대한 **인격**(Person gegen Person)으로 등장하지는 않는다. 나는 인격의 입장에서 의지하지도 않으며, 또한 이 인격은 보편적인 의지 자체도 아니며 출현하는 현존물도 아니다. 오히려 보편적인 의지는 특정한 사물 속에 숨겨져 있다. 보편 의지는 공동 의지로서, 그리고 나의 순수한 의지이자 인격으로서 특수한 의지 속에서 표상된다. 그리고 나의 순수 의지는 그 자체로 언어로, 나의 의사표명으로 나타난다. 나의 순수 의지는 언어 속에서 교환의 직접적 현존상태로부터 스스로를 철회하지만, 그러나 여전히 단지 특수한 급부의 의미만을 지닐 뿐이다. 그리고 공동 의지는 인격 그 자체의 해체(Auflösung)가 아니라, 특수한 현존재인 인격의 해체이다. 그리고 강압은 인격 그 자체에 관련되지 않고 오직 인격의 규정성에만, 인격의 현존에만 관련될 뿐이다.

그러나** 개념상으로 보자면, 현존은 인격과 보편 의지 속에서 해소된 상태에 있다. 또한 현존은 오직 순수 인격과 순수한 보편 의지, 순수 부정성으로만 **존재한다.** 이것이 계약의 힘이다. 내가 급부에서 나의 의지

F231

---

* 그러나 이러한 유지는 일면적이다. 여기서 소유의 모순[이 발생한다.] 나는 **인격**이고 **현존**은 나에게 무관하다. 그리고 나는 나의 **인격성**을 **나의 현존 속**에 둔다.
** 나는 타인이 **사념하는** 것을 고수하지 않고 급부해야만 했으며, 오히려 **존재하는** 것을 고수했다. 이것이 타당하다.

를 하나의 현존, 즉 특수성 속에 놓는 것처럼 말이다. 그러나 이와 같은 일은 인격으로서만 가능할 수 있었다. 즉 의지가 **존재 일반**으로 타당하기 때문에 나는 인격으로서 강요되던 것이다. 왜냐하면 나의 현존의 부정에서 나의 존재 일반도 부정되었으며, 이 양자〔나의 현존과 나의 존재〕는 분리할 수 없는 것이기 때문이다. 나는 나 자신 속으로 반성되었다. **강압**에서도 이와 같은 일이 현재화된다. 그런데 이 경우에는 특수성이 강제되지 않고 **자아**라는 것이 강제된다. 그러므로 개념이 **정립**되고 **제시**되어, 보편 의지가 **개별적** 자아를 자신에 대해서 **존재하는 것**으로서, 전체적인 개별자로서 자신 속에 흡수한다. 그리고 나는 나에 대해 **인격으로서** 인정받은 상태에 있다는 사실이 정립되며 제시된다. 여기서는 **나의 취득**과 소유(Habe und Eigentum)만이 정립되는 것이 아니라, 나의 **인격**도 정립되며, 나의 현존 속에 나의 **전체**가, 만일 있다고 한다면 나의 명예와 삶 모두가 정립된다.

H221

c. 범죄와 형벌*

F232

(**나의 명예**와 삶에 **대해서는** 어떤 계약도 발생할 수 없다). 계약은 그 개념상 지양되어버리며, 개별적인 계약〔으로서〕 존재하지 않는다.** 계약은 나

---

* 계약은 **소유물**과 **현존재**에 대해 체결되는 것이지, 인격에 대해 체결되지는 않는다. 왜냐하면 계약은 **사물**과 **현존재** 속에서 직관되는 이러한 **매개 과정**이기 때문이다.(〔이것은 계약이〕 가족의 경우에는 **가산**에는 적용되지만 자녀들에게는 적용될 수 없는 것과 마찬가지며, **의지**에서는 도구에 적용되는데, 이 점에 대해서는 아직까지 서술하지 않았다).
** **계약**에서 나 자신의 말(Wort)은 물건의 **의미**를 지닌다. 그러나 실제로는 불가능하지만 만일 인격에 대한 계약이 성립한다고 하면, 이 계약은 내가 제정해 놓은 나의 **말** 그 자체, 나의 **직접적인** 순수 **존재** 그 자체일 것이며, 여기에는 어떤 구속도 없을 것이다. 다시 말해 여기서 규정된 현존재는 개인적인 헌신〔봉사〕이 될 것이다.

의 의지를 분리가능한 특수성 속에 정립했다. 나는 이 특수성을 교환에
서처럼 포기하였으며, 생성된 것은 순수한 인격으로서의 나 자신의 현존
이다. 이제 나는 나의 순수한 의지에 따라 인정받은 자로서 등장한다. 현
존은 계약 속에서 단순한 결과로 복귀하게 되었다. 그러나 계약 그 자체
에서 물건은 제거된 상태에 있다. 여기서는 필연적인 운동이 지양된 것
처럼 보이며,* 나의 명예와 삶에 대한 침해는 어떤 우연적인 것으로 나타
난다. 그러나 이 침해는 필연적이며, **나**는 강압되었던 것이다. 즉 [나는] H222
단순히 나의 현존에 따라서만 강압을 받는 것이 아니라, 나 자신의 자아
에 따라서 나의 현존 속에서 나 자신 속으로 반성된 것으로도 강압을 받
는다. 계약에서 내 인격의 인정은 또한 **나 자신**을 현존하는 것으로 타당
하게 만든다. 즉 급부를 위한 나의 말은 이미 [타당한 것이다]. 다시 말
해 나, 나의 단순한 의지는 나의 현존과 분리되지 않으며, 양자는 동등하
다. 또한 강압(Zwang)과 강제력(Gewalt)은 나의 현존과 모순된다. 왜냐하
면 나의 현존에서 강압이 **나 자신**을 침해하기 때문이다. 나는 인정의 운 F233
동에서처럼 모욕을 당한다. 즉 타인은 나의 점유물을 침해했으며, 타인
은 인정의 운동에서처럼 직접적으로 나의 형식만이 아니라, 타인이 인
정한 나의 인정받은 의지 자체를 침해했고, 타인은 그가 현존하는 상태
에 있다는 사실을 점유물과 불가분적으로 결합시켰다. 나는 침해받은 상
태에 있게 되면서도, 그 개념상 인격의 태도를 취한다. [이것은] 나의 자
아, 즉 내면적인 것이 그 안에 놓여 있는 외적인 현존재가 이리저리 왔다

---

* 나는 계약을 지켜왔다. [여기서 계약은] **말을 하는 사람**(Mann von Wort)으로, 관념적
인 순수 인격이자 **즉자와 존재**로서 타당한 것이다. [그러나] 순수 인격과 삶은 불가침
성[을 지니며], 또한 아직 하나의 현존재에 구속되지 않은 자유로운 의지나 순수 동의
로서 나의 의지도 불가침성[을 지닌다].

갔다 하는 것이다. 모순은 나의 경우에 나의 첫 번째 말과 두 번째 말의 부등성으로 발생한다. 그러나 모순은 자아가 보편자이면서도 동시에 특수자라는 그러한 모순이다. 또한 타인이 **특정한** 일에 대해 나와 타협을 함으로써, 그는 나의 순수한 의지를 자기**부등**한 것으로, **특정한** 현존을 지니는 보편자로 수용한다.

따라서 나는 강압에 대항하여 나 자신의 대자존재를 내세운다. 이것은 인정의 운동에서처럼 나의 침해된 자아를 내세우는 것이 아니라, 침해되었지만 동시에 인정받은 자아를 내세우는 것이다. 나는 타인이 나를 강압할 수 없다는 것을 타인에게 보여주려고 한다. 즉 특정한 급부에 매여 있는 나의 자아와 내가 거기서 당한 강압은 나의 순수한 자아를 침해하는 것이었음을 나는 타인에게 보여주고자 한다. 나는 **나의 명예**가 손상되었음을 알고, 나의 의지가 이 특정한 현존재의 측면에 따라 지양되었다는 것을 안다. 그러나 이를 통해 나는 나의 사유된 순수 의지가 지양되었다는 것도 알게 된다. 나는 타자의 인격에 대항하는 인격으로 등장하며,[1] 나는 보편자로서의 타자의 **존재**를 지양하고, 그의 인격의 안전한 상태를 지양한다. 나는 타인이 이 **현존재**와 규정성 속에서 **보편자**로서의 나 자신을 침해하고 부등하게 기만을 행한다는 사실을 그에게 보여준다. 왜냐하면 여기서 단지 문제가 된 것은 특정한 물건뿐이었기 때문에, 나는 타인에 대해 소극적으로 물러서서 반대 입장을 취하게 되는 것이다. 나 자

<hr />

[1] 이와 달리 헤겔은 이전의 계약 상태에서는 아직 내가 인격에 대한 인격으로 등장하지 않았다고 말한다. "나는 특수한 의지로서 또 다른 특수한 의지에 대해서 등장하지, 인격에 대한 **인격**(Person gegen Person)으로 등장하지는 않는다. 나는 인격의 입장에서 의지하지도 않으며, 또한 이 인격은 보편적인 의지 자체도 아니며 출현하는 현존물도 아니다."(GW8, 230-231쪽)

신에 반대되는 **타인의** 급부행위에서, 타인의 의지는 침해받은 것이 아니라, 오히려 타인은 그의 의지를 지니고 있었던 것이며, 오직 특정한 현존에서만 스스로를 외화한[포기한] 것이었다. 그러나 그의 강제는 나의 의지의 외화[포기]이다. 나는 이러한 부등한 상황을 지양하며, 타인이 나에게 한 것처럼 의지로서의 타인을 지양한다. 나는 타인에게 복수를 행하지만, 그러나 나는 자연상태에서처럼 단지 **자기의식적 활동으로서** 타인에게 대자적으로 복수하지 않고, 오히려 지성이기도 하며 동시에 자기 자신을 사유하며 자신을 보편자로서 아는 의지인 타인에게 복수한다.*

[즉 나는] 나의 앎이기도 한 보편적 앎으로서의 타인에게, 즉 인정받은 자에게 복수를 행하는 것이다. 강압을 행사하면서 타인은 존재하는 것에 대해 공동 의지를 제시하였으며, 나만이 인정한 나의 개별 의지를 지양해버렸다. 그러나 **나의** 의지 자체는 **나에게 있어** 보편자나 마찬가지이다. 왜냐하면 나의 의지가 침해되었고, 이 의지의 현존이 나로부터 탈취되었기 때문에, 나는 나의 의지의 현존을 산출해 냄으로써, 내가 급부하지 않고 보편적인 것으로 정립한 의지, 나에게 대립하는 타인의 의지인 또 다른 존재를 지양한다. 이렇게 해서 나는 범죄를 저지른다. 폭력, 강탈, 절도, 상해 등등이 그러한 범죄이다. 구두명예훼손(Verbalinjurie)은 보편자인 타인을 지양해버린다.** 즉 나는 타인이 나에게 이런저런 나쁜 짓을 행했다고 말하는 것이 아니라, 타인이 바로 이 나쁜 일 자체[나쁜 사람]라고 말한다. [이처럼] 모욕적인 말(Stimpfwort)은 타인을 보편적으로 지양된 것으로 정립한다. 또한 어떤 판단은 나무를 **푸른 것**으로 정립하면서,

---

* 나 자신이 공동 의지로서 정립한 바 있는 그러한 것[보편적인 것]이 침해된다.

** 형벌(culpa), 사기(dolus).

'나무는 **푸르다**.'라고 규정한다. 다시 말해 나무를 행위하는 주체로서가 아니라 보편적인 것으로 규정하는 것이다. 그러나 모욕적인 말은 타인의 전체 존재를 즉자적으로 무실한 것으로 만들어 버린다. 또한 실제적인 상해(Realinjurie)는 의지로서의 타인을 지양해 버린다. 내가 타인의 물건을 훔치거나 약탈하는 경우가 〔여기에 해당될 것이다.〕 전자〔구두명예훼손〕의 경우는 타인의 무의식적인 현존을 침해하고 존재, 그의 의지 일반을 존중하지 않으며 그에 반대되는 행동을 하는 경우이고, 후자〔실제적인 상해〕의 경우는 타인의 현존하는 의지, 스스로를 언표하는 의지에 공개적으로 반대하여 행위하는 경우이다. 전자는 경멸적인 것이고, 후자는 상해를 입히는 것이다. 끝으로* 공개적인 살인〔처형〕은 (숨겨진 꾀에 의한 것이 아니라서) 경멸의 정도가 가장 덜한 것이기는 하지만, 그러나 가장 심각하게 상해를 입히는 행위이다. 왜냐하면 경멸이란 타자를 비존재자로 취급하는 태도로서, 이 태도는 내면성의 형식을 유지하여, 나의 행위가 백일하에 드러나지도 않으며, 나의 행위가 참으로 **존재하는** 바대로 파악될 수도 없고, 오히려 경멸은 간교하게 자기 내로 반성된 상태로 머무르기 때문이다. 범죄의 내적인 원천은 법의 강제이다. 생활의 궁핍 등등은 동물적 욕구에 속하는 외적인 원인들이다. 그러나 범죄 자체는 인격 그 자체에 대항해서, 법〔의 강제〕에 대한 **그의 앎**에 대항해서 행해진다. 왜냐하면 범죄자는 지성이며, 그의 내적인 변호〔정당화〕(Rechtfertigung)

H224
F235

---

* 절도(Diebstahl)는 **아는** 의지를 침해하지는 않는다. 〔왜냐하면 절도는〕 은밀히 〔발생하기 때문이다.〕 그러나 침해 정도는 더 크다고 할 수 있다. 왜냐하면 절도는 아는 의지 속에서는 완전한 상태로 존재하기 때문이다. 〔이에 비해〕 내가 강탈할 때에는 타인의 지성을 오직 **현존의 상태**로서만 침해하지 그의 순수 **존재**, 삶을 침해하지는 않는다. 〔즉,〕 절대적 위력, **삶**을 지배하는 주인, 이렇게 무한한 것〔을 침해하지는 않는다.〕

는 〔합법적인〕 **위력**에 대해, 타당한 것에 대해, 인정받은 존재에 대해 범죄자 자신의 개별적 의지를 강제하고 재산출하는 것이기 때문이다. 범죄자는 **어떤 것이기**를 원한다. (헤로스트라트(Herostrat)²⁾처럼) 그렇다고 그가 곧바로 유명해지지 않음에도 불구하고, 그는 **자신의** 의지를 보편 의지에 맞서서 실행하려고 하였다. 실행된 범죄행위는 스스로를 개별적인 대자존재자로 아는 의지로서, 스스로를 **보편적인** 것으로 아는 타자의 의지의 위력에도 불구하고 **현존**하게 된다. 그러나 이 범죄행위는 보편 의지의 활동에 생기와 활력을 불어 넣으며 그 활동을 자극한다. 보편 의지는 활동적이다. 즉 인정받은 활동은 **보편적**인 것이지 개별적인 것이 아니다. 다시 말해 인정받은 활동은 개별자의 지양이다. 형벌(Strafe)은 이러한 뒤집힘(Umschlagen)이다. 형벌은 보편적 의지를 다시 타당하게 만드는 행위이다. 형벌의 **본질**은 계약에 있지도 않고, 타자를 위협하거나 범죄자를 개선시키는 데 있지도 않다. 오히려 형벌의 **본질**이자 개념은, 침해된 보편적 인정상태의 이러한 이행과정이자 전도과정이다. 즉 형벌은 **복수**(Rache)이지만, 그러나 정의(Gerechtigkeit)이자 인정상태로서의 복수다. 인정상태는 **즉자적으로** 존재하다가 (외적으로) 침해되고, 다시 재산출되어야 한다. 범죄자가 스스로 어떤 것에 대항하는 위력으로 확립되며, 보편자를 **자신의** 위력과는 다른 것으로 확립하는 한에서, 범죄자에게는 범죄자 자신이 행한 것과 똑같은 일이 발생한다. 〔여기서 범죄자는〕 복수에서처럼 개별자가 아니라 보편자 자체로서 〔스스로를 확립한다.〕 복수도 정당할 수는 있지만, 그러나 여기서는 보편자가 정의다. α) 침해를 받은 자는 **즉자적으로** 인정을 받은 것이며, 모든 일은 인정상태, 즉 법의 기

2) B.C. 356년에 자신의 이름을 영구히 남기려고 아르테미스 신전을 불태운 사람이다.

반 내에서 진행된다. **사기**(dolus)와 같은 범죄행위는, 침해자가 피침해자에게 사기를 치기 전에 인정을 했고 (도둑의 경우 가장 그러하다), 범죄자는 그가 무슨 일을 저질렀는지를 알고 있었다는 의미를 지닌다. 그러나 [범죄자는] [범죄의] 범위를 **규정하지는** 않는다. 오히려 범죄행위가 금지되어 있다는 것이 규정성 일반이다. 그리고 범죄자가 한 인격을 침해했다는 이 사실 속에는 동시에 즉자적으로 인정받고 있는 그러한 것이 있다. 그리고 범죄자는 인정상태를 기반으로 하여 그가 살고 있고, 존재자가 이에 대한 의미를 지니고 있었다는 사실을 안다.* β) 이를 통해 피해자는 자신의 **명예**로 괴로워하는 일이 발생한다. 도둑맞고 살해된 자의 명예는 손상되지 않는다. 왜냐하면 그는 **즉자적으로는** 인정을 받은 상태이며, 또한 그의 인정받은 상태가 **존재하기** 때문이다. 이것은 자연상태에서처럼 점유의 침해에 의해 명예가 손상되는 것, 다시 말해 아직까지 단지 사상 속에 존재할 뿐인 인정상태와는 같지 않다. 구두명예훼손은 명예를 침해하지만, 그러나 절대적으로 침해하는 것도 아니고, 침해받은 자는 아무런 권리가 없는 것도 아니다. 즉자적으로 **명예가 없는 자**는 또한 **권리도 없는** 것이다.**

이러한 운동을 거쳐서 인정받은 존재는 실현된 것으로 표상되며, α) [인정받은 존재는] 특정한 현존과 특수한 의지를 자체 속에 담고 있고, 자기 자신의 포기와 자신의 외화 속에서도 **스스로를** 유지하며 자신의 의

---

* 스스로가 침해를 받았다고 생각하는 자는 타인의 **삶**을 침해하는데, 이 타인의 삶은 직접적으로 타인의 대자존재와 하나인 **존재**이다. [이렇게 침해하고 침해받는 관계는] **양적인** 관계[이다.]

** 죽음 속에 절대적 위력, **개별자의 주인**[이 있다.] 또한 공동 의지는 순수 **존재**가 되어버렸다.

지를 보유하는 자로 표상된다. 그리고 ß) [인정받은 존재는] 이 의지 자체를 개별적이며 존재하는 것으로서 계약 속에서 유지한다. 개별성으로 되돌아가는 것이 범죄로서, 마치 이것은 계약 그 자체가 그러한 것과 같다. 범죄는 보편 의지를 통한 **존재**의 개별성의 상실이다. 여기서 보편 의지는 절대적으로 그 자체로 **타당하며** 화해된 보편 의지이다. 범죄행위를 [형벌의] **위협**[으로 예방]하는 **것**은 절대적 위력으로서 법을 직관하는 것이지 개별자의 위력을 직관하는 것은 아니다.

b. 강제력을 지닌 법[*]

강제력을 지닌 법은 **인격의 실체**이며 그 자체에 다음과 같은 계기들을 지닌다. 즉 이 실체는 그의 **직접적 현존**에 따른 인격과 실체 자체의 **매개**이다. 인격의 실존의 실체는 타인과의 합치[공동성](Gemeinschaft)에 전적으로 근거하고 있으므로[**], 인격의 절대적 필연성이다. 동시에 전체는   H226

                    F237

---

[*] 법은 **인정받은 존재**와 상이하므로, 법은 개별자의 자아를 자체 내에 지니고 있다. 그것도 α) 그의 현존상태에 따라서 그리고 β 그의 앎-인정받은 지적 상태-에 따라서 그러하다. α) 실체[와 관련해서 보자면], β) 개인은 [실체라는] 이 보편자 자체를 알고 그 속에서 자기 자신을 안다. 이 계기들은 모든 개별적 행동으로 나타난다. α) 모든 이들은 보편적 실체 속에 존립하며, 그들은 자신의 특수한 존재가 직접적으로 보편적이라는 사실을 안다. 보편자가 **존재하며**, 그것은 대상이며, 본질로서 존재한다. 그리고 낯선 것으로 존재하는 것이 아니라 모든 이들이 그 속에서 자기 자신을 아는 그러한 것으로서 존재한다. 이러한 지적인 공동체(intelligentes Gemeinwesen)의 운동이 강제력을 지닌 위력으로서 법의 실행과정이다.

[**] 그의 **타자존재** 속에서 **자기 자신**을 [알며], 공동 의지와 더구나 **자기 자신**을 순수 추상 (죽음)과 **순수 앎**으로 [안다.]

오직 이러한 보편적 실체일 뿐이다.* 개별적인 인격은 보편적 실체 속에 지양되어 있다. 〔이렇게 지양된 상태에서는〕 개별자 자체가 아니라 모든 이들이 염려되며, 이 개별자는 보편자에게 종속된다. β) 개별자는 소유물을 취할 수 있고, 보편자는 계약의 **실체**이며, 〔계약의〕 이 현존은 공동 의지를 타당하게 만드는 것이다. 개별자는 **인격**이고, 인격의 〔지속적인〕 보증은 정의이며 개별자를 순수 존재로서 포함하고 있는 위력이다.** 이 위력은 개별자의 삶의 위력, 즉 개별자의 삶과 그의 지속적인 현존의 유지를 관장하는 위력이다. γ) 이 위력 속에서의 개별자의 실존은 이제 〔개별자가〕 그 자체로 보편자가 **되어가는 과정**(Werden)이며 도야〔형성〕과정 (Bildung)이다. 또한 이러한 힘을 지니는 법에는 두 가지 측면들이 있다. 즉 개별자가 법 내에 존립하는 측면과, 법이 **생성되는** 측면이 그것이다. 그러나 개별자의 존립은 곧 그 자체로 〔법이 생성되는〕 운동이기도 하다.

　법의 힘***은 **즉자적으로** 존재하며, 실체이다. 법의 힘은 개별자에 **대해**

---

　* 공동 의지가 동의와 특정한 공표에 의해서 비로소 발생해야만 하는 경우〔당위의 경우〕와 (결혼과 계약이 〔여기에 포함된다〕), 그리고 공동 의지가 직접적으로 **타당한 경우** (상속이 〔여기에 포함된다〕), 〔이것은 당위가 아니라〕 **존재**〔의 경우인데〕, 이 두 경우 사이에 차이가 〔있다.〕 법은 α) 〔첫째,〕 발생한 공동 의지의 단순한 유지이자 실존이다. β) 이 속에는 어떤 의지도 없고 즉자로서의 〔법이라는〕 개념을 수용하며, 〔법에〕 친숙함의 정도가 법의 **내용**〔을 이룬다.〕 γ) 〔그 다음으로〕 법은 현존하는 즉자이며 살아있는 자들 대신에, 그들의 후견(Vormundschaft)으로 등장한다. 그렇게 해서 법은 개별자 자신의 권리를 주장한다.
　** 의지 자체와 현존재의 법.
　*** 법의 **내용**과 운동. 법은 그렇게 직접적이며 법의 내용 또한 직접적이다. 법은 아직 인륜이 아니며 생명력도 없으며, 오히려 법은 추상적이다. 법으로서 법은 하나의 개별 사태에 대한 다양한 이들의 **공동 의지**의 실존이다. 서로 상이한 의지들이 법에 대해 현존하며, 법에서 그들은 하나의 공동 의지가 되며 **특정한** 상태를 넘어서 이 특정한 상태〔관계〕를 공표한다. 이를 통해 계약을 유지할 것인가 말 것인가에 관련되는

서 **바로 이러한 것**〔실체〕이며, 개별자의 본질이자 즉자인 대상이다. 그래서 〔법이라는〕 대상 그 자체는 개별자의 삶이다. 개별자는 α) **그 자체로** 보편자, 즉 **죽은** 둔감한 의식이 되고, β) 자신의 순수 추상 속에서 스스로를 유지하는 도야된 의식이 된다.

a) 법은 개별자의 **직접적인 현존**의 존립이다. α) 개별자는 직접적으로 법 속에서 **자연스런** 전체로서 존립하며, 가족으로서 존립한다. 개별자는 이러한 자연스런 전체로서 타당하지, 인격으로서 타당한 것은 아니다. 이러한 사실이 이제 비로소 서술되어야 한다. 〔가족으로서의〕 개별자는 α) 직접적으로 인정받은 존재이며, 사랑을 통해 결속된다. 〔사랑에 의한〕 이 결속은 수많은 연관들의 총체라고 할 수 있다. 즉 자연스런 출산, 공동의 생활, 세심한 배려, 생업, 교육 등등, 이것들 전체가 이러한 결속이다. 개별자는 이 전체 속에 흡수되어 있다. 이러한 전체로서 개별자〔가족〕는 법을 위해, 보편자를 위해 존립한다. 그래서 **혼인(Ehe)**이 발생하는데, 혼인은 이런 저런 〔특정한〕 목적으로서가 아니라 보편자로서 성립한다. 〔이 보편자는〕 자체 내에서의 이러한 총체적 운동, 즉 인정받은 존재, 사랑, 세심한 배려 속에 주시하기, 행위와 노동, 아이와 출산으로 되돌아가기 등, 이러한 운동과정을 통해 전체 속으로 해소되고 전체에 관여하는 운동이 된다. 이렇게 자체 내에서 완결되어 있는 전체는 어떤 계

자유는 저절로 지양된다. 개별자가 순수 인격이고 삶이며 의지 자체인 한에서, 개별자는 직접적으로 법의 대상이다. 법에 의해 규정되지 않은 면이 용인되고, 추상으로서의 법에 의해 규정될 수 없는 면이 용인되기도 한다. 법 자체에 의해서는 **금지(verboten)**될 수 있을 뿐이지 **명령(geboten)**될 수는 없다. 왜냐하면 여기서는 **개별 의지**가 시초이며, 공동 의지는 그 자신을 통해 비로소 발생해야만 하기 때문이다. 개별자는 법〔보편 의지〕의 추상에 비해서 현실적인 것이다.

약에 의한 결속상태가 아니다. 그들의 소유물에 대해 〔혼인하는〕 그들 양자는 계약을 맺지만, 그들의 신체(Leib)에 대해 계약을 맺지는 않는다.

생식기의 사용을 양도하고자 하면, 〔그와 더불어〕 전체 신체도 부가물로 양도하게 된다는 칸트의 생각은 성숙되지 못한 발상이다.[3] 군인들에 의해서는 그러한 신체의 기관들이 그렇게 함께 강제될 수 있을지 모르지만 말이다. a) 가까운 친척들이 혼인하지 못한다는 것은 혼인에 관한 실정법이다. 이것은 사랑의 개념에 대립된다. 그러나 다음과 같이 자연스러우면서도 서로 자립적이며 자유롭지만, 직접적인 인정상태 속에서 정립되지 못한 것들도 마땅히 있어야만 한다. 〔예를 들어〕 친척들은 동일한 피를 나누고 동일하게 인정받은 존재들이다. 이러한 인척관계의 등급에서도 이미 무규정성이 시작된 것이나 다름없으며, 더구나 나머지 측면들과

3) 여기서 헤겔은 칸트처럼 결혼을 일종의 계약으로 보는 입장을 비판하고 있다. 칸트는 『도덕 형이상학』의 제1부인 「법론의 형이상학적 기초」에서 다음과 같이 혼인을 계약으로 보고 있다. "자연적인 혈연공동체는 단순한 동물적 **본성**에 의한 것이거나…아니면 **법**에 의한 것이다. 후자가 **혼인**이다. 혼인은 상이한 성을 지닌 두 개인 간의 결합으로서 그들이 지닌 성적 특징을 생동적으로 상호 점유하기 위한 목적으로 성사된다.…혼인계약은 각자의 임의대로 맺어지는 계약이 아니라, 인간의 법을 통해 필연적인 성격을 지니는 계약이다. 다시 말해 남자와 여자가 서로 자신들의 성적 특징을 상호 간에 향유하기를 원한다면, 그들 양자는 반드시 혼인을 **할 수밖에 없다**. 그리고 이것은 순수 이성의 법칙에 따라 필연적이다. …… 따라서 아내나 남편을 획득한다는 것은 (동침함으로써) 사전 계약 없이 성사되는 행위도 아니며, (사후에 동침이 없이 단순한 혼인 계약을 통해서만 성립하는) 협정도 아니며, 오히려 법인 것이다. 다시 말해 혼인은 성의 결합을 목적으로 하는 구속력을 지닌 법적인 결과로서, 개인들의 상호 **점유**를 매개로 나타난다." I. Kant, *Die Metaphysik der Sitten*, in: AA6, Berlin 1907, 277-280쪽 참조. 만일 이렇게 결혼을 계약으로 본다면, 계약에서는 주고받는 계약물이 있어야 한다. 주고받는 것이 성관계를 위주로 생각된다면, 주요 계약 대상은 생식기가 될 것이다. 그리고 결혼이라는 것은 자신의 생식기를 타자에게 양도함으로써 신체의 다른 부분들도 양도하는 의미를 지니게 된다. 그러나 헤겔은 결혼을 이와 같은 계약이 아니라 인륜의 관계로 본다.

관련해서도 더욱 더 그러하다[무규정성이 시작된다]고 볼 수 있다. [그 다음으로] b) 두 인격들의 동의(Einwilligung)가 있게 된다. 두 사람이 인격들이며 **의지들**인 한에서 보자면 법에 있어 혼인은 양측이 동의하는 행위라고 할 수 있다. 이것은 마치 양측이 혼인을 **원한** 것과 같으며, 다시 말해 양측이 **혼인**이라고 하는 이 전체를 계약에서처럼 개별자 속에서 원하지 않고 보편자 속에서 원한 것과 같은 것이다. 동시에 혼인 당사자는 개별자로서가 아니라 가족의 구성원의 성격을 지니므로, 마치 이것은 양측의 가족이 **동의를 원한** 것이나 마찬가지이다. [따라서] 혼인은 **이처럼 인격성과 자연적인 것의 비인격성이 혼합된 상태**이다. 이것은 신적인 것이면서 자연적인 것이다. [혼인은] 자연성 속에서 있으면서도 정신적인 것으로서, 단지 의지를 규정만 하는 것은 아니다. 따라서 [혼인은] 하나의 **종교적 행위**이다. 그러나 동시에 혼인은 의지로 인해서 [성립하는 것이므로] 법에 적합한 시민적 행위이기도 하다. [혼인에] 동의할 때 두 인격들과 두 가족들이 함께 등장하듯이 이 양 측면[종교적 측면과 시민적 측면]도 함께 등장한다. 순수한 의지로서 법은 **개별성**으로부터 자유롭다. 즉 법은 개별자의 자연적인 성격*인 인격들로부터도 자유로울 뿐만 아니라, 혼인이 깨지는 특수한 계기들로부터도 자유롭다. 이 자유로운 생명성과 순수 법은 서로 상호작용 속에 있다. 순수 의욕은 살아 있는 운동의 결과이며, 살아 있는 운동은 그와 같은 추상, 순수 사유를 자신의 존재로 삼는다. [그런데] 단순히 순수 의욕의 측면, 의사표명의 측면에서만 의욕하는 법이 등장하면, 이 법은 수많은 개성의 측면들을 포괄하지도 않으며 전혀 생동적인 정신도 아니게 된다. 따라서 다음과 같은 경험적인

F240

---

* 법은 결코 **혼인을 강요**하지 않는다.

항쟁〔충돌〕(Widerspiel)이 발생하게 된다. 즉 **공허한 법에 의하면** 혼인은 깨어질 수 없다. 왜냐하면 양자가 그들의 **의지**를 공표했기 때문이다.* 그러나 이것은 완전히 일면적이다. **법**이 〔내용적으로〕 충만되면, 법은 자신에서 비롯된 **자유로운 생명성〔생동성〕(freie Lebendigkeit)**을 고려해야만 한다. 그래서 공통적인 통일 상태로부터 인격들은 자체 내로 되돌아가게 된다. (간통, 악의가 있는 혼인의 파기, **기질의 부조화** 등이 이러한 경우에 해당된다). 이것들은 내용과 관련된 규정들이라고 할 수 있다. 혼인의 목적이 긍정적으로 실행되는지 여부에 법은 아무 상관도 하지 않는다. 법은 하나의 혼인관계를 성립시켰을 뿐이다. 법은 혼인의 가능성에 대해서는, 즉 나이 차이가 많이 나서는 안 된다든가 부양할 수 있는 가능성과 같은 이러한 내용들에 대해서는 아무런 규정도 해주지 않는다. **이혼**(Trennung der Ehe)은 스스로를 분리시키고자 의욕하는 자의 적극적 의지가 관여하는 일이지 〔법이 관여하는 일이 아니다.〕

혼인은 법 이전에 혼인약속에 의해서나 동침(同寢)에 의해 **즉자적으로** 체결되지는 않는다. 오히려 혼인은 **공표된** 의지와 〔법적인〕 공표행위(Aussprechen)를 통해서만 체결되며 이것이 **타당성〔효력〕을 지닌다**. 마찬가지로 〔혼인은〕 간통이나 악의 있는 혼인의 파기, 불화, 좋지 않은 살림의 형편 등의 이유로 **즉자적으로** 파기되지는 않는다. 오히려 양측이 **혼인파기를 위해** 이와 같은 사태들을 **주시하고** 혼인파기를 **원하는지** 아닌지가 중요하다. 그러나 여기서 발생할 수 있는 의문은, 양측이 그것을 주시한 것처럼 사태 그 자체가 정말 그러한지 하는 점이다. 또한 역으로 정말 사

---

* 추상법은 **생명성〔생동성〕(Lebendigkeit)**과 상충관계에 있다. 〔추상법은〕 공허한 순수 의지이다. 추상법은 자신의 추상성을 인식해야 한다. 그리고 〔추상법은〕 내용이 충만된 의지에 비해 뒤떨어진다. 법은 여전히 **비생동적인(unlebendig)** 보편성일 뿐이다.

태 그 **자체**라고 할 수 있는 바를 양측이 그렇게 **주시**하려고 하는가가 문제될 수도 있다. 즉 그들 간에 혼인을 맺게 한 애초의 의지가 변할 수 있는 것처럼, 마찬가지로 그들의 두 번째 의지〔혼인을 파기하려는 의지〕도 변할 수가 있다. 굳건한 법은 혼인이라는 첫 번째 의지를 고집할 수도 있을 것이며, 혼인을 파기될 수 없는 것으로 공표할 수도 있을 것이고, 아니면 **자연적인 면, 즉자적인 면**을 고려하여 혼인을 파기해버릴 수도 있을 것이다. 여기서 자연적인 면이라고 할 수 있는 것은 서로의 나이 차이가 너무 크기 때문에 혼인이 불가능하다든지, 아니면 간통이나 적극적인 상해 때문에 이혼한다든지 하는 것이며, 의지를 지닌 즉자(여기서 즉자는 공허한 즉자나 내용성이 없는 것은 아니다)*는 가장 특정한 상태라고 할 수 있지만, 그러나 보편성의 형식은 어떤 규정도 지니지 않는다. 입법은 그것이 어떻게 잘 되어가는지를 주시해야만 하며 이런저런 규정을 설정해야만 하는데, 여기서 〔입법들이 설정하는〕 규정은 다른 생동적인 **목적들** 때문에 발생하는 존재상태라고 할 수 있다. 즉, 군인신분이나 인구감소, 혹은 여러 가지 사회적 신분의 성격 등등의 〔여타의 목적들 때문에 생겨난 것이라고 할 수 있다.〕[4]

F241

β) 〔지금까지〕 개별자는 그의 의욕에 따라서 혼인 상태 속에서 고찰되었다. 그러나 〔개별자는〕 **살아 있는 개인으로서 가족과 통합되어 있을 수밖에 없기 때문에, 그는 자신의 자연적인 고립상태를 거부한 것이나 다름없다.**

H230

---

* 보편적인 것으로서 혼인은 우연성이나 다른 상태들에 대해서 보호를 받을 수 있는 입장에 있다.

∴

4) 예를 들어, 바로 앞서 언급한 '이혼에 관한 규정'을 생각해볼 수 있을 것이다.

혼인 상태에서 가족은 재산〔소유물〕을 지니는데, 이 재산은 개인의 재산이 아니라 가족의 재산, 즉 **가산(家産, Familiengut)**이다. 가족 구성원들 중 한 명이 죽으면 〔구성원 한 명이라는〕 이 우연적 요소(Akzidenz)만이 사라지고, 가족은 그대로 유지된다. 그래서 **상속(Erbschaft)**이 발생하는 것이다. 가장 선한 사람이 가산을 취하는 것도 아니며, 상속의 근거가 자연적 신분에 따라 정해지는 것도 아니다. 그러나 개별자는 동시에 순수 인격이므로, 가산은 개별자의 소유물이기도 하며, 개별자는 그 자체로 보편적이기도 하므로 개별자는 죽지 않는다고 할 수 있다. 즉 그의 소유물에 대해 타당성을 지니는 것은 바로 **개별자의 공표된** 의지이다. 이런 점에서 그가 살아 있든 죽었든 그건 아무 상관이 없다. 이것은 계약당사자가 살아 있지 않아도 〔계약을 체결한〕 의지가 수행될 수 있을 경우에는, 계약당사자 한 사람의 죽음에 의해 계약이 중단되지 않는 것과 마찬가지다. 죽은 자들은 결혼할 수 없고, 마찬가지로 살아 있는 자는 천상의 신랑과 결혼할 수 없다. 그러나 어떤 사람이 타인의 소유물을 받기 위해서 수취하는 자가 반드시 살아 있어야 할 필요는 없다. 그러나 개인이 그의 재산을 이렇게 처리하는 것은 상속과 모순된다. 이것은 어떤 절대적인 방식으로 매개될〔전달될〕 수 없으며, 오히려 한쪽은 다른 쪽을 통해서 특정한 방식으로 제한되어야 한다. (텔루손(Thellusson)[5]의) 유언장에 나타나

∴

5) 여기서 헤겔은 그 당시 영국에서 회자되었던 텔루손의 유언장을 은연중에 비꼬고 있다. 텔루손은 영국의 부호이자 은행가다. 헤겔은 텔루손의 유언장에 관련된 이야기를 1799년 1월 2일자 '알게마이네 차이퉁(Die Allgemeine Zeitung)' 지를 통해 접했던 것으로 보인다. 로젠크란츠(K. Rosenkranz)가 전하는 예나 시기의 단편들을 보면, 헤겔은 분명히 이 신문 기사를 읽고 거기서 내용을 뽑아내고 있다는 것을 알 수 있다.(K. Rosenkranz, *G. W. F. Hegel's Leben*, Berlin 1844, 542쪽 참조) 이 기사에는 다음과 같은 관련 내용이 게재되었다. "막대한 부자인 텔루손이라는 사람이 젊은 나이에 죽으면서 그의 전 재산을 신탁유증으로 만들

있는 이상한 착상들의 경우가 바로 그러한 것들로서, 이것들은 우연적인 성격을 지닌다. 이 경우에는 어떻게 사람들이 적절한 방식으로 일을 잘 진행해 나갈지 하는 점도 고려해야 하고, 여기저기서 [복잡하게] 주고받는 일들이 생길 수밖에 없다. 법이 매우 좋지 않은 것이 되지 않는 경우라면, 법의 완고함은 가능한 한 유지되어야 하며, 의지가 가장 존중되어야 한다.

F242

γ) 자녀들의 법[권리]은 [부모와는 별도로] 독자적으로 규정되어 있지 않으며, 자기 자신의 의지와 낯선 의지의 혼합이라고 할 수 있다. 따라서 미성년자가 맺은 계약들은 법적 효력이 없다. [법적인] 규정을 받는 것은 그들의 성년기에 해당하는데, 이 성년기도 α) 시간의 관점에서 보자면 마찬가지로 좀 더 세부적으로 규정되어 있는 것은 아니다. β) 그래서

∴

고, 사제인 우트포드(Wootford) 씨와 몇몇 다른 이들을 피신탁인들로 삼았다. 이 유언자의 의지에 따라서 후견인들은 고인의 세 아들과 고인이 죽기 전에 이미 출생한 손자들이 살아 있는 동안에는, 전 재산을 가장 안전하면서도 수익성 있는 곳에 투자하여 계속적으로 저축을 늘려가거나 새로운 토지를 매입해야 했다. 그런데 지금은 생존하고 있는 자손들 모두가 앞으로 사망하게 될 경우에는, 그렇게 증식된 전 재산은 세 아들의 후손들 중 세 명의 연장자가 똑같이 나누어 갖게 될 것이다. 그러나 단 한 명의 유산 상속자도 없다고 한다면, 모든 재산은 상각자금(Tilgungsfond)으로 국왕의 소유가 될 것이다. 고인의 미망인과 아들들은 이 유언장이 공개되고 난 후 곧바로 소송을 제기했다. 이 소송은 이례적으로 많은 청중들을 모아 놓고 대법원에서 공개적으로 진행되었다. 아들들의 법률고문인 맨스필스(H. Mansfield) 변호사는 이 유언장을 그대로 집행하면 발생할지도 모를 우려스러운 상황을 백일하에 드러내어 제시하였다. 예를 들어 유산분배는 70년이 걸려도 하기 힘들 수도 있다고 반박하였던 것이다. 왜냐하면 그들 중 몇몇은 이제 겨우 어린아이에 불과한데, 이 일곱 명이나 되는 자식들과 손자들이 모두 죽고 난 후에야 유산 분배가 가능하기 때문이다. 그런데, 유산을 나누어 가지는 상속인들 각자에게 1800만 마르크 하고도 수십 만 페니히가 할당될 수 있다는 것을 고려하면, 이렇게 계산을 할 수 없을 정도의 막대한 액수는 전체 왕국을 위험에 빠뜨릴 수도 있고 이 막대한 재산이 사인(私人)의 수중에 들어가면 매우 위험하다고 생각할 수도 있다. 그래서 칸츨러(Kanzler) 경은 이 소송을 매우 이례적이며 중요한 경우로 인정하고, 충분한 숙고를 거친 후에 결정을 해야 한다는 입장을 피력했던 것이다."

후견(後見, Vormundschaft)으로서 가족이 먼저 등장한다.[*] 그러나 법의 감독은 직접적인 부모들의 순수 의지라고 할 수 있는 이 후견의 불완전한 측면을 보충해준다.[**]

H231   b. 이러한 개인의 직접적 현존의 법은 법으로서 부모들의 의지이며, 이 법은 우연적인 존재의 사라짐 속에서도〔부모들이 죽은 후에도〕이 부모들의 의지 자체를 유지한다. 그래서 부모가 죽은 후에도 법은 긍정적인 의미를 지니며 현존으로 등장한다. 왜냐하면 부모들도 이미 그전에 **국가(Staat)** 속에서 현존했기 때문이다. 법은 모든 이들의 의욕을 통한 소유의 현실적인 **효력발휘(Gelten)**이며 현실적인 현존의 기초다. 법은 가족을 보호하며 가족을 그러한 존재상태로 유지되도록 해준다. 그러나 법은 가족처럼 개인의 실체이자 필연성이기도 하다. 법은 그의 가족이 모두 죽고 혼자 개인으로 남게 된 그런 개인에 대해 무의식적인 후견인의 입장을 취한다. 이 점에서 법은 〔개인의〕실체이자 필연성이다. 이것은 법이 지니고 있는 확고부동한 측면이라고 할 수 있다.

α) 법이 보편적 권리나 소유권 일반이라면, 법은 어떤 사람이든 그가 직접적인 점유나 **상속** 또는 교환을 할 때 그들을 보호해준다. 그러나 이 것은 〔내용과는〕무관한 형식적 권리일 뿐이다(상속의 우연성). 개인은 노동에 의해 어떤 것을 획득할 수 있는 자로 등장한다. 이때 개인의 권리 〔법〕라는 것은, 단지 그가 가공한 것과 교환한 것이 그에게 속한다는 점 뿐이다. 그러나 보편자〔보편적 법〕는 개인이 법적 상태로부터 자유로울 경우에는 그 개인을 희생시키는 개인의 필연성이다.

---

[*] 법은 여기서 적극적으로 등장한다. 교육과 관련해서도 마찬가지이다.

[**] 교육, 국가의 공공시설, 우연성; 가족의 의지는 존중되어야 한다; 법.

보편자[보편적 법]는 α) 개별 노동자에게는 순수한 필연성이다. 개별 노동자는 자신의 무의식적 실존을 보편자 속에서 지닌다. 즉 사회 (Gesellschaft)가 그의 본성이며, 노동자는 사회의 기초적인 맹목적 운동 (blinde Bewegung)에 의존한다. 이 맹목적 운동이 그를 정신적으로나 육체적으로 유지시키거나 지양한다. 그는 직접적인 점유나 상속을 통해 거기에 현존하지만, 그러나 이것은 완전히 우연적인 성격을 띨 뿐이다. 그는 추상적인 노동(eine abstrakte Arbeit)을 수행하고 있는 것이다. 그리고 그는 자연을 훨씬 능가한다. 그러나 이것은 우연적인 또 다른 형식으로만 전환될 뿐이다. α) 그는 더욱더 많은 것들을 가공할 수 있지만, 이것은 그의 노동 가치를 감소시키며, 그는 보편적 관계로부터 벗어나지 못한다. β) 이를 통해 욕구가 다양해진다. 각 개인은 더 많은 부분들로 분산되고, 취미는 세련되어지며, 그는 더 많은 구별들을 짓는다. 필요한 사물을 보다 더 쉽게 사용할 수 있도록 하는 준비가 요구되며, 그가 [여러 가지 사태를] 잘 다루지 못하여 발생하는 불균형상태의 모든 측면들이 배려될 것이다(코르크 마개나 코르크 마개 따개, 초심지 절단기 등이 그러한 물건들이다). 그는 자연스럽게 향유하는 자로 **교육[도야]**된다. γ) 그러나 그는 노동의 추상을 통해 더욱더 **기계적이고(mechanisch)** 둔중하며 몰정신적으로 되어간다. 정신적인 면과 충만된 자기의식적 삶은 공허한 행위가 되어버린다. 자아의 힘은 풍요로운 포괄행위(Umfassen) 속에 있는데, 이러한 힘이 사라져버린다. 그는 여러 가지 노동을 기계에게 떠맡길 수도 있고, 그렇게 하여 그 자신의 행위는 점점 더 형식화된다. 그의 무뎌진 노동행위는 그를 단 한 점에만 묶어 놓는다. 그리고 노동은 그 노동이 일면적이면 일면적일수록 더욱더 완벽해진다. 그러나 이러한 다양성은 **유행(Mode)**을 만들어내고, [사물들의] 형식을 사용함에 있어서 변화무

쌍함과 자유분방함을 산출해낸다. 이러한 것들로는 의복의 제단이나 여러 가지 실내장식품들을 들 수 있는데, 그러나 이것들은 지속적인 것들이 아니다. 〔이러한 상황에서는〕 이 사물들의 형식들이 변한다는 것 자체가 본질적이며 이성적인 성격을 지니며, 이것〔형식들의 변화〕은 한 유행에 머물거나 어떤 하나의 개별적 형식으로 확고한 것을 주장하려는 것보다 훨씬 더 이성적이게 된다. 그러나 〔진정한〕 아름다움은 어떤 유행에도 구애받지 않는다. 하지만 이와 같은 상황에서는〔기계적인 노동에서는〕 자유로운 아름다움은 발생하지 않으며 오히려 자극적인 것, 다른 것을 장식하고 다른 것과 관계 맺는 장식물(Zierrat)만 있게 된다. 이러한 장식물은 충동이나 욕망을 자극하지만 그 자체로는 우연적이다. 또한 동시에 노동을 단순화시키고 또 다른 기계들을 발명하려는 부단한 노력이 있게 된다. 개인의 숙련성은 그의 실존을 유지시킬 수 있는 가능성이라고 할 수 있다. 개인의 실존은 우연의 전체적인 완전한 얽힘에 종속된다. 그러므로 숙련성을 제한하며, 매우 둔감하고 비위생적이고 불안정한 공장제조업과 광산업 등등에 많은 사람들이 얽매이게 된다. 그리고 대대수 사람들을 먹여 살리던 여러 산업분야들이, 유행이 변하거나 아니면 다른 대륙을 발견하여 저렴한 가격으로 물건을 획득할 수 있게 됨으로써 갑자기 쇠퇴하기도 한다. 〔그렇게 되면〕 많은 사람들이 스스로 어찌할 수 없는 빈곤에 시달리게 되며, 부익부 빈익빈의 대립상황이 나타난다. 이런 상황에서 가난으로 재산을 모으는 것은 불가능하게 된다. 다른 척도(Maß)와 마찬가지로 부(富)도 스스로를 힘(Kraft)으로 만들어버린다. 부의 축적은 우연히 발생하기도 하고, 아니면 분배를 통한 보편성에 의해 발생하기도 한다. 보편적인 것에 대해 더 광범위하게 시선을 던지는 끌어당기는 한 점(Punkt)은 그 주변에 재산을 축적한다. 이에 비해 대중들은 자신 속에 더 보잘 것 없는 것들을 지니게 된다. 소유하고 있는 자에게 또 다시 〔뭔가가〕 주어지게 된다.[6] 이윤획득은 모든 측면들에서 취해진 **하나의 다면적인 체계(ein vielseitiges System)가 된다. 보다 소규모의 작업은 이 모든 측면들을 이용할 수 없다.** 또 가장 추상적인 **노동**의 상태가 점점 더 개별화되는 **방식을 통해서 철저화되어 보다 더 폭넓은 범위를 관리하고** 유지하게 된다. 부와 빈곤의 이러한 불평등, 이러한 궁핍과 필연성은 의지의 최고 분열상태가 되며, 내적인 경악과 증오가 되어버린다. 그러나 이 필연성은 개별적인 현존재가 지니고 있는 완전한 우연이자, 동시에 개별적 현존상태를 **유지하는 실체**이기도 하다. 〔따라서〕 국가권력(Staatsgewalt)이 등장해서 모든 영역이 유지되도록 돌보고 중재를 해야 한다. 〔즉 국가권력은〕 어떤 대책을 세우고 다른 나라에 새로운 판매망을 뚫는 일 등을 한다. 그런데 국가권력이 타인의 손실을 유발할 정도로 너무 간섭하게 되면 **이윤추구〔생업〕의 자유(Freiheit des Gewerbes)**를 곤란하게 만들기도 한다. 그래서 〔국가권력의〕 간섭은 가능한 한 눈에 띄지 않게 행해져야 한다. 왜냐하면 간섭한다는 것은 임의의 영역이고, 강제력이라는 가상〔겉모습〕은 피해져야 하기 때문이다. 그리고 구제될 수 없는 것을 구제하려고 해서는 안 되며, 오히려 고통받는 계급들을 다른 방식으로 다루어야 한다. 국가권력은 보편적 조망(眺望, Übersicht)이지만, 개인은 단지 개별적인 사태 속에만 갇혀 있다. 〔국가권력의 간섭이 심해지면〕 이윤추구는 저절로 포기될 것이며, 〔그렇게 되면〕 현 세대의 희생과 빈곤의 증대가 초래된다. 〔그래서〕 **구빈세와 공공시설**〔이 필요하다〕.

6) 이것은 부(자본)의 이윤추구라는 점에서 소수가 점점 더 부를 축적하고, 대다수 인민은 점점 더 빈곤해지는 '부익부 빈익빈' 현상을 설명한 것이다.

그러나 실체는 개별자들을 지탱하는 위력으로서 이렇게 질서지우는 법만이 아니다. 오히려 실체는 스스로 이윤을 추구하며, 실체 자체가 보편적 재산이며 전체의 재산이다. 세금(Abgabe)〔에는〕α) 확정된 점유물에 대한 직접세와, β) 간접세가 있다. 직접세는 중농주의 체제(physiokratisches System)에 따라서만 〔부과된다〕. 원료들은 추상적인 토대지만, 특정한 개별자이기도 하다. 〔원료로서의〕 이 개별자는 매우 강하게 인위적으로 힘이 가해지고 나서 내버려진다. 〔원료들을 직접적으로 가공하는〕 이러한 분야가 전체에서 부족하게 되면 〔직접세가 감소하여〕 세수가 감소한다. 조세제도(Abgabesystem)는 도처에 깃들어 있고, 눈에 띄지 않게 나타난다. 모든 것에 대해서는 아니지만, 그러나 도처에 깃들어 있다. 조세제도가 어떤 영역에 맞지 않는다고 한다면, 이 특정 영역은 사라져버리게 된다. 〔주류에 대해〕 중과세가 매겨지면, 사람들은 포도주를 덜 마시게 된다. 〔이처럼 중과세가 매겨진〕 모든 것에 대해서는 대용품을 찾게 되거나, 부족한 상태를 맞게 된다. 그러나 이러한 필연성은 동시에 그 자체로 반대방향을 취하기도 한다. 〔예를 들어, 포도주를 맛보는〕 지각의 비용이 점점 더 현저하게 증가되면, 불쾌하고 언짢은 기분도 점점 더 증대된다. 왜냐하면 모든 점에서 향유가 방해를 받고 여러 가지 폭넓은 부분들과 결부되기 때문이다. 가능한 한 국가의 부는 국가가 소유하고 있는 토지(Domäne)에 의존할 것이 아니라, 조세징수에 의존해야 한다. 토지는 사유재산이며 우연적이라서 언제든지 투매될 수 있다. 아무도 전혀 손해를 보지 않기 때문이 아니라, 어느 누구도 이익을 얻거나 얻을 수 있는 희망을 가지지 않기 때문에, 모든 이들은 조세징수를 감수하고, 그것이 잘 사용되는지를 알고 싶어 한다.

b) 이러한 기본적인 필연성, 개별자의 우연성은 법적인 강제력으로 이

행한다. **개별자는 자신의 현실적인 점유상태와 숙련성 그리고 오성의 측면에서는 우연적이지만,*** 그러나 **본질적으로는 보편자로서** 존재하기도 한다. α) 〔개별자는〕 소유물 일반을 점유하고, 다시 말해 **추상적인 법〔권리〕**으로서 존재한다. 국가는** 법의 현존이자 **위력**이며, **계약**을 확고하게 유지하는 상태이다(그리고 국가는 **자신의 안정적인 소유상태에** 머무는 것이기도 하다). 그리고 국가는 말(Wort)이라는 관념적인 **현존재와** 현실 사이의 **현존재적 통일**이며, **점유와 법의 직접적** 통일이며, 보편적인 실체로서 소유상태이고, 지속적인 것이자 **타당한 것**으로서 인정받은 존재이다. 여기서 타당하다는 것은 직접적인 것의 매개이자, 동시에 직접적으로 생겨난 것이기도 하다.

F246

여기서 실체는 직접적인 존립의 성격을 지닌다. 이렇게 보편적인 법과, 개별자에 대해서 이 〔법이라는〕 추상을 확립하는 행위는 개별자가 알고 그가 의욕한 것으로서, 개별자에 대한 필연성이며, 이 공허한 필연성과 개별자를 동등하게 만들려는 시도이다.

αα) 실체는 직접적인 소유의 존립이자 보호(Schutz)이며, 보편적인 의지와 실체의 힘은 모든 개별자들의 힘이기도 하다. ββ) **실체는 계약의 보호이며, 공표된 공동 의지의 보호이며, 말과 실행〔계약이행〕의 결속(Band)**이다. 만일 〔계약이〕 이행되지 않으면, 〔실체는〕 〔계약〕**이행**이라는 운동과 **산출행위**로서 법적인 **강제력**(Gewalt)이 된다. 실체는 계약이 이행되기를 고집한다. 실체에 대해 존재하는 것은 **공동** 의지이다. 이 공동 의지는 본질로서 타당하다〔효력이 있다〕. 그 개념상 계약 속에 존립하는 **당위**

H235

---

* **계약**이 유지된다.
** 개별자는 자신의 사념된 권리를 보편자에게서만 지닌다.

(Sollen)*가 지니는 이중적 의미는 사라져버린다. 계약이행의 직접성과는 분리된 의지가 계약 속에서 타당한 것으로 정립된다. **그러한 의지가 거기에 현존하며**, 타인도 거기에 만족해한다. 그러나 이러한 현존은 단지 특수자의 현존일 뿐이다. 다시 말해 직접적인 것이지 매개된 것이 아니다.

F247 합의의 순간에** 이 [특수자의] 현존은 **거기에 그렇게 현전하지만**, 그러나 이렇게 매개되지 않은 현전자(Vorhandensein)는 더 이상 타당한 것은 아니다. 오히려 공동 의지로 존재하며 매개된 자인 현전자가 타당하며, **그 의미가 효력이 있다**. 타인은 나를 아직까지 계약을 이행하지 않은 자로 인정했지만, 그러나 **공동 의지**의 의미에서 그러했다. 이러한 의미는 법에서 효력이 있다. 의미는 내적인 것이고, **순수 인격**이자 법은 바로 이러한 의미로 **존재한다**. 사형(Todesstrafe)에서는 **의미와 현존**이 지니고 있는 모든 이중적 측면이 지양되어버린다. 즉 내가 **나 자신으로** 현존할 때 나는 내가 부여한 특수한 의미에 따라 현존하는 것이 아니라, **공동 의지**의 의미에 따라 현존한다.*** 따라서 법은 **강제성을 띠며**, 다시 말해 법은 나의 특수한 의미부여에 대항해서 공통적인 의미를 실행하며, 나의 **현존**에 대항해서 나의 즉자를 실행하고, 나의 특수한 자아에 대항해서 나의 **보편적** 자아를 실행한다. (이 강제를 통해서 나의 명예는 더 이상 손상되지 않는다. (도야) 왜냐하면 여기서 **강제**는 나 자신의 복종을 담고 있지 않기 때문이다. 즉 강제는 다른 자아에 대한 나 자신의 자아의 사라짐이 아

---

* **명령[법적인 공시](Gebot)**은 처벌을 내리는 강제력[공권력]을 통해서 성립되는 **법**이다. 순수 자아[는] 법 속에서의 **순수 추상**[이다.]

** 개별자는 자신의 **사념된** 권리를 포기한다. **명령[법적인 공시]**은 강제력을 지니는 법이다.

*** 개별자를 초월해서 어떤 절대적 **보편** 의지가 있는 것이 아니라, 공동 의지가 있는 것이다.

니라, 오히려 **나 자신에 대한 나의 사라짐, 그것도 보편자로서의 나 자신에 대한 특수자로서의 나 자신**의 사라짐이다. 그리고 〔이러한 강제에서 나는〕 이 보편자를 그냥 **위력**이 아니라 내가 인정하는 **법**의 위력으로 〔받아들인다.〕 다시 말해 나 자신의 **부정적** 의미부여는 동시에 **긍정적** 의미부여이기도 하다. 나는 이러한 상태에서 유지되며, 이것은 또한 나에게는 좋은 일이기도 하다.[*] 〔이렇게 해서〕 나는[**] 나 자신의 **사상** 속에서 뿐만 아니라, 나의 존재에서도 〔명예를〕 유지한다.〕

그러나 또 다른 방식으로 여기에 우연성이 개입된다. 우연성은 개념에서는 〔개념의〕 실행에서 나타나는 우연성이었다. 그런데 여기서 〔우연성은〕 αα) 그 내용상 추상적인 법의 규정으로서, 개별자의 다양한 규정들 속에서 다면적인 것이다. 법은 단순하면 할수록 더욱더 무규정적인 성격을 띠게 되며, 법이 보다 더 규정적이면 규정적일수록 법은 다양하게 되고, 〔법들 간의〕 차이점들도 보다 더 확대된다. 이렇게 되면 구체적인 개별적 경우가 더욱더 세부적으로 분리되어 보다 많은 법들과 관계를 맺게 된다. 여기서 보편자〔법〕는 직접적으로 특수자〔특수한 상황〕에 적용되고 특수자는 당위적으로 존립해야 하므로, 좋지 않은 무한성〔악무한〕 (schlechte Unendlichkeit)이 발생한다. 그리고 〔이럴 경우에는〕 그 완전성에 맞게 완벽한 입법은, 예를 들어 모든 색들을 표시하기를 원하는 경우와 마찬가지로 일을 시작하는 꼴이 되고 만다. 즉 계속해서 〔무한히 많은 법들을〕 입법하는 일이 〔필요하게 될 것이다.〕 bb. 이와 같이 〔법의〕 다

H236

F248

---

[*] 스스로를 보편자 속에서 직관할 수 있게 해 주는 도야. 인간도 처음에는 동물처럼 강제되어야만 했다.

[**] 내가 **긍정적인 의미**를 지니기 때문에, 나는 이 법에 반대하여 나의 **사견**을 유지하지 못하며, 나 자신을 위해서는 아무것도 유지하지 못한다.

II. 현실적 정신   **349**

양성이 확대되면 될수록, 그에 대한 앎도 좀 더 우연적인 성격을 띠게 된다. 즉〔예를 들어〕시민들은 여러 가지 법들을 개념파악 하지 못하고, 법들 속에서 자신의 자아를 알지 못하더라도 법들에 대해 알아야만 한다. 그러나 설사 시민들이 이처럼 여러 가지 법들에 관해 안다고 하더라도, 법관들이 여러 가지 법들에 관해 알거나 아니면 모든 경우들에서 법들이 현재하도록 하는 것은 점점 더 힘들어질 것이다.〔우리는〕그 대다수가 모순적일 수도 있는 그러한 법들을 무더기로 모을 수 없다. 왜냐하면 우리는 미리〔법적으로〕명령되고 금지된 것이 무엇인가를〔일일이〕알 수 없기 때문이다. 그리고 cc) 법을 해당 경우에 능숙하게 적용하는 법관의 통찰력과 관련해서 우연성은 보다 더 커질 수밖에 없다.〔이러한 상황이〕**정신이 현재 처해 있는 상황(Gegenwart des Geistes)**〔이라고 할 수 있다〕.

그래서 **법집행(Rechtspflege)과 소송절차(Prozeßgang)는 법〔권리〕의 실행(Ausführung)**이라고 할 수 있다. 법을 실행하는 것은, 양 당사자들이* 각자의 변호수단을 유지할 수 있는 권리를 실행케 하는 **적절한 보호조치(gehöriger Schutz)**이다. **소송절차**는 법 자체만큼이나 본질적이거나, 아니면 법보다 어쩌면 더 본질적일 수도 있다. 여기서도 앞에서와 마찬가지로 반대상황이 발생한다. 즉 소송에〔비용이〕많이 들면 들수록, 법의 유지를 위해 가장 필요한 부분에 비용을 지출하는 것은 점점 더 불가능해진다.〔소송절차가〕강조되면 될수록,〔소송은〕점점 더 길어진다. 단도직입적으로 말하자면〔이것은〕모든 측면에서 커다란 해악〔을 저지르는 것이나 마찬가지이다.〕**손해배상(Schadenersatz)**은 전적으로 우연적인 것만은 아니며 시대〔에 따라〕다른 것도 아니다. **법이 그 엄격함에서 한발**

H237

---

* 법관 앞에서 양 당사자들의 권리의 실행.

양보해야 한다면, α) 엄격한* 법 대신에 **여러 가지를 비교해서 타협하는 일들**(Vergleiche)이 요구될 것이며, 그렇게 비교해보는 위원회가 필요할 터인데, 법학자는 이러한 것들에 대해 매우 불만족스러워한다. 〔이렇게 되면〕 소송에 광적인 태도를 보이는 당사자들과 법을 곡해하여 억지설을 늘어놓는 법률 고문들에게 적용할 형벌〔도 필요할 것이고〕, 재판비용 자체도 증가하며, 특히 법에 가중치를 두는 고등 심급인 경우에는 〔더 그러할 것이다〕.** 그리고 사람들은 어떻게 자신들이 합법적으로 일을 진행할 수 있는지 주시할 수 있어야 한다. 그러나 동시에 즐거움을 추구하는 사람은 〔지루한 법〕 실행의 전체 길이와 범위에 자신을 내맡길 수 있을지를 걱정해야 할 것이다. 이렇게 일시적이며 특정하고 구체적인 감각적 사물들과 상태들 자체 내에서 하나의 절대적 규정을 발견하고자 하는 것은 사기(Betrug)나 마찬가지이다.

c.*** **형법**의 집행(**peinliche** Rechtspflege)은 개별자의 삶을 지배하는 법의 강제력이다. 이 경우 법은 개별자의 삶을 지배하는 절대적 위력이다.

---

* 시대—전체 개인들이 **바뀌고**, 쇠망한다. **어떤 한 시대에 대한 전망**(Teleskop), 외과수술 도구나 약품들.

** 해로운 것(Übel)의 **제거**는, 또 다시 그 자체가 해로운 것이 된다.

*** 개인〔개별적 의지〕은 법적인 인격이며, 사법적인 강제력은 개인이 권리를 **포기하는** 운동이자, 개인의 현존과 연관해보자면 **개인의 사유된 본질**의 운동이기도 하다. 그래서 개인은 자신의 현존상태에서 의지를 지니는 자로서 가치를 지닌다. 그리고 개인의 안정적인 특수한 의지는 존중된다. 그러나 개인이 **법에 대한** 그의 **사념**을 포기하고 보편자에게 내맡긴다면, 그는 **순수 인격으로서 타당하게 된다**. 그러나 개인이 순수 인격으로서, 순수 의지로서 보편자와 분리되는 한에서는 개인은 죄지은 것으로 평가된다. 시민들 사이의 분쟁에서는 〔개인은〕 순수 의지로서가 아니라 보편자에 대해서 **사념된** 권리로 존재한다. 이 보편자가 타당해야 마땅하며, 이 보편자는 타자의 특수성에 반대되는 법이다. **사기**(Betrug, **dolus**)는 보편자의 의지를 무시하지만, 그러나 보편자의 앞에로 향한다.

왜냐하면 법은 개별자의 본질로서, 이 본질은 순전히 보편적 의지이며, 특수한 존재이자 삶으로서의 개별자의 사라짐이기 때문이다. 동시에 법 [형법]은 범죄와 **사면**(Begnadigung)으로부터 자유롭기도 하다. 또한 법은 순수한 삶(reines Leben)으로서, 죄를 다스리는 지배자(über das Böse Meister)이기도 하다. 행위가 발생해도 법에게는 마치 그 행위가 발생하지 않은 것처럼 보인다. 그리고 현존하는 것은 그 자체로 그것[법][7)에 대해 어떤 진리도 지니고 있지 않다.

모든 **현존재**, 소유와 삶 그리고 사상, **법**, 선과 악까지 지배하는 이* 위

---

* 개인[개별적 의지]이 자신의 **사념된** 권리를 포기함으로써, 그는 **순수하게** 인정받은 존재로 드러난다. 이전에는 개인의 의지가 공동 의지 속에서 특정 사물에 대해 타당했지만, [이제] 그는 그 자체로 타당하다. 여기서는 그의 순수 의지 자체가 타당한 것이다. 이렇게 순수하게 인정받은 존재는 그 자체로 직접 두 가지 측면들, 즉 순수하게 인정받은 존재와 순수 존재로 존재한다는 양 측면을 지닌다.

a) α) 순수하게 인정받은 존재로서, 의지로서 개인은 강제력에 반대된다. [강제력은] 공통적이지 **않은** 낯선 의지이다. 그는 자신의 소유물과 행동, 그의 삶 일반을 지배하는 강제력에 대항하여 보호받는다. 그의 삶은 **직접적으로** 그의 순수 의지이다. β) 그는 순수 의지로서, 순수 존재의 추상으로 존재한다. 또한 그는 더 이상 자신의 권리에 대한 **사념**이 아니다. '그는 오직 그의 사념을 통해서만 현존할 뿐이다.'라는 이러한 의미로 그는 더 이상 존재하지 않는다. 이제 그는 생명이 없는 것이며, 법이 그의 삶을 지배하는 완전한 위력을 지닌다. 그와 **그의** 삶은 보편자에 대립하며, 이 보편자 속에서 그는 순수 **추상의 상태**로 존재한다. 그리고 이것이 보편자에 의해 인정받은 그의 본질이다. 그는 보편자에 반대되는 자신의 삶을 부정했다. 보편자는 개인의 **사념된** 권리나 그의 순수 존재를 관장하는 법관처럼 존재한다. 이것이 삶을 지배하는 절대적 위력이며, 개인은 그 속에서 스스로를 **긍정적으로** 알게 된다. b) 그러나 개인은 대자적으로 절대적인 위력으로서 그와는 반대되는 입장으로 등장하기도 한다. 이렇게 되면 개

H240

⁚

7) 호프마이스터 판에서는 sie 대신 es로 표기하고 있다. 내용상 여기에 들어갈 지시대명사는 es이며, 그것이 가리키는 것은 das Gesetz라고 생각된다.

인은 대자적으로 절대적인 무한한 의지, 절대적인 위력이 된다. 다시 말해 또 다른 **절대적 의지**를 지양하는 자가 되어버리는 것이다. 개인은 이 타자를 지양할 수 있다. 왜냐하면 타자가 **존재**이기 때문이다. 〔이러한 존재는〕다른 존재에 의해 양적으로 규정 가능한 것이다. 개인은 부지불식간에 타자를 이러한 존재상태에서 파악하고, 그렇게 함으로써 타자를 자신의 지배하에 둔다. **살인(Mord)**〔과 같은〕범죄〔의 경우〕, 개인이 곧 **악** 자체이다.*****

〔*****옆에〕〔개인은〕**의지**와 강제력, **죄**에 반대되는 〔입장만을 취한다.〕

c) 법은 **현실적인 형벌**로서, 개념의 전도상태라고 할 수 있는 이러한 실체이다. 개인은 자기 스스로를 죽인 것이나 다름없다. 타자는 그에게 그 자신과 **동등**하며 낯선 자, 형벌로서의 형벌이 아니며, 복수로서의 형벌도 아니다. 법은 악한 것에 반대되는 입장을 취하는데, 이때 악한 것은 사기와 같은 것으로서, **일반적으로 말하는 죄(Schuld)**와는 다르다. 〔이를 통해〕개념이 충족되고 안정된 법이 〔가능해진다.〕법은 **권리**를 실행한다. 그러나 순수 법은 동시에 우연성에 내맡겨져 있다. 또한 순수 법으로서의 법은 **추상**으로서, 자기 자신을 절대적으로 유지할 수 없다. α) 법은 의지 자체를 보호해야만 하며, 타자가 의지 자체를 침해하거나 강제력을 행사하는 것을 격퇴할 수 있어야 한다. 그러나 개인 속에서 **강제력**과 **비강제력**이 어디서 시작되는지를 말하기는 쉽지 않다. 이미 본래적인 계약에서부터 강제력이 시작될 수도 있다. 〔왜냐하면〕의욕은 특정한 의욕으로 **존재하기** 때문이다. 의욕은 **목적**을 지니며, 〔이 목적이〕의욕에게는 **대상**이 되므로, 여기서 **앎**의 관계가 〔성립한다.〕이렇게 함으로써 의욕은 타자존재에 개입하고 양적인 면, 우연적인 면에 개입하게 된다. 그의 앎의 대상은 그에게 변화가 능하며 숨겨져 있을 수 있다. 목적과 그 행위, 수단의 연관은 판정의 〔문제〕이다. 그는 자신의 목적을 어떤 방식으로든 달성했다고 생각할 수도 있고, 이루어졌다고 〔사념할 수도 있으나,〕이렇게 사념함으로써 그는 목적을 망쳐 버린다. 그에게는 어떤 본래적인 의미에서의 **강제력**도 발생하지 않은 것이다. 그는 계약에서 앎과 의지를 통해 **엄청나게** 손상을 입었다. 그리고 여기서 공표된 공동 의지만이 타당한 경우의 법은 본래적인 목적을 보호에 두어야 한다. 즉 **심각한 손상(eine enorme Läsion)**에 대해서 내적 의미를, 본질적으로 공표된 **공동 의지**에 대해서 특수 의지를 보호해야 한다. 여기서 처벌받아야 하는 강제력〔폭력〕으로서 사기와 같은 것이 본래 어디서 시작되는지 알 수는 없다. β) 절도와 약탈도 똑같이 그러한 혼합물이다. 이러한 범죄들은 특수한 현존과 관련되어 있고, 전자의 경우 앎이 없는 상태에서 의지를 **침해하고**, 후자의 경우에는 의지와 앎 모두를 침해한다. 후자의 경우에 이러한 범죄들은 **절대적** 의지를 침해하는 것이 아니라, α) **특정한 것**을 침해하며, 특수한 현존상태에 있는 의지를 침해하

력이 공동체(Gemeinwesen)이며, 살아 있는 민족이다. 법은 살아 있으며, 완전하고 생동적이며 자기의식적인 삶이다. 그리고 〔법은〕 모든 현실의 **실**

체인 보편적 의지이며, 모든 살아 있는 것들과 모든 개념규정들의, 모든 본질의 보편적 위력으로서, 자신에 대한 앎이다. 법은 α) **보편적인 부(富,**

Reichtum)이며, 그 자체로 알려진 보편적 필연성이다. 이 필연성은 법을

위한 앎을 통해 인식되고 죄에 희생되며, 한편으로는 모든 이들이 그것을 이용할 수 있도록 함으로써 그들이 실존을 지니도록 해준다. 〔법은〕

는 것이지, 순수 존재나 삶으로서의 의지를 침해하는 것이 아니다. 그리고 반작용은 절대적인 것도 아니고 죽음일 수도 없다. 반작용은 단지 그의 **자유**에만 연관되며, 〔예를 들어〕 매〔몽둥이〕와 같은 특수한 존재에만 연관된다. 그러나 〔그러한 침해를 통해서〕 공적인 안전도 심각하게 손상되며, 다시 말해 그 속에서 순수 의지도 손상된다고 할 수 있다. **도둑**이나 **절도범**은 의지 속에서 순수 의지를 침해하며, 그 것도 특수한 현존에서 침해한다. 그러나 의지는 단지 순수 의지로서만 존재할 뿐이다. 그래서 사형도 용인될 수 있는 것이다. (그러나 우연적인 **정황들**), 범죄의 **정도**라든가 다양한 여러 가지 규정들도 〔이때 함께 작용한다.〕 γ) 본래적인 의미에서 살인은, 우선은 본래 죄악이자 〔책임의〕 **전가(Imputation)**이지, **우연한 죽음**은 아니다. 그러나 거기에서도 〔살인의〕 의도는 간파하기 힘들며, 행위의 단순한 **현존**으로부터 **내적인 것의 밤**으로 도주해버린다. 그래서 여러 가지 정황들에 근거해서 **내면에 숨겨진 것**을 추론할 때에는 불신이 발생할 수 있으므로, 범죄자의 **자백**이 필요하다. 이 내면에 숨겨진 것은 자기 스스로를 언표해야 하며 모든 정황들로부터 자유롭다. 그러나 법은 이 언표에 반대하는 〔살인자의〕 **고집스러움〔아집〕(Eigensinn)**을 극복할 수 없다는 것을 알아야 한다. δ) **악한 것**은 그 자체로 무실한 것이며, 자기 자신에 대한 **순수한 앎**이자, **인간**이 인간 자신 내에 지니고 있는 암흑(Finsternis)이며, 동시에 절대적 의지로서 법에 낯선 것이 아니다. 〔법은〕 악한 것을 법 자신으로 인식하고, 용서하며, 발생한 행위로서의 악한 것을 그것이 발생하기 전의 상태로 되돌려야 한다. 왜냐하면 개별적인 행위는, 보편자와 접촉하지도 못하고 보편자에 의

해 흡수되지도 못하는 한 방울의 물과 같기 때문이다. 〔법은〕 **정신**이며, 인간을 정신으로 취급한다. 살인〔이 발생할 경우〕, 전체에게 법은 어떤 일을 하는가? 이럴 경우 〔법은〕 그 행위가 일어나기 전의 상태로 〔되돌리게 된다.〕

타인들에게 부를 축적하게 해주거나 그들에게서 부를 빼앗을 수 있기 위해서, 노동과 가난에서 나타나는 조야함의 정도나 무뎌진 상태의 정도를 판정한다. 〔법은〕 부의 불평등으로 인해, 막대한 세금을 부과하여 부를 골고루 나누어주기도 한다. 〔이렇게 하면〕 시기심이 줄어들고, 궁핍함이나 약탈에 대한 두려움도 예방할 수 있다. 〔그리고 경우에 따라서는〕 어떤 세금도 내지 않는 귀족들은 강제로 부를 상실할 수 있는 커다란 위험에 처한다. 왜냐하면 귀족은 희생을 치루면서도 결코 어떤 화해도 하지 않기 때문이다. 현존과 존립을 가능케 하는 국가권력(Staatsmacht)은 필연성이며 개별자를 보존케 하는 것이고, 개별자는 이러한 상태를 〔국가권력과의〕 화해를 통해 얻는다. 〔그러나〕 정부는 자신이 지닌 부를 낭비하며 **절약하지 않기도 한다.**

β) 법상태에서 국가권력은 **사유된 본질**로 직관되며 존중받는다. 또한 국가권력은 개인들을 기만(Betrug)의 상태에 내맡겨 법상태에 도달하도록 하며, 개인들 스스로가 자신을 인격들이나 시민들로 알게끔 사념의 혼란스런 상태에 빠져 들도록 한다. 이때 개인들은 스스로를 **존중받을 만한 가치가 있는** 추상적 보편자들로 알게 된다. 〔스스로에 대한〕 **존중** (Achtung)이 추상적 보편자를 유지한다. 여기서 국가권력은 자신이 지닌 재산과 법을 비교를 통해 공평정대하게 교정해야 하며, 재산뿐만 아니라 법도 동시에 지배하는 주인으로서, 추상적 보편성이기도 하며, 현존하는 것이기도 하다. γ) 끝으로 국가권력은 삶과 죽음을 지배하는 위력이며, 개별자가 두려워할만 한 것이지만, 그러나 순수 죄를 지배하는 주인이기도 하다. 국가권력은 신적인 정신으로서, **절대적인 타자**, 죄스러움, 사상 자체 속에서 절대적으로 〔자신과는〕 다른 것을 자기 자신으로 아는 정신이다.

F253

이러한 것들이 국가권력의 **강제력들〔공권력들〕**이며 추상적인 계기들이다. 그러나 아직 국가권력은 이 공권력들을 자체 내로 반성된 어떤 현존 상태로 지니고 있지 않다.

형사 재판권*은 다음과 같은 데에 그 토대를 둔다. α) 보편자가 개별자의 **실체**라는 사실에 그리고 β) 의식되고 의욕된 실체〔라는 사실에 토대를 둔다.〕 자신의 권리를 포기한 사람은 동시에 추상적 보편자로서 스스로를 포기한 것이다. 다시 말해 α) 긍정적으로 보자면, 그는 공권력에 반하는 생명체이자 순수 의지의 가치를 지니며 보호를 받는다. 그리고 β) 그는 생명체이자 의지로서 국가의 공권력에 자신을 내맡긴다. 즉 사념된 권리를 포기함으로써, 나는 순수인격이 된다.** 하지만 나는 인격 자체, 법〔권리〕으로서만 존재한다. 나의 현존이 곧 법이며, 다시 말해 나는 거기에 전적으로 의존한다.

---

* 수는 즉자적으로 정당하다.
** **현존하는 악, 의도.(형벌, 사기)**

III. 헌정

부로서의 국가는 개별화된 현존이 지양된 상태일 뿐만 아니라, 현존상태에 있는 즉자가 지양된 상태이기도 하고, 인격의 순수 **즉자존재**가 지양된 상태이기도 하다. 인간은 오직 법 속에서만 자신의 현존, 존재 그리고 사유를 지닌다. 법은 스스로를 절대적 강제력[권력](absolute Gewalt)으로 아는데, 이 강제력은 부이기도 하고, 동시에 보편자를 위해 부를 희생하여 법을 보호하기도 한다. 그리고 공평정대함과 비교하여 조정하는 자로서 법은 삶을 보호하기도 하고 생명을 빼앗기도 하며, 죄를 용서하기도 하고 형에 처해진 삶을 사면해주기도 한다. 그래서 이 정신은 도처에 존재하는 절대적 **위력**(Macht)이다. 이 위력은 자기 자신 속에서 살아 있고, 이러한 것으로 정신 자신을 직관하며, **자기 자신을 목적**으로 삼는다. 강제력으로서 법은 개별자이자 **목적** 혹은 개별자의 추상물일 뿐이다. 그러나 법의 자기유지는 법이 지닌 생명의 **유기적 상태**(Organisation)이며, 자기 자신을 목적으로 삼는 한 민족의 정신이다. 법의 개념은 개별자의 완전한 자유와 자립성 속에 있는 보편성이다.

정신은 개인들의 **본성**이며, 그들의 직접적 실체이고, 운동이자 필연성이다. 정신은 현존 속에 있는 개인들의 **인격적 의식**이며, 개인들의 순수한 의식이자 삶이고 현실성이다. 개인들은 보편 의지를 α) 개인들의 특

F254

수 의지로 **알고**, 그래서 보편 의지는 개인들의 포기된 특수 의지이므로, 개인들은 보편 의지를 그들의 대상적인 본질이자 순수 위력으로 안다. 그리고 이 위력은 **즉자적으로** 개인들의 본질이며, **개인들의 앎 속에** 존재한다. 강제력들의 운동은 세 가지로 구분될 수 있다. α) 이 강제력 자체는 외화를 통해 생성된 것으로서, β) 개별자의 앎으로 존재하며, γ 보편적 앎으로 존재한다. α) 강제력의 생성은 외화이지만, 그러나 필연성의 외화는 아니다. 오히려 보편자의 강제력은 본질로서 **의식된다.**[*] 이러한 앎을 위해 각자는 자기 자신을 포기한다[외화한다].[**] [각자가 자신을 포기하는 것은] 지배자에 대항해서가 아니라, 순수 앎의 형식, 다시 말해 외화된 것으로서나, 보편자로서의 그의 형식 속에 있는 강제력에 대항해서 그러한 것이다. 이 보편적 **형식**이 개별자가 보편자로 되어가는 생성과정이며 보편자의 생성과정이다. 그러나 이러한 생성과정은 맹목적인 필연성이 아니라 앎을 통해 매개된다. 또한 각자는 여기서 자기 자신에게 목적이 되며, 다시 말해 목적은 이미 운동과정이기도 하다. 운동과정은 각 개인에게 직접적으로 원인이 된다. 그리고 그의 관심[관여]

H243

F255

---

[*] **필연성으로 인해** 개별자의 측면에서 이러한 강제력의 운동[이 발생한다.]

[**] 이것이 **도야(Bildung) 일반으로서, 그의 직접적인 자아의 외화[포기]**이다. α) [첫째는] 노동 일반, **조세**[이고] β) [둘째는] 보편자로서의 자신에 의한 구체적 상태의 **사념적 추상**, 조야함의 **사념적 추상**을 죄악으로 받아들이고, γ) [마지막으로] 자신을 순수 자아로, 지양된 것으로 안다. α) 그의 **특수한 자아**의 포기. 그는 자아를 **보편자의 측면**에 정립하며, [여기서] 보편자는 **장부**이며 죽은 문자이다. 그의 생명이나 의지는 개인들의 자아이다. [그래서] 개인들은 보편자의 **위력**이며, 개인들은 모든 면에서 보편자를 돕는다. 보편자는 모든 개인들의 외적인 조력을 믿는다. β) 또한 그들의 **순수 앎**은 보편자에게 속한다. 그들은 보편자를 자신들의 **본질**로 안다. (즉 그들의 본성이자 **그들의 인륜**으로 안다.) 그리고 **위력**이자 순수 본질로 [안다.] γ) 그들의 특수한 자아. 그들은 유지된다. 그리고 재산—보편자.

(Interesse)은 개인들을 **추동(treiben)**하지만, 동시에 보편자는 개인에게 무관심하며, 개인을 그의 특수한 측면이나 현실성과 결합시키는 매개항이기도 하다.

내가 나의 **긍정적** 자아를 공동 의지에서 지니고 있다는 것은, '지성이자 나에 의해 의식된 것'으로 인정받은 상태로서, 이렇게 해서 공동 의지는 나 자신에 의해 정립된다. 또한 나는 그의 **필연성**에 대한 직관을 통해서, **또는 외화를 통해서** 자아를 그 속에서 **부정적으로** 나의 위력으로서, 나 자신의 부정태인 보편자로서 지닌다. 보편자 편에서 보면, 보편자는 **나 자신의 필연성인 후자〔부정적 자아〕**로 스스로를 현시하며, 동시에 전자〔긍정적 자아〕가 **자기 자신을 희생하여** 나 자신이 나의 자아를 갖출 수 있도록 그렇게 자신을 현시한다. 여기서 나는 **나 자신의** 의식을 유지한다. F256 H244

법은 정신의 **직접적인** 개념이었으며, 강제력이자 정신의 운동의 **필연성**이며 **외화**이자 **타자화**였다.(보편자가 나의 삶을 보호하고 나의 삶을 지배하는 위력이기 때문에, 보편자는 순수 의지와 현존의* **직접적** 통일이자, 순수 의식과 나 자신의 **직접적** 통일이다. 직접적 통일로서의 이 보편자에게 나 자신을 관계시키면서, 나는 그를 **신뢰(Vertrauen)**한다.** 즉 나는 보편자를 나의 부정적 본질로서만 신뢰하며, 직접적으로 **나의 의지**이기도 한 보편자에 대해서 **두려움(Furcht)**〔을 갖게 된다.〕 나는 보편자와 단순히 일치할 뿐만이 아니라, 오히려 보편자가 나의 현실적 자아이기 때문에, 내가 **통치자(Regent)이기도 하다.** 〔그러나〕 보편자는 나 자신에 대해 다음과 같은 세 가지 측면에서 **주인(Herr)**이

---

* 사면에서 자기 자신으로의 복귀〔가 발생한다〕. 모든 것, 현실적인 **행위는 그 자체로 현존하는 것으로서 현실적인 것**이며, **죄악은 내적인 현실**이며 자기 자신의 절대적인 확신이다.
** 대자존재의 순수 밤은 모든 현존으로부터 완전히 **자유로운 절대적 앎**〔이다.〕

며[*] 공권력(öffentliche Gewalt)이자, 통치자(Regent)이다.)

즉, 이 보편자는 민족이자, 일군의 개인들의 집합이자, 현존하는 전체이며 보편적인 강제력이다. 보편자는 개별자가 극복할 수 없는 강력함(Stärke)을 지니고 있고 그리고 **그의 필연성과** 〔개별자들을〕**위압하는 위력, 각자가 자신의 인정받은 상태에** 따라 지니는 강력함은 그 민족의 강력함이다.[**] 그러나 이 강력함은[***] 그것이 하나로 **결합되어 있는 한에서만**[****] 〔모두의〕**의지들로서만** 작용을 할 수 있다. 보편 의지는 **모두이자 각자**의 (Aller und Jeder) 의지이지만, 의지로서 보편 의지는 단적으로 이러한 자아일 뿐이며, 보편자의 행위는 하나(ein Eins)이다. 보편 의지는 이렇게 하나로 합치될 수 있어야 한다. 보편 의지는 **우선 개별자의 의지**로부터 **스스로**를 보편 의지로서 **구축함으로써**, 원리(Prinzip)이자 토대(Element)로 나타나야 한다. 그러나 역으로 보편 의지는 **최초의 것이자 본질**이며, 개별자들은 그들의 **부정과 외화와 도야**를[*****] 통해 스스로 보편 의지가 되어

---

[*] 실재적인 정신, 직접적인 **타자존재**, 보편적 위력.

[**] **헌정**이라는 개념, 헌정의 **보편적 본질**.

[***] α) **대상**이자 낯선—**개별적인**—**위력**으로서의 자신에 대한 앎.

[****] **개별성 일반으로부터 해방된** 정신의 자유와, **특정한 현존으로부터 해방된** 보다 고차적인 자유.

[*****] **아리스토텔레스**—전체는 그 본성에 의하면 부분보다 우선하는 것이다.

[역주] 헤겔은 여기서 아리스토텔레스가 『정치학』(Politica)에서 '결사체'로서 정의한 정체(政體, koinonia politike)에 관련된 논의를 염두에 두고 있다. 아리스토텔레스는 『정치학』에서 다음과 같이 말하고 있다. "개인이나 가족이 시간상으로는 정체에 선행하지만 논리적으로는 정체가 개인이나 가족에 선행한다. 그 이유는 전체가 필연적으로 부분에 선행하기 때문이다. 만일 신체가 전부 파괴된다면 팔이나 다리만이 살아남을 수는 없다. …… 만물의 근본적인 성격은 그들의 기능과 능력에서부터 나오는 것이다. 따라서 만일 어떤 것이 더 이상 그것의 고유한 기능을 수행할 수 없게 된다면 그것을 같은 것이라고 할 수 없다. …… 이제 우리는 정체는 자연적으로 존재하며,

야 한다. **보편 의지**는 개인들 이전에 존재하며 개인들에 대해서 **절대적으로 현존하지만, 개인들은 직접적으로** 보편 의지로 존재하지는 않는다. 우리가 보편 의지의 구축(Konstituieren)을 표상할 경우, 보통 우리는 **모든 시민들이 함께 모여서*** 협의하고 발언을 하여 **보편 의지에 다수성〔과반수〕을 만들어 내는 것**으로 생각한다. 이러한 방식에 따르면, 이미 말한 바와 같이 개별자가 부정이나 자기 **포기**를 통해 스스로를 그러한 보편 의지로 만들어야 하는 일이 발생하게 된다. 그리고 이렇게 되면 공동체나 국가라는 단체는 근원적인 계약에 의존한다고 생각하게 되고, 모두가 **암묵적**

개인에 선행하는 것이라는 점을 이해하게 되었다. 이 두 가지 명제의 증거는, 정체는 전체이며 개인은 그 부분에 지나지 않는다는 사실이다. 개인들은 고립되어서는 자족적일 수 없으므로 전체에 모두 같이 의존해야 한다. 그리고 정체만이 자족한 상태를 이룰 수 있다. 고립된 개인은—즉 정치적 결사의 혜택을 누릴 수 없거나 이미 자족해 있으므로 그럴 필요가 없는 개인은—정체의 일부가 아니며 따라서 금수거나 아니면 신일 것이다." 아리스토텔레스, 『정치학』, 천병희 옮김, 숲, 2009, 1253a.

* 마땅히 발생해야 하는 것은 미리 **전제되어** 있다. **보편성**을 위해서 그들〔시민들〕은 통합한다. 〔이 보편성이〕 **목적**이다. 보편성이 즉자적으로 존재하기 때문에 시민들은 그것을 원했던 것이다.

의지의 개념 속에 있는 것과 같은 **추론**.

[역주] 여기서도 헤겔은 아리스토텔레스의 『정치학』의 논의를 염두에 두고 있다. 아리스토텔레스는 『정치학』의 첫 부분에서 이렇게 말한다. "우리가 경험적인 관찰에 의하여 알 수 있는 바와 마찬가지로 모든 정체는 결사의 일종이며, 모든 결사는 어떤 좋은 것을 달성하기 위하여 형성되는 것이다. 왜냐하면 일반적으로 모든 사람들은 어떤 좋은 결과를 가져오리라는 생각에서 행동하기 때문이다. 따라서 우리는 모든 결사는 일정한 좋은 목적을 갖고 있고, 또한 모든 결사들 중에 가장 으뜸가며 여타의 결사들을 모두 포괄하는 어떤 특정한 결사는 특히 이 목적을 추구하며, 더욱이 가장 으뜸가는 좋은 목적을 추구하는 것이라고 생각할 수 있다. 이 가장 포괄적이며 가장 중요한 결사가 이른바 정체, 즉 정치적 결사이다." 아리스토텔레스, 『정치학』, 천병희 옮김, 숲, 2009, 1252a.

으로(stillschweigend)이 계약에 **동의**했다고 추정하게 된다. 그러나〔본래는 이렇게 암묵적으로 동의한 것이 아니라〕분명하게〔자신의 의지를〕표명한다. 그리고 **이것이 모든 후속적인 공동체의 행동**〔조치〕**을 규정한다.** 그리고 이것이 **참되고 자유로운 국가의 원리**라고 생각하게 된다.[1]〔이렇게 되면〕〔국가라는〕공동체를 구축하는 것보다 여러 가지 다른 일들이 **보다 더 현실적**이라고 생각될 수 있다. 그리고〔이렇게 될 경우〕시초를 따지자면〔국가와 같은〕공동체는〔다른 일들보다〕그 이전에 현존하지 않았을 수도 있다. 또한 어떤 혁명이 일어나 지금까지의〔국가의〕헌정을 붕괴시켜 버린 적도 있다고 지적할 지도 모르겠다. 이러한 상황에서는 개인들은 **현실적인 개별자들**로 등장하고, 개인들 각자는 자신의 긍정적 의지를 보편 의지 속에서 의욕한다. 그러나 개인들의 긍정적인 개별성은, 아직은 외화된 것이 아니고 부정성을 그 자체에 지니고 있지 못하기 때문에, 보편자에 대해서 우연성을 띠며,〔그렇기 때문에〕이 보편자는 개별자들과는 현실적으로 다른 것으로 존재한다.〔이럴 경우에는〕모든 이들이 동일한 것을 의욕할 필연성도 없으며, 소수가 다수에 복종해야 하는 구속력도 없는 것이다. 오히려 각 개인은〔각자가〕개별적인 긍정적 의지로 정립되어 있고 인정받은 상태이기 때문에, 각자는〔다수가 결정한 사항을〕회피하고 어떤 다른 사항을 다른 이들과 합의할 권리를 지닌다. 그러나 그와 동시에 여기에 전제되고 있는 사실은, 개인들도 즉자적으로는 보편적 의지라는 점이다. 이러한 **즉자**는 그들의 현실적 의지와는 다른 것이며, 그들은 아직까지 자신들의 의지를 포기하지 않았고, 보

H246
F258

∴

1) '암묵적인 동의로 계약을 함으로써 국가라는 결사체를 만든다.'라고만 생각하면, 보편 의지로서의 국가의 위상은 계약 당사자들 간의 이해관계보다 우선시될 수 없다. 그렇기 때문에 여기서 헤겔은 이러한 계약론적 발상을 비판하고 있는 것이다.

편 의지를 인정하지 않고 있다. 오히려 보편 의지 속에서 오직 그들의 개별성만이 타당하다〔고 생각한다〕.* 그러나 보편 의지가 즉자이며, 현존하고 있고, 보편 의지가 **그들의** 즉자이다. 다시 말해 보편 의지는 개별자들을 강제하는 외적 **강제력〔권력〕**이다. 모든 국가들은 위인(偉人)의 숭고한 강제력〔권력〕을 통해 창설된 것이지, 물리적 강압으로 창설되지는 않았다. 왜냐하면 다수가 일자보다는 〔물리적인〕 힘은 더 세지만, 그러나 위인은 타인들이 그를 자신들의 지배자라고 부를 만한 어떤 특징을 지니고 있기 때문이다. 다른 사람들은 자신들의 의지에 반(反)하여 위인에게 복종하며, 그들의 의지에 반하여 위인의 의지는 그들의 의지가 되어버린다. 다시 말해 그들의 **직접적인** 순수 의지가 곧 위인의 의지인 것이다. 그러나 그들의 의식적 의지는 〔위인의 의지와는〕 다른 것이다. 즉 위인은 다른 사람들의 의지를 자신의 의도에 맞게 취급하기 때문에, 다른 사람들은 그들이 이전에 의욕하지 않았던 것도 의욕할 **수밖에** 없게 된다. 이것이 바로 절대적 의지를 알고 표명할 수 있는 위인의 선견지명인 것이다. 위인의 선견지명은 모두를 그 위인의 깃발 아래 결집시키며, 위인은 그들의 신이 된다. 이와 같이 하여 〔예를 들면〕 테세우스(Theseus)²⁾는 아테네라는 국가를 창설했으며, 프랑스 혁명에서도 무시무시한 강제력(eine fürchterliche Gewalt)³⁾이 국가를, 전체 일반 을 지탱했던 것이다.** 이 강제

---

* 처음에는 **도야되지** 않은 〔상태이다.〕 〔이것은〕 직접성 일반의 계기〔와 마찬가지다.〕
** 솔론(Solon) 사후에 피시스트라투스(Pisistratus)는 솔론이 만든 법들을 시민들 자신의

:

2) 테세우스는 아티카의 대표적인 영웅으로, 트로이 전쟁보다 한 세대 전에 살았던 것으로 전해진다. 앞서 GW8의 211쪽 이하에서 피리투스와의 돈독한 우정관계를 소개하면서 헤겔은 테세우스를 언급한 바 있다.

력은 폭정(Despotismus)이 아니라 오히려 **전제 정치[참주 정치](Tyrannei)**이며 경악할 만한 고도의 지배력이다.[4] 그러나 **이 전제 정치가 국가를 현실**

것이 되도록 해주었다.

[역주] 피시스트라투스 또는 페이시스트라토스(Peisistratos)는 기원전 6세기 초에서 527년까지 생존했던 아테네의 참주이다. 페이시스트라토스는 자신의 적대세력인 귀족 소유의 부동산을 몰수하여 솔론에 의해 자유로운 소작인이 되었던 헥테모로이에게 토지를 배분하였고, 그들이 자신들의 노동으로 생계를 유지할 수 있도록 하였다. 그리고 가난한 농민들에게 돈을 대부하여 그들의 경제생활을 가능케 하였다고 한다. 그런데 사실상 이러한 일련의 조치들은 적대세력을 견제하면서 자신의 정치권력을 유지하려는 목적에서 취해진 것이었다. 아리스토텔레스는 『아테네 정체』(Athenaion Politeia)에서 솔론의 입법 가운데서 많은 것이 참주정치 하에서 폐지되었다고 전하고 있으나, 헤로도토스나 투키디데스는 그가 기존의 정치관직을 폐지하거나 법률을 개정하지는 않았고, 주요 관직을 자신의 지지자들에게 할당함으로써 그의 정권유지에 힘썼다고 전하고 있다. 여기서 전제 정치를 언급하면서 헤겔이 페이시스트라토스가 솔론이 제정한 법을 시민들의 것이 되도록 해주었다는 말을 덧붙이고 있는 것은, 페이시스트라토스가 비록 참주정치를 펼치기는 하였으나 귀족의 독점적인 몫을 시민들에게 배분해 주었다는 맥락에서 언급하고 있는 것으로 판단된다. 그리고 이러한 정책이 결국 정권을 유지하기 위한 고도의 술책에서 비롯된 것임을 헤겔도 인지하고 있다.

∙∙
3) 이후에 로베스피에르에 관한 언급도 나오지만, 여기서 헤겔은 '프랑스 혁명' 이후 초래된 공포정치를 떠올리고 있다. 청년기 튀빙겐 신학교 시절에 셸링, 횔더린과 함께 프랑스 혁명에 대해 열광적인 태도를 보였던 헤겔은 1795년 경부터 이러한 태도를 변경하여, 후에 『정신현상학』에서는 프랑스 혁명에서 초래된 공포분위기를 '절대자유와 공포'라는 표제를 붙여 논하고 있다. 여기서 헤겔은 혁명의 결과를 '소멸의 광란', '스스로 자기 자신을 파괴하는 현실', '부정적인 것의 완전한 공포'로 표현하면서, '무의미한 죽음'만을 초래했다고 프랑스 혁명을 비판적 시각에서 바라보고 있다. 헤겔에 의하면 이러한 죽음은 '어떤 내적인 영향이나 성과도 없었으며 양배추를 둘로 자르거나 물 한 모금 마시는 정도 이상의 의미를 가지고 있지 않다.'(GW9, 316쪽 이하 참조) 1819년 10월 30일 크로이쩌(Creuzer)에게 보낸 편지에서도 헤겔은 프랑스 혁명을 다음과 같이 공포와 희망으로 묘사하고 있다. "나는 곧 쉰 살이 됩니다. 이 중의 30년은 지속적으로 동요하는 공포와 희망의 시대 속에서 살면서 이 공포와 희망이 어느 날엔가 끝나기를 기대했습니다."(BH1, 219쪽) 그러나 프랑스 혁

적인 개체로서 구축하고 유지시켜 준다고 한다면 전제 정치는 **필연적**이며 **정당한** 것이 되어버린다. 이러한 [전제적] 국가는 자기 자신을 확신하는 단순한 절대적 정신이며, 이 국가에게는 국가 자신 외에는 어떤 특정한 규정도 타당하지 않다. 즉 [그 국가가] 좋거나 나쁘다, 아니면 파렴치하다거나 비열하다, 교활하다거나 기만적이다 등등의 어떤 개념도 [국가에게는 타당하지 않게 된다]. 국가는 이 모든 것들 위에 군림하는 숭고한 것이 되어버린다. 왜냐하면 이러한 국가에서는 죄악이 자기 자신과 화해한 상태에 있게 되기 때문이다. 이처럼 위대한 의미로 **마키아벨리** (Machiavelli)의『군주론』은 쓰여졌다. [마키아벨리의『군주론』에서 국가는] 그 국가를 건립할 때 암살(Meuchelmord)이나 간계(Hinterlist), 무자비함(Grausamkeit) 등이 죄악이라는 의미를 지니지 않고, 오히려 자기 자신과 화해된 것이라는 의미를 지닌다. 사람들은 그의 저작을 아이러니(Ironie)로 간주하였다. 그러나 마키아벨리 자신은 그의 조국이 겪고 있는 어떤 깊은 고통에 대한 연민이나, 애국심을 고취시키는 일이 자신의 냉철하고도 사려 깊은 학설의 토대로 자리하고 있었다고 그 책의 서론과

H247

⠿

명에 관한 헤겔의 평가가 긍정적인 데에서 부정적인 쪽으로 전환되었다고 해서, 프랑스 혁명에서 주창된 자유와 평등이라는 이념의 현실적 실현이라는 목표마저 헤겔 철학에서 무효화된 것은 아니다. 오히려 이 점에서 헤겔은 청년기부터 후기에 이르기까지 프랑스 혁명에 관한 확고한 신념을 가지고 있었으며, 혁명과 함께 등장한 정치 사회적 문제를 적극적으로 해결하는 것이 자기 시대가 필연적으로 당면하고 있는 과제라고 확신하고 있었다. 헤겔과 프랑스 혁명의 관계에 대해서는 다음 책을 참조할 것. J. Ritter, *Hegel und französische Revolution*, Frankfurt am Main 1965.

4) 그 어원상으로 보면 폭정(Despotismus)이나 전제정치[참주정치](Tyrannei)는 독재로서 거의 같은 의미를 지닌다고 할 수 있으나, 헤겔은 여기서 이 두 가지를 구분하고 있다. Despot가 '임의적인 지배자'를 의미하는 반면, Tyrann은 '유일한 지배자'를 뜻한다. 헤겔은 아무나 폭력적 수단을 통해 지배자가 되는 측면보다는, 권모술수에 능한 단 한 사람이 지배자가 되는 측면을 부각시키기 위해 이러한 구분을 하고 있다.

결론에서 밝히고 있다. 〔그 당시〕 그의 조국은 낯선 자들에 의해 몰락하여 독립을 하지 못하고 황폐한 상태에 있었다. 그리고 모든 귀족들과 지도자들, 각 도시들은* 제각기 자치를 주장하고 있었다. 〔그래서 마키아벨리아 보기에〕 국가를 창설할 수 있는 유일한 수단은 이러한 자치를 무력화시키는 것이었다. 왜냐하면 각 도시들은 직접적인 개별자들로서 각자의 자치를 타당하게 만들고자 하였기 때문이다. 그래서 〔각 도시들의〕 지도자들을 죽이는 것만이 〔국가가 창설되지 못한〕 조야한 상태에 대항하는 수단이 되며, 지도자를 제외한 여타의 사람들에 대해서도 죽음의 위협만이 〔조야한 상태를 극복하는〕 수단이 될 수 있다고 본 것이다. 독일인은 마키아벨리가 제기한 그런 종류의 학설을 가장 혐오해왔으며, 〔독일인에게는〕 마키아벨리주의(Machiavellismus)라는 것은 가장 나쁜 것을 표현하는 말이었다. 왜냐하면 독일인들이야말로 〔이탈리아와〕 비슷한 병에 걸려 자리에 누웠다가 그 병으로 사망해버린 상태에 처해 있었기 때문이다. 그러나 〔독일에서는〕 여러 도시의 제후들에 대한 신민들의 무관심이나, 이와 반대로 제후이거나 아니면 제후로 자처하는 이들의 무관심은 앞서 말한 전제 정치를 불필요한 것으로 만들어 버렸다. 왜냐하면 이러한 무관심으로 인해 제후들 자신들의 아집(Eigensinn)은 아무런 효력도 없는 것이 되고 말았기 때문이다.

이처럼 그들의 직접적인 **긍정적 의지**가 **절대적으로** 주장되는 것을 알기 원하는 개별자들에 대해서 보편자는 주인, 전제 군주, 순수 강제력으

---

* 〔이것은〕 독일 북쪽 지방의 완고함의 실행〔이라고 할 수 있다.〕 그들은 어떤 전제 통치도 참을 수 없었기 때문에, **민족**으로서의 그들은 사라져버리고 말았다. 그들은 단지 **국민(Nation)**일 뿐이었고, 절대적 개별성의 원리를 세계에 도입해버렸다. 기독교 내에서는 남부 지방에 사상이 **현존**〔하고 있다.〕

로 나타난다. 왜냐하면 이럴 경우에 보편자는 개별자들에 대해서 낯선 것이기 때문이다. 그리고 자신이 어떤 것인가를 아는 국가권력은, 〔국가〕 전체의 실존이 위험에 처하게 되는 어떤 긴급 상황에서 완전히 전제적으로 대처할 수 있는 용기를 지녀야 한다. 전제 정치를 통해서 현실적인 개별 의지가 직접적으로 포기되는 결과가 발생한다.* 이것은 **복종**을 할 수 있도록 〔개별 의지를〕 도야하는 일이기도 하다. 복종은 〔개별자가〕 보편자를 현실적 의지로 아는 것인데, 이러한 복종을 목표로 한 도야를 통해서 전제 정치는 필요 없게 되고 법의 지배가 대신하게 된다. 전제 군주가 행사하는 강제력은 법 **그 자체**의 강제력이 된다. **복종**을 통해서 법은 더 이상 **낯선** 강제력이 아니라, 알려진 보편 의지가 된다.** 〔아직도〕 전제 정치는 여러 민족들에 의해 지지를 받고 있다. 왜냐하면 그것이 추악하고 비열하기 때문이다. 그러나 실제로는 전제 정치는 도가 지나치다는 바로 그 이유 때문에 〔전제 정치가 여러 민족들에 의해 지지를 받는 것이다.〕 **사람들은 전제 군주를 기리는 일을 달가워하지 않는다.** 하지만 이런 가운데서도 전제 군주는 자기 자신을 확신하는 정신으로서 자처한다. 이러한 정신으로서 전제 군주는 신으로서 오직 독단적으로 자신을 위해서만 처신하며, 자신의 민족에게 배은망덕한 태도를 취할 각오가 되어 있다. 그러나 만일 그가 현명하기라도 하다면 전제 정치가 필요 없는 것처럼 그스스로 전제 정치를 중단할지도 모르지만 그럴 가능성은 거의 없어 보인다. 그의 신성(神性)은 단지 동물의 신성일 뿐이며, 맹목적인 필연성일 뿐

F260

H248

---

* **지양된 직접적인 이것들.**
** 그들은 그것〔법〕을 자신의 것으로 삼는다. 아첨을 함으로써 그들은 아첨의 목적이 되는 대상을 오히려 장악하게 된다. 무엇을 경시하게 되면, 사람들이 경시의 대상으로 삼는 것을 도리어 강화시켜주게 된다.

이라서, 사람들이 이 필연성을 악한 것으로 경멸할 만하다. 로베스피에르(Robespierre)도 그러한 일을 꾀했다. 그래서 그가 가진 힘이 그를 버린 것이다. 왜냐하면 **필연성이 그를 저버렸기** 때문이다. 그리고 그는 강제력[폭정]에 의존하게 되었다. [이러한 폭정을 통해서도] 필연적인 것이 발생하기는 하지만, 그러나 이 필연성의 각 부분은 개별자들에게만 할당되어버린다.* 즉, [필연성을 떠맡은] 한쪽은 원고이자 변호인이며, 다른 쪽은 판사이고, 제 삼자는 사형 집행인이다. 그러나 여기서 이들 모두는 필연적이다.

법의 지배**는 마치 [법의 지배를 받는] 어떤 개별자들도 현존하지 않는 것처럼 그렇게 시행되는 입법이 아니며, [법의 지배를 받는 개별자들로서] **그들은 현존하고 있다**. 그리고 [개별자들이 법과 맺는] 관계는 복종하도록 도야된 이들이 공동체에 대해서 맺는 운동이다. 이 현존하는 본질이 근거로 자리하고 있다. 두 번째로 등장하는 것은 **신뢰**(Vertrauen)이다. 즉 개별자는 본질로서의 법 속에서 자신의 **자아를 알 뿐만 아니라 그의 본질도 알며, 그 속에서 스스로가 유지된다는 것도 발견한다.***** 그러나 자신이 어떠한 맥락과 실행을 통해서 어떻게 그 속에서 유지되는지를 개별자는 개념파악을 하거나 통찰하지는 못한다. 보편자는 이렇듯 부정적인 의미와 긍정적인 의미를 동시에 지닌다. 전자[부정적 의미]는 전제통치를 통해서, 후자[긍정적 의미]는 개별자의 유지나 보편자의 외화[포

F261

---

* 두려움은 복종의 상태에서는 사라져버린다.

** [법은] **즉자적인 존재자**[이다.] 신들의 영원한 법칙들은—솔론이 그것들을 제정해주었듯이—**즉자적으로** 존재하며, 사유와 존재의 본질이다. 그것들은 **저절로 주어진** 법들이 아니며, 더 이상 개별 의지의 **형태**를 지니지 않고 그 본연의 형태를 지닌다.

*** 직접적인 통일의 형식.

기]를 통해서 가능하다.

개별성과 보편자의 이* 통일은 이중적인 방식으로 현존**한다**. 〔그중 하나는〕 **보편자**라는 극단으로서, 이 항은 **그 자체가 개체성**이며 **통치**〔정부〕이다. 그러나 이 보편자는 국가라는 추상물이 아니라, **보편자** 자체를 목적으로 삼는 **개체성**이다. 또 다른 극단은 개별자를 목적으로 삼는 것이다. 이 두 가지 개별성들은 동일한 것들이다. 〔예를 들자면〕 한 남자는 자신과 그의 가족을 돌보고, 노동하고 계약을 체결하는 등등의 일을 한다. 그리고 동시에 그는 보편자를 위해서도 노동하며, 이 보편자를 **목적**으로 삼는다. 전자의 측면에서 보자면 그는 **부르주아지〔시민〕**(bourgeois)이며, 후자의 측면에서 보자면 그는 **시토엥〔공민〕**(citoyen)[5]이다.** 그는 모든 이들이 모인 다수로서의 보편 의지에 복종하며, 〔보편 의지는〕 **개별자의 특정한 언표와 동의를 통해서 구축된다.** 기준이 되는 규칙이나 법이 다수의 확신에 반할 경우에는, 그는 다수의 의견에 속하지 않는 의견에 복종하기도 한다. **항의를 하거나** 그들의 확신을 유지하는 일은*** 그들에게는 미결정의 상태로 남는다. 그들은 복종을 하기는 하지만, 그러나 독일

---

* 〔이 통일은〕 생동적인 통일〔이며,〕 **고대의 인륜**〔이다.〕
** 창으로 무장한 민병(民兵)과 제국의 시민, 다른 사람들과 똑같은 형식적인 민병.
*** 〔이 일은〕 **무미건조**〔하다.〕

∴

5) 부르주아지는 사적 이해에 입각하여 시민사회 속에서 생활하는 사적 시민(Privatbürger)이며, 시토엥은 보편적 이해에 입각해서 국가 속에서 공적 생활을 영위하는 공적 시민 또는 국민(Staatsbürger)을 뜻한다. 이 둘의 구분을 통해 보편적 국가와 사적 목적을 지니는 시민 사이의 차이가 분명해지며, 이후에 『법철학』에서 '시민사회'와 '국가'의 구분으로 체계화된다. 『법철학』에서 부르주아지는 욕구(Bedürfnis)를 본질로 하는 인간이며, 사적인 이해를 목적으로 삼는 사인(私人)이다. TW7, 187, 190 참조.

인들에게 특별히 중요한 일이 무엇인지를 명확하게 설명하는 데 확신을 가지지 못한 채 그렇게 하고 있다. 또한 확신에 의존하는 이 완강함, 알맹이나 내용물이 빠진 추상적인 의욕과 공허한 법이 지니고 있는 아집을 명확하게 설명하지도 못한다. 이러한 **민주주의**(Demokratie)에서는 개별자의 의지는 여전히 α) 사견 일반으로서 우연적이다. 〔그러나〕 개별자의 의지는 다수에 반대되는 사견도 부정해야 한다. β) 현실적 의지로서, 자아나 행위로서 의지 자체는 개별적이며, 이 의지에게 모두가 복종해야 한다. 〔의지의〕 실행은 몰의지적으로 현실적인 복종을 정립하며, 모든 의지는 실행에 관한 그의 사견을 거부한다. γ) 여기서는 결의들이나 법들이 단지 특수 상황들과만 관련된다. 결의나 법들이 보편자와 맺는 연관에 대한 통찰은 모든 이의 통찰이지만, 그러나 그들의 특수성 때문에 그

F262 러한 통찰은 그 자체로 우연적이다. **관리**나 **군사령관**의 **선출**은 지역 주민 공동의 몫이다. 지역 주민은 그들을 신임하지만, 그러나 이러한 신임은 맡은 바 일을 잘 성공적으로 수행함으로써 비로소 정당화된다. 하지만 상황은 항상 다양하다.[6] 방금 앞에서 서술한 내용이 그리스인들이 지녔던 아름답고도 행복한 자유의 상태로서, 사람들이 매우 부러워해왔고 지

H250 금도 부러워하고 있는 것이다.* 〔그러나 이제는〕 민족이 시민(Bürger)으로 해체되어버렸으며, 동시에 민족은 단 하나의 개체와 통치〔정부〕이다. 그러나 민족은 오직 자신과의 상호작용 속에만 존립한다. 의지의 개별성의 포기는 의지의 직접적인 유지이다. 그러나 보다 고차적인 추상이 필

---

* 동일한 **의지**가 **개별적인 것**이자 동시에 **보편적인 것**이다.

∴

6) 선출된 관리가 자기 직무를 제대로 수행하지 못하는 경우를 염두에 두고 하는 말이다.

요하고 보다 커다란 대립과 도야, **보다 심오한** 정신이 요구된다. 민족은 인륜성의 왕국(Reich der Sittlichkeit)이다. 〔민족 내에서는〕 모두가 **인륜**이며 보편자와 직접적으로 하나이다. 여기서는 어떤 저항도 발생하지 않는다. 각자가 자신을 **직접적으로** 보편자로 안다. 다시 말해 각자는 자신의 특수성을 부정하며, 특수성을 특수성 자체로, **이러한** 자아나 본질로 알지는 못한다. 따라서 보다 고차적인 분열은, 각자가 완전히 **자신 속으로 복귀하고**, 자신의 **자아를 그 자체로서**,* 본질로서 알고, 현존하는 보편자로부터 분리되어 절대적인 성격을 지니는 이러한 아집(Eigensinn)의 상태에 도달할 때 발생한다. 〔이러한 상태에서〕 그는 **자신의 앎 속에서 자신의 절대적인 측면을 직접적으로 지닐 수 있다.** 그는 개별자로서 보편자를 자유롭게 방면하며, 그는 그 자체에 완전한 자립성을 지니며, 자신의 **현실**을 포기하고 오직 자신의 **앎** 속에서만 타당하게 된다.** b) **자유로운 보편자**는 개체성의 요점이며, 개체성은 모두의 앎으로부터 자유롭다. 〔자유로운 보편자는〕 개체성에 의해 구축되지 않은 것이며, 통치의 한 극단으로서 직접적이며 **자연스러운 필연성**이다. 자유로운 보편자는 **세습 군주** (erblicher Monarch)이다. 그는 전체의 확고하고 **직접적인** 매듭(Knoten)이다. 〔그러나〕 정신적인 결속은 **공적인** 견해이며, 이것이 진정한 입법 단체이자 국회(Nationalversammlung)라고 할 수 있다. 〔그러기 위해서는〕 **(보편적인 도야)**〔가 필요하다.〕〔그러나 세습 군주제에서는〕 합의체나 법

---

* 그의 자아는 법이나 인륜 속에 있지 않다. 또한 본질은 **법이며**, **죄악**, 자체 내로 되돌아가서 완전히 외화된 것이다. 이것은 자신의 현존을 희생하고 또 다른 세계를 자신의 세계로 아는 자이다. 현실에서는 이러한 포기〔외화〕만이 나타나게 된다. 동시에 존재의 직접성은 이 절대적 보편성에 대립하기도 한다.
** **공적인 견해**—한 구성원은 그의 국가가 그러한 만큼 이성적이다.

Ⅲ. 헌정 | **371**

을 개선하거나, 보편 의지를 공표하는 따위는 **쓸모없는 일**이 되어버린다. 그[세습 군주]는 온갖 명령의 실행 속에서 살아 있다. 정부 부처들은 이 정신[세습 군주]에 속한다. [그러나] 그 헌정이 여전히 이와 같이 [세습 군주제의] 상태에 있는 국가들에서도 이제 통치와 삶의 방식이 바뀌고 있다. 헌정도 시간이 지남에 따라 서서히 바뀐다. 통치는 과거의 편을 들어서는 안 되며, 과거의 것을 집요하게 보호하려고 해서도 안 된다. 오히려 설득당하고 변하게 되는 것은 과거의 것이다. 현실적인 **행위**, 현실적인 의지는 관리들의 선출을 통해 [이루어진다.] 도시나 동업자 조합과 같은 각각의 영역들도 그들의 특수한 업무들을 관리함으로써 대표성을 띠게 된다. 그러나 인민이 통치하게 되면 인민은 좋지 않으므로(schlecht) 비이성적인 행위를 할 수도 있다. 그러나 전체는 [세습 군주나 인민이 아니라] 매개항이자 자유로운 정신으로서, 이 정신은 이렇게 완전하게 확정된 극단적 상황들로부터 자유롭게 자신을 지탱한다. [그래서][7] 전체는 개별자의 앎과 통치자의 속성과는 독립적인 것이다. [이렇게 되면 세습 군주는] **공허한 매듭**[이 되어버린다.]

이것이 **근대의 고상한 원리**로서, **고대인들**이나 **플라톤**은 그러한 것을 전혀 **몰랐다**. 고대에는 **아름다운** 공적인 삶이 구성원 모두의 인륜이었다. 아름다움은 보편자와 개별자의 직접적인 통일이었다. [이러한 상황은] 하나의 예술품과도 같아서, 이러한 예술품에서는 어떤 부분도 전체와 분리되지 않으며, 스스로를 아는 자아와 이 자아의 표현이 천재적인 통일을 이루고 있었다. 그러나 [고대에는] 개별성이 자기 자신을 절대적으

7) 펠릭스 마이너 판에는 'aber'가 삽입되어 있으나, 바로 앞문장과 반대되는 내용이 아니라는 점에서 also가 적절하다고 생각된다.

로 알지도 못했으며, 절대적 자기내존재가 현존하지도 않았다. 플라톤이 주장한 국가는 라케다이몬⁸⁾의 국가처럼 '자기 자신을 아는 개체성'이 사라진 상태였던 것이다.* 이 원리에 의해서 직접적인 현존상태에 있는 개인들의 외적인 현실적 자유는 사라지고 말았지만, 그러나 그들의 내면의 자유, 사상의 자유는 그대로 유지되었다. 즉 정신은 직접적인 현존상태로부터 순화되었으며, 정신은 **앎**의 순수한 기반 속에서만 등장하였고, 현존하는 개별성에 대해서는 무관심하였다. 그러나 〔근대라는〕 지금에 정신은 앎으로 **존재하기** 시작했다. 또한 자기를 스스로 아는 행위의 〔실존〕으로서 정신의 형식적 실존이 있게 된 것이다. 이와 같은 정신은 그 자체로 존재하는 북쪽 지방의 본질이기는 하지만, 그러나 그의 현존을 모든 이의 자아 속에서 지니고 있기도 하다.

이 원리〔근대적 원리〕에 따르자면, α) 다수의 개인들과 다수의 민중들은 **한** 개인이나 군주에 대립된다. 전자〔개인들과 민중들〕는 다수이자 운동이고 유동성이며, 후자〔군주〕는 직접적이며 자연적인 것이다. 이것만

---

* 플라톤은 이상을 제시한 적이 없으며 그 시대의 국가를 그의 내면 속에서 파악했던 것이다. 그러나 이러한 국가는 사라지고 없다. 플라톤의 공화국은 실현불가능한 것이다. 〔그것이 실현불가능한 이유는〕 그 국가가 절대적 개별성의 원리를 결여하고 있었기 때문이다. 그러나 현실적인 것은 외적으로는 이상처럼 보이지 않는다. 왜냐하면 관찰자가 직접적인 면을 필연적인 것으로서 고수하고 있기 때문이다. 개인들은 무절제와 타락, 파렴치, 방탕을 참을 수 있어야 한다. 국가는 **꾀**(List)이다.

∵

8) 라케다이몬은 타이케테와 제우스의 아들로, 에우로타스 왕의 딸 스파르타와 결혼했다. 에우로타스 왕은 아들이 없었으므로 라케다이몬에게 왕국을 물려주었다. 그리하여 그가 다스린 민족은 '라케다이몬인들'이라 불렸으며, 그들의 수도는 그의 아내의 이름을 따서 스파르타라고 불렸다.

이 **자연적인 것**이며, 다시 말해 이곳으로 **자연은 대피해버린 것이다.** 그것은 **자연의** 최후의 **안식처로서 긍정적인 것이다.** 〔이러한 관점에서 보면〕 제후의 가족만이 유일하게 긍정적인 것이며, 다른 가족들은 버려질 수 있다.* 다른 **개인은 단지 포기된 것으로서만 가치를 지니며, 그 개인이 되고자 하는 것으로서,** 도야된〔형성된〕 것으로서만 가치를 지닌다. 그러나 공동체 전체는 후자〔개인들〕에 구속되지 않듯이 전자〔군주〕에도 구속되지 않는다. 공동체는 자기 자신을 지탱해나가는 붕괴되지 않는 몸뚱이와도 같다. 〔물론 이러한 조건에서도〕 군주는 그가 원하는 성격을 지닐 수 있으며, 시민들도 그들이 원하는 것처럼 될 수 있다. 〔그러나 이와 상관없이〕 공동체는 자체 내에서 완결적이며, 스스로를 지탱해나간다.** β) 그의 앎과 심정(Gesinnung) 속에서 개인들이 다양하면서도 자유로운 만큼이나, 강제력들, 전체의 개별적인 측면들, 추상적인 계기들도 마찬가지로 자유롭다. 즉 노동과 제조, 법적 상태와 행정 관리, 군대 〔등등은 제각각의 분야에서 자유롭게 유지된다.〕 이들 분야들은 제각기 자신의 일면적 원리에 따라서만 완전함을 갖추게 된다.*** 〔이런 점에서 보면 공동체라

---

* 이것만이 **선천적으로 그러한 능력을 타고난 것으로서 직접적인** 의지이며 위대한 **개별성** 〔이며,〕 의욕의 에너지이며 **절대적 결단이고 의지의 즉자**〔이다.〕 **우리는 명령한다.**

** 〔이것은〕 **입법** 등과 같은 권력〔강제력〕의 인위성이 아니다. **자아가** 최상의 것이며, 〔여기에는〕 **강제력과 필연성의 자유로운 희생**〔이 있다.〕 개별자를 만들도록 하는 꾀는, **모든 개별자들이 대자적으로** 보편자 내로 흘러들어가도록 배려한다. 〔이것은〕 정신의 보다 고차적인 자기 내로의 반성〔이며〕 자의에 반대되는 **보증**〔이다.〕 **신분들**의 보편적 헌정〔구성〕은 신분제 계급들이 아니며, 보편적 이성〔이자〕 민족의 **이성**〔이며〕 여러 기구들처럼 분별력이 있다.*

〔*옆에〕 모든 개별자들의 유동성.

*** **정신의 조직**〔은 다음과 같다〕. α) **의무,** b) **도덕.** 〔여기서〕 각자는 자신이 처한 신분상태(Stand)에서 자신 위로 고양된다. α) 자연 또는 **개별성의 신분,** β) 보편적 신분, 목

는] 유기적인 전체는 완전한 내장들[기관들](Eingeweide)을 지니기는 하지만, 이 내장들은 각기 추상적인 상태에서 형성된 것들이다. 유기적인 전체가 각각의 개별자들, 즉 제조업자나 농부, 수공업자, 군인, 법관 등등은 아니다. 오히려 유기적인 전체는 스스로를 분화시키는 것이다. 그리고 각 분야는 [유기적인 전체가 아니라] 하나의 추상에 속한다. 각자는 각자의 사유 속에서 스스로 전체가 되어버리는 것이다.

(전체는 세 가지 방식으로 전개될 수 있다. 첫째는, 전체의 항들, 외적인 확정H253된 조직과 그 조직의 부분 기관들, 이들이 그 자체에 지니고 있는 강제력들이다.*
β) [그 다음으로는] 각 계층의 심정이자 자기의식이다. [이 자기의식은] 그의 존재를 자신 속에서 순수하게 아는 자이며, 현존으로부터 직접적인 벗어남이자, 자신의 지절 그 자체에 대한 정신의 앎이다. 마지막은 [이러한 모든 것들을] 초월한 상태다. 맨 처음의 것[9]은 인륜성이고, 그 다음[10]은 도덕이고 세 번째[11]는 종교다. 첫 번째는 자유롭게 방면된 정신적 본성이고, 그 다음은 그 본성의 자기 자신에 관한 앎이다. 세 번째는 자신을 절대적 정신으로서 아는 정신으로, 이것이 종교다.)[12]

적, 보편자, **상인**, 지식인, **군인과 통치**, γ) 종교, 철학, 존재하는 정신.

* 신분과 한 신분의 정신, 이렇게 특정한 정신은 본래 조야한 신뢰와 노동의 상태로부터 시작하여 자기 자신에 대한 절대정신의 앎의 상태에 이르기까지 스스로를 계속적으로 도야해나가는 것이다. 이 정신은 우선은 한 민족 일반의 **삶**이다. 그리고 이 정신은 이러한 민족의 삶으로부터 해방되어야 한다. α) 그의 의식은 특수성의 차원에서 최초의 세 신분들로 나누어진다. β 그의 대상은 맡은 바 직무의 상태에서 보편적인 것이다.

:.

9) 첫 번째 측면, 즉 '전체의 항들, 외적인 확정된 조직과 그 조직의 부분 기관들, 이들이 그 자체에 지니고 있는 강제력들'을 말한다.
10) 두 번째 측면, 즉 '심정과 자기의식'을 말한다.
11) 세 번째 측면, 즉 앞선 두 측면들을 초월한 상태를 말한다.
12) 호프마이스터 판에는 ( )가 없다.

신분들, 또는 자신을 자신 속에서 자기분화하는 정신의 본성[13]

F266   모든 현실성과 본질성을 자기 자신으로 아는 정신은* 자신을 직관하며, 스스로 대상이 된다. 또한 이 정신은 스스로 현존하는 유기체(Organismus)이다.** 이 정신은 자신의 의식을 도야한다. 그는 이제 겨우 즉자적으로 진정한 정신일 뿐이다. 각각의 모든 신분에서 정신은 특정한 일을 지니고, 거기서 자신의 현존과 행위에 대한 앎과 특수한 개념을 지니며, 본질성에 대한 앎도 지니게 된다. 양자[14]는 한편으로는 분리되지만, 다른 한편으로 통합되어야 한다. 신뢰가 우선적인 것이며, 법의 추상의 상태로

H254   이 신뢰가 분열되는 것이 이차적인 것이다. 그리고 절대적인 불신이 세 번째 것이다 (사물과 돈, 대리인, 보편자 등을 절대적으로 타당한 것으로 취급하는 것이 〔이 세 번째에 속한다〕). 이를 통해 즉자적으로 보편자인 대상이 등장하며, 국가는 목적이 된다. 의무와 도덕성에 대한 앎〔도 생겨난다.〕 특수한 분야들에서의 이러한 보편자, 즉 〔여러 가지〕 업무에 종사하는 신분〔이 생기고,〕 그러고 나서 보편자로서의 보편자, 지식인〔이 생긴다.〕 마지막으로 군인 신분, 부정된 현실적 개별자가 생기는데, 〔이 군인 신분에게는〕 죽음의 위험〔이 도사리고 있다.〕 지식인에게는 그의 자아의 자부심이 가장 중요한 것이다. 민족의 절대적 개체성〔은 이렇게 존립한다〕.

---

* I. 하위 신분들이나 특수자에서 자신의 대상과 의식을 지니는 자들.
** 의식은 정신이 그로부터 자신의 현존을 만들어내는 정신의 소재이다.

∴
13) 호프마이스터 판에는 〔A.〕가 표기되어 있으나 펠릭스 마이너 판에는 표기가 없다.
14) 주체인 정신과 대상인 정신 양자를 가리킨다.

I) 저급한 신분들과 심정들

a) 직접적인 신뢰와 조야한 구체적인 노동의 신분이 **농민신분(Bauerstand)**
이다. 절대적인 신뢰는 국가의 토대이자 기초이다. 그러나 신뢰는 문명
화된 국가에서는 어떤 하나의 신분으로 후퇴하고 만다. 그리고 이 신분
은 기반이 되는 출발점이자 모든 것 속에 머물면서 그들의 의식적인 형
식을 취하는 보편적인 기반이다. 따라서 농민신분은 개체성이 없는 신뢰
의 상태로서, **자신의 개체성을 무의식적인 개체**, 즉 대지(大地) 속에서 지
닌다.* 노동의 측면에서 보면 그는 추상적인 형식의 노동자가 아니라, 자
신의 대부분의 욕구 전체를 돌보고 염려하는 자이다. 또한 그의 작업결
과는 내면에서만 그의 행위와 결합된다. 그의 목적과 이 목적의 실현 간
의 연관은 몰의식적인 것이며 자연이다. 그는 경작하고 배를 채우지만,
그러나 계절마다 만물을 번성하게 하는 것은 바로 신이다. 그리고 농부
는 땅에 심은 것이 저절로 잘 자랄 것이라고 믿는다. 이러한 활동은 지하
세계의 몫이라고 할 수 있다. 농부는 각종 세금과 공과금을 지불한다. 왜
냐하면 바로 그것이 **그렇게 존재하기** 때문이다. 이 땅과 집들은 줄곧 그
렇게 관리되어왔다. 그것이 **그렇게 존재한다**라는 것 이상의 어떤 것도 없
다. 〔이것은〕 오래된 법이다. 그리고 새로운 것〔새로운 법〕이 농부에게
부과되면, 그는 그 이유를 이해하지 못하고, 오히려 그 새로운 법을 〔주
인을 섬기듯〕 하나의 개체적인 지배(Herrschaft)로 간주한다. 이렇게 하여
특출한 주인들은 더 많은 것을 필요로 하고, 일반적으로 국가도 더 많은
것들〔새로운 법들〕을 필요로 하게 된다. 그러나 농부는 직접적으로 이와

---

* 그것은 단지 가능성만을 가공한다.

같은 사실을 통찰하지 못한다. 오히려 돈이 농부 호주머니에서 인출된다는 사실과 상인들도 생활을 해야 한다는 사실만을 알 뿐이고, 특출한 주인인 군주는 특출한 주인이자 군주라는 사실만을 알 뿐이다. 그렇게 해서

H255 그는 하나의 명령과도 같은 법을 스스로에게 부여한다. 그리고 그는 사태를 통찰하려는 요구는 하지 않는다. 오히려 그가 요구하는 바는, 단지 그와 함께 얘기를 나누고 그가 무엇을 해[야만] 하는지 그리고 그가 무엇을 명령받았는지를 얘기해달라는 것뿐이다. '여기에 강제력이 있다.'라는 사

F268 실을 그가 알아차리도록 하는 힘센 자극이 이러한 형식으로 자신에게 부과되어야 한다고 그는 요구한다. 그러나 농부편에서 보자면, 그는 농사꾼인 척하면서도 그가 그렇게 둔하지 않다는 것을 보여주면서, 어떤 일들을 떠들썩하게 아무렇게나 말해버리기도 하면서, 자기 나름대로 하나의 준칙을 세우기도 한다. 그리고 사람들이 그가 일에 착수하기를 바라는 데서 비롯되는 강제력에 반대하여 그는 [스스로] 이미 해야 하는 일을 해버렸을 수도 있다. 그리고 그는 그렇게 자신의 오성과 의지의 권리를 보존하면서, 그는 그렇게 복종한다. 이것이 언표와 통찰의 형식적인 면이다. 이러한 앎의 형식주의는 추상적인 앎이 되며, 구체적인 노동은 추상적인 노동이 된다.

　구체적인 노동은 기초적인 것으로서, 실질적인 부양이며, 신뢰와 마찬가지로 전체의 조야한 근거이다. 이 신분이 전쟁에서는 조야한 대중을 구성한다. 그의 법[권리]이 그에게 영향을 미치지는 않고 법[권리]이 오직 자신의 개별성 속으로만 자체 반성되고 음험하게 되고 그리고 마치 파괴만 일삼는 홍수처럼,* 법이 맹렬히 달려들면서 맹목적인 광포한 요

---

* 삶의 체계(Lebensystem), 대지로부터의 자유, 이 동물적 자유는 식물적 삶을 넘어서는 [것이다.]

소처럼 미쳐 날뛰면서, 기껏해야 토지를 비옥하게 하는 평범한 진흙더미만을 퇴적시킬 뿐 어떤 성과도 이룩하지 못함에도 불구하고, 이 신분은 둔감한 상태에서 자신에게 만족하면서 조야한 맹목적 동물과 같은 처지에 놓이게 된다.

b) 이와 같은 실체성은 보편자의 노동과 앎의 추상으로 이행한다. 즉 〔이윤을 추구하는〕 **영업(Gewerbe)**과 **법**의 신분으로 이행한다. **시민계급**의 노동은 개별적인 수공업의 추상적 노동이며, 그의 **심정(Gesinnung)**은 **공정성(Rechtschaffenheit)**이다. 그는 자연의 노동을 극복하고 몰의식적인 상태로부터 형식부여작용(Formieren)을 부각시킨다. 자아는 대지로부터 벗어난다. 작업〔노동〕의 형식, 작업〔노동〕의 자아는 인간의 자아이다. 이제 자연적인 것은 사멸해버린 상태다. 자연적인 것은 단순히 〔재료로〕 사용되고 노동이 가해질 수 있는 것으로 고찰되기에 이른다.

신뢰는 의식 속에서 보다 상세하고 특정한 것이 된다. 시민계급은 그 도시의 식량조달계급을 주시한다. 그리고 그 노동에 종사하는 사람들의 수를 파악한다. 그의 활동과 숙련성은 우연적이기는 하지만, 자연의 우연성으로부터 그 자신에게로 되돌아가 있으며 그 자신에게 속한다. 그는 자신을 특히 소유자로 알며, 단지 그가 점유하기 때문만이 아니라, 소유하는 것이 그의 권리이기 때문에, 그는 그것을 주장한다. 즉 그는 자신을 그 특수성에 있어서 인정받은 자로 알고, 특수성들 도처에다 자신을 각인시킨다. 그는 조야한 상태에 있는 농부처럼 그렇게 맥주나 와인 한 잔을 향유할 처지가 못 되며, 자신의 보편적인 무감각한 상태 속에 빠져 자신을 고양시킬 수도 없다. 그리고 그는 이렇게 무감각한 상태에서 한편으로 수다 떨며 음미하는 모습을 보여줄 수도 없다. 단지 그는 그의 부인과 아이들이 치마와 나들이옷을 입고 요란을 떠는 것처럼, 다른 사람과

H256

F269

마찬가지의 상태이며 그 정도의 기분상태라는 것을 보여줄 수 있을 뿐이다. 그 속에서 그는 자기 자신을 향유하며 자신의 가치와 성실성을 즐긴다. 그리고 그는 이러한 것을 스스로 일하여 획득했으며, 성공을 거둔 것이다. 그러나 그는 만족의 즐거움을 향유하지 못하고, 오히려 그는 이 즐거움을 자기 자신의 상상(Einbildung)으로만 지니게 된다.

c) 그의 가치, 그의 보편적 자아를 특수한 상태로 형성해 내는 이러한 상상은, 값을 매기고 취득하는 행위가 동일한 의미를 띠게 됨으로써 직접적인 통일 상태에 이르게 된다. 그러나 그의 신분을 충족시키고 그의 특수성을 이러한 보편적 상태로 고양시킬 수 있을 법한 그러한 상상은 사라져버린다. 더 값어치 있는 것은 그 신분 자체가 아니라, 취득의 실재성 그 자체다. 법과 신분을 추상하는 일이 실행되면, 이것들은 실행되는 만큼의 값어치를 지니게 된다. 〔이것이 곧〕 **상인신분**(Kaufmannsstand)이다. 상인의 노동은 순수한 교환(Tausch)이지, 자연적이거나 인위적인 생산이나 가공이 아니다. 교환이라는 것은 운동이며 정신적인 것, 매개항으로서, 사용과 욕구, 노동이나 직접성으로부터 벗어난 것이다. 그런데 이제 이 〔교환의〕 운동이 순수한 운동으로서 대상이자 행위가 된다. 이 대상 자체는 특수한 측면인 상품(Handelsartikel)과 추상적인 측면인 화폐(Geld)로 분리된다.* 화폐는 위대한 발명품이다. 〔화폐를 통해서〕 욕구의 사물은 단순히 **표상된 것**, 〔직접적으로〕 향유불가능한 것이 되어버린다. 따라서 여기서 대상은 순전히 그 **의미**(Bedeutung)상으로만 값어치를 지니지, 더 이상 즉자적으로 욕구에 대해서 값어치를 지니지는 않는다. 이 같은 것은 단적으로 **내적인 것**(ein schlechthin **Inneres**)이다. 따라서 상인

---

* 모든 욕구는 이 일자 속으로 총괄된다.

신분의 심정[성향]은 **본질**[15]과 **사물**의 통일에 대한 오성적 이해방식이라고 할 수 있다. 어떤 한 사람은 돈을 가지는 정도만큼 실재하게 된다. 이렇게 해서 [상인신분에서는] 상상은 사라져버린다. 이제 의미는 직접적인 현존을 지니며, 사태의 **본질**이 사태 자체가 되어버린다. **가치(Wert)**는 딸랑거리는 주화(klingende Müntze)다. [이렇게 해서] 이성의 형식적인 원리가 현존하게 된다. (그러나 모든 욕구들의 **의미**를 지니고 있는 이 화폐는 그 자체로는 단지 하나의 **직접적인 사물**일 뿐이다.) 화폐는 모든 특수성, 성격들, 개별자의 숙련성 등을 추상한 것이다. [상인의] 성향은 이렇듯 정신의 완고함[딱딱하게 굳은 상태]이라서, 이러한 상태에서는 특수자가 완전히 포기되고 더 이상 값어치를 지니지 않으므로, 오직 엄격한 **법**만이 존재할 뿐이다. 교환(Wechsel)을 하기 위해서는 [그만큼의] 대가를 치러야 하며, 원한다면 가족, 복지, 삶 등등이 붕괴될 수도 있다. 그러나 [이러한 상황은] 아주 무자비한 것이다. 이처럼 공장들이나 매뉴팩쳐들은 한 계급의 비참한 상황에 그 존립의 토대를 두고 있다. 따라서 여기서 정신은 추상적인 상태에서 **몰자아적**이고 내적인 것으로서 대상이 되어버린 것이다. 그러나 이 내적인 것은 자아 자체이며, 이 자아가 내적인 것의 현존 자체이다. 따라서 내적인 것의 형태(Gestalt)는 죽은 사물, 즉 **화폐**가 아니라, **나(Ich)**이다. 또한* 국가는 정신에게는 정신의 행위와 수고로움

F270 H257

---

* α) 농부의 신뢰와 [조야한] 구상. 농부로서의 정신은 추상적인 보편성의 상태 속으

..
15) 여기서 본질은 일차적으로 '단적으로 내적인 것'으로서, 결국 사물이나 물건이 지닌 값을 말한다. 상인은 한 물건이 그 값에 상응하는가를 잘 살펴 거래를 한다. 그래서 이러한 입장에서 보면 그가 돈을 많이 가지고 있으면 있을수록 그는 많은 물건을 살 수 있으므로, 보다 많은 실재성을 지닌다고 할 수 있다.

의 대상이자 목적이 된다.

II. 보편성의 신분

α) 공적인 신분〔공직자〕(öffentlicher Stand)은 모든 개별자 속에 **보편자**가 개입하는 것이다. 또한 공적인 신분은 모든 것을 관통하여 엉켜있으며, 모든 것들에게 생기를 주며 유지케 하면서 보편자 속으로 환수하는 온갖 혈관들과 신경들이기도 하다. 이 신분은 **필연성**이며 특수자가 보편자 속으로 흘러들어가는 삶〔생명〕이다. 공적인 재산을 관리하여 생기게 하거나, 법을 집행하고 그리고 **행정복지**(Polizei)[16]의 임무를 수행하는 일들이 여기에 포함된다.〕통치〔정부〕의 힘은, 각각의 조직이 마치 그것이 홀로 존재하는 것처럼, 그 개념상 자유롭게 독립적으로 스스로를 다

F271

로 지양된다.〔이 추상적인 보편성은〕 법의 대립 또는 보편자가 값어치를 지니는 상태이다. β 상인은 또 다시 상상을 만들어 낸다. 즉 자아와 실재의 통일이라는 형식적 개념이 그것인데, 이 통일은 '**나=사물**'이라고 하는 조야한 직접적인 통일이다. 이 통일의 의미는 구체적인 것이다.

∴

16) 본래 Polizei는 헬라스어 politeia에 해당한다. 그래서 정체(政體), 통치기구 정도로 번역하는 것이 경우에 따라서는 더 적절할 수도 있으나, 여기서는 '행정복지'로 번역한다. 헤겔은 『법철학』에서는 '행정복지(Polizei)'와 '직업단체(Korporation)'를 '인륜성'에 속하는 '시민사회'의 마지막 부분으로 자리매김하고 있다. 이 두 단계는 각자의 이익을 추구하는 시민사회의 구성원들이 국가라는 보다 고차적인 인륜성으로 지양되는 데 필요한 계기들이라고 할 수 있다. 행정복지는 전반적인 국민의 안전과 복지를 관리 감독한다. 여기에는 질서유지, 시장거래감독, 도로, 교량 등과 같은 사회의 제반시설뿐만이 아니라 기본적인 생계와 부양, 교육 등을 관리하는 사회복지정책 등이 포함된다.(TW7, 382쪽 이하)

듣어 나가는 데 존립한다.* 그리고 **통치의 지혜로움**은 각각의 조직을 신분에 따라 변형시킬 수도 있고, 동시에 자신의 살아 있는 기관들을 위해 추상적 개념의 엄격함으로부터 각각의 조직을 풀어줄 수도 있는 능력이다. 이것은 마치 혈관들과 신경들이 다양한 내장기관들을 따라가면서 그 H258 것들을 향해서 방향을 맞추고 스스로를 형성해나가는 것과도 같다. 이러한 방식으로 모든 신분들에 대해서 강제력[공권력]을 경직되게 추상적으로 배치하면 통치의 엄격함이 초래된다. 그러나 스스로를 포기하지 않은 상태에서 이 추상적인 공권력의 배치가 조금 변형되면, 이를 통해 여러 신분들이 그 정부의 통치에 만족하는 일이 발생하기도 한다. [예를 들어] 농민들에게는 보다 더 간략한 방식으로 세금을 부과하는 것, 즉 별커다란 형식적 규정이 없는 조세와 십일조를 부과하는 경우가 이에 해당할 것이다. 농민들에게는 상품들에 세금을 매길 때 필요한 여러 가지 폭넓은 형식적 규정들을 적용해서는 안 된다. 간접 과세는 특히 농민신분과 상인신분에게 그 경중에 따라 [차등적으로] 부과되어야 한다. 농민에게 여러 가지 형식적 규정들을 제시하면 설사 농민의 주의력이 좀 더 깊어지고 더 교양 있게 될 수도 있겠지만, 그러나 결국에는 그의 우둔함으로 인해 일이 제대로 진행되지 않는 상황이 발생하고 만다. 법률적인 문제에 있어서도 마찬가지이다. 농민신분에게는 보다 쉽고 단순한 재판이 있어야 하고, 그에게 적당하고 실행 가능한 재판을 통해서 농민은 모든 측면에서 그의 권리를 제대로 행사할 수 있어야 한다. [이에 비해] 상인에게는 상거래법의 완고함과 엄격함이 필요하다. 혼인법도 신분의 성격에 따라 다르다. 그리고 농민 대중이나 일반 시민들은 보다 쉽게 재계약

---

* 모든 계기들이 그 속에서 무성하게 자라는 실체.

을 하고는 치고 박고 싸우다가 또 다시 사이좋은 친구가 되기도 한다. 그러나 보다 심오한 의미[를 지니는], 보다 높은 신분들 중 좀 더 나쁜 마음을 가진 자들은 곰곰이 생각에 잠겨 [좋지 않은 일들을] 잊어버리지도 않고 화해하지도 않는다. **형사상의** [법]의 관점에서 볼 때에도, 형벌과 관련해서 여러 가지 다양하며 변형된 상황들이 발생할 수 있다. 그러나 형식적이며 경직된 [법적] 평등은 [다양한] 성격들을 존중하지 않는다. [이렇게 법적 평등을 중시하여 법을 적용하면] 다른 경우에는 전혀 모욕을 주지 않고 갱신이 가능한 일도, 어떤 **신분**에게는 심각하며 돌이킬 수 없는 침해가 될 수도 있다.[17] 형벌은 법이 자기 자신과 화해하는 것이다. 형벌이 사형이 아니라면,* 형벌은 민사상으로는 사람을 처형해서는 안 된다. 또한 그에게 부과된 형벌을 견딘 사람은, 더 이상 그의 범죄에 대해서 비난받을 필요가 없다. 즉 그는 이제 자신의 신분으로 재통합된다.

---

* **결투(Duell)** *는 군인신분에게는 허락된다. 왜냐하면 군인신분은 민간인 신분이 아니며, 영리를 목적으로 하지 않고 명예를 중히 여기는 신분이기 때문이다. 즉 군인신분은 자신의 **사견(Meinung)**을 순수하게 **인정받은 상태**에서 살아가는 것을 목적으로 삼지, 소유와 권리를 목적으로 삼지는 않는다. [*위에] 자업자득(Selbstrache), 자연상태. 그의 무기[군대]의 명예는 국가를 위한 것이면서 동시에 자기 자신을 위한 것이다. 이에 대해 **종군목사(Feldprediger)**는 투덜거려서는 안 된다.

∵

17) 이 부분은 호프마이스터 판에 의거하여 번역하였다. 펠릭스 마이너 판의 원문은 다음과 같이 되어 있다. "—dasselbe verletzt in dem einen **Stande** tiefer, oder **Herstellung** unwiderbringlich, was im andern nicht schändend ist." 이에 비해 호프마이스터 판의 원문은 다음과 같다. "Dasselbe verletzt in dem einen **Stande** tiefer oder unwiederbringlich, was im andern nicht schändend ist: **Herstellung** [in der Strafe]." 그런데 펠릭스 마이너 판에서 unwiderbringlich라고 표기한 것은 unwiederbringlich로 표기되어야 맞다고 본다.

[이렇게 하여] 절대적으로 모욕을 주는 일은 없게 된다. [형벌을 받는 사람의 입장에서 본다면] 그가 [자신의 신분으로] 그렇게 복귀할 수 없다고 느끼면서 감정이 손상된 상태에 있을 수도 있지만, [형벌의 부과를 통해서] 그가 속한 신분으로부터 [개인적인] 성격이 사라진다. 그러나 형벌을 받고 있을 때에도 여전히 그의 신분은 유지되어야 한다(그래서 고귀한 신분의 사람들은 여러 다른 신분들에 속하는 여타의 범죄자들과 함께 교도소에 갇히지 않고 요새에 갇히기도 한다).

[특별한 신분에는] 특별한 재판이 있는 것처럼, 특별한 학문, 종교 등도 있다. 그러나 우리 국가는 아직 이러한 상태에 도달하지 못했다.

(여기에 **행정복지***가 추가된다. [행정복지는] 통치기구(Politeia)로서, 공적인 삶과 통치, 전체 자체의 행동[을 규정한다.] 현재 [행정복지는] 모든 종류의 공적인 안전에 미치는 전체의 행동에까지 그 영향력을 미치고 있다. [예를 들면 행정복지는] 사기와 같은 범죄에 대해 생업을 감시보호해주거나, 보편적인 신뢰관계를 실현하는데, 예를 들자면, 상품 교환시에 필수적인 신뢰관계 같은 문제에까지 관여한다. 상품을 교환할 때 각자는 자신의 이익만을 염려하지 보편적인 신뢰관계를 염려하지는 않는다. 그래서 개인이 자신의 소유권을 안정적으로 실행하고 그의 소유물을 자유롭게 처분하는 것이, 가능성의 차원에서 보면 타자에게 손해가 될 수도 있다. [그래서 행정복지가 하는 일은] 이러한 일에 제한을 가해서 [타인이 입을 수도 있는] 손해를 예방하고, 단순히 신뢰관계에 따라서만 계약하는 데에 제한을 가하는 것이다. 또한 행정복지는 고용된 사람들을 잘 보호관찰하여야 하며, [고용주가 계약을 위반하는 일이 없이] 계약이 이루어지도록 [해야] 한다. 또한 조합[길드]들은 도제와 장인 수업을 받는 이들에 대해 마이 F273

---

* 그의 소유물에 대한 자유로운 처분.

스터에 관한 법들을 규정해 주기도 하는데, 예를 들어 노임(勞賃, Arbeitslohn)과 같은 것들을 규정해 준다.)

공적인 신분은 국가를 위해서 일한다. 〔그래서 이 경우〕 정신은 스스로를 보편적 대상으로 고양시킨 상태에 있게 되는데, 〔이것이〕 바로 **관리**(官吏, Geschäftsmann) 신분이다. 그러나 그가 하는 일은 그 자체로 매우 세분화되어 있고 추상적이어서, 마치 기계노동(Maschinenarbeit)〔과 같다.〕*
이 신분이 하는 일[18]은 직접적으로 보편자를 위하는 것이긴 하지만, 제한되고 동시에 확정된 측면에 따라서 수행된다. 사정이 이렇기 때문에 관리 신분에 속한 사람은 아무것도 변경할 수 없다. **그가 내세울 수 있는 성향**이라고는, 자신의 **의무**를 **수행한다**는 것일 뿐이다. 그는 특정한 보편자를 보편자의 앎으로 고양시킨다. 그는 자신의 특정한 행위 속에서 **절대적이며 도덕적인** 성향을 본다. 〔이렇게 해서〕 정신은 성격들을 지양하고 고양되며 보편적인 일을 하게 된다.

b) 본래 관리는 한편으로는 **지식인**(Gelehrter)이기도 하다. 그는 자신의 의무를 완수할 줄을 안다. 그러나 그의 이 앎은 공허하며 보편적이다. 또한 특수한 의무 속에서는 보편자만이 타당하다. 이** 순수 앎은 실행되어야 하며, 어떤 내용을 그 자체에 지닐 수 있어야 한다. 그리고 〔이 내용은〕 자유로운 내용으로서, 이해관계에 얽매이지 않은 대상이어야 한다.

---

* **그 자체에 인정받은 상태**를 지닌다. 각자는 이러한 도덕성에 따라 의견 일치를 보이며, 더욱이 그의 신분에 속하는 일을 행한다.
** 의무로서의 그의 공허한 사유.

∴
18) 본래는 es로 표기되어 있으나, 호프마이스터 판에서는 Arbeit를 받는 sie로 보고 있고, 이것이 문맥상 적절하다고 생각된다.

이 가운데에서 나는 나의 사유를 지니기도 하고 동시에 의무도 지니게 된다. 그러나 이렇게 되면 이 나의 사유는 나 자신으로부터도 자유롭게 된다. 이것이* 학문(Wissenschaft) 일반이다. 여기서 정신은 욕망이나 욕구와 관련되지 않고 다룰 수 있는 어떤 객체를 지니게 된다. 자기 자신을 아는 자는 바로 지성(Intelligenz)이다.** 〔이에 비해〕 대상이라는 것은 감각적인 성질로부터 본질에 이르기까지 그 사물에 관한 모든 것을 포괄하는 어떤 특정한 사물의 개념이다. 그러나 사물은 낯선 현상적 대상이다. 그리고 사상(思想) 자체를 다루는 행위는 자기 자신을 지성으로 외화하지만, 그렇다고 여기서 스스로 절대적인 현실적 자아로 나타나는 것은 아니다.*** 〔다시 말해 아직까지〕 개념은 자신에게 대상이 되지 않은 상태이다. 개념은 자신의 사유를 보편성으로 고양시키며, 즉자적이며 필연적으로 존재하는 것의 임의성을 없애버린다.

이렇게 결핍이 있는 계기는 군인신분으로 대체된다. 또한 〔여기서〕 전체는 곧 개체성이 된다. 군인신분의 소임은 현존하는 전체를 위한 것으로서,**** 현존하는 전체에 관한 이 신분의 사유는 자아 속으로 되돌아간다.

---

* 도야된 공적인 견해〔공론〕, 준칙들과 의식의 보물창고, 법과 불법의 개념, 통찰. 사람들은 이 공적인 견해〔공론〕에 반대할 수 없다. 모든 변화들은 공적인 견해〔공론〕로부터 시작되며, 공적인 견해〔공론〕 자체는 진보하는 정신의 의식적 결핍상태일 뿐이다. 정신이 자기화 한 것은 강제력으로서 불필요하다. 설득력이 감소하고, 내적인 필연성이 줄어든다면, 어떤 강제력도 공적인 견해〔공론〕를 제지할 수 없다. 그러나 통치의 지혜로움은 본래 정신이 더 이상 원하지 않는 것이 무엇인지를 아는 〔것이다.〕 정신의 언어는 형식적으로 보편성〔이다.〕 프랑스 혁명이 특권 신분을 폐지하고, 계급의 불평등을 폐지했다는 것, 이것은 공허한 소문〔일 뿐이다.〕

** 실행된 사유.

*** 전쟁, 내면을 향한 통치, 개별 민족—예술, 종교, 철학.

**** 명예의 신분, 사견을 인정받은 상태.

여기서는 전체가 하나의 개체이며, 타자[다른 민족]에 대립적 입장을 취하는 한 민족이다. [이것은 어떤 면에서 보자면] [민족이라는] 개체들 서로 간의 무관한 상태[등가적인 상태]가 재산출되는 것이며, 다시 말해 **자연상태**가 재산출되는 것이기도 하다. 그런데 여기서 [민족들 간의 관계로서의] 자연상태는 [이전과는 달리] 비로소 **실재적**인 성격을 지닌다.

H261 여기서 [민족으로서의 개체들이 서로 맺는 관계는] 한편으로는 독립적인 개체들 서로의 안정적인 존립, 즉 주권(Souveränität)이며, 다른 한편으로는 **조약(條約)**들을 통한 결속이다. 그러나 [민족들 간의] 조약은 현실적인 계약이 지니는 **현실성**을 지니고 있지는 않다. 즉 조약들은 **현존하는** 위력을 지니지는 않는다. 오히려 한 민족 단위의 개체가 보편자이자 현존

F275 하는 위력이라고 할 수 있다. 따라서 조약들은 민간에서 행해지는 **계약**의 방식대로 고찰되어서는 안 된다. 조약을 맺는 [민족 간] 당사자들 중 한편이 조약을 무효로 해버리면, 조약은 어떤 구속력도 없게 된다. [민족]국가 간에 조약을 체결하고 의무를 부과하면서도 이 의무를 다시 사라지게 만드는 것은 영원한 사기극(Betrug)과도 같다.* 설사 영구 평화를** 목표로 하는 민족들 간의 하나의 보편적인 통합체라는 것이 있다고 하더라도, 그것은 사실상 단지 한 민족만이 지배력을 지니는 상황일 것이며, 여러 민족들의 개성을 말살하고 단 한 민족만이 보편적인 군주국으로 존립하는 상황일 것이다. 이러한 국제관계에서 **도덕**(Moralität)이라는 것은

---

* **예술**에 종사하고 서로 **사랑하라**는 것은 유대민족과 같이 **보통**의 민족들이 [하는 주장이다.] 물이 늪이 된다.*

　　[*옆에] [이것은] 공허한 망상일 뿐이며, 영구 평화나 황금시대도 [마찬가지이다.]
** 전쟁.

　　α) 체제의 현실성에 대항하는 위력 β) 통치의 지혜—**원리들**의 침해.

아무 소용이 없다. 왜냐하면 도덕이라는 것은 의무 자체가 실행되지 않은, 몰개성적인 앎이기 때문이다. 〔그래서 항상 민족국가들 간에는〕 불안정과 불확실성이 있는 것이다. 그러나 자기 자신을 절대적으로 확신하는 상황에서만 안정된 상태가 존립할 수 있다.

　군인신분과 전쟁은 α) 자아의 현실적인 희생상태라고 할 수 있다. 즉 개별자에 대한 죽음의 위험이며, 개별자의 추상적이며 직접적인 부정성에 대한 직관이다. 그러나 개별자는 동시에 직접적인 긍정적 자아의 상태로 존재하기도 한다. 그래서 **범죄**는 권리와 강제력을 부과하는 법의 개념 속에 있는 필연적인 계기이다. 모두는 각자 이러한 개별자로서 자기 자신을 절대적 위력으로 삼으며, 절대적으로 자유로운 것으로 자신을 직관하며, 대자적이며 타자에 대해 실제적으로 보편적인 부정성으로 자신을 직관한다. 전쟁에서도 각 개인에게는 범죄가 계속 자행되는데, 이것은 **보편자를 위한** 범죄라고 할 수 있다. 즉 자신이 속한 전체를 파괴하려는 적에 대항해서 전체를 유지하는 것이 〔전쟁의〕 목적이다. 〔전쟁에서〕 〔개인이〕 이렇게 자신을 포기하는 것은 이처럼 추상적인 형식을 지닐 수밖에 없고 몰개체적인 것일 수밖에 없으며, 죽음도 냉엄하게 받아들여질 수밖에 없다. 그런데 〔전쟁에서의〕 죽음은 개별자가 적의 얼굴을 알아보고 직접적인 증오감을 품으면서 적을 죽이는 정태적인 전투(statarische Schlacht)를 통해서 결과되지 않는다. 오히려 죽음은 공허하게 H262 그냥 〔외적으로〕 주어지고 받아들여진다.*

　**절대적 자아이자 개별자의 부정성인 이러한 개체성〔전쟁을 수행하 F276

---

* 화약 연기로부터 **비인격적으로**.

** 자기 자신을 확신하는 정신의 자연 통치

　[역주] 호프마이스터 판에는 "B. 자기 자신을 확신하는 정신의 자연 통치"라는 소제

는 한 국가의 개체성]에서 통치가 전체의 정점으로 완성된다. α) 전쟁으로서 통치는 스스로 **존립**하는 것으로서, 여러 신분들로 이루어진 자신의 유기적 조직을 동요시키며, 모두를 관통하여 포괄하는 **법**과 개인의 안전과 소유의 체계를 동요시킨다. 전쟁상태에서는, 개별자들이 보편자의 위력 속에서 사라져버린다는 사실을 직관하게 된다.* 개념 내에서 보자면 〔개별자와 보편자〕 서로 간의 이행이라고 할 수 있는 바가 여기서 현존하게 되는 것이다. 즉 〔보편자는〕 개별자들을 혼란시키고 순수 위력 하에 굴종하도록 하며 강압한다. 전쟁상태에서는 일을 하거나, 재산을 모으는 일, 재산권과 개인의 안전 같은 것은 절대적인 존립을 지니지 못한다. 오히려 〔전쟁 중에 통치는〕 개인들에게 상처를 입힌다. 〔전쟁과 같은〕 이러한 상태에서는 〔보편자와는 상관없이〕 개별자를 그의 현존상태에 고착화시켜 놓거나, 전체를 원자들〔개인들〕로 분해시키는 일은 사라지고 만다. 그러나 개별자는 자신의 절대적 자유를 지니며, 이것이 또한 통치의 힘이다.** 이 직접적인 순수 의지는 동시에 자기의식적인 의지이기도 하다. **통치**가 이러한 의욕이며, 법의 추상적인 보편자다. 통치는 결단이며 개별적인 의욕이다. 우선 통치의 **지혜**는 이 추상적인 계기들이*** 각 신분들에게 적합하게 되도록 한다. 그리고 〔통치는〕 개별적인 경우들에서 법칙의 예외들을 만든다. 〔법의〕 실행 일반은 결코 이렇게 죽은 행위가 아

H263

목이 여기에 적혀 있으나, 원문에는 여백에 기재되어 있다.

* **행정복지.**

** 타자가 **사리사욕을*** 채우도록 해주는 **통치의 꾀.** 상인의 법과 오성은 실재에서 어떤 일이 일어날지를 알고 이익을 내려고 전력을 다하고 꾀로 되돌아가려고 한다.
〔*옆에〕〔이러한 사리사욕이〕 α) **조야함,** β) **도덕성,** γ) 학문들과 진리들, 인류에게 유익한 **진리들을 자아낸다.**

*** 바람에 요동치지 않는 물은 늪이 된다.

니다.* 오히려 보편자를 개별화하는 것은 보편자를 지양해버리는 것이
며, 개별자 속에서 보편자에 대립하여 행동을 취하는 것이다.** 통치의 지
혜는 자기 **자신을 확신하는 정신**이다. 자신을 확신하는 이 정신은 정신으
로부터 자유롭게 정의로운 것을 행하며 직접적으로 행동을 취한다.***

　정신****은 그렇게 내용이 충만한 자유이다. **신분**, 실재로서의 **특정한 성
격** 그리고 이들을 관통하여 포괄하는 개별자의 존립의 추상적 체계, 강
제력을 행사하는 분야들 등등뿐만이 아니라, 동시에 존립 그 자체의 자
유와 자신을 직접적으로 의식하는 정신도 여기에 해당한다.

C.
예술, 종교 그리고 학문

　절대적으로 자유로운 정신*****은 그의 규정들을 자체 속으로 환수한 상
태에서 또 다른 세계를 산출해낸다. 이 또 다른 세계는 정신 자신의 **형태**

---

　* 꾀[는], 자기 내로 되돌아 간 상태[이며], 통치는 이렇게 여러 가지 일에 관여하는 행
　　위[이다.]
　** **통치의*** 정신은 **보편적인** 심정(Gesinnung)이다.
　　[*옆에] 자신의 단순성 속에서 자기 자신을 확신하면서 서로 주고받는 [심정이다.]
　*** 자기 자신을 확신하는 정신은 보편성 그 자체의 고요로 돌아간다.
　**** γ) **인륜성**, 자기 자신을 확신하는 정신은 자기확실성[으로서,] 그의 심장이 멈추어서
　　그의 가슴 속 모든 기쁨과 슬픔이 [사라지고,] 모든 죄와 범죄가 사면[되도록 하여]
　　마치 아무 일도 일어나지 않은 것처럼 [행동한다.] 더할 나위 없이 그의 상상처럼
　　그의 의무는 **신분**에, 그가 행한 것을 **자백한** 그 상태에 존립한다. **완전한 도야, 죽음
　　의 위험**, 노동 등등을 **망각한** 상태[는] 직접적인 **현재** 상태의 평온함[이다.] [이러한
　　것들은] 편협한 도덕 개념들이 아니다.
　***** **자연**으로서의 **정신**, 이 정신 고유의 본성은 **동요하지 않는** 침착함[이며], **직관이** [된다.]

(Gestalt)를 지닌 세계이다. 여기서는 정신의 작품이 그 자체로 완성되며, 정신은 **정신 자신의 직관**에 도달한다. 〔앞서 언급한 바처럼〕 지성으로 존재하는 것은 타자의 형태를 지닌다. 〔이에 비해〕 의지로서 〔존재하는 것은〕 자기 자신의 형태를 지닌다. 그리고 **인정받은 존재**가 정신적인 기초이지만, 그러나 아직까지 이것은 그 자체로는 무규정적이라서 〔이제 비로소〕 다양한 내용들로 채워져야 한다. 또한 강제력을 지니는 법은 이 내용의 운동이거나 보편자이며, 자신을 매개작용으로 직관하는 자이다. 헌정은 정신이 자기 자신으로부터 **내용**을 산출하는 것이며, 정신은 **자기 자신**을 구축하지만, 그러나 대상의 형식 속에서 구축한다. 그리고 정신은 **스스로**를 내용으로 만들며, 통치로서 정신은 자기 자신을 확신하는 정신이다. 이 정신은 이러한 것이 **정신의** 내용이라는 사실을 안다. 즉 이제 정신은 〔앞서 말한〕 이 **정신적인 내용**을 지배하는 위력이다. 따라서 정신은 이제 이 내용을 자기 자신을 아는 자로서 산출할 수 있다.

그래서 이제 정신은 **직접적으로 예술**(Kunst)이다. 〔예술은〕 무한한 앎으로서, 직접적으로 생동적이며 자기 고유의 내용으로 충만해 있고, 자연과 외적 필연성이 지니고 있는 모든 곤궁함과 자신에 대한 앎과 앎의 진리 사이의 분리가 지니고 있는 곤궁함을 자체 속으로 환수해버린다. 예술은 직접적으로는 내용과 무관하며 매번 앎 속에서 이리저리 쓰일 수 있는 **형식**이다. 〔예술은〕 모든 앎을 무한자로서 직관할 수 있고, 그의 **내적인** 삶이나 그의 정신이 산출되도록 할 수도 있으며, 정신으로서의 앎을 대상으로 삼는다. 예술은 형태와 형태의 순수한 자아 사이에서 왔다 갔다 하며, 조형 예술(plastische Kunst)과 음악 예술(musikalische Kunst) 사이에서 왔다갔다 한다. 음악 예술은 순수 청취로서, 이 음악 예술에서 형태화는 단지 사라지는 울림(Tönen)만을 현존하게 할 뿐이며, 운동의 멜로디는 조화 속에서, 자기 자신으로 복귀되는 삼화음(Dreiklang) 하에서 유동한다. 음악 예술은 형태 없는 운동이다. 이 〔형태 없는〕 운동 자체의 춤은 시간에 속하는 몰직관적인 표현이다. 〔예술의〕 또 다른 극단인 조각(Plastik)은 신적인 것의 고요한 표현이다. 이 양자〔조형 예술과 음악 예술〕 사이에 회화(Malerei)가 속한다. 회화는 일종의 조형예술로서, 색(Farbe)을 자체 속으로 수용하면서 감각 자체의 형식으로 주체적인 것을 수용한다. 그리고 **시예술(Poesie)**이 있다. 〔시예술에서는〕 형태의 표상인 조형적인 요소를 음악적인 요소 속으로 수용하는데, 이때 음악적인 것의 울림은 언어로 확대되면서 어떤 내용을 자체 내에 지니게 된다.

절대적인 예술은 그 내용이 형식과 똑같은 예술이다. 모든 것이 예술로 고양될 수 있지만, 그러나 이러한 고양은 하나의 낯선 상상〔형상화〕(Einbildung)이다. 산문적인〔범속한〕 직관에 따라서 보자면, 모든 것은 **존재하는** 내용으로서 이제 비로소 형식과 똑같아져야 한다. 그러나 이 형식은 정신 자신이다. 따라서 **자연시(Naturpoesie)**가 가장 좋지 않은 시이며, 풍경화 등도 그러하다. 그 이유는 이러한 예술들에게 생기를 부여해주는 것과 이 예술들이 직접적으로 존재하는 형태가 서로 모순되기 때문이다. 〔이러한 것이〕 근대 예술의 형식주의로서, 〔여기서는〕 모든 사물들의 시〔가 가능하고〕, 모든 것들을 동경하는 것이 〔가능하다.〕 그러나 외적인 강제력 때문에 그렇게 가능한 것이 아니라, 사물들이 **즉자적으로** 그렇게 신적인 직관 속에서 존재한다는 것이다. 그러나 이러한 〔사물의〕 **즉자**는 그의 현존과 동일하지 않은 추상물일 뿐이다. 이 순수하게 지적인 아름다움, 이러한 사물들의 음악은 호메로스풍의 조형적인 면을 자신과 대립시킨다. 전자〔음악 예술〕는 비감각적인 직관이며 후자〔조형 예술〕는 감각적인 직관이 되어버리는 것이다. 그러나 현재 〔음악 예술은〕 상징이나

F279

H265

의미의 형식을 지니고 있지 않다. 그냥 약하고 부드럽게 멀리 소리만 울려 퍼질 뿐이다. 음악 예술에서는 의미가 저절로 드러나야 하지만, 그러나 형태는 사라지고 없다. 예술은 이렇게 자기 자신과 모순 상태에 빠지게 된다. 예술이 알레고리(Allegorie)에까지 뻗쳐나갈 수밖에 없을 정도로 독자적인 성격을 지니게 되면, 예술은 개성이 되어버리고 사라지게 되며, 〔예술의〕 의미가 개성으로 전락해버린다. 그렇게 되면 예술의 의미는 표현되지 않는다.

예술은 세계를 정신적인 것으로서 **직관**을 위해 산출해낸다. 예술은 인도의 바쿠스로서, 이 바쿠스 신은 자신을 아는 명확한 정신이 아니라 **영감을 받은 정신**(begeisterter Geist)이다. 이 정신은 감각과 상으로 둘러싸여 있으며, 그 안에 생산적인 것이 감추어져 있다. 이 정신의 기반은 직관이다. 예술은 매개되지 않은 **직접성**이다. 정신에게 이 기반〔직관〕은 적합하지 않다. 따라서 예술은 자신의 형태들에게 어떤 한정된 정신만을 부여해줄 수 있을 뿐이다. 그러나 아름다움은 형식이다. 아름다움은 자기 충족적이며 자신 속에서 완결적이며 완성되어 있는 절대적인 생동성(absolute Lebendigkeit)의 기만〔허구〕(Täuschung)이다. 그래서 이 아름다움은 유한성의 매체라고 할 수 있다. 그러나 직관은 무한자를 파악할 수 없다. 여기에는 단지 **사념된** 무한성만이 있을 뿐이다. 입상(立像)으로 표현되는 이승의 신, 송가(頌歌)로 불려지는 이승의 세계는 천상과 대지, 보편적 본질을 신비한 개체적인 형식으로 아우르고, 개별적인 본질과 자기의식도 포괄한다. 그러나 여기에는 **사념된**, 비**진리의** 표상만이 있을 뿐이다. 그 속에는 어떤 필연성도, **사유의** 형태도 없다. 그래서 오히려 아름다움은 진리의 표현으로서 진리를 덮고 있는 베일(Schleier)과도 같다. 〔아름다움은〕 생동성의 **형식**으로서, 이 형식에 내용은 일치하지 않으며,

내용은 제한되어 있다. 따라서 예술가가 종종 주장하는 바는, 예술과의 관계는 형식과의 관계일 뿐이며 내용은 도외시될 수 있다는 것이다. 그 F280러나 사람들은 이 내용을 간과해서는 안 된다. 사람들은 단순한 형식이 아니라 〔내용적인〕 본질을 요구한다. 〔예술의〕 식자는 순수시와 예술가 H266의 지성을 고찰하는 사람이다. 즉 그는 〔작품의〕 전체를 통해 규정되고 전체를 부각시키는 디테일한 면과 모티브가 이해가능 하도록 선택되었는지 그리고 부분적인 요소들이 잘 식별가능한지 등등을 고찰한다.

예술은 그 참된 상태에서는 오히려 **종교**라고 할 수 있다. 〔종교는〕 예술의 세계를 절대정신의 통일 상태로 고양시킨다. 예술에서는 **개별자** 각자가 아름다움을 통해 자신만의 자유로운 생명성을 획득한다. 그러나 개별적인 정신들의 진리는 전체의 운동 속에서는 계기가 되어버린다. 〔전체의 운동 속에서는〕 절대정신인 자신에 대한 **절대**정신의 앎이 성립한다. 그리고 이 절대정신 자체가 **예술의 내용**이며, 예술은 자체 내로 반성된 자기의식적 삶이라고 할 수 있는 절대정신 자신의 자기생산 일반이다.

예술에서 α) 이 개별적인 자아, **일자**는 단지 특수자일 뿐이며, 예술가이다. 이에 비해 타자의 향유는 몰자아적인 것이며 아름다움의 보편적 직관이다. β) 규정성은 개별적인 내용이다. 따라서 내용의 직접성은 현존재로서 존립한다. 그리고 이 내용의 현존재는 자아의 현존처럼 **아름다움**과 분리되어 있으며, 개별성과 보편성의 통일 그리고 자아와 자아의 보편적 현존의 통일로부터 분리되어 있다. 그러나 종교에서는 정신이 자신에게 대상이 되며, 절대적인 보편자로서, 모든 본성의 본질로서, 존재와 행위의 본질로서 그리고 직접적인 자아의 **형태** 속에서 자신에게 대상이 된다. 〔종교에서〕 자아는 보편적인 앎이며, 이 앎을 통한 자기 자신 내로의 복귀이다. 절대적 종교는 '**신은 자기 자신을 확신하는 정신의 심연이다**'

라는 앎이다. 이를 통해 신은 모두의 자아가 된다. 자아는 **본질**이자 순수 사유이다. **그러나 이러한 추상이 포기되면[외화되면] 신은 현실적인 자아가 된다.** 즉 신은 **보통의 시·공간적인 현존을 지니는 한 인간이기도 하다.** 그리고 이 개별적 인간이 모든 개별자들이기도 하다. **신적인 본성은 인간적인 본성과 다르지 않다.** 다른 모든 종교들은 불완전하다. [다른 종교들은] 자아를 무력화시키는 자연적 위력의 본질이나 무시무시함만을 [인식]하거나, 아니면 아름다운 종교나 신비적인 종교로서, 본질에 어울리지 않는 하나의 유희로서 **철저함**과 **심오함**이 없으며, **신비적인 종교에서 심연은 알 수 없는 운명이 되어버린다. 그러나 절대적 종교는 백일하에 드러난 심연이다.** 이 심연이 자아이며, 자아는 개념이자 절대적이며 순수한 위력이다.

(그러므로 정신은 절대적 종교에서 자신의 세계와 화해한다. 현존하는 정신은 여러 신분들과 특정한 성격들 그리고 특정한 의무들을 통해서 조직되고 생성된다. 각각의 자아는 제한된 목적과 제한된 행위를 지닌다. 본질인 자신에 대한 앎은 권리와 의무 속에서 순수 본질과 순수 앎으로서는 공허하며, 내용이 채워진 것으로서는 제한된 다양성이다. 직접적인 현실성도 그와 동일하게 하나의 개별적인 것이다. 사람들이 자기 자신과 그가 속한 신분의 행위를 진전시켜 나갈 수 있고 보편자를 위해 어떤 것을 할 수 있는 행위를 함으로써 자신이 속한 신분을 초월하는 상태가 바로 도덕이다.)

그러나 **통치**는 모두 위에 군림하며, 자신을 보편적 본질이자 보편적 현실성으로 아는 정신이며, 절대적 자아이다. 종교에서 각자는 자신을 보편적 자아로서 이렇게 직관하는 상태로 고양된다. 그의 본성과 그의 **신분은 어떤 환영처럼, 쭉 뻗은 수평선에 자욱한 안개구름처럼 나타나는 머나 먼 섬과 같이 가라앉는다.** 그는 제후와 동등하다. 이것은 그 자신을 정신으로서 앎으로써 〔가능하다.〕 그는 다른 모든 사람들과 마찬가지로 신의 가치를 지닌다. 이것은 그가 자신의 전체 영역, 전체적인 현존 세계를 외화〔포기〕함으로써 가능하다. 그러나 이 외화는 단순히 형식, **도야**를 〔의미하는〕 앞서 말한 외화는 아니며, 그 내용이 다시 감각적 현존이 되는 그러한 외화도 아니다. 오히려 이 외화는 전체 현실의 **보편적** 외화이며, 이 외화는 현실에게 완성된 현실 자신의 모습을 다시 마련해준다.

그러나 현실의 왕국과 천상의 왕국, 이 두 왕국은 여전히 서로 분리된 채 등장한다. 이 세계 너머에서 정신은 자신과만 화해한 상태에 있지, 아직 자신의 **현재의 상태**(Gegenwart)에 있지는 않다. 〔이와 반대로〕 정신이 이 세계에만 만족한다면, 정신은 자신의 현존상태를 초월하는 정신이 아니다. 이러한 현존상태에 있다면 정신은 동요되어, 전쟁과 궁핍으로 인해 현존상태가 혼란스러워져서, **현존**으로부터 **사상 속으로 도망쳐버린다.** 〔F282〕 그러나 이렇게 하는 것은 **천상에 대한 동경**이자 **동시에** 지상에 대한 동경 〔H268〕이기도 하다. 전자는 **모두의 믿음**(pis aller)이다. 이렇게 해서 정신은 종교를 통해, 다음과 같은 신뢰를 통해 **충족된다.** 즉 정신은 세계의 사건들과 자연이 정신과 화해한다는 것을 신뢰하며, 어떤 불화나, 화해하지도 못하고 자립적이지도 않은 어떤 필연성도 그 속에서 지배력을 행사하지 못한다는 사실을 신뢰함으로써 충족된다.

그러나 종교는 표상된 정신일 뿐이며, 자신의 순수 의식과 현실적 의식이 합치되지 못한 자아일 뿐이라서, 이 자아에게는 순수 의식으로부터 현실적 의식에 이르는 내용이 타자로서 대립하게 된다.

사상*은, 내적인 것, 절대적 종교의 이념으로서, 자아와 현실적인 것

---

* *****종교는 **앎**과 **진리**의 통일성에 대한 **표상**〔이다.〕 또한 〔종교는〕 절대적 **본질**로서, 죽

이 사유라는 사변적 이념이다. [여기서는] 본질과 존재가 동일하다. 이러한 사실이 정립되면, **신**이라는 **피안적인 절대적 본질**은 **인간이 되어버리는데**, 이 인간은 **현실적인 것**이다. 그러나 동시에 이 [인간이 지닌] 현실성도 지양되어 과거의 것이 되어버리며, 현실성이긴 하지만 지양된 보편적 현실성인 이 신은 공동체의 정신(Geist der Gemeine)이 되어버린다. **신이 정신이라는 이 사실**[*]이 **이러한 종교의 내용**이자 다음과 같은 의식의 대상이기도 하다. [즉 여기서 말하는 의식은] α) 순수 의식으로서, α) [첫째,] 영원한 본질[성부]과 아들[성자] 그리고 정신[성령(聖靈)]은 여기서 동일한 본질[이다.] [이 세 측면들 사이에는] 직접적 존재가 지니는 차이나 상호 무관함이 정립되어 있지 않다. β) [둘째,] 이러한^{**} 신, 즉 순수 의식의 본질은 스스로 세계로 존재하는 타자가 된다. 그러나 이 **현존**이 개념이며, **자기내존재**로서, 악한 것이다. [이렇게 되면] 자연[본성]과 직접자는 악한 것으로 표상되기 마련이다. 즉 각자 자신의 악한 본성을 통찰해야 하는 상황이 발생한다. 다시 말해 자연은 개념으로 전환되고, 동

H269 F283

은 본질이 아니라 그 자체로 이러한 삶으로 존재하는 그러한 정신, 살아 있는 신으로 [존재한다.] [*옆에] 이러한 종교는 민족정신과 동일하며, 단지 직접성이라는 형식에서만 차이가 난다.

* α **참된 종교**는, 절대적 본질이 정신인 한에서만 [있을 수 있고,] β) 어떤 비밀도 없는 **계시 종교**[라고 할 수 있다.] 왜냐하면 신이 곧 자아이고, 신이 곧 인간이기 때문이다.

** β) 철학[은], **자체 내로 들어가서 악하게 된 자연**[이다.]* 그러나 역으로 이러한 자기내존재는 긍정적이며 **즉자적인 것**의 상실이다. 신은 **자아**의 형태를 **취한다.** 이렇게 **즉자적으로 존재하는** 바로서 전제된 이것이 그의 현존상태로 표현된다.** [이러한 외화와 도야는] 신적인 것이 **스스로를 희생하는** 것이며, 앞서 말한 **추상적인 본질**이 [스스로를 희생하는 것이나 마찬가지이다.] 추상적인 본질은 사멸하는 인간이 아니라 **신적인 것**이지만, 이를 통해 그것은 곧 인간이 된다.

[*옆에] 개념, 순수 **부정성**이 [생겨난다.]

[**옆에] 추상적인 본질의 외화이자 도야[이다.]

시에 **악한 것**, 대자존재는 **즉자적으로** 존재하는 본질에 대해서 역으로 즉자존재적 본질이 되는 것이다. 즉 신이 자연 **속에 현실적인** 것으로 **출현**하게 된다. 이렇게 되면 모든 피안은 사라져 버리고 만다. 〔신과 세계의〕이 대립이 그 자체로 무실하다는 것 그리고 악한 것, 대자존재적 현실이 즉자적인 것이 아니라 보편적인 성격을 지닌 것이라는 사실, 이와 같은 사실은 신적인 인간[19]이 희생됨으로써 표현된다. 그러나 α) 신성의 희생, 다시 말해 추상적이며 피안적인 본질의 희생은 이미 그 본질의 현실화과정에서 발생한 것이다. 그리고 β) 현실의 이러한 지양, 그의 보편성의 생성이* 보편적 정신〔이며,〕 이것은 의식에 대한 표상으로도 〔존재한다.〕그래서 동시에 γ) 즉자적인 자아의 보편성, 즉 공동체는 자신의 대자존재성과 직접적 본성〔자연〕을 부정해야 하며, 이 본성을 악한 것으로 주시해야 한다. 그리고 악한 것에 대한 이러한 견해는 앞서 말한 표상의 개입을 통해 지양된다. 이러한 것은 **예배**(Kultus)** 속에서 표현된다. 예배에서 대자적인 자아는 본질과 자신의 통일을 의식하게 된다. 〔대자적인 자아는〕 예배에서 자기 자신을 알도록 해주는 **기도**(Andacht)로 살아간다.[20]

---

* **직접적인 자아**, **화해된** 자연, 모든 자연적인 것 속에 신적인 것의 상을 만들기〔상상〕(Einbildung), 신성한 것과 신성의 역사를 지닌 주민, 여러 가지 현상들, 도처에 존재하는 **직접적인 현재**, (새로운 대지, 자연의 태양의 소멸), 종교의 **고통**, **외화**〔포기〕**의 순수 감정**.
** 〔그리고 각자는〕 일상적으로 자신의 공동체에서 **제물로 바쳐지는** 살과 피를 향유하며, 이와 같은 개별적 **자아**가 된다.

••
19) 여기서 '신적인 인간'은 직접적으로는 '예수'를 말한다.
20) 이 문장은 호프마이스터 판의 다음 원문에 따라 해석하는 것이 자연스럽다. "〔Es lebt in der〕 Andacht, 〔die〕 sich selbst in ihm weiß."

이[*] 보편적 정신, 즉 공동체의 정신이 **교회 국가**(Staat der Kirche)이다. 이 정신은 **현존하는** 현실적 정신으로서, 스스로 정신으로 대상화되지만, 표상과 믿음으로 대상화될 뿐이다. 이렇게 공동체의 정신이 **존재한다**. 그러나 개인들 각자의 표상 속에서 이 정신은 그들의 자아 너머로, 그들로부터 아주 멀리 떠나버린다. 왜냐하면 앞서 말한 직접적 앎과 이 타자존재가 통합되지 않은 상태이기 때문이다. 이렇게 되면 모든 것^{**}이 표상과 피안의 형식을 지니게 되고, 개념이나 필연성이 없이, 사건(Geschehen)이나 우연(Zufall)이 될 뿐이다. 그래서 신의^{***} 영원한 결정과 의지라는 말은 단지 말일 뿐이지 통찰되지도 않으며, 개념도 자아도 아니게 된다.

교회는 국가라는 **현존하는** 정신에서 자신과 대립적 측면을 지닌다. 즉 교회는 사상으로 고양된 상태에 있는 국가이며, 인간은 이 두 세계 속에서 살아간다.^{***} 한쪽의 세계에서 인간은 **사라져버리는 자신의 현실**, 자연성, 희생과 무상함을 지니며, 반면에 다른 세계에서는 절대적으로 자신을 유지하고, 스스로를 절대적 **본질**로 안다. 인간은 영원을 획득하기 위해 앎과 의지를 발현함으로써 현실에서는 죽을 수밖에 없다. 〔여기서 영원은〕 **사상 속에 있는 비현실적인 삶**이며 **보편적 자아**〔라고 할 수 있다.〕 **그런데 이 영원한 것은 자신의 현존을 민족정신**(Volkgeist) **속에서 지닌다.** 이 영원자는 정신으로서, 이 정신은 **단지 정신으로만** 존재한다. 그리고 바로 이 정신은 **이러한 운동을 통해** 형식에는 대립하지만 본질상으로는

---

[*] 국가와 교회의 종합적 결합.

　　〔역주〕 호프마이스터 판에서는 이것을 제목으로 붙여 놓았다.

^{**} **즉자적인 것**은 소원하다. 그들의 **존재상태에서의 화해**는 오래전에 발생한 것이나 다름이 없다.

^{***} **고통**〔은〕 사유〔가〕 아니며, 보편적이지 않다.

^{***} 인간은 **그의 화해를 확신한다**. 그러나 기도 속에 **향유**는 현재하지 않는다.

동일하다. **통치로서의 민족정신**은, 그 자신이 현실적인 정신으로서 자기 자신과 자신에 대한 사상을 유지하는 자라는 사실을 안다. 교회의 **광신주의**(Fanatismus)는 영원한 것, 천상의 왕국 자체를 지상에 도입하려는 것으로서, **국가의 현실에 반대되는 것이며**, 〔비유하자면〕물 속에서 불을 보존하려는 것과 같다. 〔그러나〕 **천상의 왕국의 현실은 곧 국가이다.** 사유와 본질 속에서, 〔영원의 세계와 현실의 세계〕 양자는 교회를 통해 서로 화해한다. 만일 이 두 세계가 화해되지 않는다면, 국가와 교회는 불완전할 수밖에 없다. 국가는 현실의 정신으로서, 국가에서 드러나는 바는 정신에게 적합해야만 한다. 국가는 양심(Gewissen)을 존중할 수가 없다. 〔왜냐하면〕 이 양심이라는 것은 내면적인 것이기 〔때문이다.〕양심이 행위나 행위의 원칙으로 타당한지 여부는 행위 그 자체로부터 밝혀질 수밖에 없다. 교회는 자기 자신을 보편자로 아는 정신이며, 국가의 내적인 **절대적 안정**(absolute Sicherheit)이다. 개별자는 개별자로서 타당하지만, 모든 외적인 것은 그 자체로는 불확실하고 불안정한 상태에 있다.* 그래서 국가 내에서 〔개별자들은 자신의 안전을〕 완전하게 보장받게 된다. 종교적인 차원에서 인간이 행하는 바를 인간은 자기사유(Selbstdenken)의 측면에서 행할 수 있다.** 이 경우에 인간의 자기사유는 무엇을 통찰하는 것(Einsehen)[21)]

F285

H271

---

* 그들은 단지 개별적인 것만을 가공할 뿐이라서, 절대적인 가치를 지니지는 못한다.
** **신은 도처에**(überall) 존재한다. 신은 순수 사유이며, 인간이 비밀스럽게 자기 자신과 합치할 때, 그의 고독과 사유는 신과 벗한다.

∴

21) 헤겔은 통찰하는 행위를 '개념파악하는 행위'(Begreifen)와 동일시한다. 헤겔에 의하면 종교는 결국 직접적인 표상의 차원에 머물기 때문에, 철학적 사유가 지니는 통찰이나 개념 파악의 차원에 다다르지 못한다.

과는 다르다. 그리고 개별자가 지니고 있는 상이한 모든 다양성 속에서도 포기되지 않는 보편적 사상, 바로 이것이 의무이다. 나는 의무를 감수해야만 한다. 왜냐하면 〔의무의 차원에서 보면〕 **그것이 그렇다**라는 사실은 절대적 본질 속에서 정당화되기 때문이다. 그리고 절대적 본질이 **나의 앎**이고 거기에 절대적 본질이 있다고 한다면, 절대적 본질 속에 도덕성〔이 있다고 할 수 있다.〕

종교 자체는 현존과 직접적인 현실을 필요로 한다. 종교는 **보편적인** 것이므로,* 국가의 지배 하에 속한다. 그리고 국가는 종교를 사용하며, 이렇게 사용되면 종교는 국가에 기여하게 된다. 왜냐하면 종교는 현실성이 없는 것으로서, 현실성이 없는 것은 현실적인 정신에서 자신의 **자아**를 지니며, 따라서 지양된 것으로서 존재하기 마련이기 때문이다. 반대로 종교는 다시 국가라는 현실을 초월하는 사유가 되기도 한다. 〔종교가 지니는〕 이러한 내적인 아집(Eigensinn)[22]은 〔국가라는〕 자신의 현존을 희생하며, 자신의 사상을 위해 죽을 각오가 되어 있는 것이다. 이 아집은 사상을 위하여 기꺼이 죽을 수도 있는 것으로서 도저히 억누를 수 없는 것이다. 이러한 아집에게는 순수 **사상**만이 모든 것이며, 그만의 내적인 사유 자체나 행위의 **의미**를 지닌다. 그런데 이 내적인 사유나 행위는 그러한 아집이 없다면 우연적인 것으로 현상할 법한 것들이다. 믿음을 위해 기꺼이 죽음을 맞이하기도 하면서, 사유 자체는 그렇게 높게 고

---

* 특수한 신분, 특정한 성격.

∴

22) 여기서 아집(Eigensinn)은 '자신만의 고유한 의미를 주장하는 태도'를 말한다. 종교적인 측면에서 보자면, 객관화되지 않고 자신의 내면 속에 지니고 있는 신앙만을 우선시하는 태도라고 할 수 있다.

양되기도 하는 것이다. 그러나 교회에 복종하는 국가는, 광신주의에 희생되어 사라지거나, 아니면 성직자 통치(Pfaffenregiment)가 이루어질지도 모른다. 그런데 이 성직자 통치는 행위나 현존 그리고 특정한 사상의 포기가 아니라, 현존 속의 의지 그 자체의 포기를 요구하는 것이다. 이렇게 포기를 요구하는 것은 보편자나 인정받은 존재에 반대하는 측면에서 그렇게 하는 것이 아니라, 개별적 의지 자체에 반대되는 측면에서 그렇게 요구하는 것이다.

현실적 의식을 가지게 되면 천국이 종교에서 사라져버린다. 인간은 대지 위로 내려와서, 오직 상상(Einbildung) 속에서만 종교적인 것을 발견한다. 또한 종교가 지니고 있는 이 몰자아적인 측면으로 인해, 종교는 자신을 단지 표상만 할 줄 아는 정신으로만 머문다. 즉 이 [종교적으로 표상하는] 정신의 계기들은 정신 자신에게 **직접성**과 **사건〔역사〕**(Geschehen)의 형식을 지니며, 개념파악되지도 않으며 통찰되지도 않는다. 종교의 내용은 참으로 진실이지만, 그러나 **참된 존재〔참을 증명하는 방식〕**(Wahrsein)는 〔개념적〕 통찰 없는 확신일 뿐이다.

〔종교에 없는〕 이러한 **통찰**이 철학이며 절대적 **학문**이다. 〔철학은〕 종교의 내용과 동일한 내용〔을 지니지만,〕 〔그 형식은〕 **개념**의 형식〔을 취한다.〕 α) 〔첫째,〕 사변 철학은 스스로에게 타자가 되는 절대적 존재이며, (〔이렇게 해서〕 **관계**가 생겨난다) 삶 그리고 인식〔을 다룰 뿐만 아니라,〕 아는 앎, 정신, 정신의 자신에 대한 앎〔도 다룬다.〕 β) 〔둘째,〕 자연 철학은 직접적인 존재의 형태 속에서 이념을 언표하는 것(Aussprechen)이다. 이념은 자신 속으로 들어가서 **악한** 것이 되었다가, 정신, 즉 **개념으로서 실존하는** 개념이 된다. 그러나 이 순수 지성은 대립적인 것이자 동시에 보편자이며, 자신을 희생하면서 이를 통해 현실적인 것이 된다. 그래

서 이 순수 지성은 보편적인 현실이자 민족이며, 산출된 자연이자 화해
된 본질이다. 이 본질에서 〔민족구성원인〕 각자는 자신의 포기와 희생을
통해 자신의 대자존재〔민족〕를 수용한다.

철학에서 절대적 정신의 앎은 바로 **자아** 그 자체이며, 이것은 자체적
인 개념 속에 존재한다. 그리고 자체적인 개념이 바로 보편자인 **앎**이기
도 하다. 〔철학의 단계인〕 여기에는 또 다른 자연도 없고, **비현재적인** 통
일도 없으며, 그것을 향유하고 그것이 현존하는 상태가 피안에만 있고
미래에만 있을 법한 그러한 화해도 없다. 오히려 **여기에서** 자아는 절대자
를 **인식한다.** 자아는 인식하며 **개념파악**하는 것이지, 그 외의 다른 것이
아니다. **직접적으로** 자아는 이러한 자아로 존재한다. 자아는 개별자와 보
편자의 분리될 수 없는 결합이며, 모든 자연의 보편적인 측면이라고 할
수 있는 개별적 성격과 모든 **본질성,** 모든 **사유**로서의 보편자 간에 분리
될 수 없는 결합이다. 정신의 **직접성**은 민족정신이다. 또한 민족정신은
존재하는 절대적 정신이다. 그러나 이에 비해 종교는 사유하는 정신이기
는 하지만, 이 정신은 자기 **자신**을 사유하지 **못하며,** 따라서 자기 자신뿐
만이 아니라 자기 자신과의 동등성도 사유하지 못하며 직접성도 사유하
지 못한다. 철학의 앎은 재산출된 직접성이다. 그리고 철학 자체는 매개
의 형식, **개념**의 형식이다. 자신을 아는 정신 일반은 직접성으로 존재한

H273

다. 그리고 이 정신은 **의식**이며, **직접적인** 감각적 의식이다. 이러한 〔감
각적〕 의식은 존재자의 형식 하에서 자신에게 타자가 되어버리며, **자연**

F287

과 자신에 대한 앎이라는 양측으로 이분화된다. 이에 비해 정신은 의식의
대립적 상황이 **고요하게 마무리된** 예술작품(ruhendes Kunstwerk)과도 같
으며, **존재하는 삼라만상**(seiendes Universum)이고 **세계사**(Weltgeschichte)
이다. 철학은 자기 자신을 외화하여, 자신의 시작점, 직접적인 의식에 도

달한다. 그런데 철학이 도달한 이 직접적 의식은 또한 분열의 의식이기도 하다. 인간이 현실 속에서 순간순간 살아가는 시점(Punkt)이 존재하는 것처럼, 철학도 그렇게 인간 일반으로 존재하며 세계도 그렇게 존재한다. 또한 철학이 그렇게 존재하는 바처럼 세계도 그렇게 존재한다. 이처럼 연이은 진동〔타격〕(Schlag)이 철학과 세계 양자를 산출한다. 지금 바로 이 시간 앞에 존재했던 것이라고 할 수 있는 **시간**의 타자는 또 다른 **시간**이 아니라, 시간의 영원성이며 사상이다. 시간의 영원성과 사상 속에서 모든 의문은 지양되어버린다. 왜냐하면 의문이라는 것은 **또 다른 시간**을 사념하는 것이기 때문이다. 그러나 영원성 자체가 그렇게 시간 속에 있으며, 영원성은 시간의 이전(ein Voher)으로서, 그 자체는 과거성(Vergangenheit)이다. 이전이라는 것은 이미 **존재했었고**, 그것도 절대적으로 존재했었고, 이제는 **존재하지 않는다**. **시간**은 순수 개념이며, 운동 중에 있는 직관된 공허한 **자아**다. 그리고 공간은 이 직관된 공허한 자아가 정지 상태에 있는 것이다. 내용이 충만된 시간이 존재하기 전에는, 시간은 전혀 존재하지 않은 것과 같다. 시간이 내용으로 충만한 상태는 공허한 시간으로부터 벗어나 자신 속으로 복귀한 현실적인 자아라고 할 수 있다. 이러한 자아의 자기 자신에 대한 직관이 바로 시간으로서, 이것은 비대상적인 것이다. 만일 우리가 '세계 이전에〔세계가 생겨나기 전에〕'라고 말한다면, 이것은 〔우리가〕 내용이 충만되지 않은 시간〔을 사념하고 있는 것이나 마찬가지이다.〕 그러나 시간의 사상은 사유하는 자아, 자체 내로 반성된 자아이다. 이러한 시간, 모든 시대를 초월하는 것은 필연적이지만, 그러나 이러한 초월도 시간의 사상 속에서 이루어져야 한다. 그냥 시간을 뛰어넘으려는 전자의 시도[23]는 나쁜 무한성〔만을 낳는데〕, 이 무한성은 자신이 초월하려고 하는 그러한 것에 도달하지 못하는 그러한 무한성이다.

이러한 분열과정은 **영원한** 창조과정이며, 다시 말해 정신의 **개념**의 창조과정이며, 자신과 자신의 반대편을 스스로 짊어지고 나아가는 개념의 실체이다. 삼라만상은 이렇듯 개념으로부터 직접적으로 자유롭게 되지만, 그러나 다시 개념으로 복귀해야만 한다. 그래서 존재는 오히려 **행위**이자 이러한 운동이라고 할 수 있다. 정신〔개념〕은 통일성을 스스로 산출해낼 수 있어야 하고, 그것도 직접성의 형식으로 산출해낼 수 있어야 한다. 이러한 정신이 **세계사**인 것이다.* **즉자적으로**만 자연과 정신이 각기 하나의 **본질**이라는 사실은 세계사 속에서 지양되어버린다. 다시 말해 정신은 이들〔자연과 정신〕에 관한 앎이 된다.

---

* 인간은 자기 자신을 지배하는 자가 되지 않고서는 자연 위에 군림하는 지배자가 될 수 없다. 자연은 **즉자적인 상태의 정신**의 생성과정이다. 그리고 이 즉자가 **현존한다는** 것을 정신은 자기 스스로 개념파악해야만 한다.

∵

23) 앞서 언급한 '세계가 생겨나기 이전'의 시간성에 대해 묻고자 하는 시도를 말한다. 헤겔에 의하면, 시간을 이렇게 사념적으로 취급하여 시간 이전이나 시간의 시초에 대해 묻는 것은, 논리적으로는 무한퇴행인 악무한만을 결과시킬 뿐이다. 시간성에 대한 이와 같은 헤겔의 주장은 칸트의 『순수이성비판』의 '이율배반'의 논의에 의존하고 있다.

옮긴이 해제

1. 『예나 체계기획』의 형성배경

이 책은 헤겔(Georg Wilhelm Friedrich Hegel, 1770-1831)이 예나 시기에 자신의 체계기획의 일환으로 자연철학과 정신철학에 관해 쓴 원고에 기초한다. 직접 대본으로는 G. W. F. Hegel, *Jenaer Systementwürfe III*, in: *G. W. F. Hegel Gesammelte Werke*, Bd.8, hrsg. von R.-P. Horstmann, Hamburg: Felix Meiner, 1976(이하 '펠릭스 마이너 판')을 사용하였으며, 호프마이스터가 '실재철학 II'라는 제목으로 간행한 G. W. F. Hegel, *Jenenser Realphilosophie II—Die Vorlesungen von 1805/06*, hrsg. von J. Hoffmeister, Leipzig: Felix Meiner, 1931도 참고하였다.

우선 형성배경과 관련하여 『예나 체계기획 III—자연철학과 정신철학』과 비교해볼 만한 원고는 『예나 체계기획 I』이다. 헤겔은 1803/4년 예나 대학에서 겨울학기에 '자연법'에 관한 강의와 더불어 '사변철학의 체계(Das System der spekulativen Philosophie)'라는 강의를 할 예정이었고, 사변철학의 체계에는 '논리학과 형이상학', '자연철학' 그리고 '영혼론〔정신철학〕'이 포함될 예정이었다. 이 강의를 준비하기 위해 작성한 원고들 중 일부가 바로 '자연철학'과 '정신철학' 두 부분으로 구성되어 있는 『예나 체계기획 I』(*Jenaer Systementwürfe I*)이다. 그래서 이 글에는 '사변철학의 체계(Das System der spekulativen Philosophie)'라는 제목 외에도 '자연철학과 정신철학에 대한 강의원고들로 이루어진 단편들'이라는 부제가 붙어 있다. 이러한 제목이 붙어 있는 점으로 미루어보아, 이 체계기획은 그 당시 헤겔이 계획하고 있었던 철학 체계 전체를 구성하는 다른 부분들과의 연관성 속에서 검토될 가치가 충분하다고 판단되어 왔으며, 이러한 글들과 체계기획과의 체계적 연관성에 관한 문제는 헤겔의 예나 시기에 관한 중심적인 주제들 중 하나로 연구되어 오기도 했다. 그러나 『예나 체계기획 I』의 원고들 중 상당 부분이 단편 형태로 남아 있고, 도움이 되는 문구나 문장들을 헤겔이 나중에 여백에 다시 고쳐 기재하거나 초안에서 작성한 여러 부분들을 이후에 삭제하기도 하였다. 그리고 '사변철학의 체계'의 구성이나 강의내용에서 '자연철학'과 '정신철학' 강의 앞에 '사변철학의 체계의 제1부'를 차지했을 것으로 추정되는 '논리학과 형이상학'에 관련되는 원고들이 온전히 남아 있지 않기 때문에, 이 체계기획을 통해서 이 시기의 헤겔의 체계 구상 전반을 세세하게 살펴보는 데 어려움이 발생하기도 한다.

　『예나 체계기획 I』과 마찬가지로 『예나 체계기획 III』도 완성된 원고라고 보기는 힘들다. 헤겔은 출판을 목적으로 이 원고를 작성한 것이 아니라 강의 준비를 위해 작성했기 때문에, 많은 부분을 첨삭하거나 여백에 보충 내용을 추후에 끼워 넣었다. 이 원고를 처음 언급한 사람은 미셸레(Michelet)다. 미셸레는 이 원고를 1804년에서 1806년 사이에 쓰여졌다고 추정했다. 로젠크란츠(Karl Rosenkranz)도 이 원고들 중 정신철학 부분의 몇 구절을 인용하면서 그것이 1804년에서 1805년 사이에 쓴 원고라고 주장했다.[1] 그 후 로젠츠바이크(F. Rosenzweig)가 이 원고의 철자 하나하나에 대한 통계적이며 내용적인 연구를 통해 이 원고가 1805년에 쓴 것이며, 원고의 여백에 쓴 것들은 1806년 전에 쓴 것일 수 없다고 주장하였다.[2] 이러한 로젠츠바이크의 연구성과는 최근의 연구성과에 매우 근접한 것으로서, 최근의 연구는 이 원고를 1805년 늦여름이나 가을에 헤겔이 쓴 것으로 추정하고 있다.[3] 아마도 헤겔은 이 원고를 1805/6년 겨울학기 강의를 위해 준비했을 것으로 추정되지만, 실제로 헤겔이 이 내용을 그대로 강의했는지 여부는 확실치 않다. 그는 1806년 여름학기에 자연철학과 정신철학 강의를 다시 공고하는데, 이때 헤겔은 기존에 있던 원고들을 한 번 더 손질하여 현재의 형태대로 만든 것으로 보인다. 그래서 개작되지 않은 원고를 완성한 시점을 가장 빠르게 잡는다면, 그 시기는 1805/6년 겨울학기 이전 방학이 끝날 무렵이나 겨울학기 기간 중일 것으로 추정된다. 그리고 개작한 원고가 완료된 시점은 빠르면 1806년 초, 늦어도 1806년 여름학기로 추정된다. 이와 같은 점들을 고려하여 정리를 해보자면, 헤겔은 『예나 체계기획 III』의 원고를 1805/6년 겨울학기 이후 자연철학과 정신철학 강의 준비를 위해 1805/6년에 작성하여 1806년에 개작했으며, 원고 여백에 쓰여진 내용들은 그 연도를 정확히 확정할 수 없는 시기에 추가로 집어넣은 것으로 짐작할 수 있다.[4]

••

1) K. Rosenkranz, *Hegel's Leben*, Berlin 1844, 193쪽 이하.
2) F. Rosenzweig, *Hegel und der Staat*, Bd. 1, München und Berlin 1920, 248쪽 이하와 179쪽.
3) H. Kimmerle, "Zur Chronologie von Hegels Jenaer Schriften", in: HS4, 145쪽 및 168쪽 이하.
4) GW8, 318-319쪽 편집자 해제 참조.

2. 『예나 체계기획 III』의 구성

『예나 체계기획 III』은 두 부분, 즉 '자연철학' 부분과 '정신철학' 부분으로 구성되어 있다. 현재 남아 있는 『예나 체계기획 III』의 원고는 8면으로 구분된 넉 장의 4절지 종이로 이루어져 있고(총 32개의 면), 마지막 종이의 세 번째 면까지 필기가 되어 있다. 종이색은 본래 엷은 황색이며 현재는 조금 누렇게 변한 상태다. 이 원고들에는 2번부터 127번까지 번호가 매겨져 있고, 이 중 86번까지는 자연철학에 속하며, 87번부터는 정신철학에 속한다. 86번과 87번 사이에 지금은 전해지지 않는 원고가 빠져 있는데, 이 부분이 바로 '자연철학'에서 '정신철학'으로 이행하는 곳이다. 보다 정확히 말하자면, 이 부분은 '자연철학' 중 유기체의 마지막 부분이라고 할 수 있다. 그러나 소실된 부분은 많은 비중을 차지하지는 않는 것으로 보인다. 왜냐하면 유기체에 관한 다른 여타의 원고들과 비교해볼 때, 유기체에 관련해서 남아 있는 부분도 질병, 열과 죽음 등을 논하면서 다루어야 할 자연철학적 내용들을 거의 모두 다루고 있기 때문이다.

원고의 첫째 면에는 몇 가지 언급들이 항목별로 연필로 기재되어 있는데, 호프마이스터의 추측에 의하면, 이것은 헤겔의 제자인 미셸레(Michelet)가 후에 『엔치클로패디』의 자연철학을 출판할 때 보론(Zusatz)으로 『예나 체계기획 III』의 '자연철학' 부분을 활용했다는 것을 간접적으로 보여주는 것이다.[5] 또한 『예나 체계기획 III』의 '자연철학'의 몇몇 부분들에는 연필로 쓰여진 단락별 메모들이 있는데, 이것도 미셸레가 『엔치클

---

5) 이 『엔치클로패디』는 헤겔 사후 '우인회'에 의해 간행된 다음 전집에 포함된 것을 가리킨다. *G. W. F. Hegel's Werke. Vollständige Ausgabe durch einen Verein von Freunden des Verewigten*, Bd. 7, Berlin, 1842.

로패디』의 '자연철학' 부분을 간행할 때 첨가한 보론들과 관련이 있는 것으로 판단된다. 특히, 이들 중 55번(341절), 56번(339절), 61번(363절), 64번(346절)이 그러하다.

그럼에도 불구하고, 후기의 『엔치클로패디』의 '자연철학'의 구성과 관련하여 볼 때, 『예나 체계기획 III』의 '자연철학'의 구성에는 몇 가지 주목할 차이점이 있다. 후기의 『엔치클로패디』의 '자연철학'은 최종적으로 '역학(Mechanik)', '물리학(Physik)', '유기물리학(Organischer Physik)'으로 체계화된다. 이에 비해 『예나 체계기획 III』의 '자연철학'은 '역학(Mechanik)', '형태화와 화학론(Gestaltung und Chemismus)', '유기체(Das Organische)' 부분으로 구성되어 있다. 특히, 후기의 『엔치클로패디』의 '자연철학'에 비해, 『예나 체계기획 III』의 '자연철학'에서는 아직 '물리학(Physik)'이라는 개념이 원소부터 화학적 과정까지를 포함하는 전체 표제어로 등장하지 않는다는 점에 주목할 필요가 있다. 이러한 불일치 때문인지, 이 원고들을 처음으로 '실재철학'이라는 이름 하에 책으로 간행한 호프마이스터는 『예나 체계기획 III』의 '자연철학'을 4부로, 즉 '역학(Mechanik)', '형태화와 화학론(Gestaltung und Chemismus)', '유기체(Das Organische)' 외에 제3부인 '물리학(Physik)'을 추가하여 구성해 놓았다. 호프마이스터는 이 '물리학' 부분에 본래 헤겔이 제2부의 하위 항목인 'III. 총체적 과정(Totaler Prozeß)'에서 다룬 내용들을 집어넣고 있는데, 만일 호프마이스터의 견해를 수용한다면, 헤겔의 자연철학의 삼분법적 분류가 사분법적 분류가 되어버릴 수도 있다.

또한 헤겔은 '자연철학'에 이어지는 '정신철학'의 첫 부분에서 지성(Intelligenz)과 의지(Wille)를 분명히 구분하고 있으며, 현재까지 남아 있는 이 부분의 원고는 '직관하는 지성'으로 시작한다. 만일 헤겔이 '정신철학'의 내용을 체계적으로 서술하는 좀 더 긴 서론(Einleitung)을 별도로 작성하지 않았다고 한다면, '직관하는 지성'으로 시작하는 이 부분이 헤겔의 구상에서도 '정신철학'의 첫 부분이었으리라 짐작된다. 따라서 '지성' 장이 '정신철학'의 나머지 부분들에 바로 앞서 서술된 것은 여러 가지 문맥상 거의 확실해 보인다.[6]

그런데, 헤겔은 문맥상 '정신철학'의 시작 부분에서 후에 '주관 정신'이라고 제목을 붙인 부분에 속하는 내용들을 논하고 있는 것처럼 보인다. 이러한 정황증거에 기초해 호프마이스터는 『실재철학 II』에서 이 부분의 제목을 '주관 정신'이라고 붙였다. 그러나 헤겔이 예나 시기에는 '주관 정신'이라는 용어를 후기처럼 본격적으로 사용하지는 않았기 때문에, 호프마이스터의 이러한 주장은 좀 더 신중히 고려될 여지가 있다. 그리고 이외에도 호프마이스터가 편집한 『실재철학 II』는 몇 가지 점에서 다분히 자의적인 해석을 바탕으로 구성되어 있다는 점에 유의해야 한다. 특히 '정신철학'의 세 번째 장인 '헌정' 부분을 분석하면서, 그는 신분(Stand) 개념에 따라 단락을 구분하고 있는 헤겔의 의도를 무시하고 장을 구분하고 있다. 또한 '정신철학'의 두 번째 장인 '현실적 정신'의 구성에 대한 그의 서술도 부정확하다. 이해를 돕기 위해, 책 앞에 있는 『예나 체계기획 III』의 목차와 비교할 수 있도록 호프마이스터가 편집한 『실재철학 II』의 목차를 소개하면 다음과 같다.

..
6) GW8, 316쪽 이하 편집자 해제 참조.

2. 물리적인 물체의 화학론, 또는 지상의 불의 화학론

    a. 〔불꽃〕

    〔b.〕불의 과정

    〔c.〕갈바니식 과정

IV. 유기체

  I. 광물적 유기체

    (유기적 삶의 개념과 형식)

  II. 식물 유기체

  III. 동물적 과정

[B.] 정신철학

〔I. 주관 정신〕

  〔a. 지성〕

  b. 의지

II. 현실적 정신

  a. 〔인정된 존재〕

  b. 계약

  c. 범죄와 형벌

  d. 강제력을 지니는 법

III. 헌정

  A. 신분들, 또는 자신을 자기 자신 속에서 분화하는 정신의 본성

    1. 저급한 신분들과 심정

    2. 보편성의 신분

  B. 통치, 자기 자신을 확신하는 자연의 정신

  C. 예술, 종교 그리고 학문

3. 『예나 체계기획 III』의 내용

(1) 자연철학

헤겔의 자연철학은 고전 물리학, 특히 뉴턴의 역학이 독일과 프랑스에서 이미 상당히 광범위하게 확산된 18세기 말에서 19세기 초를 배경으로 한다.[7] 헤겔은 그 당시 최신의 자연과학의 성과들을 알고 있었으며 그것들을 참조했다. 하지만, 헤겔은 자연과학자들과는 원칙적으로 다른 의도로 자연을 철학적 대상으로 삼았다. 철학자 헤겔은 자연대상들과 그 현상들을 관찰하는 데 관심이 있었거나 자연과학적 이론들을 분석하는 작업에 치중한 것이 아니라, 오히려 자연철학에서 사유와 사유의 법칙들을 탐구하고자 했다. 즉, 헤겔은 어떠한 조건 하에서 자연에 관한 인식이 가능한지 그리고 사유의 전체 맥락에서 자연과학자의 주장은 무엇을 의미하는지에 관심이 있었던 것이다. 따라서 헤겔의 자연철학은 '자연에 관한 사유의 이론'이라고 할 수 있다. 헤겔은 구체적이며 개별적인 자연현상들을 이해할 수 있게 해주는 개념들을 자연철학에서 체계적으로 서술해보려고 했다. 즉, 헤겔에 의하면 개념규정과 경험적 현상들의 일치 여부는 자연과학이 중시하는 경험적 직관에 의해서는 그 자체로 증명될 수 없다. 자연철학만이 자연의 개념을 선험적으로 제시할 수 있고, 개념의 규정에 상응하는 경험적 현상들을 보여줄 수 있다.

헤겔은 인식론적 관점에서 자연을 정신에 대립하는 것으로 규정한다.

7) 이하의 자연철학에 관한 해설은 주로 다음의 책을 참고하였음을 밝혀둔다. *Hegels Enzyklopädie der philosophischen Wissenschaften (1830). Ein Kommentare zum Systemgrundriß*, hrsg. von Herbert Schnädelbach, Frankfurt am Main: Suhrkamp Verlag, 2000.

그러나, 자연은 단순히 정신에 대립하는 것이 아니라, 자연대상들의 개념은 정신에 의해 산출되어야 한다. 동시에 정신에 의해 산출된 개념으로 파악되는 자연의 대상들은 정신에게 낯선 것이며 정신과 대립한다. 따라서 헤겔은 자연을 '정신의 타자'이자 '이념의 타자존재'로 규정한다. 자연을 정신의 타자로 가정하면서 동시에 자연의 법칙들을 우리 정신이 아무렇게나 변경할 수 없는 어떤 것으로 받아들일 때, 우리는 우리의 자연인식을 철학적으로 검토할 수 있게 된다. 왜냐하면 이때 우리는 비로소 자연을 개념파악하면서 우리가 사유 속에서 무엇을 수행하고 있는지 그리고 경우에 따라서 우리가 개념파악을 하면서 무엇을 변경하고 있는지 알 수 있기 때문이다. 이러한 진행과정 전체가 곧 자연철학이다. 따라서 헤겔의 자연철학은 자연과학이 다루는 보편적 법칙들과 관련되기는 하지만, 그러나 그 과제는 개념들의 내적인 논리성을 검토하는 데 있다. 헤겔에 의하면 외면성이 자연의 규정이라는 것은, 자연에는 자연에 관한 개념의 논리적 발전이 있다는 것을 의미한다. 그러나 헤겔이 자연 자체의 진화를 가정한 것은 아니다. 헤겔의 자연철학에는 단계들의 체계와 변화가 있기는 하지만, 그것은 개념의 체계이고 변화이지 자연 자체의 체계와 변화는 아니기 때문이다.

따라서, 자연철학은 자연에 관한 개념들이 논리적으로 구분되는 단계들을 체계적으로 서술한다. 후기의 『엔치클로패디』의 '자연철학'을 중심으로 보면, 이것은 세 가지 방식으로 가능하다. 첫째는, 자연의 계기들의 개별화 상태(Vereinzelung)를 통일성(Einheit)을 전혀 고려하지 않은 채 탐구하는 것이다. 둘째는, 이 개별적인 계기들 각각을 다른 모든 것이 그와 연관을 맺는 통일성으로 고찰하는 것이다. 헤겔은 각 계기들과 통일성의 이러한 논리적 관계를 '개체성(Individualität)'이라고 부른다. 셋째는, 개별

계기들을 개별자의 다수성에서 주어지는 통일성과의 자립적인 연관 속에서 사유하는 것이다. 이 경우 개별자는 전체에 종속되므로, 헤겔은 이 것을 '주체성(Subjektivität)'이라고 부른다. 이러한 세 가지 논리적 단계들이 다음과 같은 자연철학의 세 가지 영역을 구성한다. 첫째는 공간, 시간, 운동, 물질, 충돌, 낙하 그리고 천체역학이며, 둘째는 빛, 원소, 기상학, 소리, 열, 전기, 자기 그리고 화학적 과정이고, 셋째는 유기체다. 후기의 『엔치클로패디』의 '자연철학'에서 헤겔은 이 세 영역 각각에 역학, 물리학 그리고 유기물리학를 대응시킨다. 그런데 헤겔 당대에 물리학(Physik)이라고 하면, 역학적 법칙에 의해 설명될 수 없으면서, 동시에 유기체에 관한 것도 아닌 그러한 전체 대상영역을 지칭하는 용어였다. 『예나 체계기획 III』의 '자연철학'의 목차에서 헤겔이 자연철학의 두 번째 영역의 경계를 다소 모호한 형태로 설정해 놓고, 여기에 아직 '물리학'이라는 표제를 분명하게 붙이지 않은 이유도 이 점에서 이해가능하다. 아래에서는 이상과 같은 삼분법적인 분류에 기초하여 자연철학의 주요 개념들을 간략히 설명한다.

① 역학

역학은 공간과 시간의 개념을 규정하고, 그 실재성의 측면이라고 할 수 있는 운동이 무엇인지 그리고 질량과 천구(천체)의 운동이 무엇인지를 밝히는 과정으로 진행된다.

역학은 공간으로부터 시작한다. 헤겔의 공간 개념은 뉴턴 전통의 추상적인 절대적 공간 개념을 지향하고 있다. 즉, 그에게 공간은 칸트에서처럼 직관이라는 주관의 형식이 아니라, '현존하는 에테르'라는 점에서 실재물이다. 그는 공간에 관한 논의를 점, 선, 면으로 진행시키고, 공간의 삼차원성에 대한 증명을 수행한다. 공간은 우선 점(Punkt)에서 시작하는데, 점은 '절대적 시작'으로 현존하지만 동시에 '지양된 현존재'로 존재한다. 왜냐하면 점은 공간 속에 현존하면서 점 자신에 대해 '탈자적으로 (außer sich)'으로 존재하며, 점 자신의 부정인 '선'으로 지양되기 때문이다. 마찬가지로 '선'도 탈자적으로 정립되어 '면'이 되며, 면은 선을 자신 속에 지양된 상태로 지닌 채 존재한다. 이렇게 면은 첫 번째 부정태인 선의 부정태로서, 점의 단순한 일자이기도 한 면, 즉 '표면(적)'이 되며, 이 표면(적)에서 공간은 차원들의 총체이자 현실적 공간이 된다. 헤겔은 공간의 차원에서 세 가지 상이한 방향에 따라서 높이와 폭 그리고 길이를 규정하고, 삼차원에서의 공간적 분할(높이, 폭, 길이)을 '전혀 규정되지 않은 것', '전혀 구별되지 않은 것'으로 정의한다. 여기서 헤겔은 공간의 계기들이 상호 무관하면서 '추상적인 탈자적 상태(Außersichsein)'에 있다는 것을 강조해서 보여준다.

공간에 비해 시간은 '직접적으로 존재하지 않는 현존적 존재'이자 '직접적으로 존재하는 현존적 비존재'로서, '현존하는 순수 모순'이라고 표현된다. 그리고 모순인 시간은 지속적으로 자기 지양되면서, 현재, 과거, 미래라는 시간의 차원들로 전개된다. 시간에 내재하는 일자의 직접적인 존재, 자기동등성이 '현재'이며, 이러한 '현재'로서 '지금'은 단순하다. 그런데 이 지금의 존재는 자신의 직접성을 부정하고 지양하여 '시간의 존재의 비존재'이자 '지금의 부정', 즉 시간의 두 번째 차원인 '미래'로 정립된다. 이 미래의 존재는 현재 속에서 표상된 것이므로, 미래의 참된 존재는 지금으로 존재하고, 현재 속에 있는 부정태의 계기로 존재한다. 또한 미래라는 시간에 깃든 비존재가 스스로 지양되면서 '직접자의 부정적 지금을 지양한 지금', 즉 '과거'가 도출된다. 과거는 부정적인 지금에 대한 부정이며 '완성된 시간'이다. 더 나아가 시간에 관한 서술의 마지막에 이르면, 헤겔은 지금의 분할불가능성 때문에 현재, 미래, 과거라는 시간은 모두 '동일한 현재'이기도 하며, '절대적으로 현재적이며 영원한 것은 현재, 미래 그리고 과거의 통일로서 시간 자체'라고 주장한다.[8]

공간과 시간을 서술한 후, 헤겔은 공간과 시간의 실재성으로서 '운동'에 관해 논한다. 이 부분은 후기의 『엔치클로패디』의 '자연철학'에서는 물질과 운동에 관해 논하는 '유한 역학'에 해당한다. 헤겔은 역학적 운동을 지상의 역학적 운동과 천상의 역학적 운동으로 구분하는데, '유한 역학'은 전자에 해당한다. 그런데, 『예나 체계기획 III』의 '자연철학'은 후기의 『엔치클로패디』의 '자연철학'과 달리 역학의 이 부분에서 '낙하운동', '포물선운동', '진자운동'을 다루지 않고, 두 번째 장인 '형태화와 화학론'에서 다루고 있다. 『예나 체계기획 III』의 '자연철학'의 역학에서는 주로 직선운동, 원운동 등이 서술된다.

헤겔은 우선 공간과 시간의 실체로 '지속'을 그리고 이 지속의 첫 번째 계기로 '여기(Hier)'를 제시한다. 그리고 여기와 지금의 통일을 '장소(Ort)'로 규정한다. 장소에는 세 가지 구별되는 장소들이 있는데, 즉 '지금인 장소', '나중에 차지할 장소' 그리고 '떠나보낸 장소'가 그것이다. 장소들은 이렇게 구별되면서도, 동시에 이 변화 속에는 단 하나의 장소만이 '보편적 불변자'로서 지속한다. 이렇게 장소의 변화 가운데 있는 지속을 헤겔은 '운동'이라고 규정한다.[9] 운동은 시간과 공간의 직접적인 통일이자 지속하는 것의 진리다. 먼저 운동은 '직선운동'으로 나타난다. 직선운동

••
8) GW8, 13쪽.
9) GW8, 17쪽.

은 무한으로 진행하는 운동이며, 직선운동에서 물체는 오직 선으로만 표현된다. 그 다음 운동은 '원운동'이다. 직선운동과 달리 원운동이 가능하려면 운동하지 않는 한 점으로서 장소, 즉 '중심점'이 있어야 한다. 그리고 원주에서는 지금과 이전 그리고 나중이라는 것이 직선운동에서와는 달리 서로 결합되어, 나중이 이전이며 이전이 나중이 된다. 따라서 원운동에서는 미래의 목표가 곧 과거이기도 하며, 목적은 과거로서의 지금이 되기도 한다. 헤겔은 운동하지 않는 중심점과 원운동 자체 사이의 이러한 연관에서 결과되는 지속의 상태, 원운동이 소멸되는 상태를 '질량(Masse)'으로 규정한다. '직접적인 통일'인 지속과 달리, 질량은 시간과 공간의 '실재적인 통일'이며, 운동하면서도 단순하고 직접적으로 존재하는 것이다. 운동이 지양된 상태의 질량은 '관성적'이다. 그런데 헤겔에 의하면 관성적이라는 것은 단순한 정지 상태와는 다르며, 질량은 운동과 정지라는 두 계기들의 통일이다. 질량은 정지해 있는 것도 아니며 동시에 운동하고 있는 것도 아니라고 헤겔은 주장한다.[10]

이러한 운동과 정지의 상호 관계 속에서 질량으로서 물질은 절대적 운동, 즉 '천구'로 정립된다. 헤겔은 아직 공간을 채우는 물체, 즉 기체가 없는 상태에서는 천구와 천체를 구분해야 한다고 말한다. 천구는 그 자체로 항상적이고 지속하며 정지 상태에 있는 운동으로서, 이 운동은 축회전 운동이다. 그리고 천구의 운동은 천구 밖의 점, 즉 관찰자인 나의 관점에 의해서만 인식가능하다. 천구의 운동은, 태양의 운동, 혜성의 운동, 달의 운동, 행성의 운동으로 전개되고, 행성의 천구가 실재적으로 완성된 천구로 규정된다. 태양은 정지 상태에 있고, 혜성의 천구는 순수 운

∴

10) GW8, 23쪽 이하 참조.

동이며, 달의 천구는 자기내존재이자 내면적인 것이다. 이에 비해 행성의 천구는 다른 천구들을 자신의 위력이자 비유기적 자연으로 삼고 이들을 통일시킨다. 그래서 행성의 천구가 실재적인 천구이며, 다른 것들은 행성의 천구의 추상적인 계기들이라고 할 수 있다.[11]

이상과 같이 역학에 등장하는 이 계기들은 서로 분리된 것들로서 아직 공통의 중심을 가지지는 못한다. 따라서 여기서 등장하는 주요 개념규정들은 동등한 개별자 간의 상호분리상태(Auseinandersein)에 있다. 즉, 여기서 등장하는 요소들은 서로 외재적인 분리상태로 존재하며 상호 관계하는 통일성이 없이 그저 병렬적으로 존재할 뿐이다.

② 형태화와 화학론

『예나 체계기획 III』의 '자연철학'에서 '형태화와 화학론' 부분이 차지하는 분량은 '역학' 부분의 거의 배가량이나 된다. 후기의 『엔치클로패디』의 '자연철학'에서도 '물리학' 부분은 '역학' 부분의 두 배 이상의 분량을 차지한다. 이러한 이유 때문인지, 호프마이스터는 자연철학을 '실재철학'으로 편집하면서 '펠릭스 마이너 판' 82쪽 두 번째 문단 이후에 '물리학'이라는 제목을 붙여 자연철학 전체를 네 부분으로 구분하는 것이 적절하다고 주장하기도 했다. 그러나 대체적인 구성과 거기서 다루어지는 내용과 관련해보자면, '예나 시기'와 '후기' 사이에 헤겔의 자연철학에서 급격한 변화는 보이지 않는다. 따라서 호프마이스터의 주장처럼, 군이 헤겔의 '자연철학'을 네 부분으로 구분할 필요성은 없어 보인다. 그렇지만, 『예나 체계기획 III』의 '형태화와 화학론' 부분이 후기의 『엔치클로패디』의

11) GW8, 30쪽 이하 참조.

'물리학' 부분과 그 내용상 일대일로 대응하지는 않는다. 후기의 『엔치클로 패디』의 '물리학'은 세 부분, 즉 '보편적 개체성', '특수한 개체성' 그리고 '총체적이며 자유로운 개체성'으로 구분된다. 여기서 '개체성(Individualität)'은 자기반성적인 상호분리된 존재자들이 병존하는 상태이다. 헤겔은 '개체성'이라는 논리적 규정을 '자신의 타자에서 자기 자신에게로 복귀 (Rückkehr zu sich selbst)'하는 것으로 이해하고 있다. 그리고 이 규정을 '유한한 물체성(endliche Körperlichkeit)'과 동일시한다. 이 물체성이 앞서 언급한 세 단계의 개체성에 따라 다음과 같이 세 부분으로 구분된다. 첫째는 '빛', '원소', 그리고 '대기현상'이고, 둘째는 '비중', '응집력', '소리', '열'이고, 셋째는 '자기', '전기' 그리고 '화학적 과정'이다. 이에 비해 『예나 체계기획 III』의 '자연철학'에서는 이 부분을 포괄하는 제목으로 '물리학'이라는 용어를 아직 사용하지 않고 있으며, 사실상 역학에 포함되어야 할 '낙하운동', '포물선운동', '진자운동'이 여기서 논의되고 있기도 하다. 따라서 몇 가지 부분적인 강조점에 있어서 이처럼 예나 시기와 후기의 자연철학이 어떤 차이가 있는지를 고려하면서, '빛'으로부터 '총체적 과정'에 이르기까지 이 부분의 내용이 어떻게 전개되는지를 간략히 살펴본다.

우선 'A. 형태화'와 'I. 개별적 물체, 또는 무게가 탄성이 되는 과정'이라고 제목이 붙어 있는 부분에서는 '빛'과 더불어 '역학'에서 미처 논의되지 못한 운동에 관한 설명이 이어진다. 그래서 이 부분은 아직 물리학적인 계기보다는 역학적 계기를 다루는 단계라고 할 수 있다. 우선, 헤겔은 빛을 '현존하면서도 현존에 상반되는 자기내존재'이며, '자체 내에 유폐되어 있는 물질의 총체'라고 한다.[12] 그리고 빛과 같은 힘이 외화된 실

∴∴
12) GW8, 35쪽 이하 참조.

재가 태양이며, 빛은 삶의 원천이라고 언급한다. 빛의 힘은 무게로서, 이 무게에서 물질은 관성의 상태로 존재한다는 것이다. "무게(Schwere)는 물질을 하나의 사물(ein Ding)로 만드는 오성(Verstand)이다."[13] 빛에 관해 설명한 후, 헤겔은 '낙하 운동', '포물선운동', '진자 운동'에 관해 설명한다. 낙하 운동은 직선적인 자유 운동이며 가속화하는 운동이지만, 실존의 측면에서 보면 실제적인 운동은 아니다.[14] 이에 비해 포물선 운동은 탄환처럼 사출되는 포물체의 힘과 질량 및 공기의 저항에 의해 측정된다. 그리고 이 낙하 운동과 포물선 운동의 통일이 진자 운동이다. 진자 운동에서는 낙하가 포물이며 포물이 낙하이다. 여기서 헤겔은 역학에서의 이러한 운동은 여전히 자신의 개념을 자신 밖에 지니고 그의 현존이 곧 자신을 지양하는 것이라서, '마비된 운동', '구속된 운동'이라고 부른다.[15] 마지막으로 개별 물체의 참된 개념으로서 '탄성'은 견고함과 유연함이라는 상반된 두 측면의 직접적인 전도상태이자, 자기내존재와 대타존재의 통일로 규정된다.

그 다음 'b. 탄성이 유동성이 되는 과정'이라는 부분에서는 '음조(톤)', '유동성', '응집', '비중', '자기', '전기', '결정체' 등의 계기들이 설명된다. 즉, 후기의 『엔치클로패디』의 '물리학'의 두 번째와 세 번째 계기들이 이 부분에 혼재되어 있다. 질량과 속도를 지닌 물체가 작용과 반작용의 과정을 거치면서 '진동'으로 나타나는데, 이것이 '음조(톤)'이다. 또한, '유동성'은 실재적인 탄성으로, 물체가 그 전체 본질에 의해 진동하고 울리는 상태다. '응집'은 질량 일반의 연속성으로서, 여기서 물질의 특성이 드러난다. 즉, 어떤 물질의 특성은 다른 물질에 의해서만 드러난다. 그리고 질량과 관계없이 자기 내로 환수되어 있는 특성이 '비중'으로서, 비중은 특정하고 단순하며 본질적인 특성이자 '규정된 개체성'이다.[16] 그 다음으로 헤겔은 특히 지구의 사례를 통해 '자기'를 설명한다. 헤겔에 의하면 지구가 자성을 띠는 온전한 물체라고 해도, 자력을 띤 축이 지구를 관통하고 있는 것은 아니다. 오히려 물리학의 발전으로 지구중심점에 무한한 강도를 지닌 외연 없는 자석을 가정하는 것이 가능해졌으며, 여기서 자기는 지구 전체의 보편자로 지구의 도처에 존재하는 것으로 판단된다. 이처럼 "자기는 기체의 통일 속에 존재하는 구별들의 형식적 현존이다."[17] 헤겔은 '지축이 황도에 비해 기울어져 있다.'거나 '비중이 적도보다 극점에서 더 크다.'거나, '지구의 자전으로 구심력과 원심력이 분리된다.'거나 하는 현상들을 언급하면서, 일종의 자석인 지구운동의 특성을 설명한다. 자기에 관한 설명에 이어서 헤겔은 여기서 이미 결정체가 형성되는 과정을 간략히 언급하면서 자연 속에 깃든 '합목적성'이 처음으로 드러난다고 주장한다. 결정체는 내적인 핵과 외적인 형태로 이루어져 있는 '이중화된 기하'와 같다. 헤겔에 의하면 자연의 '합목적성'은 서로 상이하고 무관한 것들의 연관으로서, '자연 그 자신에 의한 자연의 지성적 행위'이다.[18]

그 다음으로 전기는 형태로부터 자유로운 순수 목적이자 힘으로 규정된다. 헤겔은 이 전기에서 계기들의 상호 무관한 상태가 지양되기 시작한다고 주장한다. 하지만, 전기에서 형태는 완전히 해체된 상태가 아니며, 계기들은 형태를 도외시하지만, 형태를 자신의 제약 조건으로 여전

16) GW8, 50쪽.
17) GW8, 53쪽.
18) GW8, 56-57쪽.

히 삼는다는 점에서 완전히 자립적이지는 않다. 이제 계기들의 상호 무관한 상태를 지양하면서, 전기빛은 대립들이 스스로를 지양하는 상태, 즉 전압을 통해 일자에서 합치하여 나타난다. 여기서 '스스로를 실체화하는 빛'으로서 '열'이 등장하면서 'II. 화학론'으로 이행한다.

'II. 화학론'은 "A. 열 역학"으로 시작하여 원소들의 '화학적 과정'을 설명하는 순으로 전개된다. 우선 헤겔에 의하면 열은 '보편적 물질'이자 '보편적 매체'이며,[19] 열은 응집되고 전파된다. 헤겔은 탄성을 띠는 유체와 열의 관계를 팽창과 수축의 관점에서 설명하고, 탄성을 띠는 유체가 액상의 유체로 바뀌는 과정을 설명하고 있다. 견고한 형태로 존재하는 결정체와 같은 물체는 그 자체에 특정한 열용량, 즉 '비열'을 지닌다. 비열은 온도계로 측정가능한 열의 정량이다. 그 다음 비열을 띠는 물질은 '화학적 원소'로 이행한다. '산소', '수소', '질소', '탄소'와 같은 화학적 원소들은 특정한 비중과 비열을 띠지만, 화학적 원소들의 실체는 별도로 존재하지 않고, 변화하거나 사라지는 과정 자체가 화학적 원소들의 실재성이자 실체다.[20] 그래서 헤겔은 화학적 원소에는 이중적인 측면이 있다고 한다. 즉, 한편으로 화학적 원소는 존재자로 언표되면서, 동시에 다른 한편으로 부단한 그 변화과정이 운동으로 언표된다는 것이다. 그리고 헤겔은 '연소'나 '산화'와 같은 화학적 반응을 이야기하면서, 질소와 수소, 산소와 탄소 사이의 상호관계를 보편성과 개별성 그리고 이 양 극단들을 매개하는 중간항[매질]에 의해 설명한다. 더 나아가 '자기 자신을 통해 용해되는 과정'이라는 소제목이 붙어 있는 부분에서 헤겔은 화학적 과정

19) GW8, 57-58쪽.
20) GW8, 70쪽.

을 불, 물, 공기, 흙이라는 4원소와 관련하여 설명하기도 한다.[21] 'III. 총체적 과정'에서는 우선 결정체를 태양, 달, 지구, 혜성이라는 천체들의 관계를 통해 설명하며, 그 결과로 보편적인 유기체의 출현과 함께 '물리적인 것'이라는 개념이 출현한다. 헤겔에 의하면 '물리적인 것'은 역학적인 것과 화학적인 것의 절대적 통일이자, 빛과 물질의 절대적 통일이다. 여기서 헤겔은 '빛'과 '어둠'을 대비시키면서 논의를 전개해나간다.[22] 빛은 긍정적인 것, 순수 자아, 존재에 대응하고, 이에 비해 어둠은 부정적인 것, 순수 몰자아, 무에 대응한다. 그런데 헤겔은 존재하는 것, 진리는 빛과 어둠 양자의 통일이라고 한다. 그리고 이 양자의 통일의 실재가 '색'이라고 하면서, 빛의 굴절현상과 프리즘에 관해 설명한 후, 색의 계기들을 하양과 검정으로부터 노랑, 파랑 그리고 빨강, 초록의 순으로 전개한다. '화학론'의 마지막이라고 할 수 있는 'I. 지상의 불의 역학 또는 물리적 물체의 형태화'에서는 '금속'에 관한 논의가 중심을 이룬다. 헤겔은 금속이 '그 속을 알 수 없게 닫혀 있는 자기내존재'라고 한다.[23] 그리고 금속 중 금과 은과 같은 귀금속이 산과 염기의 과정에 의해 설명된 후, 촉각, 시각, 후각, 미각이라는 감각이 물리적 물체와 맺는 연관관계가 논의된다. 그리고 유황, 아스팔트, 나프텐, 규석, 반토, 도벽옥, 고토, 마그네시아, 석회 등 여러 가지 종류의 물질들이 논의된다. 마지막으로 'II. 물리적인 개별 물체 또는 지상의 불의 화학론'에서는 주로 '산화'와 '환원'이라는 화학적 과정이 설명되면서, 유기적 과정과 흡사한 '갈바니식 과정'을 통해 독립적인 물체로부터 어떻게 '자아, 주체, 참된 실체'가 나오는지가 논의된

..

21) GW8, 73-75쪽.
22) GW8, 82쪽 이하.
23) GW8, 90쪽.

다. 이러한 논의를 통해 화학적 과정은 '유기체'로 이행한다.

③ 유기체

헤겔은 주관성이라는 논리적 규정을 유기체라는 자연철학의 표상과 연관시킨다. 그러나 헤겔에 의하면 유기체의 출발단계에서 주관성은 '보편적 자아'를 의미할 뿐, 아직 '개별적인 영혼'을 의미하지는 않는다.[24] 유기체는 식물이나 동물처럼 살아 있는 것이다. 우선, 살아 있는 유기체는 유기체라는 하나의 공통적 중심과 그것을 구성하는 기관들 사이의 관계로 규정된다. 이것은 보편성과 개별성의 관계와 같다. 일례로, 나무라는 전체는 잎과 줄기와 같은 자신의 부분들을 산출하지만, 동시에 잎과 줄기 등 그 부분들이 나무를 산출하기도 한다. 이처럼 '시작이 끝인 바와 동일한' 목적론적 관계가 유기체에서는 원리가 된다.[25] 전체로서의 삶의 관점에서 헤겔은 다음과 같이 서술하기도 한다. **"전체[전체적인 삶]**는 보편적 실체이자 근거이며, 전체는 결과를 산출하는 총체이자 **현실성**으로 존재한다. 전체는 일자로서, 자유로운 상태로 부분들을 자신 속에 결합된 상태로 포괄한다. 전체는 부분들로 분열되며, 부분들에게 자신의 보편적 삶을 부여하고, 이 부분들의 부정태이자 힘으로서 부분들을 자신 속에서 유지한다. 이렇게 함으로써, 전체의 부분들은 그 자체로 자신들의 독자적인 삶의 행로[이력]를 지니게 되지만, 그러나 이 [개별적 부분들의] 삶의 행로는 이 부분들의 특수성을 지양하고 보편자가 생겨나는 과정이기도 하다. 이러한 과정은 원(Kreis)을 이루며, **개별적인 현실태**

24) GW8, 108쪽 참조.
25) GW8, 110쪽 참조.

들에 있어서 운동으로 나타난다."[26] 이같은 목적론적 원리로 인해, 헤겔은 역학이나 화학이 유기체론과는 완전히 다른 것임을 강조하는 것이다. 소금과 같은 무기물과 유기체는 그 성질이 완전히 상이하며, 유기체에서 피, 근육 등은 화학적 성분들과는 완전히 차원이 다른 것이다.[27]

후기의『엔치클로패디』에서는 '유기 물리학'에 '지질학적 자연', '식물적 자연', '동물 유기체'가 포함된다. 이에 비해『예나 체계기획 Ⅲ』의 '유기체'에는 '지질학적 자연'에 관한 별도의 부분이 없고, '식물 유기체'와 '동물적 과정'만으로 구분된다. 그러나, 내용적으로 보면, 헤겔은 '식물 유기체'에 들어가기 전에 '지질학적 자연'에 관련된 내용을 서술하고 있다. 화학적 원소들인 공기, 물, 불 각각은 대기와 대양, 대지로 구분되어 서술되고, 썰물과 밀물, 다양한 지층과 화산활동, 북극과 남극, 각종 암석과 광물에 대한 설명이 이어진다. 그리고 유기적 과정 전반을 추리의 형식에 기반하여 미리 설명하고 있다. 유기적 과정은 유기적인 유와 비유기적 자연의 분리로부터 출발한다. 이 유와 비유기적 자연의 분리를 매개를 통해 극복하는 과정이 유기적 과정이며, 이 과정은 또한 유기체에 있어서 개별성과 보편성이 통일되는 과정이기도 하다.[28] 이러한 유기적 과정을 헤겔은 식물적 측면과 동물적 측면으로 구분하여 서술한다.

헤겔에 의하면 식물은 동물에 비해 유가 우세하며, 식물적 개체는 자체 내로 반성되어 있지 않은 상태라 자기 감정 같은 것도 지니지 못한다.[29] 식물에게는 어떤 개별도 자아(Selbst)로 현존하지 않으며, 대지 위에 직접

••
26) GW8, 120쪽.
27) GW8, 124쪽 이하 참조.
28) GW8, 121쪽 이하 참조.
29) GW8, 129쪽 참조.

적인 군집(群集) 상태로 존재할 뿐이다. 그럼에도 불구하고, 유기체로서의 식물은 기계적, 화학적 과정으로 설명 불가능하며, 일종의 유기적 힘에 의해 설명되어야 한다. 식물은 먹이가 될 수 있는 좀 더 고차적인 유기체이고, 헤겔에 의하면 바로 이것이 식물의 규정[본분]이다. 우선 보편적 힘인 대지에 떨어진 식물의 종자[씨앗]는 대지에 대해 부정적인 태도를 취하며 스스로를 실현하려 한다. 이미 배아 속에는 온전한 식물이 존재하는 것이나 다름 없다. 식물은 비유기적 요소들을 자기화하면서 빛을 지향하여 성장한다. 헤겔은 식물의 형태화과정을 '목질화과정', '물의 과정' 그리고 '공기의 과정'이라는 세 계기들로 설명한다.[30] 식물의 뿌리와 껍질, 가지 그리고 잎의 형성과정이 이 계기들에 따라 서술된 후, 식물의 성관계인 생식과정이 서술된다. 식물의 성별은 빛과 색으로 현존하는 기관, 즉 꽃의 형태로 표현된다. 그리고 식물이 열매를 맺는 과정은 추상의 상태에 있는 계기들을 다시 일자 속에 정립하는 과정이다.[31] 식물의 완전한 상태로서 열매와 씨앗은 식물 전체를 포괄한다.

헤겔에 의하면 식물은 다른 것의 먹이가 될 수 있는 하등 유기체로서, 유기체의 이념은 식물에서 완성되지 않는다. 포도주와 같은 식물의 발효 상태가 식물이 도달하는 최상의 자기다움의 상태이지만, 이 상태는 동시에 식물의 죽음이기도 하다.[32] 그래서 헤겔은 식물의 죽음만이 비로소 그러한 정신성에 도달하게 된다고 주장하면서 동물 유기체로 이행한다.

동물 유기체는 자기 자신 속으로의 반성이자 비유기적 자연과 유기적

30) GW8, 135쪽 이하 참조.
31) GW8, 142쪽 참조.
32) GW8, 146쪽 참조.

자연의 통일이며, '개체성에 도달한 진정한 배타적 자아'다.[33] 식물에 비해 동물은 하나의 완결된 순환과정으로서 개체성의 과정을 거쳐 나가는 대자존재이자 부정성이다. 헤겔은 점액 상태의 하등 동물에서부터 고등 동물로 이행하면서 동물 유기체의 특징을 설명한다. 그것은 동물 유기체의 외적인 유기적 과정과 내적인 유기적 과정을 서술하고, 유기체가 지닌 감각의 측면을 서술한 후, 질병을 매개로 한 동물 유기체의 죽음에 이르러 정신의 출현까지를 서술하는 과정으로 이어진다. 우선 동물 유기체의 외적인 유기적 과정은 감각수용성(Sensibilität), 자극반응성(Irritabilität) 그리고 재생산(Reproduktivität)으로 서술된다.[34] 감각수용성은 타자를 받아들이는 수용력이며, 자극반응성은 타자에 대한 배타적 활동이고, 재생산은 감각수용성과 자극반응성의 통일로서 동물 유기체가 자기 자신을 산출하는 과정이다. 이 유기적 과정을 헤겔은 임파액, 피부, 뼈, 근육 등으로 구분하여 좀더 구체적으로 서술한다. 그 다음으로 피[혈액]를 통해 내적인 유기체가 맥박과 폐와 간의 순환 과정을 중심으로 서술된다. 여기서 특이한 점은, 동맥과 정맥에서 피의 흐름이 태양계에 비유되어 설명되고 있다는 점이다.[35] 그리고 피의 순환을 중심으로 동물 유기체가 자기 자신을 산출하는 과정을 헤겔은 '개체성의 위대한 순환'이라고 부른다. '모든 부분들을 자신 속에 해소된 상태로 포함하고 있는 보편적 실체'인 피는 '살아 있는 자아이자 과정 자체'이며,[36] 동물 유기체의 생명성이 지닌 특징을 가장 뚜렷하게 보여준다. 즉, 이 피의 흐름에 의해 동물 유

••

33) GW8, 148쪽.
34) GW8, 150쪽 이하 참조.
35) GW8, 156쪽 이하 참조.
36) GW8, 159쪽.

기체는 영양을 섭취하면서 생명을 유지할 수 있다. 그 다음으로 개체로서의 동물 유기체는 타자 일반에 대해 감각을 지니는데, 헤겔은 이 감각을 촉각(觸覺, Gefühl), 미각(味覺, Geschmack), 후각(嗅覺, Geruch), 시각(視覺, Gesicht), 청각(聽覺, Gehör) 순으로 서술한다.[37] 그리고 개체로서의 동물 유기체가 지니는 욕망이 충족되는 과정을 '대상성의 관념주의'라고 표현하는데, 이 말은 동물적 개체에서 대상은 더 이상 그에게 낯선 것이 아니라는 의미다.[38] 이제 이빨이나 발톱이나 가죽이나 근육과 같은 동물의 신체구조뿐만 아니라 내장기관들까지 이 동물적 욕망을 충족시키는 과정 속에서 파악된다. 그리고 충족된 욕망은 동물적 개체가 자신에게로 복귀하는 것을 가능케 함으로써, 이로부터 보편자가 결과된다.[39] 또한 여기서 암컷과 수컷이라는 성별의 특징이 수동적이며 비활동적인 면과 활동적인 면으로 구분되어 설명된다. 하등 동물에 비해 고등 동물은 고차적인 자립성을 지니며, 개체가 유가 되는 과정을 잘 보여준다. 헤겔에 의하면 동물적 개체는 두 가지 과정을 거쳐 죽음에 이른다. 그중 첫 번째는 동물적 개체가 성관계를 통해 죽음에 이르고 유가 산출되는 과정이다. 두 번째는 동물적 개체가 질병에 의해 죽음에 이르는 과정이다.[40] 건강은 유기체와 비유기체가 균형 있는 관계를 맺을 때 성립하며, 반대로 질병은 자극과 작용력 사이의 불균형으로 발생한다. 헤겔에 의하면 질병은 앞서 언급한 내·외적인 유기적 과정들의 연속이며, 동물 유기체는 질병을 견뎌낼 수 없다. 그리고 이 과정의 배후에서 유, 보편자가 등

..

37) GW8, 167쪽 이하 참조.
38) GW8, 169쪽.
39) GW8, 171쪽 이하 참조.
40) GW8, 175-176쪽.

장하며, 개체로서의 동물은 죽고, 이러한 동물의 죽음은 곧 의식의 생성을 의미한다.[41] 마찬가지로 동물적 개체 자신은 여성성과 남성성이라는 양성의 통일이지만, 이 통일은 동시에 개체 자신의 죽음을 의미하고, 이렇게 개체성을 지향하는 진행과정의 결과가 의식이며,[42] 이로써 '자연철학'에서 '정신철학'으로 이행한다.

(2) 정신철학

'정신철학'의 도입부에서 가장 먼저 다루어야 하는 내용은 '자연'에서 '정신'으로의 이행의 문제일 것이다. 『예나 체계기획 III』의 '정신철학'에는 자연철학에서 정신철학으로의 이행을 다루는 부분이 현재 남아 있지 않은 반면에, 『예나 체계기획 I』의 '정신철학'은 이행에 관련되는 부분이 남아 있다. 이 부분에서 헤겔은 '정신철학'보다 먼저 서술한 '자연철학'을 요약하면서 자연에서 정신으로의 내적인 이행을 주제로 삼는다. 헤겔은 자연철학을 마무리하는 마지막 문단에서 '정신 속에서 자연은 자연의 본질인 바로서 실존한다.'라고 적고 있다.[43] 이 말은, 자연이 자연 자체 속에서는 자신의 본질인 바로서 실존하지 못하고, 그의 본질과 현상적 실존이 분리되어 있다는 것을 의미한다. 자연의 본질과 실존의 대립은 『예나 체계기획 I』의 [단편 15]에서 '절대적이며 단순한 에테르'와 '대지의 무한성' 사이의 대립으로 나타난다.

이러한 언급이 의미하는 바가 무엇인지를 이해하기 위해서, 『예나 체

---

41) GW8, 172쪽.
42) GW8, 178쪽.
43) GW6, 265쪽 이하 참조.

계기획 III』의 '자연철학'에서 에테르를 어떻게 설명하고 있는지 살펴볼 필요가 있다. "자신의 개념 속으로 되돌아간 현존재로서 이념은 절대적인 질료 또는 에테르라고 불릴 수 있다. 이 에테르는 순수 정신과 동일한 의미를 지닌다는 점이 밝혀진다. 왜냐하면 이 절대적 질료는 감각적인 것이 아니라 그 자체로 순수 개념으로서 개념이며, 그러한 개념으로서 실존하는 정신이기 때문이다."[44] 이처럼 헤겔에 의하면 에테르는 순수 영혼체로서, 이 에테르가 스스로 차이들을 산출하여 그로부터 '대지의 무한성', 즉 여러 가지 풍성한 자연현상들이 발생한다. 그래서 이 부분에서 '에테르'와 '대지의 무한성'은 '관념성'과 '실재성'이라는 논리적이며 형이상학적인 규정을 자연철학적 용어로 표현한 것에 다름이 아니다. 자연의 영역은 이 두 계기들이 서로 분리되어 있음으로써 구축된다. 직관을 개념 아래로 포섭할 때, 표면적으로는 무한히 다양한 자연현상의 실재성이 나타난다. 헤겔에 의하면, 자연철학은 관념성이 실재성 속에서 자신을 관철시켜나가는 단계적인 과정이다. 여기서 동물 유기체는 '절대적으로 단순한 에테르가 대지의 무한성을 관통하여 자기 자신에게 복귀'하기 위한 통과점을 형성한다. 왜냐하면 동물 속에서 관념성과 실재성의 통일이 '개별성의 수적인 하나'로 실현되기 때문이다.[45] 동물과 대비되는 정신의 새로운 점은 무한한 실재성으로부터 하나의 관념성이 완전히 복귀한다는 것인데, 여기서 복귀의 '완성'에 대해 헤겔은 다음과 같이 말한다. "……정신 속에서 무한성은 대자적으로 실존하고 또한 참된 무한성으로 실존한다. 무한성 속에서 서로 대립하는 것은 〔대립하는〕 양자 자체의

44) GW8, 3쪽 참조. R.-P. Horstmann, "Jenaer Systemkonzeption", in: *Hegel—Einführung in seine Philosophie*, hrsg. von O. Pöggeler, Freiburg/München 1977, 54쪽 이하 참조.
45) GW6, 266쪽 및 268쪽 참조.

이러한 절대적 단순성이다. 이 정신의 개념이 의식이라는 것이다."[46] 동물과 의식 사이의 차이는 자연철학과 정신철학 사이의 차이를 드러낸다. 동물과 의식 사이의 결정적 차이는, 정신 속에서 무한성이 참된 무한성으로 실존한다는 것을 의식이 아는 데에 존립한다. 이에 대한 보다 자세한 설명을 위해서, 헤겔이 『예나 체계기획 I』의 〔단편 18〕에서 뚜렷하게 정식화하고 있는 구절을 인용해 보면 다음과 같다. "정신이 그 자체로 실존하지 않은 자연에서 지금까지 우리는 우리의 인식 속에서〔우리가 자연을 인식하는 측면에서〕 자연의 실존하는 정신으로 존재했다. 정신은 자연 속에서 정신으로서 실존하지 않고 자연 속에 숨겨진 상태로 정신 자신과는 다른 것으로 존재하였다. 〔그러나〕 정신의 영역 속에 존재하는 것은 정신 자신의 고유한 절대적 활동이다. 정신이 자연으로부터 스스로를 고양시키고, 자연 속에 존립하던 대립들이 관념적으로 지양되었다는 〔사실에 대한〕 우리의 인식은 정신 자신의 인식으로 인식되어야 한다."[47] 이 언급에 의하면, 자연은 '즉자적으로 존재하는 정신'이지만 자기 스스로를 인식하지 못한다. 자연은 정신을 통해서만 자기 자신을 의식할 수 있으며, 이것은 자연이 자신을 인식하는 것이 아니라, 정신이 자연 속에 숨겨져 있는 정신 자신을 인식하는 것이다.[48]

『예나 체계기획 III』의 '정신철학'은 체계 내에서 정신철학이 다루는 거의 모든 부분들을 포괄하고 있으며, 심지어 우리는 이 『예나 체계기획 III』의 '정신철학'을 통해서 이후 등장하는 『법철학』의 전체적인 구조를 예

..

46) GW6, 266쪽.
47) GW6, 275쪽.
48) 이 의식은 '동일과 비동일의 의식적 통일'로서, '의식의 경험의 학'인 『정신현상학』에서 주도적인 역할을 담당하며, 이 의식의 근저에는 '자기의식적 구조'가 자리하고 있다.

상할 수도 있다. 하지만 『예나 체계기획 III』의 '정신철학'도 많은 문장들이 불완전한 형태로 남아 있고, 헤겔이 여백에 적지 않은 메모를 덧붙이고 있기 때문에 완결된 형태라고 하기는 힘들다. 대체로 보아 『예나 체계기획 III』의 '정신철학'은 크게 아래와 같이 세 부분으로 구분된다. 여기서는 『예나 체계기획 III』의 '정신철학'의 세 부분의 전체 내용을 간략하게 요약 소개한다.

① 정신의 개념

『예나 체계기획 III』의 '정신철학'은 크게 세 부분으로 구성되어 있으며, 그중 첫 번째 부분은 라쏜(G. Lasson)이 '주관 정신'이라고 제목을 붙인 부분이다. 새로 간행된 학술원판 헤겔 전집의 편집자들은 이 부분의 제목을 '정신의 개념'이라고 수정하였는데, 오히려 이 제목이 더 적절하다. 왜냐하면 헤겔은 이 시기에는 아직 '주관 정신'이라는 표현을 사용하지 않았기 때문이다. 즉, '주관 정신'이라는 명칭은 『엔치클로패디』에 가서야 '인간학', '정신현상학' 그리고 '심리학'을 포괄하는 부분의 제목으로 사용된다. 또한 『예나 체계기획 III』의 '정신철학'의 제 1부는 주로 의지를 개념적으로 서술하는 맥락에서 정신의 규정들을 언급하고 있고, 여기서 다루는 규정들은 『엔치클로패디』의 '주관 정신' 부분에 속하는 것이 아니라 '객관 정신' 부분에 속하는 것들이다. 이 제 1부의 구조는 이전의 『예나 체계기획 I』에 따르고 있으나, 『예나 체계기획 III』에서 주목할 점은, 의식 개념이 정신 개념을 위해 배후로 물러나고, 지성과 의지의 차이가 제 1부 전체를 구분하는 원리 역할을 하고 있다는 것이다.

우선 '표상적 구상력'과 '회상'이라는 중간단계들을 거치고 난 후 '언어'가 등장한다. 여기서 헤겔이 더 이상 '감각'으로부터 시작하지 않고 『대논리학』에서처럼 '존재'로 시작하는 것은 주목할 만한 점이다. 사물의 '존재'는 공간 속에서는 직관의 대상이다. 그러나 정신은 이 직접적인 대상을 지양하고 그것을 자신에 의해 '직관된 것'으로 정립한다. 이렇게 해서 대상의 직접적 존재는 '사념〔나의 것〕(Meinen)'이라는 의미를 지닌다. 다시 말해, 나는 존재자를 '나에 의해 표상된 것'으로 파악하며 나 자신을 '표상하는 자'로 파악한다. 이렇게 함으로써 대상의 즉자존재로부터 대자존재로의 이행이 가능한데, 이 이행과 더불어 반성 작용도 진행된다. 헤겔에 의하면 대상이 '즉자존재'로부터 '대자존재'로 이행하는 것은 주관이 '직관'에서 '구상력'으로 이행하는 것과 합치한다. 헤겔은 직접자를 매개하는 가장 기초적인 형식인 '공간'과 '시간'의 차이를 '직관'에서 '구상력'으로의 이행에 따라서 서술하고 있다. 흥미롭게도 헤겔은 '존재'가 구상력이 만들어낸 '상(Bild)'으로 변화되는 상황을 존재자가 '세계의 밤' 속으로 되돌아가는 것으로 묘사하고 있다.[49] 그런데 이 밤은 동시에 '관념연합'이 발생하는 장소이기도 하다. 여기서 회상과 감각적 기호를 통해 언어와 이름이 통일되기에 이른다. 『예나 체계기획 I』의 '정신철학'과는 달리, 『예나 체계기획 III』의 '정신철학'에서는 이름의 비감성적 성격이 강조됨으로써, 언어도 감각적인 직관과는 거리가 멀어진다. 이렇게 함으로써 정신은 자기 고유의 활동 영역을 지니게 된다. 그래서 헤겔은 정신의 활동을 '소재가 필요 없는 작업'이나 '정신이 자신과 더불어 하는 운동'이라고 표현한다. 이러한 활동은 또한 최초의 내적인 작용이 자신에게 가하는 '노동'이기도 하다. 이러한 작용의 결과가 바로 정신을 오성으로서 구축하는 것인데, 헤겔은 이러한 구축을 '자아가 스스로를 사물화'하고 '사

:•

49) GW8, 187쪽.

물이 자아가 되는' 과정으로 표현한다. 우리는 이러한 과정을 주관과 객관이 '통일'되는 과정으로 해석할 수 있다. 주객의 통일은 의식이 자기 고유의 사유규정을 사물의 본질적 규정으로 파악함으로써 가능하다. 의식과 사물이 맺는 이 전체 연관을 정신은 의식과 존재, 주관성과 객관성과는 다른 '제 삼자'로 파악하고, 동시에 정신이 자기 자신을 이러한 '제 삼자'로 파악하게 되면, 곧바로 오성은 '이성'으로 정립되기에 이른다. 여기서 이성은 그 자신이 대상이기도 한 지성으로서, 자신밖에 더 이상 아무 것도 지니지 않는 자유로운 지성이다.

'a. 지성'이라고 제목이 붙은 부분에서는 '이론적 정신'이 주제이지만, 'b. 의지'라고 제목이 붙은 부분에서는 '실천적 정신'이 다루어지며, 이 실천적 부분은 실천 이성의 규정보다 더 많은 규정들을 포괄한다. 왜냐하면 여기서도 항상 정신의 대상적인 관점이 문제가 되기 때문이다. 헤겔이 추론의 형태를 통해 개념의 전개를 서술하려는 의도는 아주 분명해보인다. 즉, 만일 '충동(Trieb)'이라는 것이 첫 번째 추론이라면, '충동의 충족'은 두 번째 추론이 된다.[50] 여기에 다시 '노동'과 '도구'의 단계가 결부된다. 노동과 도구의 단계는 『예나 체계기획 I』의 '정신철학'에 비해 본질적인 측면에서 확장되지는 않지만, 그러나 그 강조점이 달라진다. 특히 무엇보다도 '도구의 꾀(List)'를 강조하는 측면이 두드러진다.

'성격(Charakter)'에 관한 절에서는 노동에서 가족으로의 이행이 발생한다.[51] 헤겔은 그 자신의 대립을 자체 속에 품고 있는 성격을 '의지'라고 규정한다. 그래서 여기서는 '대상을 향하는 노동'이 먼저 전제되어야 하며,

50) GW8, 202쪽 이하.
51) GW8, 208쪽 이하.

이 '대상을 향하는 노동'이 의지에 앞서 대상의 직접적인 존재를 관념적인 것으로, 다시 말해 활동적인 정신의 계기로 만드는 상태가 전제되어야 한다. 성격 속에서 분리된 정신의 계기들이 관련될 수 있는 두 가지 대조적인 입장을 헤겔은 '성별'의 맥락으로 끌어들인다. '성별'은 가족이 성립하기 위한 토대를 제공한다. 헤겔이 성별을 바탕으로 하여 '충동'이 '사랑'으로 바뀌게 된다고 주장하고 있는 점은 눈여겨볼 만하다.[52] 여기서 '인식'이 중요한 역할을 하는데, 헤겔은 인식을 '타자 속에서 자신을 지각하는 것'으로 이해하고 있다. '인식'이라는 말은 '성교의 실행'이라는 부차적 의미도 지니고 있다. 사랑은 이러한 이중적 의미에서의 인식이 만들어낸 결과물이라고 할 수 있다. 이러한 인식을 통해서 자연적 충동은 인륜화된다.

자녀를 양육하는 과정에서 나타나는 '부모의 죽음'이라는 모티브도 여기서는 자연법론자들이 보통 '자연상태'라고 불렀던 그러한 상태를 도출해내는 새로운 의미를 지닌다.[53] 헤겔에 의하면 자연법론자들이 자연상태를 기술할 때에는 이미 '가족관계'를 전제하고 있는 경우가 많다. 즉, 이들은 서로 독립적이며 개별적인 가족의 형태로나 아니면 가족에서 결과되어야 하는 자기의식적이며 성숙한 개인들의 형태로 가족관계를 전제한다. 그러나, 헤겔은 전통적인 자연법적 개념들인 '인격', '권리와 의무', '소유와 계약' 등을 그 본래적 의미에 따라 '인정' 부분에서 다룬다. 그리고 헤겔에 의하면 '인정된 존재'는 가족 내에서 자신의 본래적인 자리를 차지하기는 하지만, 가족과 인정 사이의 '경계지점'에서 등장해야 한다.

..

52) GW8, 209쪽.
53) GW8, 212쪽.

『예나 체계기획 III』에서 헤겔은 인정 이론을 '생사를 건 투쟁'에 이르기까지 상세히 전개하고 있다. 헤겔에 의하면 생사를 건 투쟁은 개인이 '보편적으로 인정받는 존재'가 되기 위해 반드시 거쳐야 하는 과정이다. 이후에 헤겔은 『정신현상학』의 '지배와 예속' 장에서 인정 투쟁을 보다 상세하게 서술한다.

② 현실적 정신

이 부분은 인정 개념을 실마리로 해서 정신의 '개념'으로부터 정신의 '현실성'으로 이행하여, 여러 가지 정신의 현실적 규정들을 다루고 있다. 이 부분에 속하는 첫 번째 부분은 'a. 인정받은 존재'라고 제목이 붙어 있는데, 헤겔은 여기서 인격들의 관점에서 인정관계가 지니고 있는 삼단계적인 구조를 서술하고 있다. 이 삼단계적인 구조가 '직접적으로 인정받은 존재', '계약' 그리고 '범죄와 형벌'이다. 이에 비해 두 번째 부분인 'b. 강제력을 지니는 법'에서 헤겔은 'a. 인정받은 존재' 부분에서 상술된 인정관계들을 그에 상응하는 제도들의 관점으로 끌어들이고 있다. 따라서 보편적으로 인정받은 존재로서의 인격이 '현실적 정신' 부분의 첫 번째 규정으로 등장한다.

헤겔은 현실적 정신을 지성과 의지의 통일로, 다시 말해 이론적 정신과 실천적 정신의 통일로 규정한다.[54] 이렇게 규정함으로써 가족이라는 계기가 보편화된다. 즉 '노동'이 '보편적 노동'으로 전환되는 것처럼, '점유'가 '소유권'으로 전환된다. 가족의 점유물이었던 '가산'이 모든 사람의 보편적 작업과 향유가 된다. 이제 인격인 개인들의 차이는 선한 것과 악

54) GW8, 222쪽.

한 것, 다시 말해 인격적인 옳음과 그름에 대한 앎이 되어 버린다. 점유, 노동, 가산 그리고 개인이 지니는 특수성이 어떤 보편적인 것이 된다는 것은, 이것들이 사회적인 구성성분들로 나타난다는 것을 의미한다. 점유는 법적으로 인정받은 소유가 되며, 노동은 사회적인 생산의 계기, 즉 '추상적 노동'이 되며, 가산은 사회적 생산물의 일부가 되고, 개성은 사회에서 영향을 미치고 있는 규범적 판단의 대상이 되어버린다. 『예나 체계기획 I』에서는 아직 구조적으로만 암시되었던 내용이 『예나 체계기획 III』에서는 이처럼 분명하게 정식화된다. 즉, 헤겔은 가족과 시민사회 사이의 차이를 보다 분명하게 서술하며, 가족과 국가 사이에 시민사회를 위치시킨다.[55]

헤겔은 'a. 인정받은 존재'를 구성하는 세 부분에서 민법과 형법에 해당하는 규정들을 다루고 있는데, 『법철학』에서는 이 내용들이 '추상법'에 속한다. 이처럼 'a. 인정받은 존재'에서는 '추상적인 것'이 문제가 되지만, 그와 달리 'b. 강제력을 지닌 법'에서는 이 추상적인 측면이 제도적으로 나타난 현실의 측면이 문제가 된다. 특히 헤겔은 '직접적으로 인정받은 존재' 부분에서는 아직 추상적인 경제적 구성요소들과 추상적인 법적 구성요소들을 분명하게 구분하지 않고 있다. 헤겔은 '추상적 노동-기계-화폐'라는 세 가지 경제적인 측면으로부터 '소유-값-교환'이라는 다소 법적인 규정들로 직접적으로 이행한다.[56] 여기서 두 부분 간의 정확한 경계선을 긋기는 쉽지 않다. 왜냐하면 헤겔에 의하면 계약의 차원에 가서야 비로소 소유와 교환이 뚜렷하게 보편적으로 인정받은 것으로 정립

55) M. Riedel, *Studien zu Hegels Rechtsphilosophie*, Frankfurt am Main 1969, 35쪽 이하.
56) GW8, 224쪽 이하.

되기 때문이다.[57] 인정받은 존재의 직접성에서는 소유와 교환이 단순하게 다루어지고 있을 뿐이다. 헤겔은 소유와 교환이 보편적으로 인정받은 것으로 정립되는 것을, 계약관계의 '관념적 내용'이 대상의 '물질적 실체'로부터 분리되는 것이라고 이해한다. 사실상 법적인 소유문제에 있어서는 관념적인 측면이 중요하지 물건이나 구체적인 행위가 중요한 것은 아니다. 왜냐하면 법률행위는 공표(Erklärung)를 통해 체결되기 때문이다. 관념적인 측면과 물질적인 측면, 보편적인 것과 특수한 것 사이의 이러한 대립 때문에 사기와 같은 기만과 계약의 파기가 가능하다. 그래서 계약을 유지시키려는 법적 강제력은 사기와 계약의 파기 등과 대립한다.

'c. 범죄와 형벌'[58] 부분은 더 이상 단순한 계약파기를 다루지 않고, 인격이 지닌 명예와 생명을 침해하는 측면을 다룬다.[59] 이러한 침해가 범죄라면, 이 범죄에 대해 형벌은 '침해를 지양하는 침해'로 규정될 수 있다. 헤겔이 인격이 지닌 명예와 생명에 대한 침해를 필연적인 과정으로 주장하고 있다는 점은 주목할 만하다. 헤겔에 의하면 법적 주체로서의 인격이 지닌 명예와 생명을 침해하는 것은 우연한 일이 아니다. 왜냐하면 이 침해의 '내적인 원천'이 바로 '법의 강제력'이기 때문이다. 헤겔에 의하면 인격적 존재에 대한 침해와 이 침해에 대한 침해를 통해 인격적 존재는 실현된다. 인격적 존재가 보편적으로 인정받은 존재이기 때문에, 인격적 존재의 실현은 바로 보편적으로 인정받은 존재의 실현을 의미한다.

이와 같은 과정을 거쳐 '강제력을 지니는 법'으로의 길이 열린다. 'b. 강제력을 지니는 법'에서는 현실적으로 효력을 지니고 있는 법적 장치들,

••

57) GW8, 228쪽.
58) 참고로 『법철학』에서는 '범죄와 형벌'이 추상법에서 도덕으로 이행하는 부분에서 등장한다.
59) GW8, 232쪽 이하.

즉 법률, 사법과 형법이 다루어진다.[60] 여기서는 우선 법이 가족 내에서 '법의 직접적인 현존의 존립'으로 표현되면서, 가족이라는 제도의 '법적 관점'이 설명된다. 재판에서 법은 '실증적'이며, 현실적으로 타당하고 실행될 수 있는 법적 제도의 테두리 내에서 보면, 법은 국가가 관리하는 것이다. 여기서 '국가'라는 표현은 이처럼 순전히 법적인 국가개념의 맥락에서만 이해되어야 한다. 이러한 국가개념은 헤겔이 『법철학』에서 시민사회를 다루는 맥락에서 '외적인 국가' 또는 '비상국가', '오성국가'라고 표현한 것에 대응한다. 정치적 국가는 'III. 헌정' 부분에서 다루어진다. 오성국가와는 달리 이 정치적 국가는 가족을 보호하기도 하지만, 동시에 개인들을 국가 자신을 위해 요청하기도 한다. 그래서 『법철학』에서 헤겔은 시민을 '시민사회의 아들'이라고 부르며, 협력체(Koporation)를 '제 2의 가족'이라고 표현하면서[61] '보편적 가족의 성격'을 가정하고 있다.[62] 『예나체계기획 III』의 '정신철학'에서도 헤겔은 법률 국가에게 경제 과정에 개입할 수 있는 권한을 부여한다.[63] 이 권한이 바로 『법철학』에서 공적인 감시와 감독을 행하는 '행정복지'의 업무로 묘사되는 것이다.[64] 헤겔은 이러한 개입의 필연성을 분명히 염두에 두고 있다. 여기서 우리는 헤겔이 '경제자유주의'와 이에 부합하는 이데올로기, 즉 '시장의 힘이 모든 것을 조절할 것이다.'라고 하는 생각에 대해 비판적 입장을 취함을 알 수 있다. 헤겔에 의하면 국가가 '보이지 않는 손'이 아니라 '공적인 손'으로서 경제

••
60) GW8, 237쪽 이하.
61) TW7, §252.
62) TW7, §238.
63) GW8, 248쪽 이하.
64) TW7, §230 이하. 여기서 '행정복지(Polizei)'는 단지 치안만을 담당하는 좁은 의미의 경찰이 아니라 공공의 이익, 복지 등까지 고려하는 공권력의 의미를 강하게 가지고 있다.

를 관리하는 힘을 갖추게 된다면, 국가는 시장에 개입하는 힘으로 등장할 수 있다. 헤겔은 이러한 개입은 '조세 부담'을 통해 가장 효과적으로 작동할 수 있다고 덧붙인다.

국가 전체에 관련된 법적 문제는 '법적 위력'이 지닌 현실성을 다루는 것이다. 헤겔에 의하면 법의 '현존재'는 국가이며, 국가 전체에 관련된 법적 문제는 형법적 문제이다. 법의 위력은 형법적 문제에서 개별자의 삶과 관련하여 '개별자의 본질'로, '순수한 보편적 의지'로 등장한다. 여기서 헤겔은 루소의 '보편 의지' 개념을 몽테스키외의 '법의 정신'과 결부시켜 '살아 있는 것'에서 구체화시키려 한다.[65] 헤겔에 의하면 모든 현존재, 즉 소유와 생 그리고 사상과 권리, 선한 것과 악한 것 등을 지배하는 이 위력이 바로 공동체(Gemeinwesen)로서 '생동하는 민족'이다. 이렇게 함으로써 헤겔은 '헌정' 부분에서 포괄적인 의미를 지니는 '국가론'으로 이행한다. 헤겔이 공동체를 '생동하는 민족'을 통해 설명한 것은, 그가 정치적 낭만주의와는 달리 민족을 자연적 사태로 생각하지 않고 '정치적 문화적 통일체'로 생각했다는 것을 의미한다. 그리고 이와 더불어 강조되어야 하는 점은, 헤겔이 법적으로나 정치적으로 '생동적인 민족'을 '사상을 지배하는 위력'이라고 주장한다는 것이다. 이 주장은 사상의 정치적 검열이 필요하다는 식으로 오해되어서는 안 된다. 헤겔에 의하면 생동적인 민족이 사상을 지배하는 위력이라는 말은, 한 민족 속에서 한 민족에 의해 사유되는 것은 한 민족의 '현실적 생'에 의존한다는 것을 의미한다.

.:

65) GW8, 249쪽 이하.

③ 헌정

마지막으로 'III. 헌정' 부분은 정신의 개념과 현실의 통일을 보여준다. 이 통일은 정신이 지니고 있는 두 가지 측면, 즉 주관적 의식과 제도적 객관성의 통일이다. 초기 단편들에서 헤겔은 인륜적인 것이나 국가를 이러한 통일로 부르고 있다. 이 '헌정' 부분은 매우 약술적이면서 체계적으로 순서가 잡혀져 있지 않음에도 불구하고, 헤겔은 그의 후기 국가철학에서 가장 중요한 요소로 등장하는 것들을 다루고 있다. 여기서도 헤겔은 어떤 부분에서는 국가를 신격화하고 있다. 그러나 이 시기에는 아직까지 헤겔이 객관 정신과 절대정신을 체계적으로 구분하지는 않고 있다는 사실도 아울러 주의할 필요가 있다. 그렇기 때문에 국가와 관련해서 절대자라는 언급이 자주 사용되고 있는 것이다. 그러나 『법철학』에서는 분명히 절대자와 관련되는 언급이 약화되며, 역으로 후기 체계의 맥락에서는 절대정신의 영역이 국가와 결합되기는 하지만, 헤겔은 상당 부분 그 결합방식을 변화시킨다. 절대정신의 영역은 『예나 체계기획 III』에서는 '예술과 종교 그리고 철학'으로 표현된다.

헤겔이 국가에 대해 '절대적 위력'이라고 언급한 것은 국가개념을 이해하는 데 실마리를 제공한다.[66] 국가는 지성과 의지의 통일체이며 유기체이다. 왜냐하면 국가는 자기 자신을 알고 의지하기 때문이다. 동시에 국가는 보편성과 자유로운 개별성 간의 통일이다. 그렇기 때문에 헤겔이 염두에 두고 있는 국가는 '근대적 민족국가'다. 왜냐하면 개별성은 '근대라는 시대가 지니고 있는 보다 고차적인 원리'이며, 고대인들, 예를 들면 국가를 그렇게 강조한 플라톤 같은 이들도 전혀 몰랐던 원리이기 때

---

66) GW8, 254쪽.

문이다. 이러한 맥락에서 보면 이상적인 것으로 표현된 고대의 인륜성으로 단순하게 복귀하는 것은 더 이상 가능하지 않다. 그래서 『예나 체계기획 III』의 '정신철학'이 함축하고 있는 루소에 대한 비판은 주의 깊게 검토될 필요가 있다. 루소에 대한 비판은 보편 의지(volonté générale)와 모든 이의 의지(volonté de tous) 사이의 대립에 관련된다. 헤겔은 루소와는 달리 참으로 보편적인 의지는 이 양자의 통일이라고 주장한다. 헤겔은 이 점을 근대 자연법론에서 통상적으로 주장되는 국가 주권론을 비판할 때에도 끌어들인다. 근대 자연법론에서는 국가 주권으로서의 보편 의지를 단순히 개별 의지들의 '총합'으로만 보았다. 헤겔은 이러한 입장에 반대하면서, 국가는 항상 '위인'에 의해 창건된다고 주장한다.[67] 위인은 개인이지만 '절대적 의지'를 알고 언표하고 전제적으로 그것을 관철시킬 능력을 지닌 자이다. 헤겔은 기능상으로는 전제 정치를 정당화하며 무엇보다도 계몽주의 시대에 악평을 받은 마키아벨리를 복권시킨다.[68] 헤겔은 전제 정치를 '복종을 위한 도야의 과정(Bildung zum Gehorsam)'이라고 이해한다. 이 과정은 복종이 관철되고 나면 필요 없게 되고 '법칙의 지배'에 자리를 양보하게 된다. 그래서 개인이 보편자에 주목함으로써 배운 법에 대한 복종과 함께, 국가 질서에도 '신뢰'가 형성될 수 있다. 이렇게 형성된 신뢰는 개인의 사적 관심들을 무제한적으로 용인해줄 수 있다. 이것이 시토엥[공민](citoyen)과 부르주와지(bourgeois) 간의 차이를 낳는다.[69] 헤겔은 한편으로는 야코비식의 정치적 엄격주의에 반대하고, 다른 한편으로는 국가라는 것에서 개인이 적대자만을 보는 정치 경제적 자유주

..

67) GW8, 258쪽.
68) GW8, 259쪽.
69) GW8, 261쪽.

에 반대하는 입장에서 시토엥〔공민〕과 부르주와지 간의 차이를 정당화한다. 그 다음으로 헤겔은 고대 헬라스에서 실현된 바 있는 민주정에 대한 고찰을 한 다음, '보다 고차적인 분열상태'라는 근대의 특징을 들면서 고대의 민주정이 근대에서는 실현될 수 없는 것으로 보고 있다. '근대의 보다 고차적인 원리'를 타당하게 만든 '소외된 인륜성'의 상황에서, 통합은 '전체의 직접적인 마디〔갈등〕'인 '세습 군주'와 '정신적인 유대'인 '공적인 의견〔공론〕'을 통해서만 보증된다. 그래서 헤겔은 근대에서 유일하게 적합한 헌정으로 '입헌 군주제'를 구상한다. 그리고 헤겔은 근대의 원리인 근대적 개별성과 대립적 입장에 서는 것이 아니라, 오히려 이 원리를 사상적으로 철저화한다. 헤겔은 여타의 자신의 국가론에서도 전근대적인 낭만주의를 따르지 않고 있다. 헤겔은 자신이 선호하는 계층론을 다음과 같은 삼단계로 기초짓는다. 즉 이에 따르면 '신뢰'가 첫 번째 단계이며, 법의 추상의 상태로 신뢰가 분열되는 것이 두 번째 단계이고, '절대적인 불신'이 세 번째 단계이다. 이 세 번째 단계는 '사물, 화폐, 대의자(Repräsentant)가 지니는 절대적 타당성'을 말해준다.[70] 보편자로서의 대의자를 우리는 '보편적 계층'으로 이해할 수 있는데, 이 대의자의 기초는 신뢰가 아니라 '보편적 불신'이다. 다시 말해 근대 국가의 인륜성은 제도적으로 보장되는 보편적 불신이며, 이러한 보편적 불신 속에서 개인의 자유는 자신의 입지를 마련하는 것이다. 그리고 한 민족의 자연적인 개별성과 통치를 구체화하는 '세습 군주'는 '전체의 확고하며 직접적인 마디다.'라는 주장에는 이미 『법철학』에 등장하는 '군주권'에 관한 학설이 마련되어 있다고 보아야 한다.[71]

∴

70) GW8, 266쪽.
71) TW7, §275 참조.

그 다음에는 이미 「자연법 논문」과 「인륜성의 체계」에서도 다루어진 '계층론〔신분론〕'이 다루어진다.[72] 이 부분에서 헤겔은 '농민 신분'으로 시작하지만, '지식인 신분'에 대한 보완도 주의를 요한다. 헤겔에 의하면 지식인에게는 그의 자아의 자긍심(Eitelkeit)이 가장 중요하다. 그리고 본래 관리는 부분적으로는 지식인이기도 하다. 그런데 관리를 보편적 신분과 결부시키기는 힘들다. 여기서 헤겔은 근대적 의미에서의 도덕성도 규정하고 있다. 그러나 그는 『법철학』에서는 신분론을 다루면서 다시 도덕성을 거론하지는 않으며, 도덕성을 '시민사회'에서 다룬다.[73]

그 다음 마지막으로 'C.'라고 번호가 표시된 부분에서 헤겔은 '예술', '종교' 그리고 '학문'이라는 주제를 다루고 있다.[74] 이 주제들은 후기에 절대정신의 철학에 속하는 것들이다. 개괄적인 첫 문단은 '정신적인 내용'이라는 개념을 통해 국가로부터 예술로의 이행을 제시하고 있다. 정신적인 내용은 정신이 국가 속에서 의식화되어 있는 내용을 포괄한다. 이미 「자연법 논문」에서 헤겔은 민족이 '종교'에서 민족 고유의 인륜적 본질을 직관하고 숭배한다고 말한 바 있다. 이 근본형태가 여기서는 서로 관련 있는 세 가지 계기들, 즉 예술과 종교 그리고 철학으로 분리되어 나타난다. 즉 예술이 종교에 앞서고, 철학이 절대정신의 최고 형태로 서술되어 있다. 이 부분이 완성된 문장이나 문단의 형태가 아니라 짧은 단어들로 기재되어 있기 때문에, 이 부분에 대한 보다 정확한 해석은 거의 불가능하다. 「자연법 논문」과 차이 나는 점은, 헤겔이 사실상 종교와 철학을 서로 병렬적으로 자리매김하고 있다는 사실이다. 헤겔에 의하면 '통

72) GW8, 267쪽 이하.
73) TW7, §242.
74) GW8, 277쪽 이하.

치'는 '스스로를 보편적 본질이자 보편적 현실로 아는 정신'이며, 종교에서 각자는 자신을 하나의 '보편적 자아'로 '직관'하는 단계에까지 고양된다. 여기서는 어떤 신분구별도 중요치 않을 수 있다. 따라서 종교에서는 모두가 군주와 동등하다. '국가와 종교'라는 주제를 헤겔은 이후에도 계속해서 다루게 된다.[75] 요약해서 말하자면, 헤겔은 교회에서 천상적인 것과 지상의 것 사이의 '화해'를 염두에 두었다고 할 수 있다. 이것은 특히 '기독교적 계시종교'를 통해서 가능한데, 계시종교에 의하면 신은 인간이 되었고 정신으로서 살아 있다고 할 수 있는 것이다.

마지막으로 철학은 종교의 '진실성'에 대한 '통찰'이다. '절대적 학문'으로서의 철학은 종교의 내용과 동일한 내용으로 구성된다. 그래서 『예나 체계기획 III』의 '정신철학'은 마지막 부분에 가서 자기 반성적인 구조를 지닌다. 즉 『예나 체계기획 III』의 '정신철학'은 자기 자신에게 대상이 되며, 철학의 철학, 절대자의 철학이 된다. 여기서 절대자는 자기 자신을 파악하며, 절대적 철학은 동시에 절대자의 철학이 되며, 절대자 본연의 자기의식이 된다.

4. 『예나 체계기획』의 주요 개념들

여기서는 『예나 체계기획』에 반복적으로 등장하는 주요 개념들을 선별하여 좀 더 구체적으로 그 어원과 의미를 헤겔의 체계 구상의 맥락에서 살펴본다.

..

75) TW7, §270 참조. GW20, §552.

(1) 매개항(Mitte)

매개항(Mitte)은 그리스어 메소테스(μεσότης), 라틴어 메디움(medium)에 대응한다. 매개항(Mitte)은 적어도 두 개의 외적인 것들로부터 똑같이 떨어져 있으면서 그들 가운데 놓여 있는 것을 표현한다. 그래서 보통미테(Mitte)는 중간자, 중심, 매체로 번역된다. 이러한 공간적 표상 외에도 이전부터 매개항(Mitte)은 완전자, 절대자를 의미하기도 했다. 예를 들어, 파르메니데스는 우주를 '미테(Mitte)를 중심으로 한계지워지는 구체'라고 생각했다. 그에 의하면 존재는 모든 측면에서 동일하며 꽉 차 있고 완전하다. 또한 아리스토텔레스는 덕(arete)을 미테(Mitte), 즉 중용으로 규정한 바 있다. 이 경우에 미테(Mitte)는 실천철학적 맥락에서 사용된 것이다. 더 나아가 아리스토텔레스의 논리학에서 추리의 중명사(medius terminus)의 역할을 매사 또는 매개념인 미테(Mitte)가 맡는다. 이처럼 미테(Mitte)는 때로는 형이상학적인 맥락에서, 때로는 실천적인 맥락에서, 때로는 논리적인 맥락에서 사용될 수 있다.

헤겔은 미테(Mitte)라는 개념을 양 극단을 '매개하는 운동(Vermittlung)'을 통해 설명한다. 이 운동은 때로는 '의식의 운동'으로, 때로는 '논리적 운동'으로 나타난다. 『정신현상학』의 표현에 의하면, 양 극단들을 매개없이 분열된 상태로 유지시키는 것은 오직 '부정자의 엄청난 위력'을 통해서만 가능하다. 이러한 위력은 '죽음'과 '비현실성'을 놓치지 않고 꽉 붙들수 있는데, 죽음 앞에서 두려워하지 않고 그 속에서 자신을 유지하는 것을 헤겔은 '정신의 삶'이라고 부른다.[76] 따라서 헤겔에 의하면 미테(Mitte)

76) GW9, 26−27쪽.

의 최고 형태는 의식의 도야의 언어로서, '자기 자신을 분열시키는 미테(Mitte)'이다.[77] 이러한 미테(Mitte)가 '자기 분열하는 미테(Mitte)'가 되기 위해서는, 미테(Mitte)는 절대적으로 분리된 양 극단들로 자신을 지양하고, 동시에 이 양 극단들 자체의 자유로운 현실성을 통해서 진정한 정신이 양 극단들의 매개항(Mitte)으로 실존해야 한다.[78] 여기서 매개작용은 '소외시키는 매개작용(entfremdende Vermittlung)'임이 드러난다.[79] 청년 헤겔의 눈에는, 주체의 '자기의식적 자유'와 '인륜적 실체' 사이의 매개항(Mitte)이 절대자에게 가장 어울리는 형태로 판단되었다. 『정신현상학』은 이러한 주체와 실체의 매개를 부단한 의식의 도야과정을 통해 해명하며, 이 과정에서 여러 가지 다양한 매개항들이 도출된다.

그리고 헤겔은 아리스토텔레스처럼 추리의 격을 추리의 중명사인 미테(Mitte)의 규정에 따라 구분한다. 헤겔은 추리의 양 항들이 서로 무관한 상태에 머문다고 생각하는 것은 미테(Mitte)에 대한 공간적 표상에만 기인한 주장이라고 비판한다. '양 항들의 통일'이 추리 속에서 정립될 때, 이 통일로서의 매개항(Mitte)은 양 항들에 대립하는 특수성을 유지하는 것이 아니라, 오히려 양 항들을 특수성의 상태에서 정립된 것으로 유지해야 한다. 헤겔은 매사(Mitte)를 충만하게 하고 구체화시키는 단계에 따라, 추리를 현존재 추리, 반성 추리, 필연성의 추리로 서술한다. 완전한 추리인 선언 추리(disjunktiver Schluß)의 매사(Mitte)는 양 극단들을 '완전한 규정의 상태'로 포함한다. 선언 추리에서는 모든 전제들과 결론이 매사(Mitte)의 위치를 맡을 수 있기 때문에, 완전한 추리에서는 양 항

77) GW9, 277-278쪽.
78) GW9, 283쪽.
79) GW9, 277쪽.

들과 매사(Mitte)의 구별을 고집하는 추론의 형식주의는 지양된다. 이러
한 맥락에서 추리는 형식 논리에 국한되지 않는다. 헤겔에 의하면 '모든
이성적인 것과 현실적인 것은 추리다.' 그렇기 때문에 헤겔은 다음과 같
이 말한다. "목적론적 연관은 추리로서, 이 추리에서 주관적 목적은 미테
(Mitte)를 통해 주관적 목적에 대해 외적인 객관성과 결합한다. 여기서 미
테(Mitte)는 양자, 즉 합목적적인 활동과 목적 하에 직접적으로 정립된 객
관 양자의 통일이자 수단(Mittel)이다."[80] 『엔치클로패디』의 마지막 부분에
서 절대정신은 '자연'과 '논리적 이념' 그리고 '정신'의 세 가지 추리들을
통해 규정된다. 여기서 세 항들은 각기 그 자체가 추리들이며, '자연'과
'논리적 이념', '정신'이라는 세 개념들은 하나의 추리의 미테(Mitte)를 형
성한다. 『예나 체계기획』에서 매개항으로서의 미테(Mitte)는 언어와 도구
그리고 가산으로 구체화된다. 그런데 미테(Mitte)는 이것에만 한정되지
않는다. 민족(Volk)도 매개항(Mitte)이라고 표현된다.[81] 헤겔에 의하면 민족
은 개별자들의 '이념적 통일체'이자 그들을 아우르는 원환적 흐름의 '중
심'이다.[82] 한편으로는 포텐츠들(Potenzen)이라고도 표현되는 정신철학의
매개항들, 즉 '기억과 언어', '노동과 도구', '가족과 가산'에 대해 좀 더 상
세히 알아보자.

① 기억과 언어
　『예나 체계기획 I』의 〔단편 20〕을 통해 우리는 헤겔의 언어철학을 가

80) GW20, §206.
81) GW6, 315쪽 참조.
82) GW6, 316쪽 참조.

장 포괄적으로 접하게 된다.[83] 흥미로운 점은 헤겔이 이 단편에서 언어 이전의 정신적 조건들로부터 언어를 재구성하고 있다는 사실이다. 감각(Empfindung)을 언어보다 먼저 배치함으로써 이 단편은 『정신현상학』의 시작 부분인 '감성적 확신' 장과 아주 유사한 측면을 지니고 있다. 물론 『정신현상학』의 '감성적 확신' 이후에서는 언어의 구성 문제가 본격적으로 다루어지지는 않는다. 개념이 의식의 '관념적 포텐츠'로 규정된다는 측면 때문에, 관념성 속에서 지양되는 것으로서 감각은 의식의 '실재적 포텐츠'로 규정되어야 한다는 측면이 삽입된다. 이러한 맥락에서 보자면, 감각은 더 이상 단순한 자연적 사태라고 할 수 없다. 그렇다고 해서 '감각으로서 정신이 자연적 사태가 아니다.'는 것과 "감각하는 정신은 그 자체로 동물적이며 자연 속에 침잠해 있다."[84]는 헤겔의 두 주장이 모순되는 것은 아니다. 왜냐하면 감각에서는 이미 정신이 문제가 되는 반면에, 동물적인 유기체는 헤겔에 의하면 감각하지 않기 때문이다. 정신이 감각의 차원에 머문다고 해서, 이것이 감각 자체가 자연적 사태라는 것을 의미하지는 않기 때문이다. 헤겔은 『엔치클로패디』에서 감각을 '자연적 영혼'에 자리매김한다.[85] 감각은 관념화되고 개념으로 고양된 것으로서 의식에서 정신의 대자존재에 상응한다. 그렇기 때문에 '감각의 관념성'과 '감각의 의식화'는 동일하다.

개념을 통해 관념화된 '감각적 실재의 구조적 차원'을 헤겔은 시공간과 동일시한다. 공간은 실재성의 계기이며 시간은 관념성의 계기로 규정된다. 여기서 중요한 점은, 헤겔이 이러한 단계의 의식이 시공간을 의식한

83) Th. Bodammer, *Hegels Deutung der Sprache*, Hamburg 1969 참조.
84) GW6, 293쪽.
85) GW20, §391과 특히 §399 이하 참조.

다고 주장하지는 않는다는 것이다. 이 단계의 의식이 시공간을 직관하는 것이 아니라, 오히려 시공간 속에서 의식은 어떤 것을 직관한다. 따라서 헤겔은 칸트의 선험적 감성론을 자신의 의식이론 속으로 통합하고 있는 것이다. 칸트와의 차이점은, 헤겔이 이러한 경험적 의식을 '경험적 구상력'이라고 규정한다는 것이다.[86] 또한 헤겔은 이후에 완성된 '엔치클로패디적 체계'에서는 시공간을 의식 이론이 아니라 자연철학의 초두에서 다루고 있다는 점도 유의할 필요가 있다.[87]

그 다음으로 헤겔은 경험적 구상력의 단계에서 의식의 주관적 통일의 측면을 다루고 있다. 이 단계에서 이미 획득된 감각은 다시 상기되고 재생되지만 아직 어떤 확정된 규칙이 있는 것은 아니다. 그래서 이러한 경험적 구상력을 '재생적 구상력'이라고 부른다. 알기 쉽게 재생적 구상력의 예를 들자면, 영국 경험론자들이 일반적으로 관념이나 표상의 연합이라고 이해한 것을 들 수 있다.[88] 헤겔에 의하면 '깨어 있거나 잠자면서 몽상하는 일' 등도 의식 내에서 구조화하는 측면에서 보면 기호를 통해 발생한다. 그래서 기호는 의식 개념의 '실존적 매개항' 또는 '관념성과 실재성의 통합'으로 이해되지만, 처음에는 단지 주관적인 관점에서만 그러하다.[89] 이 주관적 기호들은 항상 어떤 한 주관의 기호들일 뿐이며, 어떤 주관은 사물을 표기할 때 다른 사물들을 기호로 사용한다. 그렇기 때문에 헤겔은 이 기호에 대해 다음과 같이 말한다. "기호는 주관의 자의에 의존하며, 주관이 생각하는 바가 무엇인가는 주관 자체만이 개념파

86) GW6, 284쪽 참조.
87) GW20, §254 이하 참조.
88) 헤겔은 『예나 체계기획 Ⅲ』에서는 '관념연합'을 분명하게 언급하고 있다. GW8, 187쪽 참조.
89) GW6, 285쪽 참조.

악을 할 수 있다. 기호는 그 자체로 절대적 의미를 지니지 않는다. 그리고 이 말은 주관이 기호 속에서 지양되어 있지 않다는 것을 뜻한다."[90] 기호가 자발적인 성격을 지니게 되는 단계에 가서야 비로소 '의미를 지니는 어떤 대상'과 '무엇을 의미하는 기호' 사이의 관계에 기초하여 '기억과 언어'에 대해 논할 수가 있다. 여기서 헤겔은 그러한 본격적인 논의 이전에 언어를 앞서가는 사물에 관한 순전히 주관적인 기호를 고려하고 있다. 이러한 기호를 아리스토텔레스는 판테마타(panthématha) 즉 인상들(Eindrücke)이라고 불렀고,[91] 로크는 관념들(ideas)이라고 불렀다.[92] 이러한 인상들은 사물들이 우리의 감각기관에 직접적으로 영향을 미침으로써 발생하는 것들이다. 홉스는 '언어로 하는 담화'와 구분되는 '정신적인 담화'에 대해 언급하고 있는데, 이 정신적인 담화는 의식의 내재성에만 전적으로 머무는 것이다.[93] 그런데 다른 한편으로는 헤르더에 이르기까지 우리가 사용하는 언어는 관습적인 의미확정의 결과물로 이해되기도 했다. 관습적으로 의미를 확정할 때에는 어떤 기호로 어떤 주관적 표상을 표현해야 하는지에 대해서 사람들 사이에 '동의'가 있어야만 한다. 이와 같은 두 가지 입장을 우리는 '인과론적 표상론'과 '관습적인 의미론'이라고 부를 수 있다. 헤겔의 입장은 이 두 가지 입장들 모두를 받아들이지 않는다. 오히려 헤겔은 '감각'으로부터 '주관적인 기호'로의 진행과 '주관적인 기호'로부터 '상호주관적인 언어'로의 진행을 정신의 현시(Explikation)에서 발생

..
90) GW6, 287쪽.
91) Aristoteles, *Perí hermeniás*, übers. von E. Rolfes, Hamburg 1974, I, 16a.
92) J. Locke, *An Essay on Human Understanding*, The Clarendon Edition, ed. by P. H. Nidditch, Oxford 1975, 1쪽 참조.
93) Th. Hobbes, *Leviathan*, hrsg. von C. B. MacPherson, Harmondsworth 1968, 3쪽 참조.

하는 내재적인 이행으로 이해한다. 언어를 정신의 실재성의 측면에, 기억을 정신의 관념성의 측면에 자리매김하면서 언어와 기억을 등치시키고, 기억을 '사유된 것(Gedachtes)'으로 대담하게 자리매김함으로써, 헤겔은 주관적인 기호와 언어기호를 직관과 사유의 관계로 정립한다.[94]

그 다음으로 '이름(Name)'으로서 기호는 그 자체로는 실재적인 것이 아니며, 타자에 대해서 존립하는 어떤 사물도 아니라는 점이 논의된다. 오히려 헤겔에 의하면 이름은 순전히 관념적인 것이며 사유된 것이다. 그래서 언어 자체는 이름의 실존형식 외에 다른 것이 아니다.[95] 여기서 헤겔은 '공기'라는 자연철학적 요소를 회고함으로써[96] '모음'과 '무언상태인 자음'의 상호작용에서 발생하는 '분절화 이론'에 도달한다.[97]

『예나 체계기획 I』의 289쪽 이하의 긴 문단은 특별히 주의를 기울일 필요가 있다. 왜냐하면 여기서 헤겔은 칸트가 의식의 자발성과 수용성으로 오성(Verstand)과 감성(Sinnlichkeit)이라고 불렀던 능력들을 언어 이론적으로 재구성하는 것을 염두에 두고 있기 때문이다. 헤겔에 의하면 '다수의 이름들의 관념성 속에 있는 언어'가 오성이다. 동시에 감각내용들을 관념화함으로써 이 내용 자체는 실재적이며 동일화 가능한 것으로 구축된다. 헤겔의 의식이론은 관념성과 실재성, 주관성과 객관성의 통일의 지점에서 작동한다. 따라서 칸트가 대상의식을 재구성하려고 시도한 그러한 대립들은 『정신현상학』이 정식화하듯이 '대상의식'에 속하는 것이다.

∴

94) GW6, 287쪽 이하 참조.
95) GW6, 288쪽 이하 참조.
96) GW6, 276쪽 이하 참조.
97) 이 이론은 헤르더가 제기하여 훔볼트에 와서 중요한 역할을 하게 된다. Wilhelm von Humboldt, *Über die Verschiedenheiten des menschlichen Sprachbaues* (1827–29), in: *Werke in fünf Bänden*, hrsg. von A. Flitner & K. Giel, Bd. 3, Darmstadt 1963, 191쪽 이하 참조.

이러한 칸트비판은 아주 상세하게 서술되며, 관념론과 실재론의 대립을 타당한 근거에 의해 반박하는 데까지 이르게 된다.

헤겔은 이 시기의 정신철학에서 다양한 인식의 형식에 관한 이론을 본격적으로 발전시키지는 않았다. 그러나 그는 의식을 '총체성'으로 보면서 소위 관념론과 실재론의 대립을 비판하고 있다.[98] 다음과 같은 헤겔의 언급은 그의 문제의식을 단적으로 드러낸다. "우리가 '스스로를 유기적으로 조직화하는 의식'의 계기들을 고찰한다는 것은, 능력, 경향성, 격정, 충동 등등의 형식으로 주관의 측면에서 [의식을] 고찰하는 것도 아니며, 그렇다고 사물의 규정으로서 [주관과는] 대립되는 측면에서 고찰하는 것도 아니다. 오히려 [우리의 관점에서 의식에 관한] 고찰은 어떻게 의식이 [주관과 객관] 양자의 통일이자 매개항으로서 절대적으로 대자적인가라는 점에 대한 고찰이다."[99] 단순히 대립의 한쪽이 아니라, 전체적 본질을, 절대적 실체를 파악하는 것이 중요하다. 이러한 언급을 통해 헤겔은 칸트와 야코비 이후 소위 관념론과 실재론 사이에 있었던 인식이론적 논쟁 자체에 강하게 반대하고 있음을 알 수 있다. 관념론과 실재론 양자는 주관이나 객관 어느 한쪽만을 강조하는 일면적 입장들이다. 그러나 이러한 입장을 고집하면 '가장 조야한 방식으로' 논쟁이 계속될 수밖에 없고, 그런 비이성적인 싸움에서는 어떤 이성적인 것도 언급할 수가 없게 된다. 어떤 규정들을 주관에만 귀속시키려는 관념론은 객관과의 관계를 부정함으로써 주관도 더 이상 주관으로 존립하지 못한다는 것을 전혀 파악하지 못하는 매우 우스꽝스러운 관념론이 되어버린다. 동시에 주관과의

••

98) W. Jaeschke, *Hegel-Handbuch. Leben-Werk-Wirkung*, Stuttgart · Weimar 2003, 162쪽 참조.
99) GW6, 290쪽.

관계를 모두 객관으로 환원하려는 실재론도 사정은 마찬가지이다.

관념론과 실재론에 반대하면서 헤겔은 총괄해서 다음과 같이 정식화한다. "우리가 고찰하고자 하는 것은 바로 〔이러한 통일체로서의〕 정신, 의식, 절대적인 것이다. 그런데 본래 〔서로 대립하는〕 그러한 주관이나 객관에 대해서는 어떤 진술도 가능하지 않으며, 오히려 정신에 대해서만 진술이 가능하다. 그리고 이 정신에 대해 우리는 어떻게 정신이 총체적인 것으로서 자연이 되며, 어떻게 정신이 스스로 정신이 되는지를 살펴보았다."[100] 현대적으로 표현하자면 헤겔은 정신철학에서 의식의 전체론(Holismus)을 주장하고 있는 것이다. 이 입장에 의하면 모든 것은 의식 속에 있다고 할 수 있다. 왜냐하면 의식은 대상을 자신과 구분하지만, 동시에 자신을 대상과 관계시키기도 하기 때문이다. 그리고 이러한 자기관계가 없다면 어떤 대상도 존재하지 않을 것이다. 그리고 나서 헤겔은 언어이론적으로 재구축된 오성으로부터 '개별적 의식의 단순한 통일성'을 전개시킨다. 이렇게 하면서 헤겔은 '대지의 개체성'에 상응하는 것으로서 자연철학적 대응물을 제시한다.

② 노동과 도구

사실상 「인륜성의 체계」에서와 마찬가지로 노동 개념은 1803/04년과 1805/06년 『예나 체계기획』의 '정신철학'에서, 더 나아가 『정신현상학』에서 하나의 근본적 범주 역할을 한다. 이 글들에서 노동은 동물의 행태와

··
100) GW6, 293-294쪽. 이것은 분명히 상호주관성을 뛰어넘는 정신에 관한 표현이다. 따라서 이러한 정신이 후기에 헤겔이 정식화하는 정신 개념과 지니는 연관성을 좀 더 면밀하게 추적할 필요가 있다.

는 다른 의식적 인간 행위의 특징을 보여준다.[101] 인간은 이론적인 측면에서 동물처럼 단순히 수동적으로 감각만 하는 것이 아니라 능동적으로 직관하기도 한다. 마찬가지로 인간의 실천적 태도의 특징은, 그가 욕망하는 대상을 직접적으로 먹어치우지 않고 가공한다는 것이다. 여기서 노동은 기계노동이나 도야[문화, 교육](Bildung)의 노동까지를 포함하는 포괄적인 범주로 이해된다. 인간이 자연을 넘어서 고양되는 것은 바로 자연에 대항하는 '의식적 행위' 때문이다. 그런데 동시에 이러한 인간의 행위는 어떤 방식으로든 여전히 자연의 법칙 하에 있기도 하다. 맑스(K. Marx)가 말한 것처럼, 자연의 위력으로서 인간은 자연의 소재에 대립한다. 인간은 "그밖의 자연에 영향을 미치고 그것을 변화시킴으로써, 동시에 자기 고유의 본성을 변화시킨다. 인간은 자신의 본성 속에 숨겨져 있는 잠재적 포텐츠를 발전시키며, 이 힘들의 유희를 인간 자신의 통제 하에 둔다."[102] 맑스의 이러한 설명은 「인륜성의 체계」 등에서 노동에 대한 헤겔의 서술과 아주 잘 맞아 떨어진다.

『예나 체계기획 I』의 '정신철학'의 첫 번째 포텐츠의 마지막 부분에서 의식의 '개체적 개별성'이 재구축된다는 것은, 헤겔에게는 정신의 이론적 포텐츠에서 정신의 실천적 포텐츠로 이행하는 것을 의미한다. 이 실천적 포텐츠를 헤겔은 '도구의 포텐츠'라고 부른다. 헤겔은 우선 이 이행을 설명하면서 그 결과를 미리 암시하고 있다. 정신의 두 번째 포텐츠는 직관을 개념 아래에 포섭하는 것과 유비적으로 고찰될 수 있다. 즉 정신의 개체적 실재성이 지배적이 되며, 정신의 관념적 보편성은 배후로 밀려 들

101) H. Kimmerle, *Das Problem der Abgeschlossenheit des Denkens, Hegel-Studien* Beiheft 8, Bonn 1982, 219쪽 이하 참조.
102) K. Marx, *Das Kapital*, 3 Bde., Berlin 1960, Bd. 1, 185쪽.

어가서 '눈에 띠지 않는 매개항, 숨겨진 정신'으로 표현된다. 이러한 관념적 보편성은 개별성의 지양을 통해 스스로를 재산출해야만 한다. 헤겔에 의하면 이렇게 재산출하는 일은 개체적으로 개별화된 의식이 자신의 절대적 대립자인 죽은 사물과 맺는 실천적 관계 속에서 발생한다.[103] 헤겔은 이러한 활동을 인간 욕망을 '잠재우기'라고 표현한다. 인간의 욕망은 자신이 관계하는 대상 속에서 욕망으로서 스스로 지양되어 있다는 점에서 단순한 동물적 욕망과는 구분된다. 이렇게 '저지된' 욕망이 노동이다. 노동은 대상을 부정하는 것이 아니라 대상을 형태화하고 대상에 자신을 실현한다. 첫 번째 포텐츠에서는 이론적 의식이 기억과 언어로 전개되었다면, 이제 두 번째 포텐츠에서는 노동이 실천적 의식으로서 주관적인 욕망과 객관적인 대상 양자의 연관, 보편자, 통일로 전개된다.

이처럼 『예나 체계기획 I』의 '정신철학'에서 '실천적 관계'는 '이론적 관계'와 마찬가지로 '일종의 의식의 관계'로 기술된다. 헤겔에 의하면 의식의 관계에는 '의식하는 측'과 '의식되는 측'이 있다. 동물적 욕망을 저지함으로써 욕망 자체는 지양되고, 저지된 욕망으로 의식되기에 이른다. 그리고 대상도 지양됨으로써 대상은 관념적으로, 다시 말해 대상이 지양된 상태의 의식으로 존립하게 된다. 이러한 방식을 통해 어떻게 도구가 '노동하는 자'와 '가공되는 것' 사이에서 '이성적인 매개항'이 될 수 있는지가 보다 잘 이해될 수 있다. 도구는 전통을 통해 부단히 증식되며, 전통에서 의식적으로 파악된 것이 확정되고 외적인 측면에서 영구성을 띠게 된다.[104] 이렇게 됨으로써 자연과 상호작용하는 측면은 사라지며, 인간은 자

··
103) GW6, 298쪽 이하 참조.
104) GW6, 300쪽 이하.

연적인 것 속에서 자신의 목적을 실현한다. 그리고 이 인간의 목적은 인간의 행위 방식을 규정하고 그의 의지를 지배하는 원리로 작용한다.[105]

『예나 체계기획 III』의 '정신철학'에서는, 이미 기계적 자연, 순수 운동이 자아와 주체의 형식으로, 다시 말해 주관적인 것으로 이해되기에 이른다. 그 이유는 운동이 자기 내로 되돌아간 상태에 있고, 타자 속에서 자기 자신을, 자기 고유의 자아를 발견하기 때문이다. 여기서 헤겔은 목적의 개념을 사용하고는 있으나, 이 목적 개념은 '자연목적'이 아니라 '현상하는 정신의 목적'을 표현한다. 현상하는 정신의 목적은 자연과정을 넘어선 인간의 의식 속에서 자기 자신과 자기 앎에 다다른다. 헤겔은 정신철학을 마치면서 여백에 다음과 같이 적고 있다. "인간은 자기 자신을 지배하는 자가 되지 않고서는 자연 위에 군림하는 지배자가 될 수 없다. 자연은 즉자적인 상태의 정신의 생성과정이다. 그리고 이 즉자가 현존한다는 것을 정신은 자기 스스로 개념파악을 해야만 한다."[106]

이러한 관점에서 노동은 우선 개별자가 개별자에게로 향하는 '순수 활동성'으로 표현된다. 그러나 이 순수 활동성은 현실적으로 이제 '노동'이 되고, 노동에서 동물적 욕망은 더 이상 지배자 노릇을 하지 못한다. 노동은 도구 속에서 보편자를 산출해내면서 '자체 내로 반성된 것'이 된다. '자체 내로의 반성', '노동의 완성'은 도구 자체가 '활동'으로 전환됨으로써 가능하다. 즉 도구가 '순수 활동성의 개별성'과 '수동적인 도구의 보편성'을 서로 매개시키는 특수자가 됨으로써 가능한 것이다. 그러나 '나'는 여전히 이러한 추리의 혼(Seele)으로 남으며 자연이 소모되도록 하면서

••

105) K. Marx, 앞의 책, 186쪽.
106) GW8, 287쪽.

그것을 조용히 주시하고 보다 적은 수고를 들여 전체를 통치한다. 인간은 스스로가 자연의 위력이 아니라 자연의 위력에 반하는 '꾀(List)'를 만들어낸다. 자연의 위력은 맹목적인 힘이라서 꾀를 통해서만 비로소 그것의 즉자대자적 성격이 드러나며, 이를 통해 자연 스스로를 부정하게 되는 것이다.

아마도 여기서 헤겔은 산업시대의 초창기 기계노동을 적절하게 서술하고 있는 것 같기도 하다. 여기서 자연과의 관련은 순전히 부정적이다. 자연적 존재의 개별 목적들은 인간 노동의 목적에 전체적으로 종속됨으로써 '단 하나의 체계'의 보편성으로 고양된다. 그래서 인간은 개별자의 운명(Schicksal)과 같은 자격을 지닌다. 의식 속에서는 인간 노동이 지닌 근원적인 맥락은 더 이상 어떤 역할도 하지 못한다. 이에 따라 의식은 자연목적들의 영향을 받지 않게 된다. 오히려 의식은 자기 고유의 법칙을 따르게 된다. 자연의 위력은 특수한 목적으로서 의식 고유의 법칙에 산입되지 않는다. 노동은 자연적 인륜성에 속하지 않는다. 기계노동에서 충동(Trieb)은 노동으로부터 완전히 물러나, 꾀로서 '이론적 관망'이 되어버린다. 충동은 자아로서 노동과정에 관여하지 않는다. 비지적인 충동은 앎이 되어버리며, 이 자연적 존재의 무실함을 아는 자아가 되어버리는 것이다.[107]

③ 가족과 가산

『예나 체계기획 I』의 〔단편 21〕에서 헤겔은 정신의 세 번째 포텐츠를 상술하고 있다. 욕망과 '죽은 사물'의 관계를 대신하여 '하나의 개체적 의

∙∙
107) GW8, 203쪽 이하 참조.

식'이 '두 개체적 의식들이 통일되어 있는 상태'와 맺는 관계가 등장한다. 그런데 이 통일 상태에서 개체적 의식들은 여전히 자신들의 절대적 대자 존재 상태를 유지한다. 이처럼 두 개체적 의식들이 통일되면서도 동시에 여전히 자신의 대자성을 유지하려면, 각자는 타자 속에서 타자만이 아니라 자기 자신을 볼 줄 알아야 한다. 그래서 헤겔은 이 상태에서 각각의 의식은 다른 의식 속에서 자신을 직관한다고 표현한다. 그리고 헤겔에 의하면 이러한 상태는 '사랑'과 '혼인'에서 실현된다. 사랑과 혼인은 개인들 사이의 매개항으로서, 이 매개항은 아이 속에서 실현되고 아이인 이 매개항 속에서 부모는 스스로를 '자신들과는 다른 타자'로서, 즉 '생성된 통일'로서 직관한다. 부모는 아이 속에서 자기 본연의 지양된 상태를 직관하기 때문에 아이를 양육한다. 다시 말해 부모는 아이를 부모 자신의 의식의 수준으로 고양시켜야 하며, 이를 통해 부모는 자신의 죽음을 산출한다. 헤겔에 의하면 아이의 탄생은 부모의 죽음의 시작이다. 부모와 자식 사이에 진행되는 이 과정을 헤겔은 이론적 의식과 실천적 의식의 '통일'로 생각하고 있다. 그래서 헤겔은 가족 내의 '의식의 총체성'이 대자적으로 생성되는 의식과 동일하다고 언급하는 것이다. 개체는 의식의 전체라고 할 수 있는 또 다른 개체 속에서 자신을 직관한다. 이 개체가 곧 산출된 것으로서 아이이며, 이 과정은 끊임없이 지속된다. 그래서 가족이 세 번째 포텐츠의 생동적이며 과정적인 측면을 표현하는 것이라면, 가족 재산, 즉 가산은 비유기적이며 정적인 측면을 표현한다.

　『예나 체계기획 I』과 『예나 체계기획 III』의 '정신철학'에서 헤겔이 서술하고 있는 가족에 대한 내용은 이후에 『법철학』에서 그대로 체계화된다. 내용의 이해를 돕기 위해 『법철학』의 '인륜성' 장에서 서술되고 있는 '가족'에 대해 간략히 살펴보자. 어원적으로 보자면, 가족(Familie)이라는 용어는 일반적인 의미의 하인(servant)을 의미하는 파뮬루스(famulus)나, 가족 내의 종(domestic servants), 가족 소유물 내지 무리 등을 의미하는 파밀리아(familia)나 파뮬(famul)에서 유래한 말로, 18세기까지 집(οἶκος, dominium)과 거기에 속하는 사람들 및 물건들을 통털어 일컫는 말이었다. 이처럼 본래 가족은 소유의 개념에 바탕하고 있었고, 가장 외의 모든 구성원과 물건들은 가장에게 귀속되었다. 기본적으로 헤겔도 이러한 가족 개념을 토대로 하고 있으면서도 그것을 넘어서서 가족이 지닌 인륜성의 지평을 보여준다.

헤겔은 『법철학』에서 가족을 세 단계로 다룬다. 혼인, 가족의 재산 그리고 자녀의 양육 및 시민사회로의 이행이 그것이다. 헤겔은 혼인에 대한 기존의 세 가지 견해들을 충분치 않은 것으로 반박한다. 헤겔이 비판하는 혼인관은 다음과 같다.[108] 첫째, 혼인을 단순히 성적인 관계로만 보는 입장, 둘째, 사회계약론적 관점을 기반으로 혼인을 단지 계약의 대상으로 보는 입장, 셋째, 혼인을 단지 유미주의적인 사랑의 대상으로만 보는 입장 등이 그것이다.

첫 번째 입장은 혼인을 남녀의 전인적 합일로 보지 않고 육체적인 성적 결합으로만 본다. 물론 기본적으로 혼인은 두 사람의 남녀가 그들이 지닌 고유한 자연적 성을 상호 교환하는 면이 있다. 그러나 헤겔은 혼인을 자연적인 성적 관계로만 보지 않고 정신적인 관계로도 본다. 헤겔에 의하면 "인륜적인 정신은 자신의 직접성 속에 성적인 관계라고 하는 자연적인 계기를 포함한다. 그러나 그 성적인 관계는 정신적인 규정으로 고양된다."[109]

••

108) TW7, §161 Zusatz 참조.
109) Ilting4, §518.

두 번째 입장은 혼인을 일종의 계약으로만 본다. 『법철학』에서도 이러한 혼인관의 대표자로 칸트가 거론된다. 헤겔에 따르면 혼인은 계약이라는 개념으로는 파악될 수 없는 측면이 있다. 원칙적으로 계약은 법적인 인격의 자의에 근거하여 어떤 특별한 사태와 관련되며,[110] 계약 당사자 외에 그들을 매개해주는 제 3의 존재가 필요하다. 그러나 헤겔에 의하면 "혼인은 어떤 외부적인 개별적인 사태와 연관을 맺는 것이 아니라 나의 인격 전체와 연관을 맺는 것"[111]이며, "혼인은 전적으로 객관적인 인륜적 규정이고 이것은 계약에서는 발생하지 않는다."[112]

세 번째 입장은 당대의 낭만주의적 애정관을 바탕으로 한 것으로, 혼인에 있어서 이성적인 인륜적 측면은 배제한 채 오직 감정적인 것만을 중시한다. 이들은 혼인을 전제로 한 사랑을 중요하게 생각하지 않았다. 헤겔은 대표적인 낭만주의자인 슐레겔의 『루친데』라는 작품을 예로 들면서 비판적인 관점을 드러내고 있다. "감각적인 계기로서의 사랑이 주안점이 되었고, 혼인의 인륜적인 면이 비천한 것으로 간주되었으며, 또한 혼인의 관계가 존재하지 않음에도 불구하고 남자에게 소녀를 바치는 일이 인륜적인 관계보다 더 아름다운 것으로 간주되었던 시기가 있었다. 슐레겔의 『루친데』는 이러한 시기에 해당한다."[113] 헤겔은 이러한 애정관이 지닌 비인륜적 성격을 강도 높게 비판한다. "거기서는 감각적인 헌신이 사랑의 자유와 내면성에 대한 증거로 제시되고 또 요구되기도 했는

110) Ilting3, §162.
111) Ilting3, §162.
112) 같은 곳.
113) Ilting3, §164.

데, 그것은 색마에게나 어울리는 논법이라고 할 수 있을 것이다."[114]

이와 같이 헤겔에 의하면 혼인은 단순히 성적인 관계도, 계약관계도, 연애관계도 아니다. 헤겔은 혼인을 '법적인 인륜적 사랑'[115]으로 규정한다. 자연적인 성적 관계, 계약관계 그리고 주관적인 사랑의 감정 등은 혼인이라는 인륜적 형태 속에서 지양된다. 헤겔에 의하면 '혼인의 인륜적인 요소'는 두 인격인 남녀의 통일적 의식 속에, 전체적인 개별적 실존의 신뢰와 공동성 속에 존립한다.[116]

남녀의 혼인을 통해 인륜적이며 정신적인 통일체로서 가족이 형성되며, 이 가족은 하나의 법적 주체인 인격처럼 자기 밖의 대상세계와 관계한다. "가족은 그 자체로 하나의 완결된 인격체이다. 그리고 외부세계, 유기적인 〔인격〕 세계에 대한 관계를 가진다. 그리하여 자체적으로 존재하는 가족은 하나의 실체적인 전체로서 외적 객관성, 사물에 대한 관계를 가진다."[117] 가족이 외부사물과의 관계에서 지니는 실재성은 구체적으로 가족의 재산으로 나타난다. 헤겔은 가족의 재산이 가족의 존립에서 반드시 필요하다는 점을 다음과 같이 강조한다. "인격으로서 가족은 자신의 외면적인 실재성을 소유 속에 둔다. 가족은 자신의 실체적인 인격의 현존재를 재산으로서의 소유에서만 지닌다."[118] 가산은 특정한 소유물처럼 일시적이지는 않다. 가족구성원의 공동 자산은 보편적인 성격을 지니며 지속성을 지닌다.[119] 소유에 보편성, 지속성, 견고성, 확실성이 부여

114) TW7, §164 Zusatz.
115) TW7, §161 Zusatz.
116) Ilting2, §163.
117) Ilting3, §169.
118) TW7, §169.
119) Ilting3, §160.

되면 소유는 재산이 된다.[120] 가족 속에서 개인의 소유나 욕구는 더 이상 개별적인 것으로 남아 있지 않으며 전체를 지향한다. "가족의 재산은 공동적인 것이다. 이것은 재산의 본성에 따른 것이다. 가족의 그 어떤 성원도 특수한 소유를 지니지 못한다."[121]

사랑하는 남녀가 혼인을 하여 가족을 이루면 공동 재산이 필요하고, 이것을 기반으로 자녀를 낳고 양육하며, 교육한다. 가족은 자녀를 통해 즉자대자적인 완성의 상태에 이른다. "감정, 심정의 내면성이 혼인의 통일성이다. 재산은 단지 전적으로 외적인 실재일 뿐이다. 그러나 이 내면성은 대상화되어야 하고 자립적이 되어야 한다. 이 내면성은 자녀 속에서 대상화되고 고유한 실존에 이른다. ……부부는 자녀 속에서 그들의 통일성을 실존 대상으로 지닌다."[122] 그런데 부부는 자녀를 양육하고 교육하여 또 하나의 자립적인 인격으로 만들지만, 이러한 과정은 동시에 그 가족과는 또 다른 독립적 가족의 출발점이 된다. 따라서 자녀의 양육과 교육은 한 가족의 해체를 내포한다. "교육은 자녀를 도야시키고 자립적이 되도록 육성시켜 자녀가 더 이상 가족의 구성원이 아니도록 하는 것을 목표로 삼는다. 다시 말해 가족은……가족 자신의 해체를 지향한다."[123] 헤겔에 의하면 부모에 의해 양육되고 교육받은 자녀는 자립적인 인격체로 성장하며, 부모와는 독립적인 가족을 형성할 수 있는 남자나 여자가 된다. 이처럼 가족은 자녀가 성장하여 경제적이며 인격적인 독립성을 갖추게

120) Ilting4, §170.
121) Ilting4, §171. 헤겔은 가족 공동 소유의 재산을 자의에 의해서가 아니라 가족 전체의 최선을 위하여 관리하는 임무를 가장인 남자에게 맡기고 있다. Ilting3, §171.
122) Ilting4, §173.
123) Ilting3, §160.

될 때 필연적으로 해체를 맞이할 수밖에 없다. '가족의 해체'는 다수의 가족으로의 분화를 의미한다. "가족은 자연적인 방식으로 그리고 본질적으로 인격의 원리에 따라 다수의 가족으로 분화된다. 이 가족은 전적으로 자립적인 구체적 인격이며 또 그렇기 때문에 서로 외적으로 관계를 맺는다."[124] 이러한 외적 관계로부터 시민사회는 출발하며, 시민사회에서는 가족의 대표격인 자립적 개인의 사적 이익에 관련되는 측면, 즉 노동과 생산, 교환의 체계 등이 중요한 문제로 등장한다.

(2) 인정(Anerkennung)

인정개념은 헤겔의 「자연법 논문」에도 등장하고, 「인륜성의 체계」의 두 번째 부분에서도 중요한 역할을 담당하고 있다. 그러나 엄밀히 말해 인정개념은 『예나 체계기획』에 와서야 체계적인 의미를 지니게 된다고 할 수 있다. 이 점은 헤겔이 피히테를 새롭게 수용하는 측면과 관련이 있다.[125] 피히테는 「자연법의 기초」(Grundlage des Naturrechts, 1798)에서 '법관계'를 '유한한 이성적 존재자들 사이의 상호 인정의 모델'을 통해서 연역해 낸다. "I. 나 자신이 이성적 존재자를 그 자체로 다룬다는 조건 하에서만, 나는 나 자신을 하나의 이성적 존재자로 인정해줄 수 있는 또 하나의 특정한 이성적 존재자를 요구할 수 있다."[126] 이후에 피히테는 이성적 존재자에 대한 이러한 요구가 지니는 필연성과 불가피한 보편성을 보여주는

••

124) TW7, §181.
125) A. Wildt, *Autonomie und Anerkennung. Hegels Moralitätskritik im Lichte seiner Fichte-Rezeption*, Stuttgart 1982 참조.
126) AW3, 44쪽.

데, 이것은 결국 칸트의 '법이론'에서 제시된 원칙들을 개정한 것이나 다름이 없다. 여기서 중요한 점은 헤겔이 이 인정모델을 법의 토대를 세우는 맥락에서 분리시켜 보편화하고, 인륜성 일반의 근본 원리로 만들었다는 것이다.[127]

물론 이러한 작업은 이미 「인륜성의 체계」에서부터 단초적인 방식으로나마 나타난다. 그러나 「인륜성의 체계」와 달리 『예나 체계기획』에서 헤겔은 '가족'이라는 '자연적 인륜성'의 영역을 '인정'과는 분명하게 경계지움으로써 내용상 중요한 수정을 가하고 있다. 가족이라는 자연적 인륜성에서는 단지 '인식'만이 발생할 뿐이다. 헤겔은 '인식'에 대해 다음과 같이 말한다. "인식은 대상성의 상태에 있는 대상적인 것을 자아로 안다는 것을 의미한다."[128] 헤겔은 이러한 인식의 관계로 '남녀 간의 사랑'이나 '부모와 자식의 관계'를 들고 있다. 헤겔은 사랑에 대해 다음과 같이 말한다. "이 인식행위가 **사랑**이다. 이 인식행위는 추리의 운동으로서, [이 추리의 운동에서] 각 항은 나에 의해 내용이 충만되며, 직접적으로 타자 속에 있으며, 타자 속에서의 이러한 존재만이 자신을 나와 분리하고 나에게 대상이 된다. 이 인식행위는 인륜성의 기초이지만, 아직까지 인륜성 자체는 아니며, 인륜성의 예감(Ahnung)일 뿐이다. [사랑에서] 각자는 단지 **특정한 의지**이자 성격 혹은 **자연적인** 개인이자 도야되지 않은 자연적 자아로만 인정받는다."[129] 그리고 아이 속에서 양친은 자신들을 단 하나의 의식 속에 있는 통일로 인식하며 동시에 지양된 것으로 인식하고, 양친

••

127) L. Siep, *Praktische Philosophie im deutschen Idealismus*, Frankfurt am Main 1992, 150쪽 참조.
128) GW8, 209쪽.
129) GW8, 210쪽.

은 아이 속에서 그들이 지양됨을 직관한다.[130] 그러나 인정관계는 사랑과 가족을 넘어서야만 비로소 나타난다.

『예나 체계기획 III』에는 사랑과 관련하여 '인정된 존재'에 대한 언급이 있기는 하다. 그러나 이 부분에서도 헤겔은 이렇게 사랑에 기초한 인정은 '의지의 대립이 없는 상태'라고 분명하게 그 성격을 제한하고 있다. "인정은 있어야 할 최우선적인 것이다. 또한 개인들은 **사랑**이고, 의지의 대립이 없이 이렇게 인정된 존재이다. 대립을 빚는 상황에서는 각자가 전체적인 추리가 되어버릴 것이다. 〔의지의 대립이 없는 상태에서는〕 각자는 성격으로서만 존재하지 자유로운 의지로 등장하지는 못할 것이다. 그래서 그러한 인정이 발생되어야 한다. 개인들이 즉자적으로 그러한 바와 같은 본질적인 측면이 개인들에 대해서 발생해야만 한다. 개인들의 서로에 대한 존재(ihr Seyn für einander)가 〔인정운동이 발생하기 위한〕 첫걸음이다."[131] 자유로운 두 의지가 각기 자신이 '전체적인 추리'임을 주장하고 자신만이 '총체성'을 대표한다고 주장하면서 서로 대립할 때에만 참된 의미에서 인정관계가 등장한다는 것이다.

인식(Erkennen)과 인정(Anerkennen)의 차이는 이미 『예나 체계기획 I』의 〔단편 22〕에서 분명하게 드러난다. 〔단편 22〕는 피히테적인 유한한 이성적 존재자를 '의식이 가족에서 도달하는 총체성' 또는 '의식의 총체성'이라고 표현하고 있다. 이 총체성이 가족 속에서 '대자화'되는 것은 부모의 죽음이자 가족의 해체를 의미한다. 헤겔은 '의식'을 '세계의 관념적 존재'와 동일시하는데, 여기서 세계는 '개별적 의식' 자신이 진리로 간주

130) GW8, 212쪽 참조.
131) GW8, 218쪽.

하고 있거나 권리를 주장할 수 있는 자신만의 세계를 의미한다. 이를 통해 동시에 여기서 피히테적인 인정모델이 첨예화된다. 왜냐하면 각자의 의식이 총체성을 구현하면서 총체성이기를 주장한다는 전제 하에서 상호 인정은 더 이상 '단순한 상호 존중'의 상태로 존립할 수 없기 때문이다. 오히려 의식은 실제로 모순 상태로 나아가게 되며, 이 점을 헤겔은 인상깊게 묘사하고 있다. 여기서 인정은 자신과는 다른 의식을 단순히 '성격'으로 인식하는 것이 아니라, 자신과는 다른 의식을 바로 그 자신이기도 한 동일한 총체성이 구체화된 것으로 인식하는 것을 의미한다. 이 점에서 타자 속에서 자기인식이라는 헤겔의 인정개념은 피히테적인 인정개념과는 분명히 구분된다.

피히테는 인정을 어떤 것을 존중하거나 가치를 인정해주는 어떤 결정과 같은 것으로 이해하고 있다. 헤겔의 인정개념과 비교하자면, 피히테식의 자발적인 인정개념은 확실히 위험이 덜하다.[132] 왜냐하면 피히테적인 구상에 의하면 생사를 건 인정투쟁을 모면할 수 있기 때문이다. 이것은 '평화를 추구하라.'는 홉스의 '자연법'에도 마찬가지로 해당된다. '평화를 추구하라.'는 것은 자연상태의 비참함으로부터 최초로 등장하는 이성적 결과물로서, 모든 측면에서 계약을 체결하는 의지의 결단을 요구한다.[133] 그래서 피히테나 홉스에 의하면 예를 들어 국가들 간의 상호인정이 분쟁을 조정하는 하나의 과정으로 나타날 수 있지만, 이와 달리 헤겔에 의하면 인정 자체가 '갈등'의 근거이고 갈등은 불가피하다. 왜냐하면 헤겔에 의하면 인정의 단계에서 전제되어야 하는 총체적 의식〔자기의식〕은 또 다른

132) K.-H. Ilting, "Anerkennung. Zur Rechtfertigung praktischer Sätze", in: *Rehabilitierung der praktischen Philosophie II*, Freiburg 1974, 353쪽 이하 참조.
133) Th. Hobbes, 앞의 책, 14장 참조.

총체적 의식[자기의식]을 침해하는 것외의 다른 것일 수 없기 때문이다. 헤겔은 다음과 같이 말한다. "[인정 투쟁의] 양 당사자는 이러한 개별성의 총체로서 서로에 대립하는(gegen einander) 것으로 자신을 인정하고 싶어 하고 동시에 그렇게 인정받고 있다는 것을 알고 싶어 하며, 이러한 총체성으로서 양 당사자는 서로에 대해서(gegeneinander) 출현한다. 그리고 그들이 서로에 대해서 부여하는 의미는 다음과 같다. α) 각자는 타자의 의식 속에서, 자신이 지닌 개별성의 전체적 **외연(Extension)**으로부터 타자를 [전적으로] 배제하는 그러한 것으로 현상한다. β) 그리고 각자는 이러한 자신의 [타자]배제행위 속에서 현실적으로 총체성으로 존재한다. 어느 누구도 이것을[각자가 진정한 총체성으로 존재한다는 것을] 말이나 보증, 협박이나 약속을 통해서 타자에게 증명해보일 수는 없다. 왜냐하면 언어는 단지 의식의 관념적 실존일 뿐이기 때문이다. 그러나 여기서는 현실적인 실존들, 다시 말해 절대적으로 대립적인 실존들, 절대적인 대자존재적 실존들은 서로에 대해서(gegeneinander) 존재한다. 그리고 이들이 맺는 관계는 단적으로 실천적이며 현실적인 관계이다. 즉 그들의 인정행위의 매개항은 그 자체로 하나의 현실적인 매개항이어야 한다. 따라서 [인정투쟁을 하는] **그들 양자는 서로를 침해할 수밖에 없다.** 그들 각자가 자신의 실존이 지닌 개별성 속에서 스스로를 '배타적인 총체성'으로 정립한다는 사실이 현실적으로 발생할 수밖에 없다. 이러한 모욕[모욕적인 침해] (Beleidigung)은 필연적이다. 오직 내가 타자를 이 타자의 현상적 존재 속에서 방해함으로써만, 이 타자도 자신의 타자를 배제하는 행위를 현실화할 수 있으며, 스스로를 의식으로 현시할 수(darstellen) 있다."[134] 투쟁의 당사자들

∵

134) GW6, 308-309쪽.

은 필연적으로 타자를 배제하고 자신만이 총체적 의식으로 존재하기를 원하므로, 그는 다른 의식의 총체성에 대한 요구를 불가피하게 부정하고 침해할 수밖에 없다. 이렇게 불가피한 갈등과 충돌은 필시 생사를 건 투쟁으로 전개된다. 헤겔은 생사를 건 투쟁에 대해 다음과 같이 서술하고 있다. "이러한 개별자의 상태에서 각자는 개별자로서의 자신의 총체성을 절대적으로 주장함으로써, **각자는 타자의 총체성을 부정한다**는 현상이 나타나게 된다. 총체성은 개별적이며 부정된 총체성이자 관계를 맺고 있는 총체성이므로, 각자의 개별적 총체성의 상호 인정은, 총체성의 부정적 관계맺음(eine negative Beziehung der Totalität)이다. 이 때 각자는 자신을 타자의 의식 속에 총체성으로 정립함으로써, 타자에 대해〔대립해서〕자신의 완전한 현상적 총체성을 정립〔해야 하고〕〔자신의〕개별성을 유지하는 데 자신의 생을 걸면서, 동시에 타자의 죽음을 노려야 한다. 내가 타자의 의식 속에서 나 스스로를 정립하되, 여기서 나는 나의 〔타자〕배제행위에서 배제행위의 총체성이자 타자의 죽음을 노리는 자이다. 〔내가 나를 이렇게 정립하는 한에서는,〕나는 나 자신을 타자의 의식 속에서 단지 이러한 〔배타적인〕개별적 총체성으로만 인식할 수 있다. 내가 타자의 죽음을 노림으로써, 나는 나 스스로를 죽음의 상태 밖에 정립하여 나 자신의 생을 과감히 건다. 즉 나는 나 자신의 존재와 점유의 〔배타적〕개별성을 주장하려는 모순을 범한다. 이 주장은 바로 이 주장의 반대편으로 이행하여, 나는 이러한 완전한 점유와 모든 점유와 향유의 가능성을 희생하게 되며, 이것은 다시 말해 생 자체를 희생하게 되는 것이다. 나는 나 자신을 개별의 총체성(Totalität der Einzelnheit)으로 정립함으로써 나는 나 자신을 개별의 총체성으로 지양하게 된다. 나는 나의 실존, 즉 나의 존재와 점유의 이 외연(Extension)에서 인정받기를 원한다. 그러나 나는 이 상황을 '내가

〔나의 존재와 점유라는〕이 실존을 지양하는'〔반대〕상황으로 바꾸게 된다. 내가 타자의 죽음을 노리고 나 자신의 생을 걸면서도, 동시에 내 실존의 이러한 외연을 지양하고 나의 개별적 총체성을 지양할 때에만, 나는 이성적이며 진정으로 총체성으로 인정받게 된다."[135] 이처럼 투쟁 당사자가 죽음 앞에서 두려워 물러서지 않을 경우에만, 현실적으로 상호 인정에 대한 요구도 사라지지 않고 지속될 수 있는 것이다.

그런데 자유로운 개인들의 상호 인정이 생사를 걸 수밖에 없는 인정투쟁을 함축하고 있다는 것을 경험적으로나 역사적으로 이해해서는 안 된다. 왜냐하면 그렇게 되면 어떻게 생사를 거는 그러한 인정이 실제로 발생할 수 있는지, 어떻게 투쟁의 한쪽이 결국 현실적으로 죽을 수밖에 없는지 하는 문제 등이 제기될 수 있기 때문이다. 우리는 헤겔이 개별자의 인정행위를 '그 자체 내에서의 절대적 모순'으로 특징지우고 있다는 점을 간과해서는 안 된다.[136] 사실상 모순은 논리적으로 본래 가능하지 않은 것이며 현실적으로 존재하는 사태가 아니다. 여기서 모순은 다음과 같은 의미를 지닌다. 즉 의식이 그 자체로 '의식 자신의 반대편(Gegenteil)'일 경우 의식은 '하나의 실존적 모순'이라고 표현되듯이, 자유로운 사회화 과정이나 독립적인 사람들이 서로 연대를 맺는 것이 그 자체로 '바로 그 사회화나 연대맺기의 반대편'일 경우 사회화과정 등도 그 자체로 하나의 모순상태로 표현될 수 있다. 즉 사회화 과정 자체에 사회화에 반대되는 개인들 간의 투쟁이 불가피한 것을 헤겔은 '모순'으로 표현하고 있는 것이다.

이처럼 사회화 과정과 관련해서 보자면 헤겔에게 인정이라는 모델은,

135) GW6, 309−311쪽.
136) GW6, 312쪽 참조.

정신과 인륜성의 참된 본질이 개념적으로 전개되어 나가기 위해 필요한 수단과 같은 것이라고 할 수 있다. 헤겔은 이러한 관점에서 『예나 체계기획 I』의 〔단편 22〕에서 '정신과 인륜성은 의식의 총체성이 지니고 있는 존재와 지양된 존재 사이의 모순적 통일'이라고 규정한다. "정신의 본질은 단순한 방식으로 자신 속에 무한성을 지녀야 하며, 그렇게 해서 대립은 곧바로 지양되어야 한다. 존재, 지양 그리고 지양된 상태로서의 존재라는 이 세 가지 형식들은 절대적으로 하나로 정립된다."[137] 개별적 의식에게 이것은 다음과 같은 것을 의미한다. 즉 "개별적인 총체성이 **존재하는** 이유는, 또 다른 개별적 총체성들이 지양된 것으로만 정립되기 때문이다. 하나의 의식은 타자의 지양된 의식 속에 정립되며, 그렇게 해서 인정을 받는다. 그리고 자신과는 다른 의식 속에서 의식의 총체성은 동시에 지양된 총체성으로 존재하며, 의식이 인정행위 속에서 실현됨으로써 의식은 지양되어버린다. 그리고 의식은 **이러한 〔인정행위의〕 과정 속에서 자기 자신에 대해서〔대자적으로〕 하나의 지양된 것으로서 존재한다.** 의식은 자기 자신을 지양된 것으로서 인식한다. 왜냐하면 의식은 오직 **인정받은 상태로서만** 존재하기 때문이다. 그러나 의식은 인정받지 않은 것으로나 자신과는 다른 의식이 아닌 것으로는 전혀 존재하지 않는다. 의식이 인정받는다는 것은 의식의 실존이며, 이 실존상태에서 의식은 오직 지양된 것으로만 존재한다."[138]

헤겔은 이러한 인정이론을 『예나 체계기획 III』의 '정신철학'과 『정신현상학』에서 변형된 형태로 계속 전개하는데, 이 부분에 대해서는 현재 비

∴

137) GW6, 313-314쪽.
138) GW6, 314쪽.

교적 많은 연구가 이루어진 상태다.[139] 우선 『예나 체계기획 III』은 인정투쟁을 거쳐 결과된 주체에 '인격'이라는 규정을 덧붙이고 있다. "개별자, 주체는 **인격**(Person)이다. 개별자의 의지는 보편적 의지이고, 보편적 의지는 개별적 의지이다. 이리하여 인륜성 일반이 생기며, 직접적으로는 법이 생긴다."[140] 『예나 체계기획 III』에서는 소유의 주체인 인격을 통해 법의 영역이 시작되며, 이 법의 영역은 '현실적 정신'이라는 제목 하에서 전개된다.

우리는 이 시기의 인정이론을 통해 헤겔이 홉스와 피히테의 주장들을 접목시키고 있음을 어렵지 않게 확인할 수 있다. 개별자가 모든 측면에서 '무제한적인 권리'를 부여받은 상태로 등장하는 점에서 헤겔은 홉스의 입장을 따르고 있다고 볼 수 있다. 이 점에서 보편적인 전쟁상태(만인에 대한 만인의 투쟁상태)는 불가피하게 발생할 수밖에 없다. 홉스가 인간학적인 토대[141] 위에서 구성한 이러한 출발점에서 더 나아가 피히테와 헤겔은 '선험적인 근거'를 마련한다. 그래서 홉스가 구상한 자연상태에서 고려되고 있는 '현실적인 인간'으로부터, '세계의 관념적 존재'라는 의미에서 '의식'이 생겨나게 된다. 피히테도 '자연법'을 논하면서 '이성적 존재자'의 이러한 의식으로부터 출발하고 있다.[142] 헤겔이 피히테식의 인정 문제를 넘겨받으면서도 홉스식의 '만인에 대한 만인의 투쟁'을 고수하고 있다는 것은, 각 개인이 법적으로나 인륜적으로 완전한 진공상태에서 제기

··

139) L. Siep, *Anerkennung als Prinzip der praktischen Philosophie*, Freiburg/München 1976. A. Wildt, *Autonomie und Anerkennung. Hegels Moralitätskritik im Lichte seiner Fichte-Rezeption*, Stuttgart 1982. A. Honneth, *Kampf um Anerkennung*, Frankfurt am Main 1992 등의 연구성과를 들 수 있다.
140) GW8, 222쪽.
141) Th. Hobbes, 앞의 책, 13장 참조.
142) AW3, I 참조.

하는 총체성 요구를 진지하게 받아들인다고 헤겔이 생각하기 때문이다. 이러한 진공상태는 홉스에 따르면 자연상태에서 발생하며, 이에 비해 이 시기의 헤겔에 의하면 이러한 진공상태는 가족이라는 자연적 인륜성이 해체된 후 새롭게 발생하는 것이다. 여기서 간과해서는 안 되는 점은, 헤겔 자신은 사회 이전의 '자연상태'를 다음과 같은 방식으로 재구성하고 있다는 사실이다. 즉 시민사회는 가족과 국가 사이에 위치하며, 시민적인 자연권이 역사와 사회의 시초에 계획된 바를 지속적으로 재산출한다는 것이다. 그래서 시민사회라는 중간영역의 경제적이며 법적인 구조들은 여러 가지 인정관계들로 표현될 수 있으며, 이러한 내용들이 『예나 체계기획 III』의 '정신철학'에서는 'II. 현실적 정신'이라는 제목으로 다루어지는 것이다.

이상과 같이 헤겔은 『예나 체계기획』에서 인정이라는 개념을 본격적으로 다룸으로써 이후에 그의 실천 철학에서 지속적으로 쓰일 풍부한 기초를 마련한다. 헤겔에 의하면 '한 민족의 인륜성'은 더 이상 자연철학과 유사한 방식으로 이해되어서는 안 되며, 오히려 한 민족의 인륜성도 피히테적인 자연법론을 확장시킴으로써 여러 인정관계들 중 하나의 위상으로 이해되어야 한다. 이것은 또한 규범적인 결과를 낳는다. 왜냐하면 이 입장에 의하면 사실적인 관계들은 일종의 '규범적인 인정관계들'로 이루어진 재구성을 용인함으로써만 인륜적인 성격을 지닐 수 있기 때문이다. 그래서 인정 개념은, '고대인들이나 플라톤은 전혀 알지 못했던 근대의 보다 고차적인 원리'에 적합한 '한 공동체 내에서 자기의식적인 자유'의 기초이자 척도[143]로 자리매김된다.[144]

••

143) L. Siep, *Praktische Philosophie im deutschen Idealismus*, Frankfurt am Main 1992, 157쪽.
144) GW8, 263쪽 참조.

(3) 민족(Volk)

우선 독일어 폴크(Volk)를 '민족'으로 번역하는 문제에 대해 설명이 필요하다. 폴크(Volk)는 그리스어 데모스(δῆμος), 라틴어 포퓰루스(populus)에 대응하는 말이다. 데모스나 포퓰루스라는 말과의 연관성을 고려한다면, 폴크(Volk)는 민족보다는 '민중'이나 '인민'으로 번역하는 것이 더 적절할 수도 있다. 그러나 본 역서에서는 헤겔이 이 개념을 사용하던 헤겔 당대의 시대적 배경과 헤겔 자신의 의도를 반영하여 '민족'으로 번역하는 것이 더 적절하다고 판단되어 민족으로 번역한다.

오늘날 폴크(Volk)라는 단어는 대체로 세 가지 정도의 의미를 내포한다. 첫째, 한 국가의 국민, 즉 민주주의에서 주권을 가지는 사람을 뜻하기도 하고, 둘째, 공통의 혈통과 언어 그리고 문화 등을 갖춘 한 인종의 구성원을 뜻하기도 한다. 그리고 셋째, 한 공동체에서 상위 계층에 속하는 사람들과 대비되는 대중이라는 의미로, 하위 계층에 속하는 '서민'을 뜻하기도 한다. 독일에서는 1800년경에 이 폴크(Volk)라는 개념은 나치온(Nation)이라는 유사 개념보다 훨씬 더 정치적으로 중요한 개념이었다.

나치온(Nation)이라는 개념은 라틴어 나치오(natio)에서 유래했고, 나치오는 나스키(nasci)에서 비롯된 말로 본래 '태어나다'를 뜻한다. 따라서 나치온(Nation)은 그 개념의 유래에서 볼 때에는 출생이나 혈통을 강조하는 개념으로서, 나치온(Nation)은 폴크(Volk)보다 '민족'이라고 표현하는데 더 적절하다. 이에 비해 폴크(Volk)는 그 어원상 혈통중심의 의미를 지니고 있지는 않았다. 그런데 18세기 후반부터 이 용어는 나치온(Nation)이라는 개념과 점점 더 유사한 맥락에서 사용된다. 특히 결정적으로 헤르더(J. G. Herder)가 이 용어를 역사적이면서도 문화적인 맥락에서 새롭게 정초한다. 헤르더는 여러 민족들 사이의 동등한 상태에서 출발하여, 그들 간의 다양성에 '단 하나의 신적 가치'를 혼합한다. 헤르더는 언어와 시, 민요 등을 통해 특징지워지는 일종의 집합적 인격성(Kollektivpersönlichkeit)을 폴크(Volk)라는 말에서 찾고 있다. 헤르더에 의하면, 폴크(Volk)는 특별한 집합적 특성이나 고유의 정신과 영혼을 지닌 공동체이다. '동일한 언어'로 교육을 받고, 이 언어로 자신의 '심정'을 쏟아내고 자신의 '영혼'을 표현하는 법을 배운 사람은 이 언어의 폴크(Volk)에 속한다고 헤르더는 생각했다.

헤르더와 더불어 폴크(Volk) 개념이 독일에서 폭발적으로 등장하게 된 주요 요인 중 하나는 '프랑스 혁명'이다. 급진적 지식인들은 이 개념을 한 국가의 주권의 담지자인 포이플(peuple)의 의미로 받아들였다. 그와 더불어 혁명이 급진전 되던 시기에, 이 용어는 귀족과 부르주아지를 제외하고 개념적으로 처음으로 지배적인 위치에 오른 네이션(nation)과 밀접하게 관련된다. 반나폴레옹 전쟁 시기 동안에는, 지배자의 찬탈에 대항하는 해방이라는 맥락에서 이 개념이 사용되었다. 그런데 이 개념은 1810년 경 피히테(J. G. Fichte) 등에 의해 새로운 독일 민족의 이데올로기의 중심에 놓이게 된다. 헤르더의 민족 정신론과 낭만주의 등의 문화민족주의 사상 그리고 독일의 정치적인 자결에 대한 요구 등과 결부된 애국적 동기를 표현하면서 이 용어가 사용되는 것이다. 특히 피히테에 이르러 독일 민족(Deutsche Volk)이라는 말은 프랑스 민족에 대항하는 의미로 사용되기에 이른다.

헤겔은 『예나 체계기획』에서 '한 민족의 정신'[145]이나 '한 민족의 절대적

---

145) GW6, 314쪽.

정신'[146], '단일민족'[147] 등의 표현을 사용한다. 그리고 '한 민족의 언어'가 '한 민족의 작품'이며, 언어는 "한 민족 속에서만 진정한 언어가 된다."[148]고 언급한다. 이러한 맥락에서 보자면, 이 시기 헤겔 철학에서 폴크(Volk)는 민중이라는 의미보다는 민족이라는 의미를 강하게 지니고 있다. 그런데 헤겔은 추상적인 보편 노동에 대해 논하면서도 폴크(Volk)라는 표현을 사용한다. 예를 들어 '개별자의 욕구가 지닌 범위'와 '그 욕구충족을 위한 개별자의 활동' 사이에 전체 폴크(Volk)의 노동이 개입하며, 폴크(Volk) 구성원 각자의 노동은 이 전체 노동과 관련해보자면 모든 이들의 욕구충족을 위한 '보편적 노동'이라는 언급이 있다. 이 경우에는 폴크(Volk)가 인민이나 민중이라는 의미를 강하게 함축한다. 그러나, 이러한 표현도 넓은 의미에서는 '민족'으로 번역될 수 있는 폴크(Volk)에 속한다고 할 수 있다. 따라서 이 당시 헤겔은 지금 우리가 생각하듯이 민족과 인민 또는 민중 사이에 뚜렷한 구별을 하지 않았으며, 오히려 헤겔이 사용하는 폴크(Volk)라는 개념은 이 두 의미를 모두 함축하고 있다고 보아야 할 것이다.

『예나 체계기획』에서 헤겔은 '절대적으로 실재적인 의식' 또는 '절대정신'으로 규정되는 정신을 '한 민족의 정신'으로 보고 있다. '한 민족의 정신'은 실체적인 측면과 형식적인 측면이 통일된 상태로서 '절대적 인륜성'이다. 이 인륜성은 '민족의 습속(Sitten)'에서는 실재적인 성격을 지닌다. 이 부분에서 '절대적'이라는 술어가 반복되고 있는데, 여기서 우리는 이 '절대적'이라는 개념이 지니고 있는 본래적인 의미를 상기해볼 필요가 있다. 라틴어 압솔루투스(abolutus)는 '분리됨', '완성됨', '완전함', '제한되

..
146) GW6, 315쪽.
147) GW6, 316쪽.
148) GW6, 318쪽.

지 않음', '무제약적임' 등을 의미한다. 그래서 예를 들어 '민족 속에서 정신이 절대적이다'라고 말하면, 이 말은 정신이 외적인 제약 조건들로부터 분리되고 독립되어 있다는 것을 의미하며, 궁극적으로는 자립하는 것으로서 정신의 자유와 정신의 내적 완전성을 함축한다. 헤겔은 유기체에 비유하여 이러한 점을 상세히 서술하고 있다. 헤겔에 의하면 동물 유기체는 정신의 유기적 상태를 설명해줄 수 있는 전형식이라고 할 수 있다. 그러나 헤겔에 의하면 동물 유기체가 정신의 전형식이기는 하지만, 정신적인 것이 유기체를 모방한 현상은 아니다. 이 단편에서 헤겔이 보편적 실체의 '생'과 '생명성'에 대해 언급할 때, 이 생이나 생명성이라는 개념에는 항상 '활동적 존재'나 '행위'가 결부된다.[149] 그리고 여기서 중요한 점은 논리적인 근본형태이다. 헤겔적인 논리 형태에 의하면 절대자는 절대자 자신과 그의 반대편과의 통일이며 자신 외부에 어떤 다른 것도 지니지 않으며 모든 외적 규정들을 자신의 내적 규정으로 정립하는 자이다. 그래서 '절대적' 정신은 동시에 단순한 보편적 실체(에테르)이기도 하며, 모든 이들의 개별적인 활동을 총괄하는 개념이기도 하다. 절대정신은 모든 이들의 작품(작업)으로 존재하며, 영원히 정신으로 생성되는 과정 자체이기도 하다.

5. 예나 시기 체계 구상

여기서는 예나 시기 이전의 헤겔의 문제 의식이 예나 초기와 『예나 체

----

149) 이것은 아리스토텔레스처럼 인간에게 있어서 '생'과 '행위'를 동일한 것으로 보는 것이다.
Aristoteles, *Politik*, übers. von O. Gigon, München 1973, 1254a 8 참조.

계기획』 등을 거치면서 어떻게 학문의 체계로 구체화되는지를 살펴보고자 한다. 이를 통해 체계 구상에서 『예나 체계기획』의 위치를 가늠할 수 있을 것이다.

(1) 철학 체계와 삶의 관계

'자연철학'과 '정신철학'을 한데 묶어 철학의 체계로 구상한 것은 헤겔만의 특유한 방식은 아니다. 가까이는 헤겔이 체계구상을 본격화하던 예나 시기에 헤겔에게 적지 않은 영향을 미쳤던 셸링(Friedrich Wilhelm Joseph von Schelling, 1775-1854)을 참고할 수도 있고, 독일관념론의 시작을 알린 칸트(Immanuel Kant, 1724-1804)의 철학 체계를 떠 올려 볼 수도 있다. 그리고 한참을 더 거슬러 올라가자면 체계적인 철학의 시작 단계라고 할 수 있는 플라톤과 아리스토텔레스까지도 소급해 볼 수 있다. 그러나 헤겔의 철학 체계는 우선 헤겔 당대의 다른 개별 학문들, 즉 자연과학 등의 전문적 지식들을 포괄하면서 체계적으로 정리하고 있다는 점에서 그 이전 누구의 철학 체계와도 구분된다. 또한 헤겔의 철학 체계는 후기에 『엔치클로패디』에서 '논리학'과 '자연철학', '정신철학'으로 완성되는데, 이러한 철학 체계는 단 기간에 완성된 형태로 결과된 것이 아니라, 비교적 긴 시간 동안 고민하고 기획하고 집필한 노고의 산물이다. 그리고 이러한 그의 체계기획의 결정적인 시발점을 알리는 곳이 바로 이 『예나 체계기획 III-자연철학과 정신철학』(1805/06)을 포함한 예나 시기다.

보통 예나 시기는 헤겔이 비로소 철학을 학적 체계로서 본격적으로 구상한 시점이라고 말해진다. 헤겔은 예나로 옮기기 직전에 셸링에게 보낸 한 편지에서 다음과 같이 적고 있다.

"인간의 하위의 욕구들로부터 시작된 나의 학문적인 도야에 있어서 나는 학문으로 나아가야만 했으며, 동시에 청년기의 이상은 반성형식으로, 하나의 체계로 전환되어야만 했네. 그러나 지금 나는 이러한 일에 몰두하고 있는 동안에도 인간의 삶에 관여하는 어떤 복귀(Rückkehr)가 찾아질 수 있을지 궁금하네."[150]

이 편지가 말해주듯이, 예나 시기부터 헤겔은 '청년기의 이상'을 반성형식을 통해서 학적으로 체계화하려는 데에 몰두한다. 사실상 예나 시기를 헤겔이 학적 체계를 본격적으로 구상한 시점이라고 주장하는 많은 연구가들은 이 편지를 직접적인 증거로 삼고 있다. 그러나 이러한 해석을 인정한다고 하더라도, 이 인용문에서 헤겔 자신이 학적 체계를 구축하기 위해서 청년기의 이상을 포기했다는 의도를 읽어낼 근거를 찾을 수는 없다. 오히려 헤겔은 체계 구상에 몰두함과 동시에 그것이 삶과 어떤 관계를 맺을 수 있는지를 고심하고 있다고 보아야 한다.

예나 시기 이전에 헤겔이 문제삼았던 것은 무엇보다도 '삶의 총체성 회복'이었다. 기독교의 실정성 비판이나 칸트 철학의 수용과 비판에서부터 헤겔이 목표로 했던 바는, 분열된 삶의 원인을 일방적인 지배로 보고, 이 일방적 지배의 지양을 통해 분열된 삶의 총체성을 회복하는 것이었다. 진정한 삶의 총체성 회복은 올바른 지배관계의 확립을 통해서야 비로소 가능하다. 이러한 문제의식을 가지고 헤겔이 예나 시기에 들어와 좀 더 체계적으로 철학함의 방식을 취했다는 것은 아마도 당연한 일일는지도 모른다. 왜냐하면 왜곡된 지배관계는 감정적인 비판만으로는 분석

150) BH1, 59~60쪽.

되지도 않을 뿐만 아니라 지양되지도 않기 때문이다. 좀 더 효과적인 비판을 위해서는 보다 철저하게 개념적 장치를 구축하는 일이 절실하며, 철저하게 개념적 장치를 구축하는 것은 곧 '체계를 세우는 일'이라고 할 수 있다. 이 점에서 헤겔의 체계에 관한 푀겔러의 다음과 같은 언급은 여전히 주목할 만하다.

"체계로서의 철학은 삶과 분리된 이론이 아니라, 삶의 최상의 욕구이고, 따라서 실천, 그것도 최상의 실천이다. 삶 속에서의 분열들에 대한 해답은 곧 최상의 사유가능한 행동이자 삶을 자기 자신과의 화해로 이끈다."[151]

예나 시기에 헤겔은 자신의 청년기의 이상이 참된 학문의 체계로 전환되어야 하는 필연성을 역설하고 있다. 무엇보다도 이러한 생각 속에는 그 시대의 '분열된 삶'에 대한 헤겔의 비판적 의식이 내재해 있다. 헤겔은 자신의 시대를 '인간의 삶으로부터 통합의 위력(Macht der Vereinigung)이 사라지고 대립들이 살아 있는 관계(lebendige Beziehung)와 상호작용(Wechselwirkung)을 상실해버리고 제각기 독자성을 획득하게 된'[152] 시대로 보고 있다. 이 시대는 '문명(Bildung)'이 발달하고 거기에 따라 삶의 표현도 보다 다양하게 전개되는 시대이긴 하지만, 그에 따라 '분열의 위력' 또한 점점 더 커지고 '자신을 조화로 재탄생시키려는 삶의 노력들'은 점점 더 낯설고 무의미하게 되어 버렸다고 헤겔은 지적한다.[153]

헤겔에 의하면 주관과 객관, 신적인 것과 인간적인 것, 유한과 무한,

151) O. Pöggeler, *Hegels Idee einer Phänomenologie des Geistes*, München 1973, 123쪽.
152) GW4, 14쪽.
153) 같은 곳.

정신과 자연 사이에 조화로운 관계가 깨어지고 통합의 힘이 사라져 분열현상이 빚어질 때 '철학의 욕구(Bedürfnis der Philosophie)'가 발생한다.[154] "분열이 철학적 욕구의 원천이다."[155] 그러면 이러한 분열은 왜 발생하는 것인가? 헤겔은 "총체성으로부터 의식이 벗어나 있는 상태"[156]를 '존재와 비존재, 개념과 존재, 유한성과 무한성 속에서의 분열'[157]의 원인으로 간주한다. 이처럼 분열의 직접적 원인은 유한한 '의식'에 있다. 그런데 헤겔은 이러한 분열을 문제시하고 해결의 실마리를 찾을 수 있는 것도 바로 '의식'이라고 생각한다.[158] 따라서 헤겔에 의하면 의식의 상태는 두 가지로 구분되어야 한다. 하나는 분열을 고착화시키는 오성(Verstand)이고, 다른 하나는 고착화된 분열을 무화시켜 총체성의 회복을 꾀하는 이성(Vernunft)이다. 어떤 분열의 정도는 의식의 태도에 달려 있다. 즉 반성적 의식은 오성으로 전락할 수도 있고,[159] 이성으로 고양되어 '철학함의 도구'로 쓰일 수도 있다.[160] 어떤 특정한 분열을 절대적인 것으로 고착화시키는 것은 오성의 입장이지만, 그것을 상대적 분열로 격하시키는 것은 이성이다.[161] 오성은 대립자들을 절대적으로 대립시킴으로써 대립자들을 그와 대립하는 타자의 부정으로만 표현한다. 이에 비해 "그렇게 확고해져

154) 같은 곳. '철학에 대한 욕구'와 '철학의 욕구'를 구분할 필요가 있다. K. Kozu, *Das Bedürfnis der Philosophie*, in: *Hegel-Studien* Beiheft 30, Bonn 1988, 122-129쪽 참조.
155) GW4, 12쪽.
156) GW4, 15쪽.
157) 같은 곳.
158) K. Kozu, *Das Bedürfnis der Philosophie*, 104쪽 참조.
159) GW4, 13쪽.
160) GW4, 16쪽.
161) GW4, 14쪽.

버린 대립들을 지양하는 것이 이성의 유일한 관심사이다."[162] 헤겔은 철학의 욕구도 오성과 이성에 대응하여 두 가지 측면으로 구분한다. 철학의 욕구 중에서도, "대립편들 중에서 하나를 부정하고 그것을 절대적으로 추상함으로써 발생하는 동일성만을 추구하는 욕구"[163]가 있고, 이와 반대로 "모든 확고한 대립을 무화시키는 원리로 침투하고, 제한된 것과 절대자와의 연관관계로 침투하는 데에서 충족되는"[164] 욕구가 있다. 삶의 분열과 관련해서 보자면, 분열로부터 비롯된 철학의 욕구는 고착화된 분열을 지양하고 그것을 상대적 분열로 격하시켜 새로운 삶의 총체성을 회복할 때 충족될 수 있다. 그래서 헤겔은 이렇게 충족되는 후자의 욕구를 '사변적 욕구'[165]라고 이름 붙인다.

헤겔에 의하면 분열로부터 삶의 '총체성의 회복을 지향하는 욕구'[166]가 발생한다는 것은, 어떤 방식으로건 삶의 분열상태가 지양될 수 있다는 것을 뜻한다. 그런데 분열의 지양은 분열하여 대립하고 있는 대립항들 중 어느 한쪽이 일방적으로 다른 쪽에 의해 폐기됨으로써 가능하지는 않다. 오히려 분열상황 자체가 극한점까지 다다를 때 바로 거기서부터 분열의 지양이 시작된다. "오성의 건축물이 견고하고 찬란하면 할수록, 그에 따라 오성 속에 한 부분으로 갇혀 있는 삶의 노력(Bestreben des

..

162) GW4, 13쪽. 이처럼 「차이」 논문에서 헤겔은 반성의 의미를 두 가지로 구분한다. 그 중 하나는 '철학함의 도구'로서 '이성의 반성', 혹은 '사변적 반성', '철학적 반성'이며, 다른 하나는 '추상적 사유'로서 '오성적 반성', '일상적 반성'이다. GW4, 16-19쪽 참조.
163) GW4, 40쪽.
164) GW4, 30쪽.
165) GW4, 8쪽. 사변적 욕구와 철학에 대한 욕구의 구분에 대해서는 K. Kozu, *Das Bedürfnis der Philosophie*, 106쪽 참조.
166) GW4, 15쪽.

Lebens)[167]도 더욱더 활발해져서 오성으로부터 벗어나서 자유를 누리려고 한다."[168] 헤겔에 의하면 삶의 분열상황이 심각하면 할수록 '자신을 조화로 재산출하려는 삶의 노력들'[169]은 더욱더 적극적으로 발생하기 마련이다. 분열이 더욱더 심화되면 될수록 '총체적인 통합의 욕구'도 그만큼 더 강렬해질 수밖에 없다. 여기에 헤겔 사변철학의 특징적인 점이 드러난다. 이것은 오성과 이성, 반성과 사변의 관계를 통해 구체화된다. 삶의 분열을 지양하려는 철학의 욕구는, 특수성 속에 처해 있는 반성의 주관성과 이성성 혹은 사변을 매개시키는 정도에 따라 충족될 수 있다.[170] 즉 매개가 충분하게 이루어질수록 삶의 총체성을 회복시키려는 욕구도 그만큼 충족되는 것이다. 이 매개는 '오성이나 반성이 어느 정도로 이성이나 사변으로 고양될 수 있는가?' 라는 문제와 직결된다. 즉 오성과 이성, 반성과 사변의 매개는 삶의 총체성 회복을 목표로 하며, 오성의 이성으로의 고양, 반성의 사변으로의 고양을 동반하는 '상승적 매개'이다.

이러한 점을 염두에 두고 헤겔은 '오성에 잠재하는 이성의 작용'을 이야기한다. 헤겔은 오성적인 것과의 투쟁에서 이성이 승리할 수 있는가 여부는, "이성 자신과 삶의 총체성을 회복시키려는 욕구의 진솔함(Ächtheit)"[171]에 달려 있다고 한다. 헤겔에 의하면 '이성은 오성으로 하여금 오성 자신을 넘어서게 하며 오성 자신의 방식에 따라 전체를 이루도록 추동해나간다.

∴

167) K. Kozu는 Bestreben과 Streben의 의미도 구분한다. K. Kuzu, *Das Bedürfnis der Philosophie*, 108쪽.
168) GW4, 13쪽.
169) GW4, 14쪽.
170) J. H. Trede, "Hegels frühe Logik (1801–1803/04)—Versuch einer systematischen Rekonstruktion", in: HS7, 131쪽 이하 참조.
171) GW4, 15쪽.

즉 이성은 객관적 총체성을 산출하도록 오성을 이끈다.' 이때 오성은 대립된 제한들을 정립시킴으로써 그러한 제한들을 완전하게 만드는데, 이러한 과정은 무한히 확장된다. 헤겔은 여기서 드러나는 반성이 단지 오성적인 것처럼 보일 수도 있지만, 그러나 '필연적인 총체성에로 이렇게 이끄는 작용은 이성의 몫이자 비밀스런 작용'이라고 주장한다. 헤겔에 의하면 그 이유는 이성이 오성을 '무제한적인 것'으로 만듦으로써, 오성과 그의 객관적 세계가 무한한 풍부함 속에서 몰락하기 때문이다.[172] 그래서 오성을 무제한적인 것으로 만들고, 오성의 대립을 무화시키는 이성은 '부정적인 절대자', '절대적 부정행위'이자, 동시에 '대립적인 객관적 총체성과 주관적 총체성을 정립시키는 힘'으로 등장하는 것이다.[173]

이처럼 '오성이 어느 정도로 이성으로 고양될 수 있는가?'라는 문제는, '어느 정도로 삶의 분열을 극복하여 삶의 총체성을 회복할 수 있느냐'라는 문제와 직결된다. 생동하는 삶과의 관계가 단절된 학문은 '낯선 숙련성에 의해 마련된 죽은 작품(ein todtes Werk fremder Geschicklichkeit)'일 뿐이고, 이러한 학문에서는 기계적으로 만들어내는 완벽성(Perfektibilität)만이 부과될 뿐이며, 모든 시대에 있어 온 철학체계도 위대한 두뇌의 소유자들이 짜낸 연습물로만 취급될 뿐이다.[174] 삶의 분열로부터 철학의 욕구가 비롯되기 때문에, 이 욕구를 충족시킬 수 있는 것도 바로 '총체성을 회복한 삶 자체'이다. 그래서 참된 철학은 분열 속에서 분열을 지양하고자 하는 욕구를 가지며 삶의 총체적 통일성을 재산출하려는 목적에 기여해야 한다. 그런데 삶과의 유기적 관계를 완전히 단절한 채 자신의 아집

..

172) GW4, 17쪽.
173) 같은 곳.
174) GW4, 10쪽.

에 찬 특수성 속에 안주하면서 '화석처럼 굳어져버린 개인'은 참된 학문이 요구하는 '살아 숨쉬는 참여(lebendiger Antheil)'를 수행하지 못하며 더 이상 생동하는 삶 속으로 뛰어들려고 하지 않기 때문에, 이런 상태에서는 개별자가 당연히 느껴야 하는 삶의 '총체성에의 충동'도 '단순한 지식의 완전성에 대한 충동'으로 변질되어버리고 만다.[175]

이처럼 '진정한 철학적 학문'과 '단순한 지식의 집적'을 구분하면서, 헤겔은 철학에 깃들어 있는 '살아 있는 정신'은 분열된 삶의 총체성 회복에 관심을 두는 것이지 지식을 쌓거나 잡다한 지식의 산물을 증대시키는 데 있지 않다고 주장한다.[176] 헤겔에게 있어서는 진정한 철학적 학문의 체계를 구축하려는 철학의 과제는 삶의 총체성을 회복하려는 철학의 욕구에 상응한다. 다시 말해, 철학은 분열된 삶의 총체성이 회복되는 구조에 대응되는 체계를 갖추어야 한다. 이 점에서 헤겔이 철학적 체계성을 강조할 때의 체계가 단순히 지식들의 얼개여서는 안 된다는 점을 짐작할 수 있다.

헤겔에 따르면 이와 같은 문제는 곧바로 철학이 어느 정도로 삶과 유기적으로 밀접한 관계를 유지하는가? 철학은 어느 정도로 '실천적'일 수 있는가? 라는 문제이기도 하다. 헤겔은 예나 초기 단편적으로 남아있는 원고들에서 다음과 같이 말한다.

••

175) GW4, 9쪽.
176) 같은 곳. 이처럼 진정한 철학적 학문과 지식의 체계를 구분하면서, 동시에 헤겔은 오성적 태도(지식의 집적)를 필요 없는 것으로 취급하지 않고, 이성적 통일에 이르는 필연적인 하나의 계기로 받아들인다. 즉 헤겔은 철학에 깃들어 있는 '살아 있는 정신'은 지식의 집적이나 우연적 지식의 산물을 증대시키는 데에는 무관심하다는 것을 인정하면서도, 현상적으로 드러나는 모든 철학적 체계는 역사적으로(geschichtlich) 취급될 수 있다는 사실도 인정한다. 마치 각각의 살아 있는 형태가 현상에 속하듯이, '현상으로서의 하나의 철학'도 체계를 죽은 사견 속으로 그리고 처음부터 과거 속으로 넘겨버릴 수 있는 그러한 위력에 내맡겨져 있는 것이다.

"진정한 학문과 예술은 이성, 즉 보편적이며 절대적인 것에 속하며, 이 보편적이며 절대적인 것은 자신의 산출작용에 있어서 어떤 다른 것을 필요로 하지 않으며 어떤 낯선 것도 사용할 수가 없다. 왜냐하면 이성의 원천 외에 이성 밖에는 아무것도 없기 때문이다. ……철학이 필요로 하는 보편적인 것에 관해서 말하자면, 우리는 그것을 다음과 같은 물음에 답함으로써 분명하게 하기를 원한다. 그 물음은 '철학은 삶에 대해 어떤 관계를 맺고 있는 것인가?'라는 질문인데, 이 질문은 '철학은 어느 정도로 실천적인가?'라는 질문과 동일한 물음이다. 왜냐하면 철학의 진정한 욕구는 바로 철학으로 철학에 의해서 살아가는 것을 배우는 것 외에 다른 것이 아니기 때문이다."[177]

여기서 헤겔은 이성에 일치하는 철학의 보편적인 측면을 '철학과 삶의 관계'로 설정하고 있으며, 철학과 삶의 관계는 곧 철학의 실천적 함의와 연관된다. 철학의 체계를 본격적으로 구상하기 시작한 예나 시기에 철학이 지니는 실천적 함의는 철학의 체계와 삶이 지니는 연관성을 해명함으로써 밝혀질 수 있기 때문에, 이를 위해서는 우선 헤겔이 이 시기에 구상한 철학의 체계에 대해 먼저 살펴볼 필요가 있다.

(2) 예나 초기 체계 구상(1801-1803년)

「피히테와 셸링의 철학 체계의 차이」(1801)에서, 헤겔은 '앎의 총체성'

---

177) GW5, 260-261쪽. 특히 로젠크란츠의 『헤겔의 생애』 속에 전해지는 논리학과 형이상학에 대한 단편들은, 이념 자체의 학문이 왜 논리학과 형이상학으로 구분되는지를 이해하는데에 결정적 도움을 준다. M. Baum/ K. Meist, "Durch Philosophie leben lernen", in: HS12, 45-46쪽 참조.

인 '학문의 체계'[178]로서 철학이 성립하기 위한 두 가지 조건들을 제시한다. 그중 하나는 '절대자 자체'이며, "이성은 의식을 제한으로부터 해방시킴으로써만 절대자를 산출한다."[179] 또 다른 하나는 '총체성으로부터 의식이 벗어난 상태'이며, "존재와 비존재(Nicht-Sein), 개념과 존재, 유한성과 무한성으로의 분열이다."[180] 헤겔에 의하면 철학의 과제는 이 두 전제들을 통합하는 데 있다.[181] 두 전제들의 통합으로서 철학의 과제를 달리 표현해보면, 그것은 "절대자가 의식에 대해서 구축되어야만 한다는 것"[182]이다. 그러나 의식으로서의 반성의 산출작용과 산출물은 제한된 것들이므로, 의식에 대해 절대자를 구축한다는 것은 하나의 모순이다. 헤겔은 이러한 모순을 매개하는 것(Vermittlung dieses Widerspruchs)을 '철학적 반성(philosophische Reflexion)'이라고 칭한다. 그래서 여기서 우선적으로 밝혀져야만 하는 것은, 철학적 반성이 어느 정도로 절대자를 파악할 수 있는가 하는 점이다.[183]

여기서 '절대자'와 '의식적 반성'은 예나 시기 이전에는 '삶'과 유한한 '반성'으로 표현되었다. 근원적 통일 상태인 삶은 그 자체로 독립성, 절대성을 지닌다. 이 점에서 근원적인 통일적 삶은 절대자이다. 이에 비해 이 근원적인 삶이 분열되는 것은 의식적 반성 때문이다. 삶을 삶 그 자체로

..

178) GW4, 30쪽.
179) GW4, 15쪽.
180) 같은 곳.
181) GW4, 16쪽.
182) 같은 곳.
183) 같은 곳. 이러한 측면이 헤겔의 체계 구상을 셸링의 그것과 구분시키는 특징이다. K. R. Meist, "Hegels Systemkonzeption in der frühen Jenaer Zeit", in: *Hegel in Jena*, hrsg. von D. Henrich & K. Düsing, Bonn 1980, 62쪽 참조.

직관하지 못하고 분리시켜 파악할 수밖에 없는 것이 의식적 반성이다. 그런데 이와 같은 두 가지 전제들이 통합된 상태는 바로 예나 시기 이전에 철학과 종교의 관계를 통해 드러났던 상황과 동일하다. 단지 차이점이 있다면, 이제 절대자를 의식에 대해서 구축하려는 과제가 종교가 아니라 전적으로 철학에 맡겨진다는 것이다. 즉, 포괄적인 사변 철학 속에 이전의 철학과 종교 모두가 포섭되는 것이다.

헤겔은 의식적 반성에 의해 '제약된 자'와 근원적이며 동일적인 삶으로서의 '절대자' 사이의 다양한 관계를 밝히고자 하는 데서, 앎의 총체성이나 학문의 체계를 산출하고자 하는 욕구가 생긴다고 한다.[184] 그래서 이 욕구로부터 비롯된 앎의 총체성으로서의 학문의 체계는, '제약된 자'와 '절대자'가 맺는 다양한 관계로 이루어진다고 할 수 있다.[185] 이 관계는 바로 의식적 반성이 절대자와 맺는 관계에 의존한다. 즉 절대자가 의식에 의해서 구축되는 방식이 어떠한가에 철학의 체계는 달려 있다. 왜냐하면 무엇이 제약되는 것은 바로 의식적 반성 때문이고 절대자는 의식적 반성 이전의 절대적 자기동일성이기 때문이다.

그런데 헤겔은 '이성의 자기산출(Selbstproduktion)'에 있어서 '절대자'는 '객관적 총체성'으로 자신을 형태화해나가며, 이 '객관적 총체성'은 자

---

184) 반성이 '철학함의 도구'인 이유도 여기에 있으며, 그래서 헤겔은 철학을 "반성에 의해 산출된 앎의 총체"(GW4, 23쪽)라고 하는 것이다. 만일 절대적 동일성이 단지 주관과 객관의 순수 무차별(reine Indifferenz)로만 생각된다면, 반성이나 앎에 대해서는 아무 것도 존재하지 않게 될 것이며, 동일성에 대한 선험적 직관만을 고집할 경우에는 '몽상(Schwärmerei)'만을 낳게 될 것이다. GW4, 63쪽 참조. 헤겔에게서는 절대적 동일성 속에서의 주관과 객관의 지양은 동시에 동일성을 통한 주관과 객관의 존립의 근거로서 파악되어야 하며, "이러한 계기들의 존립이 앎을 가능케 하는 것이다." 같은 곳.

185) GW4, 30쪽.

신 밖에 어떤 근거도 지니지 않으며 오히려 자신의 시초(Anfang)와 중간 (Mittel)과 종말(Ende)에서 '자기 자신을 통해' 근거지워진다고 한다.[186] 여 기서 절대자는 객관적 전체나 총체성의 근거이며, 이성의 활동의 목표는 절대자의 객관적 존재를 정립하는 데 있다. 그래서 학문의 체계 역시 '절 대적 동일성으로서의 절대자'와 '그에 의해 산출된 객관적 총체성' 간의 관계규명에 의해 드러나는데, 이 둘 간의 관계는 동시에 절대자의 '자기 관계(Selbstverhältnis)'로도 파악될 수 있다.[187] 왜냐하면 절대자에 의해 산 출된 것과 절대자가 맺는 관계는 일종의 '절대자의 자기관계'이기 때문이 다. 자기관계 내에서 절대자로서의 '순수 동일성'은 자신에 의해 정립된 다양한 것들과의 연관 속에서 통일의 작용을 수행한다. "절대자는 현상 자체 속에 자신을 정립해야만 하며, 즉 이 현상을 무화시키지 않고 그것 을 동일성으로 구축해야만 한다."[188] 그리고 동시에 다양한 것들은, 구별 된 다양한 것들이 서로 유기적으로 관계를 맺을 수 있는 '하나의 유기적 전체'를 형성하는 경우에만 이 절대적 동일성의 객관적 서술이나 실재일 수 있다.[189] 따라서 헤겔에 의하면 학문의 체계는 '이성을 통한 절대자의 자기산출'에서 비롯된다고 할 수 있다. 이성은 유한한 오성적 대립을 무 화시키고 대립자들 간의 보다 고차적인 통합을 가능케 한다. 유한한 의 식의 측면에서 보자면, '이성을 통한 절대자의 자기산출'은 유한한 의식 이 유한성을 지양하여 고양되는 과정을 통해 발생한다.[190] 이것은 곧 학문

186) GW4, 30-31쪽.
187) K. R. Meist, "Hegels Systemkonzeption in der frühen Jenaer Zeit", 64쪽 참조.
188) GW4, 32쪽.
189) GW4, 30쪽.
190) K. R. Meist, "Hegels Systemkonzeption in der frühen Jenaer Zeit", 65쪽.

의 체계가 의식적 반성을 통해서만 가능하다는 것을 의미하며, 의식에 대해서 구축된 절대자 자체의 구조 속에서 학문은 근거지워진다. "절대자 자체는 동일과 비동일의 동일(Identität der Identität und der Nichtidentität)이며 대립과 통일이 절대자 속에 동시에 있다."[191]라는 말은 의식과의 관계 속에서만 가능하다. 왜냐하면 절대자를 반성에 의해 의식하지 않고 곧바로 직관할 수 있다면, 절대적 동일성으로서의 절대자는 분열과 재통합의 구조를 지니고 있을 필요가 전혀 없기 때문이다.

이와 같은 점을 근거로, 헤겔은 '주관과 객관의 절대적 동일성에 대한 완전한 체계적 인식'은 '주관적 주-객'과 '객관적 주-객'의 동일화뿐만이 아니라 차별화도 요구한다고 주장한다. 여기서 학적 체계의 세 가지 측면이 드러난다. 첫째, 주-객 대립 속에서 객관으로 나타나는 측면을 대상으로 삼는 '자연의 철학', 둘째, 주 객 대립 속에서 주관으로 나타나는 측면을 대상으로 삼는 '지성의 철학' 그리고 마지막으로 절대자를 직관하는 '예술, 종교 그리고 사변'이 그것이다.[192] 헤겔은 자연철학과 지성의 철학이 각기 특수한 분야들을 다루는 학문들이기는 하지만, 주관과 객관이 모두 주-객이고 이성이 스스로를 자연이자 동시에 예지로서 산출하고 이 양자 속에서 스스로를 인식하기 때문에, 두 학문들의 상이한 입장이

..

191) GW4, 64쪽. 헤겔은 절대자의 존재를, 그 속에서 이념이 자신의 실재성으로 이행하고 실재성으로부터 다시 자기 자신에게로 복귀하는 운동으로 규정한다. 한편으로 절대자에 대한 이러한 해석은 「1800년 체계단편」에 서술되어 있는 바와 같은 삶의 개념을 생각나게 한다. K. R. Meist, "Hegels Systemkonzeption in der frühen Jenaer Zeit", 70쪽 참조.
192) 이후에 헤겔은 이러한 삼분법적인 체계에 '논리학과 형이상학'을 네 번째 부분으로 추가한다. R.-P. Horstmann, "Jenaer Systemkonzeption", in: Hegel—Einführung in seine Philosophie, hrsg. von O. Pöggeler, Freiburg/München 1977, 47쪽 참조.

서로 모순되는 것은 아니라고 한다.[193] 자연이 '내재적인 이념성'인 것 못
지않게 지성은 '내재적 실재성'이다.[194] 그래서 자연학이 철학의 이론적
부분이고 지성의 학이 철학의 실천적 부분이기는 하지만, 이 두 학문은
각기 그 자체에 있어서 이론적 부분과 실천적 부분을 가지기도 한다.[195],
예를 들어 두 학문들에 있어서 비유기적 자연이나 객관적 직관의 측면은
이론적인 부분이지만, 유기적 자연이나 의지의 측면은 실천적인 부분이
다. 그리고 자기 자신을 형태화, 객관화하는 절대자에 대한 직관은 '예술'
및 '종교' 그리고 '사변'이다. 헤겔은 한 개인의 예술작품이 동시에 인류에
속하는 것으로 파악될 때 예술 속에서 절대자의 직관이 나타나며, 종교
가 주관적이며 내적이어서 각 개인에게 속하면서도 그 민족의 소산물일
경우에 거기서 절대자의 직관이 나타난다고 한다. 그리고 절대자의 직관
은 사변 속에서는 '의식'이나 '주관적 이성의 행위'로 나타난다.[196]

　　학문의 체계와 관련하여 「자연법의 학적 취급방식에 대하여」(1802/03)
에서도 헤겔은, 철학의 분과학문들이 진정한 학문이 되도록 하는 것은 '절
대자(das Absolute)'이기에 철학의 모든 부분은 '완전한 내적 필연성'을 획
득할 수 있다고 말한다. "이러한 학문의 형태 속에서는 절대자만이 학문
들의 인식과 자유의 영역 너머에 놓여 있는 본래적인 원리(eigentümliches
Prinzip)이고, 그러한 독립적인 학문은 절대자와의 관계 속에서는 하나의
외적 필연성에 속하게 된다. 그러나 특정한 학문의 영역들이 지니는 규
정성으로부터 이념 자체는 자유롭게 머물며, 절대적 삶이 모든 살아 있

∙∙
193) GW4, 67쪽 참조.
194) GW4, 71쪽.
195) GW4, 73쪽.
196) GW4, 75쪽.

는 것 속에 스스로를 드러내듯이 이 특정한 학문 속에서 이념 자체는 순수하게 스스로를 반성할 수 있다[스스로를 반영시킨다]. 이때 그러한 학문의 학문적인 면이나 학문의 내적인 이성다움(innere Vernünftigkeit)은 일상으로부터 빠져나와서 이념의 순수 형식 속으로 고양되지 않을 수도 있지만, 여기서 [절대자의] 이념은 모든 학문의 본질이며 절대적 학문인 철학 속에서 이러한 순수 이념으로서 존재한다."[197] 이처럼 헤겔이 진정한 학문의 원리로서 규정 너머에 있는 절대자를 주장한다고 해서 개별적이며 특수한 인식으로서 경험이 전적으로 배제되는 것은 아니다. 다시 말해, 헤겔이 경험적인 학문 개념을 비판하는 것이 곧 학문으로부터 경험을 배제하는 것을 의미하지는 않는다는 것이다. 비록 학문의 원리로서 경험을 인정하는 것은 아니지만, 그럼에도 불구하고 헤겔은 자신의 전체 저작에서 특정한 경험들에 중요한 의미를 부여하고 있다.[198] 헤겔에 의하면 진정한 학문의 체계형성에 있어서 근본적인 원리가 되는 것은 단 하나의 절대자이지만, 그렇다고 진정한 학문의 개념이 특정한 경험을 토대로 한 다수의 학문들과 통합불가능한 것은 아니다. 헤겔은 진정한 학문과의 연관 속에서 '학문의 통일성과 다수성'이 어떻게 사유될 수 있는가를 논하고 있다. '철학의 각 부분'은 "개별적인 측면에서 독자적인 학문이 될 수도 있고 완전한 내적 필연성을 지닐 수도 있다."[199] 이처럼 철학의 각 부분들도 독자적인 내적 필연성을 지닐 수 있는 것은, 개별 학문들의 학문성(Wissenschaftlichkeit)이 개별 학문들을 완전하게 근거지우는 '원리'

••

197) GW4, 417-418쪽.

198) H. Schnuädelbach, *Hegels praktische Philosophie. Ein Kommentare der Texte in der Reihenfolge ihrer Entstehung*, Frankfurt am Main 2000, 16-17쪽.

199) GW4, 435쪽.

를 통해 규정되기 때문이다.[200] 따라서 개별 학문들이 자신들의 독자적 학문성을 유지하려면 개별 학문들이 취급하는 경험적 차원에만 머물러서는 안 되며, 절대자로서 학적 이념의 보편자를 지니고 있어야 한다. 헤겔은 학적 원리가 되는 절대자와 개별 학문들과의 관계를 '절대적 삶'과 '생명체'의 관계와 비교하고 있다. 헤겔은 이 비교가 단순히 비유일 뿐인지, 그렇지 않으면 학문과 삶의 차원을 동일시하는 헤겔 나름대로의 이유가 있는지를 밝히지는 않고 있다. 분명한 점은 삶의 측면에서 절대적인 학문과 개별 학문들의 관계를 고려해볼 때 훨씬 이해가 쉽다는 것이다.

절대적 삶과 생명체의 관계를 고려해 볼 때, 일차적으로는 절대적 삶과 생명체들의 부정적 관계가 먼저 나타난다. 왜냐하면 삶이 생명체라는 형태로 나타날 때 절대적 삶은 항상 다양한 생명체들로 이미 분리되어 버린 상태에 처하고, 이것은 절대적 삶 자체의 부정이기 때문이다. 그러나 절대적 삶은 생명체들의 측면에서 보자면 자신을 상실하고 부정되기는 하지만, 또 다른 측면에서 보자면 이러한 부정 속에서도 스스로를 유지하면서 절대자로서 자신을 현시한다. 역으로 생명체들은 절대적 삶의 부정으로서 존립해야만 하며, 절대적 삶은 이 부정을 다시 부정함으로써 절대자인 자신에게로 복귀할 수 있다. 비록 이러한 절대적 삶과 생명체 사이의 관계처럼 절대적 철학과 개별 학문 사이의 긴장 관계가 구체적으로 서술되지는 않지만, 헤겔은 이러한 '삶의 변증법'을 진정한 철학적 학문의 이념에도 적용하고 있다고 보아야 한다.[201] 이와 같은 학문의 체계

: .

200) H. Schnädelbach, *Hegels praktische Philosophie. Ein Kommentare der Texte in der Reibenfolge ihrer Entstehung*, 19–20쪽. 슈네델바흐는 헤겔이 이러한 입장을 『엔치클로패디』를 포함한 후기 저작들에서도 그대로 유지하고 있다고 주장한다.
201) 같은 책, 20–21쪽.

에 대한 「자연법 논문」의 구상이 「차이」 논문과 구별되는 점이 있다면, 주객 대립의 도식을 대신하여 '일과 다'의 관계가 등장한다는 것이다. '일과 다'의 관계는 모든 인식객관을 고찰할 수 있는 상호 대립되는 시각에서 본 묘사로 이해될 수 있으며, 그때마다의 대립자들을 다양한 대상유형으로 간주해서는 안 되고 다양한 상관적 규정들에 의해 형성되는 것으로 고찰해야 한다는 점을 함축한다.[202] 여기서 헤겔은 절대자를 '무차별과 관계의 통일(Einheit der Indifferenz und Verhältnisses)'[203]로 규정하면서, 이러한 절대자가 이중적으로 나타난 것, 즉 현상을 자연과 정신으로 보고 있다. "이 절대자는 이중화된 것이기 때문에, 절대자의 현상은 한편으로는 무차별과 그와 같은 관계나 그와 같은 상대적 동일성의 통일로 규정되며—이러한 통일 속에서는 다자(多者)가 최우선적이며 긍정적인 것이 된다—, 혹은 절대자의 현상은 무차별과 그 속에서 일자(一者)가 최우선적이며 긍정적인 것이 되는 그러한 관계의 통일로 규정된다."[204] 헤겔은 전자를 '물리적 자연', 후자를 '인륜적 자연'이라고 칭하며, 철학의 특수한 두 부분인 자연철학과 정신철학은 절대자의 이중화된 현상을 대상으로 삼아서 체계적으로 상술하는 역할을 담당하게 한다.[205] 물리적 자연

∴

202) R. P. Horstmann, "Jenaer Systemkonzeption", 48쪽 이하 참조. 호르스트만은 「차이」 논문에서와 달리 「자연법 논문」에서 당시 셸링에 의해 대표되고 있던 동일철학적 전개 도식과 헤겔이 어느 정도 거리를 취하고 있음을 지적하고 있다.

203) GW4, 433쪽.

204) 같은 곳.

205) 특히 여기서 '자연' 개념은 인륜성의 철학과 관련하여 변형되고 있으며, 헤겔 자신이 이 논문에서 '정신이 자연보다 고차적이다'라고 한 점에 유의할 필요가 있다. 호르스트만(R.-P. Horstmann)은 정신을 자연보다 우위에 두는 이러한 생각에 기초해서 『정신현상학』을 구상하기 전까지 헤겔은 '자기의식의 형식적 구조', 즉 '보편성과 특수성의 통일'을 철학 체계의 형성에 '새로운 논리적 맹아'로 삼았다고 주장하고 있다. R.-P.

에서는 다자가 최우선적이라는 말은, 자연철학에서 자연의 전개는 역학의 특수자로부터 출발하여 자연의 보편적 유기화의 형식인 화학론을 거쳐 역학과 화학론이 통합되는 유기체에 이르는 과정을 거친다는 말이다. 이에 비해 인륜적 자연에서는 일이 다로 전개됨으로써 그 이념이 실현된다. 즉, 물리적 자연의 과정이 산출한 특수자와 보편자의 통일이 스스로를 특수한 형태로 조직화하는 하나의 보편자로 정립되는 것이다.[206]

이와 같이 「피히테와 셸링의 철학체계의 차이」와 「자연법의 학적 취급 방식에 대하여」에서 구상된 철학의 체계는, 이념으로서의 절대자를 현상 형식과는 구분하여 전개시키는 측면과, 절대자의 이중적 현상형식을 다루는 실재철학적 측면으로 구성된다고 할 수 있다. 두 논문에서 실재철학의 계기들은 절대적 이념의 단계적인 실재화 혹은 현상화의 과정에서 나타나지만, 실재철학이 이념 자체의 학문은 아니다. 그래서 완전한 철학의 체계는 '이념 자체의 학문'과 '이념의 실재의 학문'으로 구성되어야 하는 것이다. 이 시기의 다른 단편들과 관련해서 보자면 논리학과 형이상학은 전자에 속하며 자연철학과 정신철학은 후자에 속한다고 할 수 있다.[207]

또한 로젠크란츠가 전하는 바에 의하면, 헤겔은 예나 초기에 체계를 구상하면서 강의 중에 교수법상 흥미를 유발하기 위해 자신이 본래 의도하고 있었던 '이념', '자연' 그리고 '정신'으로 구성되는 철학 체계의 삼단계적 구분을 4단계로 전개시켰다고 한다. 체계 전체에 대한 강의에서 등

∴

  Horstmann, "Jenaer Systemkonzeption", 54쪽 이하 참조.

206) H. Kimmerle, *Das Problem der Abgeschlossenheit des Denkens*, Hegel-Studien Beiheft 8, Bonn 1982, 323쪽 참조.

207) K. R. Meist, "Hegels Systemkonzeption in der frühen Jenaer Zeit", 75-76쪽 참조. R.-P. Horstmann, "Jenaer Systemkonzeption", 49쪽 참조.

장하는 4단계적 분류는 다음과 같다.

1) 논리학, 즉 이념 그 자체의 학문.
2) 자연철학, 즉 우선 자연 속에서 자신의 몸뚱이(Leib)를 스스로 만들 어내는 이념의 실재화.
3) 실재적 정신인 인륜적 자연.
4) 일자로 전체를 개괄하며 이념의 최초의 단순성으로 복귀하는 것으로 서 종교.[208]

이렇게 체계 전체에 대해 강의하는 서론부에서 헤겔은 '철학의 필요성' 과 '철학의 절대적 정당화' 그리고 '철학이 삶이나 실증적인 학문들과 맺 는 연관'을 흥미롭게 서술할 필요를 느꼈다고 한다. 그리고 헤겔은 이 시 기에 논리학을 '관념론'이자 '사변적인 이념' 또는 '사변철학'이라고 불렀 다고 한다.[209]

단편으로 남아 있는 '1801/2년 강의원고'에서도 헤겔은 철학의 분류 를 시도하고 있다. 여기서도 헤겔은 '이념의 학문'으로 '관념론' 또는 '논 리학'을 들고 있으며, '이념의 실재의 학문'으로 '자연철학'과 '정신철학'을 들고 있다. 그리고 마지막으로 철학의 네 번째 부분으로 '종교철학'과 '예 술철학'을 들고 있다.[210] '절대적인 본질 자체'는 이념 속에서 자신의 모습 을 '입안하고', '자연 속에서 실재화되어 전개된 신체를 산출하고', 그 다 음 "정신으로서 일괄되고 자신 속으로 복귀하여 자기 자신을 인식하게

208) Rosenkranz, 179쪽.
209) 같은 곳 참조.
210) GW5, 263~264쪽 참조.

된다."[211] 인식이 이념을 서술하고 이념이 인식에 대해서 전개될 경우, 이념은 '차이나는 상황으로 분리된다.' 그러나 헤겔에 의하면 이념이 분리되는 상황은 '이념 자체의 지배와 필연성에 따라서' 발생하므로, 이념이 지니는 '통일성'이 상실되지는 않는다. 오히려 "인식의 폭이 확장되면 될수록 인식은 더욱더 깊어진다."[212] 그리고 '인식은 항상 하나의 이념 속으로 포괄되어 머물게 된다.' 헤겔은 정신철학의 최고점을 이루는 '자유로운 민족(freies Volk)'의 이념이 '순수 이념'으로 복귀하는 측면이 '종교철학'과 '예술철학'에 포함된다고 생각한다. 헤겔은 이를 통해 그 당시 철학의 4분법적 체계에 대한 완전한 윤곽을 그렸던 것으로 보인다. 이 시기의 단편적인 강의원고들에서는 '절대적 이념이 스스로를 전개하고 자기에게 복귀하는 이와 같은 단계'가 '절대자인 통일적 이념이 실재화하는 운동과정'에 상응하는 것으로 드러난다.[213] 이러한 체계개요를 통해 헤겔은 「차이」와 「자연법 논문」에서의 체계구상을 보다 더 구체화시킨다.

예나 시기의 이 강의원고들을 고려하지 않은 상태에서, 이미 킴멀레(H. Kimmerle)는 헤겔 체계의 3분법에 '논리학과 형이상학'을 네 번째 부분으로 부가하면서, 헤겔이 「차이」 논문에서 이미 셸링과는 달리 주객동일성을 필연성을 띤 체계의 원리로 발전시키면서 셸링을 넘어서고 있다고 주장한 바 있다. 셸링에게 있어서는 '사변의 체계적인 전개'와 '철학의 사변적 완성'이 의식되지 않고 있으며, 이에 비해 헤겔은 논리학과 형이상학을 체계의 정점에 놓고 '이념의 사변적 발전'을 전개했

••
211) GW5, 262쪽.
212) 같은 곳.
213) M. Baum/ K. Meist, "Durch Philosophie leben lernen", 46쪽 참조.

다는 것이다.[214] 그런데 트레데(J. H. Trede)는 킴멀레와 같은 해석이 헤겔의 의도에 맞지 않는다는 점을 보여주려고 했다.[215] 호르스트만(R.-P. Horstmann)도 재구성된 체계의 4분법에 반대하면서, 이러한 구분은 헤겔이 예나 초기에 구상한 체계분류에 맞지 않는다고 주장했다. 호르스트만은 로젠크란츠가 네 부분으로 분류한 체계의 구분을 불확실하게 전해진 자료로 간주했다.[216] 그러나 로젠크란츠의 설명과 킴멀레의 주장은 1801/02년 행해진 이 강의 원고들이 새롭게 발견됨으로써, 헤겔 본인의 철학 체계의 구상에 일치하는 것으로 드러났다.

그런데 이러한 체계구상에서 더욱 더 중요한 점은 체계분류가 단순히 체계분류만의 의미로 끝나지 않는다는 사실이다. 이 체계구상에는 예나 초기에 헤겔이 문제삼았던 '삶의 분열과 재통합'에 관련되는 철학의 중심 물음이 내재되어 있다. 헤겔은 단편들로 남아 있는 강의원고에서 다음과 같이 언급하고 있다.

"절대자라는 이념의 온전한 의미가 전체 철학이며 삶 자체이다."[217]

이 문장을 통해 우리는 '철학과 삶의 관계'에서 주장된 철학이 지니고

∵

214) H. Kimmerle, *Das Problem der Abgeschlossenheit des Denkens*, 28쪽 이하, 292쪽 이하 참조.

215) J. H. Trede, "Hegels frühe Logik (1801-1803/04). Versuch einer systematischen Rekonstruktion", 123-168쪽 참조. "Mythologie und Idee. Die systematische Stellung der "Volksreligion" in Hegels Jenaer Philosophie der Sittlichkeit (1801-03)", in: *Das älteste Systemprogramm*, hrsg. von R. Bubner, Bonn 1973, 167-210쪽.

216) R.-P. Horstmann, "Probleme der Wandlung in Hegels Jenaer Systemkonzeption", in: *Philosophische Rundschau* 19, Tübingen 1972, 87-118쪽 참조.

217) GW5, 264쪽.

있는 실천적 함의 문제와 다시 만나게 된다. 전체 철학 체계와 삶을 동일시하는 헤겔의 언급을 통해, 우리는 '철학으로 철학에 의해서 살아가는' 철학의 과제는 철학이 더 이상 삶을 단순히 대상만으로 취급하지 않는다는 것을 알 수 있다. 헤겔에 의하면 철학의 이념은 절대적 삶이며, 이 절대적 삶의 현상형태들이 자연과 정신이다. 철학의 체계에서 논리학과 형이상학은 절대적 삶을 그 대상으로 삼고, 자연철학과 정신철학은 그것의 현상형태들인 자연적 삶과 정신적 삶을 그 대상으로 삼는다. 이 점에서 '철학의 체계'는 곧 '삶의 구조'에 상응한다고 할 수 있다. 즉 헤겔이 구상한 철학 체계는 절대적 삶이 반성을 통해 분열되었다가 다시 재통합되는 구조에 상응한다. 특히 분열의 측면에 주목하면, 반성적 의식이 분열의 주요원인으로 등장한다. 의식으로 반성되지 않은 상태는 아직 분열되기 이전의 절대적 통합의 삶일 것이다. 그러나 이러한 원초적 통합상태는 불가피하게 의식작용을 발동할 수밖에 없는 인간에게는 그대로 돌아갈 수 없는 곳이다. 인간은 불가피한 의식적 반성작용을 매개로 다시 재통합의 길을 찾아야만 한다. 이 점에서 삶의 구조에 상응하는 철학의 체계에서 의식적 삶, 정신적이고 인륜적 삶이 즉자적인 자연적 삶보다 우위에 있게 되는 것이다.

여기서 반성을 통한 삶의 분열과 재통합의 구조에 상응하는 철학 체계의 성격이 드러난다.[218] 삶의 총체성을 산출하려는 철학의 욕구는 오성의 대립작용을 무화시키는 소극적 성격을 지닐 뿐만 아니라, 학문의 체계를 전개, 구축하는 적극적 성격을 지니기도 한다. 즉 삶의 총체성을 회복하려는 철학의 욕구의 완전한 형태화를 통해서 '철학의 욕구'는 '학문의 체

218) K. Kozu, *Das Bedürfnis der Philosophie*, 124쪽.

계'로 전환되는 것이다. 이 점에서 헤겔은 철학은 삶을 단순히 대상으로만 삼지 않고, 철학 그 자체가 삶의 한 형태(Gestalt)라고 주장한다.[219] 철학이 삶의 형태라면, 철학과 삶은 본질적으로 다르지 않다. 철학 자체는 삶의 구조를 그 자체의 체계를 통해 온전히 드러낼 수 있다.

(3)『예나 체계기획』: 자연과 정신의 차별화

삶의 문제를 바탕으로 한 예나 시기의 체계구상에서 두드러진 특징 중의 하나는, 이제 헤겔이 자신의 철학체계에서 자연보다 정신이 더 우월한 위치에 있을 수밖에 없음을 확실히 밝힌 것이다. 예나 시기에 헤겔이 철학 체계를 본격적으로 구상한 결과물인『예나 체계기획』에 다가갈수록, 헤겔은 자연과 정신을 차별화하면서 자연보다는 정신을 우위에 놓게 된다.

「믿음과 앎」(1802)에서 헤겔은 자연에서 정신으로의 이행을 통해 학적 체계에서 근원적인 동일성을 재구성하는 측면에 대해 이야기하고 있다. 헤겔에 의하면 근원적인 동일성을 재구성하는 작업은 자연과의 관계에서 정신의 본질을 드러내준다. "자유로운 것으로서 정신 속에서 자연은 스스로를 되돌리고 자신을 자신 속으로 환수한다."[220] 여기서 헤겔은 근원적인 동일성이 분열되었다가 다시 회복되는 과정 전체를 자연을 매개로 한 정신의 분열, 외화과정 그리고 다시 자신에게로 되돌아오는 과정으로 보고 있다. 이 점에서 자연은 자신의 본래적인 본질을 정신 속에서

219) GW5, 369쪽 참조. M. Baum/ K. Meist, "Durch Philosophie leben lernen", 52쪽 참조.
220) GW4, 408쪽.

만 찾을 수 있고, 정신은 자연보다 우위를 차지하는 것으로 파악된다.

「자연법 논문」(1802)에서도 헤겔은 인륜의 차원에서 개인과 보편자의 관계를 논하면서 '자연에 대한 정신의 우위'를 주장하고 있다. 헤겔에 의하면 인륜의 체계에서 절대자는 자신을 확장하면서도 동시에 자체 속으로 집중함으로써 자기 자신을 인식한다. 즉 절대자는 자신의 확장된 측면을 다시 자기에게로 환수하면서 이러한 되돌림 속에서 자기 자신을 인식하는 것이다. 헤겔은 이러한 자기 인식을 '절대적 직관'이라고 표현한다.[221] 헤겔은 절대자가 확장된 측면을 절대자의 '속성(Attribut)'이라고 하면서 절대자와 그의 속성들 간의 관계를 '정신의 발전과정'을 통해 설명한다. 절대자는 자연 속에서 스스로를 차별화하고 자신을 전개시키면서 자기 자신을 인식한다. 헤겔에 의하면 이러한 인식은 '차별화된 매개와 전개'의 절대적 자기직관으로서, 이 속에서 정신은 스스로를 절대적인 것으로 인식하고 '삼라만상(Universum)'을 자기 자신 속으로 되돌린다. 우선 정신은 스스로를 다양한 실재로 전개시킨 다음, 다시 '절대적 관념성(absolute Idealität)'으로 되돌린다. 이렇게 함으로써 정신은 자신이 다양한 실재로 전개시킨 측면을 지양하고 그것을 반성한다. 헤겔에 의하면 정신의 복귀를 통한 이 '무매개적 통일점'은 '정신이 자연보다 고귀하다는 것'을 입증해준다.[222] 헤겔은 이러한 관점에서 정신에 기초한 인륜의 체계를 전개하며 자신의 체계구상을 더욱더 발전시켜 나가는 것이다.

1803년에 쓰여진 강의 원고들 중 현재까지 남아 있는 세 편의 원고들[223]

••

221) GW4, 464쪽.
222) 같은 곳.
223) 이 세 편의 원고들은 "Fragmente aus Vorlesungsmanuskripten"(1803)이라는 표제하에 헤겔 전집 5권으로 새롭게 편집 포함되었다. GW5, 363-377쪽 참조.

은 이러한 정신의 본질을 바탕으로 한 헤겔의 체계구상의 윤곽을 잘 드러내준다. 'ist auf das Allgemeine'라는 표제가 붙어 있는 첫 번째 단편은 "개인의 개별성과 세계의 보편성을 화해시켜야 하는 철학의 과제"[224]를 다루고 있다. 헤겔은 이 철학의 과제의 해결을 보편과 특수 그리고 개별이라는 개념의 계기들 간의 매개를 통해 모색하고 있다. 논리적인 중심(Mitte)을 통해 개별자는 보편자와 결합되며, 이를 통해 개별자와 보편자 간의 상호 포섭의 관계는 극복된다. 여기서 헤겔은 세계가 개별과 보편 사이의 대립만이 아니라 그들 간의 화해, 해소의 측면도 자체 속에 포함하고 있다는 점을 이미 지적하고 있다.

"세계 자체는 세계에 대한 개별의 대립을 해소하는 측면을 포함하고 있다. 이러한 관계, 사정은 이미 모든 측면에서 발견된다."[225]

헤겔은 세계 속에서 개별과 보편 간의 근본적인 대립을 지양할 수 있는 관계를 찾고 있다. 여기서 '깨어 있는 의식'은 유한한 인식의 매개자로서 중요한 역할을 하며,[226] 주관과 객관, 자아와 세계의 관계에서 그 근거가 되는 것은 의식의 형태들이다. 따라서 "자신의 분절들로부터 환수된 생생한 삶의 정신은 새로운 형태를 찾아야 하며, 새로운 조직(Organisation)을 산출해야 한다."[227]

'Das Wesen des Geistes'라는 두 번째 단편에서 헤겔은 자연과 정신의

••
224) GW5, 367쪽.
225) 같은 곳.
226) GW5, 365쪽.
227) GW5, 369쪽.

차이를 부각시키고 있다. 이 단편에서 정신의 발전과정은 자연의 지양을 통해 서술되고 있다. 헤겔은 정신을 다음과 같이 이해한다.

"자연과 대립하면서 이 대립과 투쟁하고 자연에 대한 승리자로서 정신 자신에게 도달하는 것이 정신의 본질이다. 정신은 존재하지 않으며, 다시 말해 정신은 하나의 존재(ein Seyn)가 아니라, 오히려 하나의 생성된 것 (ein Gewordensein)이다."[228]

정신은 단순히 고정되어 있는 존재가 아니라 부정을 매개로 한 운동을 자신의 본질로 삼는다.[229] 따라서 '정신은 자신의 타자존재를 지양함'이며, 이 정신의 타자존재가 바로 자연이다. 정신은 자연이라는 자신의 타자존재를 지양하여, 자신을 자기 스스로와 동등한 것으로 만든다. 즉, 정신의 본질은 자기동등성이 아니라 자신을 자기 자신과 동등한 것으로 만드는 과정이다. 헤겔은 정신이 자연을 지양하는 방식을 다음과 같이 서술한다.

"정신은 자연이라는 이 타자존재가 정신 자신이며, 정신 자신과 다르지 않고 단지 [정신에 의해서] 하나의 대립자로 정립된 것일 뿐이라는 사실

228) GW5, 370쪽.
229) 이 점에서 이미 정신은 고전적 의미에서의 실체가 아니라 주체라는 해석이 있다. 뒤징(K. Düsing)은 이러한 절대적 주체성이 수많은 국면들을 관통하는 자기관계적 통일체로서 자신을 구축한다고 주장한다. K. Düsing, "Idealistische Substanzmetaphysik. Probleme der Systementwicklung bei Schelling und Hegel in Jena", in: *Hegel in Jena*, hrsg. von D. Henrich & K. Düsing, Bonn 1980, 42쪽 참조.

을 인식함으로써 자연 또는 그의 타자존재를 지양한다."[230]

여기서 자연은 정신의 타자존재로 규정된다. 따라서 자연은 일종의 실재하는 정신, 외화된 정신이라고 할 수 있다. 이 타자존재로부터 정신은 자기 자신으로 복귀하면서 자신을 이러한 외화와 복귀의 활동으로 인식한다. 자연에 대한 정신의 이러한 부정적 자기구별운동은 정신의 개념 속에 포함되어 있다고 할 수 있다.[231] 왜냐하면 정신은 '자기 밖에 이렇게 도달된 상태로부터 자기 자신에게로 복귀하고 자기 자신을 발견함으로써만' 정신이기 때문이다.[232] 이에 비해 자연의 최고단계라고 할 수 있는 살아 있는 생명체들은 서로 서로 '존재의 절대적 외면성'에 사로 잡혀 있고, 그들 간의 운동도 전적으로 우연적인 운동일 뿐이다. 이러한 자연상태에서 개별화된 생명체들은 상대에 대해 모두가 동등한 권리를 지니며, '이것들이 지닌 개별성의 무한함은 이것들 자체의 파괴'이다.[233] 이 말은 자연에서는 살아 있는 개별자들이 지닐 수 있는 무한함이란 살아 있는 개별자들이 끊임없이 죽음으로써 끝이 없는 개별자들의 연속으로 나타난다는 뜻이다. 이 상태에서는 정신처럼 자기전개와 자기복귀의 과정이 발생할 수가 없으며, 보편자와 매개된 개별자도 생각할 수 없다.

그리고 이 단편에서 헤겔은 자연보다 우위에 있는 절대적 정신에 대해서도 언급하고 있다. 헤겔은 이 절대적 정신을 '절대적 삶'과 동일시하고, 이러한 절대적 정신, 또는 절대적 삶은 "철학 속에서만 언표될 수 있고

••
230) GW5, 370쪽.
231) K. R. Meist, "Hegels Systemkonzeption in der frühen Jenaer Zeit", 69쪽 이하.
232) GW5, 371쪽.
233) GW5, 372쪽.

서술될 수 있다."[234]고 주장한다. 이러한 절대적 삶은 '특정한 방식으로 제한된 자연의 생명성이 아니라 완전한 풍요로움 속에 있는 삶'이다. 이처럼 '절대적인 삶의 운동(absolute Lebensbewegung)'을 주도하는 것이 바로 정신이라는 사실은 이 이후의 헤겔 체계구상에서 결정적인 의미를 지닌다.

'seiner Form'이라는 세 번째 단편에서 헤겔은 예술과 신화를 보편적인 민족정신의 산물들로 보고 있다. 헤겔은 이 글에서 자신의 신화개념을 역사적으로 상대화시킨다. 이 단편은 아름다운 그리스의 신화가 근원적이며 무차별적인 조화를 반영한다는 견해를 분명하게 부인하고 있다. 그러면서 헤겔은 '자연신화'와 그보다 '더 고귀한 신화(höhere Mythologie)'를 구분한다.[235] 신화의 이러한 구분과정에서 민족정신과 그 인륜적 삶의 전체가 구축되는 것이다. 더 고귀한 신화는 자연의 부정이며 이는 정신이 요구하는 것이다. 이러한 신화의 단계도 예술에 대한 의식의 차원이 확보됨으로써 부정된다. "신화의 예술작품은 살아 있는 전통을 통해 증식되며 종 자체가 의식의 해방을 맞으면서 계속 성장해나가듯이 이 작품도 계속 성장해나가며 자신을 순화시키면서 성숙시킨다."[236] 여기서 헤겔은 역사를 자유의식의 진보과정으로 파악하고 있다. 역사는 정신의 발전과정이며, 이 정신은 여러 세대로 이어지는 생생한 전통의 연속 속에서 의식을 해방시킨다는 것이다.[237]

• •

234) GW5, 373쪽 참조.
235) GW5, 374쪽 이하 참조.
236) GW5, 376쪽.
237) 이처럼 정신개념을 역사화시키는 맥락에서 헤겔은 처음으로 예술의 과거성 논의를 펼치고 있다. "그러나 우리 시대에 살아있는 세계가 예술작품을 자체 속에서 형성하지 못할 때, 예술가는 자신의 상상 속에서 과거 세계로 잘못 빠져들고 말 것임에 틀림없다. 그리

이처럼 자연과 정신의 관계에 대한 해명은, 근원적인 통일 상태인 삶이 분열을 거쳐 재통합에 이르는 과정에서 필연적인 계기로 작용하는 반성적 의식의 역할을 조명하는 데 중요하다. 그리고 이러한 해명은 또한 『예나 체계기획』을 거쳐 이후 『정신현상학』에서 삶과 의식 사이의 관계를 살펴보는 데에도 중요한 잣대를 제공해준다.

『예나 체계기획 I』(1803-4년)에서 헤겔은 '이념으로서의 정신'을 구성하는 것을 '철학의 제 1부'로 설정하고, "이 이념이 자연 철학에서 절대적으로 와해되며" "정신철학에서 일자는 스스로를 절대적 보편성 속으로 환수하면서 실존한다."[238]고 주장하면서 철학 체계의 윤곽을 언급하고 있다. 이미 여기서 헤겔은 '논리학(이념의 학)-자연철학-정신철학'으로 굳어지는 '엔치클로패디적인 삼단계적인 체계'를 구상하고 있었던 것으로 보인다. 이러한 체계구상의 성격은 자연과 정신의 관계에 대한 헤겔의 주장을 살펴봄으로써 좀 더 분명하게 드러날 수 있다. 자연철학에서 정신철학으로 이행하는 부분에서 헤겔은 "정신 속에서 자연은 자신의 본질인 바 그것으로 실존한다."[239]라고 언급하고 있다. 자연은 자연 자체 속에서가 아니라 정신 속에서 자신의 본질인 바로 실존한다는 말은, 자연은 자연 그 자체로는 아직 자연의 본질인 바로 실존하지 않으며, 자연 속에서 본질과 실존은 분리되어 있다는 것을 뜻한다. 이러한 언급은 분명히 자연에 대한 정신의 차별성을 표현하는 것이다. 헤겔은 계속해서 다음과 같이 주장한다.

••

　　고 그는 하나의 세계를 꿈꾸기는 하지만, 그의 작품에는 몽상이나 생동적이지 못한 성
　　격, 과거성만이 표현된다." GW5, 377쪽.
238) GW6, 268쪽 참조.
239) GW6, 265쪽.

"지금까지 자연에서는 정신이 정신으로서 실존하지 않았고, 우리의 인식작용 속에서 우리가 실존하는 정신이다. 자연 속에서 정신은 정신으로서 실존하지 않았고 은폐된 것으로서 단지 정신 자신의 타자로서만 있었던 것이다. 정신의 영역에 있는 것은 정신 자신의 절대적 활동이다. 우리의 인식, 즉 정신이 자연을 벗어나서 고양되고 자연 속에 존립하던 대립들이 이념적으로 지양되었다는 인식은 정신 자신의 인식으로 인식되어야만 한다. 또는 정신의 생성, 즉 정신이 자연과 맺는 단적인 부정적 관계가 인식되어야만 한다. 자연과의 이러한 부정적 관계맺음이 정신 일반의 부정적 측면이며, 정신은 이렇게 부정적인 것으로서 스스로를 자신 속에서 조직해나간다."[240]

자연과 정신의 차이는, 즉자적으로는 정신이기도 한 자연이 스스로 그 자신을 의식할 수 없고, '우리 속에서만' 정신으로서의 자연 자신을 의식한다는 점에 있다.[241] 우리의 인식작용이 자연과 근본적으로 다른 점은 인식작용에 필수적인 '인식하는 자'와 '인식되는 자'의 관계 때문이다. 그리고 인식의 주 객관계는 의식을 특징짓는 근본구조를 형성한다. 이 점에서 헤겔은 자연과 정신의 가장 큰 차이점을 '정신의 특정한 개념'인 '의식'[242]을 중심으로 서술하는 것이다. 헤겔에 의하면 의식의 특징적 구조는 다음과 같다.

∴

240) GW6, 275쪽.
241) H. Schnädelbach, *Hegels praktische Philosophie. Ein Kommentare der Texte in der Reihenfolge ihrer Entstehung*, 147쪽.
242) GW6, 266쪽.

"대립의 이러한 통일에서는 의식하는 쪽이 대립의 한 측면이며, 다른 측면은 의식되는 쪽이다. 이 둘은 본래 동일하다. 즉 이 양자는 개별성과 보편성의 직접적인 통일이다. 그러나 의식하는 쪽과 의식되는 쪽은 제 삼자인 의식의 통일 상태에 대해서만 있는 것이지 이 양자 자체에 대해서 있는 것은 아니다. 왜냐하면 의식하는 쪽과 의식되는 쪽의 대립에서 그중 한쪽이 다른 한쪽일 수는 없기 때문이다. ……의식 자체는 본질상 이 양자가 지양된 상태로서, ……무한성의 단순한 상태이며, 그것이 의식인 한에서 의식은 대자적으로 이러한 대립을 지양하는 활동이어야 한다. 그렇게 해서 비로소 의식은 자신의 개념상태로부터 벗어나서 실재적인 의식이 되어야 하는 것이다."[243]

여기서 헤겔은 의식에 고유한 대립이 자연에서의 대립과는 다르다고 보고 있다. 자연 속에 있는 대립들은 상존하지도 않으며, 원칙적으로 절대적 대립들로 고찰될 수도 없다. 이에 비해 의식 속에는 대립이 상존한다. 아니, 의식 자체가 이미 '의식하는 자'와 '의식되는 자'라는 대립의 계기들을 본질적으로 내포하고 있다. 동시에 의식 자체는 이렇게 대립하는 양자의 통일이기도 하다. "의식은 대립의 형식을 띤 단순자의 보편성과 무한성이라는 관념이다. 의식은 보편자로서는 절대로 구별되지 않는 양자〔의식하는 자와 의식되는 자〕의 통일이다. 그러나 의식은 자신의 대립상태 속에 존재하는 관념성인 무한성이다. 따라서 양자는 의식 속에서 서로 분리되며 떨어지게 된다."[244] '내가 X를 안다.'라고 할 때, 적어도 이

..
243) GW6, 273-275쪽.
244) GW6, 275쪽.

안다는 의식상태 속에는 '아는 나'와 '알려지는 X'가 서로 대립하면서도 통일되어 있다. 헤겔은 의식 속에서 대립하는 양자의 통일이 이 양자 사이의 '중간자[매개항](Mitte)'로서 현상하며, 이 중간자는 바로 대립하는 양자의 '작품[작용](Werk)'이라고 주장한다.[245] 대립하는 양자는 이 중간자와 관계를 맺으면서 그 속에서 하나가 되기도 하지만 동시에 이 중간자를 통해서 서로가 구분되기도 한다. 헤겔은 이러한 중간자를 '의식의 필수적인 첫 번째 실존'으로 파악하면서, '언어(Sprache)'와 '도구(Werkzeug)' 그리고 '가산(Familiengut)'이라는 세 가지를 그 속에 포함시키고 있다.[246] 언어를 예로 든다면, 말하는 자가 그 말에 해당하는 대상을 언표함으로써 대립하는 양자가 관계를 맺기도 하지만, 동시에 말하는 자는 언어를 통해자신과 대상을 구분하기도 한다. 좀 더 구체적으로 '장미'라는 사태를 예로 들어보자. 내 앞에 놓여 있는 어떤 것에 '장미'라는 이름을 부여하는 순간 이 '장미'라는 말을 통해 나와 그 어떤 것은 관계를 맺기도 하지만, 동시에 그 말을 통해 이름을 부여하기 전에는 등장하지 않았던 '나'와 '장미' 사이에 대립상황이 발생하기도 하는 것이다. 헤겔에 의하면 이러한 대립과 통일의 상황은 의식에게 고유한 것이다. 그러나 이와 달리 자연의 최고 단계인 동물 유기체에서 욕구를 가진 한 개체는 자신 외부의 비유기적 자연을 먹어치우면서 자신의 삶을 유지하지만,[247] 의식처럼 자신

<hr />

245) 같은 곳 참조.
246) GW6, 277쪽 이하 참조. 헤겔은 의식의 이 세 가지 실존에 대응하는 의식되는 내용의 측면을, 언어에는 '기억(Gedächtnis)'을, 도구에는 '노동(Arbeit)'을 그리고 가산에는 '가족(Familie)'을 대응시키고 있다. 인간은 언어를 통해 기억하고, 도구를 통해 노동하며, 가산을 통해 가족을 이룬다. 헤겔이 보기에, 이것이 의식을 지닌 인간의 가장 기본적인 실존형태인 것이다.
247) GW6, 207쪽 이하 참조.

속에서 대립과 통일의 상황을 연출해내지는 못한다. 동물에게 있어서 유기적 조직화의 과정은 자신 외부의 비유기적 자연을 직접적으로 끊임없이 자기화하는 욕구충족의 과정이기에, 동물 자신과 비유기적 자연을 매개할 수단을 필요로 하지 않는다. 동물과 비유기적 자연 사이에서 양자의 대립은 대립으로 통일은 통일로 무한히 이어지게 되며, 대립과 통일을 통일시키려는 측면은 있을 수 없는 것이다. 이에 반해 의식은 대립과 통일을 통일시키는 매개자를 자신의 본질적 계기로 지닌다.

이 점에서 "의식은 정신의 개념으로서 동물적인 유기적 조직상태(Organisation)를 직접적으로 넘어선 상태다. 우리는 의식을 동물적인 유기적 조직상태로부터 해방시켰다."[248] 그렇기 때문에 자연철학에서 최고 단계를 이루는 '유기체의 통일성'도 '의식의 자기 자신과의 통일'에 대한 적절한 전형이 되지는 못한다. 이 점에서 자연의 유기적 조직화의 과정과 정신의 유기적 조직화의 과정은 근본적으로 구별된다. "의식의 계기들의 실재성에서 의식의 유기적 조직화는 중간자인 의식의 형식들을 유기적으로 조직화하는 것이다."[249] 따라서 자연적 삶과 달리 의식적 삶에 있어서는 이러한 중간자〔매개항〕들의 조직화를 토대로 형성되는 인간적인 삶의 형식들, 즉 예술, 종교, 국가 등등 모든 정신적 삶의 형태들이 가능한 것이다. 헤겔은 이러한 의식의 과정이 지향하는 목표를 다음과 같이 표현한다.

"우리가 의식의 개념을 그 속으로 고양시킬 수 있는 의식의 절대적 실재가 목표이다. 그것은 의식이 한 민족의 정신으로 지니는 총체성이며,

248) GW6, 274쪽.
249) GW6, 276쪽.

한 민족의 정신은 모든 이들이 직관하는 모든 이들의 의식이기도 하다. 한 민족의 정신에 속하는 모든 이들은 각자가 의식으로서는 서로 대립하지만, 그러나 직접적으로 그들의 대립이나 개별성이 그 민족의 정신 속에서 지양되어 있음을 인식하며, 그들의 의식을 절대적인 보편자로 인식한다."[250]

여기서는 한 민족의 보편적 정신과 그것을 이루는 개별적 의식 간의 상호관계가 드러나고 있으며, 좀 더 확장해서 말하자면 일종의 '인정관계'가 드러나고 있다. 이 시기에 헤겔은 어떻게 의식이 인정운동을 완성하려고 함으로써 자신의 개별성을 총체성으로 고양시키며, 민족정신 속에 있는 보편적 의식과 자신의 통일 상태를 필연적으로 경험하게 되는지를 서술하고 있다.[251] 이러한 인정운동은 '개별적인 실천적 의식의 형식들'과 '제도들을 갖춘 민족정신' 사이의 필연적인 연관관계를 정초하는 것이기도 한다.[252] 이 인륜적인 인정관계가 의식이 지향하는 목표인 한, 이 시기에 헤겔은 체계를 기획하면서 인간적인 역사적 세계에서의 의식의 과정과 자연의 과정이 동등하지 않은 것으로 보고 있다는 점이 확실히 드러난다. 자연은 헤겔의 체계 내에서 상대적으로 종속적인 위치를 지니게 되고, 이와 반대로 체계의 새로운 중심점에 의식문제가 등장하게 되는 것이다.[253]

••

250) GW6, 274쪽.
251) L. Siep, *Anerkennung als Prinzip der praktischen Philosophie. Untersuchungen zu Hegels Jenaer Philosophie des Geistes*, München 1979, 183쪽 이하 참조.
252) 같은 책, 185쪽 이하 참조. 짚은 의식이 정신으로 발전되어 나가는 인정운동이 1803/04년 이후 1805/06년 체계기획과 『정신현상학』에서 정신철학의 방법이 된다고 주장한다. 같은 책, 183쪽 이하 참조.
253) H. Kimmerle, *Das Problem der Abgeschlossenheit des Denkens*, 292-293쪽 참조.

이러한 사실은 『예나 체계기획 II— 논리학, 형이상학 그리고 자연철학』 (1804-5년)에서 좀 더 분명해진다. 자연철학의 앞 부분에서 헤겔은 자연을 '자신을 자기 자신과 관계시키는 절대적 정신'[254]으로 규정한다. 그러나 자연은 단적으로 절대적 이념 그 자체가 아니며 '이념으로 현상하며' '절대적인 실재적 정신에 대립한다.' 따라서 자연은 본래 절대적 정신이라는 자신의 본질에 반대되는 입장에서 이러한 '타자의 모순'을 자신 속에 지니고 있다. "자연은 정신의 이념의 관점에서 보면 우리에게 절대적 정신의 타자인 절대적 정신이다."[255] 그래서 헤겔은 자연에 대해 다음과 같이 말한다.

"자연은 단순히 형식적인 삶일 뿐이지 자기 자신을 인식하는 삶은 아니다. 자연은 그 자체로는〔즉자적으로는〕(an ihr selbst) 삶이지만 자기 자신에 대해서는〔대자적으로는〕(für sich selbst) 삶이 아니다. 자연은 자기 자신에 대해서 무한하며 무반성적인 삶이다. 자연이 정신이라는 것은 무반성적인 삶을 자신 속에서 반성한다는 것을 말한다. 우리는 삶을 그의 이념에 따라서 절대적 정신이라고 부르거나 자기 자신과의 관계 맺음이라고 부른다. 이러한 삶은 정신이며, 존재나 비인식이 아니라 본래 인식이다."[256]

"자연의 정신은 은폐된 정신이며, 자연의 정신은 정신의 형태로 등장하지 않는다. 자연의 정신은 단지 인식하는 정신에 대해서 있는 정신일 뿐이다. 또한 자연의 정신은 즉자적으로 정신이지만 대자적으로 정신이지는 않다."[257]

∵

254) GW7, 179쪽 이하 참조.
255) 같은 곳.
256) GW7, 181쪽.
257) GW7, 185쪽.

이 인용문에서 헤겔은 '자연의 삶'과 '정신의 삶'을 분명하게 구분하고 있다. 이러한 구분의 가장 중요한 척도는 자연의 삶이 '즉자적'인 반면 정신의 삶은 '대자적'이라는 사실이다. 헤겔에 의하면, 즉자적인 자연의 삶과 달리 정신적 삶은 반성적 인식에 기초하기에 대자적이다. 여기서 '대자성'은 일차적으로 '자기 자신을 인식할 수 있는 성격'을 의미한다. 자기 자신을 인식하기 위해서는 자신을 자신과 구분하면서도 합치시킬 수 있는 반성활동이 필요하다. 이처럼 정신의 고유한 특징인 대자성에 기초하여 헤겔은 무반성적인 단순한 존재와 절대적 정신으로서의 삶을 분명하게 구분하고 있다. 사실상 엄밀한 의미에서 보자면, 반성되지 않은 직접적 존재는 더 이상 헤겔에게 진정한 의미에서 삶이라고 불릴 수 없는 것이다.

6. 『예나 체계기획』과 그 영향

(1) 『예나 체계기획』의 사상적 변화

우리는 두 편의 『예나 체계기획』의 '정신철학'을 비교해봄으로써, 이 시기 헤겔의 철학적 사유가 성숙되어 과정을 확인해볼 수 있다. 우선 형식적인 면에서 본다면, 『예나 체계기획 I』의 '정신철학'에서보다 『예나 체계기획 III』의 '정신철학'에서 '의식부터 민족에까지 이르는 전체 과정'의 내용이 매우 많이 늘어난다. 이와 관련해서 『예나 체계기획 I』의 '정신철학'으로부터 『예나 체계기획III』의 '정신철학'에 이르면서, 헤겔은 서술의 방법에 있어 '포텐츠의 방법'보다 '개념적인 전개방식'을 보다 더 강화한다는 점에 주목할 필요가 있다. 『예나 체계기획 I』의 〔단편 17〕과 〔단편 18〕을 중심으로 보자면, 표면적으로 보기에는 『예나 체계기획 I』의 '정신철학'은 의식을 상호주관적 현실성으로 직접적으로 제시하고, 이 현실성에 추후적으로 셸링적인 포텐츠의 방법을 적용하고 있는 것처럼 보인다. 그러나 좀 더 정확하게 고찰해보면, 헤겔이 〔단편 17〕부터 〔단편 19〕까지에서 전체 구성에 대한 계획을 스케치하고 있는데, 이 전체 계획은 헤겔에 따르면 포텐츠의 방법만으로 실행될 수 없다. 정신철학이 전체적으로 계획하고 있는 것을 실행하기 위해서는 포텐츠의 방법만으로는 부족하며, 이것 외에도 '개념적인 전개'가 요구된다. 현재 남겨져 있는 원고들을 보면, 「인륜성의 체계」에서 '자연적 인륜성'에 해당하던 부분이 『예나 체계기획 I』에서는 세 가지 포텐츠들을 논하는 부분에 해당한다. 그런데 〔단편 20〕을 보면, 헤겔은 '인륜의 실재성'에 관한 자신의 구상을 포텐츠의 구조에 의도적으로 끼워넣으려 한다는 것을 알 수 있다. 그리고 '인륜의 실재성'에 관련된 헤겔의 사상은 그 발전과정에서 또 다른 논리를 따르고 있다. 이 논리는 의식이론에 있어서 더 이상 '직관'을 '개념' 아래로 단순히 포섭하는 것을 의미하지도 않으며, 역으로 '의식'으로부터 '민족'에 도달하는 데 만족하는 것도 아니다. 결국 『예나 체계기획 III』에서는 포텐츠의 방법이 완전히 포기되고, '개념적인 발전'의 프로그램이 그것을 대체한다. 그러나 이 프로그램은 이미 『예나 체계기획 I』의 '정신철학' 속에 함축적으로 암시되어 있었던 것이다.[258] 결국 헤겔은 『예나 체계기획 I』과 『예나 체계기획 III』를 거치면서 셸링적인 포텐츠 모델 대신에 '추리'라는 논리적 모델로 방향을 전환하는 것이다. 헤겔은 '내용'과 '자아'의 '종

258) L. Siep, *Anerkennung als Prinzip der praktischen Philosophie*, 193쪽 참조.

합(Synthese)'이라는 개념을 사용하고,[259] '정신이 스스로에게……소재없이 몰두하는 것(stofflose Beschäftigung)'을 논하면서[260] '노동'의 결과를 분명히 하나의 '추리(Schluß)'로 파악하고 있다.[261] 이 부분에서 종합되어야 하는 것을 논하면서 헤겔은 다음과 같이 말한다. "[이렇게 해서] 그들의 추리가 정립된다. 그들이 서로 대립되는 한에서, 그들은 제 삼자 속에서 하나가 된다. 그리고 그들이 동등한 한에서, 그들을 대립시키고 분리시키는 자도 또한 제 삼자이다."[262] 헤겔은 하나의 추리로서의 구체적인 전체의 구성을 '오성에서 이성으로의 이행'과 합치시키고 있다. 논리적으로 보자면, 이 '오성에서 이성으로의 이행'에는 '판단에서 추리로의 이행'이 상응한다.

이후에 헤겔은 『논리학』에서 '모든 이성적인 것은 추리이다.'라고 주장하는데, 이러한 주장은 칸트에 대한 반성적 회고를 담고 있다. 칸트에 의하면, 논리적으로 보자면 오성이 판단의 능력인데 비해 이성은 추리의 능력이다. 칸트에게 있어 이성인식은 올바른 추리의 격으로부터 도출되지만, 인식의 영역은 엄밀히 말해 현상일 뿐이므로, 이성인식은 결국 가상만을 결과시킬 뿐이다. 그리고 칸트에게 있어 이러한 이성인식을 가능케 하는 추리과정은 주관의 사유형식에 기반한 것이다. 그러나 헤겔은 추리를 단순히 주관적 사유과정으로만 보지 않고 이성적이며 진리인 절대자 본연의 구조로 본다. 그렇기 때문에 헤겔에 의하면, 판단이 아니라 추리만이 절대자에게 적합한 사유형식이자 인식형식이며 표현형식이다.

∙∙

259) GW8, 188쪽.
260) GW8, 193쪽.
261) GW8, 197쪽.
262) GW8, 199쪽.

헤겔이『예나 체계기획 III』의 '정신철학'에서 "이성은 무한성의 상태에 있는 추리"[263]라고 표현하는 데에서, 우리는 그의 변증법의 논리적인 근본형태를 인식할 수 있다.[264]

이처럼 헤겔은 이미『예나 체계기획 I』에서 정신개념을 본격적으로 끌어들임으로써 셸링과 실질적으로 거리를 두며,『예나 체계기획 III』에서 개념적인 전개방식을 도입함으로써 방법론상으로 볼 때 자연과 정신 사이의 구조적인 차이를 부각시킨다고 할 수 있다. 헤겔은『엔치클로패디』에서 '절대적 이념'이 '자연'에서는 '외면성'의 규정에 처해 있다고 하면서 다음과 같이 말한다. "이 외면성에서 개념규정들은 서로에 대해 **무관계한 존립**과 **개별화**의 가상〔외관〕을 지니고 있다. 이와 반대로 그렇기 때문에 개념은 내재적인 것으로 존재한다."[265] 이러한 이유 때문에, 자연철학에서는 일련의 추리들로 이루어진 '개념적인 전개의 모델'에서 요구하는 바와 같은 그러한 방식으로는 개념과 실재 상호간에 일치가 발생하지 않는다. 다시 말해, 자연철학에서는 방법과 방법의 대상이 되는 사태가 서로에 대해 외적으로 머문다. 그래서 자연철학의 전체 규정들의 관계는 엄밀히 말해 '개념적인 발전과정'이라고 할 수는 없다. 헤겔에 의하면 발전(Entwicklung)은 이념이나 개념, 다시 말해, 정신적인 것에만 어울리는 말이다. 헤겔은 다음과 같이 말한다. "자연은 **여러 단계들로 이루어진 하나의 체계**로 고찰될 수 있다. 여러 단계들 중 한 단계는 다른 단계로부터 필연적으로 도출되며 이 다른 단계로부터 결과된 바로 그 다음의 진리이다. 그러나 이것은 마치 하나의 단계가 다른 단계로부터 **본래적으로**

∴

263) GW8, 200쪽 이하.
264) H. Schmitz, *Hegel als Denker der Individualität*, Meisenheim 1957 참조.
265) GW20, 248.

[당연하게](natürlich) 산출된다는 것을 의미하지는 않는다. 오히려 자연의 근거를 만들어내는 내재적인 이념 속에서만 이렇게 말할 수 있다. **변형** (Metamorphose)이라는 것은 오직 개념 자체에만 적합하다. 왜냐하면 개념의 변화[타자화](Veränderung)만이 발전(Entwicklung)이기 때문이다."[266] 그래서 헤겔은 이러한 선험적인 관점에서 자연적인 '진화론'에 대해서도 반대 입장을 취한다.[267]

(2) 『예나 체계기획』과 하버마스

끝으로 『예나 체계기획』이 책의 형태로 출판된 후 미친 영향에 대해 간략히 살펴보고자 한다. 그중에서도 특히 주목할 만한 것은, 하버마스의 헤겔 해석이다. 하버마스는 「노동과 상호작용」이라는 논문을 통해 『예나 체계기획』을 선구적으로 다루었다.[268] 이 논문이 유발시킨 격한 비판들은 하버마스의 헤겔 해석 자체와 관련된 것이라기보다는 하버마스가 맑시즘을 수정하기 위한 목적으로 헤겔 해석으로부터 끌어낸 결론과 관련된 것이었다. 하버마스는 『인식과 관심』(1968)에서 전개한 맑스에 대한 비판적 관점을 이 글에서 보다 심화시키며 문제들을 첨예화하고 있다. 이 글 발표 후 수많은 맑스주의자들은 하버마스의 맑스 변절에 대해 여러 가지 형태로 논쟁을 벌였다. 심지어 소위 프랑크푸르트 학파에 속한 사람들까

..
266) GW20, 249.
267) 같은 곳 참조.
268) J. Habermas, "Arbeit und Interaktion. Bemerkungen zu Hegels Jenenser Philosophie des Geistes ", in: *Technik und Wissenschaft als Ideologie* , Frankfurt am Main 1968 참조.

지도 하버마스의 이탈에 대한 논쟁에 가담하기도 했다.[269]

「노동과 상호작용」에서 하버마스는 『예나 체계기획』의 두 정신철학 강의에서 헤겔이 이후에는 포기해버리고 마는 본질적인 체계를 정신의 도야과정에 대한 기초로 마련했다고 주장한다. 그러면서 하버마스는 다음과 같이 주장한다. "언어와 도구 그리고 가족이라는 범주들은 다음과 같은 변증법적 관계의 세 가지 등가적인 범형들을 표현하는 것이다. 즉 상징적 표현, 노동과정 그리고 상호성에 기초한 상호작용이 주관과 객관을 각기 그 나름대로의 방식으로 매개한다. 언어와 노동 그리고 인륜적 관계의 변증법은 제각각 이러한 매개의 특정한 형태로 전개되는 것이다. 여기서는 아직까지 동일한 논리적 형식들에 의해 구성되는 단계들이 중요치 않고, 오히려 구성 자체의 다양한 형식들이 중요하다. 나의 주장을 극단화시킨다면 다음과 같은 것이 될 것이다. 즉 다른 것 가운데 언어와 노동과 인륜적 관계에서 나타나는 것은 자기 자신의 반성의 절대적 운동 상태에 있는 정신이 아니다. 오히려 언어적인 상징화와 노동 그리고 상호작용이라는 변증법적 연관이 비로소 정신의 개념을 규정한다."[270] 이러한 해석의 결과가 미친 영향은 맑스주의적 역사해석에 있어서 너무나 분명하다. 비록 하버마스가 헤겔의 언어개념을 독백적이라고 해석하고는 있으나,[271] 하버마스의 해석에 의하면 노동과 상호작용은 서로 환원될 수 없는 독립적인 정신의 두 가지 형식들이라는 결론이 나온다. 만일 헤겔의 의도가 이러한 것이었다면, 이것은 궁극적으로 생산관계나 소통형식

269) W. Abendroth (Hg.), *Die Linke antwortet Jürgen Habermas*, Frankfurt am Main 1968.
270) J. Habermas, 앞의 글, 9쪽 이하.
271) J. Habermas, 앞의 글, 24쪽 이하.

혹은 제도적이며 문화적인 상부구조가 생산력으로 환원될 수 없다는 것을 의미한다. 다분히 하버마스가 그것을 원하듯이, 의사소통 행위를 도구적 행위로 환원할 수 없다는 하버마스의 주장도 행위이론적으로 이와 같은 논증에서 비롯된다. 그리고 이러한 관점은 프랑크푸르트 학파의 비판 이론가들, 특히 『계몽의 변증법』의 저자들이 주장한 바, 즉 모든 사회적 억압의 형식들이 자연억압의 '논리'로부터 도출된다는 주장이 더 이상 유지될 수 없다는 것을 의미하기도 한다. 잘 알려져 있듯이, 이후에 이러한 생각들이 하버마스의 이론적 발전을 주도하는 근본동기로 작용한다.

그러나 맑스가 의사소통적 행위를 도구적 행위로 환원해버렸다는 하버마스의 비판에 대해서 맑스주의자들은 정당한 비판을 제기한 바 있으며, 이들에 의하면 이러한 환원을 주장하는 입장이 도리어 맑스의 생산 개념을 도구적 행위로 환원해 버리는 관점을 전제하는 것이다. 그리고 이들에 의하면, 사회적 생산은 항상 이미 노동과 상호작용의 측면을 모두 포괄하는 것이다.[272] 그러나 비록 생산이 도구적 행위 이상의 것이라는 점을 인정한다고 하더라도, 맑스와 맑시즘에서는 노동과 상호행위, 도구적 행위와 의사소통적 행위 사이의 차별화에 대한 설명이 부족한 것 또한 사실이다. 사실상 『예나 체계기획』은 정통 맑시즘적 이론보다는 보다 폭넓고 차별화된 사회이론을 끌어낼 수 있는 여지를 주고 있다고도 볼 수 있다.

그런데 맑시즘의 논의와는 별도로 하버마스의 구상이 어느 정도로 정당한 헤겔 해석으로서 지속될 수 있는가 하는 문제와 관련해서 보자면,

..

272) W. Schmied-Kowarzik, *Die Dialektik der gesellschaftlichen Praxis*, Freiburg/München 1981, 87쪽 이하 참조.

헤겔 연구자들의 평가는 매우 부정적이며 비판적이다.[273] 이들의 비판을 한마디로 요약하자면, 헤겔에서는 언어와 노동 그리고 가족을 서로 독립적인 정신의 도야의 계기들로 간주하기가 어렵다. 왜냐하면 하버마스가 상호 독립적인 매체들로 간주하고 싶어 하는 이것들은 이미 헤겔의 정신철학의 맥락 내에서 소개되어 있으며, 더구나 이것들은 「인륜성의 체계」의 용어로 하자면 '관념성', '실재성' 그리고 '관념성과 실재성의 동일성'이라는 정신의 계기들로서 서술되고 있기 때문이다. 헤겔의 정신개념은 하버마스가 주장하는 것보다 많은 것들을 포괄한다는 것이 정설이다.[274] 사실상 앞서 간략히 소개한 맑스적 입장뿐만 아니라 헤겔적인 입장에서 볼 때에도 하버마스가 자신의 헤겔 해석에서 끌어들이고 있는 입장은 비판을 모면하기가 쉽지 않다. 비록 헤겔에서 언어와 노동 그리고 상호작용이 서로 환원가능하지 않다고 하더라도, 이것들은 추가적인 조건들을 지니고 있는 하나의 추상적인 원리로부터 도출될 수 있다는 맥락에서만 환원불가능하다. 헤겔은 『예나 체계기획』의 '정신철학'에서 언어와 노동, 상호작용을 개념상으로나 본질상으로 정신의 계기들로서 서로 분리시켜 전개시킬 것이라고 약속하고 있다. 그리고 헤겔에 의하면 이것은 절대자로서의 정신을 염두에 두고 있는 총체적인 이론적 체계 내에서만 가능하다.[275] 이를 좀 더 구체적으로 살펴보자.

..

273) L. Siep, *Praktische Philosophie im deutschen Idealismus*, Frankfurt am Main 1992, 172쪽 이하 참조. A. Wildt, *Autonomie und Anerkennung. Hegels Moralitätskritik im Lichte seiner Fichte-Rezeption*, Stuttgart 1982, 326쪽 이하 참조.

274) A. Wildt, 같은 책, 327쪽 참조.

275) H. Kimmerle, "Hegels Naturrecht 1802-1805/06", in: HS11, 1976, 319쪽 이하 참조. 킴멜레는 『예나 체계기획』을 사회학적으로나 정치학적으로 일면적으로 해석하는 견해에 대해 반대 입장을 취한다.

① 「노동과 상호작용」의 내용과 문제 제기

하버마스는 「노동과 상호작용」에서 예나 시기[276] 헤겔의 '정신철학'에 대한 분석을 통해 '정신의 형성과정'에 대해 자기 나름의 해석을 시도하고 있다. 하버마스의 논의를 충실히 따라가기 위해서는, 우선 그가 '의식의 세 가지 실존유형들'로 제시하는 '언어/기억'과 '노동/도구' 그리고 '가산/가족/상호작용'의 성격을 간략히 살펴볼 필요가 있다. 하버마스에 의하면, 예나 시기 '정신철학 강의'에서 헤겔은 의식이 현존하는 매체로 '언어(Sprache)'와 '도구(Werkzeug)' 그리고 '가산(Familiengut)'을 제시하고, 정신의 본질을 이 매체들의 유기적 조합으로 설명하고 있다. '언어'와 '도구'와 '가산'은 주체와 객체를 매개하는 변증법적 유형으로서, 이 세 가지에는 각기 '기억'과 '노동'과 '가족'이 대응된다.[277] 언어적 차원에서 보면, '사물에 이름 붙이는 행위'에서 '언어'와 '기억'은 동일한 사태의 양면을 이룬다.[278] 하버마스는 이 시기에 헤겔이 언어의 상호주관적 성격을 아직 제대로 파악하지 못하고, '자연과 대면하여 사물에 이름을 부여하는 고독

∙∙

276) 하버마스는 1803/4년과 1805/06년 두 『예나 체계기획』의 「정신철학」의 차이성에 대한 검토없이 논의를 전개하고 있다. 그러나 예나 시기의 정신철학에 관련되는 글들, 특히 「자연법 논문」(1802/3년), 「인륜성의 체계」(1802/3)와 『예나 체계기획』I(1803/4년)과 III(1805/06년)에 포함되어 있는 두 개의 『정신철학』은, 그 내용상 면밀한 비교검토가 필요한 글들이다. 특히 하버마스가 주로 다루고 있는 『예나 체계기획』의 두 개의 「정신철학」 간의 차이나, 다른 글들과의 비교에서 드러나는 내용상의 차이점에 대해서는 다음을 참조할 것. H. Schnädelbach, *Hegels Praktische Philosophie. Ein Kommentar der Texte in der Reihenfolge ihrer Entstehung*, Frankfurt am Main 2000, 139쪽 이하, 148쪽 이하. 김준수, 「헤겔의 승인이론−예나 중기 정신철학적 초고들을 중심으로」, 『철학연구』, 제 51집, 철학연구회, 2000, 184쪽 이하 참조.

277) J. Habermas, 앞의 글, 23쪽 이하 참조.

278) J. Habermas, 앞의 글, 24쪽.

526

한 개인의 상징작용'의 의미로만 파악하고 있다고 비판한다.[279] 언어라는 상징적 기호(Symbol)처럼 도구도 의식을 현존케 하는 매체이다. 즉 노동의 차원에서 보면, 객체에 대해 '주체인 노동자'의 경험이 축적된 결과물인 '도구'가 주·객을 매개하는 중간자가 된다.[280] 하버마스는 이 두 측면, 즉 '언어적 차원'과 '도구적 차원'에서 나타나는 의식을 '이름 붙이는 의식'과 '교활한 의식'이라고 부르며, 이 두 측면의 성격을 구분한다. '이름 붙이는 의식'이 '표상'의 차원에서 주·객을 매개할 때, 언어로서의 기호는 사유하는 의식을 지배하면서 그것을 능가하는 객관적 힘을 지닌다. 이와 반대로 노동에서는, 자연이라는 객체에 의식이 자신을 투영한 결과가 다시 의식 자신에게 '물화된 상태'로 되돌아오는데, 이 결과물이 '도구'이다.[281] '이름 붙이는 의식'과는 달리 '교활한 의식'은 도구를 가지고 자연과정을 보다 철저하게 지배하며 자신의 주관적인 자유를 확장한다. 이와 같은 언어와 노동이라는 두 측면은 이후에 하버마스가 '의사소통적 행위'와는 대비하여 제시하는 합목적적 행위 유형으로서 '도구적 행위'나 '전략적 행위'의 차원에 속하는 것이다.

언어와 노동의 측면외에 하버마스는 마지막으로 '가족'이라는 세 번째 유형을 제시한다. 하버마스에 의하면, 헤겔은 '가산(家産)'을 통해 현실적으로 존재하는 일차 집단의 '가족'에서 나타나는 '상호작용'을 '상호적인 행동방식의 실존 매체'로 생각한다. 이 점에서 헤겔은 '자아(Ich)'를 칸트처럼 '고독한 자아의 자기 자신에 대한 반성'으로 생각하지 않고, '대립적 주체들이 의사소통적으로 합의해나가는 과정', 즉 상호주관적 관점에서

••
279) 같은 곳 참조.
280) J. Habermas, 앞의 글, 25-26쪽 참조.
281) J. Habermas, 앞의 글, 26-27쪽.

주체들이라고 할 수 있는 '정신이 형성되는 과정'으로 생각했다고 하버마스는 주장한다. 이러한 주장을 토대로, 하버마스는 자신이 이후에 이론적으로 정형화하는 '의사소통적 행위'를 헤겔이 이미 이 시기에 이러한 정신의 형성과정을 위한 매체로 단초적으로나마 구상했다고 주장하고 있다.[282] 하버마스는 이 세 번째 측면을 '인륜적 관계'로 규정하면서, 이에 해당하는 의식을 '인정하는 의식'이라고 표현한다.[283] 그리고 하버마스는 청년기 헤겔이 '인륜적 관계'를 '사랑하는 자들 간의 관계'이자 '타자 속에서 자기 자신을 인식하는 인식행위'로 생각했다고 주장하면서, 이 사랑과 연관하여 다음과 같이 헤겔의 인정 개념을 해석하고 있다.

"분명히 헤겔은 타자 속에서 자기인식 관계를 상호주관성의 관계로부터 직접적으로 해명하지는 않는다. 오히려 그는 사랑을 운동의 결과로서, 선행하는 갈등의 화해로서 제시한다. 상호인식을 기반으로 하는 자아동일성의 본래적 의미는, 대립하는 주체들을 상호보완적으로 통합시키는 대화적 관계(dialogisches Verhältnis)가 논리관계와 삶의 실천적 관계를 동시에 의미한다는 사실이 밝혀질 때에만 이해될 수 있다. 그것은 헤겔이 '인정투쟁'이라는 표제하에 전개한 인륜적 관계의 변증법에서 드러난다. 이 변증법은 인륜적 관계인 대화상황의 억압과 재산출을 재구축한다. 이 운동에서는……권력에 의해 왜곡된 의사소통 자체의 논리적 관계들이 실천적 힘을 행사한다. 이 운동의 결과가 비로소 강력력을 제거하고 타자 속에서 자신을 인식하는 변증법적 과정의 비강제적 상황을 산출한다. 이것이

282) J. Habermas, 앞의 글, 23쪽 참조.
283) J. Habermas, 앞의 글, 16쪽, 28쪽.

곧 화해로서의 사랑이다."[284]

여기서 하버마스가 자신의 의사소통이론을 전개하기 위한 '철학적 초석'으로 예나 시기 헤겔의 정신철학을 부분적으로 끌어들이고 자기나름대로 해석하고 있다는 점이 분명히 드러난다. 즉 하버마스는 자신이 합목적적 행위유형으로 간주하는 언어와 노동과는 달리, '상호작용'의 기초가 되는 가족 내에서의 사랑을 의사소통적 행위의 전형으로 해석하고 있는 것이다. 이러한 의도에서 하버마스는 다음과 같이 말한다. "상징과 도구를 통한 주체와 객체 사이의 매개는 주체의 외화과정으로, 즉 외화와 전유의 과정으로 사유된다. 반면에 사랑과 투쟁의 변증법은 상호주관성의 차원에서 운동한다. 외화의 모델을 대신해서 분열과 소외의 모델이 등장하고 그러한 운동의 결과는 대상화된 것의 전유가 아니라 화해, 즉 파괴된 친근성의 재건이다."[285]

이상과 같은 하버마스의 주장에 의하면, '노동'과 '상호작용'은 이미 예나 시기에 헤겔 철학의 근본 문제와 구상으로 자리하고 있었으며, 이 구상에서 '정신의 형성과정'은 '노동과 상호작용 사이의 연관'에 의존한다. 특히 『예나 체계기획』의 「정신철학」에서 '언어'와 '노동' 그리고 '상호작용'은 근본적으로 서로 구분되는 '의식의 다양한 실존형식들'이자 정신을 유기적으로 조직화하는 매체(Medium)들로 등장한다는 것이다. 하버마스에 의하면 이 시기의 헤겔은 이 세 가지 매체들의 조합이 정신 일반의 개념을 가능케 하며, 이 세 가지 매체들은 서로 간에 동근원적이면서도 상호

284) J. Habermas, 앞의 글, 16-17쪽.
285) J. Habermas, 앞의 글, 39쪽.

간에 환원불가능한 성격을 지닌 것으로 보았다는 것이다. 그런데 질적으로 서로 구별되는 '언어'와 '노동' 그리고 '상호작용'이라는 계기들이 후기 헤겔의 체계철학에서는 단 하나의 동일한 정신이 자기를 실현하는 계기들로 배치됨으로써, 예나 시기에 헤겔이 스스로 전개했던 '노동과 상호작용의 변증법'은 관념론적-동일철학적 전제들에 따라서 이후에는 포기되고 만다는 것이 하버마스의 주장의 요점이다.[286] 그러나 문제는 하버마스처럼 이 시기의 헤겔의 정신철학에서 등장하는 '인정'과 '사랑'의 개념을 이렇게 서로 연관시키는 것이 타당한가에 대해서 엄밀한 재검토가 필요하다는 점이다.

② '가족'과 '인륜성'에 대한 하버마스의 해석

우선 하버마스가 '가족 내에서의 상호작용'인 '사랑'을 '인륜성'에 포섭시킨 점에 대해서 객관적인 검토가 필요하다. 이를 위해서는 가족과 인

286) 하버마스는 이후에도 헤겔에 대한 이러한 자신의 견해를 대체로 일관되게 유지한다. 『현대성의 철학적 담론』에서 하버마스는 다음과 같이 주장한다. "헤겔이 자신의 초기 저서에 분명히 들어 있는 의사소통적 이성의 발자취를 더 이상 쫓지 않고 예나 시대에 절대자의 개념을 발전시킨 이유가 바로 그것일 것이다. 이 절대자의 개념은 주체철학의 한계 내에서 기독교적-고대적 모범들과의 결별은 허용하지만, 물론 또 다른 딜레마를 대가로 지불해야 한다." J. Habermas, 『현대성의 철학적 담론』, 이진우 옮김, 서울:문예출판사 2002, 53쪽. 또한, 예나 시기 헤겔 철학에 대한 그의 언급은 매우 모호하고 피상적이다. 예를 들어, 그는 『인식과 관심』에서는 다음과 같이 말한다. "헤겔은 칸트에 대립하여 인식의 현상학적 자기반성을 인식비판의 필연적인 철저화로 증명할 수는 있었다. 그러나 내가 믿기에는 그는 동일철학적 전제 때문에 편견에 사로잡혀서 그러한 철저화를 일관되게 전개하지는 못했다." J. Habermas, *Erkenntnis und Interesse*, Frankfurt am Main, 1973, 14쪽. 여기서 '동일철학'이 셸링적 동일철학을 말한다면, 예나 시기마저도 이러한 동일철학적 전제만을 헤겔이 지니고 있었다는 견해가 바로 잘못된 전제이다. 왜냐하면 이 시기에 헤겔은 특히 '실천철학의 구상'에 있어서는 셸링의 철학 체계에서는 전혀 찾아볼 수 없는 계획을 발전시키기 때문이다. H. Schnädelbach, 앞의 책, 139-140쪽 참조.

륜성 사이에 어떤 관련이 있는지를 살펴보아야 한다. 『예나 체계기획』의 「정신철학」에 앞서, 이미 「인륜성의 체계」에서 가족은 '자연적 인륜성'의 한 부분으로 등장한다. 「인륜성의 체계」에서 '자연적 인륜성'의 부분에는 사랑과 법적 관계─보다 구체적으로 말하자면, 욕구, 노동, 점유, 도구, 언어 및 기계, 가치, 교환, 계약, 상업, 지배와 예속의 관계, 가족 등의 범주들과 함께─가 포함된다. 여기서 헤겔은 교환, 계약, 지배와 예속의 관계들과 더불어 가족관계를 인정투쟁 이전의 단계로 보고 있다. 이점에서 이 시기 헤겔은 개인의 권리주장이 인정투쟁의 과정 없이도 이미그 자체로 유효성을 가진다고 생각했고, 다분히 전통적 자연개념에 의거하여 고대적 정치사상에 기반한 실체주의적 인륜성의 이념을 가지고 있었다는 사실이 드러난다.[287] 그래서 「인륜성의 체계」에서 헤겔이 '인륜적 자연'이라고 할 때 '자연'은, 보다 포괄적인 의미에서 이미 정신적으로 구조화되어 있는 '규범적 총체'라고 할 수 있다. 그런데 문제는 이 자연적 인륜성이 과대평가되어서는 안 된다는 점이다.

「인륜성의 체계」에서 헤겔은 '자연적 인륜성'과 '절대적 인륜성'을 명확히 구분한다. '절대적 인륜성'과 비교해보자면, '자연적 인륜성'은 단지 기초적이며 결함을 지닌 형태일 뿐이다. 헤겔에 의하면, 가족은 '특수한 자연적 포텐츠들'이 통합되어 있는 일종의 총체성이다. 이러한 가족 내에서 가장인 남편이 아내와 맺는 관계나 아이와 맺는 관계 그리고 예속된 상태인 노예와 맺는 관계는 전혀 동등하지 않다. 이처럼 개인들 간의 동등성[평등]은 가족 내에서는 아직 밖으로 표현되고 실현되지 않는다. 그래서 헤겔은 자신이 '자연적 인륜성'이라고 칭하는 가족과 가족에 종속

287) 김준수, 앞의 글, 169쪽 이하 참조.

하는 자연적 포텐츠들이 이러한 관점에서는 전혀 인륜적인 것이 아니라고 주장한다. 헤겔에 의하면 여러 가지 특수성이나 자연적 관계에 적용될 수 있는 '상대적 동일성'을 완전하게 부정함으로써, 인륜성은 '지성의 절대적 동일성'이 되어야 한다.[288] 여기서 헤겔은 가족에서 그 정점에 도달하는 '자연적 인륜성'이 아직 '절대적 통일 상태'에 이르지 못했음을 지적하고 있다. 자연적 인륜성은 개별성을 그 원리로 지니고 있고 이 원리에 따라 행위하는 의식은 개별만을 지향하는 경험적 의식이기 때문에, 자연적 인륜성 자체는 어떤 면에서는 전혀 인륜적이지 않은 것이다.[289] 헤겔에 의하면 그것은 인정투쟁을 통해 개별성의 파괴를 거쳐야만 비로소 '절대적 인륜성' 안으로 수용될 수 있다. 「인륜성의 체계」에서 본격적인 인정투쟁은 가족 이전이 아니라 가족보다 훨씬 뒷부분인 '소유에 대한 인격적 권리의 침해'를 의미하는 '범죄'의 단계에서 이루어진다. 범죄에서 비로소 '전 인격(ganze Person)에 대한 전 인격의 투쟁'[290]이 전개되며, 이 투쟁과정을 통해 주체는 그의 경험적 동일성에서 해방되어 인정받은 존재의 순수 개념, 즉 '절대적으로 자유로운 인격성'을 획득하는 것이다.[291]

∴∴

288) GW5, 323-324쪽 참조.
289) GW5, 325쪽 참조.
290) GW5, 318쪽.
291) 그러나 『예나 체계기획 I』의 '정신철학'에서는, 범죄로부터 절대적 인륜성으로의 이행이 개별자 자신에 의한 의식적 자기지양이 아니라 이미 전제된 인륜적 전체의 외적 개입에 의해 이루어진다. 헤겔이 자연적 인륜성과 절대적 인륜성 사이에 범죄에 관한 장을 삽입했다는 것은 이미 고대적 인륜성의 이념으로부터 어느 정도 벗어나 개별화의 원리를 절대적 인륜성의 한 계기로 파악하고 있다는 것을 시사하기는 하지만, 그러나 범죄와 투쟁을 통해 결과된 개별자의 자유가 개별과 보편을 긍정적으로 매개하는 기능을 담당하고 있지는 못하다. 김준수, 앞의 글, 173쪽 참조.

『예나 체계기획 I』의 '정신철학'[292]에서는 언어와 도구와 가족이 의식의 단계적 발전과정의 산출물들로 서술되며, 여기서 헤겔은 가족의 단계에서야 '의식의 실제적 구성'이 이루어진다고 주장하는데, 이 실제적 구성을 가능케 하는 것이 '가산'과 '사랑'이라는 원리이다. 그런데 여기서 '사랑'은 '정서적으로 결합된 소규모의 가족관계'로 분명히 그 적용영역이 축소되고 있다. 그리고 「인륜성의 체계」에서와 마찬가지로 여기서도 본격적인 인정투쟁은 가족이라는 포텐츠 이후의 독립적인 단편[293]에서 다루어진다. 「인륜성의 체계」와 구성면에서 가장 큰 차이점이 있다면, 소유나 교환, 계약과 같은 사회적이며 법적인 관계가 인정관계 이후에 다루어진다는 점이다. 그리고 이 인정관계에 앞선 가족에서는 이제 비로소 '의식의 총체성'이 '대자적으로 되어가는 자'로 등장하기 시작한다.[294] 헤겔은 "개별자들의 이러한 총체성으로서 상호 간에 인정하며 동시에 인정받는다는 것을 알기를 원하는 양자가 이러한 총체성으로서 상호적으로 등장한다."[295]라고 주장하는데, 여기서 상호인정은 '절대적 개별자'로 칭

⁙

292) 「인륜성의 체계」보다 『예나 체계기획』에 들어오면서, 헤겔은 피히테의 의식철학을 방법적으로 적극 수용한 것으로 보인다. 호르스트만이나 킴멀레 등은 이러한 의식이론으로의 전환을 헤겔의 정신철학의 획기적 발전으로 본다. R.-P. Horstmann, "Probleme der Wandlung in Hegels Jeaner Systemkonzeption", in: *Philosophische Rundschau* 19. Jg. Tübingen 1972, 114쪽. H. Kimmerle, *Das Problem der Abgeschlossenheit des Denkens*, Bonn 1982, 259쪽 참조. 이에 비해, 호네트는 헤겔이 이러한 전환을 통해 '선행적 상호주관성이라는 이념'을 망각하고 인륜성에 대한 '실체주의적 모델'을 결과하게 되었다고 비판한다. A. Honneth, *Kampf um Anerkennung*, Frankfurt/M. 1992, 52쪽 이하, 99쪽 참조.

293) 이 단편은 GW5에서는 307쪽 이하에 'Es ist absolut notwendig…'로 시작하는 독립된 장으로 편집되어 있다. 그러나 호프마이스터가 편집한 『실재철학 1』에서는 그 구분이 명시되어 있지 않다. JR1, 225쪽 참조.

294) JR1, 225쪽.

295) JR1, 227쪽.

해지는 '대자적 총체성들' 간의 관계이며, 이 상호인정의 두 주체는 '가족을 한 단위'로 하는 '배타적 점유'의 주체이다. 따라서『예나 체계기획 I』의 '정신철학'에서도 가족은 인정투쟁을 거쳐 결과된 인륜성이 아니라, 인정투쟁을 비로소 가능케 하는 선제조건이라고 할 수 있다.

이 점은『예나 체계기획 III』의 '정신철학'에서도 마찬가지이다.『예나 체계기획 III』의 '정신철학'은 세 부분으로 구성되어 있는데, 즉 '그 개념에 따른 정신' 또는 '추상적 정신', '현실적 정신' 그리고 '헌정'이 그것이다. 가족은 첫 번째 부분에서 다루어진다. 헤겔은 여기서 다음과 같이 말한다.

"가족은 전체로서 '자체 내에 완결되어 있는 또 다른 전체'와 대립하여 등장하며, 〔그렇게 해서〕 서로 간에 완전한 자유로운 개별성들이 존립하게 된다. 〔가족이라는〕 이 전체는 하나의 자기의식적 대자존재이므로, 여기서 비로소 이 전체는 정신에 대한 하나의 본래적 존재가 되는 것이다."[296]

이러한 전체로서의 가족, 즉 '하나의 자기의식적 대자존재'를 기반으로 인정투쟁이 발생한다. 두 번째 부분인 '현실적 정신'에서는 이 개별자들 간의 인정투쟁을 기반으로 얻어진 인정받은 존재로부터 출발하여, 교환, 계약, 범죄와 처벌, 국가적 사법 등의 범주들이 다루어진다. 가산과 더불어 가족을 구성하는 원리인 사랑은 인정투쟁 이전에 '인륜성의 기초'로서 다루어진다. 그래서 가족 내에서의 주체는 소유의 주체인 인격으로서 자

296) GW8, 213쪽.

유로운 자기의식적 주체가 아니라, '도야되지 않은 자연적 자아', '자연적인 개인'이라고 표현되는 것이다.[297]

③ '사랑'과 '인정'에 대한 하버마스의 해석

가족이 참된 의미에서의 인륜성의 관계에 포함되느냐 하는 첫 번째 문제를 논하면서, 우리는 자연스럽게 두 번째 문제로 이행하게 된다. 두 번째 문제는, 헤겔과 달리 하버마스가 '사랑'과 '인정'을 구분하지 않고 있다는 점이다. 하버마스는 헤겔의 인정개념을 적극적으로 끌어들여 상호작용의 독자성을 마련하는 데 초석으로 삼고자 한다. 그리고 인정개념과 사랑의 구조를 구분하지 않는 하버마스의 입장에서 보았을 때, 주객의 지배관계를 지양한 상태를 '사랑'이라는 일종의 '인정관계', 혹은 '상호작용'의 상태로 제시하려 했다는 점은 자연스럽게 이해된다. 이 점은 하버마스가 「노동과 상호작용」의 상당 부분을 칸트의 선험철학에 등장하는 유아론적이며 독백론적인 선험적 자기의식과 인정운동에서 비롯되는 헤겔의 자기의식을 구분하는 데에 할애하고 있다는 사실에서도 드러난다.

그러나 이와 같은 하버마스의 의도로 인해서 헤겔의 인정개념은 그 의미가 상당 부분 왜곡되고 있다. 우선 우리는 「노동과 상호작용」 전체에서 하버마스가 여러 가지 용어들을 혼란스럽게 사용하고 있다는 점을 지적하지 않을 수 없다.[298] 언어와 노동 그리고 가족 내에서의 상호작용이라는

297) GW8, 210쪽 참조.
298) 투슐링에 의하면 하버마스가 불명료하게 사용하고 있는 대표적인 용어 중 하나가 '정신'이다. 하버마스는 한편으로는 '정신'이 '의사소통의 매체'여야 한다고 하면서도, 다른 한편으로는 역으로 '의사소통적 행위'가 '정신의 도야과정를 위한 매체'여야 한다고 주장하고, 또 '정신'을 '보편적 매체 속에 있는 개별자들의 의사소통'으로 표현하기도 한다. 하버마스는 이렇듯 정신을 맥락에 따라 다양한 의미로 사용하면서도 정신 자체의 의미를

세 가지 매체들에 대응하여, 하버마스는 '이름 붙이는 의식', '교활한 의식', '인정받은 의식'이라는 개념을 제시하면서, 이 의식의 변증법을 '표현의 변증법(Dialektik der Darstellung)', '노동의 변증법', '인정 투쟁의 변증법'으로 분류한다.[299] 이후에 이 세 가지 변증법은 다시 '언어의 변증법', '노동의 변증법', '상호작용(Interaktion)의 변증법'으로 표현된다.[300] 그리고 특히 상호작용은 '상호성에 기반한 행위(Handeln auf Gegenseitigkeit)'[301]라고 표현되면서, 세 번째 변증법의 유형은 '인륜적 관계의 변증법' 또는 '사랑과 투쟁의 변증법'이라고 표현된다.[302] 결과적으로 하버마스의 이 글제목이 시사하듯이, 노동으로 환원되지 않는 상호작용이라는 규범적 행위의 계기를 헤겔 철학에서 찾으려는 하버마스의 의도에서 보았을 때, '상호작용'은 '인정'이나 '인륜적 관계'와 동일한 의미맥락에서 해석될 수밖에 없다. 그리고 하버마스는 이러한 관계의 변증법, 다시 말해 '사랑과 투쟁의 변증법'이 '상호주관성(Intersubjektivität)'의 차원에 근거한 운동'이며, 이 운동의 결과는 주관이 일방적으로 객관을 자기화하려는 행위(Aneignung)가 아니라 '화해'라고 주장한다. 여기서 더 나아가 하버마스는 왜곡된 의사소통의 관계를 일소하고 타자 내에서 자기를 대화적으로 인식하는 운동과정을 인정투쟁과정과 동일시하며, 이 과

..

명시적으로 정의내리고 있지는 않다. 그래서 우리는 다만 하버마스의 헤겔 해석의 내용적 맥락에서만 정신의 의미를 간파할 수 있을 뿐이다.(B. Tuschling, *Die offene und die abstrakte Gesellschaft—Habermas und die Konzeption von Vergesellschaftung der klassisch-bürgerlichen Rechts—und Staatsphilosophie*, Berlin, 1978, 103쪽 참조)

299) J. Habermas, 앞의 글, 30쪽.
300) J. Habermas, 앞의 글, 32쪽.
301) J. Habermas, 앞의 글, 36쪽.
302) J. Habermas, 앞의 글, 37쪽.

정에서 결과되는 비억압적인 대화적 상황을 '화해로서의 사랑'과 동일시한다.[303] 결국 하버마스가 인정관계, 인륜적 관계, 상호주관성 그리고 사랑을 '상호작용'으로 포괄하면서, 이 상호작용으로부터 일종의 의사소통적 행위의 전형을 모색하고 있다는 점이 분명하게 드러나는 것이다.

그러나, 『예나 체계기획』의 '정신철학'에서 헤겔은 하버마스처럼 사랑과 인정관계, 인륜적 관계를 결코 동일시하지 않는다. 특히 '인정'은 조화의 상태인 '사랑'을 가능케 하는 주체들 간의 상호 관계가 아니며, 오히려 역으로 자연적 인륜성의 직접적 기반인 '사랑'은 '인정운동'에 선행하는 것이다. 사랑은 자유로운 자기의식적 주체, 또는 배타적 소유권을 주장하는 인격이 아직 결과되지 않은 직접적 통일 상태로서, 이러한 사랑이 인정투쟁과 동일시되거나 인정투쟁 후에 결과되는 인륜성과 동일시될 수는 없다. 그래서 헤겔은 다음과 같이 주장한다.

"이 인식이 사랑이다. 이 인식은 추리의 운동으로서……인륜성의 기초이지만, 아직까지 인륜성 자체는 아니다. 이것은 단지 인륜성에 대해 예견하는 것일 뿐이다."[304]

헤겔 자신의 주장에 따르면, 가족 성원들 서로 간의 '사랑'에서 나타나는 상호적인 자기인식의 관계와, 주체적이며 개별적인 대자존재들 서로 간에 성립하는 인정의 관계는 서로 상이한 관계이다. 헤겔에 의하면, 사랑은 타자 속에서 자신을 직접적으로 아는 관계이지 대상화되고 매개된

303) J. Habermas, 앞의 글, 17쪽.
304) GW8, 210쪽. JR2, 202쪽.

것이 아니며, 사랑에서 사랑하는 양자는 '자유로운 의지들'로서가 아니라 단지 '성격들(Charaktere)'이나 '자연적인 개인들', '아직 도야되지 않은 자연적 자아'로만 등장한다.[305] 그래서 헤겔은 사랑을 개인들 서로 간에 자유로운 '의지의 대립이 없이 인정받은 상태'라고 표현하면서,[306] 참된 의미에서의 인정의 운동을 사랑에 분명히 대립시킨다. 헤겔은 다음과 같이 말한다.

> "아는 의지는 다음과 같은 두 가지 측면에 의해 수행된다. α) 아는 의지는 사랑으로서, 관계 맺는 몰자아적인 양 극단들의 직접적 통일에 대한 앎을 통해 수행된다. β) 아는 의지는 자유로운 자아들인 양 극단들에 의해, 인정을 통해 수행된다."[307]

여기서 의지는 두 가지 관계들, 즉 '직접적 통일인 사랑'과 '자유로운 자아들의 인정'을 통해 수행되며, '사랑'과 '인정'이라는 두 가지 관계는 '몰자아적인 직접성'과 '자유로운 자아'라는 개념을 통해 분명히 구분된다. 따라서 하버마스가 해석하듯이, '가족'이 '상호작용'이라는 인륜성과 동등한 위치에서 다루어지거나, '사랑'이 '인정투쟁'의 결과이자 '변증법적 상호주관성'의 관계로 주장된다면 이것은 헤겔적인 관점에 전혀 부합하지 않는 것이다. 직접적 통일체인 가족관계 내에서만 유효한 사랑이 '의사소통을 왜곡시키는 강제적 힘을 근절시키는 것'이자 "타자 속에서

..

305) GW8, 208, 210쪽. JR2, 199쪽 이하.
306) GW8, 218쪽. JR2, 209쪽.
307) GW8, 221쪽. JR2, 212쪽.

대화적으로 자기를 인식하는 비강제적 상황"[308]을 재산출한다고 주장하는 것은 헤겔의 관점에서 볼 때 분명히 헤겔 자신을 곡해하는 것이다.

물론 헤겔은 예나 시기 이전에 '사랑'을 단순히 개별자의 감정이 아니라 존재와 더불어 '통합의 원리'로 주장한 바가 있다.[309] 그리고 후기에도 헤겔은 '사랑'이라는 표현을 자제하고는 있지만, 그것을 사변적 개념이나 학적 방법과 동일한 맥락에서 사용하기도 하며, '사랑의 논리적 구조'를 '자유'와 동일한 맥락에서 '타자 속에서 자기 자신에게 있음'으로 규정하기도 한다.[310] 이러한 '사변적인' 사랑의 의미가 '상호주관성'이나 '인정'이라는 용어로 대체 가능하냐라는 질문에 답함으로써, 초기부터 후기에 이르기까지 사랑의 체계적 의미는 헤겔 철학의 방법론적 관점에서 일관되게 검토될 수도 있다.[311] 그러나 이러한 관점을 취한다고 하더라도 이것

••

308) J. Habermas, 앞의 글, 17쪽.

309) 예를 들어 대표적인 언급으로 다음과 같은 것이 있다. "사랑 속에서 삶은 스스로를 자기 자신의 이중화와 통합의 상태로 발견한다. 다시 말해 삶은 미전개된 통합의 상태로부터 도야과정을 거쳐 완성된 통합의 상태에 이르는 길을 거쳤다."(N, 379쪽)

310) 예를 들어 『대논리학』에서 헤겔은 다음과 같이 말하고 있다. "따라서 보편자는 자유로운 위력이다. 그것은 폭력적이지 않으며 타자 속에서 고요하게 존재하며 자기 자신에게 머무른다. 그것이 자유로운 위력이라고 불릴 수 있는 것처럼, 그것은 또한 자유로운 사랑이라고 불릴 수도 있을 것이며, 무한한 지복이라고 불릴 수도 있을 것이다."(GW12, 35쪽)

311) 토이니센(M. Theunissen)은 헤겔의 논리학을 상호주관성 이론으로 보려는 대표적인 연구가이다. M. Theunissen, *Sein und Schein. Die kritische Funktion der Hegelschen Logik*, Frankfurt am Main 1980 참조. 이러한 입장에 대해 풀다(H. F. Fulda)와 호르스트만(R. -P. Horstmann)은 헤겔의 판단론에서는 의사소통적 자유의 이론을 위해 반드시 있어야 하는 '주체의 복수성'이 없다고 지적하면서 반론을 제기했다. 이러한 반론제기 후, 토이니센은 자신의 입장을 정신철학 분야로 축소시키게 된다. 이 논의에 대해서는 H. F. Fulda/R. -P. Horstmann/M. Theunissen, *Kritische Darstellung über Metaphysik. Eine Diskussion ber Hegels Logik*, Frankfurt am Main 1980 참조. 특히 논리학에서 사랑에 관련된 언급은 방법론적으로 중요성이 있는 것이 아니라 단지 메타포일 뿐이라는 주장도 가능하다. 회슬레(V. Hösle)는 위 논의와 관련하여, 초기 헤겔에게 있어서 절대자와

은 하버마스의 헤겔 해석과 일치하지 않으며, 후기의 체계철학에 비해 예나 시기 정신철학이 지니는 "체계적인 특별한 위치"[312]를 강조하는 하버마스의 입장은 전혀 설득력이 없게 될 뿐이다.

④ '상호주관성'과 '인륜성'에 대한 하버마스의 해석

이처럼 헤겔이 내용적으로나 체계적으로 분명히 둘로 구분해 놓은 관계를 하버마스가 구분하지 않고 있는 목적은 분명하다. 즉 하버마스는 대화적이며 의사소통적인 상호작용이라는 자기 고유의 개념을 헤겔의 인륜성 개념과 동일시하려고 하는 것이다. 그러나 하버마스는 이러한 의도를 성공적으로 관철시킬 수 없는 것으로 보인다. 왜냐하면 근본적으로 하버마스식의 '지배관계로부터 자유로운 대화'는 '정신의 현실성'인 헤겔의 인륜성 개념과 밀접한 관련이 없기 때문이다.[313] 하버마스가 상호관계방식이나 일차적 집단들, 행동기대들의 사회적 역할이나, 또는 '타자의 의식 속에서 나의 의식의 반영'[314]에 대해 언급하는 곳에서, 오히려 헤겔 자신은 '인정 투쟁'을 자유로운 개인들 간의 '절대적 모순'과 '절대적 대립' 그리고 '상호 배제의 관계'로 전개시키고 있다. 그리고 인정 투쟁을 통해 자유로운 개인들은 자신의 자유로운 의지의 대자존재성을 '절대적

..

동일시되는 사랑이라는 개념도 주객의 개념들에 대해 제 삼의 것, 즉 상호주관성이 아니라, 단지 주객대립을 극복하는 하나의 형태에 불과하다고 해석하고 있다. 그래서 사랑과 관련해서 여러 가지 해석의 가능성이 있을 수 있다고 하더라도, 헤겔 자신은 사랑을 극복되어야 할 주객도식의 관점에서만 생각했기 때문에, 초기 저작들에 있어서도 주관과 주관의 관계라는 긍정적 결과에 헤겔은 도달하지 못했다고 지적한다. V. *Hösle, Hegels System*, Bd. 1: *Systementwicklung und Logik*, Hamburg 1988, 272쪽 이하 참조.

312) J. Habermas, 앞의 글, 9쪽.
313) B. Tuschling, 앞의 책, 104쪽.
314) J. Habermas, 앞의 글, 13쪽.

총체성'에까지 고양시켜야만 하는 것으로 서술된다.[315] 헤겔은 이렇게 생사를 건 투쟁의 '자연상태'가 '강제성 없는 대화상황의 평온한 상태'로 지양된다고 생각하지는 않는다. 오히려 생사를 건 투쟁이라는 자연상태는 주관적인 개별성, 개별적인 의지 자체가 개별적인 것으로서는 무화됨으로써 지양된다. 개별적인 의지는 현실적이며 절대적인 보편적 의지인 '국가'의 권력에 종속됨으로써, 이로부터 결과되는 권력을 자기 고유의 본질로서 인정하게 되는 것이다.[316] 이 점을 '상호주관성'을 중심으로 좀 더 자세히 살펴보자.

하버마스에 의하면 '상호주관성'은 복수적인 개별적 주체들을 전제한다. 이 점에서 상호주관성은 개별적 주체와 개별적 주체 사이의 관계에만 적용될 수 있는 개념이다.[317] 「노동과 상호작용」에서도 상호작용이 이러한 상호주관성의 맥락에서 사용되고 있다. 그러나 이러한 맥락에서 사용된 '상호작용'은 헤겔의 인정개념과 혼동되어서는 안 된다. 헤겔은 인정개념을 개별적 주체들 간의 관계에만 적용하지 않고 개별자와 보편자 간의 관계에도 적용한다. 예를 들어, 『예나 체계기획 III』의 「정신철학」에서 '인정운동'은 개별자들 간의 투쟁으로 멈추지 않고, 개별자들 간의 투쟁에서 결과된 '보편 의지'와 '개별자' 간의 인정과정으로 계속 전개된다. 개별자들은 인정투쟁에서 절대적 대자존재로 인정받기를 원하며, 내가 타자 속에서 순수한 대자존재로 인정받으려고 하듯이 타자 역시 내 안에서 인정받기를 원한다는 공동의 목표에 대한 자각을 통해, 타자에 의해 인

⋮

315) GW6, 307-312쪽, GW8, 214쪽 이하 참조. JR1, 226-230쪽, JR2, 205-211쪽.
316) GW8, 236-242, 247-248, 253-260쪽 참조. JR2, 225-230, 235-236, 242-248쪽 참조.
317) J. Habermas, 앞의 글, 13쪽 참조.

정받은 의지, 즉 '보편 의지'가 결과된다.[318] 이 보편 의지는 인륜성의 한 형식인 '형식적 법'으로서, 법은 서로를 자유로운 대자존재로 인정하는 공통의지의 산물이지만, 법적 관계에서 유효한 것은 여전히 '보편적이고 추상적인 인정받은 존재'일 뿐이다.[319] 그래서 법적 관계는 아직까지 절대적 인륜성의 단계에 도달하지 못한 상태이므로, 절대적 인륜성으로 이행하기까지는 '개별자'와 '보편자' 간에 또 한 번의 인정운동이 있어야 한다. 이 운동의 과정은 개별 의지가 보편 의지를 부정하는 '범죄'와 범죄에 대한 보편 의지의 '보복'인 '형벌'로 드러난다.[320] 범죄는 일차적으로 이미 보편적 인정상태를 전제한다는 점에서 단순한 점유의 침해에 따른 개인적 모욕이 아니라, 인정관계 자체의 침해, 이미 현존하는 보편 의지에 대한 침해이다. 그런데 범죄의 발생원인은 개별자에게만 있지 않고, 개별성을 고려치 않고 보편성을 추상적으로 강요하는 보편 의지에게도 있다. 이렇게 침해받은 인정관계는 보편 의지의 보복인 형벌을 통해 회복될 수밖에 없다. 이 점에서 범죄와 형벌은 개별자와 보편자 간의 인정운동이며, 이 운동의 과정에서 개별자가 지양됨으로써 개별 의지와 보편 의지가 화해된다. 이렇게 다시 한번 개별 의지와 매개된 보편 의지의 실존으로서의 법은 추상법의 상태가 아니라, 개별자를 자신 속에 포함하는 '절대적 인륜성', 즉 '국가'를 이룬다.[321] 이처럼 헤겔은 인정개념을 개별적인 주체들 사이의 맥락에서만 사용하지 않는다. 분명히 이 점은 하버마스가 상호주관성을 인륜적 체제를 구성하는 구성원들 사이의 관계로만 생각하는 것

∙∙
318) GW8, 219-222쪽 참조.
319) GW8, 222쪽.
320) GW8, 235쪽 이하 참조.
321) GW8, 261쪽 참조.

과는 차이가 있다.

또한 하버마스는 인정관계가 지속적으로 위험에 처할 수 있는 것으로 보고 있지만,[322] 이 관점도 헤겔의 견해에 맞지 않다. 왜냐하면 헤겔에 의하면 실체이자 유일한 현실성으로서의 정신은 '보편적 의지 아래에 개별적인 대자적 의지가 종속하는 상태'이고, 여기서 보편적 의지는 다름 아니라 '개별의지의 자기지양'에서 결과되기 때문이다. 헤겔에 의하면 이렇게 결과된 '인륜적 객관성'은 절대적인 의미를 지니며, 이러한 인륜적 객관성을 산출하기 위해 도입된 인정운동은 개별적 주체들 간의 자의적인 상호작용의 과정이 아니다. 인정운동은 그것이 개별자와 개별자 간의 관계든, 개별자와 보편자 간의 관계든 절대적 인륜성에 이르는 필연적 과정이며, 반드시 거칠 수밖에 없는 불가피한 과정이다. 그리고 개념적으로 인정운동을 거치고 난 다음 그 결과물로 절대적 인륜성의 차원이 확보되었다면, 더 이상 이 상태에서는 상호인정이 위험에 처할 수 있는 가능성은 사라진다. 실제로 그러한 일이 발생한다고 하더라도, 그것은 이미 절대적 인륜성이라는 안정된 실체적 바탕 위에서 발생할 뿐이다.[323] 헤겔은

••

322) J. Habermas, 앞의 글, 22쪽.

323) 그래서 투슐링은 이러한 인정관계를 '상호주관적'이 아니라 '초주관적인' 관계라고 표현한다.(B. Tuschling, 앞의 책, 105쪽 참조) 이 점에서 짚(L. Siep)도 헤겔이 상호인정의 원리에 일정한 한계를 그었다고 지적한다. 그에 의하면 헤겔의 인정이론은 원칙적으로 '비대칭적' 구조를 지니고 있다. 이 비대칭적 구조는 개인에 대해 '우리'라는 공동체적 실체가 대립하면서, '국가의 제도적 실재성' 내에서 개인의 인격에 대한 인정은 단지 개인이 국가에 종속한다는 맥락에서만 의미를 지닌다는 점에서 드러난다. L. Siep, "Die Bewegung des Anerkennens in Hegels Phänomenologie des Geistes", in: *G. W. F. Hegel Phänomenologie des Geistes*, hrsg. von D. Köhler und O. Pöggeler, Berlin 1998, 121쪽 이하 참조. 김준수, 「승인과 사회윤리. 헤겔의 승인이론에 의거한 현대적 인륜성의 모색」, 『사회와 철학』, 제 3 집, 사회와 철학 연구회, 2002, 223쪽 이하 참조.

절대적 정신에까지 인정운동을 완전히 전개시키고 난 후에는, 그 전 과 정에서 등장한 '개별자의 절대적 대자성' 또는 '개별자의 대자존재의 절 대적 총체성' 그리고 '모든 개별자들 간에 발생하는 생사를 건 투쟁' 등 을 "추상"[324]이라고 표현한다. 헤겔에 의하면 오직 절대정신의 총체성으로 만 파악가능한 공동체적 현실 가운데에서는, '고립된 개인들'은 '총체성 일 반'으로 실존하지 않으며, 단지 '절대정신 속에서 지양되고 사회화된 개인 들'로만 실존한다. 공동체적 현실을 규정하는 "〔권력을 지닌〕법은……개 별적 인격들의 실존의 실체이다. 그리고 개별적 인격들의 실존은 타인과 함께 이루는 공동체에 전적으로 의존하고 있다. 이런 상태에서 법은 개 별적 인격들의 절대적 필연성인 것이다."[325] 그런데 헤겔에 의하면 이것 은 사회화의 조직 속에서 개인들이 서로 고립될 수 없다는 것을 의미하 는 것은 아니다. 추상에 의해 고립되는 것이 인간과 동물의 차이점이기 도 하다. 그러나 이렇게 추상으로 실존한다는 것은 지속성을 지니지 못 하며 언제든지 사라질 수 있는 일시성을 지닐 뿐이다. 헤겔은 다음과 같 이 말한다.

"정신은 하나의 추상의 상태로 자신을 정립하며 스스로를 분해하여 하 나의 실존을 부여할 수는 있다. 그러나 동물은 그렇게 하지 못한다. 그런 데 정신이 이렇게 자신에게 실존을 부여할 때, 하나의 체계〔조직〕속에서 스스로를 정립하는 자아는 병이 들게 되고, 그렇게 해서 이 자아는 순간적 이며 사라질 수 있는 실존만을 지니게 되는 것이다."[326]

••
324) GW8, 223쪽. JR2, 213쪽.
325) GW8, 236-237쪽. JR2, 226쪽.
326) GW8, 223-224쪽. JR2, 213-214쪽.

즉 보편적이며 절대적인 정신의 '총체성'으로부터 추상적으로 고립되어 있는 개인은 병이 든 것이나 마찬가지며 참되게 실존하는 것이 아니다. 절대적 인륜성의 차원에서 인정을 받은 상태에서야 비로소 개인은 공동체 속에서 참된 개별적인 현존성을 지니게 된다. 그렇게 하기 전에 개인은 추상일 뿐이며 참되지 않은 것일 뿐이다. 따라서 개인들은 공동체의 절대적 필연성 속에서만 지속적으로 실존할 수 있으며, 이 점에서 헤겔에게서 인정관계는 지속적으로 위태로움에 처할 수 있는 우연성의 산물이 아니다.

헤겔에 의하면 '자아동일성'은 오직 지양되는 것으로서만 가능하다. 즉 개별적인 주체는 자신의 특수한 대자존재성을 부정하거나, 절대적으로 보편적인 의식이나 의지를 인정하는 것으로서만 가능한 것이다. 그리고 개별적인 주체가 보편적인 의식, 즉 구체적으로는 '민족 정신'과 이러한 동일성을 이룰 때, 주체적인 개인은 자신의 자기의식을 지니기는 하지만, 자신의 개별적인 특수성을 본질이자 실체인 공동체의 총체성 하에서 파악하는 의식을 지니게 된다. 이때 이 공동체의 총체성은 개인들을 지탱시키는 위력이자 개인들이 특수한 개별성을 실현시키는 조건이며, '개인의 완전한 자유와 자립성의 조건'[327]이기도 하다. 그렇기 때문에 헤겔의 정신철학은 아무런 변화 없는 자아동일성 이론이 아니라, 절대정신의 동일성 속에서 자아동일성이 과정적으로 산출되고 지양되는 이론이라고 할 수 있다.[328] 이 과정에서 절대정신은 모든 모순적인 운동들을 관통하여 유일하게 유지되는 보편자로 남는다.

∴

327) GW8, 254쪽. JR2, 242쪽.
328) B. Tuschling, 앞의 책, 106쪽.

"한 민족의 절대적 정신은 절대적으로 보편적인 기초이자, 모든 개별적 의식들을 자체 속에 엮어 놓은 에테르이며, 절대적이며 단순하고 생동적인 유일한 실체이다."[329]

헤겔에 의하면 절대정신은 어떤 변화 가운데에서도 유일하게 유지되는 참된 현실이며, 이 정신에 대해 개별자들은 단지 사라지는 것들일 뿐이다. 그렇기 때문에 헤겔은 이런 측면에서 절대정신에서 독립적인 "개별자들은 더 이상 존재하지 않는다."라고 주장하기도 한다.[330] 그러나 동시에 절대정신은 모든 개별자들의 산물이며, '개별적인 의식 일반의 공동작품'이기도 하다.[331] "왜냐하면 개별적인 의식들의 활동을 통해 절대정신이 산출된다고 할 때, 이 개별적 의식의 활동은 개별적 의식들을 지양하는 것이며, 이러한 지양은……곧 대자적으로 존재하는 보편적 정신"[332]이기 때문이다. 이런 점에서 보면 절대정신은 개별적인 행위자 자신에 의해 산출된 객관성이라고 할 수 있고, 이 점에서 하버마스의 주장은 옳은 것처럼 보이기도 한다. 그러나 하버마스식의 '상호주관성'이라는 단초는 애초부터 행위하는 개별자들이 주도하는 운동의 변증법을 제거해버리며, 산출자와 산출된 것, 생산자와 생산물의 의존관계를 뒤바꾸고 있다.[333] 헤겔에 의하면 상호주관성이 개별적 의식 일반의 운동을 통해 결과되는 것임에도 불구하고, 역으로 하버마스는 상호주관성을 개별적 의식 일반

··
329) GW6, 315쪽. JR1, 232쪽.
330) GW8, 314쪽.
331) GW8, 315쪽.
332) GW6, 316쪽.
333) B. Tuschling, 앞의 책, 105쪽.

의 운동에 앞서 미리 '규범적으로' 전제하고 있는 것이다. 하버마스의 이러한 규범적 전제와는 달리, 헤겔에게서는 개별적인 의지들이 행하는 '자기지양'과 '자기희생'과 '자기부정'의 행위로부터, '보편 의지인 정신'이 개별 의지들을 장악하는 자신의 절대성과 절대적 위력을 끌어낸다. 그래서 절대정신은 곧 '개별적 주체 자체의 자기지양의 행위'라고 할 수 있는 것이다.

참고문헌

1. 헤겔 저작

1) 전집류

Hegel, G. W. F., *Gesammelte Werke*, in Verbindung mit der Deutschen Forschungsgemeinschaft, hrsg. von der Reinische−Westfälischen Akademie der Wissenschaften, Hamburg 1968ff. (= GW)

_____, *Theorie Werkausgabe in zwanzig Bänden*, Redaktion von E. Moldenhauer & K. M. Michel, Frankfurt am Main 1969ff. (= TW)

_____, *Sämtliche Werke*, hrsg. von G. Lasson, Leipzig 1923. (= SW)

_____, *G. W. F. Hegel. Vorlesungen über Rechtsphilosophie* 1818−1831, Edition und Kommentar in sechs Bänden von K.−H. Ilting, Stuttgart−Bad Cannstatt 1973. (= Ilting) 〔헤겔의 법철학 관련 글모음집〕

_____, *Briefe von und an Hegel*, Bd. 1−3, hrsg. von J. Hoffmeister / Bd. 4, hrsg. von F. Nicolin, Hamburg 1952ff, 1977. 〔헤겔이 주고받은 서간집〕

2) 단행본

Hegel, G. W. F., *Frühe Schriften I*, in: GW1, hrsg. von F. Nicolin & G. Schüler, Hamburg 1989.

_____, *Jenaer Kritische Schriften*, in: GW4, hrsg. von H. Buchner & O. Pöggeler, Hamburg 1968.

_____, *Jenenser Realphilosophie I*, −*Die Vorlesungen* von 1803/04, hrsg.

von J. Hoffmeister, Leipzig: Felix Meiner, 1932.(=JR1)

_____, *Jenenser Realphilosophie II—Die Vorlesungen* von 1805/06, hrsg. von J. Hoffmeister, Leipzig: Felix Meiner, 1931.(=JR2)

_____, *Schriften und Entwürfe* (1799−1808), in: GW5, hrsg. von M. Baum & K. R. Meist, Hamburg 1998.

_____, *Jenaer Systementwürfe I*, in: GW6, hrsg. von K. Düsing & H. Kimmerle, Hamburg 1975.

_____, *Jenaer Systementwürfe III*, in: GW8, hrsg. von J. H. Trede & R.—P. Horstmann, Hamburg 1976.

_____, *Phänomenologie des Geistes*, in: GW9, hrsg. von W. Bonsiepen & R. Heede, Hamburg 1980.

_____, *Wissenschaft der Logik I* (1812/1813), in: GW11, hrsg. von F. Hogemann & W. Jaeschke, Hamburg 1978.

_____, *Wissenschaft der Logik II* (1816), in: GW12, hrsg. von F. Hogemann & W. Jaeschke, Hamburg 1981.

_____, *Enzyklopädie der philosophischen Wissenschaften im Grundrisse* (1817), in: GW13, hrsg. von W. Bonsiepen & K. Grotsch, Hamburg 2000.

_____, *Enzyklopädie der philosophischen Wissenschaften im Grundrisse* (1827), in: GW19, hrsg. von W. Bonsiepen & H. — Ch. Lucas, Hamburg 1989.

_____, *Enzyklopädie der philosophischen Wissenschaften im Grundrisse* (1830), in: GW20, hrsg. von W. Bonsiepen & H. — Ch. Lucas, Hamburg 1992.

_____, *Wissenschaft der Logik I* (1832), in: GW21, hrsg. von F. Hogemann & W. Jaeschke, Hamburg 1985.

_____, *Frühe Schriften*, in: TW1, Redaktion von E. Moldenhauer & K. M. Michel, Frankfurt am Main 1971.

_____, *Nürnberger und Heidelberger Schriften* (1808−1817), in: TW4,

Redaktion von E. Moldenhauer & K. M. Michel, Frankfurt am Main 1971.

_____, *Grundlinien der Philosophie des Rechts oder Naturrecht und Staatswissenschaft im Grundrisse*, in: TW7, Redaktion von E. Moldenhauer & K. M. Michel, Frankfurt am Main 1970.

_____, *Enzyklopädie der philosophischen Wissenschaften im Grundrisse* (1830) Erster Teil, Die Wissenschaft der Logik. Mit den mündlichen Zusätzen, in: TW8, Redaktion von E. Moldenhauer & K. M. Michel, Frankfurt am Main, 1970.

_____, *Enzyklopädie der philosophischen Wissenschaften im Grundrisse* (1830) Zweiter Teil, Die Naturphilosophie. Mit den mündlichen Zusätzen, in: TW9, Redaktion von E. Moldenhauer & K. M. Michel, Frankfurt am Main, 1970.

_____, *Enzyklopädie der philosophischen Wissenschaften im Grundrisse* (1830) Dritter Teil, Die Philosophie des Geistes. Mit den mündlichen Zusätzen, in: TW8, Redaktion von E. Moldenhauer & K. M. Michel, Frankfurt am Main 1970.

_____, *Vorlesung über die Philosophie des Geschichte*, in: TW12, Redaktion von E. Moldenhauer & K. M. Michel, Frankfurt am Main 1970.

_____, *Vorlesung über die Geschichte der Philosophie III*, in: TW20, Redaktion von E. Moldenhauer & K. M. Michel, Frankfurt am Main 1971.

_____, *Theologische Jugendschriften* (1907), hrsg. von H. Nohl, Frankfurt am Main 1991.

_____, *Vorlesung über Naturphilosophie: Berlin 1823/24*. Nachschrift von K. G. J. v. Griesheim, Hegeliana, Bd. 12, hrsg. von H. Schneider, Frankfurt am Main 2000. (= VN)

3) 헤겔 저작 국내 번역물

강유원 옮김: 헤겔, 『법철학 1-서문과 서론』, 사람생각 1999.

권응호 옮김: 헤겔, 『법철학 강요』, 홍신문화사 1997.

권정임 한동원 옮김: 헤겔, 『헤겔 예술철학』, 미술문화 2008.

김계숙 옮김: 헤겔, 『헤겔 논리학』, 서문문화사 1997.

김소영 옮김: 헤겔, 『논리학 서론. 철학백과 서론』, 책세상 2002.

김준수 옮김: 헤겔, 『자연법』, 한길사 2004.

김준수 옮김: 헤겔, 『인륜성의 체계』, 울력 2007.

두행숙 옮김: 헤겔, 『헤겔의 미학강의 1,2,3』, 은행나무 2010.

박병기 옮김: 헤겔, 『행성궤도론』, 책세상 2003.

박병기 옮김: 헤겔, 『헤겔 자연철학 1,2』, 나남 2008.

박병기 박구용 옮김: 헤겔, 『정신 철학』, 울산대학교출판부 2000.

박전규 옮김: 헤겔, 『철학입문』, 삼일당 1983.

서동익 옮김: 헤겔, 『철학강요』, 을유문화사 1998.

서정혁 옮김: 헤겔, 『교수취임 연설문』, 책세상 2004.

서정혁 옮김: 헤겔, 『법철학 강요』, 지만지 2008.

서정혁 옮김: 헤겔, 『미학 강의』, 지만지 2009.

서정혁 옮김: 헤겔, 『세계사의 철학』, 지만지 2009.

위상복 옮김: 헤겔, 『김나지움 논리학 입문』, 용의숲 2008.

임석진 옮김: 헤겔, 『대논리학 I, II, III』, 학지사 1982-3.

임석진 옮김: 헤겔, 『법철학』, 한길사 2008.

임석진 옮김: 헤겔, 『역사속의 이성』, 지식산업사 1997.

임석진 옮김: 헤겔, 『역사철학강의』, 삼성출판사 1992.

임석진 옮김: 헤겔, 『정신현상학 1, 2』, 한길사 2005.

임석진 옮김: 헤겔, 『철학사 I』, 지식산업사 1996.

임석진 옮김: 헤겔, 『피히테와 셸링 철학체계의 차이』, 지식산업사 1989.

정대성 옮김: 헤겔, 『청년 헤겔의 신학론집』, 인간사랑 2005.

조홍길 옮김: 헤겔, 『기독교의 정신과 그 운명』, 철학과현실사 2003.

최신한 옮김: 헤겔, 『종교철학』, 지식산업사 1999.

황설중 옮김, 헤겔, 『믿음과 지식』, 아카넷 2003.

황설중 옮김: 헤겔, 『변증법과 회의주의』, 철학과현실사 2003.

2. 『예나 체계기획』 관련 연구문헌

김준수, 「헤겔의 승인이론-예나 중기 정신철학적 초고들을 중심으로」, 『철학연구』
　　　제51집, 철학연구회 2000, 165-189쪽.

김준수, 「승인과 사회윤리. 헤겔의 승인이론에 의거한 현대적 인륜성의 모색」, 『사
　　　회와 철학』 제3집, 사회와 철학 연구회 2002, 187-232쪽.

리히터, L. G., 양우석 옮김, 『헤겔의 자연철학』, 서광사 1998.

맹주만, 「칸트와 헤겔의 자연 개념」, 『칸트연구』 제6호, 한국칸트학회 2000, 180-
　　　225쪽.

박병기, 「헤겔과 인간중심적 유기체론」, 『범한철학』 제37호, 범한철학회 2005,
　　　5-28쪽.

박병기, 「헤겔과 태양계 유기체론」, 『헤겔연구』 제17호, 한국헤겔학회 2005, 81-
　　　118쪽.

박병기, 「헤겔 자연철학과 진자론」, 『철학과 현상학연구』 제32호, 한국현상학회
　　　2007, 167-193쪽.

김성환, 「헤겔의 자연철학에서 뉴턴 과학」, 『시대와 철학』 제9호, 1998, 한국철학사
　　　상연구회 99-157쪽.

서정혁, 「헤겔의 '인정' 개념에 대한 이해와 오해-하버마스의 「노동과 상호작용」의
　　　경우」, 『철학』 제83집, 한국철학회 2005, 167-190쪽.

윤병태, 『청년기 헤겔철학』, 용의 숲 2007.

윤병태, 「산다는 것의 인륜적 구조-예나 시대의 헤겔을 사로잡은 문제」, 『헤겔연구』
　　　제6호, 한국헤겔학회 1994, 59-98쪽.

윤병태, 「안다는 것의 의식적 구조-헤겔 의식이론과 시대정신의 비판적 수용 I」,
　　　『헤겔연구』 제6호, 한국헤겔학회 1994, 99-157쪽.

윤병태, *Studien zu Hegels Theorie des Selbstbewußtseins in der Jenaer Zeit,*

Göttingen 1992.

이광모, 「자연, 자립적 주체인가 아니면 이념의 외화인가?—셸링과 헤겔의 자연철학에 대한 비교와 전망」, 『헤겔연구』제16호, 한국헤겔학회 2004, 157–188쪽.

이동희, 『헤겔과 자연』, 제우스 2006.

이병창, 「헤겔 자연철학에 대한 연구」, 『시대와 철학』제4호, 한국철학사상연구회 1993, 126–150쪽.

임홍빈, 「헤겔의 자연철학: 그 이념과 서술원칙에 대한 일반적 고찰」, 『인간과 자연』, 서광사 1995.

Abendroth, W. (Hg.), *Die Linke antwortet Jürgen Habermas*, Frankfurt am Main 1968.

Angelis, M. de, *Hegels Philosophie als Weisheitslehre. Beiträge zu einer neuen Interpretation des jungen und des reifen Hegel*, Frankfurt am Main 1996.

Baum, M. & Meist, K., "Durch Philosophie leben lernen. Hegels Konzeption der Philosophie nach den neu aufgefundenen Jenaer Manuskripten", in *Hegel–Studien*, Bd. 12, hrsg. von F. Nicolin & O. Pöggeler, Bonn 1977.

Baum, M., "Zur Vorgeschichte des hegelschen Unendlichkeitsbegriff", in: *Hegel–Studien*, Bd. 11, hrsg. von F. Nicolin & O. Pöggeler, Bonn 1976.

Baum, M., *Die Entstehung der Hegelschen Dialektik*, Bonn 1989.

Baumeister, Th., *Hegels frühe Kritik an Kants Ethik*, Heidelberg 1976.

Bodammer, Th., *Hegels Deutung der Sprache*, Hamburg 1969.

Bondeli, M., "Zwischen radikaler Kritik und neuem Moralitätskonzept", in: *Der Weg zum System, Materialien zum jungen Hegel*, hrsg. von Ch. Jamme & H. Schneider, Frankfurt am Main 1990.

Bubner, R., (hrsg. von) *Das älteste Systemprogramm*, Bonn 1973.

Buchner, H., "Philosophie und Religion im einigen Ganzen des Lebens (Zu Hegels Systemfragment von 1800)", in: *All-Einheit*, hrsg. von D. Henrich, Stuttgart 1985.

Busche, H., *Das Leben der Lebendigen, Hegel-Studien Beiheft* 31, Bonn 1987.

Düsing, K., "Idealistische Substanzmetaphysik. Probleme der Systementwicklung bei Schelling und *Hegel in Jena*", in: *Hegel in Jena*, hrsg. von D. Henrich & K. D sing, Bonn 1980.

Düsing, K., *Das Problem der Subjektivität in Hegels Logik, Hegel-Studien* Beiheft 13, Bonn 1976.

Engelhardt, D. von, *Hegel und die Chemie. Studie zur Philosophie und Wissenschaft der Natur um 1800*, Wiesbaden 1976.

Fujita, M., *Philosophie und Religion beim jungen Hegel. Unter besonderer Berücksichtigung seiner Auseinandersetzung mit Schelling*, Bonn 1985.

Habermas, J., "Arbeit und Interaktion. Bemerkungen zu Hegels Jenenser Philosophie des Geistes ", in: *Technik und Wissenschaft als Ideologie*, Frankfurt am Main 1968.

Hansen, F. P., *"Das älteste Systemprogramm des deutschen Idealismus". Rezeptionsgeschichte und Interpretation*, Berlin/New York 1989.

Henrich, D. & Düsing, K. (Hg.), *Hegel in Jena*, Bonn 1980.

Hocevar, R. K., *Stünde und Repräsentation beim jungen Hegel*, München 1968.

Honneth, A., *Der Kampf um Anerkennung. Zur moralischen Grammatik sozialer Konflikte*, Frankfurt am Main 1992.

Horstmann, R.-P., "Jenaer Systemkonzeption", in: *Hegel–Einführung in seine Philosophie*, hrsg. von O. Pöggeler, Freiburg/München 1977.

Horstmann, R.-P., "Probleme der Wandlung in Hegels Jenaer Systemkonzeption", in: *Philosophische Rundschau*, Bd. 19, Tübingen 1972.

Horstmann, R.-P., & Petry, M. J. (hrsg.), *Hegels Philosophie der Natur. Beziehungen zwischen empirischer und spekulativer Naturerkenntnis*, Stuttgart 1986.

Houlgate, S. (ed.), *Hegel and the Philosophy of Nature*, Albany: State Univ. of New York Press 1998.

Ilting, K.-H., "Anerkennung. Zur Rechtfertigung praktischer Sätze", in: *Rehabilitierung der praktischen Philosophie II*, Freiburg 1974.

Irrlitz, G., *Einleitung zu Hegel, Jenaer Schriften*, Berlin 1972.

Jamme, Ch., "Ein ungelehrtes Buch". *Die philosophische Gemeinschaft zwischen Hölderlin und Hegel in Frankfurt 1797−1800, Hegel−Studien* Beiheft 23, Bonn 1983.

Kalenberg, Th., *Die Befreiung der Natur. Natur und Selbstbewußtseins in der Philosophie Hegels*, Felix Meiner 1997.

Kimmerle, H., "Zur Chronologie von Hegels Jenaer Schriften", in: *Hegel−Studien*, Bd. 4, Bonn 1967.

Kimmerle, H., "Anfänge der Dialektik", in: *Der Weg zum System, Materialien zum jungen Hegel*, hrsg. von Ch. Jamme & H. Schneider, Frankfurt am Main 1990.

Kimmerle, H., "Dokumente zu Hegels Jenaer Dozententätigkeit (1801−1807)", in: *Hegel−Studien*, Bd.4, hrsg. von F. Nicolin & O. Pöggeler, Bonn 1967.

Kimmerle, H., "Hegels Naturrecht 1802−1805/06", in: *Hegel−Studien*, Bd.11, Bonn 1976

Kimmerle, H., *Das Problem der Abgeschlossenheit des Denkens, Hegel−Studien* Beiheft 8, Bonn 1982.

Kondylis, P., *Die Entstehung der Dialektik. Eine Analyse der geistigen Entwicklung von Hölderlin, Schelling und Hegel bis 1802*, Stuttgart 1979.

Kozu, K., *Das Bedürfnis der Philosophie, Hegel−Studien* Beiheft 30, Bonn 1988.

Kubo, Y., "Sein und Reflexion—Zur Entstehung der Metaphysik Hegels", in: *Hegel−Studien*, Bd. 23, hrsg. von F. Nicolin & O. Pöggeler, Bonn 1988.

Lukács, G., *Der Junge Hegel*, Berlin 1954.

Marcuse, H., *Hegels Ontologie und die Theorie der Geschichtlichkeit*, Frankfurt am Main 1975.

Meist, K. R., "Hegels Systemkonzeption in der frühen Jenaer Zeit", in: *Hegel in*

Jena, hrsg. von D. Henrich & K. Düsing, Bonn 1980.

Petry, M. J. (ed.), *Hegel and Newtonianism*, Boston: Kluwer Academic Publishers 1993.

Petry, M. J. (hrsg.), *Hegel und the Naturwissenschaften*, Stuttgart: Fr. Fromman Verlag 1987.

Pöggeler, O., *Hegels Idee einer Phänomenologie des Geistes*, München 1973.

Pöggeler, O., *Hegels Jugendschriften und die Idee einer Phänomenologie des Geistes*, Heidelberg 1966.

Portales, G., *Hegels frühe Idee der Philosophie*, Stuttgart 1994.

Puntel, L. B., *Darstellung, Methode und Struktur – Untersuchungen zur Einheit der systematischen Philosophie G. W. F. Hegels*, *Hegel – Studien* Beiheft 10, Bonn 1981.

Riedel, M., *Studien zu Hegels Rechtsphilosophie*, Frankfurt am Main 1969.

Schmied – Kowarzik, W., *Die Dialektik der gesellschaftlichen Praxis*, Freiburg/ München 1981.

Schnädelbach, H., *Hegels praktische Philosophie. Ein Kommentare der Texte in der Reihenfolge ihrer Entstehung*, Frankfurt am Main 2000.

Schüler, G., "Zur Chronologie von Hegels Jugendschriften", in: *Hegel – Studien* Bd. 2, hrsg. von F. Nicolin & O. Pöggeler, Bonn 1963.

Shikaya, T., "Die Wandlung des Seinsbegriffs in Hegels Logik – Konzeption", in: *Hegel – Studien*, Bd. 13, hrsg. von F. Nicolin O. Pöggeler, Bonn 1978.

Siep, L., *Anerkennung als Prinzip der praktischen Philosophie. Untersuchungen zu Hegels Jenaer Philosophie des Geistes*, München 1979.

Siep, L., *Der Weg der Phänomelogie des Geistes*, Frankfurt am Main 2000.

Siep, L., *Praktische Philosophie im deutschen Idealismus*, Frankfurt am Main 1992.

Trede, J. H., "Hegels frühe Logik (1801 – 1803/04) — Versuch einer systematischen Rekonstruktion", in: *Hegel – Studien*, Bd.7, hrsg. von F. Nicolin & O. Pöggeler, Bonn 1972.

Trede, J. H., "Mythologie und Idee. Die systematische Stellung der "Volksreligion" in Hegels Jenaer Philosophie der Sittlichkeit (1801–03)", in: *Das älteste Systemprogramm*, hrsg. von R. Bubner, Bonn 1973.

Tuschling, B., *Die offene und die abstrakte Gesellschaft—Habermas und die Konzeption von Vergesellschaftung der klassisch—bürgerlichen Rechts— und Staatsphilosophie*, Berlin 1978.

Viewig, K. (hrsg.), *Hegels Janaer Naturphilosophie*, Wilhelm Fink Verlag 1998.

Wildt, A., *Autonomie und Anerkennung. Hegels Moralitätskritik im Lichte seiner Fichte—Rezeption*, Stuttgart 1982.

Yorikawa, J., *Hegels Weg zum System. Die Entwicklung der Philosophie Hegels 1797–1803*, Frankfurt am Main 1996.

3. 헤겔 철학 일반 연구문헌

김진, 『헤겔철학의 유산』 (울산대학교출판부, 2004).

나종석, 『차이와 연대—현대 세계와 헤겔의 사회 정치철학』 (서울: 길, 2007).

뒤징, K., (서정혁 옮김), 『헤겔과 철학사』 (경기: 동과서, 2003).

루드비히, R., (이동희 옮김), 『정신현상학—쉽게 읽는 헤겔』 (서울: 이학사, 2002).

마슈레, P., 『헤겔과 스피노자』 (서울: 이제이북스, 2004).

백종현, 『칸트와 헤겔의 철학』 (서울: 아카넷, 2010).

비더만, G, (강대석 옮김), 『헤겔』 (서울: 서광사, 1999).

손철성, 『헤겔 & 마르크스: 역사를 움직이는 힘』 (서울: 김영사, 2008).

싱어, P., (연효숙 옮김), 『헤겔』 (서울: 시공사, 2000).

양우석, 『절대가 죽은 시대에 헤겔의 절대주의 철학은 과연 가능한가』 (서울: 서광사 2005).

윤병태, 『개념논리학』(재판) (서울: 용의 숲, 2006).

윤병태, 『삶의 논리』 (서울: 용의 숲, 2005).

윤병태, 『칸트 그리고 헤겔』 (서울: 용의 숲, 2007).

임홍빈, 『근대적 이성과 헤겔철학』(서울: 고려대 출판부, 1996).

조극훈, 『이성의 복권』, (서울: 리북, 2003).

최신한, 『헤겔철학과 종교적 이념』(서울: 한들출판사, 1997).

케인즈, H. P., (강유원, 박수민 옮김), 『헤겔 근대 철학사 강의―근대 철학의 문제와 흐름』(서울: 이제이북스, 2005).

케인즈, H. P., (이명준 옮김), 『헤겔 철학의 현대성』(서울: 문학과 지성사, 1998).

토이니센, M., (나종석 옮김), 『존재와 가상―헤겔 논리학의 비판적 기능』(서울: 용의 숲, 2008).

크로너, R., (유헌식 옮김), 『헤겔』(서울: 청아출판사, 1990).

풀다, H. F., (남기호 옮김), 『헤겔―생애와 사상』(서울: 용의숲, 2010).

핀카드, T., (전대호 태경섭 옮김), 『헤겔, 영원한 철학의 거장』(서울: 이제이북스, 2006).

하르트만, N., (이강조 옮김), 『독일 관념론 철학』(파주: 서광사, 2008).

한자경, 『헤겔 정신현상학의 이해』(파주: 서광사, 2009).

Angehrn, E. *Freiheit und System*, Berlin 1977.

Beiser, F. C. (Hg.), *The Cambridge Companion to Hegel*, Cambridge 1993.

Buhr, M. (Hg.) *Französische Revolution und klassische deutsche Philosophie*, Berlin 1990.

Eley, L. (Hg.), *Hegels Theorie des subjektiven Geistes in der Enzyklopädie der philosophischen Wissenschaften im Grundrisse*, Stuttgart-Bad Cannstatt 1990.

Ermundts, D. & Horstmann, R.-P. (Hg.), *G. W. F. Hegel. Eine Einführung*, Stuttgart 2002.

Fetscher, I. (Hg.), *Hegel in der Sicht der neueren Forschung*, Darmstadt 1973.

Fulda, F. & Henrich, D. (Hg.) *Materialien zu Hegels Phänomenologie des Geistes*, Frankfurt am Main 1973.

Fulda, H. F. & Horstmann, R.-P. (Hg.) *Rousseau, die Revolution und der junge Hegel*, Stuttgart 1991.

Fulda, H. F., *Das Problem einer Einleitung in Hegels Wissenschft der Logik*,

Frankfurt am Main 1965.

Hartkopf, W., *Der Durchbruch zur Dialektik in Hegels Denken*, Meisenheim am Glan 1976.

Haym, R., *Hegel und seine Zeit. Vorlesungen über Entstehung und Entwicklung, Wesen und Werth der Hegel'schen Philosophie*, Berlin 1857.

Helferich, Ch. (Hg.), *G. W. F. Hegel*, Stuttgart 1979.

Henrich, D. (Hg.) *Die Wissenschaft der Logik und die Logik der Reflexion*, *Hegel−Studien* Beiheft 18, Bonn 1978.

Henrich, D., *Hegel im Kontext*, Frankfurt am Main 1967.

Henrich, D., *Ist systematische Philosophie möglich?*, *Hegel−Studien* Beiheft 17, Bonn 1977.

Hondt, J. d', *Hegel Biographie*, Paris 1998.

Horstmann, R.−P. & Petry, M. J. (Hg.) *Hegels Philosophie der Natur*, Stuttgart 1986.

Hösle, V., *Hegels System*, Bd. 1, *Systementwicklung und Logik*, Hamburg 1988.

Inwood, M. (Hg.), *Hegel. Oxford Readings in Philosophy*, Oxford 1985.

Jaeschke, W. *Die Religionsphilosophie Hegels*, Darmstadt 1983.

Jaeschke, W., *Hegel−Handbuch. Leben−Werk−Wirkung*, Stuttgart · Weimar 2003.

Köhler, D. und Pöggeler, O. (Hg.) *Phänomenologie des Geistes*, Berlin 1998.

Lukács, G., *Die Zerst rung der Vernunft*, in: *Werke* Bd. 9, Luchterhand 1960.

Maluschke, G., *Kritik und absolute Methode in Hegels Dialektik*, *Hegel−Studien* Beiheft 13, Bonn 1984.

Marx, W., *Hegels Phänomenologie des Geistes. Die Bestimmung ihrer Idee in Vorrede und Einleitung*, Frankfurt am Main 1981.

Michelet, K. L. (Hg.), *Hegel: Philosophische Abhandlungen*, Berlin 1845.

Nicolin, G. (Hg.), *Hegel in Berichten seiner Zeitgenossen*, Hamburg 1970.

Peperzak, A., *Selbsterkenntnis des Absoluten. Grundlinien der Hegelschen Philosophie des Geistes*, Stuttgart−Bad Cannstatt 1987.

Pinkard, T., *Hegel. A Biography*, Cambridge 2000.

Pöggeler, O. (Hg.), *Hegel−Einführung in seine Philosophie*, Freiburg/München 1977.

Ritter, J., *Hegel und die französische Revolution*, Frankfurt am Main 1965.

Rosenkranz, K., *G. W. F. Hegels Leben*, Darmstadt 1977.

Röttiges, H., *Der Begriff der Methode in der Philosophie Hegels*, Meisenheim am Glan 1981.

Schmitz, H., *Hegel als Denker der Individualität*, Meisenheim 1957.

Schnädelbach, H. (Hg.), *Hegels Philosophie Kommentare zu den Hauptwerken, Bd. 3, Hegels Enzyklopädie der philosophischen Wissenschaften (1830)− Ein Kommentar zum Systemgrundriß*, Frankfurt am Main 2000.

Steinhauser, K. (Hg.), *Hegel Bibliographie. Materialien zur Geschichte der internationalen Hegel−Rezeption und zur Philosophie−Geschichte*, Zwei Bde., München 1988.

Theunissen, M., *Hegels Lehre vom absoluten Geist als theologisch−politischer Traktat*, Berlin 1970.

Theunissen, M., *Sein und Schein. Die kritische Funktion der Hegelschen Logik*, Frankfurt am Main 1980.

4. 헤겔 철학 관련 학술지

『헤겔연구』, 한국헤겔학회 편 1984ff.

Hegel−Jahrbuch, begründet von W. R. Beyer, hrsg. von A. Arndt, K. Bal und H. Ottmann, Berlin 1993ff.

Hegel−Studien, hrsg. von F. Nicolin & O. O. Pöggeler, bzw. W. Jaeschke & L. Siep (Bde 36ff), Bonn 1961−1997 bzw. Hamburg 1998ff. (= HS)

Jahrbuch für Hegelforschung, hrsg. von H. Schneider, Sankt Augustin 1995ff.

Owl of Minerva, Biannual Journal of the Hegel Society of America, 1969ff.

5. 다른 사상가의 저작

괴테, J. W. von, (장희창 옮김), 『색채론』(민음사, 2003).

스미스, A., (김수행 옮김), 『국부론 상』(비봉출판사, 2003).

Aristoteles, *Perí hermeniás*, übers. von E. Rolfes, Hamburg 1974.

Aristoteles, *Politik*, übers. von O. Gigon, München 1973.

Aristoteles, (천병희 옮김), 『정치학』(숲, 2009).

Fichte, J. G., *Ausgewählte Werke in sechs Bänden*, hrsg. von F. Medicus, Darmstadt 1962. (= AW)

Hobbes, Th., *Leviathan*, hrsg. von C. B. MacPherson, Harmondsworth 1968.

Humboldt, Wilhelm von, *über die Verschiedenheiten des menschlichen Sprachbaues* (1827−29), in: *Werke in fünf Bänden*, hrsg. von A. Flitner & K. Giel, Bd. 3, Darmstadt 1963.

Kant, I., *Kant's Gesammelte Schriften*, hrsg. von der Königlich Preußischen Akademie der Wissenschaften, Berlin 1910ff. (= AA)

Locke, J., *An Essay on Human Understanding*, The Clarendon Edition, ed. by P. H. Nidditch, Oxford 1975.

Marx, K. *Das Kapital*, 3 Bde., Berlin 1960.

Schelling, F. W. J., *Ausgewählte Schriften in sechs Bänden*, Frankfurt am Main 1985. (= AS)

Schelling, F. W. J., *System des transzendentalen Idealismus* (1800), Hamburg 1957. (= STI)

인명색인

지은이

:: G.W.F. 헤겔 Georg W. F. Hegel, 1770-1831

헤겔은 1770년 독일 슈투트가르트에서 태어나 1778년부터 1792년까지 튀빙겐 신학
교에서 수학했다. 그 후 1793년부터 1800년까지 스위스의 베른과 독일의 프랑크푸
르트에서 가정교사 생활을 했는데, 이때 청년기 헤겔의 사상을 보여주는 종교와 정
치에 관한 여러 미출간 단편들을 남겼다. 「피히테와 셸링의 철학 체계의 차이」가 발
표된 1801년부터 주요 저서 중 하나인 『정신현상학』이 나온 1807년 직전까지 예나
대학교에서 사강사(私講師) 생활을 했다. 이 책 『예나 체계기획III-자연철학과 정신
철학』(1805-1806)은 헤겔이 예나 시기 동안 여러 강의를 통해 자신의 철학 체계를 본
격적으로 구상하고 구체화하면서 쓴 미발표 원고 중 하나다. 헤겔은 그 뒤 잠시 밤
베르크 시에서 신문 편집 일을 했으며, 1808년부터 1816년까지 뉘른베르크의 한 김
나지움에서 교장직을 맡기도 했다. 그리고 2년간 하이델베르크대학교에서 교수직을
역임한 후, 1818년 베를린대학교로 자리를 옮겨 활발한 강의와 저술 활동을 하였다.
1831년 콜레라로 사망한 후 자신의 희망대로 피히테 옆에 안장되었다.
주요 저서로 『정신현상학』(1807), 『논리의 학』(1812/13/16), 『엔치클로페디』(1817/27/30),
『법철학』(1821) 등이 있고, 그의 생전에 이미 헤겔 학파가 생겨 여러 분야에 큰 영향
을 미쳤으며, 현재까지 법철학, 예술철학, 세계사의 철학, 종교철학에 관한 시기별
강의들이 새롭게 책으로 간행되고 있다.

옮긴이

:: 서정혁

연세대학교 철학과를 졸업하고 동대학원에서 칸트 철학으로 석사 학위를, 헤겔 철
학으로 박사 학위를 받았으며, 현재 숙명여자대학교 교양교육원에 재직 중이다. 지
은 책으로는 『철학의 벼리』, 『논술교육, 읽기가 열쇠다』 등이 있고, 옮긴 책으로는 헤
겔의 『미학 강의』, 『법철학 강요』, 『세계사의 철학』, 『교수 취임 연설문』, 피히테의 『학
자의 사명에 관한 몇 차례의 강의』, 뒤징(K. Düsing)의 『헤겔과 철학사』 등이 있다. 헤
겔 철학을 비롯한 독일 관념론뿐만 아니라 교양교육, 의사소통교육에 관한 다수의
논문이 있다.

한국연구재단총서　학술명저번역 서양편 507

예나 체계기획 III

1판 1쇄 찍음 ｜ 2012년 3월 27일
1판 1쇄 펴냄 ｜ 2012년 4월 3일

지은이 ｜ G.W.F. 헤겔
옮긴이 ｜ 서정혁
펴낸이 ｜ 김정호
펴낸곳 ｜ 아카넷

출판등록 2000년 1월 24일(제2-3009호)
100-802 서울시 중구 남대문로 5가 526 대우재단빌딩 8층
전화 ｜ 6366-0511(편집) · 6366-0514(주문)
팩시밀리 ｜ 6366-0515
책임편집 ｜ 김일수
www.acanet.co.kr

ⓒ 한국연구재단, 2012

Printed in Seoul, Korea.

ISBN 978-89-5733-234-4 94160
ISBN 978-89-5733-214-6 (세트)